國家圖書館出版品預行編目資料

新譯逸周書／牛鴻恩注譯.－－初版一刷.－－臺北市：三民，2015
冊；　公分.－－(古籍今注新譯叢書)

ISBN 978-957-14-6019-2　(一套：平裝)

1.逸周書 2.注釋

621.51　　104007278

© 新譯逸周書(上)

注譯者　牛鴻恩
責任編輯　劉培育
美術設計　蕭伊寂

發行人　劉振強
著作財產權人　三民書局股份有限公司
發行所　三民書局股份有限公司
地址　臺北市復興北路386號
電話　(02)25006600
郵撥帳號　0009998-5
門市部　(復北店) 臺北市復興北路386號
(重南店) 臺北市重慶南路一段61號

出版日期　初版一刷　2015年5月
編號　S 033410
上下冊不分售
行政院新聞局登記證局版臺業字第〇二〇〇號

ISBN 978-957-14-6019-2 (一套：平裝)

http://www.sanmin.com.tw　三民網路書店

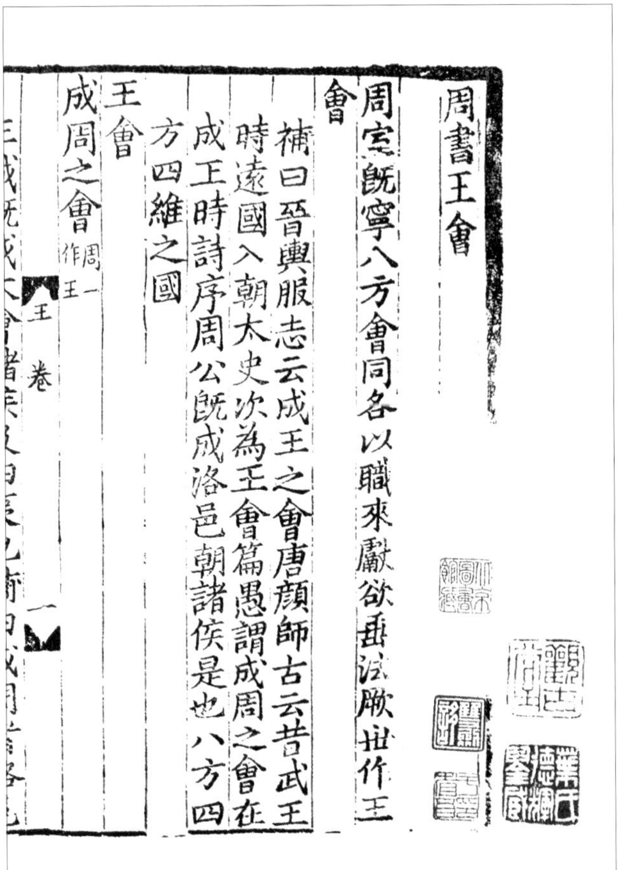
周書王會

周室既寧八方會同各以職來獻欲垂法厥世作王會

補曰晉輿服志云成王之會唐顏師古云昔武王時遠國入朝太史次為王會篇愚謂成周之會在成王時詩序周公既成洛邑朝諸侯是也八方四方四維之國

王會

成周之會周一作王

王 卷 一

圖一 《周書王會補注》書影。

《周書王會補注》一卷，宋王應麟撰。元至元六年慶元路儒學刻本明初修本。北京市中國國家圖書館藏。

圖二　利簋，又名「武王征商簋」，北京市中國國家博物館藏。
是迄今為止所發現最早的西周青銅器，腹底有銘文四行，三十二字。記載甲子日早上武王伐商，七天後的辛未日戰勝商朝，與《尚書‧牧誓》、《逸周書‧世俘》所記可相互印證。

圖三　天亡簋，北京市中國國家博物館藏。
簋內底部有銘文八行，七十八字。記述武王滅商後祭告文王，天亡助祭有功，武王賞賜之事。

圖四　何尊，陝西寶雞市博物館藏。
尊內底部有銘文十二行，一百二十二字。記載成王時營建東都成周之事，是研究西周早期歷史的重要資料，可與《尚書・召誥》、《逸周書・度邑》所記印證。

圖五　小臣單觶，上海市上海博物館藏。
觶內底部有銘文四行，二十二字。記載成王平武庚叛亂後，至成師，周公賞小臣單之事。

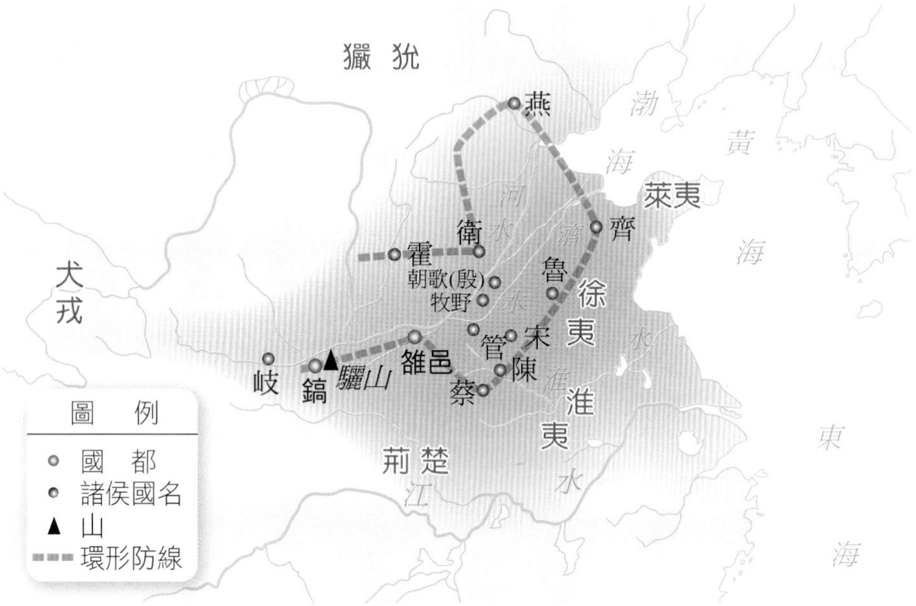

圖六 周公東征後的西周形勢圖。

刊印古籍今注新譯叢書緣起

劉振強

人類歷史發展，每至偏執一端，往而不返的關頭，總有一股新興的反本運動繼起，要求回顧過往的源頭，從中汲取新生的創造力量。孔子所謂的述而不作，溫故知新，以及西方文藝復興所強調的再生精神，都體現了創造源頭這股日新不竭的力量。古典之所以重要，古籍之所以不可不讀，正在這層尋本與啟示的意義上。處於現代世界而倡言讀古書，並不是迷信傳統，更不是故步自封；而是當我們愈懂得聆聽來自根源的聲音，我們就愈懂得如何向歷史追問，也就愈能夠清醒正對當世的苦厄。要擴大心量，冥契古今心靈，會通宇宙精神，不能不由學會讀古書這一層根本的工夫做起。

基於這樣的想法，本局自草創以來，即懷著注譯傳統重要典籍的理想，由第一部的四書做起，希望藉由文字障礙的掃除，幫助有心的讀者，打開禁錮於古老話語中的豐沛寶藏。我們工作的原則是「兼取諸家，直注明解」。一方面熔鑄眾說，擇善而從；一方面也力求明白可喻，達到學術普及化的要求。叢書自陸續出刊以來，頗受各界的喜愛，使我們得到很大的鼓勵，也有信心繼續推廣這項工作。隨著海峽兩岸的交流，我們注譯的成員，也由臺灣各大學的教授，擴及大陸各有專長的學者。陣容的充實，使我們有更多的資源，整理更多樣化的古籍。兼採經、史、子、集四部的要典，重拾對通才器識的重視，將是我們進一步工作的目標。

古籍的注譯，固然是一件繁難的工作，但其實也只是整個工作的開端而已，最後的完成與意義的賦予，全賴讀者的閱讀與自得自證。我們期望這項工作能有助於為世界文化的未來匯流，注入一股源頭活水；也希望各界博雅君子不吝指正，讓我們的步伐能夠更堅穩地走下去。

新譯逸周書 目次

卷 三

卷 四

卷八

卷九

卷十

附錄

導讀——《逸周書》寫作時、地考

《逸周書》中戰國作品的寫作時代頗有爭議。劉起釪先生以為，其中至少十餘篇為春秋作品，李學勤先生認為春秋人所引、文體相類者有更多篇章。本文通過文獻比較，認為《逸周書》除作於西周史官的九篇寶貴史書（有的篇章有後人修飾）以外，其餘四、五十篇均為戰國人所作，漢代作品三數篇，時代難以明指者兩三篇。其與《管子》、《周禮》等齊國作品思想、文體的相似性，說明這些作品應當作於齊國稷下，明顯受到戰國中期秦法家、齊法家及齊五行家、黃老家思想影響。以數為紀、頂真修辭格也盛行於戰國。《逸周書》多篇改《六韜》等書之「太公」為周公，是它出於田齊的鐵證。已在網上得知日本學者谷中信一於〈逸周書的思想及其成書〉中提出《逸周書》成書於齊國，但與本文著眼點並不相同，又其論述簡略，請讀者參閱，並給本文以指正。

一

和先秦其他古籍一樣，《逸周書》初無定名，《書》、《周志》、《周書》、《周記》並用，見於多種記載。《左傳》稱《周志》、《書》（文公二年、襄公二十五年），《韓非子》稱《周書》、《周記》（〈難勢〉、〈說疑〉）。前人即以「記」、「書」釋「志」字，定名於《周書》顯然在韓非以後。許慎《說文解字》開始稱為《逸周書》，意即《周書》逸篇，因為劉向曾說《周書》七十一篇「周時誥誓號令也，蓋孔子所論百篇之餘也」。(《漢書．藝文志》師古注，班固《漢書》第一七〇六頁，中華書局)《周書》為七十篇，說七十一是含〈序〉而言。西晉初，博士孔晁作注，篇題中都有一個「解」字，應是孔晁所加，「蔡邕《明堂月令論》曰：『〈月令〉第五十三』」，(朱右曾《周書集訓校釋．周書序目》，《續修四庫全書．史部．別史類》)可以為證。〈序〉言各篇題目，也沒有「解」字。

唐初，顏師古所見本亡二十五篇：「今之存者四十五篇矣。」師古後又亡三篇，今存孔注四十二篇。但時代晚於師古八十年的劉知幾說：「凡為七十一章，上自文、武，下終靈、景，甚有明允篤誠，典雅高義；時亦有淺末恆說，滓穢相參，殆似後之好事者所增益也。……斯百王之正書，五經之別錄者也。」(《史通．六家》，浦起龍《史通通釋》第二頁，上海古籍出版社)劉如果未窺全豹，僅憑殘書而作如此評價，似不合情理。時書雖然手抄，古籍不斷毀佚，也不斷抄寫，並非只有一種本子。

《隋書．經籍志》載：「《周書》十卷汲冢書，似仲尼刪書之餘。」《新唐書．藝文志》著錄為「《汲冢周書》十卷」和「孔晁注《周書》八卷」兩種，宋遂有今傳本六十篇乃孔晁注本與《汲冢周書》合編之說，《逸周書》有了《汲冢周書》之稱，引發了一場長時間爭議。

孔注《逸周書》後，西晉咸寧五年(西元二七九年)，盜發魏襄王墓，出土大批竹書，即「汲冢書」，內有「雜書十九篇：《周食田法》、《周書》論楚事、周穆王美人盛姬死事」(《晉書》卷五一〈束皙傳〉，《周書》論楚事標點從陳夢家《尚書通論》第二九一頁說，中華書局)，論者以為〈呂太公望表〉所引《周志》、《文選》李善注所引《古文尚書》、劉賡《稽瑞》所引《汲冢周書》均出「雜書十九篇」之《周書》。至引述其文，則為「文王夢天帝」，「周穆王姜后晝寢而孕」，「竊子而育之，越姬居三月而死、七日而復：『伯杼子往於東海……得一狐九尾』之類。孫詒讓說：「文例殊異」，「與此實不相涉」。(《周書斠補．序》，《續修四庫全書．史部．別史類》)劉師培也說：「與今本《周書》迥弗相類」，「與孔本《周書》靡涉」。(〈周書略說〉，《劉師培全集》第二冊第一五八、一六二頁，中共中央黨校出版社)這是記錄神異譎怪故事的「雜書」、

「瑣語」，與《逸周書》體例、內容均不相同，故宋代李燾〈傳寫周書跋〉已說「繫之汲冢，失其本矣」。近當代學者除朱希祖、蔣善國外，孫詒讓、劉師培及絕大多數學者都認為《逸周書》與汲冢書無關。事實明白，此事之爭論可以終止了。

劉師培〈周書略說〉指出，「孔注之外，別本匪一」，王應麟《玉海》載沈約所說「《周書・謚法一》第五十六、〈謚法二〉第五十七」，就是「《周書》別本」。呂思勉說：「師古所見，蓋即孔晁注八卷本，不全。知幾所見，則蒙『汲冢』名之十卷本，無闕也。」（《經子解題》第三六頁，華東師大出版社版）故孔注或有或無。七十一篇何時僅存六十篇，朱右曾《周書集訓校釋・序》說：「未知何代，要在唐以後矣。」查南宋鄭樵《通志・藝文志》著錄三木：「《周書》七十一篇今存四十五篇、《汲冢周書》十卷、《汲冢周書》八卷孔晁注。」好像三者同在，晁公武《郡齋讀書志》、陳振孫《直齋書錄解題》著錄一種：《汲冢周書》十卷，孔晁注，凡七十篇。似乎無缺佚。而與陳振孫同時的高似孫說：「周書七十一卷，《竹書》內書。晉孔晁注，凡七十篇。」但在〈程寤〉至〈八系（繫）〉八篇下高注：「以上篇逸。」又在〈箕子〉、〈考德〉二篇下注：「二篇逸。」（《史略》卷六，校點本第八九、九〇頁，遼寧教育出版社）又未列北宋已亡的〈月令〉，（蔣善國：邢昺《論語疏》已說〈月令〉「其辭今亡」，《尚書綜述》第一三五頁，上海古籍出版社）缺十一篇，為五十九篇，連〈序〉為六十篇。可知，至遲南宋高似孫時和今天所見本已經全同。我們現在據《清華大學藏戰國竹簡（壹）》補亡篇〈程寤〉，則為六十篇，連〈序〉為六十一篇。

《逸周書》是上自殷周之際下至秦漢的一部子史叢編。清唐大沛分其文體、內容為四類：訓告、紀事、政制、武備。（《逸周書分編句釋・凡例》，臺灣學生書局影印道光十六年手稿本）今人劉起釪分為《書》篇、戰國兵家之作、戰國至漢的《禮》家書、成於漢代之文。（《尚書學史》第九六頁，中華書局）於是有人歸納為史書、政書、兵書、禮書。（羅家湘《逸周書研究》第五頁，上海古籍出版社）依魯迅、胡念貽、楊憲益、譚家健意見，書中還有小說和民間歌謠，故應分為史、政、兵、禮、文學五類。

其中最值得重視的，是西周史書，呂思勉稱之為「所述史跡，尤多為他書所不見，實先秦舊籍中之瑰寶矣」。（《經子解題》第三八頁，華東師大出版社）多數研究者認為，〈世俘〉、〈克殷〉、〈商誓〉、〈度邑〉、〈皇門〉、〈作雒〉、〈祭公〉、〈嘗麥〉、〈芮良夫〉九篇，多是原始資料，非常寶貴，自是出於史官，其中僅〈作雒〉、〈克殷〉、〈嘗麥〉有後人增飾。周武王伐紂滅殷，是我國歷史上的大事件，〈世俘〉、〈克殷〉詳盡記述了武王出兵全過程和克殷具體情狀：出兵月日、戰爭時地、紂自殺、武王斬紂頭等等。〈商誓〉是武王克殷後對殷人的訓誥，是武王流傳下來唯一可信的長篇訓誥，文中反覆申明奉天革命、「保生商民」的對殷政策，生動表現了神人相通的原始宗教。〈度邑〉寫武王考慮在「中或（國）」建立新都，苦心焦思，奔波選址，立意改變周人偏處西方的政治局面。一九六三年出土成王時〈何尊〉銘文：「惟珷〔武〕王既克大邑商，則廷〔侹，敬也〕告于天，曰：『余其宅茲中或，自之辥〔乂，治也〕民。』」（馬承源主編《商周青銅器銘文選》第三卷第二〇頁，文物出版社）即說此事。〈皇門〉是周公攝政後會見「大門宗子」，訓誥貴族群門，沿襲了原始社會末期宗族長老議事會的「民主作風」。（楊寬《西周史》第八六八頁，上海人民出版社）訓誥中使用多個「德」字，可見武王到周公的思想發展，可與《尚書・周書》的周、召訓誥相印證。〈作雒〉寫周公東征以後，將要致政，決定在天下之中、雒水北、邙山南建立大邑成周，實現武王夙願。〈祭公〉寫祭公謀父語重心長地勸諫穆王改正缺失。〈芮良夫〉寫厲王無道，老臣芮良夫勸諫厲王，「德則民戴」，「害民乃非后，惟其讎。……後其危哉！」可與《國語・召公諫厲王弭謗》並讀。〈嘗麥〉寫周王鄭重修正刑法的儀式。《尚書》中關於克殷，只有一篇誓詞〈牧誓〉，建東都只在〈洛誥〉中略有敘述，其餘都是沒有的。九篇史書是本書最有價值的部分，可以彌補《尚書》記載的缺漏，豐富了西周歷史。孟子不相信武王伐殷大量誅殺，認為「以至仁伐至不仁」何至於「血之流杵」。（《孟子・盡心下》，《孟子注疏》第三八〇頁，《十三經注疏》標點本，北京大學出版社）梁啟超說：「孟子理想中的『仁義之師』本為歷史上不能發生之事實，而《逸周書》敘周武王殘暴之狀，或反為真相。吾儕所以信《逸周書》之不偽，乃正以此也。」（《中國歷史研究法·史料之搜集與鑑別》，湖南人民出版社）郭沫若說〈世俘〉「最為可信」。（《中國古代社會研究》第二六九頁，人民出版社）但因為如實敘寫，〈世俘〉受到已不能理解遠古歷史真相的後人排斥。二千年來，這些篇章沒有受到應有的重視。

史學家楊寬先生指出：「西周重要的文獻，主要保存在《尚書》和《逸周書》中。春秋以前所謂『書』……就是最原始的史料。《尚書》和《逸周書》就保存有這樣的西周原始史料，因為這兩種『書』，原來就是『書』的選本。」「就史料價值來看，有些篇章的重要性是超過《尚書·周書》的。」（《西周史》第四八三、八五七頁，上海人民出版社）這是很適當的論斷。

先秦稱之為《書》、《周書》、《周志》、《周記》，主要因為上述篇章。這一部分的寫作時代、史料價值都爭議不大。爭議大的是其餘五十篇中的絕大多數篇章。

《逸周書》或《周書》號稱「周史記」，但書中有多少篇史書，卻不易說清，這有三個原因：一是一些篇章開頭或頭、尾，很像史書，也確有史料；二是使用了時興於西周，而春秋時已經不用的月相記時法如「既生魄」等；三是書中多寫文、武、成王、周公言行，實際卻是政論或兵論。如〈大匡十一〉、〈程典〉、〈程寤〉（殘篇），都寫文王在程邑的經歷，文王也確由程遷豐，〈大匡〉寫在程遭遇饑荒，〈程典〉寫殷紂聽從崇侯讒毀動怒，〈程寤〉寫太姒夢商庭生棘，都可以補《史記》缺載文王居程的史實。〈程典〉、〈大開〉、〈柔武〉、〈小武開（武）〉、〈大戒〉、〈本典〉用「既生魄」記時，「既生魄」等大量見於西周金文；又如〈小開〉開端寫文王三十五祀正月的月食，董作賓、勞榦都對它作過探討。（勞榦《古代中國的歷史與文化》第四一八頁，中華書局）〈武順〉「三伯一長曰佐，三佐一長曰右，三右一長曰正，三正一長曰卿，三卿一長曰辟」，劉師培認為此即《詩經·大雅·公劉》「其軍三單」的古三單軍制。〈和寤〉、〈武寤〉兩篇寫武王「圖商」、伐商「至于鮮原，召邵公奭、畢公高」。〈大匡三十七〉、〈文政〉說「王十有三祀，王在管」，也是武王的記事。〈史記〉篇提到二十八個滅亡之國，〈王會〉篇提到的六十多個少數民族部落，都是有用的歷史資料。於是劉起釪先生認為：

〈程典〉、〈酆保〉、〈文儆〉、〈文傳〉、〈寶典〉、〈寤敬〉、〈和寤〉、〈大匡三十七〉、〈武儆〉、〈大戒〉、〈嘗麥〉以及〈常訓〉十餘篇保存了西周原有史料，其文字寫定可能在春秋時，因其中一些文句曾為《左傳》所引用，……〈常訓〉則有同於〈洪範〉之文。（《尚書學史》第九六頁，中華書局。又見於《古史續辨》第六一五頁，中國社會科學出版社）

李學勤先生更說書中有「好多篇」春秋時作品：

〈度訓〉、〈命訓〉等好多篇，可視為一組……其文例特點是常用數字排比……它們的年代也不一定晚，這點頗關重要。」（《逸周書源流考辨・序》，西北大學出版社）

《左傳》、《戰國策》所載春秋時荀息、狼瞫、魏絳等所引〈武稱〉、〈大匡〉（三十七）、〈程典〉等篇，皆屬於這一組。在書中占較大比例的這一組，時代也不很遲。同屬於上述一組的〈小開〉……〈小開〉月食也應重加審定。（《逸周書彙校集注・序言》，上海古籍出版社）

劉先生「寫定可能在春秋」的作品十二篇，李先生「春秋時」一組含兩項內容，說「好多」、「占較大比例」，書中僅「用數字排比」的已二十餘篇。（周玉秀統計，書中「以數為紀」作品達二十三篇。《逸周書的語言特點及其文獻學價值》第二四九頁，中華書局）綜計劉、李所說則不止於三十篇。

我們以為，除劉先生所說兩三篇待究外，劉、李兩先生的論斷與作品實際不相合。因為細讀上述各篇或其主體部分，無一不是戰國人思想、戰國文體、戰國詞彙與語法，儘管說話的常是文、武、周公、周成王。唐大沛曾經說：「是書原本有真古書完具者，有稍殘缺者，有殘缺已甚者，有集斷簡而成者，有取古兵家言指為文、武之書者，有偽敘首、尾強屬之某王時者，有本篇已亡讕取他書以當之者。真贗相淆，純雜不一，誠不可不分別觀之也。」（《逸周書分編句釋・凡例》）很明顯，取兵書指為文武、偽敘首尾屬之某王、讕取他書以當之，都屬於擬託，這明白是說，《逸周書》經過了很大幅度地加工修改，並非文章原貌。當今學者的研究和地下出土資料也可為唐說之證，例如本書的「周公曰」，很多是改變《六韜》的「太公曰」而來：

> 文王在酆，召太公望，對曰：「與民人同德，□利相死，同情相成，同惡相助，同好相趨。」（銀雀山漢墓竹簡《六韜》，又見於傳本《六韜・發啟》之「太公曰」）

而《逸周書・大武開（武）》則說：

> 維王一祀二月，王在酆，聞密命。訪于周公旦……周公曰：「……一有天維國，二有地維義，三同好維樂，四同惡維哀，五遠方不爭。」

明顯是吸收了太公望的兩句而化作了「周公曰」。又如：

> 武王□……民之于利也，□〔好〕之如冬日之□〔陽〕……民怨生。……樂哉……其時，稱賢時能而宜有才，則賢者歸之。……冬之必□也。思之如大暑之……□也，如大冬之于□〔陽〕也……（銀雀山

漢墓竹簡《六韜》）

而《逸周書・大聚》則說：

> 維武王勝殷……告周公旦曰……周公曰：「……稱賢使能官有材而賢士歸之，關市平商賈歸之，分地薄斂農民歸之。水性歸下，民性歸利。王若欲來天下民，先設其利而民自至，譬之若冬日之陽，夏日之陰，不召而民自來。」

簡本《六韜》嚴重殘缺，「民之于利也」以下一段話依照《六韜》文例自然出於太公，但到本書又成了「周公曰」。又如：

> 呂尚曰：「凡民者，樂生而惡死，惡危而歸利。」（銀雀山漢墓竹簡《六韜》，又見於傳本《六韜・文師》「太公曰」）

而《逸周書・命訓》則為：

> 夫民生而樂生，無以穀之，能無勸乎？……夫民生而惡死，無以畏之，能無恐乎？（以上三組引文見王連龍《逸周書研究》第六二—六五頁。但此與王說「汲冢周書為《六韜》」、「晉人對《逸周書》的整理」等無關涉）社會科學文獻出版社）

劉師培已經注意到《周書》與《六韜》的關係，但他認為「群籍所引……半屬《陰符》、《六韜》佚句」，「或與《周書》相出入」，是因為《隋書・經籍志》所載《六韜》諸籍「蓋輯錄出自後人」，（《周書補正》附〈周書略說〉，《劉師培全集》第二冊第一六一頁）意謂《周書》在前，「《六韜》諸籍」在後。現有銀雀山漢墓竹簡《六韜》出土，稍作比對，即知其時代先後，所以劉師培之說，顛倒了《周書》相關篇章與《六韜》時代的先後，且《漢書・藝文志》早已著錄分為「謀」、「言」、「兵」三大類的《太公》二百三十七篇。依據周玉秀、王連龍所言《逸周書》對於《六韜》「太公」的竄改，涉及《六韜》九篇，又涉及不知篇名的銀雀山漢墓出土竹簡本《六韜》，對應於《逸周書》，則《逸周書》達十五篇之多（周玉秀所說見《逸周書的語言特點及其文獻學價值》第二四五—二四八頁）；還應特別指出，隨著《逸周書》作者改「太公」為「周公」，《六韜》原有反專制的思想，如「天下非一人之天下，乃天下之天下也」、「善為國者，馭民如父母之愛子……賞罰如加于身，賦斂如取己物，此愛民之道也」。（《六韜》之〈文師〉、〈發啟〉、〈順啟〉、〈國務〉篇，上海古籍出版社影印本）到《逸周書》的相關篇章，一概不見了，變成了法家為主的思想（詳下），可證《六韜》的成書肯定早於《逸周書》的這批文章。上述十五篇包括劉先生所說春秋「《書》篇」的〈酆保〉、〈文傳〉、〈和寤〉、〈常訓〉，和李先生所說時代不遲的〈命訓〉、〈小武開（武）〉。這些篇何以一律刪除「太公」？「《六韜》既托為太公之詞，則必與齊人傳播有關。故我們推測，《逸周書》中的相應篇章也應與齊士有關，但編輯此書的人，為突出文、武、周公功業，皆加小序，改成了文王、武王的言辭。我們推測，此編者當在田氏代齊之後。因為田齊要盡可能淡化姜齊的王統和姜齊祖先的影響」。（《逸周書的語言特點及其文獻學價值》第二四八頁）言此出於田齊，極確。但事情還不止於此，有證據表明，田齊之士，連西周史書中的「太公」，也改作「周公」。例如傳本《逸周書・度邑》及《史記・周本紀》所引〈度邑〉，都是武王與周公的對話，無「太公」蹤影，但〈度邑〉卻存在完全不同的版本，請看西晉初年「臣瓚」、晉宋之際徐廣和唐開元間張守節所引〈度邑〉：

臣瓚曰：「……又《周書・度邑》篇曰：『武王問太公曰：「吾將因有夏之居，南望過于三涂，北瞻望于有河。」』」（《漢書・地理志》「平壽」注引。《漢書》第一五八四頁，中華書局）

徐廣曰：「《周書・度邑》曰：『武王問太公曰：「吾將因有夏之居也，南望過于三涂，北詹望于有河。」』」（《史記・周本紀》「顧詹有河」集解引。《史記》第一三〇頁，中華書局）

張守節：「《周書・度邑》篇云：武王問太公『吾將因有夏之居』，即河南是也。」（《史記・夏本紀》「帝少康立」張守節正義引。《史記》第八七頁，中華書局）

可見晉初直至唐開元之四百多年間，〈度邑〉有一種本子，一直是「武王問太公」，不同於傳本與〈周本紀〉，這一事實似尚無人論及。惟見張文虎《校刊史記集解索隱正義札記》指出其不同。「周公」改為、訛為或三人都誤讀為「太公」的可能性沒有，比照上述竄改之例，可以肯定〈度邑〉原本為「太公」，故三人所引全同。司馬遷所見本，是經戰國後期改動的本子，應與《逸周書》改「太公」為「周公」的篇章出於同時，說不定同出一手。除田齊之士，罕有對原作如此大作手腳者。司馬遷所引〈度邑〉，沒有傳本中武王要傳位給周公一段話，我曾以為史公刪所不當刪。但是原文既作「太公」，正不能有此語。這一事實，使人更感意外。反覆參詳，以為只應如上說。此外，〈克殷〉「振路橋之錢，散巨橋之粟……封比干之墓」等仁政措施，〈世俘〉中隻字不見，顧頡剛先生以為出於「周末人」之手（《文史》第二輯第三一頁，中華書局）。〈嘗麥〉「暮春」之說、「九州牧伯」之官制都是西周絕對沒有的；〈作雒〉「乃建大社於國中，其壝東青土，南赤土，西白土，北驪土，中央釁以黃土」，也絕對是戰國後期「五行」大行後所增益，且出於田齊之書罕有不談五行者（詳下）。

劉知幾說，《逸周書》「時亦有淺末恆說，滓穢相參，殆似後之好事者所增益也。」（《史通・六家》，浦起龍《史通通釋》第二頁）應當就是指擬託作品。宋元學者也看出《逸周書》是「戰國處士私相綴輯」、「體制絕不與百篇相似」（黃懷信《逸周書彙校集注・序跋》李燾、黃玢說，上海古籍出版社）。今人郭沫若、趙光賢明確說，除數篇史書可信外，其它「均係偽託」，「其餘都是戰國的東西」（《中國古代社會研究》第二六九頁，人民出版社。《古史考辨》第二五頁，北京師大出版社）。楊寬認為，除九篇史書外，此書「又輯錄了戰國時人偽託的篇章，還採輯一些戰國時代的論著，附會為文王、武王、周公所作，更直接編入不少戰國時代兵家的著作」，也似以「其餘」皆為「戰國」（《西周史》第八五九、八七〇頁）。我們以為，這一批文章，為戰國時偽託、附會之作，是無法否認的事實。如〈大開〉、〈柔武〉、〈小武開（武）〉、〈大戒〉都是「以數為紀」，〈程典〉、〈本典〉都使用大量排比句和頂真修辭格，使用戰國語彙，表達的是戰國人思想：都是雜家，儒家仁義、忠恕、孝悌和法家防範民眾「驕頑」、「淫慝」、「害上」的思想二者並存，如〈程典〉、〈本典〉；「善戰不鬥」為兵家兼道家思想，如〈柔武〉；「黑位水、赤位火……」為五行思想，如〈小武開（武）〉；講「辯」、「謀」、「餌士」，一望而知屬戰國社會狀況，如〈大戒〉；〈大開〉文字殘缺過甚，篇意不明，但研究者認為它寫定於戰國。月相如果是當初的記錄，可是內容都被改寫了，這樣的月相記錄也就失去了原有意義。

二

梁啟超論「鑒別史料之法」，有曰：「各時代之文體蓋有天然界畫，多讀書者自能知之……但一望文體即能斷其偽者。」又要注意「各時代之社會狀態」，「各時代之思想，其進化階段自有一定」。（《中國歷史研究法》第八三、八四頁，湖南人民出版社）我們現在來做一些驗證。先說社會狀態和思想傾向。為說明問題，我們把面擴大一點，作必要的比較，應該看得更加清楚。

第一，敵視庶民。（此借用劉起釪先生分析〈洪範〉語，《尚書校釋譯論》第一二一一頁，中華書局。）該書與《商君書》、《管子》對庶民的態度一致。先秦著作中有「奸民」之說，始見於《國語·晉語八》：「端刑法，緝訓典，國無奸民。」《墨子·號令》稱裡通外敵者為「奸民」，不應在此列。《荀子·富國》中一見：「教而不誅，則奸民不懲。」而「奸民」出現最多的是《商》、《管》二書，《商君書》中〈墾令〉、〈去強〉、〈說民〉、〈兵守〉、〈靳令〉、〈畫策〉六篇「奸民」凡十見，《管子》中〈立政〉、〈七法〉、〈五輔〉三篇「奸民」凡六見。《周禮·大司徒》和《韓非子·外儲說右下》「亂民」各一見。顯然法家喜歡用此說。《逸周書》不用「奸」、「亂」，而說「頑」、「貪」、「驕」、「醜」，「頑民」，即見於劉、李所說屬於春秋的篇章：

凡民之所好惡，生物是好，死物是惡。民至有好而不讓，不從其所好，必犯法，無以事上。民至有惡而不讓，不去其所惡，必犯法，無以事上。遍行于此，尚有頑民，而況曰不去其所惡而從其所好，民能居乎？（〈度訓〉）

比事無政，無政無選；無選民乃頑，頑乃害上。故選官以明訓，頑民乃順。（〈程典〉）

而〈常訓〉又稱民為「頑貪」，《周書解義》、《逸周書補注》、《逸周書管箋》都認為「頑貪」是「言民」、「指民言」。《詩經》、今文《尚書·周書》無「頑」字，後出《書·序》始稱「殷頑民」，（《尚書》稱「殷獻民」、「殷獻臣」）至「初寫在春秋，寫定在戰國」（徐旭生）的〈堯典〉、〈皋陶謨〉始見「庶頑」、「苗頑」。〈大匡十一〉又稱民為「驕頑」：「詰退驕頑，方收不服」，最可恨者，〈文政〉稱「群醜」：「群醜以移之，什長以行之。」這是說查辦、斥退「驕頑」者，流放、逮捕「不服」者，包括不盡力務農的人，都通過什伍的居民組織實行連坐連保；把「群醜」遷移出去，由什長負責執行。這本是商鞅在秦國實行的一套統治制度。該書各說與《商》、《管》「奸民」相比，仇民程度更強烈。《國語》、《左傳》二書都稱夷狄為「頑」；《呂氏春秋・慎大覽》稱夏桀「暴戾頑貪」；《詩經》中兩見「群醜」，一為魯國人稱其仇敵淮夷，一指成群野獸。（前者見〈魯頌・泮水〉，後者見〈小雅・吉日〉。《十三經注疏》標點本《詩經》第一三九九、六五六頁）該書這麼多篇使用如此惡毒的罵夷狄、野獸的言辭罵庶民，自然充溢著敵視與仇恨。〈文儆〉說：「民物多變，民何向非利？……何向非私？私維生抗，抗維生奪，奪維生亂……」，〈大聚〉說：「先設其利而民自至。譬之若冬日之陽，夏日之陰，不召而民自來。」「水性歸下，民性歸利。」日本谷中信一指出，此說與《管子・形勢解》完全一致：「民之從利也，如水之走下，于四方無擇也。」而與儒家說截然不同，《孟子・離婁上》：「民之歸仁也，猶水之就下。」（〈逸周書與管子的思想比較〉，《管子學刊》一九八九年第二期）《商君書・農戰》說：「夫民之不可用也，見言談游士事君之可以尊身也，商賈之可以富家也，技藝之足以糊口也。……則必避農……不為上守戰也。」可證該書對民性的看法與《商》、《管》完全一致。上面諸書的思想，後發展出韓非的君臣交易論：「臣盡死力以與君市，君垂爵祿以與臣市。君臣之際，非父子之親也，計數之所出也。」（《韓非子・難一》，《韓非子集解》第三五二頁，中華書局）這是說，君必須清醒的靠「利」誘使臣。韓非的君權至上和「惟暴力論」就由此引出。《逸周書》之「三訓」即〈度訓〉、〈命訓〉、〈常訓〉與〈文酌〉都分析「民」性，「民生而有習有常」，「民生而有欲有惡」，「民」當然不包括作者和統治者，這一點與《商君書・說民》、〈算地〉一致；而《郭店楚簡》儒家文獻、《孟子》、《荀子》討論的則是「人性」，適用於所有人，明顯表現出說話立場的不相同。所以《商》、《管》、《逸周書》最終都強調以「什伍」、「賞罰」對付百姓，《周禮》一書也是如此。〈常訓〉叫「六極」：命、醜、禍、福、賞、罰（此即劉先生所說「有同於〈洪範〉之文」）；〈命訓〉叫「天道三人道三」：命、禍、福，醜、紼絻（韍冕）、斧鉞。這也就是《管子・任法》所說：

「生之，殺之，富之，貧之，貴之，賤之。此六柄者，主之所操也。」《周禮・內史》管理官員有「八柄」：爵、祿、廢、置、殺、生、予、奪；《韓非子》有〈二柄〉：「二柄者，刑、德也。……殺戮之謂刑，慶賞之謂德。」這是法家的一貫主張，但在文章中反覆明確亮出刑具「斧鉞」來的，數《管子》最鮮明：「非斧鉞毋以威眾」（《管子・重令》，黎翔鳳《管子校注》第二九〇頁，中華書局），其次就數《逸周書》了。〈度訓〉、〈程典〉、〈常訓〉、〈大匡十一〉、〈文政〉、〈文儆〉、〈大聚〉、〈文酌〉、〈命訓〉九篇與《商》、《管》思想在這方面的一致性，研究者是不應當忽略的，因為這種一致，表明了它們家派的相同和時代的一致。自從西周以來，統治者強調「人無于水監，當于民監」，又說：「民之所欲，天必從之。」（《尚書・酒誥》，《尚書正義》，《十三經注疏》標點本第三八〇頁；《左傳》襄公三十一年引〈大誓〉，楊伯峻《春秋左傳注》第一一八四頁）故孟子猶高倡「得民心」。而戰國兵家、法家認為百姓都是「自為」、樂生惡死、自私自利，故有「治國者，反民性」（《管子・侈靡》，注曰：「順其性欲，必敗亡。」〈心術下〉、〈內業〉也有「反其性」語。《管子校注》第六六一、七八六頁），明王「斷」民「好惡」的主張（《逸周書・度訓》，《續修四庫全書》第一一一八頁）《尚書・洪範》：「庶民惟星……月之從星，則有風雨。」偽孔傳：「政教失常，以從民欲，亦所以亂。」孔疏：「比喻人君失常，從民所欲，則致國亂。」（《尚書正義》第三二二頁）這些都是戰國時才有的仇民意識，與《尚書・周書》、《左傳》的重民思想完全相背。

第二，主張什伍連保連坐制。與敵視庶民相聯繫，《逸周書》中〈光（允）文〉、〈小明武〉、〈大匡十一〉、〈文政〉、〈大聚〉五篇都說到實行「什伍」制，是談「什伍」最多的先秦著作之一。〈大匡〉：「慎惟怠惰，什伍相保。」〈文政〉：「伍長以遵之……群醜以移之，什長以行之。」《管子》異常欣賞這種制度，認為是高明的統治術：「善牧民者，非以城郭也，輔之以什，司之以伍。……故奔亡者無所匿，遷徙者無所容。不求而約，不召而來。」（〈禁藏〉，《管子校注》第一〇二三頁）錢穆先生〈周官著作時代考〉，曾考證中國歷史上的什伍連保連坐制度，源於魏文侯時李悝的《法經》：「王者之政，莫急于盜賊。」商鞅「受之以相秦」，實行什伍制。《史記・商鞅列傳》：「令民為什伍，而相牧司連坐。不告奸者腰斬，告奸者與斬敵同賞。匿奸者與降敵同罰。」錢先生舉出《周禮》之〈大司徒〉、〈族師〉、〈比長〉、〈鄰長〉及〈秋官・士師〉、〈天官・小宰〉相關條目，以為「完全是商鞅『令民什伍，相牧司連坐』之制，完全是李悝《法經》『網、捕』之法，完全是防禦人民之為盜賊。」又說，《周官》作者「究竟比李悝、商鞅又生晚得多」，因而書中又兼採《孟子》「鄉田同井，出入相友，守望相助」之語，《周禮・大司徒》遂有相葬、相救、相賙、相賓之說。（〈周官著作時代考〉，《兩漢經學今古文平議》第三九二、三九五頁，商務印書館）先秦古籍論什伍連坐制度最多的，即有《周禮》、《管子》二書，《管子》之〈立政〉、〈幼官〉、〈幼官圖〉、〈小匡〉、〈地圖〉、〈禁藏〉、〈度地〉、〈臣乘馬〉、〈輕重乙〉等，都論「什伍」。楊向奎先生指出，「《周禮》作者是嚴刑峻法的主張者」，《周禮》主張什伍「相保相受」，與《管子》有「深厚的淵源」。「《周禮》可能是戰國中葉左右齊國的書」。（《繹史齋學術文集》第二五〇、二六〇、二七五頁，上海人民出版社）《周禮》與《管子》、商鞅一個腔調，這就不難理解了。此外，熱衷「什伍」的還有「為商君學」的《尉繚子》，此不贅。〈大聚〉所講：「禍災相恤，資喪比服。」正是錢先生所說《周禮・大司徒》據《孟子》所補的內容。《商君書》、《周禮》和《管子》著者，是戰國中後期之交或後期人，由此可知《逸周書》相關篇章的時代在商鞅之後，與《周禮》、《管子》相先後。故《七略》列《管子》於法家，《隋・志》列之於法家之首，《四庫全書》列於子部法家類。（陳國慶《漢書藝文志注釋彙編》，第一一九頁，中華書局）

第三，主張君主專制。戰國時期《墨子》提出「尚同」：「上之所是，必皆是之；上之所非，必皆非之。」《荀子・致士》提出君主集權：「君者，國之隆也……隆一而治，二而亂。」《商君書》、《管子》、《韓非子》則提倡君主專制。《商君書・開塞》：「官設而莫之一，不可，故立君。既立君，則上賢廢而貴貴立矣。」〈修權〉說：「權制獨斷于君則威。」《管子・任法》：「威不兩錯，政不二門。」〈法法〉說：「凡人君之所以為君者勢也，故人君失勢則臣制之矣。」《韓非子・揚權》：「事在四方，要在中央，聖人執要，四方來效。」《逸周書・文傳》也說：「令行禁止，王之始也。出一曰神明，出二曰分光，出三曰無適（專主）異（翼），出四曰無適與（從），無適與者亡。」〈文傳〉之說與《商》、《管》、《荀》、《韓》同出一轍。《周禮》一書也主張君主專制，譚家健說得到家：《周禮》「基本指導思想就是建立一個高度集中的君主專制的國家機構……主張一切權利集中於君主。……《周禮》是先秦時期各種集權政治之集大成和具體化、系統化。」（〈墨子的政治構想——尚同〉，《墨子研究》第一二五、一二六頁，貴州教育出版社增訂版）主張君主專制者，都向君主獻策，故戰國間許多書喜稱「明王」，《商君書》、《荀子》、《韓非子》都使用，使用最多的是《管子》一書，十二篇中出現二十三次。《逸周書》之〈度訓〉、〈命訓〉、〈常訓〉三篇，「明王」出現十次，頻率遠高於《管子》。古代文獻《詩》、《書》中，只有〈洪範〉是主張君主專制的：「凡厥庶民……惟皇（君）作極（準則）。」「惟辟（君）作福，惟辟作威，惟辟玉食。」庶民一律是君所是，惟君是從，只有君主可以作威作福、錦衣玉食。這種思想，與《尚書・周書》的精神絕不相容；孔孟尊君，但反對君主專制。劉先生以為〈洪範〉和〈文傳〉均寫於春秋，這與春秋時輕神重民的言論均不相合。李亞農說：「中國上古時代，根本上沒有什麼專制主義。相反地，我們在古代倒看見長期存在著的民主精神。……中國的專制主義，萌芽於商鞅。……商君之專制，頗有可觀。商君的思想，在《管子・重令》篇得到了進一步的發揮：『凡君國之重器，莫重於令。令重則君尊，君尊則國安。……罰嚴令行，則百吏皆恐。……故曰：虧令者死，益令者死，不行令者死，留令者死，不從令者死。五者，死而無赦，惟令是視。』〈任法〉篇：『官無私論，士無私議，民無私說，皆虛其胸，以聽於上。』」（《李亞農史論集》第一〇九〇—一〇九三頁，上海人民出版社）任繼愈、李澤厚異口同聲說：「周禮……一定程度上又仍然保存了原始的民主性和人民性。……他（孔子）反對殘酷的剝削壓榨，要求保持、恢復並突出強調相對溫和的遠古氏族統治體制，又具有民主性和人民性。」（《中國哲學發展史・先秦》

第一七二—一七三頁，人民出版社、《中國思想史論》上第一九頁，安徽文藝出版社）呂思勉指出：「〈文傳〉後半，文字極類《管子》。『開塞』為商君之術，亦已見本篇中。」（《經子解題》第三七頁）蔣善國更說〈文傳〉後半不僅文辭類《管子》，開塞是商君政策，且以為「《管子》各篇可能有些是《商君書》作者作的，在這一點上又可看出〈文傳解〉與法家的關係。」（《尚書綜述》第四四五頁，上海古籍出版社）所以〈文傳〉一文的時代不可能早於《商》、《管》。

第四，重視工商、貿易。《逸周書》重視經濟，很多篇都講到農、工、商。如〈文酌〉講做到「商賈易資，農人美利」，「大工賦事，大商行賄，大農假貸」；要注意「商之淺資，農之少積」。這裏所說工商都是私營工商業，工、商、農言「大」，都是大經營者、富豪，只有經濟高度發展，才會出現大工商業者。下文又講「十二來」，即招募製造弓、箭、輪、輿、鞄（柔皮）、函（鎧甲）、陶、冶（戈戟）、柯（造車工匠）、匠（建築工匠）、竹器、葦編的各種技術工人，這些就是「食官」的工匠了。〈考工記〉、《周禮》都是重視工商貿易的齊國作品，可與此相印證。〈程典〉說：「士大夫不雜于工商，商不厚，工不巧，農不力。……工不族居，不足以給官；族不鄉別，不可以入惠。」這樣的思想來源於《管子・小匡》，〈小匡〉說得十分詳細。〈大聚〉說：「山林藪澤以因其利，工匠役工以攻其材，商賈趣市以合其用。外商資貴而來，貴物益賤，資貴物出賤物，以通其器。夫然，則關夷市平，財無鬱廢，商不乏資，百工不失其時。無愚不教，則無窮乏。」這是因山澤之利，取材經商，與外商通工易市，做到沒有窮人。〈酆謀（謀）〉說，戰備之際實行「三讓」：招百姓來近處買賣，賤價出售商品，借資本給缺錢的商人。此外，說到「行商工」、「工匠以為其器、商賈以通其貨」、「商工受資」的還有〈大武〉、〈酆保〉、〈文傳〉、〈文政〉。全書不見明顯輕末思想，這與《周禮》、《管子》十分接近，而與其他書如《左傳》、《呂氏春秋》有明顯不同。試看各書「商賈」、「工商」、「交易」與「交易場所」義的「商」、「工」、「市」三字出現的頻率：

	「工」	「商」	「市」
《周禮》	44（含〈考工記〉27）	8	57
《管子》	56	41	72
《逸周書》	13	13	8
《左傳》	9	14	21
《呂氏春秋》	12	3	13

《逸周書》字數比其餘四書少得多（約當《左傳》六分之一、《呂氏春秋》七分之一），但它的「工」字超過《左傳》、《呂氏春秋》，「商」大大超過《呂氏春秋》，它有八個「市」，《左傳》要與之持平須有四十八個「市」。可見《周禮》、《管子》、《逸周書》重視工商、貿易，完全一致。重視工商業，更重視農業，該書「農」字出現二十二次，反覆說：「農人美利」，「資農不敗務」，「愛其農時」；一再反對工商業淫巧而生產奢侈品，〈命訓〉：「藝淫則害于才（財）」，〈武稱〉：「淫巧破時」，〈成開〉：「淫巧破制」，〈大武開（武）〉：「淫巧破用」。《周禮・司市》「以政令均物靡而均市」，就是官府要掌控精細華美物品的價格。《管子・立政》：「工事競于刻鏤，女事繁于文章，國之貧也。」〈治國〉：「粟多，則國富。國富者兵強，兵強者戰勝，戰勝者地廣。」說得十分明確，目的就是要富國拓土。三書的一致絕非出於偶然。

第五，談論「五行」。該書談及「五行」的有〈小武開（武）〉、〈武順〉、〈成開〉、〈作雒〉、〈周祝〉五篇。〈小武開（武）〉：「五行：黑位水，赤位火，蒼位木，白位金，黃位土。」〈作雒〉：「東青土，南赤土，西白土，北驪土，中央舋以黃土」，兩篇都是以五色、五方配五行。值得注意的是，〈小武開（武）〉水、火、木、金、土的五行序，與《尚書・洪範》完全一致，這是不多見的；〈作雒〉木、火、金、水、土的排列，被稱為「五方序」，與《左傳》昭公二十九年順序一致，似各有其據。而且，像〈小武開（武）〉：「春以紀生，夏以紀長，秋以紀殺，冬以紀藏……時候天視可監，時不失以知吉凶。」〈武順〉：「地有五行，不通曰惡。天有四時，不時曰凶。」〈成開〉：「天有九列，別時陰陽；帝有九州，別時五行」，都已經是陰陽與五行二者的結合。〈周祝〉「陳彼五行必有勝」，為五行相勝說。陰陽、五行結合，首先見於《管子》，其〈四時〉篇說，春、夏「宗正陽」，「其氣曰陽」，治堤防，耕耘樹藝，則「柔風甘雨乃至，百姓乃壽」；賞賜爵祿，謹修神祀，則「時雨乃降，五穀百果乃登。」而秋、冬，「其氣曰陰」、「曰寒」，「陰生金與甲」，適於殺伐斷獄。如果不這樣做，就會發生水旱，「夏有霜雪」，「國多災殃」。「是故陰陽者，天地之大理也；四時者，陰陽之大徑也。刑、德者，四時之合也。刑、德合于時則生福，詭則生禍」。〈四時〉篇還在四時、四方之外加上「中央曰土」和季夏，成為五時、五方，解決了四時、四方和五行相配的問題。這正是司馬談「論六家要旨」中「大祥而眾忌諱」，「序四時之大順」的陰陽家思想，與《呂氏春秋》十二紀、《禮記・月令》，已經沒有多大區別。而《周禮・天官・疾醫》在醫學方面提出：「以五味、五穀、五藥養其病，以五氣、五聲、五色眡其死生。」所以楊向奎以為，《管子》的成書年代和《周禮》「相差不遠」，「都是齊國的作品」。（楊向奎《繹史齋學術文集》第二六五頁）

從〈小武開（武）〉來看，《逸周書》的陰陽五行思想與《管子》之〈四時〉、〈五行〉完全相通，只是〈四時〉、〈五行〉詳細闡述，而〈小武開〉等只是用其結論，可證其不出現於稷下陰陽五行說之前。劉先生曾痛斥把什麼事物都說成「五×」的「荒謬怪誕不可理喻」，可是我們看到《管子》、《周禮》等已經在開啟這樣一個時代。值得注意的是，齊國著作論五行創造了「兼包陰陽五行」的模式，即天地加四方或四時的「六×」，如《周禮》「六官」：天官、地官、春官、夏官、秋官、冬官。「地」兼陰陽的「陰」和五行的「土」，（彭林《周禮主體思想與成書年代研究》第三一—三六頁，中國社會科學出版社）此說甚是。〈考工記・畫繢〉的「六色」：「東方謂之青，南方謂之赤，西方謂之白，北方謂之黑，天謂之玄，地謂之黃[illegible]」；《管子・五行》的「六相」：「昔者黃帝得蚩尤而明于天道，得大常而察于地利，得奢龍而辯于東方，得祝融而辯于南方，得大封而辯于西方，得后土而辯于北方。黃帝得六相而天地治，神明至。」完全屬於同一個模式。此外，「明之吳越，言之於齊」（《孫臏兵法・陳忌問壘》，張震澤《孫臏兵法校理》第四四頁，中華書局）的《孫子兵法》之〈虛實〉篇談論五行相勝：「五行無常勝，四時無常位。」〈行軍〉談論五方帝：「黃帝……勝四帝」。錢穆指出：「大抵『五方色帝』之說，起於戰國晚世。……又見於《呂子春秋》：『請致五帝以明君德……』五天帝之說，本興於燕齊海疆之方士。」（〈周官著作時代考〉，《兩漢經學今古文平議》第三二七、三二八頁）《孫臏兵法・地葆》也有「五壤之勝：青勝黃，黃勝黑，黑勝赤，赤勝白，白勝青」，與《孫臏兵法》一起出土的〈奇正〉篇說：「有勝有不勝，五行是也。」（張震澤《孫臏兵法校理》第二七一頁，中華書局）托名齊「太公」的《六韜》，也談論五行相勝：「金、木、水、火、土，各以其勝攻之。……有應聲管，其來甚微。角聲應管，當以白虎；徵聲應管，當以玄武……」（上海古籍出版社《握奇經、六韜、司馬法、吳子、尉繚子》第一三頁）這些五行說，很惹人注意，凡成書於齊國的戰國之書，幾乎無一不談五行，足以證明「五行……是齊國的產物，齊國是五行學說的中心地帶」。（楊向奎《繹史齋學術文集》第二六三頁）也足以作為判斷《逸周書》成書年代和產生地域的參證。

第六，宣揚黃老思想。讀了《逸周書》法家傾向的作品後，讀到〈王佩〉、〈殷祝〉、〈周祝〉則有不同感受。如〈王佩〉言「利民」「愛民」，上述作品都沒有，自是黃老學派的「採儒墨之善」。體察〈王佩〉「合為在因時，應事在易成……昌大在自克，不過在數懲，不困在豫慎，見禍在未形，除害在能斷……用兵在知時，勝大患在合人心……」要求王者「知過」、「慎威」、「親賢」，可證它是黃老派作品。要求「知時」、「因時」，不能「時至而疑」，是因為黃老學的特點是「與時遷移，應物變化」，「因時為業」，「時變是守」。（《史記》第三二八九、三二九二頁）〈殷祝〉表現商湯遜讓，盡可能幫夏桀擁有天下，實際是通過講故事表述黃老思想。它的主題，甚合《黃帝四經・稱》反覆強調的：「取予當，立為〔聖〕王；

取予不當，流之死亡。」「故立天子者，不使諸侯疑焉。」「聖人……，不預謀不為得，不辭福，因天之則。」（陳鼓應《黃帝四經今注今譯》第三六二、三五七、三四八頁，商務印書館）值得注意的是，本文以小說形式表述，桀「滅道殘政」，又三次讓天下與湯，百姓歸湯不從桀，而湯亦三次不受，桀遠走南巢，湯召集三千諸侯大會，曰「天下非一家之有也，有道者有之」，「湯以此三讓，三千諸侯莫敢即位，然後湯即天子之位」。把湯、武的征誅，寫成辭讓，讓人想到這很可能就是稷下宋鈃《宋子》的佚文，思想、文體都與之相合。（《漢書・藝文志》小說家有「《宋子》十八篇」，班固自注：「荀卿道宋子，其言黃老意。」）

〈周祝〉篇全文是韻語，用歌謠形式講全身、治國，並且揭示天地間萬事萬物錯綜複雜的關係，表現出探討天道、人事的強烈興趣：「石有玉而傷其山，萬民之患故在言。」「肥豕必烹，甘泉必竭，直木必伐。」「木之伐也而木為斧，賊難之起自近者。」「天為蓋，地為軫，善用道者終無盡；地為軫，天為蓋，善用道者終無害。」「欲伐而不得，生斧柯，欲鳥而不得，生網羅。」最後落實到「君子不察福不來」，「察彼萬物」，「用彼大道」，「加諸物則為天子」。道家思想突出，也有法、儒思想。這正是黃老學的特點。書中那些軍事著作也多有黃老色彩，如〈武紀〉：「臨權而疑，必離其災。」「時至而不迎，大祿乃遷。」「大事不法弗可作，法而不時弗可行，時而失禮弗可長，得禮而無備弗可成。」又如〈柔武〉、〈光（允）文〉、〈小明武〉以至〈文酌〉中「大知（智）率謀，大武劍（斂）勇」，都可以看到黃老思想。《六韜》一書，也有明顯的黃老思想：「安徐而靜，柔節先定；善與而不爭，虛心平志，待物以正。」（〈大禮〉）「見善而怠，時至而疑，知非而處，此三者道之所止也。柔而靜，恭而敬，強而弱，忍而剛，道之所起也。」（〈明傳〉）錢穆、馮友蘭、郭沫若都從《史記・孟荀列傳》說，以為黃老學派產生於齊國稷下。（穆說見下文。馮說見《中國哲學史新編》上第四九八—五〇〇頁，人民出版社。郭說見《十批判書》第一三四—一三五頁，人民出版社）胡家聰以《管子》之〈形勢〉、〈宙合〉、〈樞言〉、〈心術〉上下、〈內業〉、〈白心〉、〈九守〉、〈正〉、〈形勢解〉、〈版法解〉、〈勢〉十餘篇均屬黃老體系。（《管子新探》第五

三六、五六頁，中國社會科學出版社）黃老思想出於稷下，是因為有田齊出於黃帝之說：黃帝→舜→陳國→田齊，所以齊威王稱「高祖黃帝」。田齊統治者和稷下學士因而掀起尊黃帝的高潮。

《管子・任法》：「黃帝之治也，置法而不變，使民安其法者也。」〈五行〉：「黃帝……作立五行以正天時，五官以正人位。」「黃帝得六相而天地治，神明至。」黃帝被說成法家之祖和陰陽五行的創始者。稷下學宮盛於宣、湣之世，司馬遷說，慎到、田駢、接子、環淵諸人「皆學黃老道德之術，因發明序其指意」，宋鈃《宋子》「言黃老意」。這幾位學者，均活動於宣、湣之世。然則稷下黃老著作，應當出現於戰國中後期之交或後期。（參錢穆《先秦諸子繫年考辨》之〈稷下通考〉、〈宋鈃考〉，後篇曰：「余嘗謂黃老起於晚周，興於齊，又謂道源於墨。若宋子宗墨氏之風，設教稷下，其殆黃老道德之開先耶？」又曰：宋鈃「生年當周顯王十年（西元前三五九年）前」）《管子》之黃老作品既然出於齊宣、湣時，那就有理由認為《逸周書》中所屬黃老派作品出於稷下，至少受其影響。

第七，重視軍事。書中〈武稱〉、〈允（允）文〉、〈大武〉、〈大明武〉、〈小明武〉、〈柔武〉、〈酆謀〉、〈武穆〉、〈武紀〉都是軍事論文，〈武順〉講古代「三單」軍制。《逸周書》所表現的軍事思想，與秦法家《商君書》的積極主戰有明顯不同，而比較接近《管子》中的一些軍事思想，比如注意戰爭的正義性和得民心，反對掠奪侵暴和用兵不休，要求武備精良。又有明顯的黃老思想影響，強調「務在審時」，「善戰不鬥」。在《逸周書》戰國篇章中，軍事內容所占比重較大，呂思勉、楊寬堅持認為，《逸周書》是「戰國時代兵家所編輯」。（《西周史》第八五九頁）《管子》一書中軍事內容很豐富，我們編寫《先秦諸子軍事論評注》，全錄《管子》軍事論五篇，節錄二十六篇。兵家都主張富國強兵，講究戰略、戰術，商鞅與孫武、孫臏、吳起同被《漢書・刑法志》譽為「擒敵立勝，垂諸篇籍」的軍事家。《孫子兵法》、《孫臏兵法》、《六韜》、《尉繚子》四部軍事專著一起出土於山東臨沂銀雀山漢墓，是齊人重軍事的一個顯證。（張震澤《孫臏兵法校理・自序》：「墓葬時在漢武」，竹簡之繕寫「必在高帝在位十餘年中」）

總地看，《逸周書》中法、道、兵、儒、陰陽五行思想都有，而法家思想突出。查《左傳》一書「法」字僅三十三個，上文說及《逸周書》字數約當《左傳》六分之一，其中「法」字二十四個，出現頻率約當《左傳》四點六倍。錢穆說：「《周官》書中有極明顯之一事，足以證其書之為晚出者，即其書對『法』的觀念之重視是也。」（《兩漢經學今古文平議》第三七〇頁）楊向奎說《周禮》作者「實在是和儒家接近的法家」。（《繹史齋學術文集》第二六七頁）《周禮》之〈天官〉、〈地官〉中「法」字八十個，這兩部分約占全書百分之三十六，「法」的使用顯然大大高於《左傳》，充分證實錢、楊之說。馮友蘭以為《管子》中「各家各派的論文都有，但中心是黃老之學的論文」，「稷下黃老之學是齊法家思想的核心」。（《中國哲學史新編》（上）第四九九、五二六頁）而張岱年認為：「《管子》書……主導的思想是法家思想。」「大部分應是齊國法家的著作。」（《中國哲學史史料學》第四七頁，三聯書店）在這方面，足以表現出《逸周書》戰國作品與《周禮》、《管子》思想傾向的一致性。

三

在《逸周書》的文體特徵方面，前人有如下論述：

> 《莊子》言「聖人之法，以參為驗，以稽為決，其數一二三四是也」，此如箕子陳九疇及《周禮》所載庶官所守，皆不容不以數紀者。若是書以數為紀之辭，乃至煩複不可勝紀，先王曷貴是哉？吾固知其誣也。（姚鼐《惜抱軒全集・文集》卷五〈辨逸周書〉，中國書店）

> 周、秦古書，凡一篇述數事，則必先詳其目，而後備之。其在《逸周書》、《管子》、《韓非子》至多，

本中〈祭統〉之「十倫」、〈孔子閒居〉之「五至」、「三無」皆是也。（汪中《述學・大學平義》第八七頁，遼寧教育出版社）

《逸周書》各篇文體是對偶，常用數字，完全不像西周文字。試與〈周書〉與西周金文相比，不同處非常明顯。（趙光賢《古史考辨》第二五頁，北京師大出版社）

〈洪範〉一篇，實係戰國時體，皆以數紀，與《逸周書》相似，足以證後者成書之晚。（陳夢家《尚書通論》第二九〇頁，中華書局。有人以以數為紀證〈洪範〉是夏商作品，且說《逸周書・大武》等形式與之類似，作於西周初非巧合。此說不可信之甚。以相關，附記於此。）

人類有了「數」的觀念甚至初有文字，遠不等於就有了後世所說「以數為紀」的寫作形式，待其形成一種模式，甚至蔚為一時風尚，必定經歷一個過程。學者指出〈洪範〉發其軔，《管子》、《周禮》、《逸周書》、《韓非子》等繼其後。《逸周書》五十九篇，有二十多篇用這一手法，最為突出。劉先生所說「春秋」《書》篇和李先生所說〈度訓〉一組，就有〈酆保〉、〈寶典〉、〈大匡三十七〉、〈大戒〉、〈小開〉使用此法，且〈小開〉所說「三極」、「九因，因有四戚、五和」，又見於〈小武開（武）〉、〈大武開（武）〉和〈大武〉篇，他們確實為一組。《管子》、《韓非子》出於戰國，學界沒有分歧，至於《周禮》至少多數人認為也出於戰國。（劉起釪先生無視《周禮》的框架為陰陽五行，以為《周禮》成書於五行出現前的「春秋前期」，而增益了不少戰國資料。其說無法成立。《古史續辨》第六四二頁）只要我們打開《周禮・天官・大宰》、〈地官・大司徒〉和《管子》之〈牧民〉、〈立政〉，其數紀之多，可一覽而知。「先詳其目」而後分說的常見形式有：(一)「……一也……二也……三也」、(二)「一曰……二曰……三曰」、(三)「一……二……三」、(四)有總說分說而無「一二三」的不完全式，如「君子有三畏：畏天命，畏大人，畏聖人之言」「……凡此四者，兵之用也」。下列表中「一二」連數有多至三十二者，均以「以數為紀」之一次計；《管子》數紀太多，形式多樣，僅㈡式統計全書，其餘僅統計其七十六篇中〈牧民〉、〈立政〉、〈幼官〉三篇，加括號以示非指全書；《論語》一般是先總後分，《孫臏兵法》先總後分、先分後總者兼有；《呂覽》「一日、二日」都用於標記各卷篇第，與諸書不同；《莊子》只統計內篇；《逸》⑴、⑵指《逸周書》西周和戰國兩個不同時代的作品。今表列如下：

一	㈠	㈡	㈢	㈣
尚書	0	0	0	0
逸⑴	0	0	0	0
論語	0		0	16
洪範	0	8	0	4
國語	6	1		
左傳	6	2		
墨子	0	1		
老子	0	1		
孫子	0	3		
孟子	0	0		
莊內	0	0		
商子	0	1		
周禮	0	58		
管子	0	18	(7)	⑽
孫臏	0	5	3	27
晏子	2	0		
逸⑵	0	7	81	16
荀子	0	1		
韓子	1	9		
禮記	1	2		
呂覽	0	26		
國策	2	0		

由這個並不完全的統計，已經可以看出：《尚書・洪範》（全文一千零數十字）、《逸周書》戰國篇章、《周禮》、《管子》、《孫臏兵法》以數為紀的使用都屬於最高頻率，而且這五部著作一律不用㈠式，常使用㈡、㈢、㈣式；《左》、《國》數紀很少，且主要用㈠式；《論語》中不完全式數紀皆出於「下《論》」之最後四章〈季氏〉至〈堯曰〉。它們不稱「子」而稱「孔子」，當面稱「夫子」，又多用排句，都與「上《論》」不同，肯定不出於一再傳弟子之手。（崔述〈論語餘說〉，《崔東壁遺書》第六一八—六一九頁，上海古籍出版社）。「上《論》」十章和「下《論》」前六章中只有「君子之道三」和「吾日三省吾身」涉及數紀。

如果承認表達興趣、文體形式也具有時代性，那就應當承認這些作品必產生於相同或相近時段。《逸周書・文政》是用數紀最徹底者，全文由九慝、九行、九醜、九德、九過、九勝、九戒、九守、九典八十一則組成，僅開頭、結尾各十四字不在其中。《孫臏兵法》上下編〈篡卒〉、〈月戰〉、〈地葆〉、〈勢備〉、〈十陣〉、〈十問〉、〈五名五恭〉、〈五度九奪〉等數紀用得很多，尤其下編，如〈將敗〉「一曰、二曰」直說到二十：「廿曰自亂。多敗者多失。」僅結尾句不是數紀；〈將失〉更說到「卅二曰……」，全文無一字不在數紀中，足與《逸周書》比肩，可惜此書殘缺太甚。此外《六韜》數紀者也有十餘篇，被認為出於稷下的《黃帝四經》，（陳鼓應《黃帝四經今注今譯》卷首第四一頁、胡家聰《管子新探》第五四六—五四九頁）其〈經法〉之〈論〉、〈亡論〉之「六枋（柄）」、「三名」、「六危」、「三不幸」、「三壅」、「三凶」皆為數紀。由此可以知道，《逸周書》這批作品，和齊國《周禮》、《管子》、《孫臏兵法》、《六韜》、《黃帝四經》都用數紀體式，充分顯示了它們之間的關係。這與《逸周書》西周作品和《尚書》全書成為最鮮明的對照。然則主西周或春秋時興以數為紀者可以休矣。龐樸據黑格爾說，人類認識史上有「雜多」階段，他以《洪範》、《逸周書・文酌》為中國「雜多」代表。由龐之行文可知他以「五行」出現於戰國，（《中國文化十一講》第一六、五〇頁，中華書局）與我們所說時代不期而合。前已說及〈文酌〉出於戰國，《洪範》的寫定也不會早到哪兒去，將另文說明。

其次，據周玉秀統計，《逸周書》「普遍」使用頂真修辭格的多達三十篇（《逸周書的語言特點及其文獻學價值》第二三一頁），大量使用的有二十六篇。〈程典〉、〈度訓〉都多達二十處，〈大匡三十七〉更達二十六處，如〈度訓〉：「天生民而制其度，度小大以正權，權輕重以極明，明本末以立中，立中以補損，補損以知足。」（據孫詒讓校文）又如〈程典〉：「思備慎用，思用慎地，思地慎制，思制慎人，思人慎德，德開乃無患。慎德必躬恕，恕以明德。德當天而慎下，下為上貸。力競以讓，讓德乃行。」幾乎是句句相「頂」，可以看出作者對於此事的極盡心力和濃厚興趣。其中「思備慎用，思用慎地……」則是頂真格兼排比句。寫定於戰國中期的《左傳》一書（新城新藏《東洋天文學史研究》第四二四、四五〇頁，中華學藝社民國二十三年。拙作〈天文學史的發展表明左傳成書於戰國中期〉，載於中華書局《春秋左傳研究》第五七頁）也用頂真格，但連用三、四處以上之例少見。（李華《左傳修辭研究》第七四頁，上海古籍出版社）頂真格盛行於戰國，《大學》、《中庸》和論述仁義禮智聖的出土文獻〈五行〉（荊門市博物館《郭店楚墓竹簡》第一四七頁，文物出版社）可以為證。《逸周書》言五行金木水火土，而《郭店楚簡》中被認為思孟學派的資料與傳世思孟文獻，沒有真確的金木水火土五行蹤跡，故學者或認為《荀子・非十二子》所批評思孟五行，即指仁義禮智聖，（陳來〈竹簡五行與子思思想研究〉、〈帛書五行說部與孟子思想探論〉，《竹帛五行與簡帛研究》，三聯書店）或認為以木金火水土所附會之五行「當出於思、孟一派後學」。（楊寬《戰國史》第五九〇頁）〈程典〉以〈大學〉之文為寫作提綱（參唐大沛《逸周書分編句釋・程典》校文），又將儒家的「恕」與法家的「頑民」說摻雜在一起，其時代之晚可想而知。又如〈文傳〉不使用數紀，也很少使用頂真，而以句法富於變化和排比、對偶取勝：「山林非時不升斤斧，以成草木之長；川澤非時不入網罟，以成魚鱉之長；不卵不躐，以成鳥獸之長。畋獵以時（此句似應在「不卵」句上），不殺童，不夭胎；童牛不服，童馬不馳。土不失其宜，萬物不失其性，天下不失其時。」這無疑是戰國文風。（《左傳》也用排比句，但句子較此為短。）又如〈文儆〉：「汝何慎非遂？遂時不遠。非本非標，非微非煇；壤非壤不高，水非水不流。」頂真，對偶，排比，長句，短句，精警巧構，錯綜變幻。再說〈大匡三十七〉，「惟十有三祀，王在管」，要諸侯「順九則、八宅、六位」，奇特的是「九則」的句法一律，每一則都是四句十六字，而規則十分嚴格，請看其中末三則：

昭動非窮，窮居非意；意動于行，思靜醜躁。

昭潔非為，為窮非涓；涓潔于利，思義醜貪。

昭固非疾，疾非不貞；貞固于事，思任醜誕。

每則的一、二、三句都用頂真；第一句的句式，是固定的「昭△非○」，昭顯的是第二字的含義，否定的是第四字的含義；第三句的句式，必須是「○△于○」，即此句之第二字，必須與第一句的第二字相同，第三字必須是介詞「于」；第四句也是固定格式，「思○醜○」，句中自對，第一字是動詞，第三字是意動詞，「以……為醜」，而二、四兩字意思相反。排比、頂真、反覆、對偶、對比，多種修辭法齊施並用，無一例外。這樣嚴恪的規則，讓人想起明清的八股文。如此文體風格，如此花俏的文字，竊以為不可能出於戰國以前。又如〈武稱〉的三節：

賢者輔之，亂者取之，作者勸之，怠者沮之，恐者懼之，欲者趣之，武之用也。美男破老，美女破舌，淫圖破國，淫巧破時，淫樂破正，淫言破義，武之毀也。赦其眾，遂其咎，撫其□，助其囊，武之間也。

全文十一節，大多由這樣的排比句組成，這是其中三節，每一節末用一個四字句「武之○也」結其意，這自然也是戰國文風。其中還有「岠嶮（拒險）伐夷，併小奪亂，□強攻弱」這樣的對偶排比句，句句相對，又句中自對。「賢者輔之」數句為魚侯合韻，「戰國晚期」始有，「《管子》、《莊子》、《荀子》、《楚辭》中尚無有」。（周玉秀《逸周書的語言特點及其文獻學價值》第一八〇、一八八頁。可為此證者，王力《楚辭韻讀》無魚侯合韻，上海古籍出版社。張雙棣《淮南子用韻考》第二六頁，則有魚侯合韻九十三例，商務印書館。）〈武稱〉之作究竟在何時，不言而喻。至於《戰國策．秦一》說：「荀息曰：『《周書》有言：「美女破舌。」』……荀息曰：『《周書》有言：「美男破老。」』」〈武稱〉中「美男」二句都引在這裏了，戰國人所據如果是今傳本〈武稱〉，他憑什麼知道這是「荀息曰」？這裏又在何處脫落了或能加進去「荀息曰」？可知戰國時的《周書》之文顯然不同於今傳本〈武稱〉。《左傳》文公二年晉狼瞫說：「《周志》有之：『勇則害上，不登於明堂。』」此句今見於〈大匡三十七〉，就是上文所說使用頂真格多達二十六處、其「九則」一律是「昭△非○……」的那一篇。可以斷言，春秋的狼瞫不會見到〈大匡〉這樣的文體。當然，如果認為這樣體式的文章就是出現於春秋，那另當別論。《左傳》襄公十一年魏絳語：「《書》曰：『居安思危』，思則有備，有備無患。」今〈程典〉篇有：「於安思危，於始思終，於邇思備，於遠思近，於老思行。」〈程典〉就是上文所說使用「頑民」、頂真格達二十處，其論綱實際來自〈大學〉的那一篇，其作者一邊說著「頑則害上」，一邊又說著儒家提倡的「恕」。楊寬先生說，大學之道不是別的，實質上就是忠恕之道（《戰國史》第四九二頁）正確地斷定〈程典〉是戰國以後作品。（《西周史》第七二頁）魏絳看到的《書》也不可能是〈程典〉這樣的文章。李學勤先生判定它們的年代「不一定晚」，強調「頗關重要」。竊以劉、李兩先生對這一批文章的文體特徵、思想傾向可能沒多留意，春秋人不可能寫出或看到這樣一些文章。這好比為某遊子找到了故家，但其故家已生滄桑之變，遊子回來也無處安排他。李先生在〈古本竹書紀年與夏代史〉一文中說過：「翻閱戰國諸子的作品，不難看到很多古史記載都受到作者的觀點影響。甚或是為了適應一定觀點而加以改造的。」（《走出疑古時代》第五一頁，遼寧大學出版社）其實，劉、李所說春秋作品，恰恰是戰國時代「改造」的這類子書。

對《左傳》、《戰國策》引用《周書》、《周志》，劉先生則看得真切，發表了很好的見解：

> 其中一些文句曾為《左傳》所引用，可能《左傳》作者與此諸篇作者所據為同一原材料，也可能此諸篇由原材料受春秋文字影響成篇，為《左傳》作者所見。（《尚書學史》第九六頁，中華書局）

某篇文句為《左傳》引用，而細看該篇，卻是戰國文章，這是一個使人頗為困擾的問題，看來楊伯峻先生注《左傳》對此也曾頗感棘手，劉先生此說化解了一個難題。

以上從思想、文體說到的文章，劉、李兩位所說篇章和相關篇章除三篇以外，都涉及到了。淺見以為，視它們為戰國作品毫無疑問，它們的時代肯定不早。五十篇中有疑問的是劉先生所說〈寤儆〉、〈和寤〉和〈武儆〉。三篇文字都很簡短，長者一百五十多字，短者八十多字。〈寤儆〉、〈和寤〉各有三處頂真修辭格；〈和寤〉中更有「綿綿不絕，蔓蔓若何？豪末不掇，將成斧柯」發揮《老子》思想的話。這四句被人稱為「黃帝語」，郝懿行、孫詒讓認為出於《周書陰符》。（《郝懿行集》第三九七二頁，齊魯書社。《周書斠補》第一八九頁，《續修四庫全書．史部．別史類》。按，「黃帝」一詞晚出，「黃帝語」自亦不可能早。《周書陰符》自是在戰國）〈寤儆〉「無為虎傅翼，將飛入邑，擇人而食」，時代也不會早。所以都被人認為是戰國作品。（《逸周書的語言特點及其文獻學價值》第二四九頁引夏含夷、黃沛榮說及第二六九頁）但三篇文字很短，特別是〈武儆〉、〈和寤〉二篇，武王、周公外，更有小子誦、邵公奭、畢公高、尹氏八士，似非泛泛語，雖有後人筆墨，不敢說無早先資料。此尚待論定。

《周書．序》把大多數文章，說成史書，但是宋、元人已經指出其「文體與古書不類，似戰國後人仿為之者」。（陳振孫《直齋書錄解題》，轉引自陳夢家《尚書通論》第二九〇頁）「觀其屬辭成章，體制絕不與《百篇》相似。」（黃玢《汲冢周書．序》，《逸周書彙校集注》第一一八八頁）事實證明，依「文體」、「體制」定寫作時代，是可行之法。呂思勉曾經這樣評說寓言式擬託文章：

> 諸子中之記事，十之七八為寓言；即或實有其事，人名、地名及年代等，亦多不可據；彼其意，固亦當作寓言用也。據此以考事實，苟非十分謹慎，必將治絲益棼。（《先秦學術概論》第二一頁，中國大百科全書出版社）

人們知道不用《六韜》考察太公望事跡，其實《逸周書》中也有不少不能用來「考事實」的篇章，前輩學者給了很好的忠告。對於使用戰國思想、語言說話的文、武、周公，都應當作具體分析。

總之，《逸周書》中具有秦法家、齊法家、五行家、黃老家、兵家思想立場的文章，占有很大一批，都出於戰國時期，不出於春秋時代。

我們所以把齊國視為《逸周書》的成書地，因為司馬遷曾經說：「自齊威、宣之時，騶子之徒論著終始五德之運……顯於諸侯，而燕齊海上之方士傳其術。」（《史記》，第一三六九頁，中華書局）且齊國既然是「五行學說的中心地帶」（《繹史齋學術文集》第二六三頁），言五行的《尚書・洪範》，也是由「齊國方術之士」加工寫定（劉起釪《尚書校釋譯論》第一二一九頁，中華書局）。而成書於齊國的《考工記》、《周禮》、《管子》、《黃帝四經》、《孫子兵法》、《孫臏兵法》、《六韜》乃至《晏子春秋》諸書，無一不言五行。（戰國晚期子書亦罕有不涉及五行者，如墨家後學《墨子・經上》、道家後學《文子》、《鶡冠子》、《莊子・外雜篇》、儒家《禮記》等。）然而戰國中後期之際與後期秦國《商君書》不言五行，三晉《尸子》、《慎子》、《荀》、《韓》，（《慎》、《韓》僅行文中言及「五行之官」、「五常」一次）皆無以五行論事者，縱橫家之言《戰國策》無五行，《莊子・內篇》無五行，由此足以顯示齊國著作的特點，也顯示《逸周書》的寫定時代與地域。又田氏代齊以後，要與炎帝後裔姜齊劃界，故齊威王〈陳侯因資敦〉銘文高倡「高祖黃帝」，而老子故里苦縣與田氏同出春秋陳國，此即田齊上下尊崇黃老的特殊背景。所以司馬遷說，稷下學士「學黃老道德之術，因發明序其指意」，當今學者也說《管子》中心思想是黃老，稷下是黃老思想發展中心。（陳鼓應《黃帝四經今注今譯》卷首第四一、四二頁）由於《逸周書》的一大批文章與《周禮》、《管子》等齊國作品所反映的社會狀況、思想內容乃至文體特徵存在廣泛一致性，因而我們認定，《逸周書》四十多篇文章，出於戰國後期田齊，同是稷下時代一系列著作的組成部分。刪「太公」是鐵證。

當然，依託文章不等於沒有價值，它們仍然是研究戰國思想、文化和齊文化的有用歷史資料，要緊的是如實地說明它們的寫作時代，作為該時代的作品加以研究、利用。

朱右曾對《逸周書》發過這樣的感慨：「上翼六經，下籠諸子，宏深質古……儒者顧不甚愛惜，任其脫爛，或又從而觝排之，甚矣其專己而蔑古也。」（《周書集訓校釋・序目》）儒者觝排〈世俘〉、〈克殷〉，以為「非聖人之行」，確乎錯誤，使得殷周之際的歷史真相變得十分模糊；但是《逸周書》中法家思想突出的諸多篇章，被儒家認為「非聖人之言」，與《尚書》、《左傳》的重民思想，和儒家「道之以德，齊之以禮」的治民思想相牴觸，自然也是事實。「古者明王奉法以明幽，幽王奉幽以廢法」（〈常訓〉），明白表示作者屬於法家。早期法家慎子尚且說：「故立天子以為天下，非立天下以為天子也」（《慎子・威德》），而本書上述篇章與《慎子》思想尚且不合。要求儒者認可頻言「頑民」、「群醜」的言論是聖人之言，是不可能的，朱右曾恐怕對作品的思想傾向重視不夠，對作品的時代缺乏辨析。前人也只有方孝孺、唐大川於此致疑，至呂思勉、蔣善國才指出了本書與《商》、《管》的聯繫。《周書・序》幾乎把全書各篇都說成是文、武、成等王的史書，不利於讀者全面認識該書。劉向說本書是「孔子所論百篇之餘」，當然不正確。孔子肯定見過〈世俘〉等篇，所以他一再對武王和《武》表示不滿。《論語・八佾》：「盡美矣，未盡善也。」《禮記・樂記》：「唯。丘之聞諸萇弘，亦若吾子（賓牟賈）之言（『若非有司失其傳，則武王之志荒矣』）是也。」（孫希旦曰：「不然，則武王……有意于黷武矣。既曰『唯』，復曰『是也』者，所以深然賈之言也。」《禮記集解》第一〇二二頁，中華書局。按，孔子在這裏對周武王的批評是相當重的）孟子就是在《書》中看到了〈世俘〉，證明孔子並未刪《書》。但孔子根本不能見到擬託於戰國的一大批篇章。儒家後學觝排該書，恐怕也不便多所責怪，因為先秦諸子本就有「相滅亦相生」、「相反而皆相成」的兩個方面。《韓非子・和氏》說過：「商君教秦孝公以連什伍，設告坐之過，燔《詩》、《書》而明法令……」可見法家之焚書是起意於商君而行之於李斯的。

要客觀、如實的評價該書，首先要辨明作品寫作的時代，弄明白它所寫的社會狀況，所表達的思想傾向，以及它大量使用的文體究竟盛行於什麼時代。

最後，說說本書的寫作。

《逸周書》的衍脫訛舛十分嚴重。盧文弨本，匯集元、明、清多種刻本，「積數年校勘之功」，是公認的善本，又經王念孫旁徵博引，校注疏證，但唐大沛仍然一再說「殘缺訛脫太甚」，「訛脫義晦」，「點句頗難」。唐大沛、朱右曾的注釋，頗得好評，但是唐本缺失〈大匡〉、〈糴匡〉、〈謚法〉等九篇，而朱本則據丁宗洛本改字，「大都憑臆增羼，絕無義據」。俞樾《平議》亦多可取。劉師培評價說，盧校本「雖義多闡發，然或改移喪真」，王念孫之說「尤精審」，陳逢衡補注「侈虛言」，朱右曾僅「依文繹意」而「鮮疹（診）發」，他最推崇的是孫詒讓斠補，「每下一義，旁推交通，百思而莫易」，「雖王氏《雜誌》尚或莫逮」。（《周書補正・跋》）孫詒讓、劉師培兩位大家實在是《逸周書》的功臣，一位「昔讀此書，頗涉讎勘，略有發正，輒付掌錄」（《周書斠補・序》），一位「服習斯編，於茲五載……稿凡四易」（《周書補正・自序》），在盧、王、唐、朱之後，孫、劉又消解了無數難題（孫、劉未見唐大沛本）。根據盧、王、唐特別是孫、劉等人的校補，確證朱右曾誤改而本書又改回的，為八十三字（一面工作一面記錄，統計容有遺漏），刪衍文一百零四，正誤字一百七十二，補脫文一百三十五，乙正倒文、改正錯簡三十一處。每至於斯，面對前賢斷案和各種版本，常不敢輕易下筆，必反覆斟酌，苟非理據充分，寧可存疑。因為前人誤改之弊，足以為警（丁、朱之輕改可以不論，而以王念孫之精審，所改仍不能無誤，故多主不改古籍文字）。但該書訛誤實在太多，不可卒讀，故歷來校注該書，不得不改，以求通貫。本書亦願成為一個比較可讀的本子。校勘的原則、理由，俱見本書〈凡例〉及各注。是耶非耶，賴博雅君子是正定奪。

上世紀八十年代，我參與寫《先秦經史軍事論譯注》一書，譯注過本書的十篇軍事論，但那實在是淺嘗輒止，並不深知此書的高深（我們這一代人的實際情況是，大多不是研究好了來寫書，多是帶著任務來寫）。該書內容，涉及歷史、政治、思想、軍事、禮制、天文曆法、歷史地理、語言文字等等知識，西周、春秋、戰國以至上起殷商、下至秦漢的大量典章、名物、制度，並且再運用這些知識，辨析書中居於多數的擬託篇章的寫作時代，這實在是一個過分繁重的課題，作為一個學文學的人需要多方面補課。為注釋〈周月〉、〈時訓〉，我反復閱讀陳遵嬀先生《中國天文學史》；為吸收地下出土資料及研究成果，我備下《古文字詁林》，閱讀甲骨文、金文和李學勤、裘錫圭等先生相關著作；為彌補歷史知識，反覆閱讀相關歷史著作。校、注、譯、考這樣一部古籍，自認為是一次少有的機會，一定盡全力做好。人的機會並非很多。我奢望：盡可能將其研究成果搜羅進來，盡可能把相關地下出土資料及研究成果吸收進來。自己是盡了力，但也僅僅是「盡可能」而已，坦白說用數年功夫做不到愜心滿意，求全責備需要更多時間。面對百年以前，劉師培「師培服習斯編，於茲五載……稿凡四易」，頗生感慨，以劉師培的學力，從《逸周書》探賾索隱尚且要「五載」，何況我輩！但反躬自問，此書自屬稿至校注告竣，已經六閱寒暑。居今之日，舉目四望，這個速度可真是遲緩得可以。當然其間遭遇車禍而骨傷六處，百歲老母患病而永辭茲世，此外又不可免地有雜事纏身，但用於此書的時間諒有四載之多。書太難，天性又愚鈍，發現問題總想求其究竟而不計「工本」，故與快速無緣。明代李贄曾說：「不有日進，便是死人。」注釋此書，倒使我幾乎天天有進益。進，使我愉悅；慢，則令人懊惱。

辨析各篇的寫作時代是研究該書的一個大題目。殷周之際至秦漢九百年間，社會、思想、語言、文字等自然都有很大發展變化，這種變化，最終都要表現在語彙、字頻方面，通過語彙、字頻的探索統計，作縱向與橫向的比較，竊以不失為確定作品寫作時代的一種方法，而且可在一定程度上彌補以前研究的缺環。所以我寫每篇的「研析」也像作注釋一樣，花費了很多時間。這是繁重又繁瑣的工作，雖有前輩、時賢的撰著提供方便，終以學力不足，見聞不廣，不能如意地釋疑解難。所幸生於上述前輩之後，社會在發展，思想在進步，見到了大量出土資料，產生了新的歷史觀念。比如唐大沛多有通達之注，而竟以

〈度訓〉、〈命訓〉、〈常訓〉等篇出於周初，「以著千古帝王相傳之道法」，甚至劉師培也以某些後出篇章出於周公。至梁啟超、郭沫若、顧頡剛等學者，才以現代歷史眼光看待該書。但說到具體篇章產生時代，當今研究者仍然頗多分歧，已見上文所述。自己的論斷，力求接近實際，〈度邑〉、〈大聚〉、〈器服〉等的「研析」或可代表我使用的方法和特點，大概長與短盡在其中。周玉秀《逸周書的語言特點及其文獻學價值》以語言學知識研究該書各篇成書時代，方法科學，收穫不少，值得參考。猶有尚需完善之處。

我的初衷本來是，對於這樣一部著作，絕不輕易發表或盡可能少發表意見，治絲益棼，等於添亂。現在檢查起來，還是說了不少話，因為頗多不容不說之處。這就難免疏誤。

我要特別感謝學長韓兆琦教授，由於他的關照，使我得以校、注、譯、考這部古籍，也很贊同三民書局所設計的體例，使我得以盡興地從事這項工作。韓先生很關心此書寫作，常常一起議論，我也送書稿向他請教。老同事李景華教授給予多方面的支持，為我提供重要書訊，贈閱書刊，甚至抄來卡片，又閱正本書前言，很使我感動。許抄珍君從北京大學為我搜集了多種資料。我校趙敏俐、尹小林兩教授慨然以所著《中國古代文學史電子史略庫》和《國學寶典》相贈，在考證、注釋方面，給我提供了查閱資料的很大方便，受益匪淺。還要感謝三民書局劉振強董事長，對於本書拖延付稿給予寬容與鼓勵。在本書付印之際，謹對他們深致謝意。

校畢全書排印稿，面對清華大學戰國竹簡，對於前此未能收入新出土〈程寤〉、〈皇門〉、〈祭公〉三篇文章和竹簡編者研究成果，心存目想，老大不安。終於下決心，收入三篇，重新譯注。在這裏，謹向《清華大學藏戰國竹簡》整理、注釋者李學勤等先生表示衷心感謝。

清河牛鴻恩　於京西求是居

二〇一〇年九月初稿
二〇一二年清明修改
二〇一五年二月改定

凡例

一、本書以清朱右曾《逸周書集訓校釋》光緒三年湖北崇文書局本為底本（輔以萬有文庫斷句本），並以《四部叢刊》明章檗本、《四部備要》清盧文弨校本及各校注本校核原文。

二、本書各篇篇題原有一「解」字，如〈度訓解〉、〈命訓解〉、〈常訓解〉，朱右曾、顧頡剛等均以「解」為後人所加，《周書・序》言及各篇均未有「解」。清華簡證明朱、顧說正確，今從朱本、簡本。有確實理據改動篇題誤字，誤字加括號、用小號字仍保留於原處，以免讀者不知其為何篇，如〈允文〉改為〈光（允）文〉，〈大開武〉改為〈大武開（武）〉。

三、本書為脫衍訛舛最多的古籍之一，盧文弨、王念孫、朱右曾已有不少校正，凡朱本校正正確、理據充分者，一般不再作說明。但朱右曾沒有看到陳逢衡、唐大沛之書，之後俞樾、孫詒讓、劉師培等又續有校正。凡新校正，或證明朱本改而不當或理據不充分者，則改動朱本，並在注文中說明理由。「理據充分」，指有版本依據、有上下文例、前人引文、孔晁注釋可資佐證（對類書的不同引文則慎重對待）。一望而知理校為是而逕改原文者，如〈大開〉篇孫詒讓改「人」為「之」，為極少數情況。否則，一律在注中說明或譯文從其說，不改動原文。朱右曾受丁宗洛影響，有輕改原文之疵，凡證據確鑿的誤改之字，則恢復原文。

四、校字之句，二句以上，則於辭頭之下照錄原文，便於讀者對照。一般注釋，則作省略，如「『非本非標』二句」。同一條注中有校有注，先校字後注義。

五、前人說明出處，往往只說書名或篇名，本注文一律補足書、篇名，以便今日讀者。補字加括號，以示區別，如「《禮記（・玉藻）》或《（禮記・）檀弓》」。原注文的夾注（自注），一律使用「（ ）」。有必要在前人注中略作說明，一律使用「〔 〕」。

六、本書之文，涉及史、政、兵、禮等各個方面，或敘事，或說理，時代跨度大，文字深淺不一，因而注釋體例難求一律。有時須作考證，難免文字較繁。引錄前人注文，可保持其權威性，如實傳達原意，也是部分學者所樂於接受的，而求簡明的讀者可以徑讀基本是直譯的語譯。

七、同一見解的注釋，選用準確簡明者，不論其時代先後。依注釋慣例，引文不求首尾完具，省略字句，一般不用省略號。如引文過長，只撮錄其要言，則不用引號。有的注釋雖是直接表述，但實際是依據某氏注文，則在注文後面標明出於某氏，如「（朱右曾）」；參考某氏而略有變通，則標明「參某氏說」。

八、注釋某些詞的稀見義，則注明是依據某書某人之說、之注。前人注文可相互印證，非如此則不完善，或實在不易決斷彼此是非，則不止列舉一說。有時雖採取某說，而使用「姑」字，表示有進一步探究的必要或餘地。

九、注釋古今字、異體字用「同」，如「禽，同擒」。注釋通假字則使用「通」。

十、基本一句設一注號。被釋之句、詞與注文間空一格，不使用符號。釋文先釋句後解詞（前人先解詞後釋句者照舊），釋詞時，詞與注文間則使用逗號。

十一、語譯多用直譯方式（古漢語的特殊語序例外），務求忠於原意，以便讀者尋求其間對應關係。譯文力求準確、平易、通達，使譯文確能成為理解原文的第二津梁。本書文字簡奧，譯文中適當補出內含的語意，其補出部分一般不使用符號。原文脫訛過多不明其意或有歷來不得其解者，不勉強翻譯，用刪節號標示。原文有誤，前人雖有辨析但無可靠依據更改原文，譯文依校語，致使譯文與原文不合，遇此等處請參閱注文。

十二、每篇之後的「研析」，是對本篇思想內容、史料價值、寫作時代等的研析、評論、考證，是各篇的必要組成部分。研究者對本書各篇寫作時代，頗多分歧，故辨析寫作時代是「研析」重要內容。本書試圖從思想發展史、社會發展史及語言發展變化角度，通過與先秦諸書語彙、字頻的比較探討各篇寫作時代，並盡可能吸收古今學者研究成果。每篇研析不是面面俱到，有話則長，無話則短。

卷一

度訓第一

【題 解】度訓，訓有二解，訓教、訓誥（潘振《周書解義》、唐大沛《逸周書分編句釋》）；訓釋（孫詒讓《周書斠補》）。下篇〈命訓〉有「立明王以順之，曰：『大命有常，小命日成……』」似是訓語，故劉師培《周書補正》讀「順」作「訓」，以〈命訓〉前半為訓辭，但未說篇題讀為「訓教」之「訓」。孫詒讓曰：「度訓，訓釋『度』字之義也。《漢書・藝文志》『道家』有《周訓》十四篇，此與下〈命訓〉、〈常訓〉三篇義恉與道家亦略相近，此三篇或即《周訓》遺文僅存者。」通觀三篇為同一作者對「度」、「命」、「常」的訓釋，孫說符合三篇實際，以一作者作文稱「訓誥」，不相宜。雖然三篇未必是《周訓》遺文。今取訓釋、詮釋說。本文意在說明，明君要用法度為政治民，節制其好惡，使之各安本分。

篇題原作「度訓解」，全書各篇題都有「解」字。唐大沛以樂歌一章曰「一解」釋之，義即篇章。唐說不可信，本書與樂歌無關。此「解」即《淮南子》各篇之「訓」，「道其義、釋其理，謂之訓解」（何晏《論語・序》「訓解」邢昺疏）。朱右曾以為晉五經博士孔晁注《逸周書》時所加，漢代蔡邕說「《周書》七十一篇而〈月令〉第五十三」，並沒有「解」字（《逸周書集訓校釋・序》）。所以朱右曾本各篇都刪「解」。《淮南子》篇題下之「訓」，如〈原道訓〉、〈主術訓〉，姚範《援鶉堂筆記》認為是「高誘自名其注解」。顧頡剛先生〈逸周書世俘篇校注、寫定與評論〉說：「今以《周書・序》中無一有『解』字者，知出後人所增，故於寫定本中刪去。」（《文史》第二輯）朱、顧之說是，出於不同時代的本書作者，每篇均加一「解」，既不可能，亦不知其所為，今一律刪之。

《周書・序》曰：「昔在文王，商紂並立，困于虐政，將弘道以弼無道，作〈度訓〉。」說〈度訓〉是文王所作。今學界普遍認為，沒有證據證明本文作於周文王，《書・序》之說不合實際，說詳本文研析。

天生民而制其度❶，度小大以正，權輕重以極，明本末以立中❷。立中以補損，補損以知足❸。□爵以明等極❹，極以正民❺。正中外以成命❻，正上下以順政❼。政以內□，□□自邇，邇與自遠❽。遠邇備極❾，終也□微❿。補在□□⓫，分微在明⓬。明王是以敬微而順分⓭。

分次以知和⓮，知和以知樂，知樂以知哀⓯。知哀以知慧⓰，內外以知人⓱。

【章　旨】說制定法度對為政治民的作用和功效。以等級的準則治理吏、民，集中朝廷內外的人才制定政令。君上自身須敬慎、明察。

【注　釋】❶天生民而制其度　孔晁曰：「聖人為制法度。」此即《詩經・大雅・烝民》所說：「天生烝民，有物有則。」

❷度小大以正三句　「度小大以正，權輕重以極，明本末以立中」，孫詒讓《周書斠補》曰：「此當作『度小大以正權，權輕重以極明，明本末以立中』，挩『權』、『明』兩重文。蓋此章文例，每句并首尾相銜接，今本挩『權』、『明』兩重文，遂錯互不相應矣。」鴻恩按，孫說是，譯文從其說。孔晁注曰：「制法度所以立中正。」度，潘振《周書解義》，音鐸，義即揣度，音義與上句之「度」不同。陳逢衡《逸周書補注》、唐大沛說同。鴻恩按，此即一為法度之「度」，一為揣度之「度」。正權，使權衡正確。極明，最高的明察。本末，事物的主次、先後。立中，樹立中正的法則。中，即不偏不倚、無過無不及，故有

準則之義。❸立中以補損二句　孔晁曰：「損益以中為制，故知足也。」補損，即損益，損有餘補不足，以糾正過與不及。鴻恩按，《老子》第七十七章：「天之道損有餘而補不足，人之道則不然，損不足以奉有餘。」《老子》又提倡知足：「知足者富」，「知足不辱」。孫詒讓認為此篇和〈命訓〉、〈常訓〉三篇義恉與道家「略相近」，這裏「補損」、「知足」的用語顯然來源於《老子》。❹□爵以明等極　孫詒讓曰：此句上挩「知足以□爵」五字。按，有此五字始銜接。□，此闕文或說是「制」（陳逢衡）、或說是「序」（丁宗洛《逸周書管箋》引丁浮山說），均可通。《禮記·中庸》：「序爵，所以辨貴賤也。」指排列爵位的等次。今姑依「序」字說。等極，等次的準則，孔晁曰：「極，中也。貴賤之等，尊卑之中也。」等，《廣韻》曰：「殷爵三等，周爵五等。」《荀子·禮論》：「貴賤有等，長幼有差。」即此「等」字之義。極，中；標準；準則（俞樾《周書平議》）。❺極以正民　立中所以生正（朱右曾）。正，端正；治理。❻正中外以成命　治理好朝野以成就王命。中外，朝野。❼正上下以順政　管理好官民以使政令通順。上下，公卿與庶民。❽政以內□三句　「政以內□，□□自邇，邇興自遠」，「邇」原作「彌」。丁宗洛、朱駿聲〈逸周書集訓校釋增校〉（《國粹學報》第十八期）都以為「內」下之闕文為「成」字。下句「□□」二闕文唐大沛擬補為「化行」，朱駿聲補「既成」。唐氏釋二句曰：「政教始于宮廷，王化之行自近始。」孫詒讓言後二句當作「遠□自邇，邇興自遠」，「彌」為「邇」字之誤，「邇」之義為「近」。鴻恩按，今據文例改「彌」為「邇」。闕文多，不可貫通，今參各家說，語譯姑依「政以內成，化行自邇，邇興自遠」。❾備極　完備周到。極，至。❿終也□微　唐大沛改「也」字為「始」。按，「終始」與上句「遠邇」為對文，譯文從唐說。唐氏以「□微」為「慎微」，意為君主要慎重於自身意念之微。朱駿聲以為是「敬微」。朱右曾《逸周書集訓校釋》曰：「微，事之幾（跡象；先兆）。」《馬王堆帛書老子》第十四章「視之而弗見，名之曰微。」一本「微」作「幾」，傅奕注：「幾者，有而無象也。」《說文》：「幾，微也。」此與朱說相合。⓫補在□□　此句缺損，不易詮釋。或以闕文為「知精」，或以為「慎順」，《周書·序》言〈周祝〉有「慎政在微」一句，唐大沛以為與此相合。⓬明　明察。⓭明王是以敬微而順分　敬，慎重；重視。順分，依循自己的本分。順，遵循。分，職分；本分。唐大沛曰：「分，以分位言。與上『分微』之『分』不同。」⓮分次以知和　遵循各自的本分等次，則懂得和睦相處。分次，唐大沛：「次，猶舍也，言安其所居之分，則上不替，下不僭，而情誼相通，故知和。」朱右曾曰「循乎分之次第。」⓯知和以知樂二句　懂得和睦則萬事興榮，故懂得有快樂；哀、樂同出於至情，知道了快樂，也就會知道有悲哀。鴻恩按，一九九三年出土《郭店楚簡·性自命出》：「凡至樂必悲……哀、樂，其性相近也，是故其心不遠。」有助於理解此文。⓰知哀以知慧　「慧」字或讀「悳（德）」，或讀本字。俞樾《周書平議》曰：「慧，讀為『惠』，古字通用。惠，仁也。

知哀以知事，言知哀之則知仁之矣。《呂氏春秋・論人》曰『哀之以驗其人』，『人』即『仁』之假字。『哀之以驗其仁』，與此同義。」今從俞氏說。⓱內外以知人 朱右曾曰：「以己度人，哀樂之情同也。」劉師培《周書補注》曰：「《大戴禮記・小辨》云：『內恕外度曰知外，〔王聘珍《解詁》：「以心度物曰恕。」〕』此文『內外』義與彼同。」唐大沛改「內外」為「知慧」。

【語譯】上天生下眾民並為他們制定了法度。考量事情的大小以使權衡準確，權衡事情的輕重以做到最高的明察，明察事體的主次先後以便樹立中正的法則。樹立了中正的法則以便補不足而損有餘，損有餘補不足了就可以知足。排列官爵的等第來表明尊卑貴賤的等級準則。有了準則來治理百姓，治理好朝廷內外以成就王命，管理好公卿至庶民以便政令順通。政令在朝廷制定，貫徹從近處開始，近處興起了政教自然傳布到遠方。朝野遠近都做到完善周到，在於君主始終要慎重於事端無形的徵兆。敬慎於政治就在及時察覺無形的徵兆，而分辨徵兆在於君主能否明察。因此，聖明的君王敬慎於事端無形的先兆並遵從自身的職分。

人人遵循自身職分的等次，大家就懂得了和睦相處，懂得了和睦就懂得了快樂，懂得了歡樂就懂得了悲哀。懂得了悲哀就懂得了仁愛，用自己的心推度他人的心就會瞭解他人的情感。

凡民生而有好有惡。小得其所好則喜，大得其所好則樂；小遭其所惡則憂，大遭其所惡則哀。凡民之所好惡，生物是好，死物是惡❶。民至有好而不讓❷，不從其所好，必犯法，無以事上。民至有惡而不讓，不去其所惡，必犯法，無以事上。遍行于此❸，尚有頑民，而況曰不去其所惡而從其所好，民能居乎❹？若不□力❺，何以求之？力爭則力政❻，力政則無讓，無讓則無禮。無禮，雖得所好，民樂乎❼？若不樂，乃所惡也。凡民不忍好惡，不能分次❽，不次則奪，奪則戰❾。戰則何以養老幼？何以救痛疾死喪❿？何以胥役也⓫？明王是以極等以斷好惡⓬，教民次分，□□力竟任壯、養老、長幼有報⓭，民是以胥役也。

【章　旨】人生來就有好惡，不忍好惡，必觸犯刑律，發生爭奪、戰爭。聖明的君王就是靠制定等級制度教育人民，使之相愛相助。

【注　釋】❶生物是好二句　生物是好，即「好生物」。是，起提前賓語「生物」的作用。下句結構與此相同。生物，養生之物，如飲食、土地、房屋等。死物，致死之物，如斧鉞、刀劍之類。《左傳》昭公二十五年：「生，好物也；死，惡物也。好物，樂也；惡物，哀也。」可以互參。❷讓　這裏是推辭、拒絕的意思。❸遍行于此　指從其所好，去其所惡。孔晁注：「遍，謂兼行好惡也。」❹民能居乎　居，安；安處。這裏是指不犯法。❺若不□力　孔晁曰：「言力爭也。」孫詒讓據孔晁注以為闕文當是「竟」字，竟通「競」，義為爭。❻政　洪頤煊曰：「政，讀為『征』。《周禮・均人》『掌均地政』，鄭注：『政，讀為「征」。』」（《讀書叢錄》卷二）朱右曾、劉師培說同。征，取。❼民樂乎　《大戴禮記・用兵》盧注引此作「民皆樂之乎」，今挩二字（劉師培）。樂，指達到了其心意之所求。❽不忍好惡二句　唐大沛曰：「惟不能堅忍其性，以致好惡任情以相爭。」不能分次，不安其分。能，安（朱右曾）。孫詒讓曰：「次，當讀為『佽』，助也。此分次言分財相資助，故下云『不次則奪』。」鴻恩按，可用下句注引《荀子・禮論》「無度量分界」釋此。❾不次則奪二句　《郭店楚簡・語叢二》：「欲生于性，慮（圖謀）生于欲，倍（背）生于慮，爭生于倍，黨（朋黨）生于爭（爭鬥）。」「惡生于性，怒生于惡，勝生于怒，惎（忌恨）生于勝（爭強好勝），賊（暴力傷害）生于惎。」《荀子・禮論》：「人生而有欲，欲而不得，則不能無求，求而無度量分界，則不能不爭，爭則亂。」與這裏的意思相同。❿何以救痛疾死喪　怎麼救助病痛死喪。救，助也（《廣雅・釋詁》）。痛疾，病痛。喪，喪事。⓫何以胥役也　胥役，相救助。唐大沛曰：「如出入相友、守望相助、疾病相扶持之類，凡力役相為佽助皆是。」胥，相。役，助也（《廣雅・釋詁》）。⓬極等以斷好惡　劉師培曰：「上云『□爵以明等極』，此文疑挩『明』字，下節『民主明醜以長子孫』，與此對文，亦其證。」鴻恩按，上文「明等極」，此作「極等」，二者不同。極，在這裏用如動詞，義為規定標準。極等，即制定等級標準。⓭□□力竟任壯養老長幼有報　□□力竟，《逸周書彙校集注》（以下簡稱《彙校集注》）曰：「『揚舉』舊為注語，鍾本左有二小『□』，盧從卜本改為正文，潘、丁、朱從。」陳、唐仍作注文。劉師培曰：「『盧文弨曰：『揚舉，舊作注，下空二字。今從卜本作正文，無脫字。』實則卜本非也。蓋正文作『揚□力竟』，孔注以『舉』釋『揚』，下有挩文。」鴻恩按，今姑從劉說以俟考。《儀禮・大射》「揚弓」，鄭玄注：「揚，舉也。」可為劉說之證。▽「揚舉仄陋」，即推舉、選拔之義。力竟，力爭。竟，通「競」。孔晁連下文注「力竟」曰：「壯者任之，老者養之，幼者長之，此謂力竟也。」任壯，擔當壯年人應當擔任的事情。朱右曾曰：「任猶俥（立；立業；立功）也，以其任任之也。」長幼，劉師培曰，即〈寶典〉「知長幼，樂養老」之「長幼」。即教誨年幼者，使之成長。本書〈謚法〉曰：「教誨不倦曰長。」報，陳報績效。陳逢衡曰：「報，如『報政』之報。」

【語　譯】大凡人生下來就有喜好有厭惡。稍稍得到一點他所喜好的就高興，大量得到他所喜好的就歡樂。稍微遇到一點他所厭惡的就憂慮，大量遇到他所厭惡的就悲哀。凡是人所喜好、所厭惡的東西，養生之物都喜好，致死之物都厭惡。人要是到了對喜好之物不能相讓的地步，不順從他所喜好的，他必定相爭而觸犯法律，就無法奉事君上。人要是到了對厭惡之物不能拒絕的地步，不去掉他所厭惡的，他必定反抗而觸犯法律，就無法奉事君上。即使順從他所喜好的、除掉他所厭惡的，尚且有頑劣之民不服從管教，何況說不除掉他所厭惡的而順從他所喜好的，人們能安處而不犯法嗎？如果不憑氣力相爭，他怎能得到所喜好的、除掉所厭惡的？憑氣力相爭就會憑氣力奪取，憑氣力奪取就沒有謙讓，沒了謙讓就沒有了禮法。沒了禮法，即使得到所喜好的，百姓能歡樂滿足嗎？如果不歡樂，那就是厭惡啊。

大凡人們不能堅忍他們的好惡，就不安於所處的職分等次；不安於所處等次就會發生爭奪，有了爭奪就會發生戰爭。有了戰爭，還怎麼扶養老人兒童？怎麼救助病痛死喪？怎麼相互幫助？明智的君王因此確立等級準則來斷絕人們的喜好厭惡之念，教育人們安處於自己的職分，選拔並力爭讓壯年人任職盡責，使老有所養，幼有所長，並有績效可以陳報，百姓因此就可以相友愛相救助了。

夫力竟非眾不克❶，眾非和不聚。和非中不立，中非禮不慎，禮非樂不履❷。明王是以無樂非人，無哀非人❸，人是以眾。人眾，賞多罰少，政之美也；罰多賞少，政之惡也❹。罰多則困，賞少則乏❺。乏困無醜❻，教乃不至。是故明王明醜以長子孫❼。子孫習服，鳥獸仁德，土宜天時，百物行治❽。治之初厤初哉❾，治化則順❿。是故無順非厲⓫。長幼成而義生曰順極⓬。

【章　旨】為政宜寬，對百姓以獎勵勸勉為主，君主要與民同哀樂。還要重視對青少年的教育培養。這樣就會政通人和。使百姓處在貧困之中，就不具備施行教化的條件。

【注　釋】❶夫力竟非眾不克　夫，句首語氣詞，表示將發議論。非眾不克，不靠眾人之力則不能做到。克，能。❷和非中不立三句　唐大沛曰：「和以中為本。中以禮為度，非禮則或過中失正。禮者秩序之自然，必歡欣鼓舞而後可行。」朱右曾曰：「中以導和，禮以立中，樂以行禮。」劉師培引《國語・周語上》：「長庶使民之道，非精不和，非忠不立，非禮不順。」以為「中」即「忠」省，「慎」亦「順」假。鴻恩按，中，疑讀本字。《禮記・仲尼燕居》：「子曰：『禮乎禮。夫禮所以制中也。』」此文「中非禮不慎（順）」應是此意，此文多言「中」，〈周語〉所講未必與此全合。樂，陳、唐解為快樂，與下文「樂」、「哀」一律。古人常將「禮樂」之「樂」與「哀樂」之「樂」並提，如《郭店楚簡・語叢三》：「樂（音樂），服德者之所樂（快樂）也。」按，「禮非樂不履」又似與孔子所說「立于禮，成于樂」（《論語・泰伯》），意思相近。履，行。❸無樂非人二句　朱右曾曰：「王者『樂以天下，憂以天下』，則所樂、所哀，無非人也。」無樂非人，沒有什麼快樂不是為了人。此二句即《孟子・梁惠王下》「樂以天下，憂以天下」之意（陳、丁說）。❹賞多罰少四句　唐大沛曰：「御眾以寬固屬美政，御眾以嚴，非為美政。」鴻恩按，作者「賞多罰少」與《商君書》、《管子》、《韓非子》重賞嚴罰的主張有不同。❺罰多則困二句　困，民窮。乏，朱右曾曰：「《莊子》釋文：『乏，廢也。』言賞少則人不勸也。」❻乏困無醜　劉師培曰：「醜與等對文，群分為等，類聚為醜。乏困無醜，謂人民渙散弗相屬也。」又曰：「無醜則貴賤無等」（〈命訓〉「極醜」注）。無醜，即沒有類別，不分等第。類，類別，等次。❼是故明王明醜以長子孫　明王，舊作「民主」而朱本依趙曦明說改為「明王」。俞樾曰：「古書多言明王，尠言民主，當依之訂正。」劉師培曰：「『民主』見《尚書・多方》，朱改似非。」鴻恩按，皮錫瑞《今文尚書考證》注〈多方〉「成湯……簡代夏作民主」曰：「班固《典引》曰：『肇命民主，五德初起。』蔡邕注曰：『民主，天子也。』《尚書》：成湯「簡〔更迭〕代夏作民主。」」鴻恩按，「明王」、「民主」其意無異，今仍朱本之舊。明醜，劉師培曰：「明醜者，示民類聚之道也。」按，類聚之道，指分別善惡、貴賤之類的等次。❽子孫習服四句　「子孫習服，鳥獸仁德，土宜天時，百物行治」，俞樾曰：「疊『子孫』二字，文義未安。下『子孫』蓋衍文也。此當作『是故民主名醜以長子孫，習服鳥獸，仁德，土宜，天時，百物行治。』仁德讀為〈大武〉「三、攻人德」之「人德」；行猶用也。」按，讀為「人德」，與上下文銜接較好，今譯文從俞說。仍存「子孫」二字以俟考。習服，習慣；適應。土宜，土地的剛柔燥濕之性，得其宜，則如高處宜黍，低窪宜稻等。天時，氣候的陰陽寒暑之序，得其時則春無久旱，夏無寒冷等。百物，萬物。飛、潛、動、植之倫（陳逢衡）。治，《釋名・釋言語》：「治，值也，物皆值其所也。」❾治之初蠒初哉　盧文弨曰：「蠒字無考。此句有訛誤，或以為「之初」為衍文，或以為「初蠒」為衍文，或以為「蠒」為下文「厲」字之訛。則句意大約是說為政要從勉勵百姓做起。哉，始。❿治化則順　治理國家、教化人民就順利。化，潘振曰：「教行曰化。」⓫是故無順非厲　厲，有二解：奮發自勵，兢兢業業，就明王本人而言，陳、唐取此說，陳曰：「凡一切治化之順，皆由勵精圖治而出也。」指勸勉百姓，潘振釋為「勸勉斯民」。鴻恩按，此節言「力競非眾不克」，今取後說。⓬長幼成而義生曰順極　義，合宜的道理、行為，聯繫上文，這裏指安守本分，有尊君事上之心。順極，順從為政治民的準則。劉師培曰：「極，即上文『等極』之極。順極，猶言順則。孔以『至』訓極，似非。」

【語　譯】力爭讓壯年人做事非動員眾人之力不能勝任，而眾人非和諧不能團聚，和諧非中正不能建立，中正非禮制調節不能順通，禮儀離開音樂不能施行。聖明的君王因此沒有什麼快樂不是為了民眾，沒有什麼悲哀不是為了民眾，他的人民因此而眾多。人民多了，賞賜多而處罰少，這是善政；處罰多而賞賜少，則是惡政。

處罰多百姓就窮困，賞賜少百姓就疲沓不努力。疲沓、窮困就渙散不相統屬，教化就施行不到他們那裏。因此之故，聖明的君王彰明尊卑貴賤之等以教誨子孫，使飛禽走獸都習慣適應，人之品德、土地之性、陰陽寒暑之序，萬物行用，各得其當。為政治民從勸勉百姓做起，治理國家、教化百姓就順利。因此，沒有為政順利不是源於勸導勉勵百姓的。教誨幼童成功並且培養出安分事上的思想觀念，這叫做順從為政治民的法則。

【研析】作為《逸周書》的第一篇，本文開宗明義就提出用「度」（即法度、制度、準則）為政治民。作者認為，人們生來就有好惡，這是人之常情。聖明的君王必須制定等級制度約束人們的好惡，使之各安本分，遵守等級制度的規範。否則，將會紛紛爭權奪利，觸犯法律以致發生戰爭。其次，要實行賞賜多、處罰少的善政，保障人民的生活，施行教化，做到養老長幼。第三，政治的善惡，與君王自身大有關係，君王為政應當謹慎、明察，應當與民同哀樂。

周公在《尚書．酒誥》中倡行「中德」，《周易》每卦的中爻（二、五爻）大多吉利，明顯具有尚中思想。《論語》記錄「堯曰『允執厥中』。」（〈堯曰〉）孔子提出中庸是最高的道德（〈雍也〉）。西周末史伯提出「和」的觀念：「和實生物，同則不繼，以他平他謂之和。」（《國語．鄭語》）晏嬰也主張「和而不同」（《左傳》昭公二十年）。但在《論語》一書中，作為哲學概念的「中」（「中」及「中行」、「中庸」）共出現三次，「和」（和諧、和睦、和而不同之義）出現七次（楊伯峻《論語譯注．詞典》）。戰國時相傳子思所作〈中庸〉說，「喜怒哀樂之未發謂之中，發而皆中節謂之和」，開始把「中和」結合為一詞，並且說：「致中和，天地位焉，萬物育焉。」把「中和」提到前所未有的高度。本文要求「明本末以立中」，「分次以知和」，「眾非和不聚，和非中不立，中非禮不慎，禮非樂不履」，看來是接受了〈中庸〉「致中和」的思想影響。《孟子》一書哲學術語的「中」、「中庸」、「中道」之「中」共出現十次（楊伯峻《孟子譯注．詞典》）。本文不過四百五六十字，上述意義的「中」、「和」各出現了四次，儒家提倡的「禮」、「樂」、「義」及「教」、「化」、「敬」等等都出現了。既重視尊卑上下的等級制度，又強調人際關係的和諧友愛，統治者與民同哀樂、重視「養老長幼」等，這都是儒家的思想。強調法度，運用賞罰，則可以看出法家、兵家思想的影響。

在人性論方面，孔子之後、孟子之前的《郭店楚簡・性自命出》說：「好惡，性也。」明顯以好惡為人性的基礎。又說：「凡人雖有性，心無奠志；待物而後作，待悅而後行，待習而後奠。」「四海之內，其性一也。其用心各異，教使然也。」這些話與本文「凡民生而有好有惡」一致。認為人的初始本性，可以向各方面發展，經過環境和後天的教育才會有固定的方向。後來孟子的性善論和荀子的性惡論，即是由此發展而來。本文以及下面的〈命訓〉、〈常訓〉三篇沒有正面講人性善惡，但說：「今人之性，生而有好利焉，順是，故爭奪生而辭讓亡焉；生而有疾惡焉，順是，故殘賊生而忠信亡焉。……合于犯分亂理而歸于暴。」這明白是說，人性本有好利和辭讓、疾惡和忠信兩個方面。又說，有好、惡而不讓，「必犯法無以事上」，統治者因此要用「禮」（即等級制度）及相應的道德規範遏斷其好惡，使之安守本分。本文似乎偏向性惡一面，讀了以後容易聯想到《荀子》，它開口就說「制其度」，又主張「賞多罰少」，「不次則奪，奪則戰」。對比荀子：「起禮義、制法度」（《荀子・性惡》），「治之經，禮與刑」、「施賞刑」、「賞罰必」（《荀子・成相》），「隆禮效功，上也；上功賤節，下也」（〈議兵〉），「求而無度量分界，則不能不爭，爭則亂。」（《荀子・禮論》）荀子這種禮法兼用、既用賞罰而又隆禮、貴節，與本文相近。「賞罰」一詞，在《尚書・顧命》中出現了一次，《左傳》一書出現兩次，《論》、《孟》中不見，而大量出現於《商》、《管》、《韓非子》中。本文反復使用「循分」、「分次」（兩次使用）、「次分」及「等極」、「極等」，這些詞除本書之外，在《中國文學史電子史料庫・先秦卷》（以下簡稱該書為《電子史料庫》）所收二十九部著作（不包括《逸周書》）中，出現頻率均為零次。但我們發現，使用名分、守分之義的「分」字，在極為重禮的《左傳》一書中，一次都不見，在《論語》、《孟子》中，只在《孟子》中有一個「分定故也」。而《管子》、《荀子》等書「分」字則大量出現。如《管子・七法》：「正天下有分。」〈幼官〉：「定府官，明名分。」《荀子》論述這個等級名分的「分」的旗幟最為鮮明：「辯莫大于分，分莫大于禮。」（〈非相〉）「故制禮義以分之，使有貧、富、貴、賤之等，足以相兼臨者」，「故人生不能無群，群而無分則爭。」（〈王制〉）「故無分者，人之大害也；有分者，天下之本利也。」（〈富國〉）《荀子》儘管沒有「分次」之詞，「次」字也一再出現，如「尚賢能而次之」（〈富國〉），「論德而定次」，「次定而序不亂」（〈君道〉），「圖德而定次」，「論德而定次」（〈正論〉），是就社會而言。荀子持性惡論，所以主張通過實行禮建立一套完整的等級制度。依照語言發展的規律，應當是先有單音詞「分」、「次」，然後才會出現複音詞「分次」。本文與《管子》、《荀子》的時代必定相近。

又，本文使用了「頑民」一詞說百姓，這是本文後出之證。先秦兩漢的典籍，只有《尚書·多方·序》稱「殷頑民」（後人還把它抄錄於〈多士〉開端）。陳夢家《尚書通論·書序篇》認為此序寫於「秦、漢之際」（該書第一〇二頁）。西周初年，周公、召公與周王說話，言及殷人也只稱「迷民」（〈梓材〉）、「王之仇民」（〈召誥〉），還常稱之「殷獻（賢）臣」（〈酒誥〉）、「殷獻民」（〈洛誥〉），本書〈商誓〉、〈度邑〉、〈作雒〉也稱之「獻民」，從未稱之「頑民」。本文與〈程典〉篇對百姓居然兩度稱「頑民」，這與儒家對民的態度完全不同。但是，戰國《商君書》一書十次、《管子》一書六次說到「姦民」（詳見導讀），彼此對照，不難推知本文寫作的時代。

黃沛榮《周書研究》、周玉秀《逸周書的語言特點及其文獻學價值》（以下稱《文獻學價值》）從語言特點分析，都認為本文和〈命訓〉、〈常訓〉三篇寫定於戰國時代，「肯定是戰國時代的作品」，「都是比較成熟的議論文」，文風接近《荀子》、《韓非子》（《文獻學價值》第一四八、一九五、二五六頁），這一結論應當符合實際。

命訓第二

【題解】命訓，關於天命的訓釋。宋高似孫《史略》引作「〈命順〉」，順、訓相通。本文與上篇意思相承，進一步講明王如何秉承天命為政治民，使民敬命。

《周書·序》：「殷人作教，民不知極，將明道極以移其俗，作〈命訓〉。」文之作意雖然在明治道的原則以移民俗，但不足以定此文作於殷末。

天生民而成大命❶。命司德正之以禍福，立明王以順之。曰❷：

大命有常，小命日成❸。成則敬，有常則廣❹。廣以敬命，則度至于極❺。

夫司德司義，而賜之福祿，福祿在人，能無懲乎❻？若懲而悔過❼，則度至于極。

夫或司不義，而降之禍，在人，能無懲乎❽？若懲而悔過，則度至于極。

夫民生而醜不明❾，無以明之，能無醜乎❿？若有醜而競行不醜⓫，則度至于極。

夫民生而樂生，無以穀之，能無勸乎⓬？若勸之以忠⓭，則度至于極。

夫民生而惡死，無以畏之，能無恐乎⓮？若恐而承教⓯，則度至于極。

六極既通，六間具塞，通道通天以正人⓰。正人莫如有極，道天莫如無極⓱。道天有極則不威，不威則不昭⓲；正人無極則不信，不信則不行⓳。明王昭天信人以度功，地以利之⓴，使信人畏天，則度至于極。

【章　旨】人有上天賦予的大命，又有司德之神福善禍淫形成的小命。小命取決於自身的奮勉。明王使法度達到至善之境，使民畏天威、信政教。

【注　釋】❶天生民而成大命　大命，天年；壽命。孔晁曰：「賢愚自然之性命也。」潘振曰：「人受天地之中以生，所謂命也。」❷命司德正之以禍福三句　司德，主管德的神。司，主。正之以禍福，通過福善禍淫而使之端正。順之，劉師培曰：「順、訓古通，順當讀訓。猶言立明王以教誡之也。『曰』下蓋皆訓詞。」曰，唐大沛曰：「明王言。」鴻恩按，以上三句是作者設想上天如此安排，並非真有一位明王在這裏說話。下面的話也出於作者，他以為明王應當樹立如下的法則。❸大命有常二句　孫詒讓曰：「日成，謂日計其善惡而降之禍福也。與大命有常終身不易異也。《楚辭．九歌》有大司命、小司命，即司大命、司小命之神。」小命，指個人行為善惡所帶來的禍福命運。❹成則敬二句　敬，敬慎；不敢怠慢。廣，廣大；致力於廣大的事業。❺則度至于極　法度至於中正。極，孔、朱釋為中正；潘、陳解為至善。上篇俞樾釋為準則，說雖不同，意思均可相通。❻司德司義四句　朱右曾曰：「得于己曰德，處物曰義。」是解「司」為伺察之「伺」。由下文「司不義」可知。懲，唐大沛曰：「當作『勸』，涉下文而誤。」按，唐說是。不義降禍曰「懲」，賜福則應曰「勸」。❼若懲而悔過　唐大沛曰：「按文義擬改『勸而為善』。」鴻恩按，文必有誤，譯文從唐說。❽夫或司不義四句　「夫或司不義，而降之禍，在人，能無懲乎」，孫詒讓曰：「以上文校之，此當作『司不德不義』，『在』上亦當有『禍』字。」懲，即「懲前毖後」之「懲」，接受教訓而警惕戒慎。❾夫民生而醜不明　醜，等次；類別。唐大沛曰：「醜，類也，指善惡言。」不明，善惡不明。❿無以明之二句　指在上者不能為民分別善惡。明之，盧文弨曰：「謂旌別淑慝（善惡）。」能無醜乎，劉師培於下文「能無勸乎」注曰：「『無』字與下弗屬，疑係字誤。」按，劉說是，此與下文應去「無」字，此句意謂能有善惡之分嗎？按，孫詒讓、劉師培釋「醜」為貴賤之等，見下注。⓫若有醜而競行不醜　唐大沛曰：「民雖有善有惡，而爭自琢磨同歸于善，是競行不醜矣。」不醜，劉師培曰：「謂不域于類，即〈常訓解〉所云『醜明乃樂義，樂義乃至上』也。」鴻恩按，唐、劉均解「醜」為「類」，然而唐以為指善惡（同盧說），劉則指貴賤上下之等，同孫詒讓說（見本文「極醜」注），均符合「類」義。上句「能無醜乎」之「無」為衍文，這裡的「競行不醜」之「不」亦應為衍文。刪「無」、「不」則義順。蓋清人以「能醜乎」、「競行醜」，義不可通而加「無」、「不」。然「能醜乎」、「競行醜」則有歧義。⓬夫民生而樂生三句　民生而樂生，唐大沛曰：「承〈度訓〉『生物是好』言。」穀，祿（劉師培）；福。能無勸乎，「無」字不當有。⓭忠　《說文》段玉裁注：「敬也。盡心曰忠。」⓮夫民生而惡死三句　民生而惡死，唐氏曰：「此承〈度訓〉『死物是惡』言。樂生故惡死。」畏之，使之畏懼（以免犯法）。孔晁曰：「以刑亡恐民，使奉上易教也。」能無恐乎，「無」字不當有。⑮承教　接受教化。唐大沛曰：「以上言『度至于極』六者，皆申明上篇制度、立中之義。」⑯六極既通三句　六極，六條中正之道，指六條「度至于極」。六間，與「六極」相對的六條間隙，即不敬命、不居德、不悔過、不行不醜、不勸以忠、不恐而承教。間，縫隙；漏洞。具，通「俱」。通道通天以正人，丁宗洛、俞樾都以二「通」字為衍文，當作「道天以正人」，道天意即通天，通曉天道。下文皆以「道天」、「正人」對舉，正承此六而言。後人不知道天即通天，因致誤。正人，治理人民。⑰正人莫如有極二句　唐大沛曰：「正人與道天異。禮樂法度所以正人，必當有整齊劃一之則。若言天道，則神明變化，不可端倪，不可思議，無有窮盡，豈得謂之有極？」無極，沒有一定的法則。⑱昭　昭著；顯著。⑲正人無極則不信二句　唐大沛曰：「若非法度畫一歸于至善，則人不信從。人不信從，則教有所不行。」⑳昭天信人以度功二句　孔、陳、丁「功」字屬下讀，丁宗洛曰：「地，以其所處之位言。有其位則必有其所當為者，為其所當，是功地以利之也。」唐大沛「功」字屬上讀，曰：「上則昭明天道，下則取信于人，分職任事，以審覈其功。上自公卿下迄庶人，皆受土地以資祿養，是利之也。」鴻恩按，今從唐說「功」字屬上，「地」字仍取丁氏地位說。丁氏又曰：「上六言『度至于極』，已總束之矣，此又言，何也？蓋上就天生民及民初生說，此就王者設教說，此層即包在上六層內。」

【語　譯】上天生下民眾而成就其天賦的大命。命令司德之神通過福善禍淫端正民眾的行為，設立英明的君王來訓教民眾。訓教是這樣說：

天賦大命終身不變，小命則由每日的善惡積累而成。由善惡積累而成，人們就會行為敬慎；終身不變，就有廣闊的大地。有廣闊的天地又行為敬慎，法度就達到中正至善的境地了。

司德之神伺察到人們合宜的行為，就賜給福祿。福祿之得決定於人們自身，能不奮勉嗎？要是奮勉而行德義，法度就達到中正至善的境地了。

司德之神倘或伺察到人們不義的行為，就降給災禍。災禍之得取決於自身，能不警戒嗎？要是警戒而追悔自己的過錯，法度就達到中正至善的境地了。

民眾生來原不曉得善惡的分別，君王不設法教他們弄明白善惡的分別，他們能明白善惡嗎？要是有了善惡觀念都爭做善事不做壞事，法度就達到中正至善的境地了。

民眾生來就熱愛生命，在上者不能設法給他們福祉，他們能奮勉嗎？要是能盡心竭力勉勵而為，法度就達到中正至善的境地了。

民眾生來就厭惡死亡，在上者不能設法使他們畏懼，他們能恐懼嗎？要是恐懼而接受教化，法度就達到中正至善的境地了。

這六條中正之道已然貫通，六種漏洞全都堵塞，然後通乎天道以治理人民。治理人民有準則最好，談論天道無準則最好。談論天道有準則，天道就沒有威嚴，沒有威嚴天道就不昭顯。治理人民無準則，人民就不信從，不信從就不能施行教化。英明的君王使天道昭顯，使人民信從，以審度人們的功效，通過自己的地位使吏民得到實利，從而相信人事，畏懼天威，這樣，法度就達到中正至善的境地了。

夫天道三，人道三。天有命、有福、有禍，人有醜、有紼絻、有斧鉞❶。以人之醜當天之命，以紼絻當天之福，以斧鉞當天之禍❷。六方三述，其極一也❸，不知則不行。

極命則民墮，民墮則曠命❹；曠命以誡其上，則殆于亂❺。極福則民祿，民祿則干善，干善則不行❻。極禍則民鬼，民鬼則淫祭，淫祭則罷家❼。極醜則民叛，民叛則傷人❽，傷人則不義。極賞則民賈其上，賈其上則民無讓，無讓則不順❾。極罰則民多詐，多詐則不忠，不忠則無報❿。凡此六者，政之殆⓫也。

明王是故昭命以命之⑫，曰：大命世，小命身⑬。福莫大于干善，禍莫大于淫祭，醜莫大于傷人，賞莫大于貢上，罰莫大于貪詐⑭。古之明王奉此六者以牧萬民，民用而不失⑮。

【章旨】大道之命、福、禍和人道之貴賤、紼絻、斧鉞相配合以治民，在於引導人民行善。但行之過分，偏離中正，就會產生相反的效果。

【注釋】❶天有命有福有禍二句　有福有禍，鴻恩按，各本原作「有禍、有福」，而上、下文所有論述均先言「福」後言「禍」，又「福」與「紼絻」相對應，「禍」與「斧鉞」相對應，而「紼絻」在「斧鉞」前，可知「禍」、「福」原序顛倒，今乙正。紼絻，「紼」是借字，盧文弨說通「韍」，是士大夫禮服黑、青相間的花紋；丁宗洛說通「紱」，是繫印的紐；朱右曾引《白虎通・紼冕》說是官員禮服前面的蔽膝，字通「芾」、「韍」。鴻恩按，朱說是。絻，同「冕」。禮帽。阮元《問字堂集・贈言》曰：「上古未有衣冠，惟用物蔽膝有前後，衣冠之制不肯廢古制，人仍留此為韍，與冕并重。」（《西周史》第四七五頁引）阮元說與此相合。韍，又稱韠，「下廣二尺，上廣一尺，長三尺，其頸五寸。」（《禮記・玉藻》）有朱、赤、緇、素不同顏色，表示等級的貴賤（《西周史》）。斧鉞，刑具。銎（裝柄的孔）橢圓者曰斧，大斧為鉞。唐大沛曰：「醜以別善惡，紼絻以榮有德，斧鉞以誅無道，人有此三道。」❷以人之醜當天之命三句　唐大沛曰：「王者奉天出治，人道合于天道。以彰善癉（憎恨）惡之醜，當福善禍淫之命；以紼絻榮人，當天之賜福于人；以斧鉞誅人，當天之降禍于人。」當，對應。❸六方三述二句　六方，指命、福、禍、醜（貴賤）、紼絻、斧鉞。方，方面。三述，三種方法，指以醜、紼絻、斧鉞當命、福、禍。述，通「術」（盧文弨）。辦法。其極一也，其終極目的相同，都是讓人行善。孔晁曰：「一者，善之謂也。」❹極命則民憧二句　憧，章檗本作「墮」，盧文弨本、唐大沛本、朱右曾本作「憧」，即「惰」字，今從。唐大沛曰：「敬天命不可廢人事，若極命，則萬事悉聽天命而人事無所持權，故怠于為善。此下數節皆言過中之害。」極命，過分依賴天命。如墨子所說：「王公大人若信有命，則必怠乎聽獄治政矣，卿大夫必怠乎治官府矣，農必怠乎耕稼樹藝矣。」（《墨子・非命》）曠命，曠廢天命。曠，空。❺曠命以誡其上二句　朱右曾曰：「曠，空也。言不敬命而有覬覦之心也。誡，警備也，言有遁心也。」

按，戒、誡為同一詞。殆，近。❻極福則民祿三句　極福，過分賜福。祿，這裏是貪祿的意思。干善，于鬯《香草校書・周書》：「干善，犯善也。蓋民祿則驕奢淫佚無不可為，皆干善之事也。」不行，不行善。❼極禍則民鬼三句　極禍，過分降禍。鬼，相信鬼神。淫祭，濫行祭祀祈禱之事（以求免禍）。罷家，疲敝家財。罷，通「疲」。❽極醜則民叛二句　陳逢衡曰：「極醜則民無自新之路，必至逆行而不顧。」極醜，指把貴賤上下絕對化。劉師培曰：「蓋無醜則貴賤無等，極醜則上下隔絕，皆不可以訓，故〈常訓〉又云：『明醜乃樂義，樂義乃至上。』」明醜，如《周易・履・象》辨上下定民志，斯無無醜與極醜之失矣。」傷人，傷害善類。❾極賞則民賈其上三句　極賞，濫加賞賜。賈其上，向君上冒功求賞。賈，做買賣；做交易。讓，謙讓。順，順從；守本分。❿報　答報君上。⓫殆　危險。⓬明王是故昭命以命之　昭命，明示天命。命（之），猶訓也（劉師培上節「立明王以順之曰」注）。⓭大命世二句　陳逢衡曰：此「兼禍福兩層言。」唐大沛曰：「大命有常，故世有令德則世受其福，世有凶德則世受其禍。小命日成，為善不終則轉福為禍，去惡從善則轉禍為福，只及其身。」世，父子相繼為一世。身，自身；本人。鴻恩按，章檗本此文原作「大命世罰，小命罰身」，盧文弨校刪二「罰」字。方向東《大戴禮記匯校集解・本命》於盧辯引《周書》「大命世，小命身」下，引孫詒讓曰：「孫校云：『《逸周書・命訓解》：大命世爵，小命罰身。』」一「爵」一「罰」才是「兼禍福兩層言」，兩「罰」字只說了一層，而刪兩「罰」亦誤，孫校當是，今譯文從之。⓮福莫大于干善五句　「福莫大于干善，禍莫大于淫祭，醜莫大于傷人，賞莫大于賈上，罰莫大于貪詐」，原作「福莫大于行義，禍莫大于淫祭，醜莫大于傷人，賞莫大于信義，讓莫大于賈上，罰莫大于貪詐」，盧、陳、唐諸氏以為這裏仍是講極福、極禍、極醜、極賞、極罰之害，而文字有誤，「行義」當作「干善」，「莫大于信義讓」六字為衍文。而朱右曾引陸麟書說，以為「行義」、「信義」不誤，而「讓莫大于賈上」為衍文。鴻恩按，朱引陸說不確由於誤認「福」不指「極福」，「禍」不指「極禍」。通讀此節，可知「福」指「極福」，「禍」指「極禍」，均省「極」一字。二說均認「讓」為衍文，則甚是。刪「讓」及「莫大于信義」，則「賞莫大于賈上」文從字順，與上文「極賞則民賈其上」完全相合，可證「莫大于信義」五字為臆補。「福莫大于行義」本於「福莫大于干善」，因為「善」、「義」均從「羊」，形近；《說文》又曰：「『義』與『善』同意」、「（善）與『義』、『美』同意」（我部、誩部），「善」訛為或誤改為「義」，又以意改「干」為「行」，於是出現「莫大于行義」。第二句「淫祭」，第三句「傷人」，第四句「賈上」（刪「莫大于信義讓」），第五句「貪詐」均與上文相應之「淫祭」、「傷人」、「賈其上」、「多詐」一一扣合，可證第一句「行義」，必是「極福……則干善」之「干善」二字的訛誤、臆改無疑。今從前說據上文一一訂正如上。陳逢衡曰：「不言極命者，上已言『大命世，小命身』，故不復言也。」莫大，莫甚。唐大沛曰：「此上皆申言「極」之害大，以示反覆丁寧之意。」⓯古之明王奉此六者以牧萬民二句　六者，即「六方三述」（陳逢衡）。牧，統治；治理。用，聽從，指服教守法，忍好惡安本分。不失，沒有民惰、民祿、民鬼、民叛、民賈、民詐之失（陳逢衡）。

【語　譯】天道有三個方面，人道有三個方面：天道有命，有福，有禍；人道有等次，有紼絻，有斧鉞。用人道的等次對應天道的命，用紼絻對應天道的福，用斧鉞對應天道的禍。六個方面三種手段，它們的終極目的都是相同的。不懂這個道理，就不會行善。

過分靠大命，民眾就會怠惰；民眾怠惰，就會曠廢天命；曠廢天命而戒備其君上，就接近於作亂。過分賜福祿，民眾就會貪祿；民眾貪祿，就會干犯善的事；干犯善事，自然就不會行善。過分降臨災禍，民眾就會迷信鬼神；民眾迷信鬼神，就會濫行祭祀；濫行祭祀，就會疲敝其家。過分看重貴賤上下的等級，民眾就會背叛；民眾背叛，就會傷害好人；傷害好人，就是不義的行為。過分賞賜，百姓就會向君上冒功求賞，像做交易；與君上做交易，民眾就不會謙讓；不謙讓，就不能順從守分。濫加處罰，百姓就會多生狡詐；多生狡詐，就不會盡心竭力；不盡心竭力，就不能答報君上。這六種過分失中的情形，都是為政的危險之道。

因此之故，英明的君王明示天命而訓誡民眾，說道：大命得福當代就有爵祿，小命得禍禍就在自身。過分賜福之害沒有什麼比干犯善行更大的，過分降禍之害沒有什麼比濫行祭祀更大的，過分看重等級之害沒有什麼比害人更大的，過分行賞之害沒有什麼比向君上邀功求賞更大的，過分施罰之害沒有什麼比貪財欺詐更大的。古代英明的君王遵奉這六個方面三種手段治理萬民，萬民就會服教化守本分而不出現流弊。

撫之以惠，和之以均❶；斂之以哀❷，娛之以樂❸；慎之以禮❹，教之以藝❺；震之以政，動之以事❻；勸之以賞，畏之以罰；臨之以忠，行之以權❼。權不法，忠不忠❽；罰不服，賞不從勞❾；事不震❿，政不成⓫；藝不淫，禮有時⓬；樂不滿，哀不至⑬；均不壹⑭，惠而忍人⑮。凡此物，權之屬也⑯。

惠而不忍人，人不勝害，害不如死⑰。均一則不和。哀至則匱，樂滿則荒⑱。禮無時則不貴，藝淫則害于才⑲。政成則不長⑳，事震則寡功。以賞從勞，勞而不至㉑。以法從中則賞，賞不必中，以權從法則行，行不必以知權㉒。權以知微，微以知始，始以知終㉓。

【章　旨】以惠、均、哀、樂、禮、藝、政、事、賞、罰、中、權治理萬民，並從正反兩面說明如何施行以防止流弊。特別強調了「權」——權變。

【注　釋】❶撫之以惠二句　惠，仁愛；恩惠。均，均平。朱右曾曰：「惠所及必均。」❷斂之以哀　疾痛死喪之事通過哀傷使之收斂感情。❸娛之以樂　冠婚喜慶之事順其情而娛樂之。❹慎之以禮　順從禮數的節文。慎，通「順」（劉師培）。《左傳》文公二年：「禮無不順。」❺藝　技藝。❻震之以政二句　震之以政，唐大沛曰：「震恐之，使不玩法。」動，發動；動員。事，朱右曾曰：「浚築師旅之事。」即指勞役、兵役。❼臨之以忠二句　臨，統治。忠，應作「中」（唐大沛）。權，權變；通變（朱右曾）。潘振曰：「自『撫之』以及『臨之』之『之』，指民也。『行之』之『之』，指度也。行度在權。」唐大沛曰：「上文十事皆臨民之道，而立法必以中為準。用中之道非執一也，必權而得中乃可行之。末二句總束上文。」❽權不法二句　唐大沛曰：「蓋權其事理所宜，非可拘于常法，法有定而權無定也。中無定在，權之斯得，執中無權，猶為執一，故中不可泥于一定之中。」❾罰不服二句　罰不服，唐大沛曰：「罰必當其罪，不強服之。」朱右曾曰：「服，執持也。適輕適重，不可執一也。」不從勞，從功而不從勞（陳、唐）。唐曰：「勞而有功則賞，若賞從力役之勞則濫矣。」朱氏曰：「從，讀為『縱』，猶失也。」鴻恩按，這裏是說「權」，陳、唐之說應是。❿事不震　震，矜張（唐大沛）；震矜（朱右曾）。即驕傲、盛氣凌人。《公羊傳》僖公九年：「葵丘之會，桓公震而矜之，叛者九國。震之者何？猶曰振振然（何休注：『亢陽之貌。』）；矜之者何？猶曰莫若我也。」⓫不成　孫詒讓曰「成」應是「戚」字之誤，戚通「蹙」，迫促。⓬藝不淫二句　淫，過分浮華精巧。禮有時，唐大沛曰：「禮時為大，如冠婚喪祭行之有時。」⓭樂不滿二句　樂不過度，哀有節，不達到極點。⓮均不壹　唐大沛曰：「均有等差，各視其分次，不均而實均也，故不一。」壹，一致；劃一。⓯惠而忍人　盧本原作「惠不忍人」，王念孫以為「不」誤，下文之「惠不忍人」則當刪「不」，作「惠而忍人」。而唐大沛、朱右曾不從王說，唐刪「不」字作「惠忍人」，曰：「《寶典》言明刑曰『惠而能忍，尊天大經』，知『不』字是衍文。觀下節『惠而不忍人句與此一正一反可見。』」朱增「不」字似為「惠不不忍人」，意思與唐相同。忍人，意謂對（有的）人要有狠心。唐曰「仁慈當濟以剛斷」，朱曰「不忍人，姑息為愛，婦人之仁也」。鴻恩按，唐、朱之說與上文意思一貫，今從唐、朱說，然唐氏刪「不」，朱氏又增一「不」，非是。古文「不」、「而」形近，前人說「不」象花萼蒂或象鳥飛天之形，「而」為鬍鬚（參《古文字詁林》第八冊第三六八頁、《詁林》第九冊第四五四頁），故可發生混誤，「而」訛為「不」，改「不」為「而」，與下文「惠而不忍人」，意正相反，勝唐、朱之增刪，亦與〈寶典〉「惠而能忍」正相合。孔晁曰：「言行權當有如此。」⓰權之屬也　權，原作「攘」，潘、丁、朱改為「權」字。丁氏曰：「玩上『惠』、『均』十二字，一順一逆，俱以權為主，此句乃總結文法，則『攘』為『權』之訛明矣。」⓱惠而不忍人三句　唐大沛曰：「惡人不誅則善人受害，人不堪其害，是不勝害也。害不如死，此民激憤之情也。〈糴匡〉歷言惠民之政，而繼之曰『于民大疾惑，殺，一人無赦』，此惠而能忍之明證也。」鴻恩按，依〈糴匡〉之意，「害不如死」可釋為與其使之為害不如使之死。⓲哀至則匱二句　朱右曾曰：「極哀則神乏，極樂則志荒。」荒，放縱。⓳才　通「財」。唐氏引或曰：「淫巧之物害于財。」⓴政成則不長　孫詒讓：「凡政迫促，則難以持久，故曰不長。」㉑不至　不盡力。㉒以法從中則賞四句　「以法從中則賞，賞不必中，以權從法則行，行不必以知權」，盧氏曰：「數句有脫誤，以上文推之，賞之下當言罰、言忠，然後終于權也。」丁宗洛曰：「『以賞從勞』下六句皆有顛倒訛錯。二『賞』字必誤。」「勞而不至」下，唐大沛增訂為：「以罰使服，服而不悅；以法從中，中不必中」。趙曦明、潘振訂正末二句為：「以權從法，法則必行。行以知權。」今暫譯姑從此。㉓權以知微三句　朱右曾曰：「通乎權者必察乎幾，幾者物之始。原始要終，而後有以善其權，則六方三述無所極之害，而有從欲之治。」

【語　譯】用仁惠安撫民眾，用公平團結民眾；以悲哀節制他們的感情，以快樂娛悅他們的心意；用禮儀使他們順從，用技藝教他們本領；用政令震懾他們，用勞役兵役動員他們；用獎賞勉勵他們，用懲罰威懾他們；以中正之道統治他們，以通權達變來實行政令。通權達變則不拘守常法，中正之道則不執守固定不變的中；

懲罰不是使之強行服罪，賞功不是看力役之勞；役使百姓不可態度驕橫，為政治民不可匆忙促迫；技藝不能過分精巧，禮儀有一定的時節；歡樂不能無所節制，悲哀不能達到極限；公平但不能沒有等差，仁惠但對有的人要有狠心。凡此種種，都是變通的做法。

施行仁惠而對該下狠心的人不下狠心，人們就會不勝其害，使其為害不如殺死他更好。均平如果弄成平均劃一，人們就不和睦。哀戚達到極點就難以為繼，歡樂沒有限度就成為放縱。禮儀不講時節就不可貴，技藝過度精巧就靡費錢財。政事迫促，就不能長久，役使百姓而盛氣凌人，就很少有功績。賞功依據力役之勞，勞終將不盡力。以罰使人服，那種服不是心悅誠服。以常法規定中，中就不一定是中。以通權達變實行法度，法度就會貫徹實行。通過行政的過程來體悟通權達變的妙用。權變能洞見微妙的道理，洞見微妙的道理就能瞭解事情的起始，瞭解了起始就能預見到事情的結局。

【研　析】本文詮釋「命」，命有「大命」、「小命」，即天命和由各人善惡與禍福積累而成的個人命運。人要敬重天命，上天福善禍淫，人要改惡從善，積善為福。為此，在國家制定措施方面，要做到使法度中正，同時運用「天道三，人道三」的命、福、禍和等級、紼絻、斧鉞的配合引導人民行善，防止極度依賴命、福、禍偏離中道而產生的流弊，最後說如何以通權達變的手段完善地實行各項政治措施。本文是在〈度訓〉基礎上的進一步深化。文中在繼續講度、中、極的同時，特別提出和強調了「權」：「權不法，中不中」，「臨之以中，行之以權」，「以權從法則行，行以知權」，「權以知微」。權，權變；變通，與「經」（常道；至當不易的法則）相對而言，「反常而合於道」，即今所謂靈活性，因事制宜，因時制宜。《論語》、《孟子》、《荀子》、《易傳・繫辭》等都有這一意義的「權」字。錢鍾書先生《管錐編・左傳正義》成公十五年「『達節』即『權』」一條說：「權，今語所謂『堅持原則而靈活應用』也。乃吾國古論理學中一要義。……吾國古人言『中』『是』兼『移』，言『節』兼『達』，言『出入』兼『不逾閑』，言『經』兼『權』兼『時』，言真所謂『出語盡雙，皆取對法』，圓覽而不偏枯者矣。」錢先生列舉了很多古籍對「權」與「經」關係的論述（《管錐編》第一冊第二〇六～二〇九頁）。儒家主張「不偏不倚，無過不及」的中庸之道，但「中」又不是死的、固定不變的，所以又強調「權」，如《孟子・盡心上》：「執中無權，猶執一也；所惡執一者，為其賊道也，舉一而廢百也。」（朱熹注：「權，稱錘也，所以稱物之輕重而取中也。執中而無權則膠于一定之中而不知變，是猶執一而已矣。」朱注引程子曰：「中字最難識，須是默識心通。且試言一廳，則中央為中；一家，則廳非中而堂為中；一國，則堂非中而國之中為中，推此類可見矣。」）《韓詩外傳》卷二記孟子語：「常謂之經，變謂之權，懷其常經而挾其變權，乃得為賢。」《公羊傳》桓公十一年：「權者何？權者反于經，然後有善者也。」這些論述對於理解本文「權不法，中不中」，「以權從法則行」，有直接幫助。可見「權」以制「中」乃是古人的一個傳統論題。

本文用了六個權變意義的「權」，對「權不法，中不中」講得十分透徹，並作了充分強調。這有助於考慮本文的寫作時代。《左傳》一書還沒有權變義的「權」（參楊伯峻《春秋左傳詞典》）。但是，有人以為〈度訓〉、〈命訓〉、〈常訓〉「可能出自西周」，有人以為《左傳》引用〈度訓〉、〈常訓〉等，「它們的年代也不一定晚」，或應在「春秋早期」（見羅家湘《逸周書研究》第三二頁）。應當提請注意的是，提出反經為權的第一人是孔子，即其所說「可與立，未可與權」（《論語・子罕》），與「廢中權」（〈微子〉）。《淮南子・氾論》在引了「未可與權」以後，說：「權者，聖人之所獨見也。」所以《管錐編》舉出「權者，反經合于道」的第一例也就是《論語》。本文於「權」闡述得如此辯證，以為本文早於孔子，豈不違背思想史發展的實際？

《尚書・呂刑》也反復講「中」和「中正」，屈萬里《尚書今註今譯》、劉起釪《尚書校釋譯論》一律釋為「公正」、「適當」或「在折獄中不偏不倚，不輕不重，不枉不縱，不僭不濫，賞罰平允，無有過忒，無過無不及，等等。」《論語》言「中」，只說到「允執其中」（〈堯曰〉），還沒有進一步論述。本文講「中」（本字為「忠」者除外）則有不同：「臨之以忠（中）」，「中不中」，「中……不必中」，唐大沛解釋：「中無定在，權之斯得，執中無權，猶為執一，故不可泥于一定之中。」「早於《孟子》寫成」（李學勤《郭店楚簡儒家典籍的性質與年代》）的郭店儒家典籍沒有對「中庸」、「執中」的闡述，到了孟子，才說：「子莫執中，……執中無權，猶執一也。」「湯執中，立賢無方。」（《孟子・離婁下》）指出執中並非膠著於一定之中，膠著於一定之中不知變通，等於膠著於一點，就失掉了中。這就使「中」上升到哲學的層次，有明確的辯證觀點。本文的「中不中」，只能依孟子之說理解，否則無法講通。就此而言，它的時代就只能在戰國時代，不應當早於孟子。

「均」作為一種社會思想，在《左傳》中還沒有體現。孔子說：「不患貧而患不均」，「蓋均無貧」（《論語・季氏》），這應當是最早提出的均貧富思想，但沒有進一步的論述。而本文的三個「均」：「和之以均」，「均不壹」，「均一不和」，已經是很具體的政治措施，雖講平均、公平，但必須是等級制度下的公平，相對的均平，反對財富、待遇的平均劃一。這不僅與《詩經》、《尚書》不屬於一個時代，與孔子也還不是同一個時代。西周至春秋實行井田制，西周時「全『中國』人口，掃數計之恐亦不過一、二百萬而已」（童書業《春秋左傳研究》第三〇五頁），還不會產生均貧富思想。春秋後期，各國紛紛改變稅制，魯宣公十五年（西元前五九四年）「初稅畝」，以後又「作丘甲」、「作田賦」，襄公二十五年（西元前五四八年）楚「量入為出」，昭公四年（西元前五三八年）鄭「作丘賦」，改變了什一（或什二）之稅，井田制遭受破壞，統治者、貴族大量聚斂財富，人民以致凍餓而死，所以昭公三年晏子與叔向聚談，晏子說齊國「民參其力，二入于公而衣食其一，公聚朽蠹而三老凍餒。」叔向則說晉國「庶民疲敝，而宮室滋侈，道殣相望，而女富溢尤，民聞公命，如逃寇仇。」他們一致認為當時已是季世（《左傳》）。這一年，孔子十三歲。在這種環境中成長起來的孔子，產生「不患貧而患不均」、「均無貧」的政治思想，才是順理成章的。孔子說這話，已經在他的晚年。從作者對於「均」的主張來看，他的時代絕對晚於孔子。

常訓第三

【題　解】常訓，關於「常」的訓解。在本文中，「常」有兩層含義：一是天性，即「常性」，常，固定的；永久不變的，一是與「習」相對的「常」，即「習以為常」的「常」。天性永久不變，而好惡通過「習」即習染、養成習慣是可以變化的，一旦「習」以為「常」，就不容易改變了。本文圍繞引導好惡、改惡從善而說到修身、齊家、治國的原則及道德規範。與前兩篇意思是貫通的。

天有常性❶，人有常順❷。順在可變❸，性在不改。不改可因，因在好惡❹。好惡生變，變習生常❺。常則生醜❻，醜命生德❼。明王于是立政以正之。民生而有習，有常。以習為常❽，以常為慎❾，民若生于中❿。夫習之為常，自血氣始⓫。明王自血氣耳目之習以明之醜，醜明乃樂義，樂義乃至上，上賢而不窮⓬。哀樂不淫，民知其至，而至于子孫，民乃有古⓭。古者因民以順民⓮。

【章旨】人的天性不可改變，但順應環境習染是可以改的。習慣成自然。明王應引導百姓棄惡遷善，培養古樸民風。

【注釋】❶常性　固定不變的天性。陳逢衡曰：「天命之謂性也。」❷人有常順　陳逢衡曰：「率性之謂道也。」朱右曾曰：「惻隱、羞惡、辭讓、是非之心，順其性以發者也。」鴻恩按，陳、朱說疑有未至，下句曰「順在可變」，孔晁曰：「學能，故可變。」依孔注，則「順」即隨順、適應環境而改變。《郭店楚簡・性自命出》曰：「凡人雖有性，心無定志……待習而後定。」「四海之內，其性一也，其用心各異，教使然也。」似即指「順」習染、教誨而改變。唐大沛改此句和下句之「順」為「習」，不必。❸順在可變　陳逢衡曰：「可以為善可以為不善也。」❹不改可因二句　孔晁曰：「雖有天性，可因其好惡以變之。」唐大沛曰：「惟好善，故可勸以善；惟惡惡，故可懲其惡，所謂因也。」因，憑藉；利用。❺變習生常　丁宗洛曰：「變而習之，狃于已然則常矣。」所謂習慣成自然。《郭店楚簡・性自命出》：「養性者，習也。」❻常則生醜　朱右曾曰：「變于所習，則以變為常，而善惡之類判然矣。」醜，唐、朱皆釋醜為「類」，指善惡之類。❼醜命生德　唐大沛改「醜命」為「醜明」，以為是「聲誤」。按，唐改當是，下文「醜明乃樂義」可證。唐曰：「善惡之類明，則知去惡從善而德生矣。」❽以習為常　唐大沛曰：「以習為庸常之行。」朱右曾曰：「有習有常，原其始也。以習為常，要其終也。」按，《大戴禮記・保傅》引孔子曰：「少成若天性，習貫之為常。」又《左傳》昭公十六年：「將因是以習，習實為常。」楊伯峻引清梁履繩《左通補釋》以為「《傳》義本此」。孫詒讓說同。❾慎　通「順」。孫詒讓曰：「慎當讀為『順』。此節承上『人有常順』言。」❿民若生于中　孔晁曰：「習常為常，如性自然，故若生于中也。」⓫夫習之為常二句　「血氣」原作「氣血」，章、陳、唐諸本均作「血氣」，與下文一致，可證朱本誤，今乙正。句意是說自有生命之時開始。潘振曰：「凡人受生于父母，四月水精至而血生，五月火精至而氣生，是其始也。」⓬自血氣耳目之習以明之醜四句　血氣耳目之習以明之醜，血氣易動，耳目易染，故可由血氣耳目之習染，為他們明示邪正善惡的類別（參陳、唐）。鴻恩按，血氣，這裏指精神、感情。《素問・八正神明論》：「血氣者，人之神。」樂義，樂於為義。至上，唐大沛曰：「『至』當作『志』，古字通。樂于向義則恥居人下而志在向上。」朱右曾曰：「達于上也。不域于污下矣。」上賢而不窮，俞樾曰：「『不』疑『下』字之誤，故孔注以窮為不肖。蓋謂上賢而下不肖也。」劉師培曰：「《群書治要》引〈文韜〉『上賢下不肖』，即孔所本。」孔晁曰：「窮，謂不肖之人。」句意謂尊賢而以不肖為下。上，通「尚」。⓭哀樂不淫四句　哀樂不淫，陳逢衡曰：「民習于正矣。」淫，過分。民知其至，知道哀樂的限度。至于子孫，指淳厚之風世代相傳。有古，孔晁曰：「皆有經遠之規謂之有古。」⓮古者因民以順民　因民情以順導之（唐大沛）；猶言以人治人（朱右曾）。

【語　譯】人的天性是恒定的，人能順應環境也是恒定的。順應的特點在於可變，本性的特點在於不變。不變可以因循憑藉，憑藉之法在於就人之好惡而勸善懲惡。好惡發生變化，變化了而積久成習就成為恒定的。成為恒定的就能生出善惡的觀念，明白了善惡而改惡從善，就產生了道德。聖明的君王於是設立政教以治理百姓。

民眾生來就有習慣，有常性。把習慣當成常性，把常性視為順應，民眾就好像生活在自自然然之中。培養民眾的習慣，使他們認為這就是常性，要從一個人有生命起就開始。聖明的君王從人有血氣、有耳目習染就開始對他們明示善惡的類別；善惡明白了，就會樂意做合宜的事；樂意做合宜的事，就會達到高尚；以賢良為高尚，就看不上庸劣的行為。悲哀歡樂不過分，民眾就懂得了事情的限度，淳厚的民風如果能傳到子孫，民眾就有了古人的遺風。所謂古人遺風，就是就著民眾能夠改惡從善，順勢加以引導。

夫民群居而無選，為政以始之❶。始之以古，終之以古❷。行古志今，政之至也❸。政維今，法維古❹。

頑貪以疑，疑意以兩❺。平兩以參，參伍以權❻。權數以多，多難以允，允德以慎❼。慎微以始而敬終，終乃不困❽。困在坌，誘在王，民乃苟❾。苟乃不明，哀樂不時，四徵不顯，六極不服，八政不順，九德有姦，九姦不遷，萬物不至❿。夫禮非哀不承，非樂不竟，民是乏生⓫。

□好惡有四徵⓬：喜、樂、憂、哀。動之以則⓭，發之以文⓮，成之以民⓯，行之以化⓰。六極：命、醜、福、賞、禍、罰⓱。六極不嬴⓲，八政和平。八政：夫妻、父子、兄弟、君臣。八政不逆，九德純恪⓳。九德：忠、信、敬、剛、柔、和、固、貞、順⓴。

順言曰政，順政曰遂，遂偽曰姦㉑。姦物在目，姦聲在耳，耳目有疑㉒。疑言有樞，樞動有私。私意無等㉓，萬民無法。□□在赦，□復在古㉔。古者，明王奉法以明幽，幽王奉幽以廢法㉕。奉則一也㉖，而績功不同。明王是以敬微而順分㉗。

【章　旨】提出四徵、六極、八政、九德一套修身、齊家、治國原則，強調明王行古道、奉法。

【注　釋】❶群居而無選二句　群居而無選，陳逢衡曰：「無貴賤之等，無賢否之別。」無選，無選擇；不齊整。始之，當作「治之」（于鬯）。❷始之以古二句　洪頤煊曰：「孔注言『政必敬始慎終』，當作『始之以古，終之以今』，故下文云：『行古志今，政之至也』，『政維今，法維古』，皆古、今對言之。」鴻恩按，洪說當是，譯文從之。❸行古志今二句　行古志今，陳逢衡曰：「行古者，因也。志今者，損益也。」朱右曾曰：「行古志今者，時異勢殊，不可執一也。」志今，意在治理好今政，懂得變通損益。至，極；至善。❹政維今二句　唐大沛曰：「政則因時制宜，法則監于成憲。」維，為；是。❺頑貪以疑二句　唐大沛曰：「頑則不知義理，貪則利令智昏，不明于道也……存兩可之見而不能決。」丁宗洛以為頑貪所以有疑，是因為「好惡兩途未得其道」。疑意，揣測（陳逢衡）。鴻恩按，意，《廣雅》曰：「疑也。」❻平兩以參二句　平兩以參，唐大沛曰：「參、三同。于兩可者，平心度之，孰為過，孰為不及，孰為得中，則兩加中而為三。」朱右曾曰：「兩，好惡也。參，好惡之則也。」平，擺正；決定。參伍以權，大意是比較驗證，加以權衡。參伍，或三或五，比較驗證。丁宗洛曰：「此四句申明『群居無選為政以始之』之義。」❼權數以多二句　權衡的方面、數量宜廣、多，數量多又反復辨難以求允當，做到允當，靠的是謹慎。德，得也（《廣雅》）。唐大沛曰：「多難以允，『難』去聲。多為辯難，以求允當而適中。」❽慎微以始而敬終二句　《左傳》襄公二十五年有曰：「《書》曰：『慎始而敬終，終以不困。』」楊伯峻注：「《逸周書·常訓》云（此略），偽古文《尚書·蔡仲之命》剽竊此意而變其文云：『慎厥初，惟厥終，終以不困。』」微，幾微（唐大沛）；事物的先兆。有人認為是《左傳》引用本文，《書》指本書。鴻恩按，偽古文《尚書》作者引入〈蔡仲之命〉，是以《書》指《尚書》，楊伯峻先生亦以偽《書》依《左傳》。❾困在坌三句　丁宗洛曰：「坌，塵也，借作叢脞之意。言法令煩多所以致困。」唐大沛曰：「民行困塞，由于泯泯棼棼罔知義理，若塵涌然也。」坌，塵污飛揚的樣子。朱駿聲曰當作「佱」，即古「法」字。王，《周書·序》說指殷紂王，此說不確，出於〈序〉作者的主觀猜測。唐、朱皆籠統以「上」指「王」。苟，苟且免罪，不循義理。❿苟乃不明八句　不明，指不明於倫常之道（唐大沛）。哀樂不時，《左傳》昭公二十五年：「哀樂而樂哀，皆喪心也。」四徵，與「六極」、「八政」、「九德」、「九姦」均見下文。極，這裏義為中正、至善。服，行。姦，姦詐。陳逢衡曰：「四徵不顯則性情乖，六極不服則生殺悖，八政不順則倫紀壞，九德有姦謂作偽。」鴻恩按，章檗本作「奸」，誤；盧本、朱本作「姦」，是。姦、奸，古為二字，音義皆不同，奸是干犯之義。後來「姦」又作「姧」，遂與「奸」相混。《說文》段玉裁注：「今人以『奸』為『姦』，失之。」由地下出土文字可知，西周金文即有「姦」字，而「奸」字至睡虎地秦簡始見，原文不應是「奸」字。九姦，與「九德」相背者。遷，更改。萬物不至，唐大沛曰：「諸福之物、可致之祥皆不至矣。」⓫夫禮非哀不承三句　「哀」字原作「尅」。丁宗洛曰：「禮乃四徵、八政之經，六極、九德之本，故特言之。」劉師培曰：「『尅』疑『哀』訛。『克』篆書及古體，形與『哀』近，因以致訛『尅』，後人所改《管子‧四稱》『處軍則克』，《冊府元龜》二四二引作『哀』是其例也。哀、樂對文，蒙上『哀樂不淫』言。下文『四徵：喜、樂、憂、哀』，即〈度訓〉『小得其所好則喜，大得其所好則樂也』；憂該于哀，即〈度訓〉『小遭其所惡則憂，大遭其所惡則哀也』，故此云哀樂，下復申言好惡。承，大也。（王引之《經義述聞‧詩經》『不顯不承』，『承者，美大之辭，當讀為烝。』）竟，極也。」今依劉說據上下文改「尅」為「哀」。是，這裏是「是以」、「是故」的意思（參吳昌瑩《經詞衍釋》）。乏生，缺少天然本性（潘振）。生，《孟子‧告子上》：「生之謂性」。⓬□好惡有四徵　□，唐大沛疑是「夫」字，朱駿聲補「民」字。徵，跡象；表徵。⓭動之以則　好惡動於中而有法則。之，指代好惡（潘振）；情（唐大沛）。⓮發之以文　發露好惡於外則有文飾。唐大沛曰：「有品節（等第；節制）之謂文。」⓯成之以民　唐大沛曰：「復其性、順其情以成其德，于民驗之。」鴻恩按，「成之以民」之「民」字，章檗等本原作「名」，盧本改作「民」，潘、陳、唐、朱各家從。所改未必是。《郭店竹簡‧語叢一》有云：「有天有命，有物有名……有命有文有名，而後有緣（倫）。」「察天道以化民氣。凡有血氣者，皆有喜有怒，有慎有莊。……凡物有本有化，有終有始。」「有生有智，而後好惡生。」〈語叢二〉曰：「文生于禮。」用語多同於本文，「名」字應不誤。⓰化　教化。⓱六極二句　六極，六種準則，見〈命訓〉。這裏的「賞」相當於〈命訓〉的「紼絻」，這裏的「罰」相當於〈命訓〉的「斧鉞」。⓲不贏　不過度。贏，通「嬴」。過度。與〈命訓〉「極福」、「極禍」之「極」同義（朱右曾）。⓳八政不逆二句　八政不逆，唐大沛曰：「夫和妻柔，父慈子孝，兄愛弟敬，君義臣忠，皆順德也。」逆，不順。純恪，誠篤恭敬。⓴忠信敬剛柔和固貞順　忠，盡心；無私。《尚書‧仲虺之誥》「顯忠遂良」疏：「忠是盡心之事。」童書業引《左傳》桓公六年「所謂道，忠于民而信于神也。上思利民，忠也」說明春秋時代之「忠」，不指忠君，「後世『忠君』觀念蓋萌芽於墨家（〈經上〉、〈尚賢中〉、〈魯問〉等），而大成於韓非（〈忠孝〉等篇）：此尚非春秋、戰國之際人所及知也。」（《春秋左傳研究》第二六九～二七〇頁）信，誠實無偽。敬，敬慎不懈怠。剛，堅強不屈。柔，溫順不嚴厲。和，剛柔適中。固，堅定不移。《荀子・儒效》：「萬物莫足以傾之之謂固。」貞，正。《新書・道術》：「言行抱一謂之貞。」順，順理；有等級次第。㉑順言曰政三句　順言曰政，順言而政，朱右曾曰：「宣之言而順，則可以正人矣。」政，《論語・顏淵》：「政者，正也。」遂偽，助長詐偽。遂，成。陳逢衡曰：「九姦與九德相背，而外竊其似故曰偽。」朱右曾曰：「九姦無目，蓋九德之偽者，皆姦也。」㉒姦物在目三句　丁宗洛曰：「此似是言民之好惡因物而遷。」唐大沛曰：「疑真為偽，疑偽為真，焉能辨姦？」㉓疑言有樞三句　「疑言有樞，樞動有私，私意無等」，二「私」字原作「和」，陳逢衡言當作「私」，唐從改，丁引浮山亦疑是「私」訛。鴻恩按，陳、丁均是，《說文》：「姦，私也。」王筠《說文句讀》曰：「姦有二義，皆可以『私』統之。」女人私自許為私，「自營為私」，即姦之「二義」。此指後者。今亦改為「私」。陳逢衡曰：「言為樞機，故曰疑言有樞。樞動有私，耳目蔽則私意起也。」樞，門軸，為門啟閉之關鍵。等，差等；等級。㉔□□在赦二句　「□□在赦，□復在古」，陳逢衡補改為「無法在赦，治在復古」，唐大沛改補為「政慎在微，法復在古」。丁宗洛疑「赦」為「政」字之訛。唐曰：「政慎在微，蓋因私意一起，其弊至于吾等無法，是無政矣。法復在古，法以正萬民與，欲法復于大中至善，在監于先王之成憲。」唐正「赦」為「微」，與下文相合，今譯文從唐氏。㉕明王奉法以明幽二句　陳逢衡引《荀子・王霸》：「王道治明不治幽，主能治明，則幽者化。」引《荀子・正論》：「主道利明不利幽，主道明則下安，主道幽則下危。」幽王，即《荀子》所說「暗主」，與「明王」、「明主」相對。幽，昏暗不明，指昧於義理、違背古法。㉖奉則一也　「一」下原有「人」字，王念孫以為「人」字衍。朱從改。而唐曰：「一人，謂王者。王謂『人』字衍，非。」也可成一說，王說佳。㉗明王是以敬微而順分　已見於〈度訓〉。

【語　譯】民眾群居而沒有貴賤、賢不肖之分，王者於是從政來治理他們。要從實行古道做起，最終是要治理好當今的政事。實行古道，意在治理好今政，這是最好的政治。政事是現在的，法規是古代的。

愚頑貪利的人不明於道而生疑，對善惡產生兩可之見。在上者應當以中正之道定其是非，比較驗證，加以權衡。權衡的數量、方面宜多、宜廣，數量多而反復辯難以達到允當適中，得到允當則要依靠謹慎。把慎重於事物的苗頭作為開始，嚴肅認真地一直到最後，則最終不會遭遇困窘。困境的出現，在於法令烏煙瘴氣，不良的誘導，在於君上有昏德，這樣民眾就馬馬虎虎得過且過了。得過且過就不曉得倫常之道，應歡樂而悲哀，該悲哀而歡樂，四徵不顯著，六極不奉行，八政不和順，九德有姦偽。九種姦偽不改變，諸福、祥瑞都不會到來。禮非哀痛不能美大，非歡樂不能到至處，民眾也因此而缺乏天然本性。

人的好惡有四種表徵：喜悅、歡樂、憂慮、悲哀。好惡動於內心要有法則，發露於外要有節文，給它定出合適的名稱，並付諸實行來移風易俗。六種準則是：天命、善惡、賜福、獎賞、降禍、刑罰。施行六種準則不過度，八種常制就會和順平安。八種常制是：夫妻、父子、兄弟、君臣。八種常制和順不逆，九種品德就會誠篤恭敬。九種品德是：盡心竭力、誠信無偽、敬慎不怠、剛強不屈、溫順不嚴厲、剛柔適中、堅定不移、專一不二、依順事理。

君王順理的話語，叫做政，暢順的政教叫做遂，助成詐偽叫做姦。姦物看在眼裏，姦聲聽在耳裏，耳朵、眼睛都會有疑惑。疑惑之言有它發動的樞機，樞機發動是因為有姦私。姦私之意既起，就沒有等次，萬民就沒有法度了。敬慎政事在於意念的細微處，法度的恢復在於借鑒古人成法。古時候聖明的君王遵行法度以辨明昧於義理的事，昏聵的君王則奉行昧於義理的事而廢除法度。同樣有尊奉，功效卻不相同。聖明的君王因此而敬慎於事端無形的先兆，並遵從自己的職分。

【研　析】唐大沛以為以上三篇「脈絡貫通，千古內聖外王之道備于此矣，蓋同時一手所作」，說三篇作於一手是對的，但評價不適當。〈度訓〉是說民眾群居如果沒有等級制度、等級法則，社會就要大亂，「不次則奪，奪則戰」，即荀子所說：「人何以能群？曰分。」「人生不能無群，群而無分則爭。」（《荀子・王制》）〈命訓〉的中心意思是說，要使民畏天敬命，實行賞罰使之畏罰聽命。作者以為，治理民眾，僅制訂等級制度，使之敬命、聽命還不夠，所以這一篇就說，要利用人順應環境、「變習生常」的特性，從幼兒開始，就著他們的好惡引導其明辨善惡、棄惡從善，並且習慣成自然，一代代傳之子孫。這是戰國某作者所寫系列文章。

本文的要點是：㈠「因民以順民」，就人們好惡的喜樂憂哀（四徵）順勢引導，朱右曾以為這相當於〈中庸〉的「以人治人」；㈡「行古志今」，以古代成法治理好今政，強調「參伍以權」，不執一，因時制宜；㈢

「四徵」（初見於〈度訓〉）、「六極」（初見於〈命訓〉）、「八政」、「九德」一整套原則和道德規範，概括了下至個人、家庭，上至國家，是全面的為政治民措施。這也是講修身、齊家、治國，但與〈大學〉思想、術語多不同，頗與孔、孟異趣。

「三訓」帶有戰國後期各家交融的特徵。「三訓」言禮、樂、中、和、忠、信、義、敬、慎，乃至權，自是來自儒家。但儒家所強調的仁、義、恕等，都不在它的「九德」之中，三篇文章只有一個「仁德」說到「仁」。〈度訓〉開口就說「度」，大量講「度」，「奉法」、「犯法」、「無法」已是普通用語；賞罰，「畏之以罰」，是治民要術，這顯然來自法家。講「補損以知足」和「分微」、「知微」、「敬微」、「慎微」等七個「微」字顯然來自道家。在《論》、《孟》、《墨子》中沒有這一意義的「微」，有則自《老子》始：「視而弗見名之曰微」，「其微也，易散也，為之于其未有也，治之于其未亂。」（第十四、六十四章，依《馬王堆帛書》本）《郭店楚簡》本《老子》「微」作「幾」，高明引傅奕云：「幾者，幽而無象也。」引《說文》：「幾，微也。」老子以「微」或「幾」指無形、未萌的徵兆。〈度訓〉「分微」、「敬微」，朱右曾曰：「微者，事之幾。」所釋與《老子》甚合。儒、道、法的思想（不僅僅是個別詞句）同見於一文之中，其時代至早不可能早於戰國中期。

不僅如此，「三訓」對「民」的態度，惹人注意。〈度訓〉於百姓有「頑民」之稱；今〈常訓〉又有「頑貪」，潘振、陳逢衡、丁宗洛都認為「頑貪」是「言民」、「指民」，在《呂氏春秋・慎大覽》中是用來說夏桀的：「暴戾頑貪」。西周初年，周公、召公與周王說話，也沒有稱呼過「殷頑民」。「三訓」還明確亮明對於民要「畏」之、「恐」之：「無以畏之，能恐乎？」「畏之以罰。」（〈命訓〉）而這一說法在先秦僅見於《管子》〈形勢解〉、〈明法解〉兩篇和《韓非子》〈八經〉、〈五蠹〉、〈忠孝〉三篇，其他無見。《老子》第十七、七十四章明確批判統治者對民「畏之」、「懼之」的做法。《書・序》大約作於秦、漢之際（陳夢家《尚書通論》、蔣善國《尚書綜述》、劉起釪《尚書學史》），又其「畏」民之說，又何以僅與戰國後期始成書，說「姦民」最多的《商》、《管》與主張嚴厲鎮壓百姓的《韓》相同？自《尚書》、《左傳》至孔、墨、孟、荀，一直有鮮明的重民思想，「三訓」一反此種傳統，而同於《商》、《管》、《韓》，值得研究「三訓」寫作時代的論者注意。

再有，「分次」「次分」的提法，不見於《論》、《孟》、《荀》，同一意義的「分」，《論》無見、《孟》一見，《荀子》則列舉「明分使群」、「分莫大于禮」等部分詞條已十四見（《荀子新注》附錄三）。就此而論，「三訓」無疑與《論》、《孟》遠，與《荀子》近。「法維古」，與孔、孟同，「政維今」則與荀、韓近。「幽王奉幽以廢法」之「幽王」（即《荀子》一書之「暗主」），先秦著作僅此一見（周幽王不計），疑即從《荀子》「王道治明不治幽，主能治明，則幽者化」（〈王霸〉）、「主道幽則下危」（〈正論〉）而來。

「仁德」、「治化」（〈度訓〉）、「淫祭」（〈命訓〉）、「績功」（〈常訓〉）這樣的複音詞，在我們看來，十分眼熟，但查《電子史料庫·先秦卷》，除「治化」一見於《莊子》外篇〈繕性〉外，其出現頻率都是零。這等於說，它們在「三訓」出現是第一次，有的尚未定形。比如與「淫祭」相當的「淫祀」在《禮記·曲禮》出現，與「績功」相當的「功績」在先秦三見。至〈兩漢魏晉南北朝卷〉，「績功」《漢書》一見，而「功績」、「淫祀」都成為普通用詞，「治化」、「仁德」或七、八見，或十餘見。依照邏輯，戰國後期應當是這類複音詞的形成期。這可以認為，「三訓」寫定時代應當在戰國後期。

劉起釪以為〈常訓〉、〈寶典〉兩篇「保存有西周資料而寫成於春秋之世」（《尚書校釋譯論》第五一二頁）。這是指本文的「九德」言，最早見於《尚書·皋陶謨》的「九德」是：「寬而栗，柔而立，愿而恭，亂而敬，擾而毅，直而溫，簡而廉，剛而塞，彊而義。」本文的九德為忠、信、敬、剛、柔、和、固、貞、順。除了「九德」一詞彼此相同外，〈皋陶謨〉的十八個詞與本文的九個詞，相同的只有「敬、剛、柔」三個，這就能說「保存有西周資料」並證明它「寫成於春秋之世」？

當然，有一件要事必須說明，即《左傳》是不是引用了《逸周書》。〈度訓〉說「生物是好，死物是惡」，《左傳》昭公二十五年說「生，好物也；死，惡物也」。〈常訓〉說「慎微以始而敬終，終乃不困」，《左傳》襄公二十五年說「《書》曰：『慎始而敬終，終以不困』」，杜預注：「逸書。」有人認為這都是《左傳》引用〈度訓〉，並以此定〈度訓〉、〈常訓〉時代。楊伯峻在兩處都引了《逸周書》相互印證，但不說誰出於誰。依我看，楊先生的做法可取。因為《逸周書》各篇的寫成時代，起於殷周之際，止於秦漢，延續時間很長，但多數篇章寫於戰國。《左傳》一書，我同意焦循《孟子正義》所說孟子沒有見過《左傳》（《孟子正義》卷十七，中華本第五八一頁），《左傳》寫定於戰國中期。但是《左傳》的原始資料應當起於左丘明收集，至寫成也延續很長時間。《左傳》可引《逸周書》（孟子即引用了〈世俘〉），《逸周書》也來得及引《左傳》。凡見《左傳》與《逸周書》相同相近，就認為是《左傳》引《逸周書》，這是上了《周書・序》的當；而一律排除《左傳》、《國語》引用《逸周書》，如陳夢家先生那樣（《尚書通論》第二八三頁），或認為《左傳》時《周書》尚未出（王引之有此說），也不符合實際。應當依據確鑿證據，具體篇章具體分析。「三訓」後出的表徵，不止一端，認為它必在《左傳》之前，難以信據；先秦典籍豐富，散佚甚多，現存資料的相同處，未必是甲抄乙，或乙抄甲這麼簡單，可能還存在中間環節。沒有說某引某，不應輕易判斷。有時說了某引某，自會導致判斷錯誤。例如，《墨子・七患》說：「故《周書》曰：『國無三年之食者，國非其國也；家無三年之食者，子非其子也。』畢沅注：「《周書》云：『〈夏箴〉曰：小人無兼年之食，遇天飢，妻子非其有也；大夫無兼年之食，遇天飢，臣妾輿馬非其有也；國無兼年之食，遇天飢，百姓非其有也。』」」孫詒讓曰：「畢據《周書・文傳篇》文，此文亦本〈夏箴〉而與〈文傳〉小異。考《穀梁・二十八年傳》云：『國無三年之蓄，曰國非其國也』，與此文略同。疑先秦所傳〈夏箴〉文本如是也。又《御覽》五百八十八，引胡廣《百官箴・敘》云：『墨子著書稱〈夏箴〉之辭』，蓋即指此。若然，此書當亦稱〈夏箴〉，與《周書》同，而今本脫之。」（《墨子閒詁》卷一）據此，《周書》、《墨子》、《穀梁傳》三書同引〈夏箴〉，如果僅據今本《墨子》，斷定《墨子》、《穀梁》同引《周書》，自然錯誤。這還是我們能找到線索的，倘失去中間環節而遽然作斷，就肯定出錯。劉起釪說：「〈程典〉、〈常訓〉等皆非周代原有《書》篇……可作為該篇引存《周書》逸文看待。」「可能《左傳》作者與此《逸周書》諸篇作者所據為同一原材料，也可能此諸篇由原材料受春秋文字影響成篇，為《左傳》作者所見。」（《尚書學史》第四四、九六頁）李學勤先生講《管子》和《黃帝書》孰襲用孰時說：「這有三種可能：(1)甲襲用乙；(2)乙襲用甲；(3)兩者同時，類似文句是出於學派相同，或係襲用同一來源。「最後這種事例，在先秦以至漢晉古書中也是屢見不鮮的。」（《當代學者自選文庫・李學勤卷》第五九七頁）我同意劉、李兩先生這裏的見解。在沒有確鑿證據的情況下，與其作判斷，不如闕疑。「三訓」既然如上所說，我實在不敢說《左傳》是引用它們。真相到底怎樣，可以繼續研究。

郭預衡先生說：「《逸周書》的文風是有特點的，有些篇章不但『不與百篇相似』，也和《國語》、《左傳》不同。但是……也有些篇章的文風和《國語》、《左傳》大體一致。例如〈命訓〉篇……像這樣大量的排比，自然也是春秋戰國以來的文風。又如〈常訓〉篇……像這樣連續不斷的頂真式的寫法，更是春秋戰國的某些文章裏常見的。」（《中國散文史》上冊第七〇頁）周玉秀從語言、文體、修辭方面得出的結論是：〈度訓〉等三篇「肯定是戰國時代的作品」，「是戰國時代的產物無疑」（《文獻學價值》第一四八、二五九頁）。

文酌第四

【題　解】文，指文王。文中有「九酌」，是九條可供斟酌去取的政治措施，即「酌」字含義。本文分前後兩部分，彼此獨立。前一部分主要談治國，後一部分主要談創造征伐敵國的條件。

《周書・序》曰：「上失其道，民散無紀，西伯修仁，明恥示教，作〈文酌〉。」西伯即文王。陳逢衡曰：「此篇文義甚晦……與〈序〉所謂明恥示教迥不相合。」唐大沛曰：「今篇中所言，與〈序〉迥不相合，疑古書〈文酌〉篇亡，後人取古兵家書以當之，故與〈序〉所謂『明恥示教』之旨不相合歟?」

民生而有欲、有惡、有樂、有哀、有德、有則❶。則有九聚，德有五寶，哀有四忍，樂有三豐，惡有二咎，欲有一極❷。極有七事，咎有三尼，豐有三頻，忍有四教，寶有五大，聚有九酌❸。

【章　旨】這是總說，是本文前一部分的綱。下文均由「欲」、「惡」、「樂」、「哀」、「德」、「則」引申而出。

【注　釋】❶民生而有欲句　生而有欲，這是說人生來就有欲望。《郭店楚墓竹簡·語叢二》「性生欲」，與此說一致。又說：「欲生慮，慮生倍（排斥），倍生爭，爭生黨。」「欲生貪。」錄以備參。德，德行，這裏指人的才能（潘振）。「揆度于內，舉措得中謂德。」（《左傳》僖公二十七年疏）「順理有成謂之德。」（《鬼谷子·陰符》注）則，法度；準則。❷則有九聚六句　聚，聚集；匯聚。忍，容忍。豐，多；豐厚。咎，罪過。一極，唐大沛疑此與下文「一極」當作「七極」。極，潘振曰：「立極以遏其欲也。」朱右曾曰：「正也。」❸極有七事六句　「極有七事，咎有三尼，豐有三頻，忍有四赦，寶有五大，聚有九酌」，陳逢衡曰：「九聚九酌、五寶五大、四忍四教、三豐三頻，數目俱承接而下，惟二咎三尼、一極七事數目各異，而七事後又申論一極，疑有脫誤。」「四赦」原作「四教」。俞樾以本文「四教」與〈大武〉篇「四赦」一節「大略相似」。劉師培以為此與下文「四教」當作「四赦」，「四教」一節「均言赦事」。鴻恩按，今依俞、劉說據〈大武〉改「教」為「赦」。尼，阻止。頻，頻繁。

【語　譯】民眾生來就有欲望、有厭惡、有歡樂、有悲哀、有德行、有法則。法則有九聚，德行有五寶，悲哀有四忍，歡樂有三豐，厭惡有二咎，欲望有一極。極有七事，罪咎有三尼，豐厚有三頻，容忍有四赦，寶貴有五大，匯聚有九酌。

九酌：一、取允移人❶；二、宗傑以親❷；三、發滯以正民❸；四、貸官以屬❹；五、人□必禮❺；六、往來取比❻；七、商賈易資❼；八、農人美利❽；九、□寵可動❾。

五大：一、大智率謀❿；二、大武劍勇⓫；三、大工賦事⓬；四、大商行賄⓭；

五、大農假貸⑭。

四赦：一、守之以信；二、因親就年⑮；三、取戚免梏⑯；四、樂生身復⑰。

三頻：一、頻祿質瀆⑱；二、陰福靈極⑲；三、留身散真⑳。

三尼：一、除戎咎醜㉑；二、申親考疏㉒；三、假時權要㉓。

七事：一、騰咎信志㉔；二、援拔瀆謀㉕；三、驫疑沮事㉖；四、騰屬威眾㉗；五、處寬身降㉘；六、陵塞勝備㉙；七、錄兵免戎㉚。

【章　旨】說明國家在政治、軍事、邦交、用人、民事以及朝廷對宗親、官員對屬下等等方面應該注意的事項（包括可能產生的流弊）。

【注　釋】❶取允移人　以誠信感動人。取允，取信。移，感（潘振）；動（朱右曾）。❷宗傑以親　尚賢也（陳逢衡）。宗傑，尊崇英傑。一說，宗族之傑出者。❸發滯以正民　發滯，打開倉庫裏積存的糧食。正民，盧文弨注：「趙疑當作『振民』。」朱右曾據改「正」為「振」。《讀書雜志》曰：「振、正古不同聲，則『正』非『振』之誤。疑『正』當作『匡』，字形相似而誤也。匡民，謂救民也。」劉師培曰：「正，當作『定』。定民者，即《毛詩．鴻雁．序》所云『安集』也。」鴻恩按，正，義即安定，不煩改字。《周禮．天官．宰夫》「正歲會」鄭玄注：「正，猶定也。」《玉篇》：「正，定也。」可為證。今參劉說將朱本之「振」改回「正」。❹貸官以屬　孫詒讓曰：「貸，當為『貳』，二字形近多互訛。《禮記．緇衣》：『長民者衣服不貳。』〈釋文〉：『貳，本作「貸」。』是其證。謂建官立貳，屬于正長也。」❺人□必禮　□，丁宗洛補「士」字，朱駿聲補「使」字，今姑依後說。❻往來取比　朱右曾曰：「比，親也。邦交聘問相親比也。」❼易資　通商；交易財貨。❽美利　美其宮牆之利（朱右曾）。❾□寵可動　□，朱駿聲補「恩」字，當是。恩寵可動，恩寵可使人心感動。〈中庸〉「明則動」鄭玄注：「動，動人心也。」孔晁曰以上九酌「言所酌為政之事」。朱右曾曰九酌「與〈中庸〉九經〔修身也，尊賢也，親親也，敬大臣也，體群臣也，子庶民也，來百工也，柔遠人也，懷諸侯也」相類」。❿大智率謀　率，行；用。⓫劍勇　劍，唐大沛疑「劍」為「斂」字之訛。朱右曾曰：「劍，斂也，斂小勇以為大勇。」劉師培以「劍」當讀「檢」，與〈大開〉「明武攝勇」同。鴻恩按，檢，義即「斂」，朱駿聲《說文通訓定聲》曰：「檢之言斂也。」即收斂。⓬大工賦事　大工，朱本作「大功」，章、盧、陳、唐各本「功」作「工」，今據正。賦事，賦眾以事而考其成（朱右曾）。賦，交給；給予。⓭行賄　流通貨賄；通有無。⓮假貸　借貸糧食給人（而收取利息）。按，「德有五寶」，「寶有五大」，《六韜・六守》中也曾說「大農、大工、大商謂之三寶」，可相互印證。⓯因親就年　劉師培曰：「此節均言赦事，守之以信，謂不違赦章。因親，即《周禮・小司寇》『議親之辟〔法〕』。就年，即《禮記（・曲禮）》悼、耄不加刑。就，亦因也。」鴻恩按，古有「刑不上大夫」之成規，宗親、故舊、賢能等犯罪的處置，不在「邦法」之內，須另議處置之法。「議親之辟」，即依宗親犯罪事實議處置法，即因親。《禮記・曲禮上》：「八十、九十曰耄，七年〔七歲幼童〕曰悼。悼與耄，雖有罪，不加刑焉。」即就年。⓰取戚免梏　孫詒讓謂當參本書〈大武〉作「取戚信人」。劉師培曰：「謂過怨艾〔悔過怨恨〕則免其刑。戚，即憂也。」梏，束縛兩手的刑具。⓱樂生身復　朱右曾曰：「樂其所生之理者復除役也。《（禮記・）王制》曰：『升于學者不徵于鄉。』」劉師培釋「身復」為，從獄中回鄉，既經三年，恢復其平民身分。鴻恩按，朱說也不背劉說此節大意。⓲頻祿質潰　質潰，本書〈五權〉有「極賞則淈」，孫詒讓曰：「以意求之，疑當作『頻祿賞淈』，謂祿賜頻數則賞淈。淈與『屈』同。」今從孫說。此「屈」義為竭、盡。⓳陰福靈極　丁宗洛曰：「陰宜通蔭。言淫祭者歸功鬼神。」⓴留身散真　丁宗洛曰：「言以身殉之而自失其素操也。」留，稽留；淹留。散真，失去真性。孫詒讓曰：「此蒙上樂有三豐，豐有三頻而言，則皆為遇豐樂節其太過之事。」㉑除戎咎醜　治兵以攻其同類（朱右曾）。除，治。咎醜，追究同類的罪過。㉒申親考疏　約束至親，使之成為疏遠者。申，約束；束縛（朱右曾）。考，成。㉓假時權要　把大權借給別人。時，是；此。朱右曾曰以上「三者皆所宜止也」。㉔騰咎信志　朱右曾曰：「務勝咎我者之口而伸其志，剛愎自用者也。」騰，勝（孔晁）；假借為「勝」（朱駿聲）。信，通「伸」。㉕援拔瀆謀　援拔，朱右曾釋為「緩急」，劉師培釋為「跋扈」。劉氏曰：「《詩・大雅・皇矣》：『無然畔援』，鄭箋云：『畔援，謂跋扈也。』是援拔之誼。」瀆，敗亂。㉖纍疑沮事　段玉裁《說文・木部》注：「《逸周書・文酌解》『聚疑沮事』，聚，古讀如『驟』，與『纍』音近。『纍疑沮事』，猶云蓄疑敗謀也。」朱右曾曰：「多疑寡斷，事必不成。」纍，眾多。沮，阻止。㉗騰屬威眾　務求勝過屬下以威懾其眾。㉘處寬身降　居室寬大，自身屈抑。降，屈。㉙陵塞勝備　陵塞，山陵險塞，指險要的地形。勝備，朱右曾曰：「勝敵之備。」這句應是說，以險要地形為勝敵之備，如《戰國策・魏策一》魏武侯曾誇耀其「河山之險豈不亦信固哉，吳起對曰：「河山之險，信不足保也。地形險阻，奚足以霸王矣！」㉚錄兵免戎　錄兵，孔晁曰：「錄為不備兵。」朱右曾曰：「錄，如《荀子》『程役而不錄』，謂檢束也，弭兵銷鋒之意，非特不講武也。」錄，檢束；收藏。免戎，潘振曰：「廢武事也。」鴻恩按，以上七事皆「欲」之所為，應該正（「極」）之者。

【語譯】九酌是：一、取信於人並且使人感動；二、尊崇傑異之士並且親近他；三、打開倉庫積存的糧食以安定民眾；四、給正長設立屬官；五、對別國使臣一定待之以禮；六、邦交聘問相互親合；七、讓商賈從事貿易活動；八、讓農民得意於耕種的收穫；九、施予恩寵使人心感動。

五大是：一、大智慧使用謀略；二、大武力收斂武勇；三、大工匠分勞作之事給眾工（而問其成）；四、大商賈流通貨物以通有無；五、大農民借貸粟米給人（而食其利息）。

四赦是：一、守持誠信不違背赦免章程；二、宗親犯法另議處罰，年高與幼童犯法不用刑；三、悔過而憂傷者可免於受刑；四、樂其所生之理者免除其賦役。

三頻是：一、頻繁地賞賜，財源枯竭；二、以為淫祭獲福，歸功於鬼神靈驗；三、自身沉溺於豐樂中失掉了真性。

三尼是：一、整治軍隊去討伐同類的罪過；二、束縛親近而變成了疏遠；三、把手中大權借給別人。

七事是：一、務求勝過指責我的人的口以逞自己的志意；二、專橫跋扈破壞謀略；三、多疑寡斷，事必不成；四、務求勝過屬下以震懾其眾；五、為處境寬和而自身屈抑；六、以為險要地形勝過了敵國武備；七、收藏武器，解散軍隊。

一極惟事，昌道開，蓄伐❶。伐有三穆❷、七信❸、一幹❹、二御❺、三安、十二來❻。

三穆：一、絕靈破城⑦；二、筮奇昌為⑧；三、龜從惟凶⑨。

七信⑩：一、仁之慎散⑪；二、智之完巧⑫；三、勇之精富⑬；四、族之寡賄⑭；五、商之淺⑮資；六、農之少積；七、貴之爭寵。

一幹：勝權輿⑯。

二御：一、樹惠不癒⑰；二、既用茲憂⑱。

三安：一、定居安帑⑲；二、貢貴得布⑳；三、刑罪布財㉑。

十二來：一弓、二矢，歸射㉒；三輪、四輿，歸御㉓；五鮑、六魚，歸蓄㉔；七陶、八冶，歸灶㉕；九柯、十匠，歸林㉖；十一竹、十二葦，歸時㉗。

三穆、七信、一幹、二御、三安、十二來，伐道咸布，物無不落㉘。落物取配㉙，維有永究㉚。急哉急哉，後失時㉛。

【章旨】這是講做好征伐敵國各方面的充分條件。

【注釋】❶一極惟事三句　「一極惟事，昌道開，蓄伐」，孔晁曰：「言事事皆以忠政行之，則吉昌之道開行，而征伐之道蓄之也。」盧文弨曰：「趙謂『忠政』當作『中正』。」丁宗洛曰：「開蓄伐，似言儲蓄征伐之事皆由昌道開之。」唐大沛言下文：「與篇首絕不相蒙，疑是編書者取兵家言并合于此耳。」鴻恩按，孔注之意，「一極」與上文之「一極」無涉，而與「惟事」連讀，孔解「一」為「皆」，為常見義；解「極」為「中」，屢見於上，故趙曰「中正」，只是此「極」作狀語。又《經傳釋詞》：「《玉篇》曰：『惟，為也。』」黃侃眉批曰：「此『惟』乃『為』之借。」為，義為行，亦常見義，惟事，即行事。然則「極惟事」，即皆準中正行事（或皆依準則行事），故孔曰「事事皆以中正行之」。昌，善。蓄伐，積蓄征伐的條件。❷穆　恭謹、嚴肅。❸信　通「申」。申明。❹幹　骨幹；主幹。❺御　駕馭。❻來　同「徠」。招來；招攬。鴻恩按，以上是本章總說，下面分說。❼絕靈破城　孔晁曰：「不淫祀也。」靈，神靈。鴻恩按，此言征伐不求告鬼神，自是斷以理，審以義，謹慎而謀，有攻城必破之把握。❽筮奇昌為　占卜不吉要好自為之。筮奇，占卦不吉。筮，用蓍草占卦。❾龜從惟凶　龜從，龜卜，利。龜，用龜甲占卜。惟凶，還要想到會有凶危。《尚書・洪範》：「龜從，筮逆，卿士逆，庶民逆，作外凶。」惟，思；考中。以上都是要肅穆恭謹處置的事情。❿七信　孔晁曰：「七者所宜信（申）明之也。」以下七事須做好或避免。⓫慎散　謹慎散施，用財必當於義。⓬完巧　圓滿巧妙。⓭精富　精銳富盛。⓮族之寡賄　族，丁宗洛疑是「旅」字。鴻恩按，二字均可通，今仍從「族」。寡賄，缺少錢財。⓯淺　少；短缺。⓰勝權輿　謀勝算於其始。丁宗洛曰：「即凡事豫則立之意。」權輿，開始。此事具有骨幹意義。⓱樹惠不癋　朱右曾曰：「癋，審也。樹惠于人，而不審其邪正。」癋，清楚。⓲既用茲憂　既用，盡用。茲，通「滋」。滋生。以上二者「所以馭眾也」（潘振）。⓳安帑　安定其妻兒。潘振曰：「凡起徒役，毋過家一人，所以定民居而安其妻子也。」帑，通「孥」。妻與子。⓴貢貴得布　貢物以貨幣為貴。潘振曰：「周制惟衍沃用井田之外，其餘皆用貢法。貴，重也。」布，古代貨幣。唐、朱均曰此與下句句意未詳，今姑用潘說。㉑刑罪布財　潘振曰：「施舍于罪人，則用罰布（贖金），所以資軍用也。」陳逢衡曰：「三者既定，則國阜而民安。」㉒一弓二矢二句　第一工匠製造的弓，第二工匠製造的箭，統歸負責射事的官員保存。《考工記》：「弓人為弓，矢人為矢。」潘振曰：「十二來言『歸』，皆有司存也。」鴻恩按，《周禮・夏官》有射人、司弓矢，「射」即指這類官員。㉓三輪四輿二句　第三工匠製造的車輪，第四工匠製造的車子，統歸負責駕馭的官員保存。《考工記》：「輪人為輪，輿人為車。」輿，車箱。御，當是指《周禮・春官》「巾車」等官員。㉔五鮑六魚二句　鮑、魚，孫詒讓以為「魚」為「函」字之訛，據《考工記》鞄、函同為攻皮之工。鮑，朱右曾曰：「鮑字本作『鞄』，柔皮之工也。鮑人主製皮，魚可為膠。」函，鎧甲。蓄，孔晁曰：「積以為資。」㉕七陶八治二句　《考工記》有陶人、治氏，陳逢衡曰：「金、土皆以火成，故歸灶。」朱右曾曰：「陶人為瓦器，治氏為戈戟。」㉖九柯十匠二句　柯，匠。指車人和建築房屋、城郭、溝洫的匠人。柯，本義為斧柄，因為車人用柯計量尺寸（伐木之柯，柄長三尺），此即指造車的工匠。林，孔晁曰：「林，當為『材』，匠以為用。」㉗十一竹十二葦二句　竹、葦用以製造或編織竹製品和葦製品。時，孫詒讓曰：「此『時』讀為『庤』。《說文》：『儲置屋下也。』」竹、葦諸材皆儲置以待用。時、庤聲類同，古字通用。」㉘伐道咸布二句　伐道，有助於征伐的各種措施。布，陳設；遍布。物，事。無不落，孔晁曰：「落，始也。」盧文弨曰：「趙曰『落』如《左傳》（僖公十五年）落實取材之『落』，不當訓『始』。」潘振曰：「落，即『實落、材亡』之『落』。無不落，言必敗也。」劉師培曰：「當曰『落，殆也。』殆謂衰危。」鴻恩按，此說與上文銜接，但不知與「落物取配，維有永究」如何銜接。唐大沛、朱右曾不取趙說，而從孔注「落，始也」之注。故唐曰：「落，成也。」朱釋「落」為「懷新」。均與《毛詩》鄭箋「落」為「始」、《左傳》杜注「宮室始成」為「落」一致。如此，與上下文可以貫通，今姑從之。㉙落物取配　成功的事情再採取相應的配套措施。配，類（孔晁）。㉚維有永究　才有永久的保障。維，乃也（《經傳釋詞》）。永究，永終；永久。究，終（孔晁）。㉛後失時　落後就失掉時機了。

【語　譯】事事都按照中正來做，打開吉昌的道路，蓄積征伐的條件。征伐的條件，有三穆、七信、一幹、二御、三安、十二來。

三穆是：一、不求告鬼神而攻破城池；二、筮占不吉而好自為之；三、龜卜雖吉，還要考慮兇險。

七信是：一、仁愛的謹慎散施；二、智謀的完善工巧；三、勇敢的精銳富盛；四、宗族的缺少財物；五、商賈的短缺資本；六、農民的缺少存糧；七、權貴的爭寵奪勢。

一幹是：一開始就有取勝的謀略。

二御是：一、施恩惠於人而施行確無障礙；二、盡心效力卻滋生了憂愁。

三安是：一、居有定所以安定其妻子兒女；二、貢賦以錢幣為可貴；三、處罰罪人可用錢幣贖罪。

十二來是：一弓人、二矢人，他們生產的弓矢統歸負責射事的官員收藏；三輪人、四輿人，他們生產的車輿統歸負責駕駛的官員收藏；五鮑人、六函人，他們的產品統歸於儲蓄機關；七陶人、八冶氏，他們的產品統歸於窯、灶燒製；九車人、十匠人，他們的用材統歸用材儲積處；十一竹匠、十二葦人，他們的用材統歸竹、葦儲積處。

三穆、七信、一幹、二御、三安、十二來，征伐的各種條件樣樣具備，事情沒有什麼沒辦妥帖的。辦好的事情還採取相應的措施配合，才會有永久的保障。趕緊呀趕緊呀，落後了就失掉了時機。

【研　析】本文作者提出，為政者要以誠信感動人，要重人才、救飢民、保障商賈和農民權益，做到「大智率謀，大武劍（斂）勇」，都是有見解的觀點。另一方面，作者提出節制「欲」、「惡」、「樂」會產生的驕奢淫逸、逞強好勝、親疏不分、魯莽用兵或麻痹大意、解除武裝等弊端。作者還重視「親」：要求「因親」，防止「申親考疏」，似反映了周代宗法制的社會思想（說本文時代早，這是一個根據）。同時，作者要求誠信、仁愛，提出「取戒免梏」、「樂生身復」，表現了仁民的情懷。

文章第二部分，說不卜問鬼神而攻打城池，值得注意。西元前七〇一年，楚將鬬廉準備攻打鄖國之師，曾說：「卜以決疑，不疑，何卜？」結果打敗了鄖師（《左傳》桓公十一年）。《孫子・用間》：「不可取于鬼神，不可象于事（指占筮），不可驗于度（日月星辰在天空運行的度數），必取于人，知敵之情者也。」都在軍事行動中擺脫了鬼神觀念，是中國古代可貴的軍事思想。其次，《孫子・計》提出：「將者，智、信、仁、勇、嚴也。」又說：「夫未戰而廟算勝者，得算多也……多算勝少算，而況于無算乎！」本文提到在戰爭中的「仁」、「智」、「勇」、「穆」，即「仁之慎散，智之完巧，勇之精富」及「絕靈破城」（「穆」）、「勝權輿」（「幹」），都與《孫子》相合。復次，文章大段講述來百工，可以看出作者對軍事裝備的製造、蓄積，高度重視。在這方面，可與《管子》相比：「聚天下之精材，論百工之銳器」；「工蓋天下」，「器蓋天下」；「有蓄積則久而不匱，器械功（工）則伐而不費」（《管子・七法》）。彼此可以互參。

本文的顯著特點，是大量使用數字。作者把治國、治軍的經驗教訓條分縷析，首先歸納為幾個方面，然後舉出具體表現。如第一部分，首先從人的情欲提出「欲、惡、樂、哀」，從人的德、才提出「德」，從政治角度提出「則」，共六個方面。然後說「則有九聚，德有五寶，哀有四忍，樂有三豐，惡有二（三）咎，欲有一（七）極」，對應「欲、惡、樂、哀、德、則」提出了「聚、寶、忍、豐、咎、極」，這是第二個層次，而且說「則有九聚、德有五寶……」，意為「聚」有九、「寶」有五……，但在這個層次沒有展開細目，緊接著說「極有七事，咎有三尼，豐有三頻，忍有四赦，寶有五大，聚有九酌」，「事、尼、頻、赦、大、酌」，這是第三個層次，下面一一鋪陳，凡三十一目。千頭萬緒，都納入六個方面、三個層次、三十一目之中。條理清晰，思路綿密，概括能力很強。而且作者使用頂真修辭法：「……有則。則有九聚……欲有一（七）極。極有七事……」有規律地形成回環倒卷的敘述方式，文字極為整齊有條理。不講究形象生動的純說理文章如此講究文字表達形式，是很少見的。

如此大量使用數字論事，使人想到《尚書·洪範》和《周禮》。此即朱右曾所說：「周室之初，箕子陳疇，《周官》分職，皆以數紀，大致與此書相似。」（《逸周書集訓校釋·序》）例如〈洪範〉：

初一曰五行，次二曰敬用五事，次三曰農用八政，次四曰協用五紀，次五曰建用皇極，次六曰乂用三德，次七曰明用稽疑，次八曰念用庶徵，次九曰嚮用五福，威用六極。

一、五行：一曰水，二曰火，三曰木……

二、五事：一曰貌，二曰言，三曰視……

《周禮》一書大量使用數字，不勝枚舉，如〈天官〉言「大宰之職」：

掌建邦之六典，以佐王治邦國：一曰治典……二曰教典……三曰禮典……。以八法治官府：一曰官屬……二曰官職……三曰官聯……以八則治都鄙：一曰祭祀……以八柄詔王馭群臣：一曰爵……以八統詔王馭萬民：一曰親親……以九職任萬民：一曰三農……

這真把數字用到了極至。它們的思維方式顯然相同。需要指出的是，〈洪範〉有的部分「至早成於春秋時代」（顧頡剛、劉起釪《尚書校釋譯論》第一二一八頁）。《周禮》「實際成書當在戰國時」（楊寬《西周史》第一一頁）；「應是戰國前期以前的作品」（王暉《古文字與商周史新證》第三七〇頁）。因此《逸周書》出現大量以數為紀的篇章，應在〈洪範〉、《周禮》之後，有人認為，〈文酌〉作於「春秋早期」，時代應當偏早。

清汪中論以數為紀的著作說：「周、秦古書，凡一篇述數事，則必先詳其目，而後備之。其在《逸周書》、

《管子》、《韓非子》至多。」（《述學・大學平議》）把《逸周書》的以數為紀與《管》、《韓》相提並論，可證汪中視《逸周書》此類篇章與《管》、《韓》為同時之物。本文講「五寶」，「寶有五大」，「大智率謀，大武劍勇，大工賦事，大商行賄，大農假貸」，必在《老子》「我有三寶」，「大智若愚」，「大音希聲」，「善為士者不武」之後。「大武」一詞（〈大武〉舞除外）首見於本文，再見於《管子・勢》、《商君書・徠民》，見引於《戰國策・秦策四》黃歇說秦王，時代都不早。其次，《左傳》一書的「貸」字，均指貸粟。《戰國策・齊策四》載孟嘗君放高利貸，沒說是粟是錢，但是《史記・孟嘗君列傳》明確說「貸錢」、「息錢十萬」。《孟子》一書之「貸」，楊伯峻也明說是「借款」（《孟子譯注・詞典》）。這是春秋和戰國的不同。第三，本文「大工」、「大商」、「大農」，只能在戰國。春秋時「工商食官」，當時如此寫大工、大商，沒有意義。至春秋戰國之際，則有大商范蠡、端木賜，戰國有池鹽大工兼大商猗頓、冶鐵大工兼大商郭縱、趙國卓氏、魏國孔氏及大商呂不韋。「商人壟斷市場、城市繁榮、鑄造貨幣廣泛流通和高利貸橫行等情況，都是戰國以前不曾有過的。翻開《左傳》，簡直找不到貨幣的蹤跡……和戰國時代動輒黃金千斤、千鎰的情況，截然不同。」（楊寬《戰國史》第三版第一四四頁）特別是單靠務農起家的大地主即「大農」，在井田制破壞之後，一時之間很難出現。「四民」（士、農、工、商）之說「應該產生於戰國」（白壽彝《中國通史》第三卷第八四九頁），本文置農於工、商之後，就應當是大農晚出，可證其時代不早。竊以本篇寫定於戰國，而且不大可能在戰國早期。要說文中可能含有早期資料，這是可能的。從修辭等語言方面研究本文的學者，也認為它寫定於戰國時代（《文獻學價值第一九五頁）。

龐樸先生認為，「人類對世界的認知，在五行和陰陽觀念確立之前，應該還有一個階段」，即緊隨於混沌之後的「雜多時代」。「此時，原始的混沌已經分化，但人們的意識，還是一片混亂，或者用黑格爾的話說，只是一片『雜多』。」「兩部很有名的文獻都反映了雜多思想：一部是《尚書・洪範》，另一部就是《逸周書》。」《逸周書》對雜多「闡述得更充分、更徹底」，龐所舉例即〈文酌〉「民生而有欲……實有五大，聚有九酌」《中國文化十一講》第二講，又《薊門散思・逸周書與數》）。

糴匡第五

【題　解】糴匡，糴糧以救荒。糴，買糧。匡，救助。全文分四章，分別言成年、年儉、年飢、大荒之年的舉措。糴匡是就大荒之年而言。

成年穀足❶，賓、祭以盛❷。大馴鍾絕❸，服美義淫❹。皂畜約制❺。餘子務藝❻。宮室城廓修為備❼。供有嘉菜。于是日滿❽。

【章　旨】這是說豐收年景的措施。

【注　釋】❶成年穀足　豐收之年糧食充足。❷賓祭以盛　孔晁曰：「賓客、宗廟足而不奢也。」盧文弨曰：「注『不奢』，何本作『不儉』，詁『以盛』似尤切。」陳逢衡曰：「《（周禮・）秋官（・掌客）》有三饗、三食、三燕之禮，《儀禮（・聘禮、燕禮）》有公食、饋食、聘燕諸儀，皆所以待賓也。祭，則禘郊祖宗、報以及時、舉月享之類。」❸大馴鍾絕　馴，讀為「訓」，馴、訓相通（朱右曾）。鍾，通「鐘」。樂器。絕，疑是「絃」字之訛。朱右曾曰：「舉金絲，則八音（金、石、絲、竹、匏、土、革、木八種不同質料之樂器奏出的音樂）備可知。」鴻恩按，「大訓鍾絕」，仍不知「大訓」之意，《尚書・顧命》孔疏「大訓」為「先王德教」，祭祀時訓示先王德教。今姑取此意。❹服美義淫　盧文弨引謝云：「謂禮之盛也。〔孔〕注『淫』為『過』，凡義之所當為者，皆可過盛。」義，俞樾云：「義，當讀為儀。」❺皂畜約制　皂畜，馬廄裏的馬。皂，馬槽，也泛指馬廄。約制，朱右曾曰：「約，飾也，美也。言得美其所制之器械。」❻餘子務藝　餘子，有二解，一曰卿大夫嫡長子之外的庶子，一曰百姓家中服丁役以外的子弟。本文的餘子既學六藝，為運糧的副貳，又從事稼穡，是指國人子弟。楊寬曰：西周春秋間稱為「國人」的這種自由公民，「有接受教育的權利」，「還享有被選擔任低級官職的權利」（《西周史》第四〇二、四二二頁）。六藝，即禮、樂、射、御、書、數六種技能。❼宮室城廓修為備　廓，通「郭」。外城。修為，修造；修築整治。備，完善。❽供有嘉菜二句　嘉菜，美菜。朱右曾曰：「五齏、七菹之類。」按，五齏，五種細切的冷食肉菜。七菹，七種醃菜。均見於《周禮・天官・醢人》。于是日滿，孫詒讓曰：「與下文『于是糾秩』、『于是救困』同，皆泛說，不必專屬嘉菜也。」于是，在這時。是，此。

【語譯】豐收的年成，糧穀充足，招待賓客、祭祀祖先使用豐盛的食品、祭品和禮儀。訓示先王德教，大奏鐘鼓絲竹之樂，冠服華美，禮儀盛大。馬的各種配飾車乘製作精美。不服役的子弟學習六藝。宮室城郭修建整治完善。供給最好的菜。這時候做到天天豐足。

年儉❶，穀不足，賓、祭以中盛。樂唯鍾鼓，不服美。三牧五庫補攝❷，凡美不修❸。餘子務穡❹。于是糺秩❺。

【章旨】此是說年成不太好時的措施。

【注釋】❶年儉　陳逢衡曰：「微歉之歲。」❷三牧五庫補攝　三牧，指戎馬、田馬、駑馬三者之牧（盧文弨）。一說，養馬、牛、羊者（潘振）。五庫，據《禮記・月令》，指審察金鐵、皮革筋、角齒、羽箭幹、脂膠丹漆庫房的存量。補攝，互補兼代，不必一一具備。攝，兼；代。❸凡美不修　一切美善之物不得修治。❹穡　稼穡，即種植（稼）、收穫（穡）穀物。❺糺秩　糾察官員的品級等次。朱右曾曰：「糺其分次毋或逾也。」糺，同「糾」。督察。秩，品級。

【語譯】年成不太好，糧穀不充足，招待賓客、祭祀祖先用中等的豐盛。奏樂只用鐘鼓，冠服不得華美。三牧、五庫能補的補，能兼的兼，所有美善之物不得修治。不服役的子弟要從事耕種。這個時候要督察官員的品級。

年饑❶，則勤而不賓❷，舉祭以薄。樂無鍾鼓，凡美禁。畜不皂群❸，車不雕攻❹，兵備不制❺。民利不淫❻，征當商旅❼，以救窮乏❽。問隨鄉❾，不鬻熟❿。分助有匡⓫，以綏無者⓬。于是救困⓭。

【章　旨】這是說災荒之年的措施。

【注　釋】❶饑　災荒。《爾雅》：「穀不熟為饑。」❷勤而不賓　潘振曰：「但致其殷勤而不能盡賓禮也。」按，孫詒讓曰：「勤，當讀為『祈』，即〈大匡篇〉之『祈而不賓』，言但有祈祭，不褻饗賓客也。古斤聲、堇聲字同部相通。〈大匡〉又云：『非公卿不賓』，即不賓之事。」❸畜不皂群　馬不在廄中成群餵養以免其蕃息。❹攻　通「工」。精善。❺不制　朱右曾本「制」誤作「利」，今據諸本正。不制，不製造新的。❻民利不淫　朱右曾曰：「伏臘聚會，勿使過費。」❼征當商旅　當，主。言所徵以商旅為主（劉師培）。商旅，《考工記・序》：「通四方之珍異以資之，謂之商旅。」❽以救窮乏　窮，鰥寡孤獨（朱右曾）。乏，困。鴻恩按，此與〈大匡〉「積而勿□，以罰助均，無使之窮，平均無乏」意思相近。❾問隨鄉　問審其災之輕重與其利害（朱右曾）。隨鄉，隨著所到不同的鄉。鄉，天子直接統治地區（王畿）的居民組織，凡分六鄉，每鄉一萬二千五百家。❿鬻熟　賣熟食。朱右曾曰：「若今酒館。謝云：『啟奢惰，故禁之。』」⓫分助有匡　分別相助，有食之民分別資助無食之民。有，用法同「以」（參《經詞衍釋》、《古書虛字集釋》）。⓬以綏無者　以安定窮乏無食者。⓭于是救困　鴻恩按，疑此「于是」與上文義異，吳昌瑩曰：「于，猶『以』也，『用』也。」（《經詞衍釋》）句意當是說即以此法救助窮乏。

【語　譯】饑荒年頭，祈禱但不接待賓客，舉行祭祀只用薄禮。奏樂不用鐘鼓，所有精美的物品一律禁用。廄中不成群養馬，車子不加雕飾，軍事裝備不製作新的。民眾伏天、臘日的聚會不能過於花費，主要向商人徵稅，以救濟貧窮無糧的人。隨處詢問受災情況，不許出賣做熟的飯菜。讓有糧的分別救助無糧的，以安定無糧的人。使用這個辦法救濟窮困的人。

大荒，有禱無祀❶，國不稱樂❷。企不滿壑❸，刑罰不脩❹，舍用振穹❺。君親巡方❻，卿參告糴❼，餘子倅運❽。開廩同食，民不藏糧，曰有匡❾。俾民畜，唯牛羊❿。于民大疾惑，殺，一人無赦⓫。男守疆，戎禁不出⓬，五庫不膳⓭。喪禮無度，祭以薄，賓禮無樂⓮。宮不幃⓯，嫁娶不以時⓰。賓旅設位有賜⓱。

【章旨】這是說大荒之年的措施。

【注釋】❶有禱無祀　「祀」字原作「祭」。盧文弨曰：「《穀梁》襄二十四年傳『鬼神禱而不祀』，范甯注引《周書》曰：『大荒有禱無祀。』即此文。」孫詒讓曰：「《穀梁》文與此略同，『祭』當依范引作『祀』。祀，與『祠』通。《韓詩外傳》（卷八）說大祲之禮亦云：『禱而不祠。』是其證。《周禮・小宗伯》鄭注云：『求福曰禱，得求曰祠。』此云有禱無祀者，謂唯有禱求而無報塞（報答）之祠也。其他祭祀則仍舉而不廢。但禮較成年大殺，故下云『祭以薄』。若作『無祭』，則與下文抵牾。」鴻恩按，「無祭」與下「祭以薄」直接抵牾，原文絕非如此，今依所說據范引改正。❷稱樂　演奏音樂。稱，舉。❸企不滿壑　企，朱右曾疑為「⿱亼正」（古文「法」）字之訛，以此句「言出輕罪，用薄刑」。壑，坑坎，喻犴獄（鄉亭的牢獄）。❹刑罰不脩　陳逢衡曰：「刑用輕典之謂。蓋飢渴所致，或有不得已而遭刑者，此仁人所當恤也。」不脩，謂不造刑具，即《周禮・地官・大司徒》荒政用「緩刑」之意。❺舍用振穹　孫詒讓曰：「惠云：『宋本作「窮」。』穹義雖古，然似當以宋本作『窮』為正。」句意謂施捨日常所用以賑濟貧窮。振，同「賑」。《周禮・地官・大司徒》曰荒政「舍禁」，即朝廷撤銷關於山澤的禁令，讓百姓自由取「蔬食」。❻君親巡方　陳逢衡曰：「恐窮黎無告，有司不以上達也。」❼卿參告糴　潘振曰：「三卿告鄰國以買穀。」參，這裏同「三」。《周禮・大宰》「設其參」賈公彥疏：「謂諸侯之國各立三卿。」❽餘子倅運　運輸所糴之糧，餘子輔助之。倅，副；輔助。《周禮・小司徒》：「凡國之大事，致民；大故，致餘子。」❾有匡　人人有匡救的職責義務。陳逢衡曰：「鄉里自為賙恤，有無可以相通也。」❿俾民畜二句　俾，使；讓。畜，養。唯牛羊，陳漢章《周書後案》曰：「《呂氏春秋・慎小》云：『去食肉之畜，去食粟之馬。』與此文可參證。」⓫于民大疾惑三句　「于民大疾惑，殺，一人無赦」，孔晁曰：「雖有凶（荒年），疾惑而相殺人者，不赦也。」朱右曾曰：「大疾惑，謂盜賊及挾左道者。《（周禮·）大司徒》荒政有除盜賊，鄭司農云：『飢饉則盜賊多，故急其刑以除之。』愚謂左道者亦然。」朱以「于民大疾惑」為句，「殺」字為句。鴻恩按，疾，惡；害。《左傳》哀公元年：「去疾莫如盡」，《經典釋文》：「一本又作『去惡』。」《戰國策·秦策三》作「除害莫如盡」。然則「大疾惑」為大惡、大害、大惑者，指反叛之民。注者多以「殺一人無赦」為句，不如朱斷句文字順，特言「大疾惑」，故異常嚴厲。⑫戎禁不出　軍隊禁止出征。⑬膳　通「繕」。修補。⑭祭以薄二句　「祭以薄，賓禮無樂」，「賓」字原作「資」。孫詒讓曰：「以文義校之，實當讀『祭以薄』為句，『資禮無樂』句。『祭以薄』與上文『年儉』章同。資則『賓』之訛也。」鴻恩按，上文三章始終賓、祭並舉，孫說甚是。賓、資形近，故訛。今依孫說據上文改「資」為「賓」。⑮宮不幃　劉師培曰：「《初學記》三十二引《周書》曰：『年不登，甲則纓縢，宮室不容。』注曰：『纓繩甲不以組。』所引『宮室不容』即本文『宮不幃』也。《周禮·巾車》云：『皆有容蓋。』先鄭注云：『容謂幨車（有車帷的車），山東謂之裳帷，或曰幢容。』是容即帷幕之屬，與『帷裳』一名『童容』例同。容，亦帷也。疑本文當作『宮室不容』，別本作『帷』，今捝『室』字，復捝『甲則纓縢』語，當據補。」⑯嫁娶不以時　嫁娶之時，古有二說，〈夏小正〉、《周禮·地官·媒氏》、《周易》在仲春二月，《毛詩》、《荀子》、韓嬰則有秋冬之說。前一說較通行。而《春秋》記魯國送夫人、嫁女，四時通用，實不限日月（參《周禮·地官·媒氏》疏）。此文曰大荒之年不以時，則原主嫁娶有時限，不同於《春秋》。⑰賓旅設位有賜　孔晁曰：「賓旅隨位賜之，不饗燕也。」陳逢衡曰：「設位有賜，謂隨其爵秩之尊卑以贈勞而已。」賓旅，過往的賓客。鴻恩按，《廣雅》：「設，合也。」然則設，有隨、順、合之義。

【語　譯】遭遇大荒年景，只向鬼神禱求但沒有報祀，全國上下不演奏音樂。用法輕判薄刑，不整修刑具，施捨日常所用以賑濟貧窮。君主親自巡視四方災情，派遣三卿告訴鄰國購糧，不應丁役的子弟輔助運糧。打開糧倉共同食用，百姓家裏也不儲糧，告訴大家都有救荒的義務。讓百姓只養不吃糧食的牛羊。對於大惡、大惑的反叛者，一概殺之，一個也不赦免。男子駐守邊疆，軍隊嚴禁出征，五庫都不修繕。喪禮不遵常法，祭奠用薄禮，接待賓客的禮儀沒有音樂。宮室中不張掛帷帳，嫁女、娶妻不必依一定時限。過往的賓客，按照他們爵位的尊卑給與贈賜，但不設宴招待。

【研　析】中國是農業古國，古籍中對於救荒、備災十分重視，記述很多。周景王時，單穆公曾抱怨「吾周官之于災備也，其所怠棄者多矣」。《周禮》中就有很多講救荒的內容。「大司徒之職」即有「以荒政十有二聚萬民」：

一曰散利（注：貸種、食也），二曰薄征（注：輕租稅也），三曰緩刑，四曰弛力（注：息徭役也），五曰舍禁（注：山澤使民取蔬食），六曰去幾（注：關市去稅而幾之），七曰眚（省）禮（注：殺吉禮也），八曰殺哀（注：謂省凶禮），九曰蕃（藩）樂（注：閉藏樂器而不作），十曰多昏（注：凶荒殺禮，婚者多），十有一曰索鬼神（注：搜索鬼神而禱祈之），十有二曰除盜賊。

這是在救荒方面對於政府和主管官員的全面要求，實際也是對於救荒經驗的全面總結。而且各級有關官員都有這方面的準備：「遺人，掌邦之委積，以待施惠。鄉里之委積，以恤民之艱厄……縣都之委積，以待凶荒。」「均人，凶、札（疫病）則無力政，無財賦。不收地守、地職，不均地政。」「司市，國凶荒、札、喪，則市無征，而作布（注：因物貴，大鑄泉以饒民）。」「廩人，掌九穀之數……凡萬民之食食者，人四鬴（量器名），上也；人三鬴，中也；人二鬴，下也。若食不能人二鬴，則令邦移民就穀，詔王殺邦用。」而且遇凶荒，最高統治者要減膳，不殺牲，不舉樂；要素服；要「以荒禮哀凶、札（注引《禮記·曲禮》『歲凶，年穀不登，君膳不祭肺，馬不食穀，馳道不除，祭事不縣』）」（〈大宗伯〉）。不管在思想上還是政治舉措，都對凶荒十分重視。〈大匡〉第十一也是言救荒之文，可以參讀。

待賓客、祭鬼神，都要使用糧、肉，是關乎年成好壞最直接的兩件事。所以每章都要講到賓、祭。如此頻繁地說到「賓」，可見當時國家間使臣的來往比較多。舉樂與否，總和賓、祭同說，可證賓、祭都要用相關的禮、樂。前人注釋本文，往往引用《周禮》、《儀禮》以相發明。《周禮·春官》之〈大宗伯〉、〈大司樂〉與〈秋官〉之〈司儀〉、〈掌客〉和《儀禮》之〈聘禮〉、〈燕禮〉、〈喪服〉等等都有關於賓、祭和相關禮、樂的描述。現代學者有人從語法研究，認為《周禮》「是戰國前期以前的作品」（王暉《古文字與商周史新證》第三七〇頁）。錢穆以為《周禮》一書出於戰國晚期而在鄒衍和《呂氏春秋》之前（〈周官著作時代考〉，載《兩漢經學今古文平議》第三三六頁）。但人們大都認為，「在《周禮》中既保留有西周、春秋以至戰國的一些官制、禮制等歷史上的印跡，同時也包含著作者和整理者的思想傾向及政治主張，更具有一些理想制度的設置和理想政治的內容。」（姜廣輝主編《中國經學思想史》第二卷第二三四頁）疑本文和《逸周書》中的某些文章大約也是如此。

從一些複音詞出現的情況看，本文的時代可能並不早。例如本文一再使用的「餘子」，錢穆先生以為『餘子』之名起戰國」，見於《國策》、《呂覽》、《莊子》外篇〈秋水〉、《管子・問》與《周禮・司徒》（《兩漢經學今古文平議》第四七五頁）。錢先生沒有言及「餘子」見於《左傳》，《左傳》成書於戰國，不知道它是使用戰國才有的詞，還是春秋時代已有「餘子」之稱，不過《春秋》、《國語》、《孫子》以至《墨子》、《儀禮》等書都沒有「餘子」。在先秦除本文外，「窮乏」一詞僅見於《孟子》、《荀子》；「五庫」一詞僅見於《商君書》、《呂氏春秋》及《禮記・月令》。「巡方」一詞後世大量使用，但在先秦，僅本文一見。由此可以推測本文的寫成時代。

周玉秀認為，根據〈羅匡〉中使用「者」字結構及其用韻情況，應作於戰國時代（《文獻學價值》第一九六頁）。

卷二

武稱第六

【題解】武，武力；軍事。稱，相稱；相宜。朱右曾於《周書・序》注此曰：「稱，宜也。」孔晁注開首三句曰：「此即所謂稱也。」即各當其宜之意。孔、朱均讀「稱」為去聲。陳逢衡釋為稱量、權衡，即《孫子・形》所說「勝兵若以鎰稱銖，敗兵若以銖稱鎰」之「稱」。今從前說。

大國不失其威，小國不失其卑，敵國不失其權❶。岠嶮伐夷，并小奪亂，□強攻弱而襲不正，武之經也❷。

伐亂，伐疾，伐疫，武之順也❸。賢者輔之，亂者取之，作者勸之，怠者沮之，恐者懼之，欲者趣之，武之用也❹。美男破老，美女破舌，淫圖破國，淫巧破時，淫樂破正，淫言破義，武之毀也❺。赦其眾，遂其咎，撫其□，助其囊，武之間也❻。

【章　旨】講軍事上的常道、順勢攻伐、靈活策略、毀壞敵國、離間敵國的君臣民關係。

【注　釋】❶大國不失其威三句　孔晁曰：「此即所謂『稱』也。」朱右曾曰：「秉德不黷武則不失其威，以禮事大則不失其卑。權，重也，慎四境、備不虞則不失其權。」敵，匹敵；實力相當。權，威重；權勢。❷岠嶮伐夷四句　岠嶮伐夷，句意謂憑險要地勢守衛，攻打地勢平、無險可守的敵人。岠嶮，與「拒險」同（盧文弨）。夷，平。亂，百事失紀曰亂（朱右曾）。□，或補「遏」，或補「征」。鴻恩按，「禦」字或較符合文意，且「禦強」與「攻弱」恰為對文。不正，國無政（唐大沛、朱右曾說）。經，常規；常道。❸伐亂四句　疾，惡。劉師培曰：「疾，與『疫』義複。疫，疑作『疲』，篆近而訛。疲，如《左傳》僖十九年『梁伯好土功，民疲不堪』是。」鴻恩按，劉以「疾」、「疫」義複，是以「疾」為「疾疫」之義。蓋以朱說攻惡者，未必是武之順也。今從劉說。順，順應時勢。❹作者勸之五句　作者，精神振作者（唐大沛）；有作為者（朱右曾）。勸之，以道勸勵。沮，沮抑；阻止。恐者懼之，因其而震之，以奪其謀（朱右曾）。趣之，使之追求利。朱右曾曰：「順其欲而予之，以移其志。」趣，通「趨」。用，功用；作用。唐大沛曰：「武之用不同，因人而施耳。」❺美男破老七句　美男，指外寵。古代國君有的有男寵，如春秋時衛靈公寵幸彌子瑕。老，老成人（故舊之臣，顏師古、朱熹說）；「方伯稱天子之老，大夫稱寡君之老。」（潘振）舌，王念孫引段玉裁說，以為「舌」是「后」字之訛，后即君王正妻。孫詒讓言吳師道《戰國策校注》云：「《修文御覽》引《周書》作『美男破產，美女破車』。」劉師培曰：「舌、車音殊，蓋『舌』本作『居』，車則同音借字。《釋名‧釋車》云：『古者曰「車」聲如「居」，言行所以居人也。』車、居互用。破居，猶云毀室。今本訛『舌』，《雜志》易『后』，似非。」鴻恩按，《四部叢刊》三編影宋本《御覽》卷三七九正有「美男破老，美女破居」二語，可證劉氏說之確。俞正燮《癸巳類稿》卷十四，亦曰《修文御覽》所引為誤文。淫圖破國，「國」字原為闕文。唐大沛補「則」字，曰：「《古學彙纂》引作『破財』，或『財』是『則』字之訛。陳（逢衡）謂疑是『破典』，典亦『則』也。」丁宗洛、朱右曾據郭棐《論中》所引補「國」字。今依丁、朱。淫圖，邪惡不正的圖謀。如宋王偃之圖霸（朱右曾）。淫巧，奇巧；過分的巧技。時，劉師培曰：「當作『庤』。庤，義同蓄。即〈大開武解〉之『淫巧破用』也，〈命訓解〉『藝淫則害于才』，才、財古通，亦此義。」淫樂破正，淫於逸樂則荒廢政事。淫言，巧佞之言。武之毀也，孔晁曰：「凡行此事，所以毀敵國也。」鴻恩按，孔以此數事皆使用間諜，從內部毀壞敵國之法，上下文都是說如何對付敵人，均為武之一端，不是說國內治理。朱右曾曰：「有此數者，則武之道敗也。如晁言，則是後世之陰謀，非聖王之大道。」潘、丁、朱均誤以此文出文王，不以為戰國兵家言，誤甚。於此篇言「聖王大道」乃迂論。❻遂其咎四句　遂其咎，助成他的過錯。□，陳逢衡補「民」字，朱駿聲補「困」字。助其囊，借與糧食或助以金錢。囊，收藏錢、糧的袋子。間，離間。唐大沛曰：「凡此所以間敵國也。」

【語　譯】大國不失掉它的威力，小國不失掉它的謙卑，敵國之間不失掉自身的威重。憑藉險阻的地形據守，攻伐地勢平、無險可守的敵人，兼併小國，奪取亂國，防禦強國，攻打弱國而襲擊政事混亂的國家，這是軍事的常道。

敵國動亂的時候去攻伐，敵國流行疾疫的時候去攻伐，敵軍疲憊不堪的時候去攻伐，這是軍事的順勢。賢明的輔助他，混亂的攻取他，有作為的勉勵他，怠惰的阻止他，恐懼的就其恐懼嚇唬他，有貪欲的讓他去追求其欲望，這是軍事的靈活運用。利用美男子破壞敵國君主與其老臣的關係，利用美女破壞他們的家室，為敵國策劃邪惡不正的圖謀來破壞他的國家，用異技奇巧耗費敵國的積蓄，用沉溺於安逸享樂荒廢敵國的政事，通過邪惡不正的言談破壞敵國的道義，這都是軍事上的毀傷敵國。寬恕敵國的民眾，助成其君主的過錯，撫恤他們的困苦，資助其錢、糧，這是軍事上的離間。

餌敵以分而照其儲❶，以伐輔德❷，追時之權❸，武之尚也❹。春違其農，秋伐其穡❺，夏取其麥，冬寒其服❻。春秋欲舒，冬夏欲亟❼，武之時也。長勝短，輕勝重，直勝曲，眾勝寡，強勝弱，飽勝飢，肅勝怒，先勝後，疾勝遲，武之勝也❽。追戎無恪，窮寇不格❾，力倦氣竭乃易克，武之追也。

【章　旨】這是講軍事行動。尋求敵國權臣施計，春夏秋冬各有不同攻擊目標，採取、創造一切獲勝條件，對逃走之敵不攔截、不格鬥，待其疲憊一舉殲滅之。

【注　釋】❶餌敵以分而照其儲　餌敵以分，引誘敵人，使其分散兵力。餌，引誘。照其儲，唐大沛曰：「儲，蓄也。謂知其蓄積之數。」照，知。❷以伐輔德　唐大沛曰：「伐其輔德者，則左右無人。」朱右曾曰：「伐，敗。謂出其不意以敗其臣佐之謀。」❸迫時之權　尋求當時的權臣（中己方之計）。迫，追逐；尋求。權，朱右曾曰：「謂所柄用者，如隨少師得君，鬭伯比謂『不可失』是也。」春秋時楚國大夫鬭伯比知隨君寵信隨少師，在楚、隨交戰時，鬭以疲羸之師騙少師，結果隨君不信大臣季梁的正確判斷，誤聽少師的主戰，使隨軍大敗，上了楚國的當。此即朱氏所言，詳見《左傳》桓公六年、八年所載。❹武之尚也　軍事的上策。尚，上；上策。❺春違其農二句　春違其農，攻擾它，使之失去耕種的時機。違，錯過；失去。伐其穡，唐大沛曰：「使不得收斂。」鴻恩按，本書〈大武〉：「夏食其穀，秋取其刈」均與此「夏取其麥」、「秋伐其穡」同義，此「伐」非攻伐之「伐」，義為「取」，伐其穡即取其穡，《老子》第二十二章「不自伐」河上公注：「伐，取也。」可以為證。穡，《說文》：「穀可收曰穡。」❻冬寒其服　「服」上原有「衣」字。俞樾以為應作「冬寒其旅」。劉師培曰，「衣」為衍文，「服」通「葆」，《老子》「保此道者」，《淮南子・道應》引「保」作「服」，服、保古通。《平議》以「衣服」乃「旅」之誤，其說亦非。此與〈大武〉「冬凍其葆」同義。〈大武〉篇「冬凍其葆」，孔晁注：「凍葆謂發露其葆聚。」意為打開敵人收藏的糧倉。葆，積藏。鴻恩按，春、夏、秋三句均為四字句，及〈大武〉「凍其葆」，足證「衣」為衍文，今刪。凍，通「動」（《說文通訓定聲》）。發也。寒，取也（《小爾雅》）。胡承珙《小爾雅義證》曰：「寒，與『搴』同。」故劉氏曰二句同義。❼春秋欲舒二句　「違其農」、「伐其穡」時間不長不可奏效，故行動須長久。「取其麥」、「寒其服」，不迅急則不可得，又兼「冬、夏寒暑盛」（孔晁），故行動須快速。亟，急。❽長勝短十句　長勝短，長兵器勝過短兵器。輕、重，指軍事裝備的輕、重。直、曲，有理叫直，理虧叫曲，此指軍事行動的正義與否。《左傳》僖公二十八年：「師直為壯，曲為老。」肅勝怒，怒兵易敗。先勝後疾勝遲，先發制人，兵貴神速。陳逢衡曰：「此九者，兵家所謂知己知彼、百戰百勝之術，故曰武之勝。」❾迫戎無恪二句　恪，通「輅」。迎也（陳漢章說）。窮寇，走投無路的敵人。格，鬥。此二句意同《孫子・軍爭》「歸師勿遏，窮寇勿迫。」（梅堯臣注：「敵必死戰。困守猶鬥，物理然也。」）

【語　譯】設法誘使敵人分散兵力，並且弄清它所儲備的糧草，來挫敗敵國輔臣、賢臣的謀劃，尋求敵國此時的權臣（，施行相應的計策），這是軍事的上策。春天讓敵國錯失播種的時機，秋天收割它的莊稼，夏天奪取它的小麥，冬天劫掠它的庫藏。春、秋的行動時間應當長，冬、夏的行動要神速，這是軍事的把握時機。長兵器勝過短兵器，輕裝備勝過重裝備，理直戰勝理虧的，兵員多戰勝兵員少的，強大戰勝弱小的，溫飽戰勝飢餓的，嚴肅戰勝憤怒的，先動手戰勝後動手的，行動迅速戰勝行動遲緩的，這是軍事獲勝的規律。追擊退走的敵軍不可以迎頭攔截，處於窮途末路的敵軍不要和它格鬥，等它力倦氣竭才容易攻破，這是軍事上追擊敵人的原則。

既勝人，舉旗以號令❶，命吏禁掠，無取侵暴❷；爵位不謙❸，田宅不虧，各寧其親❹，民服如化❺，武之撫也。百姓咸服，偃兵興德，夷厥險阻❻，以毀其武；四方畏服❼，奄有天下❽，武之定也。

【章　旨】戰勝敵國以後，對百姓官員採取安定人心的安撫政策，並且偃武興德，擁有全天下，這就是軍事平定的局面。

【注　釋】❶號令　《讀書雜志》引王引之曰：「『舉旗以號』下，疑衍『令』字，『號』即『令』也。下句又有『令』字，則『令』為贅文矣。且此以『號』、『暴』為韻。」❷無取侵暴　王念孫曰：「『取』字文義不明，『取』當為『敢』，字之誤也。」❸謙　損（孔晁）；減（盧文弨）。鴻恩按，《禮記・樂記》「禮主其減」，《史記・樂書》「減」作「謙」。❹各寧其親　各安其父母。❺如化　言急速。本書〈文傳〉「取天下如化」孔晁注：「變化之頃，謂其疾。」王念孫說同。❻夷厥險阻　鏟平那些阻礙。厥，其；那些。❼畏服　敬服。❽奄有天下　占有天下。奄，本義為大，大則無所不有，無所不涵蓋。

【語　譯】已經戰勝了敵人，就舉起旗幟發號令，命令官吏禁止掠奪財物，不要敢於欺凌暴虐；官員們的爵位不降低，田宅不虧缺，各自安定其父母，百姓在剎那之間欣然歸服，這就是軍事的安撫。百姓都歸服了，就停息兵戈，興修文德，鏟平那些險阻障塞，毀棄武器裝備，四方無不敬服，從而擁有整個天下，這就是軍事的平定。

【研　析】在上一篇，我們說到《周禮·夏官》大司馬的職掌，有「以九伐之法正邦國：馮弱犯寡則眚之，賊賢害民則伐之，暴內陵外則壇〔墠〕之，野荒民散則削之，負固不服則侵之，賊殺其親則正之，放弒其君則殘之，犯令陵政則杜之，外內亂，鳥獸行，則滅之。」所謂「九伐」完全是從治天下、正邦國出發，講如何運用戰爭手段處置胡作非為的諸侯或弒父、弒君的亂臣賊子，完全沒有涉及軍事本身的戰略戰術問題。楚莊王曾說：「夫武，禁暴、戢兵、保大、定功、安民、和眾、豐財者也。」（《左傳》宣公十二年）楚莊王雖然是一代霸主，也還是堂而皇之地從正面講戰爭的功能，同樣不涉及戰略戰術。本文則不同，因為是軍事專論，完全從純軍事的角度論述戰爭。它所講述的十一個方面，除了講戰後的安撫、偃兵以外，其餘九條都是很專門的戰略戰術，如利用地形、乘敵之危、使用間諜、安插內應、欲取先與、先發制人、兵貴神速、窮寇不格以及忿兵易敗等等，都是軍事的實戰經驗。

值得注意的是，它雖然講「直勝曲」、「伐亂」、「襲不正」，但卻無條件地講「并小」、「攻弱」、「伐疾、伐疫（疲）」，這就是明白無誤地主張兼併、奪取別國的土地了。在楚莊王講禁暴、戢兵的同時，晉臣士會也說：「兼弱攻昧，武之善經也。仲虺有言曰，『取亂侮亡』，兼弱也。」單就「兼弱」而言是相同的，可士會又把「兼弱」定義為「取亂侮亡」，而且他本人又主張「撫弱耆昧」（《左傳》宣公十二年），這就和本文不同了。不過「兼弱攻昧，武之善經也」，應是本文取用士會的話。清代馬驌評本篇說：「奇謀制勝，恢成王業，盛矣，然而非文王事也。」（《繹史》卷十九〈文王受命〉）楊寬〈論逸周書〉以為書中「直接編入不少戰國時代兵家的著作」（《西周史》附錄），即指本書中的十餘篇軍事專論，當然包括本文。楊說十分符合本文的軍事思想。

李學勤、黃懷信以為時代較早。《戰國策·秦策一》引用此文曰：「夫晉獻公欲伐郭（虢），而憚舟之僑存。荀息曰：『《周書》有言，美女破舌。』乃遺之女樂，以亂其政……遂破之。又欲伐虞，而憚宮之奇存。荀息曰：『《周書》有言，美男破老。』乃遺之美男，教之惡宮之奇……遂取之。」晉獻公、荀息為春秋早期人，所以李學勤先生說其「年代也不一定晚」（《逸周書源流考辨．序》），黃懷信說「此篇當為春秋早期作品」（《逸周書源流考辨》第九五頁）。春秋早期，儘管大國已經開始吞併小國，可人們當時還在提倡「存亡繼絕」，而至遲為春秋早期的作品，就公然無端要「并小」、「攻弱」、「伐疾、伐疫（疲）」，似不可理解，這類話很像戰國時人口吻。《四庫全書總目提要》論《逸周書》的這種情況時曾說：「春秋時已有之，特戰國以後又輾轉附益，故其言駁雜耳。」（《四庫全書總目》卷五十）這是說《逸周書》中有一些作品並非寫成於一時，本文所說荀息引《周書》的話，就應當是「輾轉附益」，以此判斷作品寫成時代，很可能並不合宜。認為本文出於春秋時期，等於認為在《孫子兵法》之前，已經有了本文這等樣的軍事專論，竊以不合情理。就文體而論，本文的寫作必在戰國。「武之間」的「間」，《左傳》及《周禮》雖有「諜」尚無「間」（《左傳》據《左傳詞典》），《孫子》中有「間」而無「諜」。本文同於《孫子》。楊寬先生說，《逸周書》「直接編入不少戰國時代兵家的著作」（《西周史》第八五九頁），本文就是其中之一。其餘〈光（允）文〉、〈大武〉、〈大明武〉、〈小明武〉、〈武穆〉、〈武紀〉都屬於這批作品。

周玉秀從用韻研究，發現本文魚、侯合韻和鐸、月、職合韻「比較特殊，都是戰國晚期以後的讀音現象」，打上了漢代人的印記（《文獻學價值》第九一、一九五頁）。

光（允）文第七

【題　解】允文是「光文」之誤，「光」即「廣」字。《商君書．徠民》：「以〈大武〉搖其本，以〈廣文〉安其嗣。」孫詒讓以為〈大武〉指下篇，〈廣文〉即本文。「『允』當作『光』，光與廣聲近，古多通用。此篇所言皆克敵後綏輯之事，故《商子》曰『安其嗣』。後人以篇中『允』字屢見，而敘文又有『大聖允兼』之語，遂改『光』為『允』。」劉師培曰：「孫說至確。」並直接寫作〈廣文〉。《商君書》校注者王時潤、蔣禮鴻亦同意孫說。蔣禮鴻《商君書錐指》曰：「〈允文〉『選同氏姓，位之宗子。』此正安其嗣之事也。然則孫義頗允。」鴻恩按，今依孫說據《商君書》改「允」為「光」。《詩經・周頌・敬之》「學有緝熙于光明」，毛傳：「光，廣也。」王引之《經義述聞・易・謙・象》：「光之言廣也，大也。」以讀者習慣於「允文」，今加括號仍保留「允」。光文，宏揚文德。文，與「武」相對，指戰勝後施行德惠、安撫政策來治理敵國臣民。陳逢衡認為，本篇和〈大明武〉、〈小明武〉都是通篇作韻語，「皆《太公兵法》之逸文」。

思靜振勝，光文維紀❶。昭告周行，維旌所在❷。收戎釋賄，無遷厥里❸。官校屬職，因其百吏❹。公貨少多，振賜窮士；救瘠補病，賦均田市❺。命夫復服，用損憂恥❻。孤寡無告❼，獲厚咸喜❽。

【章旨】安撫戰敗國吏、民：發放財物，賑濟窮士、孤寡、病弱；官員仍任原職，恢復原被罷官吏職務。吏、民人人歡喜。

【注釋】❶思靜振勝二句　思靜振勝，孔晁曰：「以靜規勝，康（「廣」字之訛）文紀武。」唐大沛曰：「靜收既勝之兵。思，語詞。靜，謂戢兵。振，收也。」振，收拾；整頓。光文，原作「允文」，與篇題相同，今正。維紀，為準則。紀，法度；準則。❷昭告周行二句　昭告，明告。周行，大路。維旌所在，唐大沛曰：「即〈武稱〉篇所謂『既勝人，舉旗以號令』之義。」維，猶「即」（王叔岷《古籍虛字廣義》）、就。朱右曾曰：「在，古讀才里反，猶莅也。」旌，旗。❸收戎釋賄二句　收戎，收繳兵器。「戎」字原作「武」，朱依王念孫說據孔注改。王曰：「古謂兵器為戎。」釋賄，散發財物。釋，發放。無遷厥里，陳逢衡曰：「無遷厥里，所以安小人；官校屬職，因其百吏，所以安君子。《尉繚子（・武議）》曰：『兵之所加者，農不離其田業，賈不離其肆宅，士大夫不離其官府』也。」里，里居；鄉里。❹官校屬職二句　朱右曾曰：「在官、在軍之百吏因而不改。」校，軍營。屬職，所隸屬的官職。因，相沿不改。按，這裏所說亦即〈大武〉之「爵位不謙」。❺公貨少多四句　公貨，官庫中的錢、糧。振，同「賑」。瘠，瘦弱。補，救；助。賦均田市，使田畝稅、關市稅公平合理。賦，賦稅。

均，均平。「市」原誤作「布」，朱駿聲曰：「賦，即《周禮・大宰》之九賦。均田，即「均人」之均地也。均市，即「司市」之均市也。」孫詒讓曰：「朱說是也，『市』與上下文韻亦正協。」今據改。按，朱說「九賦」乃九種賦稅，「均地」即均平農、圃和山、林、川、澤的土地稅，「均市」指控制物價使均平。鴻恩按，由此可證，本文作者應參考了《周禮》一書。❻命夫復服二句　命夫復服，朱右曾曰：「命夫以小過削職者皆復之。」命夫，指卿、大夫、士，皆受命任職，故稱命夫。復服，恢復其職事。服，事。用，以。捐，原作「損」。王引之曰：「『損』當為『捐』，字之誤也。捐者，除也。謂捐除其憂恥，非徒損之而已也。孔注『損除憂恥』，亦是『捐除』之誤。」王說可據，今改。❼孤寡無告　孤寡，幼而無父曰孤，婦人無夫曰寡。❽獲厚咸喜　得到厚待都很歡喜。厚，厚恩；厚待。

【語　譯】以安定整治戰勝以後的局面，以光大文德作為準則。在大路上，就旌旗所在之處，把政策明白告諭官、民。收繳兵器，散發財物，不讓百姓離開他的鄉里。官府、軍營的各種官員，仍一律任用原官吏。官府所有的錢、糧，不管多少，都拿來救濟賜予窮困的人士；救濟瘦弱的人，補貼有病的人，使田稅、物價都公平合理。原被撤職的卿、大夫、士，都恢復他們的職務，以消除他們蒙受的憂患、恥辱。孤兒寡婦等求告無門的人，得到優厚待遇，人人都歡喜。

咸問外戚❶，書其所在。選同氏姓，位之宗子❷。率用十五，綏用士女❸。教用顯允❹，若得父母❺。寬以政之，孰云不聽❻？聽言靡悔，遵養時晦❼。晦明遂語，于時允武❽。死思復生，生思復所❾。人知不棄，愛守正戶❿。

【章　旨】問候原國君親屬。安撫、教導、寬大治理吏、民，一時不能改悔者可等待。使之有得到慈愛父母之感，至於「死思復生，生思復所」。

【注　釋】❶咸問外戚　原君主的外戚都要問候。外戚，君主的母、姑、姊妹、妻族，指敗國之君的外戚。❷選同氏姓二句選，原作「遷」，朱右曾依王念孫說據《玉海》改為「選」。位之宗子，唐大沛曰：「于彼同姓之中遷〔選〕其長且賢者立為宗子，以主其祀。」位，通「立」。之，其。❸率用十五二句　率用十五，一律採用什伍相保的戶籍編制，以五家為伍，十家為什，使之相安相保，亦便於官府「施刑罰慶賞」（《周禮・秋官・士師》）。本書〈大武〉「以正什伍」，〈大匡〉「什伍相保」皆指此。十五，唐大沛、孫詒讓均曰「十五」即「什伍」，「謂聯其戶版，使什伍相任也。」綏用士女，劉師培以為當如〈夏小正〉作「綏多女士」，「用」為「多」字之訛，作「女士」方與下文「母」字協韻。本篇由「紀」迄「母」均未易韻。句意為安定眾多的士女。綏，安。士女，青年男女。劉說是。❹教用顯允　以光明誠信教導百姓（參唐大沛）。顯，明。允，信；誠實。❺若得父母　民被其德，如受恩於父母者然。❻寬以政之二句　政，正（唐大沛）；治理。不聽，朱駿聲曰：「『聽』當為『德』，涉下『聽言』而誤也。」鴻恩按，朱說當是。❼聽言靡悔二句　孔晁曰：「養時闇昧而誅之。」唐大沛曰：「其有聽言不知悔者，循養是闇昧之人以俟其悔過，不遽誅之也。」言，即以上「昭告」之言。靡，不。遵養時晦，語出《詩經・周頌・酌》。「於鑠王師，遵養時晦。」鄭箋：「養是闇昧之君，以老其惡。」遵，循。時，是；此。晦，愚昧；糊塗。鴻恩按，唐解與鄭箋、孔注有異，而上合於「寬以政之」，下合於「晦明遂語」。❽晦明遂語二句　孔晁曰：「使昧者脩明，而遂告以信武也。」唐大沛曰：「倘晦者明而自悔，遂復諭教之，于是其人畏法而信威。」語，教誡。于時，於是。允武，確實是威武的。❾死思復生二句　唐大沛曰：「罪當死者，思矜全而復生之；其生者，思各安其業而復其所。」意謂寬大仁厚的政策，使戰敗國臣民無比感動。❿人知不棄二句　不棄，不見棄於上。守正戶，孔晁注：「人守正戶，言不逃亡。」正戶，有正式戶籍，指定居。鴻恩按，《韓非子・亡徵》「正戶貧而寄寓富」，「正戶」與「寄寓」相對，可為孔注之證，唐大沛曰：「正戶，猶古正路。」無據。

【語　譯】對原國君的外戚都要問候，並且記下他們的所在地。在他的宗族中選舉賢者，立為宗子。一律採用什伍相保的制度，安定眾多的青年男女。用光明誠信教導百姓，百姓就像得到了慈愛的父母。寬大地治理百姓，有哪個會不感激？聽了教誡還不悔過，就仍舊養著這些昏昧的人。他們變得明白了就再教誡，在這種情況下才確實是威武。做到這裏的人死了的都想復生，活著的都想各安其業，復歸舊居。人們知道不被拋棄，就樂於在這裏安心定居。

上下和協，靡敵不下❶。執彼玉珪，以居其宇❷。庶民咸耕，童壯無輔❸。無拂其取，通其疆土❹。民之望兵，若待父母。是故天下一日而定，奄有四海❺。

【章旨】本章總結全文。上下和協能戰勝任何敵人。勝敵而光大文德，百姓則「望兵，若待父母」。其必然結果即天下一統。

【注釋】❶靡敵不下　沒有敵人攻不下的。靡，無；沒有。下，攻克。❷執彼玉珪二句　潘振曰：「言持敵國之瑞，以處其國也。」玉珪，用作憑信的玉器，上圓（或尖）下方，帝王、諸侯舉行朝會、祭祀時所執。宇，國土；國家。❸無輔　俞樾以為讀作「悑」，「怖」字或體，劉師培以為當讀「逋」，義為逃亡。劉曰：「上文『愛守正戶』，孔注云：『不逃亡。』即蒙此言。」今從劉說。❹無拂其取二句　唐大沛曰：「利其所利，取之無拂，通達疆土，使同力合作焉，即《詩（．大雅．江漢）》所謂『徹彼（本作「我」）疆土』者。徹，通也。惠民如此，故民望王師之征伐。」拂，逆。❺奄有四海　占有四海。奄，大；無所不覆蓋。

【語譯】上下同心協力，沒有什麼敵人不能攻下。攻下以後執持它的玉珪，占有它的國土。百姓都安心耕種，兒童壯年沒有逃亡的人。不阻止百姓在山澤土地取利，使其疆土暢通無阻。百姓盼望王師到來，就像等待父母一樣。因此之故，天下一旦平定了，就擁有了四海之內廣袤的領土。

【研析】本文所論，是戰勝敵人以後，如何發揚文德，實行懷柔安撫政策，「寬以政之」。對廣大百姓包括孤寡貧病，在物質上賑濟救助，盡「公貨」所有，「釋賄」、「振賜」；在思想上，親切教誨，「教用顯允，若得父母」；還要使地稅、物價公平合理，做到使「庶民咸耕，童壯無逋」，「愛守正戶」。對官員也要安撫：所有官職，一律「因其百吏」；被原君主撤職的官員都復職，「用捐憂恥」；舊君外戚，要存問；重立宗子，續其宗祀。經過教誡仍不改悔的也要等待。總之，團結其國一切可以團結的人，得到衷心愛戴，熱烈擁護，以至「死思復生，生思復所」，「民之望兵，若待父母」。這真把安定民心、官心，把「光文」做到了極至。

孟子不只一次說商湯征伐的情況：「東面而征，西夷怨；南面而征，北狄怨，曰：『奚為後我？』民望之，若大旱之望雲霓也。歸市者不止，耕者不變，誅其君而弔其民，若時雨降，民大悅。」（《孟子・梁惠王下》）所說與本文情形十分相似。

本文「率用十五，綏多女士」，提到了古代的「什伍」制。作為戶籍制度，童書業、楊寬等以為「什伍」起源於古代的村社制（《春秋左傳研究》上海人民出版社，一九八〇年第一八八頁、《西周史》第一九七頁），錢穆則指出，《管子》、《周禮》所說「什伍」和商鞅在秦國實行的「什伍連坐」都是用來對付「盜賊」（即農民反叛）的。都源於李悝《法經》「王者之政，莫急于盜賊」。所以說：「夫善牧民者，非以城郭也，輔之以什，司之以伍……故奔亡者無所匿，遷徙者無所容。」（《管子・禁藏》）「掌鄉合州黨族閭比之聯，與其民人之什伍，使之相安相受，以比追胥之事。」（鄭玄注：「追，追寇也。胥，讀如『偦』，偦謂司搏（伺捕）盜賊也。」《周禮・秋官・士師》）商君不僅「夫妻、交友不能相為棄惡蓋非」，而且進一步實行於軍隊，「五人束簿為伍，一人逃而剄其四人」（《商君書・境內》、〈禁使〉）。〈羅匡〉一文提出「于民大疾惑，殺，一人無赦」，令人不寒而慄，但本文提出以「什伍」安定士女，卻使人聯想不起商鞅的用法殘酷。所寫文德，真是仁義之師，可謂無以復加，本文「七信」中「仁、智、勇」並論，及所論商、農、工，則又使人看出它與〈中庸〉的「知（智）、仁、勇，三者天下之達德也」以及「子庶民也，來百工也，柔遠人也」的論述相關。法家與儒家的色彩如此紛然雜陳，可證本書這類文章之作必在戰國，其精神與《周禮》完全一致。

本文通篇為四言韻語。譚家健教授把先秦韻文分為四個階段，以為戰國中期為第三階段，「成篇的韻文不斷出現，正式形成一種新的文體」。其例為《管子・內業》、〈弟子職〉和《逸周書》「好幾篇被認為作於戰國中期，整篇採用四言韻語」的〈允文〉、〈小明武〉等（《先秦散文藝術新探》第四五〇頁）。

大武第八

【題解】大武，應如《老子》第四十一章「大音希聲，大象無形」之「大」。所以《戰國策・秦策四》引作「大武『遠宅不涉』」。文中「善政不攻」，「善戰不鬭」，也與《老子》第六十八章「善為士者不武，善戰者不怒，善勝敵者弗與」及第八十一章「善者不辯，辯者不善」同一命意。《孫子・謀攻》「百戰百勝，非善之善者也；不戰而屈人之兵，善之善者也。」意思也相同。

本文所強調的，不限於高度的軍事藝術和良好的軍事素質，尤其強調仁義之師，強調安撫懷柔，得民心，順民意，使人民安居樂業，主張不戰而屈人之兵。

孫詒讓說：「此與前〈武稱〉、〈允文〉及後大、小〈明武〉諸篇，蓋皆《周書》〈陰符〉之遺文。《商子・徠民》云『天下有不服之國，則王……以〈大武〉搖其本，以〈廣文〉安其嗣』，即此書也。蓋戰國策士習以此為揣摩之冊，故商鞅、蘇秦、黃歇等皆能誦述矣。」

本文原殘闕嚴重，又經後人刪改，「七制」而成為「六制」，一制之文全闕，宋高似孫《史略》引此文曰：「武有六制：政、攻、侵、伐、搏、戰。」無「鬭」。王念孫據鈔本《北堂書鈔》引文訂補始完。

武有七制：政、攻、侵、伐、陳、戰、鬭❶。善政不攻，善攻不侵，善侵不伐，善伐不陳，善陳不戰，善戰不鬭，善鬭不敗❷。

政有九因❸，因有四戚、五和❹。攻有九開❺，開有四凶、五良❻。侵有七酌❼，酌有四聚、三斂❽。伐有七機❾，機有四時、三興❿。陳有七來⓫，來有三哀、四赦。戰有十一振⑫，振有六厲、五衛⑬。鬭有十一客，客有六廣、五虞⑭。

【章　旨】軍事有七種成規：征伐、攻擊、侵入、討伐、布陣、合戰、搏鬥。這些成規又各有成功之道，最好的是不戰而屈人之兵。

【注　釋】❶武有七制二句　制，潘振曰：「成法曰制。」政，通「征」。征伐。陳，通「陣」。陣列；行陣。戰，合戰。鬭，爭鬥。鴻恩按，古人對於征、侵、伐、戰等，常加以區別。如「征者，上伐下也，敵國不相征也。」「征之為言，正也。」（《孟子‧盡心下》）「凡師，有鐘鼓曰伐，無曰侵。」（《左傳》莊公二十九年）「粗者曰侵，精者曰伐。」（《公羊傳》莊公十年）「伐備鐘鼓，襲，侵密聲。」（《國語‧晉語五》）「皆陳曰戰。」（《左傳》莊公十一年）「《春秋》敵（軍力相當）者言戰。」（《公羊傳》莊公二十年）❷善政不攻七句　孔晁曰：「廟勝也。」唐大沛曰：「率師往而征之服，則不須攻擊也。攻城既克，不必潛師以侵也。潛師以侵不必殺伐也。乘機殺伐，不待軍師成列也。行列整齊，先聲已足奪人，不必決勝于交戰也。兵刃既接，見可而進，知難而退，不必兩軍相殺，爭鬭不止也。勇于鬭者，必先立身于不敗之地也。」❸因　依靠；憑藉。❹因有四戚五和　憑藉四種親近之人，五樣和諧的事。戚，親近的人。和，協調；和諧。❺開　開闢道路。孔晁曰：「言開此道以成攻也。」❻四凶五良　凶，不吉利；有災害。良，賢良的人，指自己一方所任用的人。❼酌　酌量。❽四聚三斂　聚，聚合人的感情。斂，收攏人心。潘振曰：「聚者，情義相維繫也。斂，謂收拾人心也。」❾機　要（孔晁）。即要領、關鍵。❿四時三興　四時，四個季節。三興，三種時機的興兵。⓫來　使之歸附。⓬振　振作。⓭六厲五衛　厲，同「勵」。勉勵。衛，防衛。朱右曾曰：「用人以自周衛也。」⓮客有六廣五虞　客，寄託；依託。《說文》「客」字，段玉裁注：「自此託彼曰客。」廣，博，言備之平時（朱右曾），即平時做好廣泛準備。虞，預料，指事先有對付各種局面的考慮、準備。

【語　譯】軍事有七種成規：征伐、攻擊、侵入、討伐、布陣、交戰、搏鬥。善於征伐的不攻擊，善於攻擊的不侵入，善於侵入的不討伐，善於討伐的不布陣，善於布陣的不交戰，善於交戰的不搏鬥，善於搏鬥的不失敗。

征伐有九個方面的依靠，依靠有四種親近的人、五種和諧的事。攻擊有九個方面的開闢道路，開道有敵人的四種凶災、我方的五種賢良。侵入有七個方面酌量採取的措施，採取的措施有四種聚合民眾、三種收攏人心。討伐有七個關鍵，關鍵有四個季節、三種時機的興兵。布陣有七個方面的歸附，歸附有三種哀憐、四種赦免。交戰有十一個方面的奮發有為，奮發有六種勉勵、五種防衛。搏鬥有十一個方面的寄託，寄託有六種廣泛準備、五種事先謀慮。

四戚：一、內姓；二、外婚；三、友朋；四、同里❶。五和：一、有天無惡；二、有人無郄❷；三、同好相固；四、同惡相助❸；五、遠宅不薄❹。凡此九者，政之因也❺。

四凶：一、攻天時；二、攻地宜；三、攻人德；四、攻行利❻。五良：一、取仁❼；二、取智；三、取勇；四、取材；五、取藝❽。凡此九者，攻之開也❾。

四聚：一、酌之以仁❿；二、懷之以樂⓫；三、旁聚封人⓬；四、設圍以信⓭。三斂：一、男女比；二、工受次；三、祗人死⓮。凡此七者，侵之酌也⓯。

四時：一、春違其農；二、夏食其穀；三、秋取其刈；四、冬凍其葆⓰。三與：一、政以和時⓱；二、伐亂以治；三、伐飢以飽。凡此七者，伐之機也⓲。

三哀：一、要不贏；二、喪民人；三、擯厥親⓳。四赦：一、勝人必贏；二、取戚信人；三、樂生身復；四、赦民所惡⓴。凡此七者，陳之來也㉑。

六厲：一、仁厲以行；二、智厲以道；三、武厲以勇；四、師厲以士；五、校正厲御；六、射師厲伍㉒。五衛：一、明仁懷恕；二、明智輔謀；三、明武攝勇；四、明材攝士；五、明藝攝官㉓。凡此十一者，戰之振也㉔。

六廣：一、明令；二、明醜；三、明賞；四、明罰；五、利兵；六、競竟㉕。

五虞：一、鼓走疑；二、備從來；三、佐車舉旗；四、采虞人謀；五、後動撚之㉖。

凡此十一者，鬭之客也㉗。

無競惟害，有功無敗㉘。

【章旨】詳述上章提及內容。充分發揮我方天時、地利、人和、人才等優勢，精心策劃，乘敵人劣勢，於各環節制服敵人。

【注釋】❶四戚五句　內姓、外婚、友朋，〈大開武〉作「一、內同姓，二、外婚姻，三、官同師」。婚，姻親。友朋，劉師培以為即「同師」(同門曰朋。古者宦學事師，學成入官，故同僚恒出於同師)。同里，同鄉。《北堂書鈔・武功部》引作「同盟」。❷有天無惡二句　唐大沛曰：「蓋謂天時順，人心合。」即得天沒有災害，得人沒有嫌隙。朱右曾曰：「克享天心(指品德能合天意)，則風雨節，寒暑時。」惡，災害。郄，同「郤」、「隙」。按，本書〈大開武〉之「五和」為「一、有天維國，二、有地維義，三、同好維樂，四、同惡維哀，五、遠方不爭」，于鬯因以為先言天，次言地，下三句方言人，「有人無郄」當作「有地無郄」，意為「遍種植而勿使有閑隙之地」。❸同好相固二句　唐大沛曰：「好善惡惡之情同，故相固守相輔助也。」❹遠宅不薄　俞樾曰：「『遠宅』二字無義，據〈大開武〉『遠方不爭』，『遠宅』亦當作『遠方』。觀孔晁『遠居』之解，是其所據本已誤作『宅』矣。」鴻恩按，《戰國策・秦策四》黃歇引作「大武遠宅不涉」，則黃歇時已作「遠宅」。薄，迫近。❺政之因也　孔晁注：「言因此以成政(征)也。」因，憑藉。❻攻天時四句　唐大沛曰：「以『四凶』之義推之，蓋謂彼國天時有災也；彼恃地險以守，攻之使失其宜；彼人之心不和同而攻之；彼恃兵甲之多，我以利兵攻之。」鴻恩按，如唐說，則「四凶」者，為彼國有災、彼人不和，是彼有二凶；彼恃地險、彼恃兵甲多，是我有二凶。彼之凶則我之吉，反之亦然。如此兩面說，何可稱為「四凶」？此必不合文意。聯繫上文「攻有九開，開有四凶、五良」，則「凶」應是就我方言。攻天時，應是說，天時於敵人有利時我方設法破壞其軍事行動。攻人德，即攻人和，《莊子・繕性》：「德，和也。」《莊子・德充符》：「德者，成和之修也。」即以反間計離間敵人之和。攻行利，當是指破壞敵人以財利之行賄。此「攻」並非以兵攻，故開端即曰「善政不攻」。❼取仁　取，選用；任用。仁，仁愛者。❽取材二句　材，材能之士。藝，有技藝者。陳逢衡曰：「材、藝，如公輸造雲梯、墨子修守具、諸葛亮造木牛流馬皆是。」❾攻之開也　唐大沛曰：「彼有不利，我善任人，攻擊之道所由開也。」❿酌之以仁　予以恩惠也（唐大沛）。酌，行（朱右曾）。⓫懷之以樂　懷保之，使樂得其所。⓬旁聚封人　劉師培曰：「旁聚，即《尚書・堯典》之『方鳩』。旁從方聲，鳩、聚義符。《史記・五帝本紀》作『旁聚』，是其驗。封、邦古通，即安集邦人也。」旁，普遍。廣泛團聚國人。⓭設圍以信　圍，守也。守國以信（朱右曾）。⓮三斂四句　比，合；匹配。唐大沛曰：「所侵取之人民，使安其家室，無仳離（分離）也。」工受次，原無「受」字。孫詒讓曰：「此當作『工受次』。〈文政篇〉『九德』：『六、商工受資；七、祗民之死』，與此下文『三、祗人死』正同。此『次』即『資』之省，而上挩『受』字，遂不可通。」鴻恩按，今據增「受」字。祗人死，《讀書雜志・逸周書一》：「念孫案，祗之言振也，振，救也。言救人之死，救民之死。」朱右曾曰：「三者皆以斂其情，使壹意以事上。」⓯侵之酌也　孔晁曰：「言酌此法以成侵也。」唐大沛曰：「侵人土地，必并其人民取之，則當愛其人民，故四聚三斂皆言愛民之事，侵之所當酌量者也。」⓰春違其農四句　違其農，使之錯失耕種的時機。取其刈，掠取其收割的莊稼。涷其葆，即〈武稱〉之「寒其服」。孔晁曰：「謂發露其葆聚。」朱駿聲《說文通訓定聲》：「涷，假借為『動』。」《戰國策・齊策一》「動于顏色」高誘注：「動，猶發也。」孔注「發露」正是「涷」字之義。葆，有「藏」義。《管子・水地》「故其民諂諛葆詐，巧佞而好利」，黎翔鳳《管子校注》曰：「葆，謂藏其詐。」故孔注釋為「葆聚」，即積藏之義。陳逢衡釋為小城。⓱政以和時　政，通「征」。和時，順應時機。⓲伐之機也　征討的要領。機，要。已見上段注。⓳三哀四句　要不贏，贏，原作「羸」。諸注家以為應作「贏」，今改。通「盈」。滿；有餘。要，孔晁、丁宗洛、唐大沛、朱右曾均曰當作「惡」，唐曰：「惡不盈，言無大過惡，可矜全者也。」俞樾曰當作「粟」，粟不贏者，穀不足也。二說均可通，未知孰是，今姑從俞說。喪民人，原無「民」字。王念孫曰《北堂書鈔》引作「喪民人」，此脫「民」字，故句法參差。今據補「民」字。擯厥親，擯於其親；被其父母擯棄。⓴四赦五句　贏，益，這裏是「使……

受益」的意思。取戚信人樂生身復，原作「取威信復，人樂生身」，孫詒讓參〈文酌〉改，今從。孫詒讓曰：「取戚信人，言收取其親戚，示之以信也。樂生身復，謂復除其身之徭役，則民咸樂其生也。」赦民所惡，指赦其刑（唐大沛）。㉑陳之來也　這就是布陣使之來歸附。㉒六厲七句　仁厲以行，仁貴見諸行（唐大沛）；仁愛者勉勵其付諸行動。智厲以道，智貴合乎道。勇，用武以勇為上。《左傳》文公二年：「死而不義，非勇也。共〔恭〕用之謂勇。」共用，為國家所用而死。師厲以士，行師最重甲士（唐大沛）。校正厲御，御以正馬為政，校正所以正馬御之道也。射師厲伍，射師教射，厲其行伍，使射必中也。伍，軍隊的編制，五人為一伍。據《司馬法》，兵車一百二十五乘為一伍。㉓五衛六句　明仁懷恕，彰明仁德，則士眾心懷推己及人之心。恕，恕道，孔子提倡的道德觀念，包括兩個方面，即「己所不欲，勿施於人」與「己欲立而立人，己欲達而達人」（《論語　衛靈公》〈雍也〉）。明智輔謀，彰明智，則士眾輔助謀劃。攝勇，統御勇士而用之。攝，持有；吸引。㉔戰之振也　這是作戰奮發的條件。㉕六廣七句　明令，明定軍令。明醜，明白恥辱。競竟，競於終，言不懈也。竟，終。㉖五虞六句　鼓走疑，陳逢衡曰：「審虛實也。」朱右曾曰：「鼓之即走，疑其誘我。」備從來，朱右曾曰：「防其斷我歸路。」防備敵人從某個方向來襲擊。佐車舉旗，指設疑兵以迷惑敵人。佐車，副將所乘的戰車，即副車。本來主帥自掌旗鼓，這裏說佐車舉旗，則是設疑兵，轉移敵人注意力。朱右曾曰：「舉旗，張疑兵也。」虞人，或說即《左傳》僖公二十八年之「輿人」，即眾人；或說即山澤之官。劉師培曰：「《書鈔》一百十八引作『虞人入謀』，厥誼較長。虞即『五虞』之『虞』，謂審度他人所進之謀也。」鴻恩按，今從劉說。後動撚之，陳逢衡曰：「《廣雅》：『撚，續也。』」王氏《疏證》曰：「《逸周書・大武解》『後動撚之』，孔晁注曰：『撚，從也。』從亦相續之義。」朱右曾曰：「敵人陳後亂而後蹂蹈之，蓋以奇兵取勝。《淮南・兵略訓》：『前後不相撚，左右不相干』注云：『撚，蹂蹈也。』」鴻恩按，陳與孔說一致，朱與潘說相同，各有其據，似均可通。今姑取前說。㉗鬭之客也　朱右曾曰：「言所寄以為鬭者也。」㉘無競惟害二句　孔晁曰：「雖強常念害，則不敗也。」無，雖；即使（裴學海《古書虛字集釋》）。競，強。惟，思；念。功，王念孫引《爾雅》：「功，勝也。」

【語　譯】四戚是：一、本家同姓；二、外家姻親；三、同師友朋；四、同一鄉里。五和是：一、得天意沒有災害；二、得民心上下和睦；三、同遇好運則加強團結；四、同遇災變則相互救助；五、不到遠方去征伐。所有這九個方面，是征伐敵人憑藉的條件。

四凶是：一、在天時對敵人有利時破除其攻伐；二、在地勢對敵人有利時破除其攻伐；三、在敵國君臣一心時設計離間它；四、在敵人行賄時設計消除它。五種賢良是：一、選用仁者；二、選用智者；三、選用勇者；四、選用有才能的人；五、選用有技藝的人。所有這九個方面，為攻伐敵人開闢了道路。

四聚是：一、以仁德收聚民心；二、以安樂安撫人民；三、廣泛地聚合國人；四、憑信用守衛國土。三斂是：一、男女婚配；二、工匠得到薪酬；三、救人死傷。所有這七個方面，是入侵敵國所要實行的措施。

四時是：一、春天使它不能耕種；二、夏天奪取它的糧食；三、秋天掠取它收割的莊稼；四、冬天搶劫它的庫藏。三興是：一、征伐順應天時；二、以政治太平安定討伐政事昏亂之敵；三、以糧草豐足征伐饑荒之敵。所有這七個方面，是討伐敵人的要領。

三哀是：一、糧食不足；二、喪失了民人；三、被親人棄逐。四赦是：一、戰勝了敵人一定要使其百姓受益；二、收攏其親屬以取信於人；三、免除其賦役使之安居樂業；四、赦免百姓的刑罰。所有這七個方面，是通過布陣就可以使人民前來歸附的措施。

六勵是：一、仁者勉勵他付諸行動；二、智者勉勵他合於道義；三、勇武者鼓勵他勇於為國犧牲；四、軍隊勉勵教導好甲士；五、校正勉勵馭者駕好車；六、射師勉勵射手練好射法。五衛是：一、彰明仁，則人懷其寬恕之心；二、彰明智，則將士輔助謀劃；三、彰明武，則可以統領勇士；四、彰明材藝，則可以吸收材藝之士；五、彰明技藝，則可以擁有稱職的官員。所有這十一個方面，是戰爭奮發有為的條件。

六廣是：一、明定軍令；二、明白榮辱觀念；三、明確賞賜制度；四、明確懲罰制度；五、武器鋒利精良；六、戰鬥到底的氣概。五虞是：一、敵人擊鼓後而退逃，應懷疑它是騙誘我；二、隨時防備敵人從某個方向（如後路或側翼）來襲擊；三、必要時副車打出旗幟以迷惑敵人；四、要仔細度量某些人提供的計謀；五、後發制人，後續部隊要充足。所有這十一個方面，是搏鬥取勝所依賴的條件。

即使自己強大也經常想著有害的因素，就能有勝無敗。

【研　析】這是一篇有名的軍事專論，《戰國策》、《商君書》都曾提到它。「上世紀八十年代在湖南慈利石板村發掘三十六號戰國中期前段楚墓發現簡書〈大武〉篇文字」（羅家湘《逸周書研究・緒論》第九頁），說明它受重視的程度，如果出土「文字」確屬於〈大武〉，則可證〈大武〉的寫作不晚於戰國中期。

本文把軍事分為征、攻、侵、伐、陣、戰、鬭「七制」，分別論述如何運用「七制」戰勝征服敵人。內容豐富，涉及面很廣。其要點可以歸納為：

一、在我方處於優勢、敵人處於劣勢時攻伐敵人，即「政以和時，伐亂以治，伐飢以飽」，「有天無惡，有人無郄」，就是說，選擇政通人和、天時地利、裝備精良而敵人的情況恰好相反時採取軍事行動。

二、春天擾亂敵人，使它不能耕種，夏、秋奪取它的糧食，冬天劫掠它的積藏，這是足以置敵人於死地的招數。《商君書・徠民》很重視這種做法及其效果：「天下有不服之國，則王以春圍（違）其農，夏食其食，秋取其刈，冬陳（湅）其寶（葆），以〈大武〉搖其本，以〈廣（光）文〉安其嗣，王行此，十年之內，諸侯將無異民。」

三、任用人方面，作者提出兩點：一是，依靠親近的人，即「內姓，外婚，友朋，同里」；二是，選用賢良的人。「取仁，取智，取勇，取材，取藝」，而且彰顯他們的事跡、提高他們的地位：「明仁，明智，明武，明材，明藝」。作者提出了仁、智、勇、材、藝五項用人標準。

四、採取各種措施，爭取民心：即「四聚：酌之以仁，懷之以樂，旁聚封人，設圍以信；三斂：男女比，工受次，柢人死」；哀憐敵國的不幸：即「三哀：要不嬴，喪民人，擯厥親」；獲勝以後，安撫懷柔，使敵國人民得到實際利益：即「四赦：勝人必嬴，取戚信人，樂生身復，赦民所惡。」就是說，對百姓講仁愛、講信用，實行寬大、富有人情味的政策，保障他們的生活，使他們能安居樂業，最大限度地團結百姓。

五、治理軍隊，要普遍的明定軍令，明確賞罰制度，培養榮辱觀念，具有隨時準備戰鬥的心理和奮戰到底的氣概，即「明令，明醜，明賞，明罰，利兵，競竟。」即使對於那些仁、智、勇者也不可放鬆鼓勵教導：即「仁厲以行，智厲以道，武厲以勇。」

六、臨戰時要有機動靈活的戰略戰術，即「鼓走疑，備從來，佐車舉旗，虞人入謀，後動撚之。」可以看出，作者對戰爭特別重視人的因素，對於用人、得民心以及將士的心理素質最為著意，花了最多的筆墨。這是寶貴的軍事思想。正是受這一思想的支配，所以作者不主張輕易採取軍事行動，認為不戰而屈人之兵，才是最理想的：「善政不攻，善攻不侵，善侵不伐，善伐不陳，善陳不戰，善戰不鬭。」文末「無競惟害，有功無敗」，也是很有教益的格言。

值得注意的是，本文「仁」、「智」、「勇」三者相提並論，三次出現。這使人想到《孫子．計》：「將者，智、信、仁、勇、嚴也。」智、仁、勇三者相同，本文又有「信」字。更使人想到〈中庸〉之「子曰：『知、仁、勇，天下之達德也。』」（鄭玄注：「知音智。」）「子曰：『好學近乎知，力行近乎仁，知恥近乎勇。』」而本文也正有「仁屬以行，智屬以道」與「明醜」，（王念孫引高注《呂氏春秋．節喪》「醜，恥也。」）都屬於〈中庸〉中的「子曰」。而且，本文還有孔子特別強調的「恕」。這就可以肯定，本文寫作不僅在孔子、《老子》、《孫子》之後，而且必在〈中庸〉之後。明顯吸收了儒、道、兵三家思想影響的這篇兵論，其時代不問可知。

周玉秀指出：「《逸周書》中以『武』命名的共十二篇，多與軍令、軍法及兵謀有關，用語亦頗有同者。《周書．序》曰：『武有七德，文王作〈大武〉、〈大明武〉、〈小明武〉三篇。』大致看來，〈大武〉是有點兵法的總政策條文，後二篇則是具體申發某一方面的。」從語言特點分析，〈大武〉是戰國時代的作品（《文獻學價值》第一四、一九五頁）。

大明武第九

【題　解】明武，精通用兵之道。明，《韓非子．外儲說右上》：「獨視者謂明。」《淮南子．兵略》：「見人所不見謂之明。」清人謝墉說：「〈大武〉以下并論攻伐之宜，文氣不斷，不得分為三篇。」（《逸周書．序》）他認為本文和〈大武〉、〈小明武〉本為一篇。按，上篇名為〈大武〉，然而「大武」二字始見於本篇，依此而論，謝說式是。下一篇題為〈小明武〉，以「大」、「小」區別篇名。

畏嚴大武，曰維四方，畏威乃寧❶。天作武，脩戎兵，以助義、正違、順天行❷。五官官候厥政，謁所有亡❸。城廓溝渠，高厚是量❹。既踐戎野，備慎其殃❺；敬其嚴君，乃戰赦❻。

【章　旨】威嚴正大的武力，才可以安定天下。順天意，輔有道，伐違亂。平、戰時都有慎密安排和考量。

【注　釋】❶畏嚴大武三句　孔晁曰：「大武之道，四方畏威，天下乃寧之也。」畏嚴，即威嚴。畏，通「威」。曰，語詞（潘振）；以協調句式作用（《古代漢語虛詞詞典》）。維，語氣詞，引出處所。❷天作武三句　天作武，潘振曰：「天生五材，不廢兵也。」陳逢衡曰：「奉天討也。」意謂興作武事乃是天意。脩戎兵，治理軍隊。脩，治。助義正違，唐大沛曰：「合義則助之，違命則征之。正，當讀作『征』。」天行，天道。❸五官官候厥政二句　「五官官候厥政，謁所有亡」原作「謂有所亡」。孫詒讓曰：「謂有所亡，義難通，疑當作『謁所有亡』，言五官各計所有無而謁告之上也。《爾雅・釋詁》云：『謁，告也。』今本『謁』誤『謂』，『所有』又誤到，遂不可通。」劉師培曰：「謂，當從《斠補》作『謁』，猶《（尚書）大傳》所云『上告天子』也。」鴻恩按，今據孫、劉說校改為「謁所有亡」。盧文弨曰：「此五官當即《（禮記・）曲禮》所云司徒、司馬、司空、司工、司寇也。」劉師培曰：「今考〈曲禮〉五官即〈嘗麥解〉五帝之官，亦即〈五權解〉之言父、顯父、正父、譏父、□父也。惟此云『官候厥政』，則所稱五官又即〈程典解〉『明其伍〔五〕候』。《左傳》昭公二十三年云『明其伍候』，孔疏引賈注云：『五方之候敬授民時，四方、中央之候也。』賈君以五候為五方之候者，《尚書・堯典》孔疏引《大傳》云：『主春者張昏中〔張宿黃昏時在中天〕，可以種稷；主夏者火昏中，可以種黍；主秋者虛昏中，可以種麥；主冬者昴昏中，可以收斂，皆云上告天子……天子南面而知四方星之中。』蓋益以中央之候即為五官。（〈小開解〉云『時候天視，可監時不失，以知吉凶』，即此『候』字之本義。）」鴻恩按，劉所說〈小開〉當作〈小開武〉。第二個「官」字通「管」，主管。候，望；視。❹城廓溝渠二句　廓，通「郭」。外城。溝渠，城壕；護城河。高厚是量，考量其高度、深度。厚，深，指溝渠之深。朱右曾曰：「量其形勢以定謀。」是，用於賓語和動詞之間，復指前置的賓語。❺既踐戎野二句　踐戎野，走上戰場。殃，指戰敗、傷亡之類。❻敬其嚴君二句　嚴君，在先秦著作中，只有本文和《周易・家人・彖傳》出現「嚴君」一詞，〈彖傳〉曰：「家人有嚴君焉，父母之謂也。」潘振釋為父母，唐大沛以為這裏「蓋指主將」。鴻恩按，身在戎野，而曰敬父母，恐未是。唐說可參。又《莊子・至樂》有「司命」之神，《楚辭・九歌》大司命為「壽夭兮在予」之「帝」，未知是否即此「嚴君」。乃戰赦，陳逢衡疑此三字有脫誤。丁宗洛曰：「言如此則可戰可赦。」唐大沛疑「赦」是「敵」字之誤，下脫「人」，與上下文協韻。鴻恩按，上下文皆用陽部韻，獨此處無韻，肯定有誤，唐補及釋恐亦未是。

【語　譯】威嚴正大的武力，天下四方都畏懼其威勢，天下才能安寧。上天興作武事，治理軍隊，來輔助道義征伐無道者，順從天道。五方官員主管其候望天象、時令的職事，並報告有無敵情、吉凶。內外城、護城河，要考量好它的高度、深度。一旦走上戰場，就要詳密謹慎地想到戰敗、傷亡，敬重軍隊的主帥，這才可以……。

十藝必明，加之以十因，靡敵不荒❶。陳若雲布，侵若風行❷。輕車翼衛，在戎二方❸。我師之窮，靡人不剛❹。

十藝：一、大援；二、明從；三、餘子；四、長興；五、伐人；六、刑餘；七、三疑；八、間書；九、用少；十、興怨❺。

十因：一、樹仁；二、勝欲；三、賓客；四、通旅；五、親戚；六、無告；七、同事；八、程巧；九、□能；十、利事❻。藝因代用，是謂強輔❼。

【章　旨】用兵作戰有十藝、十因，即十項技藝和十項憑藉。技藝、憑藉交互為用，沒有什麼敵人不敗亡。

【注　釋】❶十藝必明三句　藝，技藝；藝術。因，憑藉；依靠。靡，無。荒，敗亡。❷陳若雲布二句　陳，通「陣」。列陣。若雲布，言其盛、密。若風行，言其疾速。❸輕車翼衛二句　輕車，輕便戰車。即《孫子・作戰》之「馳車」。翼衛，在兩翼護衛。在戎二方，在兵車兩旁。戎，兵車。方，通「旁」。《六韜・軍用》：「凡用兵之大數，將甲士萬人，法用武衛大振〔扶？〕胥〔扶胥，兵車兩藩的盾〕三十六乘，材士強弩、矛戟為翼，一車二十四人推之。」又云：「武翼大櫓、矛戟、扶胥七十二具，材士強弩、矛戟為翼，以五尺車輪、絞車自副〔輔助〕。」劉師培曰：「此云『翼衛』，即《六韜》之武衛、武翼也。在戎二方，尤與衛兩旁義合。」❹我師之窮二句　盧文弨曰：「此即韓信為背水陣以破趙者也。」韓信背水陣詳見《史記・淮陰侯列傳》。這句說「我師之窮」，〈武稱〉「窮寇不格」，「窮寇」是指敵軍。之窮，到了絕境。❺十藝十一句　大援，大國的援兵。明從，唐大沛以為當作「朋從」，從征者；孫詒讓以為是「萌徒」之訛，指不隸軍籍而臨時抽調服役的百姓。萌，通「氓」。民。唐、孫說均可通，今姑從唐說。明，應讀為「朋」。餘子，古代軍制，每戶一人為正卒，其餘為羨卒，稱餘子。《周禮・地官・小司徒》：「凡起徒役，毋過家一人，以其餘為羨。……凡國之大事（戰爭），致民；大故，致餘子。」「餘子」始見於《左傳》、《周禮》、《管子》。長興，國所興發長充徭役者（孫詒讓）。伐人，孫詒讓曰：「伐，當為『戍』，亦形近而誤，謂戍守之卒。與上下文餘子、戍人、刑徒，皆時常所不發者，今皆發之。」刑餘，赦徒（孔晁）；赦其罪而令以戰功自贖也（陳逢衡）。三疑，陳逢衡以為指為疑兵誘敵，如《左傳》昭公三十年伍員所說「多方以誤之」：「為三師以肄焉，（楊伯峻注：「突然襲擊而又退也。」）一師至，彼必皆出。彼出則歸，彼歸則出，楚則道敝。亟肄以罷之，多方以誤之。既罷而後以三軍繼之，必大克之。」朱右曾以為指虛者實之、實者虛之、虛虛實實，使敵人疑而莫測。間書，寫書信離間敵人。用少，兵貴精不貴多。又，當敵人處於驚駭或勞倦暮舍之際，或處於厄隘險阻之地，我軍可以一擊十，以十擊百（陳逢衡引《六韜》、《吳子》說）。興怨，如春秋時城濮之戰晉文公私許復曹、衛以攜之，執宛春以怒楚，（《老子》第六十八章：「善戰者不怒。」怒兵易敗。）或如吳國起用怨楚之伍員而伐楚。以上十項都屬於軍事藝術。一、二說大國援助和同盟者，三至六說人，七至十說戰術。❻十因十一句　孔晁曰：「凡成皆有因也。」樹仁，立仁政。勝欲，以義勝欲。賓客、通旅，指集謀士、足貨財（唐大沛）。旅，商旅。親戚，即〈大武〉所說同姓、外婚，親睦之。無告，賑恤孤苦無告的鰥寡孤獨。同事，同勞王事者。程巧，選擇巧匠。程，衡量；考較。□能，朱駿聲補「任」字。任用有才能者。利事，唐大沛曰：「相機而動，利于戎事。」朱右曾曰：「謂車甲器械。」即利於作戰的時機或物質條件。以上十項都是憑藉（因）的對象，一、二說自身，三至九說可以倚重或可以利用的人，十說物質條件或選擇時機。❼藝因代用二句　代用，交互為用。強輔，強大的輔助。

【語　譯】十項技藝一定要弄明白，再加上十項憑藉，沒有什麼敵人不敗亡。列陣就像雲一樣密布，入侵就像風一樣疾行，輕便的戰車就像兩翼一樣護衛著，在戰車的兩旁。我們的軍隊如果處於絕境，沒有人不勇武剛強。

十項技藝是：一、有大國援助；二、有從征的同盟者；三、興發餘子；四、興發長期服徭役的人；五、興發戍守的士卒；六、興發刑徒使戴罪立功；七、虛虛實實設疑以迷惑敵人；八、寫書信離間敵人；九、善用少量精銳兵力；十、挑起敵人的怨恨。

十項憑藉是：一、確立仁政；二、戰勝貪欲；三、招賢士；四、通商旅；五、重用親屬；六、賑恤孤苦無告者；七、重用共事的同道；八、選用巧匠；九、任用有才能者；十、選用有利於作戰的時機或物質條件。技藝、憑藉更相為用，這叫做強大的輔助。

應天順時，時有寒暑，風雨飢疾，民乃不處❶。移散不取，農乃商賈❷。委以淫樂，賂以美女❸。主人若枝，□至城下❹。高堙臨內，日夜不解，方陳并功，云何能禦❺？雖易必敬❻，是謂明武。

城高難平，湮之以土❼；開以走路，俄傅器櫓❽。因風行火，障水水下；惠用元元，文誨其寡❾。旁隧外權，隳城湮溪；老弱單處，其謀乃離❿。既克和服⓫，使眾咸宜，竟其金革，是謂大夷⓬。

【章旨】用兵要順天應時，用兩手對付敵人，淫樂、美女不奏效，則進兵攻打。用湮、火、水、穴、蟻附法攻城。戰後使百姓安居樂業。本章點題。

【注釋】❶應天順時四句　陳逢衡引《司馬法》曰：「戰道不違時，不歷民病，所以愛吾民也。冬夏不興師，所以兼愛其民也。」不止，不安處。❷移散不取二句　「取」字原作「敗」。孫詒讓曰：「敗，當為『取』之誤，取與『聚』通。言民移散而不能收聚之，則農不得耕，皆化為商賈也。」鴻恩按，孫校極是，理校而可據。且唐大沛以「敗」為「收」字之誤，《爾雅・釋詁》曰：「收，聚也。」則與孫說義相同。然以「敗」為「取」訛，更可信。今改「敗」為「取（聚）」。❸委以淫樂二句　孔晁曰：「謂扇動之，使沉惑也。」意謂使沉溺於淫樂、美色。委，送給。淫樂，淫靡的音樂。❹主人若枝二句　「枝」字原作「杖」。盧文弨本同朱本。孔晁曰：「枝，謂堅也。」劉師培曰：「主人者，被兵之國也。杖，當作『枝』，枝誼同榰。《莊子・齊物論》『師曠之枝策也』，《釋文》引司馬彪注云：『枝，拄也。』」猶云主人若拒守也，故斯下均言攻城。孔注訓「枝」為「堅」，或堅下脫「守」字，是所據之本不作杖也。」鴻恩按，《左傳》桓公五年：「蔡、衛不枝」，楊伯峻注：「枝亦可作支，《戰國策・西周策》『魏不能支』高誘注云：『支，猶拒也。』」是「枝」義為支持、抵禦，可為劉說之證。元刊本、《四部叢刊》影印明章檗本、孔晁注均作「枝」，今據改為「枝」。榰、枝音同，榰為柱砥（古代以木），與枝同有支撐、支持之義，故劉曰「誼同」。□至城下，唐大沛補「兵」字。❺高堙臨內四句　堙，即距堙，靠近敵城築土丘，用以窺視城內，並可以登上敵城。不解，劉師培曰：「解，與上下不協韻，疑誤。」鴻恩按，上下文皆為魚部韻，「解」屬支部韻。《詩經》、《楚辭》無魚、支合韻之例（王力《詩經韻讀》、《楚辭韻讀》）。方陳，即「雙陣」，方、并義同（劉師培）。功，通「攻」。云何，如何；怎麼樣。❻敬　慎重。❼湮之以土　孔晁曰：「湮土，謂為土山以臨之也。」湮，填塞。湮、堙通用（盧文弨）。❽開以走路二句　開以走路，圍城時為敵人留出逃走的道路。陳漢章引《孫子・軍爭》曰：「圍師必闕，此用兵之法也。」曹操注引《司馬法》曰：「圍其三面，闕其一面，所以示生路也。」俄傅，即「蛾傅」，又寫作「蟻附」，使用眾多的兵眾爬城（有如螞蟻之附著其上）。《墨子》有〈備蛾傅〉篇。器櫓，兵器和大盾牌。櫓有大盾、望樓、戰車三義，潘、朱以為指大盾，陳逢衡亦言「以器櫓傅城」，則所持應是盾牌。❾因風行火四句　因風行火，陳逢衡曰：「月在箕壁、翼軫則風起，是為起火有日。」唐大沛曰：「隨風用火攻，決水灌敵軍以攻。」障水水下，攔阻河水，用水下灌敵城。惠用元元，惠，順（陳逢衡）；和順。元元，《戰國策・秦策一》：「子元元」，高誘注：「元，善也，民之類善故稱元。」朱右曾曰：「元元，民也。」高、朱之說有不同。此外還有一說，元元是「喁喁」的借字，義為「可憐愛貌」（《史記・孝文本紀》「天下元元之民」，司馬貞引顧野王說）。錄以備參。文誨其寡，丁宗洛本、朱右曾本作「不侮其寡」。丁、朱據《詩經・烝民》「不侮矜（鰥）寡」改之。他本均作「文誨其寡」。孔晁曰：「言務□恤刑也。（《彙校集注》曰：『鍾本、王本無「□」』）。」陳逢衡曰：「文誨其寡，如漢高約法三章之類。」即用字數很少的文告教誨之。唐大沛用其說。鴻恩按，陳說可通，與「惠用元元」亦可銜接，然與孔注未合。如作「不侮鰥寡」則與「惠用元元」相銜接，而「其寡」與「鰥寡」意異，有突兀感。今恢復原文以俟考。又，上下均言攻城，此二句加此，似亦未是。❿旁隧外權四句　洪頤煊曰：「隧，即攻城穴土之法。權，謂烽火。《史記・封禪書》『通權火』，張晏曰：『權火，烽火也，狀如井挈皐也。其法類稱，故謂之權。』」陳逢衡曰：「旁隧，謂于偏僻處穿道以攻其不備也。外權，謂于城外數舉烽火以亂之也。」孫詒讓以「權」當讀為「灌」謂以水灌城，並以《墨子・備城門》之「堙、水、穴、突」證此。鴻恩按，上已言「障水水下」，不數句不該再說灌城，洪、陳說可從。隳，毀壞。湮溪，填塞其護城河。孫詒讓曰：「湮者，『堙』之借字。《說文・土部》云：『堙，塞也。』」疑此二句上接「障水水下」。如此，則「城高難平」至「隳城湮溪」十句均說攻城。老弱單處，孔晁曰：「單處謂無保障。」陳逢衡曰：「老弱單處，強敵盡于兵也。」指敵人方面青壯年都投入戰鬥，犧牲慘重，家中老弱無人關照。離，散失。鴻恩按，疑「惠用元元」二句當在「其謀乃離」之下，此時為「文誨」之機。⓫既克和服　唐大沛曰：「攻城既克，服而舍之，使民得其所。」和服，求和降服。⓬竟其金革二句　竟其金革，結束戰爭。竟，終。金革，甲兵；武事。夷，平；平定。

【語　譯】作戰要順天意合時機，時令有寒暑，遇上風雨、饑荒、疾疫，民眾就不安處。遷徙流散而不能收聚，農民就變成商賈了。送給敵國統治者淫靡的音樂，用美女賄賂他。敵人要是抵抗，軍隊就開抵城下。築起高丘俯視城內，日夜不懈地攻打；使用雙陣齊攻，敵人怎麼能抵禦？即使易攻也必須謹慎，這叫做精通軍事。

城牆高不易攻下，就用土堆土丘。給敵人留出逃走的道路，讓士兵拿著兵器、大盾爬城。借風勢用火攻，攔蓄河水灌城。在城牆旁挖掘入城隧道之時在外面舉烽火惑亂它，毀掉其城牆，填平其護城河。敵人方面只剩下老弱獨處，它的一切謀劃就都失敗了。用和順的態度役使百姓，出簡短的文告教誨他們。既已戰勝對方講和歸服，就要使眾人各得其所。從此結束戰爭，這就叫做天下大定。

【研析】本文值得注意的有如下幾點：第一，武力的作用是「助義、正違、順天行」，「應天順時」，即主張用仁義之師，替天行道。第二，認為明確「十藝」，做到「十因」，什麼敵人都可以戰勝。「陳若雲布，侵若風行。輕車翼衛，在戎二方」，威武雄壯，奮迅凌厲，所向披靡。這是作者對通曉「十藝」、做到「十因」的軍隊的自信和頌揚，描繪得極好。第三，作者所提「十藝」，內容包括：(1)重視大援和同盟國；(2)廣泛動員一切可以調動的人力；(3)運用多種多樣的戰略戰術。所謂「十因」，內容包括：(1)行仁政，克制自身不正當的欲望；(2)利用賓客、行旅，依靠親屬、同事，賑恤孤苦無告，任用有才能、有技藝者；(3)具備作戰的裝備條件，選擇有利的時機。第四，提出了一些攻城的具體方法：穴攻、水攻、火攻、距堙、蟻附。《墨子・備城門》以下各篇是戰國墨子門徒的著作，專論守衛城池，其〈備城門〉、〈備高臨〉、〈備水〉、〈備穴〉、〈備蛾傳〉等，可以與此相互參看，也可以推想本篇不可能早於墨者那些系統性論述攻打城池的著作。

在「惠用元元」的注釋中，我們說了後人對「元元」一詞的不同解釋，現在說洪邁《容齋五筆・兩漢用人人元元字》的一段議論：「『元元』二字，考之六經無所見。而兩漢書多用之……予謂元元者，民也。而上文又言『元元之民』、『元元黎民』、『元元萬民』，近于複重矣。故顏注：『或云：元元，善意也。』」查「元元」之稱約起於戰國後期，先秦用得很少，僅見於《鶡冠子・近迭》、《戰國策・秦策一》、《尸子》卷下與本文，至漢代則大量使用。所以洪邁說「六經無所見」，兩漢書多用之。瞭解此詞的出現、使用情況，應當有助於考察本文的寫作時代。從本文的用韻，周玉秀也認為這「極有可能是秦以後的」語言現象（《文獻學價值》第一九五頁）。

小明武第十

【題解】都是講「明武」，大約上篇內容比較全面，故曰「大」，本文短小，內容單純，故曰「小」。陳逢衡引《三墳補逸》曰：「〈小明武解〉通篇皆韻語，文多奇古，然不類《書》體，類戰國諸子書。」

凡攻之道，必得地勢，以順天時❶；觀之以今，稽❷之以古。攻其逆政，毀其地阻；立之五教，以惠其下；矜寡無告，實為之主❸。五教允中，枝葉代興❹。

【章旨】總說攻伐之道。強調要攻伐敵人的逆亂之政，施德惠給敵國人民，並用倫理道德加以教誨。

【注釋】❶凡攻之道三句　攻之道，攻伐的原則。道，術（潘振）。地勢，山川形勢。以，而；而且。天時，指氣候，如寒暑、陰晴、風雨等。❷稽　考察。❸攻其逆政六句　逆政，悖逆之政；害民之政。地阻，山川之險阻；關隘。五教，五常之教。初見於〈堯典〉舜命契「五品不遜……敬敷五教」，馬融注：「五品之教。」五品，鄭玄注：「父、母、兄、弟、子也。」《國語・鄭語》「商契能和合五教」韋昭注：「五教，父義、母慈、兄友、弟恭、子孝。」惠其下，給敵國百姓以好處。鴻恩按，這裏的「其」字，必與上文「攻其」、「毀其」之「其」一致，故知立五教是在敵國。此「下」與上文「阻」同屬魚部韻。矜寡，即鰥寡。矜，通「鰥」。老而無妻者。實為之主，唐大沛曰：「無告之窮民，尤仁政所當先也。」朱右曾曰：「為之主，言在所先也。」❹五教允中二句　唐大沛曰：「允，信也。五教信合中道。」中，合宜；得當。枝葉，眾善政（孔晁）。代興，交互興起。盧文弨、王念孫以「興」本作「舉」，與上下協韻。而丁、唐、朱以為「興」與「中」協韻，亦可。今姑從後說。

【語譯】大凡攻伐的原則，一定要占據有利的地勢，並且要順應天時；要觀察當今的形勢，考察古人的經驗教訓。要討伐敵國的逆亂之政，毀掉它險阻的地形；給那個國家立下五常之教，並且要施德惠給那裏的百姓，鰥夫寡婦孤苦無告的窮民，要放在第一位。五常之教確實合於中道，各種善政就會交互興起。

國為偽巧，後宮飾女；荒田逐獸，田獵之所；游觀崇臺，泉池在下；淫樂無既，百姓辛苦；上有困令，乃有極□❶。上困下騰，戎遷其野；敦行王法，濟用金鼓❷。

【章 旨】敵國推行逆亂之政，陷人民於水火，就興師問罪討伐之。

【注 釋】❶國為偽巧十句 唐大沛曰：「詐偽工巧之術皆足亂政。為華靡精巧之服以飾後宮，溺于女色也。」田獵之所，田獵，「以取禽于田，因名曰田。」（《詩經・鄭風・叔于田》孔穎達疏）所，「言以之為所。」（朱右曾）游觀崇臺，耽於遊衍觀望的離宮高臺。無既，無節制地遊樂沒有窮盡。百姓辛苦，謂橫徵賦稅也（潘振）。困令，困民之政令。朱右曾引賈子曰：「心省恤人謂之惠，反惠為困。」（《新書・道術》）□，朱駿聲補「侮」字，于鬯《香草校書》補「詛」。于曰：「闕字疑當作『詛』，『詛』與上下文韻叶。《周禮・春官・序》鄭康成注云：『詛，謂祝之使沮敗也。』《書・無逸篇》孔《正義》云：『請神加殃謂之詛。』然則『乃有極詛』者，謂百姓乃有極口詛上也。」今從于說。於以上十句，孔晁曰：「言凡有此事皆可伐。」朱右曾曰：「此即所謂逆政也。」❷上困下騰四句 下騰，民怨沸騰。唐大沛曰：「民乃騰沸不安其分。」戎遷其野，戎馬遷其野，聲罪致討也（唐大沛）。戎，軍隊。敦，大（朱右曾）。濟用金鼓，孔晁曰：「濟，成也。言以金鼓濟其伐也。」金鼓，軍中樂器。《周禮・地官・鼓人》：「以鼖鼓鼓軍事……以金鐃止鼓……。凡軍旅，夜鼓鼜，軍動，則鼓其眾。」賈公彥疏：「進軍之時擊鼓，退軍之時鳴鐃。」金，指鐃，如鈴，無舌有柄。

【語 譯】其國盛行著詐偽工巧之風，後宮裏以華靡的服飾裝點著美女。在荒蕪的田地裏追逐野獸，田間打獵變成了國君的工作場所。遊覽玩賞於臺觀之上，下面又挖水池引清流。國君放縱地享樂沒有休止，使得百姓心酸悲苦。朝廷發布使百姓困苦的政令，百姓於是極口詛咒。上頭使人民困苦，下面民怨沸騰，軍隊自然就調遣到該國的郊野去討伐了。大力推行天子的法度，通過軍事行動來完成對它的征伐。

降以列陣，無悗怒□；無受貨賂，無襲門戶；按道攻巷，攻用弓弩❶。上下禱祀，靡神不下；具行衝梯，振以長旗❷；懷戚思終，左右憤勇❸。無食六畜，無聚子女❹；群振若雷，造于城下❺；鼓行喿呼，以正什伍❻。上有軒冕，斧鉞在下❼；勝國若化❽，故曰明武。

【章旨】攻伐敵國要有嚴明的軍紀，巨大的聲勢，將士要奮勇爭先。治軍要賞罰分明，但要善待敵國的人民。

【注釋】❶降以列陣六句　降以列陣，朱右曾曰：「受降于列陣之間，言不以殺人為功。」應是說通過威武的陣勢使敵人投降，以免人員傷亡。以，於；在。無悗怒□，盧、陳、唐以為「怒」字合韻，脫字不應在「怒」字下。而朱右曾補「者」，朱駿聲補「夫」，可從。句意謂不必計較降敵之憤怒。悗，通「懣」。憤懣。「者」、「夫」二字均與上下合韻。「無受貨賂，無襲門戶；按道攻巷，攻用弓弩」，原作「按道攻巷，無襲門戶，無受貨賂，攻用弓弩」。劉師培曰：「此文當作『無受貨賂，無襲門戶；按道攻巷，攻用弓弩』，上二語對文末語之『攻』，冡『攻巷』言，使如今本，則辭義不屬。」鴻恩按，劉氏是依文理而校，其說甚是，前後文密合，今將「無受貨賂」與「按道攻巷」兩句位置對調乙正。無受貨賂，唐大沛曰：「防用間以誘我。」門戶，謹守門戶，不相抗拒也（朱右曾）。按道攻巷，控制住道路，攻打巷子。朱右曾曰：「按，止也。道，鈔寇之道。巷，徑路。謂掎角之師。」鴻恩按，《孟子・梁惠王下》引《詩經・大雅・皇矣》「以按徂旅」作「以遏徂旅」；《資治通鑑・周紀五》「以按據上黨民」胡三省注：「按，據也。」依此，「按」義為占據、控制、扼守。巷，里中之道，即胡同、小街。弩，一種用機器發射的弓，可以連射。鴻恩按，《考工記》中尚無弩的製造。楊寬考證，楚國人始造弩，春秋晚期楚、吳、越已用弩。中原地區大概到戰國初才逐漸使用（《戰國史》第三〇四頁）。❷上下禱祀四句　孔晁曰：「先祈禱而後攻戰也。」上下，指天神和地神。靡，無。下，降臨。具，全都（《王力古漢語字典》：與「俱」有別，俱指主語的範圍，具指賓語的範圍）。行，使用。衝梯，衝車和雲梯，都是攻城的器具。《淮南子・覽冥》注：「衝車，大鐵著其轅端，馬被甲，車被兵，以衝突敵城也。」雲梯用以登城。振以長旗，陳逢衡曰：「麾士卒也。」振，舉；搖。❸懷戚思終二句　唐大沛曰：「同懷憂戚，思終其事，故憤勇爭先。」左右，指將士。憤勇，《讀書雜志・墨子・雜守》「恚瘧高憤」引王引之曰：「憤，與『奮』

同。」《大戴禮記・勸學》「無憤憤之志者」，孔廣森補注：「憤憤，志之勇者。」鴻恩按，此「憤」亦應同「奮」。❹無食六畜二句　士卒毋擄掠害民也（唐大沛）。六畜，指牛、馬、羊、豬、雞、狗。聚，鴻恩按，此應通「取」。《說文》：「取，捕取也。」即擄、搶、抓。子女，美女（《國語・晉語四》「子女玉帛」韋昭注）；年輕女子。❺群振若雷二句　奮勇迅速以圍城（唐大沛）。振，奮發；奮迅。造，到。❻鼓行喿呼二句　喿原作「參」。孫詒讓曰：「當作『喿』。喿呼即『噪呼』也。凡經典從『喿』字多訛為『參』。」鴻恩按，此「參」定是「噪呼」之義，今據孫說改「參」為「喿」（「噪」有異體字「譟」），亦應是訛字。唐大沛曰：「號召士卒行列必整。」句意謂一邊擊鼓前行，一邊噪呼。正什伍，整齊士卒的行列。正，使之正；整齊。什伍，軍隊的建制，五人為伍，二伍為什。❼上有軒冕二句　陳逢衡曰：「軒冕以待有功，斧鉞以待有罪。賞罰明則士用命，士用命則無敵。」軒，曲輈、車廂前高後低而有帷幕之車，大夫以上乘用。冕，大夫以上所戴之禮帽。鉞，大斧，有長柄。❽勝國若化　〈文傳〉篇「其取天下若化」，孔晁曰：「變化之頃，謂其速。」此言戰勝敵國之速。鴻恩按，化，指迅疾的、忽然的變化。《周易・乾》「乾道變化」孔穎達疏：「變，謂後來改前，以漸移改，謂之變也；化，謂一有一無，忽然而改，謂之為化。」

【語　譯】通過威武的列陣讓敵人投降，不要計較投降將士的憤怒。不可接受財貨餽贈，不要襲擊謹守的門戶；把守住大道攻打巷子中的敵人，攻打要使用弓弩。誠心祭告天上地下的神靈，沒有什麼神靈不能求下來。攻城全都使用衝車和雲梯，舉著大旗指揮士卒。心懷著對敵國之民的憐憫與渴望結束戰鬥，眾將士個個奮勇爭先。不要吃食百姓的禽畜，不要擄掠敵國的婦女。士卒奮猛的聲勢像電閃雷鳴，迅疾地進發到敵人城下。擊鼓行進大聲噪呼，以整齊士卒的行伍。上面的賞賜有爵位俸祿，下面的懲罰有斧鉞刑戮。戰勝敵國如同頃刻間的變化，所以說這是精通用武。

【研　析】本文與上篇一樣，也講用兵要應天順時，也講攻城之法。但上篇著重講「十藝」、「十因」，即軍事藝術和戰爭憑藉的條件。而本文著重講「攻其逆政」，即在敵國政治逆亂，其君主一味荒淫享樂，無休止地田獵、遊觀，使百姓陷於水深火熱之中，就要興兵討伐。上篇說「委以淫樂，賂以美女」，是誘使敵人荒淫，而本文講「淫為偽巧，後宮飾女；荒田逐獸……」就要攻打。上篇講攻城較詳，而本文多講軍紀。

本文「弓弩」之「弩」，注中已引楊寬先生語，說中原地區使用弩作戰較遲，楊先生還說：「到戰國中期，弩的使用就很普遍了。」（《戰國史》第三〇四頁）又本文有「敦行王法」一句，「王法」一詞值得注意。在先秦著作中，「王命」用得很不少，但「王」與「法」字組合成一個詞，只有《商君書・賞刑》與本文兩處，可證此時「王法」之說何等罕見。「文王之法」、「周文王之法」已見於《左傳》，但都還沒有形成「王法」。而且「王」的概念不同，〈賞刑〉的「王」必指秦王，不指周王。學者多以《商君書》非商君自撰，乃託名之作，成書於西元前二六〇年長平之戰以後（分別見蔣禮鴻《商君書錐指・敘》、劉起釪《中國古代史料學》、楊寬《戰國史》第五〇八頁）。商君生前，秦未稱王，而文中言「王法」（《商君書》中很多篇章都有「王」字），自必在秦惠王稱王（西元前三二五年）以後。可以推想，本文之「王法」也必在戰國魏、秦、齊等國稱王之後。彼篇〈賞刑〉言「王法」，此文談「王法」而說「上有軒冕，斧鉞在下」，正好相互印證。

周玉秀說：「大致看來，〈大武〉是有點兵法的總政策條文，後二篇（〈大明武〉、〈小明武〉）則是具體申發某一方面的。這顯示出〈大武〉可能早於〈大明武〉和〈小明武〉。〈大明武〉和〈小明武〉可能是不同傳人對〈大武〉的解說發揮，所謂『明』即此義……此二篇本來可能都以〈明武〉為題，『大』『小』乃是編輯者所加。」（《文獻學價值》第一四～一五頁）又說：「〈小明武〉全篇魚韻一貫，而中間間入『五教允中，枝葉代興』；『具行衡梯，振以長旗』；『懷戚思終，左右奮勇』三語，造成了平潭激浪的效果。」（同上第一七七頁）

大匡第十一

【題解】大匡，大荒之年的救濟。匡，救助。文中有的內容與〈糴匡〉相同。《周書・序》說「穆王遭大荒」，顯然是錯誤，因為「宅程」的是文王而不是穆王。本文主要寫在大荒之年救濟百姓的措施，還用很大篇幅講統治者對大荒的嚴肅態度：認真檢討政治失誤，處處節儉，與百姓共度時艱。

維周王宅程三年❶，遭天之大荒❷，作〈大匡〉以詔牧，其方三州之侯咸率❸。

【章旨】這是本文的序，說作〈大匡〉的緣起（但不同於《周書・序》所寫本文的序）。

【注釋】❶維周王宅程三年　維，句首語氣詞，引出時間。周王，周文王，姬姓，名昌。季歷之子，公亶父之孫。原為殷商諸侯，傳說為紂三公之一，封西伯。殷紂暴虐，囚之羑里（今河南湯陰北）。經閎夭等賂紂得釋。斷虞、芮爭訟，伐犬戎、密須，滅崇、黎。建豐（今陝西西安長安區灃河西）而遷都之。在位凡五十年。得諸侯擁護，稱王，七年而歿。宅程，居住程邑。程，地名，又作「畢郢」，在今陝西咸陽東北。劉師培曰：「書既文王所作，又稱『維周王宅程三年』，似文王即位之初不居程邑。」文王自羑里歸至程。不久由程遷都於豐。《孟子・離婁下》「文王生于岐周，卒于畢郢」，即其地。晉皇甫謐《帝王世紀》言文王「徙宅于程」，「居程，徙都豐」（徐宗元《帝王世紀輯存》第八四頁），即此。《史記・周本紀》失載文王宅程事。❷荒　災荒年。❸作大匡以詔牧二句　詔牧，劉師培曰：「『詔牧』句絕。『其方』以下別為句。牧者，三州之州牧也。」詔，告訴；命令。其方三州之侯咸率，其方，西方。時文王為方伯，故曰「其方」（劉師培）。三州，雍州（黃河以西今陝西等地）、梁州（華山以南今四川等地）、荊州（荊山和衡山以南今湖北湖南一帶）。侯，諸侯。《帝王世紀》曰：「始文王繼父為西伯，都于雍州之地，及受命，復兼梁、荊二州，化被于江漢之域。」（徐宗元《帝王世紀輯存》第八二頁）咸率，都遵行。率，奉行。朱右曾曰：「以〈大匡〉之法詔諸臣養其民，遂為諸侯所遵行。此書之原序也。」

【語譯】周文王在程居住了三年，遭受到上天降下的一次大災荒，於是作〈大匡〉以命令州長，西方三州諸侯都遵照執行。

王乃召冢卿、三老、三吏大夫、百執事之人❶，朝于大庭❷。問罷病之故，政事之失：刑罰之戾，哀樂之尤，賓客之盛，用度之費及關市之征，山林之匱，田宅之荒，溝渠之害，怠墮之過，驕頑之虐，水旱之災❸。曰：「不穀不德，政事不時，國家罷病，不能胥匡，二三子不尚助不穀❹？官考厥職，鄉問其人，因其耆老，及其總害。慎問其故，無隱乃情，及某日以告于廟。有不用命，有常不赦。」王既發命，入食不舉，百官質方❺，□不食饔❻。

【章旨】文王召集官員，詳細瞭解國家疲困、政治失誤的情況。要求考察官員的盡職情況和百姓受到的損害。文王及官員因為饑荒而減膳。

【注釋】❶王乃召冢卿句　冢卿，孔晁曰：「孤卿。」即上卿。郭璞以冢卿即冢宰（《穆天子傳》卷五注），《周禮・天官・冢宰》：「大（太）宰，卿一人。」據研究，冢卿、冢宰、太宰，至西周晚期是一樣的，同指最高行政長官。冢，長；大。楊寬曰：「太宰確是西周王朝『卿』一級的高官，是內朝的長官。周公就曾做過太宰，而且以太宰之職攝政。」同時又指出：「即以太宰一職為例，西周時，不過是王的家務官，主管王的財用。《禮記・王制》所說『冢宰制國用』，是不錯的。《周禮》以太宰『掌建邦之六典，以佐王治邦國』，居於六卿的首位……不但不符合西周的制度，即使在春秋時代各諸侯國也未嘗出現，該是出於戰國時代儒家按理想所作的安排。」（《西周史》第三五四、三六二頁）但是「西周晚期金文中有毛公、番生的大官，銘文告訴我們他們主司兩寮、公族及宮中諸事，與《周禮》冢宰總攝百官又兼管宮中諸事十分切合。因此，《周禮》冢宰之設是反映了西周中晚期以後的實際情況的。」（張亞初、劉雨《西周金文官制研究》第一一〇、一四一頁）鴻恩按，羅振玉以周官名「卿」者是繼承殷制（《古文字詁林》第八冊第一二五頁），然甲骨文無「冢」字，因而以「冢卿」為殷周之際的官名，必是後世之說。由本文「冢卿」所排列位置，肯定是百官之長，不僅僅主管宮內事務，這就與西周晚期一致而不合於周初或殷商之際的實情。三老，朱右曾：「國老也，謂致仕者」。《左傳》昭公三年「三老凍餒」楊伯峻引《禮記・樂記》云：「食三老五更于大學。」〈文王世子〉云：「遂設三老五更，群老之席位焉。」鄭注：「三老五更各一人，皆年老更事致仕者也。天子以父兄養之，示天下孝悌也。」鴻恩按，「三老」之稱見於《左傳》、《管子・度地》、《墨子・備城門》〈號令〉。三吏大夫，孔晁注「三吏」為三卿。《左傳》成公二年有「王使委于三吏」，杜注為三公。本書注家以「三吏」與「大夫」分讀。鴻恩按，疑「三吏」與「大夫」應連讀，「吏」應讀作「事」，在古文字中吏、事形同（見《古文字詁林》「吏」字），楊伯峻亦言金文

「事」、「吏」為一字。這裏應作「三事大夫」。《詩經・小雅・雨無正》有「三事大夫，莫肯夙夜」。金文矢令方彝有「王令周公子明保尹三事四方受卿事寮」，小盂鼎有「三事大夫」，高亨《詩經今注》、張亞初、劉雨《西周金文官制研究》均釋為西周後期之「參（三）有司」，即司土（徒）、司馬、司工（司空）。而馬承源、楊寬均以「三事大夫」即《尚書・立政》：「任人、準夫、牧，作三事」之「三事」，「任人是任事之官，準夫是平法之官，牧謂養民之官」，「疑為在內卿大夫之總稱」。又引令彝銘文：「舍三事令，眔卿事寮、眔者（諸）尹、眔里君、眔百工」，以為「諸尹、里君、百工，即王畿以內官員的總稱，就是『三事大夫』」。此說與「參有司」之說不同（《商周青銅器銘文選》第三卷第六八頁、《西周史》第三二四～三二五頁）。百執事之人，即官員。❷大庭　外朝。朱右曾曰：「外朝之廷，在庫門內雉門外。」庭，當作「廷」。按，天子、諸侯皆三朝、三門。三朝，即外朝、治朝、燕朝。天子之宮有皋門、應門、路門。諸侯之宮有庫門、雉門、路門。皋門（諸侯之庫門）之內為外朝，斷獄訟及處理非常事務。應門（諸侯雉門）為中門，中門之內為治朝，或稱正朝、內朝，是君臣日見之朝。路門之內為燕朝，舉行燕射或處理宗族事務。燕朝之後為六寢，六寢之後為六宮（戴震《考工記圖・匠人》）。❸問罷病之故十二句　罷病，疲困。戾，乖背。尤，過甚。賓客之盛，是說招待賓客過分盛大，而造成浪費。《周禮・天官・太宰》說「（大宰）以九式均節財用」，其中就有「賓客之式」，即接待賓客有法式、標準。征，徵稅。《孟子・梁惠王下》：「昔者文王之治岐也……關市譏而不征。」聯繫這裏的語言環境，應是說不該徵稅，所以陳逢衡曰「關市征則商賈不集」。匱，竭盡；缺乏。溝渠之害，朱右曾曰：「溝渠塞則害于田畝。」孔晁曰：「匱、荒、害，皆謂官不修，無政。」怠墮，惰農（朱右曾）。墮，通「惰」。驕頑，朱右曾曰：「貴游之士。」《周禮・地官・師氏》鄭玄注：「貴游子弟，王公之子弟。游，無官司者。」依朱注，則驕頑為驕縱頑劣而有權勢的人。朱右曾又曰：「自『刑罰』以下，十者皆政之失，故致水旱之災。」❹不穀不德五句　不穀，《左傳》僖公四年「豈不穀是為」楊伯峻注：「《左傳》凡用『不穀』二十一次，其中十六次皆為楚子自稱……蓋不穀為天子自貶之稱，如襄王避叔帶之難自稱為不穀，《傳》所謂『凶服降名，禮也。』（僖二十四年）楚子僭稱王，猶不敢襲用『余一人』之自稱，而從天子降名之例曰不穀，〈曲禮〉以為蠻夷（在內自稱）曰不穀，實誤。此齊桓公亦自稱不穀者，蓋以侯伯而為王室討伐也。其餘中原諸侯以至所謂夷狄之君，無以不穀自稱者。」這裏是文王自貶之稱。鴻恩按，令人不解者，除本文外，「不穀」何以僅見於本書、《左傳》、《老子》、《荀子》、《韓非子》、《呂氏春秋》、《戰國縱橫家書》和《禮記》八種書。而且除本書之外，春秋以前特別是《尚書》未見此稱，獨有此文出現於周初，這顯然是一個疑問。不時，鴻恩按，前人於此無注，竊以此「不時」同於《詩經・大雅・蕩》「匪上帝不時」之「不時」，陳奐《詩毛氏傳疏》：「時，善也，是也。」不時即不善。胥匡，相賑救。二三子，指眾官員。不尚，孔晁注：「不尚，尚也。」孔注誤，此為問句。俞敏師曰，此「不」字「非發聲」（《經傳釋詞札記》第一七五頁）。尚，庶幾（《說文》），表願望之詞。❺官考厥職十二句　官考厥職鄉問其人，孔晁曰：「問人、政得失。」厥職，完成其職務的情況。鄉，古代基層組織，一萬二千五百家為一鄉。其人，當地的人。因其耆老，通過那裏的老年人。總害，凡所害民者（朱右曾）。乃，你們的。告于廟，國家有大事，王侯則祭告於宗廟。有不用命有常不赦，用命，聽從命令；執行命令。有常，常刑。有，名詞詞頭，無義。入食不舉百官質方，孔晁曰：「王不舉樂。百官徹膳以思其職。方，道。」《周禮・天官・膳大》「王日一舉，鼎十有二物，皆有俎。以樂侑食……大荒則不舉」，賈公彥疏：「不舉即是不殺牲……含有不舉樂。」質方，質，問（朱右曾）。于鬯曰：「方蓋讀為『訪』。質訪者，猶言質問也。即上文所云『官考厥職，鄉問其人，因其耆老，及其總害，慎問其故』者。」鴻恩按，釋為問道即問詢救荒之道，可通。❻□不食饔　闕文或補「賓」、「朝」，或補「皆」、「咸」。饔，丁宗洛曰：「熟食也。《〔周禮・〕天官・內饔》注：饔，割亨煎和之稱。」

【語　譯】文王於是召見冢卿、致仕國老、三事大夫、眾官員這些人，在外朝朝見。文王詢問臣下國家疲困的緣故，政事失誤的所在：刑罰是否乖違，哀樂是否過度，宴客是否太盛大，各種用度是否浪費，以及關市的稅收，山林的匱乏，田宅的荒蕪，溝渠的失修為害，懶惰於農事的過失，驕縱頑劣的害處，水旱的災害等等。文王說：「我無德行，政事未能良善，以致國家疲困，不能相救助。你們各位不想幫助我嗎？對官員要考察他盡職的情況，對各鄉政情要詢問當地的百姓，通過那裏的長老，瞭解到所有害民的事情。要審慎地詢問緣由，不要隱瞞你們知道的情況。到某一天去祭告於祖廟。有誰不服從命令，刑法絕不寬赦。」文王發布命令後，入宮用餐便不殺牲、不奏樂。眾官員詢問救荒的辦法，也都不再食用煎烹調和的食物。

及期日質明，王麻衣以朝，朝中無采衣❶。官考其職，鄉問其利，因謀其災❷。旁匡于眾❸，無敢有違。詰退驕頑，方收不服，慎惟怠墮，什伍相保❹。動勸游居，事節時茂❺。農夫任戶，戶盡夫出❻。農廩分鄉，鄉命受糧❼。程課物徵，躬競比藏❽。藏不粥糴，糴不加均❾。賦洒其幣，鄉正保貸❿。成年不償，信誠匡助，以輔殖財⓫。財殖足食，克賦為征⓬。數口以食，食均有賦⓭。外食不贍，開關通糧⓮。糧窮不轉，孤寡不廢⓯。滯不轉留⓰。戍城不留，眾足以守⓱。出旅分均⓲，馳車送逝⓳，日夕運糧。

【章　旨】講述救濟災荒的措施，同時克服以前政事的失誤，為以後救災創造條件。

【注　釋】❶及期日質明三句　期日，所期之日，百官覆命之時（潘振）。上文言「及某日以告于廟」，則此日告廟，且覆命。質明，天剛亮。質，正。麻衣，陳逢衡曰：「素服也。《周禮・春官・司服》：『大荒，素服。』《禮記・玉藻》：『年不順成，則天子素服，乘素車，食無樂。』」無采衣，皆麻冕而白布深衣（朱右曾）。采衣，指卿大夫的命服。《周禮・春官・司服》鄭玄注「凡兵服皆玄衣纁裳」。朱右曾以此采衣即玄衣纁裳。玄，黑中帶紅。纁，淺赤色。❷因謀其災　於是商議救災之事。因，於是。❸帝匡于眾　帝匡，大匡（陳逢衡）。帝，廣大；普遍。❹詰退驕頑四句　詰退，責問罷黜。驕頑，此與「不服」互文見義，都是指不服教的百姓。方，通「放」（孔注有「放」字）。放逐。收不服，收其不服化者（孔晁）。收，《說文》：「捕也。」故陳逢衡曰：「收不服，則梗（害）化者刑。」慎惟，慎思。什伍相保，古代戶籍與軍隊的編制。五家為伍，十家為什，相聯相保。軍隊以五人為伍，二伍為什。《周禮・秋官・士師》：「掌鄉合州、黨、族、閭、比之聯，與其民人之什伍，使之相安相受，以比追胥（追捕寇盜）之事，以施刑罰慶賞。」鴻恩按，商鞅治秦，曾經實行過這種嚴厲的治民措施。保，擔保；負責。❺動勸游居二句　動勸游居，朱右曾曰：「動勸，疑當作『勸勸』。游居，游手閒居者。」劉師培曰：「勸，當作『觀』，與〈柔武〉『土觀』之『觀』同。動，義同『行』。」〈柔武〉「土觀」義為興土功築遊觀。則動觀，即行遊觀之事。今從劉說。事節，辦事從儉。時茂，時時勤勉。茂，勉（孔晁），通「懋」。❻農夫任戶二句　任戶，承擔起養活一家的責任。任，承當；以其任任之（朱右曾）。戶盡夫出，孔晁曰：「言無戶不出夫以勸農。」❼農廩分鄉二句　農廩分鄉，孔晁曰：「農夫藏穀于廩，分在諸鄉。」鄉命受糧，各鄉命令計數屯積糧食。陳逢衡曰：「屯積以備荒歉也。」朱右曾曰：「每鄉見存農廩，命各籍〔登記〕其數。」鴻恩按，古代實行鄉遂制度，說詳研析。❽程課物徵二句　程課，徵收賦稅。物徵，對實物（米穀）的驗證。競，爭。比藏，蓄藏；儲藏。朱右曾釋「程課物徵」二句曰：「至來歲程課其登耗〔增減〕，合而驗之，以為鄉大夫之殿最〔考核政績優劣〕，則各競比藏而蓄積裕矣。」❾藏不粥糴二句　朱右曾曰：「藏者不輕粥〔鬻〕以備荒，亦不許重糴以居奇。」糴，買糧。糴不加均，孔晁曰：「糧不加均，多少〔「少」從孫詒讓說補〕從所有，不限也。」陳逢衡曰：「言市穀之法，以均為主，不增加也。」孫詒讓曰：「均，謂平價也。〔孔〕注誤。下文云：『權內外以立均』，〈大聚篇〉『市有五均』，孔注并云：『均，平也。』」鴻恩按，依孫說，則此「不加均」意為不超過平價。陳說「以均為主，不增加也」，倘指價格言，則其說即是，倘指糧重而言，則非是。❿賦洒其幣二句　孔晁曰：「洒，散也。幣以糴，以資窮也。」這是說官府借錢給百姓。賦，給予。鄉正，鄉大夫。保，擔保。⓫成年不償三句　朱右曾曰：「孔晁曰：『名曰貸而不償，所以生殖民財也。』」成年，好年成。不償，孔晁曰：「名曰貸而不償，所以生殖民財也。」殖，生。⓬財殖足食二句　朱右曾曰：「量其力能供賦，然後徵之。」克，能。⓭數口以食二句　陳逢衡曰：「數口以食，計口授食，給口糧也。」數，計。朱右曾曰：「《周禮（・地官・廩人）》：民數、穀數并藏于天府，以口計食，率人三鬴而食足。」鴻恩按，「人三鬴，中也」，即中等豐年一人一月發給食米三鬴（一鬴為零點六四石，三鬴為一點九二石，一石一二〇斤，則一點九二石為二三〇點四斤，戰國時一斤約等於今半斤），約當今一一五斤。食均有賦，孔晁曰：「均民足食，而征其賦以入官也。」陳逢衡曰：「《(周禮・)旅師》所謂『春頒而秋斂之』也。」⓮外食不贍二句　外，鄰國。贍，足。開關通糧，指允許鄰國來糴糧。⓯糧窮不轉二句　朱右曾曰：「言如國內糧少，則不轉運外出，然孤寡無告亦必助恤之。」陳逢衡釋次句曰：「而于孤寡之來歸者，亦不廢存活之計。」⓰滯不轉留　朱右曾曰：「轉留，當為『留轉』。年豐穀滯則不留所轉，恐糶賤而傷農。」劉師培疑此為衍文，「不轉」、「留」涉上、下衍，「滯」為上語注文。陳漢章曰：「非衍也。《(周禮・)泉府》斂民之不售貨之滯于民用者，即此法。此經下文又云：『易資貴賤以均，游旅使無滯。』」鴻恩按，陳所引〈泉府〉原文為：「斂市之不售貨之滯于民用者，以其賈〔價〕買之，物楬而書之〔以小木樁寫明物品、數量、價格等〕，以待不時而買者。」即由官府幫助解決「糶賤」和「穀滯」兩個問題，但非「不留所轉」。故「轉留」不須顛倒。依此說，則此處有闕文。⓱戍城不留二句　「戍城不留，眾足以守」，章本、盧本、陳本無「眾」字，朱右曾曰：「『眾』舊闕，依陸本。」劉師培曰：「即〈糴匡解〉『男守疆，戎禁不出』也。缺處疑即『疆』字。」孔晁曰：「□不戍者不令留，足以守之。」陳逢衡、丁宗洛均以首句意為因年荒撤回邊邑戍卒。劉師培亦以孔注「戍」上「不」字為衍文。然則陳、丁、劉說同。⓲出旅分均　朱右曾曰：「出旅，軍興也。分均，謂將卒同食無美惡。分，扶粉反。」旅，眾。⓳馳車送逝　驅車送往。

【語　譯】等到所約定的那天天剛亮時，文王穿著白麻布衣朝見群臣，整個朝廷沒有穿彩色衣服的。考察了官員盡職的情況，問明了各鄉有利和不利的條件，於是謀議救災事宜，要求廣泛地救濟大眾，誰都不能膽敢違抗。斥退驕縱頑劣的，放逐、逮捕不服從教化的，慎重地謀慮懈怠懶惰的，使什伍之間相聯相保。以遊觀為事，遊手好閒的，必須事事節儉，時時勤勉，使農民都擔當起養家之責，每一戶的所有男丁都要到田間從事勞動。農宗的糧倉分鄉管理，各鄉都要命令屯積糧食。徵收稅糧的多少需要實地驗證，親自爭先恐後地儲藏糧食。儲藏的糧食不得輕易賣出，也不能買進以居奇，無儲藏需買糧的不得超過平價。官府貸錢給百姓，鄉大夫做借貸的擔保。好年成也不急於償還，誠信救助，來幫助百姓生財。生財了夠吃了，有力量交納賦稅了才來徵稅。計算人數發給口糧，人人糧食均平、夠吃，然後徵收賦稅。鄰國糧食不足，打開關門允許它來糴糧。我們糧食短缺當然不能轉運外出，但是孤兒寡母的糧食供給是不能停止的。如果有滯積的糧食也不必轉運（，由官府依市價買進而待賣）。戍守邊城的士卒應當撤回，留下的人能守住疆土就可以了。這時如果出動軍隊，將一的食物沒有好壞之分，但要驅車運去糧食，日夜不停地運送。

于是告四方：游旅旁生忻通，津濟道宿，所至如歸❶。幣租輕，乃作母，以行其子❷。易資貴賤，以均游旅，使無滯❸。無粥熟❹，無室市❺。權內外以立均，無蚤莫❻。閭次均行❼，均行眾從。積而勿□，以罰助均，無使之窮❽。平均無乏，民利不淫❾。無播蔬❿，無食種⓫。以數度多少⓬，省用⓭。

祈而不賓祭，服漱不制⓮。車不雕飾，人不食肉，畜不食穀⓯。國不鄉、射，樂不牆合⑯。牆屋有補無作⑰，資農不敗務⑱。非公卿不賓，賓不過具⑲。哭不留日，祭降一等⑳。庶人不獨葬，伍有植，送往迎來，亦如之㉑。有不用命，有常不違㉒。

【章　旨】招攬商販，平抑糧價，使所有人有飯吃。省吃儉用，留足種子。官府處處節儉，以艱難度荒為原則。

【注　釋】❶告四方四句　陳逢衡曰：「此為司關者告也。」按，司關為《周禮·地官》之一，掌「啟閉國門」。游旅，行商；商販。旁生，廣泛做生意。生，生意（朱右曾）。忻通，欣然通商。忻，同「欣」。津濟，渡口可以過河。津，渡口。道宿，途中可以住宿。《周禮·秋官·野廬氏》掌賓客途中「宿息」，〈地官·遺人〉掌國家之「委積」（儲備之糧草），「凡國野之道，十里有廬，廬有飲食；三十里有宿，宿有路室，路室有委；五十里有市，市有候館，候館有積。」故游旅有「所至如歸」之感。❷幣租輕三句　意思是說大荒之年，物貴幣輕，即今所謂錢毛、通貨膨脹，因而製作幣值大的錢，與幣值小的錢一起流通。鴻恩按，我國殷商晚期就可以鑄造銅貨幣貝，大約春秋中期則有布幣、刀幣（盧嘉錫總主編《中國科學技術史·礦冶卷》第六八〇頁）。幣租，貨幣租稅。《管子·輕重丁》有「幣籍」、「穀籍（籍，稅也）」兩種，穀籍即實物租稅。這裏說「幣租輕」即貨幣貶值，幣租交錢多，所以鑄大錢。幣值大小與錢的輕重相應，《國語·周語下》單穆公論鑄大錢及韋昭注說得很明白，可以參閱。時為春秋晚期（魯昭公十八年）。❸易資貴賤三句　鴻恩按，此處斷句不同，今從《萬有文庫》本。朱右曾曰：「資，財也。物貴則以母權（替代）子，物賤則子獨行。」孔晁曰：「非但租賦作母行子，游旅易資亦然。」❹無粥熟　即〈糴匡〉「不鬻熟」，朱右曾注：「鬻熟，若今酒館。」荒年買熟食是一種奢侈。❺無室市　朱右曾曰：「室市，市中禁粥之物市于室者。」鴻恩按，此即最早的室內黑市交易。❻權內外以立均二句　內外，國內、國外。立均，定立均平之物價。朱右曾曰：「《周禮·司市》：『平肆、展成、奠賈』，立均，即奠賈（定價）也。」無蚤莫，朱右曾曰：「司市之屬非時巡察，不使蚤暮（早晚）異價。」據《周禮》，市場有大市（午後）、朝市、夕市，所以說早晚。蚤，通「早」。莫，同「暮」。❼閭次均行　閭，里門，朱右曾以為這裏指市門。次，舍；止息之處。這裏指市亭（《周禮·地官·司市》及注），即司市及其屬下治市之所。均行，實行均平的價格。❽積而勿□三句　朱右曾疑闕文是「粥」字。孔注「雖積賞進有，無不堤防之」，孫詒讓曰：「注義難通，『勿』下闕文以注推之，疑當是『防』字。」鴻恩按，終不知孔注是何意，今姑從朱氏之說：「居奇射利，則罰其貨以助均市價。」無使之窮，窮，生活困難；走投無路。❾平均無乏二句　民利，原作「利民」。劉師培曰：「〈糴匡解〉云：『民利不淫。』疑此『利民』亦當互乙。」鴻恩按，劉說是，今乙正為「民利」。陳逢衡曰：「平均無乏，《周禮・地官・司市》所謂『以陳肆辨物而平市（賈疏：辨物肆異則市平），以政令禁物靡而均市（禁靡則市均）』是也。利民不淫，富者使亡，靡者使微也，故王者之民，無甚貧亦無甚富。」這是說物價均平而無困乏之人，百姓獲利而不過分。❿無播蔬　不丟棄菜蔬。無播，無棄。菜可以禦荒。⓫種　種子。⓬數度多少　估算多少財物。數度，計算；估量。⓭省用　節用。此言量入為出（陳逢衡）。朱右曾曰：「已上皆言備荒之政可通行于豐年者。此下乃正言荒政。」⓮祈而不賓祭二句　此即〈糴匡〉「年飢，則勤（祈）而不賓……大荒，有禱無祀」之意。服漱不制，衣服只是洗滌，不製新的。⓯畜不食穀　《禮記・曲禮下》：「歲凶……馬不食穀。」⓰不鄉射二句　不行鄉飲酒禮、射禮（《儀禮》有鄉飲酒禮、射禮）。《禮記・王制》：「習射上（尚）功，習鄉上（尚）齒。」射，有大射、賓射、燕射、鄉射四禮。楊寬曰：「『國人』是當時政權的有力支柱。他們的軍事組織……很注意對他們的教育和訓練，許多『禮』的舉行就是為了加強團結和加強戰鬥力的。」「鄉飲酒禮不僅是尊敬長老和加強團結的酒會，而且具有商定大事的議會性質，是一鄉的諮詢機關。鄉射禮不僅具有軍事訓練的性質，而且具有選拔人才的目的。」（《西周史》第四二三、四〇三頁）樂不牆合，指不舉樂。《周禮・春官・小胥》「王宮縣（懸），諸侯軒縣（懸）」，鄭玄注：「樂縣，謂鐘磬之屬縣于筍簴者。鄭司農云：『宮縣四面縣，軒縣去其一面……四面象宮室四面有牆，故謂之宮縣。』」因為鐘磬、鼓鎛等樂器懸掛於筍簴（四面的架子）上，如同宮室之牆，所以稱為宮懸，又說牆合。郝懿行曰：「不牆合者，為凶荒徹縣也。」俞樾說「牆」字因下文誤衍，本作「樂不合」，即不合樂。鴻恩按，郝說應可通。⓱作　建造。⓲資農不敗務　陳逢衡曰：「資農，補助也。不敗務，不以他事妨農務也。」⓳賓不過具　盡東道而已，不從豐也（陳逢衡）。具，準備飯食。⓴哭不留日二句　「祭」字原作「登」，朱右曾從王念孫、丁宗洛改。哭，指有喪事。孔晁曰：「留，盡也。降一等，為荒廢之也。」王念孫曰：「自『哭不留日』又下三句，皆指喪事而言，言有喪事則哭不留日，而其祭亦降一等，所謂凶荒殺禮也。」鴻恩按，此即《周禮・大司徒》所說荒政之「殺哀」。㉑庶人不獨葬四句　孔晁曰：「均恤輿迎亦如植共送迎亦相救也。」《彙校集注》曰：「輿，程本作『興』。救，諸本作『敕』。盧并從。」孫詒讓曰：「此注訛衍不可句讀，以文義求之，疑當作『均恤相共，送與迎亦如之，亦相救（告）也。』」陳逢衡曰：「庶人不獨葬，鄰里助喪也。送往迎來，恐有姦宄利其資囊，故亦設伍以衛之。《周禮・大司馬》注：『植，謂部曲將吏。』」朱右曾曰：「〈大聚篇〉『五戶為伍，以首為長』是也。」意即「植」即〈大聚〉所說「長」。鴻恩按，《國語・齊語》曰：「伍之人，祭祀同福，死喪同恤，禍災共之。」〈齊語〉寓兵於民，「卒伍整于里」，平時為鄰里，戰時為卒伍，「死喪同恤」與此意同。㉒有常不違　不違有常；依常法查辦。

【語　譯】於是布告四方：來往商販可以廣泛做生意，高興地通商，渡口可以渡河，途中可以住宿，所到之處都像回到家裏一樣。錢幣貶值，就作大錢代替小錢流通。市場交易或貴或賤，有了大錢、小錢，來往商人可以得到平衡，使貨暢其流。不要出賣熟食，不要私下做黑市交易。權衡國內外的情勢定下均平的物價，無論早晚，從市門到市亭都實行均平的物價，這樣大家就都會服從。囤積糧食而不出售的，要用罰沒的辦法幫助平抑物價，但也不要罰到使他困窮的地步。貧、富平均，都不困乏，民眾得到好處但又不能過分。不要丟棄菜蔬，不要吃掉種子。通過估算財務多少，節省費用。

只是祈禱，但不接待賓客，不舉辦祭祀，衣服髒了就洗滌，不縫製新的。車子不雕刻紋飾，人不吃肉食，馬不吃糧食。國家不舉辦鄉飲酒禮和各種射禮，不演奏音樂。牆屋壞了修補而不建造新的，資助農民但不妨害農事。來聘問的不是公卿不當賓客接待，接待也不鋪張。有喪事，哀哭當天結束，祭祀遞減一等。庶民殯葬鄰里要輔助，各伍都安排主事人。送往迎來，也注意相互衛護。有不執行命令的，依法查辦。

【研　析】《史記・周本紀》不載文王宅程，直說「自岐下而徙都豐」。《詩經・大雅・皇矣》說文王：「度其鮮原，居岐之陽。」鄭玄注：「乃始謀居善原廣平之地，亦在岐山之南……後竟徙都于豐。」孔穎達說，鄭玄所以說「後竟徙都于豐」，就因為「此非豐」，「《周書》稱『文王在程，作〈程寤〉、〈程典〉』。皇甫謐云：『文王徙宅于程。』蓋謂此也」。高亨《詩經今注》曰：「鮮原，地名，在今陝西咸陽東。」都證明文王「自岐下徙都豐」前，確曾「宅程」，本文所載與《詩經》相合，是歷史事實。晉初皇甫謐《帝王世紀》說「文王自程徙都酆」（徐宗元《帝王世紀輯存》），所說更明確。

本文突出講文王的救荒，瞭解造成凶荒的緣由，徵詢救災措施，認真細緻。「入食不舉」，「麻衣以朝」及對官員的嚴格要求，表現出對凶荒的重視。而「旁匡于眾，無敢有違」，「鄉正保貸」，「數口以食」，「孤寡不廢」，「平均無乏」，表現出對百姓的關懷。「祈而不賓祭，服漱不制。車不雕飾，人不食肉……」則是對官府的要求。從文中我們還可以充分感覺到政府在救荒中的重要作用。如借貸，發放口糧，為商人創造良好條件，增發貨幣，使貨暢其流。特別是主管市場的官員嚴格監控物價，禁止囤積居奇——此即後來平準、均輸之意。本文內容豐富，不乏作者可貴思想。但是文章寫的是文王，並非當時記錄，注中已經說及。

前人注釋本文，引用《周禮》一書凡三十餘次，很引人注目。所以如此，《周禮》中多救荒內容，而救荒須要各級政府和官員齊力工作（參〈糴匡〉研析所引《周禮》）。文中還一再提到「鄉」、「鄉正」、「什伍」等等，這是古代實行的鄉遂制度，《周禮》有詳盡記載，可以參閱。而《周禮》成書於戰國，通過對於歷史資料的整合，修改寄寓了作者的政治理想，並不是歷史事實的記錄。本文所說救荒內容，有很多與《周禮》一致，有的甚至不引《周禮》則無以明之，今條列如下：

本文	《周禮》
王……入食不舉	王……大荒則不舉（〈膳夫〉）
什伍相保	五家為比，十家為聯……使之相保相受，刑罰慶賞相及相共（〈族師〉）
朝中無采衣	大荒素服（〈司服〉）
農夫任戶，戶盡夫出	可任也者家三人……家二人（〈司徒〉）
鄉正保貸	凡民之貸者，與其有司辨而授之（〈泉府〉）
數口以食	凡萬民之食……人三鬴，中也（〈司徒〉）
開關通糧	國凶札，則無關門之征（〈司關〉）
滯不轉留	斂民之不售貨之滯于民用者，以其賈買之……以待不時

	而買者（《泉府》）
游旅……津濟道宿，所至如歸	郊里之委積，以待賓客；野鄙之委積，以待羈旅。……凡國、野之道，十里有廬，廬有飲食；三十里有宿，宿有路室，路室有委；五十里有市，市有候館，候館有積（《遺人》）
閭（注：市門）次均行	上旌于思次（注：思次，若今市亭）以令市……胥師、賈師莅于介次（注：介次，市亭之小者。次，市中候樓）（《司市》）
平均無乏	以陳肆辨物而平市，以政令禁物靡而均市（《司市》）
以數度多少，省用	荒政……七曰眚（省）禮（《大司徒》）　凶荒殺禮（《掌客》）
哭不留日	荒政……八曰殺哀（《大司徒》）

通過二者比較，可知：第一，本文與《周禮》相同的內容異常多；第二，有的可能是借用《周禮》，如「入食不舉」、「什伍相保」、「朝中無采衣」，特別是「所至如歸」一條，明顯是作者對《周禮．遺人》的概括和讚揚，《周禮》所寫待客之道實在周到得讓人佩服；第三，相近的內容，本文比《周禮》又有增加，如「津濟道宿」，「道宿」是《周禮》原有，而「津濟」則是本文作者合理的增加；「平均無乏」，「平均」概括《周禮》內容，「無乏」必是作者覺得這樣說才更為圓滿。這至少說明，本文與成書於戰國的《周禮》是同時作品。

和《周禮》作者一樣，本文開端寫周文王宅程大荒，也是通過歷史資料寄託其救荒理想。《周禮》有大量救荒內容，本書也頗多救荒內容。從本文平易的文字，如「及期日質明，王麻衣以朝，朝中無采衣。官考其職，鄉問其利，因謀其災。」又如「車不雕飾，人不食肉，畜不食穀。國不鄉、射，樂不牆合。」就可以知道這根本不可能是西周文字，而是戰國文風。陳逢衡說：「此篇洵救荒良策，而言『均』者凡九，末言『平均無乏』，凡與《史記・平準》義近。」平抑物價有如文中所說那樣繁複的舉措，肯定不是西周實況；而「什伍相保」更只能是戰國之事。錢穆先生依據《周禮》主張什伍「相保相受」，認為它完全是商鞅「令民什伍，相牧司連坐」之制，因而判定《周禮》「是戰國晚年作品」(〈周官著作時代考・關於刑法・第五〉)。本文的寫定，肯定在《周禮》成書和商鞅實行連坐法之後。

從本文用詞來看，「三老」最早見於《左傳》昭公三年、《儀禮・聘禮》，至《管子・度地》、《墨子・備城門》、〈號令〉，特別是《禮記》才大量使用；有的複音詞或詞組，如「用度」(《大戴禮記・五帝德》之「用度」非此之義)、「驕頑」、「什伍相保」、「程課」、「保貸」、「游旅」、「粥熟」、「室市」、「雕飾」，大多為後代所常用，但在先秦文獻中僅見於本文，則其寫定時代應在戰國。

程典第十二

【題　解】程，地名，已見於上篇「維周王宅程三年」之「程」。典，法制；常道。程典，在程邑所制定的法典。《周書・序》說：「文王在程，作〈程寤〉、〈程典〉。」而研究者認為本文寫定於戰國時期。

維三月既生魄，文王合六州之侯，奉勤于商❶。商王用宗讒❷，震怒無疆❸。

諸侯不娛❹，逆諸文王❺。文王弗忍，乃作〈程典〉，以命三忠❻。

【章　旨】說明事情發生原委，是本文的序。

【注　釋】❶維三月既生魄三句　維三月，年失載。維，語氣詞，有引出時間的作用。既生魄，周曆法名詞，月相之一。是周人記述月內日序的一種方法。既，已經。魄，也作「霸」，月球的光面。學術界對此有不同理解。《夏商周斷代工程一九九六—二〇〇〇年階段成果報告》歸納為「既生霸：從新月初見到滿月。既死霸：從月面虧缺到月光消失。」（該書第三六頁）文王合六州之侯奉勤于商，楊寬曰：「《左傳》襄公四年記載韓獻子說：『文王帥殷之叛國以事紂，唯知時也。』……《論語·泰伯》：『三分天下有其二，以服事殷，周之德其可謂至德也已矣。』這樣說文王勢力不免是誇大之辭，但是到文王晚年，周的力量確實已較強大，還是服事殷而等待時機，確是事實。這並不是……有『至德』，該是如韓獻子所說的由於文王『知時』。」（《西周史》第七二頁）鄭玄《詩譜·周南召南》：「商王……紂又命文王典治南國江、漢、汝旁之諸侯。于時三分天下有其二，以服事殷。故雍、梁、荊、豫、徐、揚之人，咸被其德而從之。」王暉《古文字與商周史新證》曰：周原甲骨文有「伐蜀」、「克蜀」和「征巢」，都在文王時期，鄭玄說「便有了出土甲骨文資料的有力佐證」（該書第七二頁）。鴻恩按，「清華簡」（詳見〈程寤〉題解）中有一篇〈保訓〉，開頭就說「惟王五十年」，研究者認為這只能是周文王，這證實了姬昌稱王之說，周有「至德」及「奉勤于商」、「文王弗忍」，都不可信。又，天下九州之說見於《尚書·禹貢》，近世多以〈禹貢〉為戰國時作品，劉起釪《尚書校釋譯論》曰：「古代九州的劃分，是一種客觀存在，有著源遠流長的自龍山文化時期已自然形成後歷三代繼續存在的一種人文地理區系。」〈禹貢〉定本為「西周史官所完成」，「至戰國時增加了些戰國史實」（該書第八三二～八四三頁）。侯，諸侯。奉勤，奉侍；服事。❷商王用宗讒　指紂聽信崇侯的讒言。洪頤煊曰：「宗，是『崇』字之訛。《史記·殷本紀》：『九侯女不喜淫，紂怒殺之而醢九侯，鄂侯爭之強，并脯鄂侯。西伯昌，竊嘆。崇侯虎知之，以告紂，紂囚西伯羑里。』」《史記·周本紀》則說崇侯虎譖西伯曰：「西伯積善累德，諸侯皆嚮之，將不利於帝。」宗，通「崇」。諸侯國名，在今河南嵩縣北，後文王滅崇。❸震怒無疆　無限憤怒。震怒，大怒。❹娛　樂（孔晁）。❺逆諸文王　《周禮·天官·宰夫》「萬民之逆」，鄭玄曰：「自下而上曰逆，逆謂上書。」故朱右曾曰：「奏事上書曰逆。」此謂諸侯將崇侯虎讒害事上報文王。諸，兼詞，之於。❻文王弗忍三句　弗忍，不忍心叛商，朱右曾引《呂氏春秋（·行論）》云：「紂欲殺文王，文王曰：『父雖無道，子敢不事父乎？君雖無道（應作「不惠」），臣敢不事君乎？孰王而可叛也？』」唐大沛以為「忍」當作「怠」，指「文王服事之心始終不怠」。鴻恩按，文王後期一直在發展自己勢力，以至稱王，他對商紂必不像後世（包括本文作者）所傳說的情形。三忠，俞樾疑即〈大匡〉之「三吏」，丁浮山曰：「或亦三事大夫之謂也。」鴻恩按，本文與〈大匡〉同寫文王在程事，二文很可能相同，今姑依俞、丁之說。

【語譯】在三月生魄以後，文王聚合六州的諸侯，服事商。而商王聽信崇侯的讒害之言，大怒不止。諸侯不高興，就上書文王主張反商。文王不忍心這樣做，就作了〈程典〉，吩咐三事大夫。

曰：「惟世罔極，汝尚助余體民❶，無小不敬❷。如毛在躬❸，拔之痛，無不省❹。政失患作，作而無備，死亡不誡❺。誡在往事，備必慎❻。思備慎用，思用慎地，思地慎制，思制慎人，思人慎德❼。德開開乃無患❽。

【章旨】文王指出「政失患作」，要以往事的教訓為警戒，提出慎制、慎人、慎德。慎德是關鍵。

【注釋】❶惟世罔極二句　「惟世罔極，汝尚助余體民」，原無「惟世罔極，汝尚」六字。劉師培曰：「《文選・弔屈原賦》『遭世罔極兮』，李注云『罔極』，言無中正。《周書》文王曰：『惟世罔極，汝尚助予』，李注所引疑即此上挩文，蓋『汝尚助予』屬下『體民』為句。《治要》引《(六韜・)武韜》云：『文王在酆，召太公曰：「商王罪殺不辜，汝尚助余憂民」』與此宛同。今本挩六字。」鴻恩按，今據增六字。惟，句首語氣詞。體民，體恤民眾。❷無小不敬　雖小事無不敬謹（唐大沛）。❸躬　身。❹省　察知。❺作而無備二句　唐大沛曰：「禍患既作，未能預備不虞，則近于死亡而不知誡懼也。」誡，這裏義同「戒」，警戒；戒備。下「誡」同。❻誡在往事二句　孔晁曰：「以往事誡將來。」備必慎，前車不可不鑒也（陳逢衡）。❼思備慎用五句　「思備慎用」原作「備思地」。陳逢衡據下文此處斷句不同，陳逢衡、朱右曾均以「備必慎」為句。今從。❼思備慎用五句　「思備慎用」原作「備思地」。陳逢衡據下文有『慎地』，改為「思備慎地」。唐大沛從陳，又以下文有「慎用」，補作「備必慎用，思用慎地」。鴻恩按，下文據此章逐一言「慎德」、「慎人（即『慎下』）」、「慎制（即『慎守其教，小大有度』）」、「慎地」、「慎用」，則此應補「慎用」、「慎地」，否則二者將成無本之木，不能密合。與〈大學〉相比，〈大學〉所提德、人、土、財、用五項：即「是故君子先慎乎德。有德此有人，有人此有土，有土此有財，有財此有用」。只是陳、唐訂補還不能與下文敘述相合，下文敘述的順序是：德、人（下）、制（度）、財、用，除增「制」於「地」上，合「財用」為一外，其餘與〈大學〉順序完全一致。但這裏的排列中，只見地、制、人、德而無「用」，可證這裏「地」上丟「用」一項。依據下文順序，參考今《大學》增「思備慎用」於「思用慎地」之上。本文蓋合財、用為一，而增「制」一項。今據陳、唐增補。朱右曾曰：「無所不慎，而要在慎德。」制，制度。人，用人；重用賢士。❽德開開乃無患　朱右曾本據陸麟書說刪一「開」字。唐大沛則以為：「『德開』上當重『慎德』二字，蓋古人寫書，于重文每作二小畫于旁，漢魏以來石刻可證，寫書者不曉文義，故缺落耳。」開，通。鴻恩按，依唐說，此處則為「慎德德開，開乃無患」，文順。朱不應刪「開」，今恢復「開」字。「慎德」二字姑不補而譯文從之。

【語譯】文王說：「世上沒有中正，希望你們幫助我體恤民眾，不要因為事小就不敬謹。就像毛髮長在身上，拔掉它就會疼痛，沒有人會不知道。政治失誤禍患就會發生，禍患發生而沒有準備，就等於死亡到來卻不知道戒懼。拿往事作為鑒戒，戒備就一定謹慎起來。考慮戒備就會慎重財用，想到財用就會慎重土地，想到土地就會慎重制度，想到制度就會慎重用人，想到用人就會敬慎道德修養。敬慎道德，道德開通了，就不會有禍患了。」

「慎德必躬恕，恕以明德❶。德當天而慎下❷，下為上貸，力競以讓❸，讓德乃行。

「慎下必翼上❹。上中立而下比爭，省和而順❺；攜乃爭，和乃比❻。比事無政，無政無選；無選民乃頑❼，頑乃害上。故選官以明訓❽，頑民乃順。

「慎守其教，小大有度，以備菑寇❾。協其三族，固其四援，明其五候，習其武誡，依其山川，通其舟車，利其守務❿。士大夫不雜于工商；商不厚，工不巧，農不力，不可以成治⓫。上之子不知義，不可以長幼⓬。工不族居，不足以給官；族不鄉別，不可以入惠⑬。為上不明，為下不順，無醜⑭。輕其行，多其愚，不智⑮。

「慎地必為之圖，以舉其物⑯。物其善惡，度其高下；利其陂溝，愛其農時；修其等列，務其土實，差其施賦⑰。設得其宜，宜協其務，務應其趣⑱。

「慎用必愛⑲。工攻其材，商通其財，百物鳥獸魚鱉，無不順時⑳。生穡省用，不濫其度㉑。津不行火，藪林不伐，牛羊不盡齒不屠㉒。土勸不極美，美不害用，用乃思慎㉓。□備不敬，不意多用㉔。用寡立親，用勝懷遠，遠格而邇安㉕。

「于安思危，于始思終，于邇思備，于遠思近，于老思行㉖。不備㉗，無違嚴戒㉘。」

【章旨】本章分言慎德、慎人、慎制、慎地、慎用。以殷殷叮囑結束全篇。

【注釋】❶慎德必躬恕二句　躬恕，躬行恕道。恕，孔子倫理範疇之一，孔子說「己所不欲，勿施於人」為恕（《論語．衛靈公》），意即推己及人。恕以明德，通過實行恕道來彰明道德。《左傳》襄公二十四年「恕思以明德」，與此意近。陳逢衡曰：「《大學》曰：」有諸己而後求諸人，無諸己而後非諸人，故『恕以明德』。」❷德當天而慎下　朱右曾曰：「當，合。德合天之無私，而以慎道教天下。」❸下為上貸二句　唐大沛認為「貸」當作「化」，化有「⿱化巨」一體（見《集韻》），與「貸」形近而訛。劉師培曰「貸」當作「貳」，即《左傳》襄公十四年「有君而為之貳」也，猶言臣為君輔。鴻恩按，孔晁注：「以讓為化。」唐說與孔合，今從唐說。貸為「貨」訛，貨，化音近。唐氏曰：「上以恕教下，故民化于讓，是下為上化也。」力競以讓，相爭以禮讓為先（陳逢衡）。競，爭。❹慎下必翼上　陳、唐、朱均以此下言「慎人」。朱曰：「不求備于下，下慼而奮，遜讓風行，故敬其上。」翼，敬（孔晁）。❺上中立而下比爭二句　注家理解不同，今取陳、朱之說。陳逢衡曰：「中立有調停兩可之意，故下比爭。比則黨，爭則亂。」朱右曾曰：「言不能慎下則上無所偏倚，而其下非比即爭，廢和順之道。」比，偏黨；勾結。省，去；廢。❻攜乃爭二句　離之則爭，和之則比（朱右曾）。攜，離心；有二心。❼比事無政三句　比事無政，比以事君，國無政矣（朱右曾）。無選民乃頑，唐大沛曰：「民統于官，官無良吏，故民不服教而梗頑。」無選，用人不知選擇。頑，愚妄無知；心不則德義之經（《尚書・堯典》「父頑」孔傳）。❽明訓　明教；明確的訓教。❾慎守其教三句　唐大沛曰：「度，謂制度。慎守政教，小大之事皆有禮度，哀節用時，足備災年與寇賊。」唐又曰：「此上皆言慎人。」朱右曾曰：「此及下三節言慎制也。」鴻恩按，此已言「度」，唐亦曰「制度」。今從朱說。菑，天災（水、旱）。寇，敵人入侵。❿協其三族七句　協其三族，協，和諧。三族，父族、母族、妻族。四援，四鄰援國。五候，「伍」章本作「五」，盧、陳、唐、朱各本作「伍」。劉師培曰，〈大明武〉「五官官候厥政」，即本文之「明其伍候」。《左傳》昭公二十三年「明其伍候」，孔疏云：「賈、服、王、董皆作『五』。」孔疏又引賈注云：「五方之候敬授民時，四方、中央之候也。」今〈程典解〉作「伍候」，亦後人據杜本《左傳》所改也。鴻恩按，依劉說據孔疏，則「伍」應作「五」，今正。五候，即四方、中央之候望。習其武誡，教戰陣。武誡，武備之訓誡（唐大沛）。⓫士大夫不雜于工商五句　孔晁曰：「使各專其業。」商不厚，工不巧，農不力，不可以成治，此四句舊在孔注中，丁宗洛、唐大沛均以正文誤入注文（丁、唐互不見對方校注），別出之，甚是。朱從丁本。唐又以下文「不可以長幼」、「不足以給官」之例，於「不可」下加「以」字，亦是。今俱從。朱右曾曰：「四民各專其業，善其事，乃可成治。不厚，淺資也。力，勤也。」⓬長幼　猶言長人（朱右曾）、培育下一代。⓭工不族居四句　工不族居不足以給，朱右曾曰：「百工群居，則相觀而善，否則見異思遷。」《六韜・六守》曰：「工一其鄉則器足。」與此意同。族不鄉別不可以入惠，唐大沛曰：「別以鄉，則宗族親戚在焉，聲音同，傳授易，乃可啟其智慧。」惠，通「慧」。智巧（唐大沛）。⓮無醜　盧文弨曰：「謝云『醜』當訓類。」唐大沛曰：「訓『類』是也，上明下順，類也，否則失其類矣。」即失去了上下之等類。⓯輕其行三句　孔晁曰：「不重其行，自多其愚，何智之有？」其，應是指士、農、工、商而言。多，誇；稱讚。⓰慎地必為之圖二句　陳、朱曰，此下言慎地也。陳逢衡曰，此即《周禮・大司徒》：「以天下土地之圖，周知九州之地域廣輪之數，辨其山林、川澤、丘陵、墳衍、原隰之名物。」唐大沛曰：「畫地圖以舉其所生之物。」⓱物其善惡七句　孔晁曰：「別其地所生物之善惡也。」朱右曾曰：「猶《春秋傳》（《左傳》成公二年）云『物土之宜』，瀦者為陂，流者為溝，農田水利也。」物，考察（楊伯峻）。鴻恩按，孔注善惡不確，善惡指土地言，潘、陳、朱說同。高下，丘陵或川澤。陂溝，蓄水之池塘湖泊為陂，流水經過之處為溝。愛，愛惜。等列，上地、中地、下地也（潘振）。務其土實，勸樹藝（朱右曾）。土實，土地的出產。差其施賦，區別賦役的等級。差，等級，這裏引申為區別等級。⓲設得其宜三句　朱右曾曰：「設，施設也。所施得當，而後能協其務而應其趣。趣，向也。」務，指農事。應其趣，合其趨向。⓳慎用必愛　唐大沛依孔晁注「順時，所為愛之也」，以為「愛」下應有「物」字。陳逢衡曰：「上言慎地，開其源。此言慎用，節其流也。愛，惜也。」⓴工攻其材四句　即《周禮・天官・大宰》之「以九職任萬民」之「五曰百工，飭化八材；六曰商賈，阜通貨賄」指工匠治材成器，商人交易物資。攻，治。順時，長育皆順其時（唐大沛）。鴻恩按，《禮記・月令》言春、夏「犧牲毋用牝，禁止伐木」，「安萌芽，養幼少」，「毋漉陂池，毋焚山林」，「樹木方盛……毋有斬伐」。至秋天，「草木黃落，乃伐薪為炭」。此即「順時」。㉑生穡省用二句　生穡省用，劉師培以為即《管子・五輔》「纖嗇省用（以備饑饉）」，注曰：「纖，細也。嗇，悋（吝）也。」茲作生穡，穡、嗇古通。生即纖也，生（笙）、纖古音通轉。《方言》卷二：「笙，細也。」《廣雅・釋詁三》：「笙，小也。」笙訓細小，即「纖」假文。《左傳》僖公二十一年「省用務穡」，亦與茲文義近。濫，過（孔晁）。㉒津不行火三句　《讀書雜志》王引之曰：「津非行火之地，『津』疑當作『澤』，草書形似而誤也。《管子・輕重甲》『齊之北澤燒』，尹注：『獵而行火曰燒。』是澤為行火之地。」丁宗洛亦引《國語（・魯語上）・宣公濫于泗淵》有「澤不伐夭」語，亦以「津」宜作「澤」。鴻恩按，譯文從「澤」字。孔晁曰：「非時不火、不伐也。」斧斤非時不入山林（唐大沛）。藪，水少而草木茂盛的沼澤地帶。盡齒，盡其年壽；衰老。陳逢衡注此句曰：「蕃牧畜也。」㉓土勸不極美三句　土勸，唐大沛、孫詒讓都認為當作「土觀」，指土功遊觀之事，〈柔武〉篇有「土觀幸時，政賈不疑」。觀、勸聲類同，因而致誤。唐曰：「觀，即觀臺也，築土為之，故謂之土觀。《三輔黃圖》：『周置兩觀以表宮門，登之可以遠觀，故謂之觀。』」鴻恩按，俞樾以「勸」應作「物」，于鬯以「土」應作「工」，竊以唐、孫說可取。用乃思慎，凡用財即思謹慎（唐大沛）。㉔□備不敬二句　□備不敬，唐大沛、朱駿聲以「無」字補闕文，與上文「無小不敬」句法相同，亦即上文慎備之意。備者，儲財以備用也（唐）。其說可從。丁宗洛補「靡」，義亦同「無」。不意多用，「用」字原為闕文，陳、丁、唐、朱駿聲、孫詒讓均據孔注補「用」字，今從補。孔晁曰：「多用，謂振施也。」唐大沛曰：「意，當與『億』通，料度也。國有振施之事，自當多用，然不能預為料度也。」孫詒讓曰：「言不以多用為意。下文『用寡』、『用勝』即冡多用而言。」鴻恩按，唐、孫之說不同，似均可通。今姑用孫說。㉕用寡立親三句　陳逢衡、唐大沛、朱右曾三家解此三句各不相同，劉師培又曰：「勝、寡對文，勝讀《詩・小雅・正月》『靡人弗勝』之『勝』，毛傳云：『勝，乘也。』勝蓋超逾之誼。」儒家之愛有等次，首先是親親，即愛親人，其次是仁民，再次是愛物，這是「用恩之次」（《孟子・盡心上》「親親而仁民，仁民而愛物」趙岐注），唐、朱都依此說又不同。大意應是說，立愛自親始，待親人雖厚，用亦寡，仁民懷遠，用財必多。懷柔遠人用財數量自遠遠超越立親。格，來。邇，近。㉖于安思危五句　陳逢衡曰：「《左》襄十一年傳魏絳引《書》曰：『居安思危，思則有備，有備無患。』蓋引〈程典〉而鈔變其辭也。杜氏截『居安思危』一語，下注曰：『逸《書》。』似不合。」孫詒讓曰：「《左》襄十一年傳引《書》即此文。《呂氏春秋・慎大》、〈直諫〉引『于安思危』，亦即此。《左》襄廿四年傳云：『恕思以明德』，與此上文云『恕以明德』文亦同，足證此書春秋時誦習甚廣也。」劉師培曰：「《國策・楚四》載虞卿語云：『《春秋》「于安思危」。』卿傳《左氏》，所述即襄傳魏絳語，是《左氏》舊本亦作『于』也。又『于始思終』，《玉海》六十七引作『于終思始』。」以《左》襄十一年引本文，楊伯峻不以為然。孔晁曰：「必有思〔原作『忍』，據丁浮山說改為『思』〕乃有濟也。」潘振曰：「『于安思危』以政言，『始、終』以事言，『邇』以時言，『遠、近』以地言，『老』以年言。朱右曾曰：「思危故泰可保，思終故幾〔事物的徵兆〕必察，思備則邇不泄，思近則遠不忘，思行則耄不倦。」㉗不備　言所當思者非盡此也（朱右曾）。㉘嚴戒　戒莫嚴於此（孔晁）。

【語　譯】「敬慎於道德修養必須親身實行恕道，用恕道彰明德行。道德合於天意之無私而敬慎地對待百姓，百姓接受在上者的教化，大家力爭行為謙讓，謙讓的德行就會流行。

「敬慎地對待屬下，屬下必定敬奉在上者。在上者中立不過問是非，屬下就會結黨營私，爭權奪利，廢除和順之道。離心離德就會爭權奪利，不離心就會結幫拉派。結幫拉派奉事在上者，國家就沒有政治，沒有政治就不能選賢任能。不能選賢任能百姓就會愚頑不懂德義，愚頑不懂德義就會危害在上者。所以選拔官員明確訓教，愚頑不懂德義的百姓才能順從。

「敬慎地遵守那些教令，大事小事都有制度，以防備天災和外寇。和諧三族的關係，鞏固四方的援國，明白五方的觀測偵察，演練好戰陣的訓教，依照山川的形勢，做好車船的交通，以利於防守之事。士大夫不能雜居於工商之鄉；商人資本不雄厚，百工手藝不精巧，農夫耕作不盡力，就不能成就社會太平。士的子弟不懂得義，就不能培育好下一代。百工不同族居住，製作的器物就不足以供給官府；同一族不分鄉另居，就不能夠傳授技巧。居上位不明達，做下屬不順從，就失去了上下的等類。行為不慎重，自誇其愚昧，這就是不聰明。

「敬慎於土地一定要給它畫出地圖，以便列舉那裏不同的地形和物產。辨別那裏土質的好壞，考量那裏地形的高低，利用當地的湖澤溝渠，珍惜當地農作的時令；劃分好當地土地的等級，從事當地土地適宜的物產，分清當地應收賦稅的等級。採取的措施在那裏適宜，適宜的措施合於那裏的農事，那裏的農事適合他們的心意。

「敬慎於財用一定要吝惜財物。百工加工材料製成器物，商人交易各種物資，以及消費百物、食用鳥獸魚鱉，無不順應時令。吝惜省用，用度不可過分。非其時沼澤不可用火燒、林木不得砍伐，牛羊不衰老不能屠殺。土功遊觀之事不求盡善盡美，求美以不妨礙使用為原則，想到合於使用就是考慮敬慎。沒有什麼準備不是敬慎的，但又不能太在意是否多用。厚待始於親者而總數不會多，財物超常多用則是懷柔遠人，遠方的人心服來歸，近處的百姓就都會安定。

「在太平的時候要想到危險，在開始的時候就慮及結局，在當前要想到防備久遠，對遠處要如同思慮近處，在年老時對該辦的事想著及時付諸行動。所說這些還不周備，千萬不可違背這嚴厲的警戒。」

【研　析】這篇文章比較複雜，記時用「既生魄」，這是西周記時法，春秋時已經不用。崇侯虎讒文王，紂大怒，而諸侯大多心向文王，這種記載不管是否出於西周，但都是歷史事實。要「體民」，「誠在往事」，這也合於當時的情勢。但說「奉勤于商」、「文王弗忍」就不是事實了。要說下面的一大篇談話都出於文王，斷難使人相信。唐大沛曾說：

> 是書……有殘缺已甚者，有集斷簡而成者，有取古兵家言指為文、武之書者，有偽敘首尾強屬之某王時者，有本篇已亡竄取他書以當之者：真贋相淆，純雜不一，誠不可不分別觀之也。（《逸周書分編句釋・凡例》）

不管屬於哪種情況，「思備慎用，思用慎地，思地慎制，思制慎人，思人慎德。德開開乃無患。」是全文之綱，下文依此一一展開，從內容到文字，既不可能是西周之物，也不出於春秋，肯定作於戰國。理由如下：

第一，慎德、慎人、慎制、慎地、慎用五項和「德開乃無患」，與《禮記・大學》「是故君子先慎乎德。有德此有人，有人此有土，有土此有財，有財此有用。德者本也。」二者何以如此相似？〈大學〉中的五項，本文合財、用為一，外加「慎制」，其餘四項完全相同。平心而論，本文的五項可能更合理。這樣地相似自然讓人生疑，這究竟是誰襲用誰？二者難道沒有關係？

第二，「慎」是「孔子倫理思想的概念之一」，指待人、處事的謹慎態度（張岱年主編《孔子大辭典》），《論語》中「慎」字七見，《禮記》「慎」也多見，如〈緇衣〉（全錄「子曰」）七見，〈大學〉四見，〈禮器〉五見，〈檀弓上〉四見。本文則變其本而加厲，「慎」字十一見，依陳、唐所補，則為十三見，這也應是受了儒家影響；

第三，如果說，孔子倡「慎」源於周公「明德慎罰」（《尚書・康誥》、〈多方〉），本文的「慎德必躬恕，恕以明德」，「恕」則純粹是「孔子的倫理範疇」了。「恕」字不見於《詩》、《書》、《周易》、《國語》，始見於《左傳》和《論語》。值得注意的是，《左傳》中「恕」凡六見，隱公三年、十一年的兩個「恕」都在「君子曰」、「君子以」之中；襄公二十三年的兩個「恕」都在「仲尼曰」之中。這說明四個「恕」都是《左傳》作者寫上去的；其餘兩個「恕」，一個出於晉陰飴甥之口：「君子恕，以為必歸。」（僖公十五年）一個出於子產之口：「恕思以明德……是以遠至邇安。」（襄公二十四年）這兩個「恕」，究竟是原有，還是作者寫進去的，很讓人懷疑。所以，有人說孔子最先提出「恕」（《中國大百科全書・哲學》「忠恕」條），這是正確的；

第四，楊寬說，〈大學〉通篇出於一手，「當是曾子後學所作……曾參說：『夫子之道，忠恕而已矣。』『恕』就是要推己及人，不僅『己所不欲，勿施於人』，而且要『己欲立而立人，己欲達而達人』。……大學之道不是別的，實質上就是忠恕之道。」（《戰國史》第四九二頁）這一點和第一、第三互證，可以有力說明，本文出現「恕」說明什麼，又何以與〈大學〉的有德、有人、有土等相似乃爾；

第五」本文言慎制，講四民士、農、工、商，這種說法最早見於《管子・小匡》、〈乘馬〉和《國語・齊語》，而《管子》一書出於稷下學者，稷下學士盛於威、宣時期（西元前三五六～前三〇一年），本文這樣的內容，又必不早於戰國中期的威宣時期。

由此可知，除去開頭，本文都應出於戰國：受孔子思想影響，發揮〈大學〉之說，又吸取了《管子》（可能還有《周禮》）的內容。則此文之成，必在戰國，必在〈大學〉、《管子・小匡》等之後。

學者對本文寫作時代，有不同看法。因為《左傳》襄公十一年有《書》曰：「居安思危，思則有備，有備無患。」梁履繩以為《書》之三句是括《逸周書・程典》「于安思危，于始思終，于邇思備」。《戰國策・楚策四》虞卿言「臣聞之《春秋》，于安思危，危則慮安」。劉起釪說：「〈程典〉、〈常訓〉等皆非周代原有《書》篇，而是保存了些原有《周書》材料，故可作為該篇引存《周書》逸文看待。」「〈程典〉……以及〈常訓〉等十餘篇保存了西周原有史料，其文字寫定可能在春秋時，因其中一些文句曾被《左傳》所採用。」（《古史續辨》第六一五頁）又說：「可能《左傳》作者與此諸篇〈程典〉、〈酆保〉及〈常訓〉等」作者所據為同一原材料，也可能此諸篇由原材料受春秋文字影響成篇，為《左傳》作者所見。」（《尚書學史》第九六頁）楊伯峻先生說：「〈程典〉作於何時，殊難斷定，《左傳》作者亦未必得見，梁說僅資參考。」楊寬先生指出「《逸周書・程典解》說：『文王合六州之眾，奉勤于商。』並非事實。〈程典解〉是戰國以後作品」（《西周史》第七二頁）。劉起釪認為可能寫定於春秋之說，難以成立，但他後一說講本文與《左傳》的關係很好，比楊伯峻先生前進了。（按，《左傳》的史料出現時間應當早，但寫定在戰國中期，參沈玉成、劉寧《春秋左傳學史稿・左傳的編定問題》與《春秋左傳研究》一書中拙作〈天文學史的發展表明左傳成書于戰國中期〉，依劉起釪說則誰襲用誰與彼此寫成早晚未必有直接關係。）楊寬先生與黃沛榮《周書研究》、周玉秀《文獻學價值》的戰國時代說均有充分論據。

關於本文內容，劉起釪說：「〈程典〉至〈文傳〉四篇是記周文王經營王業準備伐殷的文獻。」我們細按文意，開端至「誠在往事，備必慎」和文末「不備，無違嚴戒」，時代可能早一些，原「備思地」（今「思備慎用，思用慎地」）以下，則完全是插入的戰國人聲口的文字，與上文實不相干。如上所說，中間一大段慎德、慎人等，從內容到文字論述，都與上文是兩張皮。這一篇文字的真相，有待學者進一步認定。

在本書第一篇〈度訓〉的「研析」，我曾經講過那一篇和本文，都使用了「頑民」，深感意外。因為先秦時代，一直存在十分強烈的重民意識，如儒家說，實行禪讓制的堯舜時代，「天下為公，選賢與能」，是「大同」；禹、湯、文、武以下，父傳子繼，「天下為家」，是低一級的「小康」之世。故孟子大膽說出「民為貴，社稷次之，君為輕」。可是本文作者沒有這種觀念，一邊說著孔子的「恕」，一邊說著「頑民」，「頑乃害上」，作者的立場無疑在「上」一邊。「頑民」是先秦兩漢魏晉南北朝的其他作者都沒有說過的話（參《電子史料庫》），這不是罕見，完全是獨一無二。我還想大膽斷言，〈度訓〉與本文應當出於同一位作者。因為，第一，〈度訓〉整篇講「度」，本文則特意增加〈大學〉原來沒有的「慎制」一項，使之成為本文的五綱領之一，「制，度也」（《國語・越語下》韋昭注），同時有「小大有度」；第二，兩篇都講「教」、「讓」、「義」、「順」、「慎」、「敬」，都講「無醜」、「長幼」、「終始」、「遠邇」，很多相同的語彙；第三，兩篇都講「頑民」，「頑則害上」，「必犯法，無以事上」。這些相同，不應是出於偶然。如果是這樣，兩篇的寫作時代（指文章中間主體部分）也必然相同。

程寤第十三 （亡，今據清華簡補錄）

【題解】本篇起至第二十篇〈八繁〉凡八篇皆亡佚。盧文弨、陳逢衡、朱右曾據《藝文類聚》卷七十九、八十九和《太平御覽》卷三九七、五三三及《文選・注》卷五十六所引，本篇存七十五字。《御覽》三九七所引，盧文弨引入正文，朱右曾置〈逸文〉中，文曰：「文王去商，在程。正月既生魄，太姒夢見商之庭產棘，小子發取周庭之梓，樹于闕間，化為松柏棫柞。寤驚，以告文王。文王乃召太子發，占之于明堂。王及太子發並拜吉夢，受商之大命于皇天上帝。」

《御覽》卷八十四又引《帝王世紀》之文曰：「紂以崇侯之讒而怒，諸侯請送文王棄于程。十年正月，文王自商至程，太姒夢見商庭生棘，太子發取周庭之梓，樹之于闕間，梓化為松柏棫柞。覺而驚，以告文王。文王不敢占，召太子發，命祝以幣告于宗廟群神，然後占之于明堂。及發並拜吉夢，遂作〈程寤〉。」

由此可知，文王在程邑，太姒夢商廷生棘，周人判定為周「受商之大命于皇天上帝」的吉夢，即〈大武開（武）〉篇周公所說「天降寤于程」。《詩・大雅・皇矣》「居岐之陽」疏曰：「《周書》稱文王在程，作〈程寤〉、〈程典〉。」寤，睡醒。潘振曰：「寐覺而有言曰寤。」陳逢衡曰：「此篇疑在〈程典〉之前，蓋此篇係正月，〈程典〉係三月，觀《詩》疏所列可見。或是校書者因此篇既亡，遂移于後。」〈程寤〉、〈程典〉之小序原闕脫，係朱右曾據〈皇矣〉孔疏補，孔疏作「〈程寤〉、〈程典〉」，而今正文〈程典〉在〈程寤〉前，又〈程寤〉言「元祀正月」，而〈程典〉直言「維三月」，則陳之疑應可以成立。然而〈程典〉如果原在〈程寤〉之後，應當是〈程典〉與後面七篇一起亡逸，怎麼亡逸的反而是〈程寤〉而不是〈程典〉呢？這似乎又證明，〈程寤〉原來就與後面七篇在一起。這個問題還不明白。好在〈大匡〉、〈程典〉、〈程寤〉三篇都是講文王宅程之事，這沒有疑問，它們所保存的殷周之際史料，足以補《史記》之缺，自有其史料價值。

二○○八年七月，清華校友向清華大學捐贈一批戰國竹簡（簡稱「清華簡」），竹簡記錄的經、史類書，大多前所未見，有很高學術性。經實地檢測，其時代在戰國中晚期之際，從中找到「至少六十三篇書」。二○一○年十二月《清華大學藏戰國竹簡（壹）》出版，收錄九篇文章，其中即有《逸周書》的三篇，即「久已失傳的〈程寤〉篇」和未失傳的〈皇門〉、〈祭公〉。「原無篇題」，簡文整理者據《藝文類聚》、《太平御覽》所引《逸周書・程寤》的文句與簡文對照，知是〈程寤〉。今據簡文補錄。簡文中古體、異體、通假字，按照傳統習慣改為通行字，以便閱讀。如此，則《周書》七十篇，失亡十一篇，成為失亡十篇，保留六十篇了。

文王受命，周人自然視為重大事件，本文第一段為我們提供的應是可信史實，是傳寫內容的要略。第二段的文風，肯定屬於戰國，是《逸周書》大部分篇章的典型風格，並不是西周作品。

惟王元祀正月既生魄❶，太姒夢見商廷惟棘❷，迺小子發取周廷梓樹于厥間❸，化為松柏棫柞❹。寤驚❺，告王。王弗敢占，詔太子發❻，俾靈名凶❼，祓❽。祝忻祓王，巫率祓太姒，宗丁祓太子發❾。幣告宗祊社稷❿，祈于六末山川⓫，攻于商神⓬，望⓭，烝⓮，占于明堂⓯。王及太子發並拜吉夢，受商命于皇天上帝⓰。

【章　旨】太姒夢見太子發移栽周廷梓樹於長滿荊棘的商廷，變成了松柏棫柞，文王等隆重祭祀、占卜，這表示上天命周人代商擁有天下，此即歷史上常說的文王受命。

【注　釋】❶惟王元祀正月既生魄　惟王元祀，應是指文王受命稱王之元年。《史記・周本紀》：「西伯蓋即位五十年……蓋受命之年稱王而斷虞、芮之訟，後十（按，「七」之訛誤）年而崩。」清華簡〈保訓〉亦曰：「惟王五十年，不豫。」則文王元祀下據文王崩為七年。太姒夢商廷生棘，當即文王受命稱王之由頭，故繫於元祀。正月原作「貞月」，貞通「正」。既生魄，一月中從新月初見到滿月的一段時間。詳見〈程典〉「維三月既生魄」注。❷太姒夢見商廷惟棘　太姒，周文王妃，武王之母，劉向《列女傳》：「禹後有㜪姒氏之女。」禹後姒姓之莘國在今陝西部陽東南（今河南曹縣西北之莘，錢穆疑出高辛氏，不同。）《史記・周本紀》：「武王同母兄弟十人，母曰太姒，文王正妃也。」商廷惟棘，廷，《說文》：「朝中也。」又：「庭，宮中也。」則廷、庭義同，故前人或寫作「庭」或寫作「廷」。棘，《說文》：「小棗叢生者。」即叢生的酸棗樹，刺尤多。❸迺小子發取周廷梓樹于厥間　迺小子發，《清華大學藏戰國竹簡（壹）》注（下稱「簡文注」）：「《博物志》引作『乃小子發』，較他本多一『乃』字。『迺』與『乃』通。『厥』字習見於金文，訓為『其』。《藝文類聚》、《太平御覽》等引作『闕』。」小子發，即下文之太子發，後即位即周武王，武王名發。小子，《尚書・酒誥》江聲注：「小子是卑幼者。」梓，木名。《尚書・梓材》蔡沈傳：「良材可為器者。」《埤雅・釋木》：「梓為木王，蓋木莫良于梓。」（湯可敬《說文解字今釋》「梓」）厥間，其間。厥，其，指商廷。《類聚》、《御覽》作「闕」，係借字。❹化為松柏棫柞　變成了松、柏、白桵、柞樹各種樹木。棫，即白桵，材理全白，叢生有刺，實如耳璫，紫赤可食（參《爾雅・釋木》郭璞注）。柞，《本草綱目・木名・柞木》：「此木堅韌，可為鑿枘，故俗名鑿子木。」（《說文解字今釋》「柞」）❺寤驚　醒來而吃驚。《帝王世紀》作「覺而驚」。❻詔太子發　詔，與招、召為同源字，「都有命令別人依從自己的意思」（《王力古漢語字典》），這裡是告訴、招來。❼俾靈名凶　俾，使。靈，《說文》：「巫也。」名凶，授予惡神名號。簡文注：「猶《周禮‧男巫》之『授號』。」鄭玄注：「以所祭之名號授之。」❽祓　除災求福的祭祀儀式。簡文注：「《說文》：『除惡祭也。』《左傳》僖公六年注：『除凶之禮』。」❾祝忻祓王　句　祝忻、巫率、宗丁，後一字是人名。祝，《說文》：「祭主贊詞者。」《說文解字今釋》引商承祚《殷虛文字類篇》：「象跽于神前而灌酒也。」巫，即女巫。宗，《國語‧楚語下》「虔其祝宗」，韋昭注：「主祭祀。」簡文注：「巫祓太姒，宗祊太子皆切合身分。」❿幣告宗祊社稷　簡文注：「幣告，參看《周禮‧男巫》鄭注：『但用幣致其神』，孫詒讓《（周禮）正義》：『但用幣，則無牲及粢盛也。』」幣，《說文》：「帛也。」以束帛為祭祀或饋贈的禮品，叫做幣。宗祊，簡文注：「《國語‧周語》韋注：『廟門謂之祊。宗祊，猶宗廟也。』」⓫六末山川　六末，簡文注：「疑指天地四方。」⓬攻于商神　斥責殷商之神。攻，用言辭攻駁責讓。⓭望　望祭。簡文注：「《淮南子‧人間》注：『祭日月星辰山川也』，與上文合。」⓮烝　冬祭，詳見《禮記‧祭統》。簡文注：「周正月建子，有冬至節。」⓯占于明堂　占，占卜。明堂，楊寬對於明堂和明堂所在的辟雍有詳細考證。楊曰：西周的大學叫辟雍，形如圓璧（辟），周圍有水，自邕（雍）成池，水中有高地和建築，「辟雍中高地上的建築，也叫明堂。」以茅蓋屋，上圓下方，土階三等，外戶不閉，是明堂的建築式樣。既是貴族子弟學習之所，以有禮堂、會議室、俱樂部、運動場和學校的性質，是貴族公共活動的場所，太廟、大學、辟雍、明堂、靈臺等是一回事。（《西周史》第六編第二章〈西周時代大學（辟雍）的特點及其起源〉）因為鄭重其事並舉行祭祀，故占於明堂。⓰皇天上帝　簡文注：《類聚》七九、《御覽》三九七、《冊府元龜》八九二引作「皇天上帝」。皇，偉大。

【語　譯】在王元祀正月，月亮已經在天的一個夜裏，太姒夢見商的朝廷上滿是荊棘，年輕的發從周的朝廷取來梓樹，種在商的朝廷上，不知怎樣梓就變成了松柏棫柞各種樹木。太姒從睡夢中醒來很是吃驚，告訴了王。王不敢占卜，招來太子發，使巫授予惡神名號，舉行除惡的祭禮。祝忻為王除惡求福，巫率為太姒除惡求福，宗丁為太子發除惡求福。用束帛祭告宗廟、土地神、五穀神，祈禱天地四方和名山大川，斥責殷商之神，舉行對日月、星辰、山川的望祭，舉行冬祭，最後在明堂上做占卜。王與發一起敬拜吉祥的夢，從皇天上帝接受了由商收來的天命。

興❶，曰：「發，汝敬聽吉夢❷。朋棘𣪊梓松❸，梓松柏副❹，棫橐柞柞化為臒❺。嗚呼，何敬非朋，何戒非商❻，何用非樹，樹因欲❼，不違材❽。如天降疾，旨味既用❾，不可藥❿，時不遠。惟商慼在周⓫，周慼在商，欲惟柏夢⓬，徒庶言迹⓭，㚇又勿亡秋明武威⓮，如棫柞亡根⓯。嗚呼敬哉。朕聞周長不貳⓰，務擇用周，果拜不忍⓱，綏用多福⓲。惟梓敝不義⓳，芃于商⓴，俾行量亡乏㉑，明明在向㉒。惟容納棘，億亡勿用㉓。不甚㉔，使卑柔和順，生民不災，懷允㉕。嗚呼，何監非時，何務非和㉖，何褱非文㉗，何保非道，何愛非身，何力非人㉘。人謀彊，不可以藏㉙。後戒後戒㉚，人用汝謀，愛日不足㉛。」

【章　旨】周文王雖然判斷為吉夢，但又憂慮梓松與荊棘可能的消長，是繼續忍耐還是果斷地拔除，最後決定韜光養晦，以待來日。

【注　釋】❶興　站起身來。古人席地而坐，祭祀行禮又有跪拜，所以這裏說興。❷敬聽吉夢　聽，簡文注：「《書・洪範》傳：『察是非。』」❸朋棘𣪊梓松　朋，簡文注：「《書・皋陶謨》傳：『群也。』」𣪊，《說文》：「棄也。」❹副　分裂。簡文注：「《禮記・曲禮上》注：『析也。』」❺棫橐柞柞化為臒　橐，簡文注：「疑讀為『覆』。」按，讀橐為「覆」，是因為「橐」、「覆」二字音近，同為幽部字。臒，赤石脂之類，可作顏料。按，「棫橐」至「臒」七字不可句讀，不知何意。簡文注：「以上數句疑有訛誤，似應為『朋棘𣪊梓，松柏副，棫柞覆，化為臒』，仍以棘比喻奸佞朋黨，以松柏比喻賢良善人。」鴻恩按，如簡文注者所說，則「梓」、「副」同為之部韻，「覆」為幽部，而之、幽二部合韻，則三句皆韻。又依照《詩經》韻例（參王力《詩經韻讀》），屬於鐸部的「臒」字，與梓、副、覆均不出韻，四句皆為韻語。原抄書者應是誤以柞、臒同為鐸部韻，而誤作「柞」字，而為致誤之由。但「艧」與梓、松柏、棫柞之關係仍不可解。《尚書·梓材》：「若作梓材，既勤樸斫，惟其塗丹艧。」同說梓、艧，然與此意不相關。疑「艧」為借字，「艧」、「蒦」、「萑」音相近。艧、蒦為鐸部影母，萑為元部匣母。匣，舌根音，影，喉音，彼此相近，故蒦、艧為影母，而鑊、濩則為匣母。元部〔an〕、鐸部〔ak〕韻亦相通。萑即《詩經·七月》「八月萑葦」、〈夏小正〉「七月秀雚葦」之「萑（雚）葦」。幼曰蒹葭，長曰萑葦，萑小，俗名荻。松柏棫柞本皆棟樑之材，今化而為萑葦，與〈離騷〉「蘭芷變而不芳兮，荃蕙化而為茅」意相近。又疑「艧」讀為「禍」。《說文》：「萑，鴟屬……所鳴，其民有禍。」這是以音近字「禍」釋「萑」。又曰：「蒦，從又持萑。」禍，歌部匣母，歌元通韻，歌、鐸通轉，則禍與艧、蒦與萑音均相近，可相通。❻何敬非朋二句　簡文注：「意云以朋比為警，以殷商為戒。句例參看《書·呂刑》『何擇非人，何敬非刑，何度非及』，《逸周書》多有類似句式。」敬，通「警」。按，使用反問句式表達正面意思，無疑而問，是此種表述之特點。由《逸周書》和本文這種句式之多，可以肯定戰國時人熱衷於此，比較彼此文風，足以認為它們出於同一個或同一群作者。❼欲　願（簡文注）。❽材　材質。❾旨味既用　旨味，美味。旨，《說文》：「美也。」❿藥　治療。《荀子·富國》楊倞注：「藥，猶醫也。」⓫商慼在周　商朝的憂慮在周。慼，簡文注：「《說文》作『慽』，『憂也。』」⓬柏夢　弄清夢境。柏，簡文注：「讀為『白』，《荀子·榮辱》注：『彰明也。』」⓭徒庶言迹　簡文注：「言字下一字不識。」徒，徒然。庶言，見於《書·立政》：「文王罔攸兼于庶言、庶獄、庶慎。」。蔡沈傳：「庶言，號令也。文王不敢下侵庶職……不兼其事耳。」一說，眾言，輿論。此句意雖不能貫通，但聯繫下文，猶可以知其大意。⓮矧又勿亡秋明武威　簡文注：「矧，義同『又』，見《詞詮》卷五。秋，清母幽部，疑讀為喻母之『由』。明武威，《逸周書》有〈大明武〉、〈小明武〉等篇。」勿，不要，表示戒止。亡秋，無由；無從。⓯根　原作「堇」，簡文注：「讀為『根』，二字皆為見母文部。」⓰周長不貳　簡文注：「周，《詩·鹿鳴》傳：『至。』長，《說文》：『久遠也。』貳，《國語·周語下》注：『變也。』」鴻恩按，下句「務擇用周」，則「周」為名詞。《詩·小雅·都人士》「行歸于周」，毛傳：「周，忠信也。」《逸周書·王佩》「謀臣謀成在周長」孔晁注：「周，忠信也。」亦用毛說，以「忠信」與「謀」不相合，故〈王佩〉注者不從孔注，然本文「務擇用周」，應指「忠信」，且明說「綏用多福。維梓敝不義……使卑柔和順，生民不災，懷允。」允，《爾雅·釋詁》：「信也。」今用毛釋。⓱果拜不忍　果，果決。拜，簡文注：「讀如《詩·甘棠》『勿翦勿拜』之『拜』，鄭箋：『拜之言拔也。』」⓲綏用多福　安定以求多福。簡文注：「類似語多見於西周金文，如寧簋蓋（《殷周金文集成》四〇二一～四〇二二）『用綏多福』。」綏，《爾雅·釋詁下》：「安也。」用，以。⓳梓敝不義　使梓材敗壞是不義之事。敝，簡文注：「《左傳》僖公十年注：『敗也。」⑳芃于商　喻商蓬勃興盛。芃，簡文注：「《詩・棫樸》傳：『木盛貌。』」㉑俾行量亡乏　量，簡文注：「疑訓為界限，句謂所行之處無有困乏。」鴻恩按，蓋計長短、輕重、大小皆有數量，故訓為界限。㉒向　簡文注：「『向』疑『尚』之誤，讀為『上』。」㉓億亡勿用　預測他們會滅亡而不用梓材。億，猜度、預料。㉔不惎　簡文注：「字原作『忑』，疑為『惎』，《說文》：『毒也。』《說文通訓定聲》云：『憎惡也。』或疑『惡』字之省。」㉕懷允　簡文注：「『懷，《說文》：『念思也。』允，《爾雅・釋詁》：『信也。』」鴻恩按，「卑柔和順」、「懷允」的主語是誰，簡文無注，今以為是文王指自己一方，與上文「務擇用周，果拜不忍，綏用多福」意相合。㉖何監非時二句　鴻恩按，此文此章與《逸周書・小開》後一部分思想乃至語句皆同，開端部分有史實，後面為戰國人增補，兩篇也相同，〈小開〉對於解釋本文「時」字的涵義很有參考價值。前人對〈小開〉「何監非時」之「時」，有兩種解釋，陳逢衡曰：「何監非時，順天道也。」「時德，謂四時之德。」「大寒將至，用刑不爽，故曰倍信。」陳逢衡解該篇「何敬非時」曰：「造次顛沛，不戲豫也。」所說皆是。而唐大沛釋「時」為代詞「是」，則不合文意。和，和協；和諧。㉗何褱非文　簡文注：「褱，《說文》：『藏也。』」此云韜光養晦。㉘何愛非身二句　身，自身。人，指百姓。㉙人謀彊二句　簡文注：「『彊，讀為『彊』，『彊』訓為『競』，音近互訓。《詩・桑柔》毛傳：『競，強（彊）。』《逸周書・大開》、〈小開〉有此句，〈小開〉『人謀競，不可以』後，應脫一『藏』字。潘振《周書解義》云：『競，力也。藏，不行也……言我後人即此謀而用力焉，不可以不行也。』」㉚後戒　後人要戒慎。㉛愛日不足　可惜時間緊迫。

【語　譯】站起身來，王說：「發，你要敬慎地辨察吉利的夢，如果眾多的荊棘棄絕梓樹，松樹、柏樹分崩離析，棫、柞受到遮蓋壓抑，就變成禍患了。唉，要警惕什麼，不就是朋比為奸；要戒備什麼，不就是殷商；要重用什麼，不就是松柏、棫柞這些幹材。任用幹材，要順從他們的願望，不要背離他們的好材質。如同上天降下疾病，美味都用盡了，就不能治療疾病，死日也就不遠了。現在殷商所憂心的在周，周所憂心的在殷商，我們只想弄明白夢境，否則徒然眾言猜測，況且又不能也無從知道軍事的威力如何，這就如同棫樹柞樹沒有根一樣。唉，敬慎呀。我聽說，長久守持忠信情況就不會發生變化，一定要選擇忠信，不忍心果決地拔除它，還是以安定求多福吧。只是讓梓材敗壞是不義的事，這等於是讓殷商的荊棘蓬勃生長，使它們不遵守行為的界限，明顯地壓我們一頭。只容納荊棘存在，估計他們會滅亡而不可能任用梓材。我們不憎惡它，使自己卑柔和順，使百姓不遭受災害，我們胸懷忠信吧。唉，監視什麼，不就是等待時機嘛；做什麼事，不就是和諧嘛；隱藏什麼，不就是韜光養晦嘛；保護什麼，不就是大道嘛；愛惜什麼，不就是身體嘛；要誰出力，不就是百姓嘛。我後人即此謀而圖強大，不可以不實行。後人要戒慎，後人要戒慎。後人使用你的謀劃，可惜時日很緊迫。」

【研析】甲文整理者說，太姒夢商庭生棘，太子發取周庭梓於其間，「象徵周即將代商。這一事件可能與周人所豔稱的『文王受命』有關。」此說甚是。俗語曰：「夢是心頭想。」在殷、周相持的緊張關頭，密切關注丈夫和兒子命運的太姒，做了一個商庭生荊，兒子取周庭梓移栽商庭的夢，曲折地表現出殷亡周興的意向，這很符合邏輯。此不關迷信，但是不明就裏的上古人，解讀為「鬼使神差」，這很符合他們的思想狀況。商王武丁時（據《夏商周年表》，武丁在位於西元前一二五〇～前一一九二年）的卜辭，就稱「周侯」、「婦周」（《甲骨文合集》一〇〇七四、二八一六），這說明，大約在周文王一五〇年以前，周已經是商朝諸侯（只是服叛無常），並存在婚姻關係。而《史記·周本紀》說：文王在位五十年，「受命之年稱王」，後七年而崩。文王何以晚年始「受命」稱王？除了周變得強大以外，還必有相關的「依據」。太姒的夢，肯定是重要「依據」。

本文寫事情經過和文王的思想活動，頗為細緻生動。太姒告夢，「王弗敢占」，文王不知道是吉夢嗎？當然不是，他深感事情過於重大，不敢輕易占卜。所以先叫來太子發，讓祝、巫、宗為三個人一一作除惡祭，然後祭告宗廟、社稷、天地四方、山川及日月、星辰和周曆正月的冬至祭（早年專家認為甲骨文無「冬」字、無四時觀念，上世紀八十年代有人證明甲骨文已有「冬」、「至日」）——各種祭祀無一不備，同時斥責商神。這才「占於明堂」，拜吉夢以後，從皇上帝接受由商收來的天命。

文王指示太子發「敬聽吉夢」：奸佞得勢打擊賢良，會釀成禍患；量材錄用賢良，要用到關鍵上；不要動武，動必沒有把握；忠信忍讓，卑柔和順，韜光養晦，以待時機。這一段文字包含很多內容。如周文王非常清楚「商感在周，周感在商」，但他又把暫時忍讓、以退待進，稱為「周長不貳，務擇用周」、「懷允」。其實多少年來，周對於商就是「叛服無常」、「時好時壞」的。（宋鎮豪主編《殷本紀訂補與商史人物徵》第四七五～四七八頁）周文王使用的語言「周」、「允」只是表面文章，不能當真。簡文整理者說：「簡文的重新發現，使我們得以瞭解整個事件的發生時間及來龍去脈，而篇中周文王『商感在周，周感在商』的有關言論，更有助於我們瞭解商朝後期商、周之間錯綜複雜的關係。」

與《尚書·周書》和《逸周書》西周初年作品相比，自然可以判定本文是戰國作品，不作於西周，但它所揭示文王「受命」的真相，應有傳說或史料作依據，具有認識上古史的意義，這是可以肯定的。之所以認為它作於戰國，因為語句並不艱深，如「如天降疾，旨味既用，不可藥，時不遠」，「周長不貳，務擇用周」，「明明在向，維容納棘」，「卑柔和順，生民不災」，其中聯合式雙音詞「容納」、「卑柔」，除本文以外，在十三經和先秦諸子中均尚未出現（據趙敏俐、尹小林《國學智能書庫》），可見其時代並不早。還有，本文六次使用「何敬非朋，何戒非商，何用非樹」這種反問句式，這是《逸周書》作者很愛使用的一種句式。《逸周書》中〈程寤〉、〈小開〉、〈文儆〉、〈大開〉、〈寶典〉、〈成開〉六篇中三十五次使用它。究其源流，此種句式來源於《尚書·呂刑》，〈呂刑〉先說「今爾何監，非時伯夷播刑之迪？其今爾何懲？匪察於獄之麗……」到後面就使用簡式：「何擇非人，何敬非刑，何度非及……何監非德。」在〈呂刑〉中就展現了這種句式從出現到定型的過程，因此認為《逸周書》使用這一句式是對〈呂刑〉的模仿，不應有疑問。關於〈呂刑〉的成書時代，學術界有西周早期、中期和春秋、戰國不同說法。〈呂刑〉反覆使用「五刑」，錢穆先生主「五行學說既起，乃始有五刑之編配」，「五行學說盛起於孟子之後」（〈周官著作時代考〉，《兩漢經學今古文平議》第三八六頁），我們認為，〈呂刑〉中「五刑」、「五虐」、「五辭」、「五罰」、「五過」、「五極」之多，足以證明寫定者對於「五」字的迷醉，與〈堯典〉寫定者之好「五」患的是同一種病，正可以佐證錢說。又，「何擇非人，何敬非刑，何度非及。兩造具備，師聽五辭。五辭簡孚，正于五刑。五刑不簡，正于五罰。五罰不服，正于五過。五過之疵……」作者如此喜用排比句和頂針修辭格——在《尚書》中有意識運用頂針修辭格的篇章，大約只有〈堯典〉和〈呂刑〉兩篇，〈堯典〉的史料很早，但寫定的時代很晚（「初寫在春秋，寫定在戰國」，定型在「戰國後期」，徐旭生《中國古史的傳說時代》第二六、三四頁）。〈呂刑〉的「定型」也不會早。可以肯定，〈程寤〉的寫定時代，應當在〈呂刑〉篇出現「何擇非人，何敬非刑」的句式之後。

秦陰第十四　亡

秦，《史略》引作「泰」。陳逢衡說「泰陰」可能如《史記·貨殖列傳》「太陰在卯，穰；明歲衰惡」之義。「蓋以推豐歉而務積聚也，故次于〈大匡〉、〈程典〉之後。」孫詒讓曰：「秦陰、泰陰皆不知何義。考《墨子·兼愛篇》云：『昔者武王將事泰山隧……』此篇或即記有事泰山隧之事乎。」劉師培曰：「今考《越絕書·四》載計倪《內經》，大旨以太陰所在推歲凶豐，因及貧富強弱之術，……此篇所述疑即計倪、白圭、《淮南》所本也。」鴻恩按，孫說為武王事，而自〈大匡〉至〈柔武〉皆明言記文王，不應此篇寫武王。本篇之序言亦缺損。

九政第十五　亡

潘振曰：「治岐之政有九，所以戒百官者，故次之以〈九政〉。」陳逢衡曰：「九政，九征也。即《周禮·大司馬》『九伐』之義。」鴻恩按，不知潘說所出。陳說九政即《周禮》之「九伐」。然《周禮》乃後出之書，不出於周公，文王時豈有「九伐」？

九開第十六　亡

高似孫《史略》引〈泰陰〉與〈劉法〉之間為〈九開〉，無〈九政〉，章檗本《周書·序》、缺失篇目均誤為〈九間〉，然缺失篇目不缺〈九政〉，又其書所列卷二篇目則為「九開」，不誤。盧文弨校正「九間」為「九開」。

潘振曰：「〈程典〉之所謂『開』，主慎德通思而言，此之所謂『開』，主以德導民而言。」丁宗洛曰：「此篇必係佑啟後人之道。」按，〈大開〉篇有「兆墓九開，開厥後人，八儆五戒」語，此「九開」無目，應與本篇內容相關。朱右曾以為「墓」當作「暮」，即「謨」字，意為以九開之言陳謨於王。（謨，《說文》：「議謀也。」徐鍇《說文解字繫傳》：「慮一事，畫一計為謀；泛議將定，其謀曰謨。」）本篇序言亦缺損。

周玉秀論〈大開〉時說：「今傳本《逸周書》目錄中有〈九開〉篇，但其內容已佚。從〈大開〉篇首的序言性文字看，此篇應改名〈九開〉的，但實際內容只是『九開』的一部分，所以，儘管其中有『九過』『九禁』『九教』『九利』等條目，具體內容卻不得而知，當是原始材料的散簡。」（《文獻學價值》第二五〇頁）

劉法第十七 亡

注家有人以此篇為兵法。《尚書・盤庚上》「重我民，無盡劉。」孔傳：「劉，殺也。」劉法，即殺伐的法則。潘、陳取此說。《周書・序》曰：「文王唯庶邦之多難，論典以匡謬，作〈劉法〉。」《爾雅・釋詁》：「劉、旅，陳也。」郝懿行曰：「劉與膢聲義同……古讀膢如臚，臚、旅古字通，旅，亦陳也。」王引之《經義述聞》釋此曰：「劉法者，陳法也。」然則劉法者，陳述「匡謬」之法則也。以文亡，未知其詳。

文開第十八 亡

文，有二說，一說指文王（陳逢衡），一說指文教（潘振）。開，開導。

《周書・序》曰：「文王卿士諗〔告訴〕發教〔頒發教令〕禁戒，作〈文開〉。」朱右曾曰：「凡言『開』

者，皆開道訓誨之意。」劉師培曰：「《六韜·武韜》有〈文啟〉篇，『啟』與『開』同，或即勦襲此篇。」

保開第十九　亡

《周書·序》曰：「維美公命于文王，修身觀天，以謀商難，作〈保開〉。」首句有多種解讀。㈠指文王「命為方伯」（陳逢衡），「文王之命公者甚美也」（丁宗洛）；㈡「美公」是「泰公」或「姜公」之訛（朱右曾、孫詒讓、于鬯）；㈢「美」是「奭」字之訛，「美公」即「奭公」，即召公奭，奭為太保，〈商誓〉篇「予保奭其介」，《淮南·氾論》「文王用召公奭而王」，證以〈文開〉與〈成開〉之〈序〉，〈保開〉為召公所作（陳漢章）。鴻忠按，三說未知誰是，並錄以備考。商難，商人發動的戰爭。開，開導訓誨。

八繁第二十　亡

八繁，《史略》作〈八繫〉，應是訛誤。陳逢衡曰：「繁者，奢之漸也。紂之失以奢，文欲以儉德轉之，故有『八繁』之戒。」劉師培曰：「《書抄》三十有『繁政害國，繁賦害財』二語，次於所引〈武順解〉前，疑本篇佚文。」

《周書·序》曰：「文王訓乎武王以繁害之戒，作〈八繁〉。」朱右曾曰：「臨下以簡，君道也。簿書程石，則必有害也。」（簿書程石，指繁瑣的登錄程氏、石氏等等的簿冊，語出《華陽國志》。）

卷三

酆保第二十一

【題解】酆，也稱「豐」，在今陝西長安西灃河中游西岸。經考古發掘，酆在今客省莊、張家坡、馬王村、西王村一帶，西至靈沼河，東至灃河，遺址總面積約六平方公里。馬王村發現建築遺存、瓦片等，應是當時宮殿的殘跡。文王伐崇後，自程（居程三年）遷都於此，即《詩經・大雅・文王有聲》所說「既伐于崇，作邑于豐」。酆的地理形勢更適於做國都，也便於集結力量，向東方發展，消滅殷朝。文王伐滅殷的死黨崇，進一步加深了周與殷的矛盾。文王不自安，與周公旦商議保周的方策。對內的舉措，對外的謀略，即本文的主要內容。

唐大沛曰：「此篇首尾戰國時人偽作，中間則雜取兵家言以實之。四蠹、五落、六容、七惡，尤為詭詐，蓋即戰國時用兵之譎計，曾聖王時而有是哉！首段已謬戾疊見，必是戰國時庸妄人所為無疑也。」

維二十三祀庚子朔，九州之侯咸格于周。王在酆，昧爽，立于少庭❶。王告周公旦曰❷：「嗚呼！諸侯咸格來慶❸，辛苦役商❹，吾何保守❺，何用行❻？」

旦拜手稽首❼曰：「商為無道，棄德刑範，欺侮群臣，辛苦百姓，忍辱諸侯❽。莫大之綱，福其亡❾。亡人惟庸。王其祀，德純禮明，允無二，卑位、柔色、金聲以合之❿。」

王乃命三公九卿及百姓之人⓫，曰：「恭敬齊潔⓬，咸格而祀于上帝。」商饋始于丁，因饗諸侯，重禮庶吏⓭。出送于郊，樹居于崇⓮。內備五祥、六衛、七厲、十敗、四葛，外用四蠹、五落、六容、七惡⓯。

【章旨】諸侯來周賀遷都，而周與諸侯都面臨殘暴的商紂。文王與周公一起謀劃自保自強的方策。

【注釋】❶維二十三祀庚子朔五句　維二十三祀庚子朔，朱右曾曰：「文王即位四十二年受命，于是伐崇而作酆邑。云『二十三祀』，非也。以周曆推之，文王四十三年十一月為庚子朔，蓋古文『四』字積畫相重（即『三』字），故誤耳。」劉師培曰：「《漢書・律曆志》云：『《春秋曆》周文王四十二年十二月丁丑朔旦冬至，孟統之二會首也。』《春秋曆》即《三統曆》。文王四十二年十二月即周正文王四十三年正月也。循是上推，則文王二十三年……癸酉為天正朔。由是遞推，則庚子為八月朔，于殷正為七月。朱《釋》所推誤。」顧頡剛謂劉師培說〈世俘〉曆法「全據」劉歆《世經》，非是（《逸周書世俘篇校注、寫定與評論》第五頁）。勞榦定西元前一〇八七年文王即位，二十三祀為前一〇六五年，召集諸侯應當在殷正四月庚子朔，庚子是「庚申」之誤（戰國時古文「申」字易被誤認為「子」），這樣「才合原意」（《古代中國的歷史與文化》第五一二～五一三頁）。鴻恩按，此說與張培瑜《中國先秦史曆表》前一〇六五年干支相合。惟四月之說尚無的據。又，文王二十三祀，文王不可能「在酆」，朱所定四十三祀，也不能「在酆」。因為文王在位五十年，「受命」七年而崩，《史記・周本紀》曰文王「受命」，先斷虞、芮之質，明年伐犬戎，二年伐密須，四年敗耆，五年伐邘，六年伐崇、徙都酆，七（古文七、十形近，《史記》誤作「十」）年而崩。則文王遷酆在死前一年，即文王四十九年。馬驌《繹史》卷十九〈文王受命〉結語與《史記・周本紀》

同。這裏的記載與《史記》之說抵觸，不可究詰。唐大沛曰：「此篇首尾戰國時人偽作……首段已謬戾疊見」，即置疑於此類。祀，殷商時稱年為祀。《爾雅·釋天》：「夏曰歲，商曰祀，周曰年，唐虞曰載。」朔，陰曆每月初一。九州之侯，九州的諸侯。九州，一說當作「六州」，《論語·泰伯》說周文王末已「三分天下有其二」。咸格，都來到周。在酆，潘振曰：「酆有離宮。曰『在』，未遷也。」唐大沛曰：「未遷酆時，必未建酆宮，安得有少庭？」昧爽，黎明。少庭，少寢（天子、諸侯的寢宮）前的廳堂，議事之所。❷王告周公旦曰　唐大沛曰，周公必少於武王十餘歲，周有天下時，周公才壯年歲耳，「保守用行，問之幼子何為？」鴻恩按，倘如朱說，事在文王四十年以後，則周公並非幼子。❸來慶　潘振曰：「時文王有喜可賀與？」不知所賀何事。朱右曾曰：「來慶賀遷邑也。」鴻恩按，朱說文王四十三年文王遷都酆，與《尚書大傳》、《史記》六年遷都酆不相同，而與今本《竹書紀年》載遷酆在文王四十四年相近。❹辛苦役商　苦於被商紂役使。❺保守　保城郭，守社稷。❻用行　用什麼方策；行什麼謀略。或釋「何用」為何以，非是，「用行」對「保守」。❼拜手稽首　跪拜禮。本書〈祭公〉孔晁曰：「拜首，頭至手；稽首，頭俯地。」❽棄德刑範四句　棄德刑範，前人理解不同，或說德、範指大臣（潘振），或說蔑德用刑（陳逢衡），或說刑、範皆法也（朱右曾）。鴻恩按，邵晉涵《爾雅·釋詁上》「刑，常也」，《正義》亦曰：「刑、範皆法之常也」。潘、陳說誤，朱、邵說是而未言「德」字。「德」字當通「置」，棄德即棄置。「棄德刑範」與「欺侮群臣」、「辛苦百姓」均為動賓結構。《詩經·周頌·清廟》「秉文之德」、本書〈官人〉「有施而口弗德」馬瑞辰、王念孫皆曰「德」、「置」通用。《荀子·哀公》「言忠信而心不德」，《大戴禮記·哀公問五義》「德」正作「置」，此例多有。忍辱，忍心辱之。❾莫大之綱二句　「莫大之綱，福其亡」，陳、唐連下「亡亡」為句，今從朱右曾。陳逢衡曰：「言與國相維繫者莫大于群臣、百姓、諸侯，而俱受其虐，則滅亡可待矣。」朱右曾口：「群臣、百姓、諸侯，乃莫大之綱紀，今紂如此，福其亡矣。」綱，漁網的總繩，引申為維繫之義。其，將。❿亡人惟庸五句　「亡人惟庸。王其祀，德純禮明，允無二」，唐參陳說，以「人惟庸王，其祀德純禮，明允無二」，今從朱右曾。亡人惟庸，只重用逃亡的罪人。《尚書·牧誓》：「今商王受……乃惟四方之多罪逋逃，是崇是長，是信是使。」所謂「紂為天下逋逃主」（《左傳》昭公七年）。庸，用。鴻恩按，此句處此孤懸，似應在「商為無道」一節，或在「忍辱諸侯」下。王其祀，「其」在這裏表示祈使語氣。允無二，孫詒讓曰：「二，當為『貣』，貣誤為『貳』，貳又誤為『二』，遂不可通。」今從孫說。句意謂確實沒有過失。卑位柔色金聲以合之，朱右曾曰：「卑位，謙也。柔色，和也。金聲，肅也。」以「肅」釋「金聲」，意即恭敬的聲音。合，和合；團結。⓫王乃命三公九卿句　三公九卿，文王時沒有三公、九卿之官。「文獻資料表明，凡言三公者多戰國秦漢以後人所為」（張亞初、劉雨《西周金文官制研究》第一〇一頁）。

九卿出現更晚。但也有人認為西周有三公。說詳研析。百姓，百官。「在我國古代社會中，各個不同的族姓都是在族長的嚴密控制之下的。他們就成了百姓的代表。……古代各級的政權往往控制在這些人的手中。文獻上的百姓有時訓為百官也就是這個道理。」（《西周金文官制研究》第四九～五〇頁）⑫齊潔　指齋戒，祭祀之前，整潔身心，以示莊敬。齊，通「齋」。⑬商饋始于王三句　商饋始于王，朱右曾曰：「商，度。饋，歸也。祭畢饋膰，自此始也。」俞樾曰：「此當作『饋始于商王』。蓋言祀上帝之後而饋膰肉，從商王始也。蓋先商王，次及諸侯，次及庶吏也。」鴻恩按，朱、俞之說似均可通，今姑用朱說，王指文王。四，於是；因而。庶吏，諸侯的從者（朱右曾）；眾吏。⑭樹昬于崇　昬，原作「昏」，丁本、朱本改為「昬」。鴻恩按，丁改與「樹」相應。朱右曾曰：「樹，立也。昬，石也。《說文》作『珉』，云：『石之美者。』《楚辭》（卷十六劉向〈遠逝·思命〉）曰：『藏珉石于金匱。』『五祥』以下，即『樹昬』之文，示後世保國之道。必于崇者，亡國之墟，以為鑒戒也。」譚文從朱說。崇，錢穆曰：「崇、豐，皇甫謐曰：『崇，夏鯀封。蓋在豐、鎬之間。《詩（·大雅·文王有聲）》曰：「既伐于崇，作邑于豐」，是國之地也。』案，豐，今戶縣東。皇甫謐謂鯀封崇在此，恐未可信。」（《史記地名考》第三一四頁）譚其驤主編《中國歷史大辭典·歷史地理卷》、《中國歷史地圖集》亦均不從皇甫謐說，而以崇在今河南嵩縣北，西距豐六百餘里。崇，即崇侯虎之國。句意謂在原崇國之地立石紀念。⑮內備五祥二句　內備，五祥、六衛、七厲、十敗、四葛都用來治理本國，故曰「內備」。備，制訂（措施）。容，王念孫以為是「客」字之訛。按，這裏所說內備、外用諸項，是下文的綱目。唐大沛曰：「此目有九，疑皆雜取他書以實之者。」

【語譯】二十三年庚子朔，九州諸侯都來到周。文王在酆都，黎明，站在寢宮前的廳堂。文王告訴周公旦說：「唉！諸侯都來慶賀，大家都苦於被商王役使。我怎樣才能保住社稷，守住國土，要採用、實行怎樣的方策？」

旦行了拜手稽首的跪拜禮，說：「商一味做無道的事，拋棄儀法典型，欺侮群臣，辛苦百姓，狠心地侮辱諸侯，尚重用的只是逃亡的罪犯，維繫國家的莫大綱領都遭受殘害破壞，福佑將要喪亡了。請王舉行祭祀，要道德純正禮數明備，確實沒有過失，自處於謙卑地位，神色溫和，聲音恭敬，以此來團結大眾。」

文王於是命令三公九卿及百官們說：「要恭敬地整潔身心，都要來對上帝舉行祭祀。」考量祭祀後致送膰肉就從文王開始，並趁這個時機招待諸侯，厚重地禮待諸侯的隨從官員。文王親自送他們到酆都郊外，並在原來的崇地立石紀念。

在國內制訂了五祥、六衛、七厲、十敗、四葛的措施，對外施行四蠹、五落、六客、七惡的謀略。

「五祥：一、君選擇；二、官得度；三、務不舍；四、不行賂；五、察民困❶。

六衛：一、明仁懷恕；二、明智設謀；三、明戒攝勇；四、明才攝士；五、明德攝官；六、明命攝政❷。

七厲：一、翼勤厲務；二、動正厲民；三、靜兆厲武；四、翼藝厲物；五、翼言厲復；六、翼敬厲眾；七、翼智厲道❸。

十敗：一、佞人敗樸❹；二、諂言毀積❺；三、陰資自舉❻；四、女、貨速禍❼；五、比黨不揀❽；六、佞說鬻獄❾；七、神龜敗卜❿；八、賓、祭推穀⓫；九、忿言自辱；十、異姓亂族⓬。

四葛：一、葛其農，時不移；二、費其土，慮不化；三、正其賞罰，獄無姦奇；四、葛其戎謀，族乃不罰⓭。

四蠹：一、美好怪奇以治之；二、淫言流說以服之；三、群巧仍興以力之；四、神巫靈寵以惑之⓮。

五落⓯：一、示吾貞以移其名；二、微降霜雪以取松柏；三、信蟜萌莫能安宅；四、厚其禱巫，其謀乃獲；五、流德飄枉以明其惡⑯。

六容⑰：一、游言；二、行商工；三、軍旅之庸；四、外風之所揚；五、困失而亡，作事應時，時乃喪；六、厚使以往，來其所藏⑱。

七惡：一、以物角兵；二、令美其前而厚其傷；三、間于大國，安得吉凶；四、交其所親，靜之以物，則以流其身⑲；五、率諸侯以朝賢人，而己猶不往；六、令之有求，遂以生尤；七、見親所親，勿與深謀，命友人疑⑳。」

【章旨】具體講述內部措施和對外方策。

【注釋】❶五祥六句　祥，善；吉祥。陳逢衡曰：「五者皆以福國庇民，故曰祥。」君選擇，謂選擇賢能之士。得度，得其法度；不失職。務不舍，庶務皆不敢廢弛（丁宗洛）。察民困，朱駿聲、于鬯皆以「困」為「固」之訛，于曰：「固，窮也。謂察民窮也。固與擇、度、舍、賂亦皆協韻。」鴻恩按，五字為鐸、魚通韻。然于氏釋「固」為「窮」，恐不確，未見如此釋「固」者，儘管有「固窮」、「窮固」之說，但「固」義非為「窮」。朱氏以為此「固」為《周禮・夏官》「掌固」之「固」，則為堅固之固。察民固，當是指瞭解百姓生活、情緒是否安定。❷六衛七句　衛，保衛；守衛。是說能做到下述六個方面，就會攻則取，戰則衛。明仁懷恕，明，彰明；彰顯。恕，恕道，詳見〈大武〉篇「五衛」之「名人懷恕」注。設，朱右曾曰：「疑『攝』之訛。」鴻恩按，設、攝同為書紐，或因之而誤。〈大武〉此句作「明智輔謀」。明戒攝勇、明德攝官，戒、德攝，本作「武」、「藝法」，盧文弨校改之。盧氏引趙曰：「明戒以攝其勇，則知方而不妄逞。明德以攝其官，則在官者皆以實心行實政矣。」攝，統御；掌握；控制。命，號令。盧文弨曰：「此六衛與前卷〈大武解〉有相同者，疑皆後人以前卷改易此文也。」❸七厲八句　厲，同「勵」。鼓勵；勉勵。翼勸厲務，輔助勸勞以勉勵專心工作。翼，輔助；贊助。務，從事。動正厲民，陳逢衡曰：「動必以正，則民有所觀法，故厲民。」靜兆，靜待朕兆。兆，事物的苗頭。厲武，陳逢衡曰：「武，威也。

神明剛斷，不予人以窺測，故屬武。」藝，百工技藝。物，事；工事。翼言屬復，言，指約信之言。《論語・學而》「信近于義，言可復也」，朱熹注：「復，踐言也。」敬，敬謹不懈；夙夜恭事。翼智屬道，唐大沛曰：「明道以智。」鴻恩按，此即〈大武〉「六厲」之「智厲以道」，意即贊助智，使之走正道。智，一本作「知」，同「智」。❹佞人敗樸　佞巧敗壞質樸（唐大沛）。佞，能說會道；巧言諂媚。❺諂言毀積　諂言無實，積善者反為所敗（唐大沛）。❻陰資自舉　暗中資助，為的是舉用自身。唐大沛曰：「似謂陰有所資，為進身之階。」❼女貨速禍　女色、貨財皆足召禍。速，召。❽比黨不揀　朋比為黨，不加選擇。❾佞說鬻獄　因受賄巧為辯說，枉斷官司。鬻，賣。陳逢衡曰：「〈呂刑〉所謂『佞折獄。』鬻獄，則『惟貨〔賄賂〕、惟來〔干請〕』是也。」❿神龜敗卜　唐大沛曰：「卜與人事合乃吉，若專信龜卜，即〈文酌〉篇『三穆』所謂『龜從惟凶』是也。」⓫賓祭推穀　劉師培曰：「穀，當作『慤』，猶本書〈謚法〉『行見中外曰慤』，《史記・高祖功臣侯年表》《索隱》引作『穀』也。『推慤』，遺棄誠謹之心，與『棄敬』同。」今從劉說。⓬異姓亂族　以疏間親（朱右曾）。鴻恩按，周公曾說，文王的親信大臣有虢叔、閎夭、散宜生、泰顛、南宮括（《尚書・君奭》），還有姜尚，除虢叔為同姓外，其餘都是周以外投奔來的異姓貴族。這裏籠統說「異姓亂族」，無疑不合於文王時事。⓭四葛九句　葛，陳謂「葛」義不可解，唐謂「『四葛』條目不甚可解」。朱右曾曰：「古通『蓋』，掩覆也。」鴻恩按，「蓋」有收藏、保護之義，故後世有「掩覆」、「掩護」之說，朱說或可作此解。葛其農時不移，朱右曾曰：「移，易也。作訛成易之時〔疑此句『易』字因上下文而誤，不知其為何字。作訛，蓋生發化育之意。訛，化。成□，成長？成熟？〕，不可移易也。」保護農業，春生、夏長、秋收之農時，不可移易。費其土慮不化，竭盡地力，當心作物不生長。費，耗。物生曰化（朱右曾）。獄無姦奇，判官司沒有姦邪。姦，邪惡。姦與「奸」，在上古音義皆不同。奸，古寒切，義為干犯；姦，古顏切，義為姦詐。後來演變為同字（《王力古漢語字典》「奸」字有奸、姦辨）。奇，不正。葛其戎謀，朱右曾口：「密其戎謀。」按，密即掩藏之義。戎謀，兵謀。族乃不罰，孫詒讓曰：「此上以移、化、奇為韻，惟此『罰』字不協，疑當為『羅』之誤。《方言》云『羅謂之離，離謂之羅。』」劉師培曰：「族當作『旅』，冢『戎謀』言。罰當作『罷』，與上『移』『化』『奇』韻。《左傳》成十六年：『而罷民以逞。』即斯文『罷』字之誼也。」鴻恩按，劉說佳，今從之。⓮四蠹五句　蠹，害；木生蠹。唐大沛曰：「以下皆言毀敵國之術，如木生蠹則壞。」美好怪奇以治之，劉師培曰：「治，疑『怠』訛。《呂氏春秋・任地篇》云：『無失民時，無使之治。』治，亦『怠』訛，與此宛同。謂貽以美好怪奇，使之怠于政事也。」之，指敵國。淫言，花言巧語。流說，眾人流傳的話；沒有根據的話。服之，使之信服。群巧，土木之功（朱右曾）。仍興，頻繁興作。以力之，耗其物力（唐大沛）。神巫，巫師，古人以能通鬼神者。

靈寵，朱右曾曰：「寵，眷也。詭言神靈眷寵，使怠于政。」惑之，惑其心志。⑮落　剝落侵削（丁宗洛）；敗落（唐大沛）；散（朱右曾）。⑯示吾貞以移其名六句　示吾貞以移其名，劉師培曰：「下文『柏』、『宅』、『獲』、『惡』均協韻，『名』疑『落』訛。此蓋即以為喻，謂以貞固移其搖落也。」顯示我的守持正道，以使他變得凋殘零落。移，易；變。微降霜雪以取松柏，比喻略施威脅給敵國之士，選擇有君子操守者為我所用。信蟜萌莫能安宅，取信於僑居的人，使之不安居於敵國。蟜萌，孫詒讓謂「蟜」字或作「僑」，二字相通。《列子·說符篇》釋文云：「僑，寄也。」「萌」者「氓」之借字。《呂氏春秋·高義篇》云「比于賓萌」，此蟜萌即《呂覽》之「賓萌」，謂寄居之民人，吾以信結而招來之，則莫能安宅於彼也。厚其禱巫其謀乃獲，潘振云：「凡有侵伐之事，必先禱之，故厚賂其巫，則其謀乃得。」流德飄枉，劉師培曰：「德、枉對文，『德』疑『直』訛。德正文作『悳』，故訛『直』為『德』。此即錯直舉枉之義。放棄為流，升揚為飄。」鴻恩按，劉說是。《郭店楚簡·唐虞之道》屢以「直」字為「德」，則「悳（德）」、「直」易誤認。又「悳」、「直」同屬職部韻，又為準雙聲，故易誤。⑰六容　王念孫曰，「容」字與蠹、落、惡失韻，而且「四蠹、五落、六容、七惡，皆用之于敵國也，然『容』字義無所取，疑是『客』字之誤。自『游言』以下，六事皆謂散游客于敵國，以陰取之也，故曰『六客』。」鴻恩按，唐、朱均謂「六容」條目不盡可解、未詳，今從王氏說試解之。⑱游言九句　游言，遊說之言（潘振），蓋遣人之敵國遊說；或散布流言。游，猶流也（《大戴禮記·千乘》王聘珍《解詁》）。行商工，陳逢衡曰：「通商工，則防有奸細。」鴻恩按，陳說不確，當依王氏「陰取」之說，或以商工取敵國情報，或以之取戰略物資。軍旅之庸，軍事的使用。庸，用。外風之所揚，鴻恩按，此應是說，就外面的風聲推波助瀾，掀起風波，造成敵國不穩定。困失而亡，困於失誤而逃亡。鴻恩按，這裏應是說佯裝「困失」而出亡，以迷惑敵國，如《史記·蘇秦列傳》所記蘇秦「詳〔佯〕為得罪于燕而亡走齊」，為齊相，終使燕將樂毅大舉攻齊，齊幾於敗亡。時乃喪，朱右曾曰：「『乃』字下疑脫一『不』字。」朱說是，今從之。厚使以往來其所藏，鴻恩按，《戰國策·秦策五》「四國為一，將以攻秦」，姚賈自告「必絕其謀而安其兵」，秦王「乃資車百乘，金千斤，衣以其衣，冠以其冠，帶以其劍」，命賈出使，乃「厚使以往」也。來其所藏，藏指情報、陰謀之類。⑲七惡八句　惡，丁宗洛曰：「七惡皆構怨啟釁之事，『惡』宜讀去聲。」鴻恩按，即惡毒之計、陰狠之謀。以物角兵，使敵國因事交兵。朱右曾曰：「以微物興兵，如吳、楚以爭桑起釁〔事載《史記·十二諸侯年表》楚平王十一年、〈楚世家〉〕」。令美其前而厚其傷，朱右曾曰：「令，善也。貌恭情險，如句踐豢吳〔《左傳》哀公十一年，句踐率其眾朝吳，賂吳王、列士，吳人皆喜。唯伍子胥曰：『是豢吳也夫！』〕」。」後句踐滅吳。間于大國安得吉凶，丁宗洛曰：「似是不顧強侯之怨己意。或云即晉至從晉，楚至從楚意，亦通。」鴻恩按，「或云」指春秋時之鄭國，非是。這裏的意思是，使敵國與某大國產生隔閡，其吉凶存亡只能聽憑大國。間，隔閡；嫌隙。安得，不得也。交其所親靜之以物則以流其身，朱右曾曰：「靜，謀也。（靜與靖同，《爾雅》云：『靖，謀也。』）流，沉溺也。如越獻西施，因以沼吳（《左傳》哀公元年伍子胥語）也。」鴻恩按，交其所親，如越大夫種通過吳太宰嚭行成。物，也指人，朱氏即指西施。⑳率諸侯以朝賢人七句　率，勸（《小爾雅》）。賢人，潘振曰：「指天子。」鴻恩按，賢人即賢士，哪裏有以「賢人」稱「天子」的？「諸侯朝賢人」乃是戰國特有之事，如燕昭王朝郭隗（《戰國策・燕策一》），如「中山之君所傾蓋與車而朝窮閭隘巷之士者七十家」（〈中山策〉），是其他時代所無之事。戰國被說成「士貴，王者不貴」（〈齊策四〉）、「得士者昌，失士者亡」的時代。正因為這樣，本文才把是否「朝賢人」看得十分嚴重。猶，則；卻（吳昌瑩《經詞衍釋》）。令之有求遂以生尤，讓他有求於我，就因此挑他的過錯。朱右曾曰：「本令有求，卻府罪（聚集罪狀）以沽潔。」見親所親勿與深謀命友人疑，朱右曾曰：「所親，所當親者。命，令也。友人，友邦君也。如漢以草具（粗惡飯食）間范增于項羽是也。」鴻恩按，漢對項羽所親重的范增故意表現出親近而不與之深謀（深謀不可能奏效），只是令項羽懷疑范增即可。此即朱氏之意，與文意應相合。惟朱解有可商者：其解「所親」之意，非是；「友人」應指來使（范增）的友人（親重范增的項羽），而非「友邦君」，此為離間敵方要人的親密關係（項羽、范增皆為劉邦之敵，而項、范為友）。唐大沛曰：「七惡條目大抵皆詐術也。詐術無疑，豈聖父所告聖子者哉？」朱右曾曰：「凡此所陳蠱、落、容、惡之目，聖人非以此傾人國，欲子孫知而防之，勿墮其術耳。」按，朱為迂論，此皆正面陳述春秋、戰國時破敵方策，朱以文王之言而曲為回護。

【語　譯】「五祥是：一、君主選拔賢良人才；二、官員行為合於法度；三、各種事務都不敢廢弛；四、不行賄賂；五、體察人民是否安定。

六衛是：一、彰顯仁則人們心懷恕道；二、彰顯智則持有謀略；三、彰明訓戒則可統御勇敢；四、顯耀才能則可統御士人；五、彰顯品德則可統領百官；六、明定政令則能掌握行政。

七厲是：一、贊助勤勞以鼓勵專心工作；二、舉動合於正道以勉勵百姓；三、靜觀事物徵兆以激勵威武；四、輔助技藝以鼓勵工事；五、輔助約信之言以鼓勵實踐承諾；六、輔助敬謹不懈以鼓勵民眾；七、輔助智以勉勵其合於大道。

十敗是：一、能說會道的人敗壞樸實；二、奉承巴結的話敗壞累積的善行；三、暗中有所資助以為進身之階；四、女色、錢財招來禍患；五、不加選擇而朋比結黨；六、接受賄賂，巧言辯說而枉斷官司；七、迷信龜卜的靈驗而不察人事，敗壞占卜；八、接待賓客、舉行祭祀卻遺棄誠敬；九、惱怒憤恨的話招來對自身的侮辱；十、親重異姓，亂了同宗。

四葛是：一、保護農事，春生、夏長、秋收之時不可更易；二、竭盡地力，要當心莊稼不生長；三、端正賞罰，叫官司沒有奸邪；四、保守好軍事謀略的秘密，部隊就不會疲乏。

四蠹是：一、贈送他美好、怪奇，使之怠於政事；二、散布淫巧之言、浮游之語，使他信從；三、眾多的土木工程頻繁興作，使他耗費物力；四、散播神巫靈驗眷愛，使他迷惑。

五落是：一、顯示我的堅貞正氣，以使他凋殘零落；二、略施威嚴，以選取有君子操守之士為我所用；三、取信於寄居敵國的人，使他們都不能在那裏安居；四、厚賂敵國負責祈禱的神巫，就能得到敵人的計謀；五、流放正直者、升揚邪曲者，來表明敵國的罪惡。

六客是：一、派人遊說；二、通商工，派奸細；三、使用軍隊；四、使外面的風聲掀起風波；五、假裝困於過失出逃，做事順應時機，時機就不會喪失；六、派使臣厚禮出訪，帶回敵國秘密的情報。

七惡是：一、使敵國因事與人交戰；二、先讓敵國洋洋得意，而加重對它的傷害；三、使敵國與大國有嫌隙，它又怎能主宰自己的安危吉凶？四、交結敵國之君所親近的人，以珍奇、美人謀算他，讓他沉溺其中；五、勸諸侯去朝拜賢人，自己卻不去朝拜；六、讓他有求於我，就因此使他生過尤；七、對敵國之君所親近的人故意表現親近，但不要和來使深入謀劃事情，以讓他的友善者生疑為目的。」

旦拜曰：「嗚呼！王孫其尊，天下適無見過過適，無好自益，以明而跡❶。」

嗚呼，敬哉！視五祥、六衛、七厲、十敗、四葛不修❷，國乃不固。務周四蠹、五落、六容、七惡，不時不允，不率不綏，反以自薄❸。嗚呼，深念之哉！重維之哉！不深乃權不重❹。從權乃慰，不從乃潰，潰不可復❺。戒後人其用汝謀。」

王曰：「允哉！」

【章　旨】周公要文王謙恭，並叮囑實行上述各項對策和謀略。

【注　釋】❶王孫其尊四句　王孫其尊，請干貶損你的尊貴地位。孫，謙讓。天下適無見過過適無好自益以明而跡，王念孫曰：「此文本作『無見過適，無好自益，以明而跡』，三句各四字，而以『適』、『益』、『跡』為韻。適讀為『讁』，無見過讁者，無見責于人也。《廣雅》：『讁、過，責也。』今本『無見過』上，衍一『適』字，『過』下又衍一『過』字，則文不成義。」唐大沛從王說。陳逢衡以「過適」為衍文，朱右曾與「王孫其尊」緊接，以為無衍文，釋曰：「不恃其尊，天下將來不知其過，過益多，為人君者無益其過，乃可明其跡于天下也。王念孫讀為『天下無見過讁』，非是。」鴻恩按，陳逢衡亦不以上「適」為衍文，當亦緊接「王孫其尊」。如以朱說為是，仍疑文字有誤，上「適」似本在「過」下而誤淆於上，作「天下無見過適，過適無好自益」，如此似文順，亦不失韻。自益當從陳說釋為驕溢、自滿。而，第二人稱代詞，相當於「爾」、「汝」。上古質樸，尊卑長幼對話並不像後世一樣嚴格使用敬稱、謙稱，所以這裏用「而」，下文用「汝」。《尚書・洛誥》周公與成王談話有兩處尊稱「子明辟」、「昭子」，成王稱周公「公」，但彼此又多次互稱「汝」，與後世不同。但是，「而」作代詞雖然見於《尚書・洪範》，但「西周金文中未見」（《西周金文語法研究》第一七五頁），本文與〈大開武〉（《文獻學價值》一書作〈柔武〉，誤）、〈寶典〉用「而」作第二人稱代詞，因而周玉秀判定，它們「寫定的時代一定不會早於春秋」（《文獻學價值》第一二〇頁）。跡，行跡。❷修　修治；治理。❸務周四盡四句　周，周密；周遍。不時不允，時，是（唐大沛）；以為正確。《詩經・大雅・蕩》「匪上帝不時」陳奐《詩毛氏義疏》：「時，善也，是也。」允，信從。不率不綏，率，遵循。綏，安定。自薄，自我削弱。❹重維之哉二句　重維，反復地思考。不深乃權不重，俞樾曰：「當作『不深不重，乃權不重』，蓋承上文『深念之哉，重維之哉』而言，謂不深念之，不重維之，則其權不重也。後人因兩句皆有『不重』字，疑為衍文，誤刪其一。不知『乃權不重』之重為輕重之重，『不深不重』之重為重複之重。……此兩句以『重』、『重』為韻，下文以『慰』、『饋』為韻，并四字一句。」朱右曾曰：「不深念、重維，不知權之可貴。（重維，直龍反。不重，如字，尊尚也。）」鴻恩按，俞說當補「不重」二字，是，而曰「乃權不重」為輕重之重，則「權」似指權勢、權力之「權」，則非是，《詩》、《書》都無此義之「權」（《左傳》書此義之「權」僅四見），當如朱說指權宜變通。❺從權乃慰三句　朱右曾曰：「權以用中，從權則民慰。」潰，逃散；民兆其上。陳逢衡曰：「『反以自薄』下，當緊接『王曰：「允哉！」』其『嗚呼，深念之哉』至『其用汝謀』，疑是〈小開解〉『謀人鮮無害』下錯簡，『不時不允』以下義俱未詳；『其用汝謀』，亦非周公對文王語。」唐大沛亦於「戒後人其用汝謀」下曰：「此豈人子對父之詞哉？」鴻恩按，此節語氣不對，意思也未必相合，應是錯簡。陳說為〈小開〉篇錯簡蓋有二因：一是〈小開〉始終是王對「後之人」語；一是〈小開〉亦談「汝謀」，與此節「汝謀」相合。此外，〈大開〉篇也有「戒後人其用汝謀」一語，為「王」之囑臣，此篇此語亦應與〈大開〉一律，不應為周公囑文王語。姑誌此以俟考。

【語　譯】旦拜道：「唉！請王貶損你的尊貴，天下人就不會責怪你，即使責怪也不要自滿，以表明自己的行跡。唉，要慎啊！看那五祥、六衛、七厲、十敗、四葛不治理的，國家就不能穩固。務必要周密地做好四蠹、五落、六容、七惡，不認為正確就不會信從，不遵循就不能安定，反而會削弱自己。唉，要深入地思想這事啊！要反覆地考慮這事啊！不深入地、不反復地思考，就不知道權宜變通的可貴。採用權宜變通的辦法，百姓就欣慰，不實行權宜變通，百姓就將逃散，一旦逃散就無法招回。告誡後人一定要採用你的謀略啊。」

文王說：「確實是這樣啊！」

【研　析】這一篇問題較多。開頭、結尾寫文王與周公，時代應當稍早，但用「而」作第二人稱代詞，在《詩經》中始見於周厲王時詩歌（〈大雅・蕩〉、〈桑柔〉各一次，今文《尚書》僅見於〈洪範〉，時代更晚），不早於西周末年。結尾又有錯簡。至於中間部分，有多種證據證明它出於戰國。

第一，關於「三公九卿」。對於「三公」，今學術界有完全不同的意見。有的學者認為西周、春秋並沒有「三公」，是「後人的一種附會」，西周早期是「周、召二公合秉國政，總宰王朝內外一切」，沒有三公聯合執政的記載，可信的文獻，如《逸周書・作雒》、《史記・周本紀》、《尚書・序》都是說周、召二公執政。周初卿事寮、太史寮聯合執政，周、召各掌一寮。（張亞初、劉雨《西周金文官制研究》頁一〇一～一〇二，中華書局）另有一些學者認為西周即有三公：太保、太師和太史，由召公、周公、畢公分任三公。漢代古文家認為周朝有「三公六卿」，並非全部出於虛構。楊寬《西周史》（第三編第二章）同樣認為西周有三公，有人又認為三公制度來自殷商，以為三公是指太師、太傅、太保。但發現《周禮》沒有太師的職文，記錄鄭玄與弟子問答的《鄭志》一書說：「周公左，召公右，兼師保，初時然矣。」也沒有太師。這又恰好助成周初無三公之說。（宮長為《殷遺與殷鑒》第五章〈三公之職的設立〉）《詩》中有大（太）師，《書》中有太保，但沒有「三公九卿」和「太傅」，《左傳》也沒有「三公九卿」，可是春秋時晉國有太傅、太師，齊國有（太）傅、少傅，楚國有太師、少保和傅（王貴民等《春秋會要・職官二》）。戰國成書的《考工記》、《周禮》，其中有了九卿、六卿。《周禮》有「三公」：「鄉老，二鄉則公一人。」鄭玄注：「老，尊稱也。王置六鄉，則公有三人也。三公者，內與王論道，中參六官之事，外與六鄉之教，其要為民，是以屬之鄉焉。」賈公彥疏：「三公無正職，是以三百六十官之中不見三公之任。」（〈司徒・序官〉）《考工記》無「三公」而有「九卿」：「九分其國以為九分，九卿治之。」鄭注：「九分其國，分國之職也。」賈疏：「此亦據夏而言，周則未見分為九分也。」原來如此！可知《周禮》的「三公」與《考工記》的「九卿」與戰國末、秦漢之世所說「三公九卿」根本不相同。宋蔡沈注《周官》，早已指出：「此篇與今《周禮》不同。如三公、三孤，《周禮》皆不載……三公論道經邦，三孤貳公弘化，非職乎？職任之大，無逾此矣。……以師、保之尊，而反屬司徒之職，亦無是理也。是固可疑。」試想，《考工記》、《周禮》作者之時或之前，周果真有「三公九卿」，有「三孤」，它又頗為後人所津津樂道，他們捨周不談而談「夏」、「殷」，或另行構擬一套「三公九卿」，豈非怪事？今本《老子》有「三公」（第六十二章），可是一查馬王堆帛書本《老子》甲、乙本都是「三卿」，「公」字乃後人篡改，足證《老子》屬稿之際還沒有「三公」。《詩》、《書》、《易》、《春秋》、《左傳》、《論語》、《孫子》、《老子》中沒有，《周禮》作者也不知其詳的這套官制，而《呂覽》、《禮記》的作者卻知之甚詳，證明這套官制應是「層累」出來的（到《墨子》、《孟子》、《荀子》、《公羊傳》就都有了「三公」）。由此可以論斷，《國語・魯語下》「敬姜論勞逸」所言「三公三卿」時代應當不早。本文的「三公九卿」應與《考工記》、《周禮》同時。

第二，「徹降霜雪以取松柏」，應當脫胎於《論語・子罕》「歲寒，然後知松柏之後凋也」，「流德（直）飄枉」也應源於《論語・為政》的「舉直錯諸枉」，因為我們查閱的結果，最早使用「枉」字的可能只有《老子》和《論語》，而《老子》說「枉則正」（第二十二章。此據帛書本，今傳本「正」作「直」），本文意同於《論語》而遠於《老子》。「明仁懷恕，明智設謀，明戒攝勇」，講「恕」應在孔子之後；仁、智、勇、謀，「作事應時，時乃（不）喪」，這絕對是戰國時語言。「率諸侯以朝賢人」，更是戰國中期以後獨有的重士現象，在歷史上空前絕後。

郭預衡先生論及本篇的以數為紀，說：「所述內容和語言形式，確如前人所說：『觀其屬辭成章，體製絕不與百篇相似。』（黃玢《汲冢周書・敘》）在構詞方面，卻同韓非的文章有些相似之處。」

從周原甲骨可知，文王一面稱王，一面接受商王冊命為「方伯」，甚至恭敬地祭祀商王祖先。據《史記・周本紀》載，文王自被囚釋放，先是調解虞、芮爭端，明年伐犬戎（畎夷），明年伐密須，明年敗耆國（黎國，今「清華簡」證明，「滅掉黎國的是周武王」，非文王），明年伐邘，明年伐崇侯虎，徙都酆，明年西伯崩。「蓋受命之年稱王而斷虞、芮之訟，後十〔七〕年而崩。」排解虞、芮爭端，起到很好團結諸侯的作用。對西方犬戎、密須的用兵取得重大勝利，解除了後顧之憂。然後掉頭東向，征服邘，最後打敗了東方強國崇。奠定了武王克商的基礎。關於文王的政治措施，見於《尚書・無逸》、《墨子・兼愛中》、《尚書・君奭》、《國語・晉語四》（胥臣對晉文公），主要講文王勤奮工作，不敢遊田；關心小民，至於鰥寡；團結周圍小國，爭取和團結了很多賢德之士（參楊寬《西周史》第三章第二節〈文王進軍中原和準備克商〉）。至於本文所說，因為出於後人之筆，距離史實遠，唐大沛就曾老實不客氣地指出，此文「是後人湊合之偽書」，所以史家無法視之為史實。

大開第二十二

【題　解】開，開導；啟發（後人）。下篇為〈小開〉。唐大沛曰：「別以大、小者，以字數多寡別之也。〈大開武〉、〈小開武〉亦同。後世〈大經〉、〈小經〉之名即此例。〈大開〉原字數必多於〈小開〉，今反少於〈小開〉，則原文之殘闕者多矣。此篇亦〈酆保〉之類，原是後人湊合之偽書，而又殘闕過半，不足取也。」《周書・序》曰：「文（王）啟謀乎後嗣，以修身敬戒，作〈大開〉、〈小開〉二篇。」以本文為文王時事。

維王二月既生魄，王在酆，立于少庭❶。兆謩九開，開厥後人八儆、五戒❷。

【章　旨】說明時間、地點、人物和事件。

【注　釋】❶維王二月既生魄三句　王二月，應是商正二月（朱右曾），即夏曆正月。唐大沛曰：「此二月殆承前篇〈酆保〉『二十三祀』歟？但既不紀年數，則『王』字可省。」既生魄，月相名稱，從新月初見到滿月的日子（《夏商周斷代工程階段成果報告》第三六頁）。既，已經。魄，也寫作「霸」，指月球的光面。酆、少庭，見上篇第一章注。❷兆謩九開二句　「謩」字原作「墓」。王念孫曰：「『兆墓』二字，義不可通，當是『兆基』之誤。『九開』當為『大開』。九、大字相似，又涉前〈九開〉篇而誤也。〈大開〉二字即指本篇篇名而言。兆基大開，開厥後人者，兆，始也，（哀元年《左傳》『而兆其謀』，杜注：『兆，始也。』）言始基此大開之謀，以開後人也。」丁宗洛從浮山說改「墓」為「謩」。謩，即「謨」字。朱右曾曰：「兆，臣名。〈九開〉，即第十六篇之書也。兆以〈九開〉之言陳謨于王。（墓，乃『謩』字之訛，下有『戒後人其用汝謀』，則兆為臣名，不當訓『始』。）」劉師培曰：「朱說近是，惟『謩』當詁『法』。《禮記・內則》鄭注云：『模，象也。』象、法誼符。謩〈九開〉者，猶漢〈楊統碑〉所云『謩茲英猶』也。」鴻恩按，《文選・石闕銘》「歷代規謩」李周翰注：「謩，則也。」

可為劉說添證。則，法也。法即效法、仿效之義。厥，其，起指示作用。又疑「開厥」為一詞，厥本義為發石（《說文解字》「厥」字），段玉裁注曰：「引伸之凡有撅發皆曰厥。厥角者，謂額角如有所發。」然則「開厥」義即開發，意為啟發、開導。

【語　譯】一月已經有了月光的日子，文王在酆都，站在寢宮前的廳堂。兆效法〈九開〉，提出用八儆、五戒開導後人。

八儆❶：一、□旦于開❷；二、躬修九過❸；三、族修九禁❹；四、無競維義❺；五、習用九教❻；六、□用守備❼；七、足用九利❽；八、寧用懷□❾。五戒❿：一、祗用謀宗⓫；二、經內戒工⓬；三、無遠親戚⓭；四、雕無薄□⓮；五、禱無愛玉⓯。及為之，盡不足⓰！

【章　旨】詳述八儆、五戒的內容，自身、全族、國家都必須儆戒。要趕緊付諸行動。

【注　釋】❶儆　戒備。❷□旦于開　未詳。❸躬修九過　親自警惕犯九種過誤。鴻恩按，修，警惕；戒備。《國語・魯語下》「吾冀而朝夕修我曰：『必無廢先人。』」韋昭曰：「修，儆也。」此「修」與此「八儆」正合。九過，本書〈文政〉篇有「止九過」，「視民傲、聽民暴」等為「九過」。❹族修九禁　全族人警惕違反九禁。九禁，未詳。❺無競維義　做事行義，沒有人能與爭競。不能與爭的是義。維，為。《詩經・周頌・執競》「無競維烈」，句法與此全同。❻九教　陳逢衡曰：九教、九利等「俱未詳」。鴻恩按，習用九教，當指習慣於行用九種教誨。❼□用守備　丁宗洛曰：「『用』上闕處疑是『制』字。制用守備，言制度之可為世守者宜無不備也。」❽足用九利　應當是說警覺「足用九利」，宜留有餘地。❾寧用懷□　未詳。丁宗洛曰：「『懷』下闕處疑是『柔』字。寧用懷柔，言懷諸侯，柔遠人，皆所以安天下之道也。」朱右曾於「八儆」諸條目曰：「九過見〈文政〉篇，餘未詳。」❿五戒　丁宗洛曰：「儆、戒不甚異，而書既分言，則儆乃自儆，戒乃戒後人。」⓫祇用謀宗　祇，敬。謀宗，謀主（潘振）。⓬經內戒工　經理內政，須戒飭女工（丁宗洛）。《周禮・天官・內宰》主「王內之政令」，「以陰禮教六宮」，「以婦職之法教九御」，「禁其奇衺，展其功業」。⓭親戚　指宗族兄弟（朱右曾）。⓮雕無薄□　不詳，丁補闕文朱氏不取。丁又曰：「按此句只是崇節儉意。」⓯禱無愛玉　「愛」字原作「憂」。王引之曰：「『憂』字義不可通，當是『愛』字之誤。愛，吝惜也。禱神必用玉，無或吝惜其玉而不用。哀二年《左傳》衛大子禱曰：『佩玉不敢愛。』」鴻恩按，王說是，今改為「愛」。⓰及為之二句　「之」字原作「人」。孫詒讓曰：「及，當為『急』之省。《說文・心部》：『急，从心，及聲。』《釋名・釋言語》云：『急，及也，操切之使相逮及也。』人，即『之』之訛。言聞此八儆、五戒，則當急行之。盡不足，即下文『宿不悉日不足』之義。」鴻恩按，甲、金文的「之」、「人」不易互訛，但睡虎地秦墓竹簡以後之「之」形就有可能互訛了。《詩經・小雅・瓠葉》「酌言醻之」，鄭玄箋「猶今俗之勸酒」，陸德明《釋文》：「『俗之』，一本作『俗人』。」《荀子・王霸》「之主者」，「之」為「人」字之訛（王先謙《荀子集解》）。據此，從孫說改「人」為「之」字。

【語　譯】八儆是：一、……啟發誘導；二、親自警戒九過；三、全族警戒九禁；四、行義，無人能與爭競；五、習慣於行用九教；六、……使用防禦設施；七、用九利注意留有餘地；八、施行懷柔政策使國家安寧。五戒是：一、恭敬地重用謀主；二、經理內政，戒飭婦功；三、不疏遠宗族兄弟；四、不做雕鏤浪費之事；五、祈禱不吝惜玉。

要趕緊去做，時間都不夠用！

王拜❶：「儆我後人，謀競不可以藏❷。戒後人其用汝謀，維宿不悉日不足❸。」

【章　旨】文王接受了兆的建議。

【注　釋】❶王拜　劉師培曰：「以〈寤儆解〉例之，『拜』下挩『曰』字。」拜，古代的拜，只是拱手彎腰，即今之作揖。後來指屈膝頓首，兩手著地或叩頭及地。❷藏　孫詒讓曰：「藏，當為『臧』，言謀爭競者不可以為善也。」臧，善；好。❸維

宿不悉日不足　朱右曾曰：「宿，夜。悉，盡也。言日夜黽皇，常如不及也。」孫詒讓曰：「『維宿』句，後〈寤儆〉篇云：『咸祗曰〔□〕戒，戒維宿』，文例正同。宿，謂謀之早也。悉，疑當為『念』。言不念則日為之不足也。〈文儆〉云：『後戒後戒！謀念勿擇。』亦即此意，朱說失之。」〈寤儆〉「戒維宿」孔晁注：「宿，古文夙。」即孫說「早」義。今從孫說。

【語譯】文王拜說：「提醒我們的後人，圖謀爭競的人不能夠做善事。告誡後人要用你的謀劃。不早作打算，時日就不夠用。」

【研析】陳逢衡曰：「篇中九過、九禁、九教、九利，俱未敘說，蓋不全之文，有如〈武儆〉、〈銓法〉、〈器服〉諸篇。」唐大沛曰：「此篇亦〈酆保〉之類，原是後人湊合之偽書，而又殘闕過半，不足取也。」周玉秀則說：〈大開〉「是原始材料的散簡」，是「《逸周書》的前身《周志》中的內容」（《文獻學價值》第二五〇頁）。唐概稱「偽書」可能不妥，周概稱「原始材料」，也欠分析。本文「祇用謀宗」的「謀宗」一語時代不會早，在先秦、兩漢一見於本文，再見於《史記．吳王濞列傳》；意思與之相同的「謀主」一詞，在先秦見於《左傳》襄、昭年間與《國策》、《吳子》及本書〈史記〉篇。黃沛榮認為〈大開〉、〈小開〉寫定於戰國時代，周玉秀從用韻分析得出了相同的結論（同上第一九五頁）。「既生魄」云云，可以說「原始材料」，但是「八儆」、「五戒」不便說「原始材料」，對於文王來說自是「偽書」。

小開第二十三

【題解】開，開導；啟發，即文中「開後嗣謀」之「開」。大、小，以字數言。《周書．序》說本文為文王時事。

維三十有五祀，王念曰：「多□，正月丙子，拜望，食無時，汝開後嗣謀❶。」

曰❷：「嗚呼！于來後之人❸。余聞在昔曰：『明明非常，維德為明❹。』食無時，汝夜何修非躬❺？何慎非言？何擇非德？嗚呼，敬之哉！汝恭聞不命❻，賈粥不讎❼，謀念之哉！不索禍招，無曰不免不庸，不茂不次❽。人災不謀，迷棄非人❾。

【章　旨】由月食不時而提出「開後嗣謀」，要求修身、擇言、擇德，從自身尋找原因，作出切實努力，避免災禍。

【注　釋】❶維三十有五祀七句　陳、唐、丁、朱諸家均以此處文字錯亂，陳、唐以為「正月丙子拜望食無時」應接「三十有五祀」，丁、朱以為「正月丙子拜望」應接「三十有五祀」。而勞榦推算，文王三十五年即西元前一〇五三年（武王伐紂之年，勞榦主《竹書紀年》說而又稍作修改，定於西元前一〇二五年），這年殷曆正月十五日丁酉周都晚八時十分，確有一次月食。勞曰：「丁酉前一天是丙申」，古文申字被誤認為「子」，甚有可能。十四日拜望，在上古天算不精確的時代，本是常事。拜望以後不應當有月食，「拜望的次日就發生月食，這個月食是非時的」。文王訓誡武王，還是著重在拜望，不僅是月食。拜望未能消弭月食，就發生了應當自行檢討及自行警戒的問題。勞榦認為，文王教訓、拜望及月食三事如果同時發生，「王念曰」確應移後；如不同時發生，「即拜望最早，月食在後而文王的訓辭更在後，那『王念曰』就不應當移後了，『念』字正表示著對於某一件事情的回想。」（勞榦《古代中國的歷史與文化》第五一〇～五一一頁）有，同「又」。用於十數和零數之間。洪誠曰：「文獻中凡春秋以前之文十數與零數之間皆用『有』字連之，戰國中期之文即不用。」（〈讀周禮正義〉，轉引自《經書淺談》第四二頁）闕文，丁宗洛、唐大沛疑是「士」字，可從。朱右曾曰：「望，日月相望也。《周禮．太僕》『贊王鼓，救日月亦如之』。準〈太僕〉之文當亦用幣（幣，以束帛為祭品），故曰拜望。」鴻恩按，勞榦所定年、月、干支，與張培瑜《中國先秦史曆表》相合。又，陳久金《夏商周斷代工程中判定西周諸王的研究方法》曰：「據《周本紀》文王在位五十年，受命後七年崩，武王在受命後十一年伐紂，那麼文王三十五年至伐紂共十九年。文王三十五年為西元前一〇六五年。據精密推算，西元前一〇六五年三月十三日確實有一次月全食。此也正與〈小開〉月食記錄相合。」（陳說見於新浪網。陳氏同意武王伐紂在西元前一〇四六年）開後嗣謀，開導後代人，為他們謀慮。朱右曾曰：「王見月之眚，念德之明，若天詔之開後嗣謀也。」❷曰 陳逢衡刪此字。鴻恩按，陳刪非是。俞樾《古書疑義舉例》卷二有「一人之辭而加『曰』字例」，「中間用『曰』以別更端之詞」，此「曰」字即是。❸于來後之人 于，潘振曰：「語詞。」朱右曾曰：「曰也。」鴻恩按，于、曰用同，都是發語詞，用於句首。來後，陳逢衡曰：「猶後來。來後之人，指子孫言。」❹明明非常二句 維德為明，「德」字下原有「曰」，丁宗洛、唐大沛、于鬯都認為是「汝日夜」之「日」誤滑於上，又誤為「曰」。朱右曾既據丁說補「日」字，又誤留「曰」字，今刪「曰」。句意謂日月之明不是固定不變的，只有德是永遠光明的。❺汝夜何修非躬 汝夜，丁、朱本原作「汝日夜」，章檗本作「汝夜」，丁宗洛於「夜」上增「日」字，朱本從之。唐大沛曰：「『汝夜』二字不成句，亦無義。蓋此句殘缺，抑或如〈大開武〉『夙夜戰戰，何畏非道』云云，文法一例。」劉師培曰：「『夜』即『何』訛，校者據別本增入。」鴻恩按，依唐說，則應作「汝夙夜」，依劉說，則不應有「夜」與「日」。未知孰是，惟「日」字之增肯定無據，今刪之。何修非躬，潘振曰：「曰『何』曰『非』，設為問答以發其意，見三者不可不盡心也。」句意謂修養什麼，不是自身嗎？鴻恩按，此篇頗多此種句法，結構全同，潘釋甚明，此與《尚書·呂刑》「何擇非人？何敬非刑？何度非及？」全同。有兩種《逸周書》譯注本，不明其意，譯文皆誤。擇，《呂氏春秋·驕恣》高誘注：「擇，取也。」❻不命 陳逢衡曰：「不，讀如『丕』。丕命，大命也。」丕、不古通（朱右曾）。❼賈粥不讎 陳逢衡引凌曙曰：「當如《詩（·邶風·谷風）》所謂『賈用不售』也。言如商賈粥〔鬻〕出不售，可不謀念之哉？」朱右曾曰：「讎、售，古今字。不售，則謀反己而已。」「賈粥不讎」何所指？唐大沛曰：「言汝不敬聽我之訓言，是我之言如『賈用不售』矣。」鴻恩按，唐說似非是。拜望是求吉，而「食無時」，則上天似不接受，甚而招禍災，故曰「賈粥不讎」，而必須「謀反己」。❽不索禍招三句 此處斷句不同，此採于鬯說。于氏曰：「免，當讀為『勉』，謂勉力也。勉與『茂』義相近。次，當讀為『攻』，謂攻治也。攻與庸韻相叶。作次者誤字。『無曰不勉不庸』為句，『不茂不攻』為句。」鴻恩按，如于說則「不勉」與「不茂」義複，不可取。今仍讀「不免」本字。其意為，不思索招禍之由，不要說不能免禍，不能立功，也不會奮勉，不會把事情辦好。庸，功。茂，通「懋」。勉力；奮勉。攻，攻治。《爾雅·釋詁上》「攻，善也」，郝懿行《義疏》：「治之善也。」❾迷棄非人 迷亂而被拋棄不是人。

【語　譯】在文王三十五祀，王心有所想地說：「各位士，正月十四日拜望，第二天不該月食而發生了月食，你們要開導後人，商量商量。」又說：「唉！後來的人啊。我聽從前的人說：『日月的光明並不是固定不變的，道德才是永遠光明的。』不該發生月食的時候發生了月食，你們修養什麼，不是自身嗎？謹慎什麼，不是說話嗎?選取什麼,不是道德嗎?唉,要敬慎啊!你們要恭敬地聽從天命。商賈賣不出貨物,要從自身找原因啊!不尋求招禍的原因,不要說禍患不可避免,不能立功,也不會奮勉,不會把事情辦好。人有災禍而不謀求避禍的辦法,就會迷亂被棄,簡直不是個人了。

「朕聞用人不以謀說❶,說惡謟言❷。色不知適,適不知謀❸,謀泄❹,汝躬不允❺。嗚呼!敬之哉,後之人!朕聞曰:『謀有共軵,如乃而舍❻?』人之好佚而無窮❼,貴而不傲,富而不驕,兩而不爭❽,聞而不遙❾,遠而不絕❿,窮而不匱者鮮矣⓫。汝謀斯⓬,何嚮非翼⓭?維有共枳⓮。枳亡重大害小,不堪柯引⓯。維德之用⓰,用皆在國。謀大,鮮無害⓱。嗚呼!汝何敬非時⓲?何擇非德?德枳維大人⓳,大人枳維公,公枳維卿⓴,卿枳維大夫㉑,大夫枳維士,登登皇皇㉒。君枳維國㉓,國枳維都㉔,都枳維邑㉕,邑枳維家,家枳維欲無疆㉖。

【章 旨】用人不能看言辭,須有德有謀。國家上下是一個相互維繫的共同體,一國之德的支柱是天子,一國的基礎是「家」。

【注 釋】❶用人不以謀說 唐大沛曰:「即《論語(·衛靈公)》所謂君子不以言舉人也。」「謀」字或釋為計謀。鴻恩按,這裏的「謀」義應為「議」,《廣雅·釋詁四》:「議,謀也。」「謀,議也。」《論語·泰伯》「不謀其政」劉寶楠《正義》:「謀,謂為之論議也。」❷謟言 無實之言(陳逢衡)。謟,或作「諂」,丁宗洛、唐大沛以為當作「諂」。❸色不知適二句 唐大沛曰:「二句意晦,似謂動于色不知其意之所之,意之所之不知其深謀之所在,言當察之于微也。」朱右曾曰:「適,善也。色莊者非必君子也，有守者未必有猷〔計謀〕也。」按，唐釋「適」義為之、往。二說並通。今取朱說。❹泄　洩漏。

❺允　誠實。❻謀有共軵二句　《說文》：「軵，反推車，令有所付也。」王筠《說文句讀》：「付，讀為附麗之『附』，車已卸而未入中，姑推其轅以付于宇下，不使當道礙人。」唐大沛曰：「如，讀『而』。而，讀『目』。如兩人共推一車，有相輔而行之意。如乃而舍，言謀必共相推度，而乃曰舍之而獨斷乎？」如，而（《經傳釋詞》）。乃，唐蓋釋為竟然。朱右曾釋為「汝」。皆可通。「如乃」句意謂而竟可以說（讓對方）放棄推車？❼好佚而無窮　喜好安逸而有節制（不是達到極點）。佚，安逸；逸樂。無窮，不窮盡。❽兩而不爭　雙方權勢相等而不爭勝。❾聞而不遙　有聲望而名實相符（不是聲聞過情，相距遙遠）。❿德則不絕　傳之久遠，影響不斷。陳逢衡曰：「言德能及遠則遺澤長，故不絕。」⓫窮而不匱者鮮矣　走投無路但意志不消沉也很少。匱，陳逢衡曰：「濫也。」朱右曾曰：「潰也。」鴻恩按，《論語・衛靈公》說「君子固窮，小人窮斯濫矣。」這裏說窮而不濫。鮮，少。⓬斯　此；這些。指以上七事（陳逢衡）。⓭何嚮非翼　翼，輔也。何往而不資人之輔（唐大沛）。⓮維有共枳　維繫國家有眾多的枝葉。唐大沛曰：「枳取藩衛之意，以喻臣下。」朱右曾曰：「枳，枝也。下者上之枝葉，以為藩蔽者也。」鴻恩按，《玉篇・共部》：「共，眾也。」此「共」似非共同之義。⓯枳亡重大害小二句　唐大沛曰：「蓋謂枳有大小，如自卿上以至庶人，皆可詢謀之人也。若為藩籬者以枳之重大者為重，而于細枝小條則芟害之，謂其柯條不堪引，而此籬則惑矣。亡、毋通。柯，枝也。引，導也。《詩（・大雅・板）》曰：『先民有言，詢及芻蕘。』《書（・洪範）》曰：『謀及乃心，謀及卿士，謀及庶民。』凡有謀，皆有共枳之義，毋以人廢言也。」按，「枳亡重大」之「亡」須與「害小，不堪柯引」即讀。⓰維德之用　意為不問大小（上至卿士下至庶民），唯德是用。維，今寫作「唯」。之，用於賓語（此句之「德」）前置。⓱謀大二句　唐大沛曰：「言若僅與左右大臣謀之，而棄眾職庶民之言不取，則所謀鮮有不害于政者。」⓲何敬非時　敬做什麼，不是天時嗎。陳逢衡釋曰：「造次顛沛，不戲豫也。」鴻恩按，此「時」字仍從「食無時」而來。⓳德枳維大人　助詞，表示判斷。或徑釋為「為」。大人，帝王之號（陳逢衡）；天子（朱右曾）。枳，仍讀為「枝」。鴻恩按，此「枝」不是枝葉之義。以為德的枝葉是天子，必非作者之意。《論語・顏淵》曰：「君子之德風，小人之德草，草上之風，必偃。」在道德方面，君子之德是決定性的。因而這裏的「枝」應是支柱之義。《莊子・齊物論》「師曠之枝策也」，陸德明《釋文》引司馬云：「枝，柱也。」俞樾曰：「枝字乃枝柱之義。」（《群經平議・周易一》「險且枕」）這樣解才應符合「德枳維大人」之意。以下「大人枳維公」至「大夫枳維公」諸「枳」皆同此義。這幾句又正符合《老子》「貴以賤為本，高以下為基」之意（第三十九章）。下文「君枳維國」至「家枳維欲無疆」意同此。又，本文「大人」居「公」之上，明顯指天子。然而《尚書》

無「大人」，《詩經》僅〈小雅・斯干〉〈無羊〉「大人占之」二見，鄭玄注曰：「大人，謂以聖人占夢之法占之也」。《左傳》襄、昭年間有「大人」，杜注：「在位者。」鄭玄對「大人」約有四種說法，上述〈斯干〉注是其一，還有：「卿大夫也」（《儀禮・士相見禮》「與大人言」）；「諸侯也」（《禮記・禮運》「大人世及」）；「謂天子、諸侯為政教者」（《論語・季氏》「畏大人」劉寶楠《正義》引鄭注）。可證「大人」是在高位者或有盛德者的泛稱，並非天子專稱，與本文不同。⑳公枳維卿　公、卿，楊寬先生曰：「西周朝廷確有公、卿兩級的大臣……輔佐周王執政的大臣卿事寮的長官太保、太師和太史寮的長官太史，都是公爵，尊稱為『公』。」「西周中期以後，太保不見有執政的，執政的主要是卿事寮的長官太師，因而亦稱卿士或卿事。」「卿一級的，早期有司徒、司馬、司工、司寇、太宰、公族，到中期以後，司寇的地位降低，只有五位大臣。」（《西周史》第三六一、三五六頁）鴻恩按，諸侯的執政之臣曰卿，爵為上大夫。㉑大夫　位在公、卿下，分上、中、下三級，但上大夫即是卿。㉒大夫枳維士二句　位在大夫下，是統治者中最低一級，也分上士、中士、下士。洪頤煊曰：「《後漢書・馮衍傳》李賢注引此數句，云：『言上下相維，遞為藩蔽也。』」登登皇皇，《詩經・魯頌・泮水》有「烝烝皇皇」，登登猶「烝烝」，眾多的樣子。皇皇，形容美。㉓君枳維國　原作「□枳維國」，盧文弨補「君」字，曰：「今從沈補。」劉師培曰：「《後漢書・馮衍傳》李注引作『□維國』，監本又作『維在國』。惟洪邁《容齋四筆》引李注作『登登皇皇，維在國枳』，似無訛脫。」鴻恩按，依上下文例，「德枳維大人」、「國枳維都」，應從盧補。㉔都　國都。㉕都枳維邑　都、邑，朱右曾曰：「四縣為都，四井為邑。言大小相輔，上下相維，遞為藩蔽也。」按，朱氏都、邑之說依《周禮・地官・小司徒》之文。㉖家枳維欲無疆　陳逢衡以為即《尚書・洛誥》「萬年厭乃德」也，希望永遠對你的美德滿意。按，陳說是，〈洛誥〉尚有「萬年其永觀朕子懷德」，意亦相近。家，即《周禮・地官・小司徒》所說村社中作為土地分配對象的一家數口的「家」，鄭玄注：「有夫有婦然後為家。」家是組成「國」和「天下」最小的「經濟生產共同體和社會基本單元」，而「國」是由氏族、部族形成的大「家」，「國家」一詞出現於《尚書・周書》中（錢永生〈說「家」〉，《孔子研究》二〇〇六年第二期第七七～七九頁）。欲，欲望；追求。

【語　譯】「我聽說任用人不能憑藉論議言辭。言辭，最可惡的是不真實。單看表情不知道是不是好人，好人不知道他有沒有計謀。有計謀而洩露出去，你本身就是不誠實的人了。唉！敬慎啊後代人！我聽說：『謀劃事情有如兩個人共推一輛車，相輔而行，而你能說「你放棄吧（，我一個人來）」？』人，喜好逸樂而有節制，尊貴而不傲慢，富有而不驕奢，與人權勢相當而不爭強好勝，有好名聲而名實相符，遺澤久遠而不斷絕，走投無路時而意志不消沉，這樣的人，是很少有的。你們想要做到這些，向哪裏努力不想得到人輔助？維繫國家有眾多的支柱，對這些支柱，不要只看重大的，危害小的，不要認為小的枝條不能引用。無論大小，唯德是用，都用於國家。只與大臣謀劃，很少是沒有害處的。唉！你們敬慎什麼，不是節令天時嗎？你們求取什麼，不是道德品質嗎？道德的支柱是天子，天子的支柱是公，公的支柱是卿，卿的支柱是大夫，大夫的支柱是士，真是美盛啊。君的支柱是國，國的支柱是都，都的支柱是邑，邑的支柱是家，家的支柱是對於德的追求，永無止境。

「動有三極❶，用有九因，因有四戚、五和❷。極明與與，有畏勸汝，何畏非義❸？何畏非世？何勸非樂❹？謀獲三極無疆，動獲九因無限。務用三德❺，順攻奸慝❻。言彼翼翼❼，在意仍時德❽。春育生，素草肅❾，疏數滿❿；夏育長，美柯華⓫；務水潦⓬，秋初藝⓭；木節落⓮，冬大劉⓯。倍信何謀？本□時歲，至天視⓰。

「嗚呼，汝何監非時⓱？何務非德⓲？何興非因⓳？何用非極⓴？維周于民之謀競，謀競不可以臧，後戒後戒維宿不悉日不足㉑。」

【章旨】強調施行天、地、人的三項標準，利用九種有利條件，既依順天意，又敬慎不懈，作人事的努力。

【注釋】❶動有三極　朱右曾曰：「三極，三才〔天、地、人〕之理。」句意謂行動有天、地、人三項標準。極，「猶北極之極，至極之義，標準之名，中立而四方之所取正焉者也。」《尚書・洪範》「皇建其有極」蔡沈《集傳》按，「三極」見於〈小武開〉：「一、維天九星；二、維地九州；三、維人四左〔〈成開〉作『四佐』〕。」按，九星、九州，詳見〈小武開〉注。四左，孔晁注：疏附〔率下親上〕、禦侮〔武臣折衝〕、奔走〔喻德宣譽〕、先後〔相道前後〕。朱右曾曰：「九星正歲時，辨封域，察祲祥。九州奠山川，則土壤周知其利害。」❷用有九因二句　見於〈大武〉，「用」作「政」，並說「凡此九者，政之因也」。又見於〈大武開〉，所說四戚、五和，與〈大武〉大同小異；但〈大武開〉九因不指四戚、五和，曰「國有四戚、五和、七失、九因」，單列九因，與〈大武〉不同。因，憑藉；利用。《說文解字》：「因，就也。」段玉裁注：「『就』下曰『就，高也』。為高必因丘陵，為大必就基址。故因从口、大，就其區域而擴充之也。」此最能道出此「因」之義。戚，親近；親近的人。和，協調；和諧。❸極明與與三句　與與、何異，朱右曾曰：「與與，當作『翼翼』；何異，當作『何翼』：敬也。」朱說與上下文意相合，譯文從之。有畏勸汝，有畏、有勸的你，可理解為「汝有畏、勸」。❹何畏非世二句　朱右曾曰：「可畏者世之不永。」世，世系；世代傳承。陳漢章曰：「即《周禮・小史》『奠繫世』之『世』。先鄭〔指鄭眾，先於鄭玄〕謂〈帝繫〉、《世本》之屬，小史主定之，瞽矇諷誦之，以戒勸人君。周代以世與《詩》及樂並教，故此文『何畏非世』下即言『何勸非樂』。」樂，音樂。古人認為，音樂能陶冶性情，和順道德。《國語・楚語上》：「教之樂，以疏其穢而鎮其浮。」

❺三德　本書〈寤儆〉有三德，但無具體說明，孔晁認為即《尚書・洪範》之三德：剛、柔、正直。《周禮・地官・師氏》「以三德教國子」，指至德、敏德、孝德。朱右曾以為即三極。視上下文，似以朱說為是。❻順攻奸慝　順，順從（三德）。奸慝，奸惡。❼翼翼　敬慎。❽仞時德　充滿此德。仞時，朱右曾曰：「仞，滿也。仞、牣通。時，是也。」❾素草肅　素草，初生的草。鴻恩按，《尚書大傳》「著其素」，鄭玄注：「素，猶始也。」肅，朱右曾曰：「讀為『息』，生也。肅、息古通假。」

❿疏數滿　疏數，有疏密、遠近等義，朱右曾解為遠近，是。⓫美柯華　謂枝繁花美。柯，枝；榦。華，花。《說文解字》：「華，榮也。」⓬務水潦　務防水澇。潦，被雨水淹沒。⓭初藝　初成材。藝，朱右曾引《禮記・禮運》鄭注「藝，猶才也。」按，才通「材」。⓮節落　枝節解落（朱右曾）。⓯劉　殺。自深秋至冬日，肅殺之氣使草木凋零，即「大劉」之意。⓰倍信何謀三句　前人多以為有訛脫，非是。潘振曰：「言春生、夏長、秋藝、冬劉，時各有信，人背之，不能謀歲，本其時而謀之，則歲無不善。」鴻恩按，潘說有據。《管子・任法》言聖君置儀法「如四時之信」，尹知章注：「寒暑之氣，來必以時。」《呂氏春秋・貴信》：「天行不信，不能成歲；地行不信，草木不大。……天地之大，四時之化，而猶不能以不信成物，又

況乎人事？」倍信，即背「四時之信」。倍，背棄。信，有規律；不發生差誤。即二十四番花信風之「信」。時歲，四時、年歲。闕文丁宗洛補「以」字。視，即古文「示」字。此當斷句為：倍信何謀？本□時歲，至天視。⑰何監非時　看什麼，不是時、歲嗎。⑱何務非德　謂盡力於道德。務，專力於。⑲因　九因。⑳極　三極。㉑維周于民之謀競三句　「維周于民之謀競，謀競不可以藏，後戒後戒維宿不悉日不足」，「民」下「之」字原作「人」。「謀競」不重，「可以」下缺「藏」字。「宿」上原無「維」字。孫詒讓曰：「民人，當屬下『謀競』為一句。『宿』上據〈大開〉、〈寤儆〉二篇當有『維』字。此讀『後戒後戒維宿』也。前〈大開〉篇末章云：『王拜：「儆我後人，謀競不可以藏，戒後人其用汝謀，維宿不悉日不足。」』後〈文儆〉篇末章云：『維周于民之適敗，無時蓋，後戒後戒，謀念勿擇！』與此文並略同，而此有訛挩。今參取二篇校之，疑當作：『維周于民之（今本訛「人」）謀競，謀競（今本誤不重）不可以藏（今本挩），後戒後戒維（今本挩）宿不悉日不足（悉，疑亦當為「審」）。』」鴻恩按，此從孫氏考證，今可以落實者，「人」改為「之」（說詳〈大開〉「及為之」），「不可以」補為「謀競不可以藏」，「宿」上補「維」字。「悉」姑不改，譯文從孫說。周，遍；遍告。

【語　譯】「行動有天、地、人三項標準，行政有九種憑藉，所謂憑藉有四種親近的人、五種和諧的關係。標準明確了，就要小心敬慎，還有你要畏懼、要自勉。敬重什麼，不是義嗎？畏懼什麼，不是傳世不久長嗎？如何勸勉，不是使用音樂嗎？謀事獲得天、地、人三項標準，可以傳世久遠；行動得到九種憑藉，可以暢行無限。務必運用三德，順從它以攻擊奸惡。是說那小心敬慎的心情，要把充實這三德放在心上。春日孕育生，百草初萌，遠近遍滿；夏日孕育長，枝繁花麗；秋天樹木初成材，務防雨水成災；冬天大殺草木，樹木枝節解落。違背四時運行的規律，想要辦成何事？依照歲月的變化，以達到上天之所示。

「唉，你們監視什麼，不是節令嗎？盡力於什麼，不是道德嗎？如何興盛，不是借用有利條件嗎？施行什麼，不是天、地、人的三項標準嗎？遍告謀求爭競的百姓，謀求爭競不能得到好結果。後人要警惕、後人要警惕的是不早謀慮，時日不夠用啊。」

【研　析】因為發生月食，文王產生了教誨後人的念頭，要求後人修身、慎言、擇德，聽從天命、天示：「恭聞不（丕）命」，順應「天視（示）」。文中特別強調「擇德」：「明明非常，維德為明」，「用人不以謀說」，

「維德之用，用皆在國」，「何務非德」。對於怎樣做人，提出了很高的要求和道德標準：「好佚而無窮，貴而不傲，富而不驕，兩而不爭，聞而不遙，遠而不絕，窮而不匱」。又指出，「德枳維大人」，德的支柱是天子，意謂天子在道德方面能否作表率，對於一個國家道德風尚高低起決定性作用。而公、卿、大夫、士，國家的全體官員，一層一層，又都是天子的支柱。不僅官員，它關乎國家每一個人，「君枳維國，國枳維都，都枳維邑，邑枳維家，家枳維欲無疆」，君的支柱是國，都、邑、家則是國的支柱、基礎。文章很看重國家上下的這種整體性。「謀有共軵」，「維有共枳」，強調不「重大害小」。這樣的思想和論述很全面。文中又反復強調「敬」、「慎」、「畏」。既說「恭聞不（丕）命」、「倍信何謀」，又說「人災不謀，迷棄非人」；既說「何畏非世」，又說「不索禍招，無曰不免」，「後戒後戒維宿不悉日不足」，「敬之哉」，「敬之哉」：這表達了周人傳統的「敬德」和重人事的思想。

君在道德方面要作表率，周初的召公就作過說明：「其惟王位在德元，小民乃惟刑；用于天下，越王顯。」《尚書·召誥》 但關於德、君、國、民四者的關係，論述得如此清晰、全面，以至於與《論語》、《老子》中孔子、特別是與老子思想相合，這就讓人感到奇怪。本文「大人」的用法，也與古代典籍的常見用法不同。鄭玄的注，已經證明了這一點。朱熹注說得更加明白。眾所周知，《易經》中「大人」最為常見，〈乾·文言〉「夫大人者，與天地合其德，與日月合其明」，朱熹《周易本義》注說：「回紇謂郭子儀曰：『卜者言：此行當見一大人而還。』其占蓋與此合。若子儀者，雖未及乎夫子之所論，然其至公無我，亦可謂當時之大人矣。」朱熹有力地很可能也是有意地否定了「大人」為天子之專稱。因為唐代以後的注者，越來越多的人把「大人」說成天子，已經不同於鄭玄注。

「人之好佚而無窮，貴而不傲，富而不驕，兩而不爭，聞而不遙，遠而不絕，窮而不匱者鮮矣」講品德的一節，與儒家思想非常一致。孔子說：「樂而不淫」（《論語·八佾》），子貢說：「富而無驕」（《論語·學而》），孔子說：「君子無所爭」（《論語·八佾》）、「君子矜而不爭」（《論語·衛靈公》），孟子說「聲聞過情，君子恥之」（《孟子·離婁下》），孔子說「君子固窮，小人窮斯濫矣」（《論語·衛靈公》），宰我問孔子何謂「黃帝三百年」，孔子說：「生而民得其利百年，死而民畏（敬服）其神百年，亡而民用其教百年，故曰三百年。」《大戴禮記・五帝德》本文之「遠而不絕」正是孔子所說之意。

劉起釪說：「〈大開〉、〈小開〉、〈大開武〉、〈小開武〉、〈酆謀〉、〈五權〉、〈成開〉、〈本典〉等篇，雖然也是關於文王歷武王至周公各時期史料，然已近戰國文字，當係戰國時據流傳下來之史料寫成。」（《尚書學史》第九六頁）這一說法應當是對的。故本文第一章之月相描寫，頗受史家重視，又此章無連詞「而」，亦無「以數為紀」。第二、三章的時代肯定在戰國，有人說本文寫成於春秋某期某期，不合於作品實際。

文儆第二十四

【題解】《周書・序》曰：「文王有疾，告武王以民之多變，作〈文儆〉。」所說與文中情形相合。但它不像是西周時代的作品。文，指周文王。儆，讓人警覺而不犯錯誤。文中反復出現的「敬」字即此「儆」。

維文王告夢❶，懼後祀之無保❷。庚辰，詔太子發❸，曰：「汝敬之哉❹！民物多變❺，民何嚮非利❻？利維生痛，痛維生樂，樂維生禮，禮維生義，義維生仁❼。

「嗚呼，敬之哉！民之適敗❽，上察下遂❾。信何嚮非私❿？私維生抗，抗維生奪，奪維生亂，亂維生亡，亡維生死⓫。

「嗚呼，敬之哉！汝慎守弗失，以詔有司⓬，夙夜勿忘若民之嚮引⓭。汝何慎非遂？遂時不遠⓮。非本非標，非微非煇⓯。壤非壤不高，水非水不流⓰。

【章　旨】文王做夢引起憂思，害怕後代不保基業，向太子發講述自己治理百姓的心得體會。

【注　釋】❶維文王告夢　維，語首助詞，為立言行文開端。❷懼後祀之無保　怕後世子孫保不住基業。後祀，後世。《史略》引作「後嗣」。❸詔太子發　召見太子發。詔，孫詒讓曰：「《史略》『詔』作『召』，于義為長。」太子發，太子姬發，文王之子，即後來的周武王。武王推翻殷王紂，建立了周朝。其事見《史記》卷四〈周本紀〉。❹汝敬之哉　你要警惕啊。敬，劉師培曰：「『敬』即古『儆』字，以下『敬』皆同。」❺民物多變　唐大沛曰：「民情向背不一，當思難保。」民物，人民；民情。❻何嚮非利　唐大沛曰：「嚮，謂意所向也。養欲給求皆思利其身家。」句意謂向著哪兒不是為利？鴻恩按，這句與「多變」相應，是說「多變」的原因。本書〈度訓〉篇言：「凡民生而有好有惡，小得其所好則喜，大得其所好則樂，小遭其所惡則憂，大遭其所惡則哀。」「凡民不忍好惡，不能分次，不次則奪，奪則戰。」下文樂、奪等說即由此生。❼利維生痛五句　俞樾謂下文所生五者，皆不美之事，則此文五者宜皆美事，方相對成義。而云「利維生痛」，殊不可曉。疑「痛」字當讀作「通」，痛與通聲近而義同，故《釋名・釋疾病》曰：「痛，通也，通在膚脈中也。」利維生痛，痛維生樂者，利則流通，流通則無所鬱結，故樂矣。鴻恩按，陳、丁、唐、朱讀「痛」本字，說皆迂曲，今從俞說。維，乃（王引之《經傳釋詞》）；通「為」，猶「則也」（吳昌瑩《經詞衍釋》）。鴻恩按，唐大沛解「樂」為「哀樂」之「樂」，而這裏仁、義、禮、樂並提，樂自然又與禮樂之「樂」相關。〈度訓〉「禮非樂不履，明王是以無樂非人，無哀非人」，與此情形相同。樂維生禮，唐大沛曰：「衣食足然後禮義生，民樂其生，自樂循禮。」禮維生義，禮者人事之宜，則樂循禮，則事合宜（唐大沛）。義維生仁，知大義所在，則愛戴君親之心油然生矣（唐大沛）。戰國時人產生了探討事物聯繫的興趣，這類論述較多，如「性生仁，仁生忠，忠生信，信生德，德生禮，禮生樂」；「欲生于性，慮生于欲，倍生于慮，爭生于倍，黨生于爭」；「凡物有本有末（？），有終有始」（《郭店楚簡・語叢》），前兩條與本文形式相同，後面一條與〈大學〉「物有本末，事有終始」完全相同。《易傳》多次使用「終始」，本文「有本有標，非微非煇」，〈命訓〉「微以知始，始以知終」、〈常訓〉「慎微以始而敬終」，意思都有聯繫。❽民之適敗　適，通「謫」（孫詒讓）。過失。敗，敗壞。❾上察下遂　孫詒讓曰：「言上愈苛察，下愈遂非也。」在上者為政越是苛察，下邊的人越是做成為非作歹之事。❿信何嚮非私　信，誠。陳、丁、唐、朱屬上讀，今從孫氏屬下讀。何嚮非私，陳逢衡曰：「私與利相反，溥得曰利，獨據曰私。」⓫私維生抗五句　抗、奪、亂、亡、死，唐大沛曰：「利欲獨據，故與人相抗衡，相抗則相爭奪，相爭奪則禍亂生，亂生則民逃亡，逃亡無所依則死而已。言在上者當公其利而不可導以私也。私之害說得痛快。」⓬以詔有司　以此道詔諭百官。詔，告訴。⓭夙夜勿忘若民之嚮引　有三種理解：順民之所嚮而引導之（潘振云），釋「若」為順；唐大沛以此九字「作一句讀，民情所向當慎導之。」夙夜，日夜。若民，這些百姓。釋「若」為指示代詞；朱右曾又曰：「知民適敗皆自上始，則舉念凜然，若民之環嚮（四方歸向）而相引。」鴻恩按，潘解應與本文作者之意不甚合，今姑用唐說。⓮遂時不遠　成就善政並不遠。遂，指成就善政。朱右曾曰：「遂，成也，成其治也。」時，是；此。下文「時」字同此。⓯非本非標二句　朱右曾曰：「民為邦本，非本則無末。治道起于微渺，非微則無著。君非民，誰與守邦？」標，末（陳逢衡）。煇，著（朱右曾），與「微」相對。鴻恩按，煇義為光輝，而「微」有「昧也」、「暗也」、「不明也」之義，故釋「煇」為「著」。⓰壞非壞不高二句　言以類相從（陳逢衡）；謂上下相因之勢（唐大沛）。

【語　譯】文王告訴做夢的情形，擔心後嗣保不住基業。庚辰這天，召來太子發，說道：「你要警惕啊！民情多變，他們向著哪兒不是衝著利？有了利就能生出暢通，有了暢通就能生出快樂，有了快樂就能生出禮，有了禮就會產生義。

「唉呀，要警惕呀！民眾的過失，民風的敗壞，是因為在上者為政苛察，在下者就為非作歹了。確實啊，向著哪兒不是出於私利？有了私利就產生對抗，有了對抗就產生爭奪，有了爭奪就產生禍亂，有了禍亂就有逃亡，有了逃亡無所依歸就會產生死亡。

「唉呵，要警惕呀！這些道理你要小心守持不可遺失，把它告訴眾官員，日夜不要忘記對這些百姓意向的慎重引導。你謹慎什麼，不是要成就善政嗎？成就這善政並不遙遠。離開本就沒有末，沒有暗昧就沒有光明。土，沒有土就不能增高；水，沒有水就不能流淌。

「嗚呼，敬之哉！倍本者槁❶。汝何葆非監❷？不維一保監順時，維周于民之適敗，無有時蓋❸。後戒後戒！謀念勿擇❹。」

【章旨】文王叮囑太子發不要忘記民為邦本，慎守基業，保持警覺。

【注釋】❶倍本者槁　倍本，應指背棄百姓。倍，義同「背」。偽古文《尚書・五子之歌》有「民惟邦本，本固邦寧」，說是大禹之訓，或有所本。但《老子》「貴以賤為本」，是本文作者所能看到的。槁，枯槁，喻指滅亡。❷何葆非監　要守持什麼，不是夏、商前車之鑒嗎。葆，通「保」，守（朱右曾）。監，後世寫作「鑒」。鴻恩按，結尾歸到「懼後世之無保」上來，故有此語。❸不維一保監順時三句　三句大意是不專意守持前車之鑒，順從百姓此種意向，周防民眾之過失、敗壞，就不能擁有百姓了。這裏的斷句依唐大沛本。萬有文庫本「維周」與「服時」並讀，非是。朱右曾曰：「一，讀為『壹』，專意也。周，周防也。蓋，覆也，君所以覆民。」鴻恩按，二「維」字，當是語中、語首助詞。此「蓋」與「奄」義同，《詩經・魯頌・閟宮》「奄有下國」，鄭玄箋：「奄，猶覆也。」〈大雅・皇矣〉「奄有四方」孔疏：「亦是覆蓋之義。」❹擇　通「斁」。厭。朱右曾曰：「《毛詩》『古之人無斁』，《韓詩》作『擇』。」

【語譯】「哎呀，要警惕呀！背離根本的一定枯槁。你守持什麼，不是前車之鑒嗎？不專心保有前車之鑒，順從百姓這種意向，周到防衛百姓的過失，民風的敗壞，就失去對天下百姓的這種擁有了。日後要警戒日後要警戒啊！謀慮可不能厭倦。」

【研析】本文有一個顯著特點，即大講人民的「多變」、一心為私：「民物多變，民何嚮非利？」「何嚮非私？」反復說：「民之適敗〔過錯；敗壞〕。」這在先秦文獻中很少見。

西周人迷信，他們自以為得到了天命，但卻意識到，上天既然把天命從商人轉移給周人，也可以從周人再作轉移，於是說「天不可信」、「惟命不于常」，於是要「敬德」、「保民」：「小人怨汝詈汝，則皇自敬德」，「小民難保，往盡乃心」，「人無于水監，當自民監」，「民之所欲，天必從之」（均見《尚書・周書》），意在通過人事的努力，阻止天命轉移。春秋人更加理性，進一步輕神重民：「天生民而樹之君，以利之〔民〕也」，「國之興也，視民如傷；國之亡也，以民為土芥」，「上思利民，忠也」，「上棄其民，不亡何待？」（均見《左傳》到了戰國時期，「一部《戰國策》任何人都不講天人關係，也不迷信鬼神，只談形勢和政治」（楊伯峻《春秋左傳注・前言》）。本文本從夢說起，但「不講天人關係，不迷信鬼神」，確是只講「形勢和政治」，豈不是戰國之物？本文談國家興亡，與西周、春秋人看問題的立場、角度不同，本文歸罪於民的滿腦子私利，而西周、春秋人則歸因於統治者敬不敬德、重不重民。西周也講「小民難保」，「怨汝詈汝」，但從不講「民物多變，民何嚮非利？……何嚮非私？……周于民之適敗」這類與百姓強烈對立的話。本文中的文王，與《尚書・無逸》中「徽柔懿恭，懷保小民，惠鮮鰥寡。自朝至于日中昃，不遑暇食，用諴和萬民」的文王，思想、作風已判若兩人。《周書》、《左傳》中那種「若保赤子」、「視民如傷」、「視民如子」的味道一點都沒有了。如果說，兩位作者各自按照自己的理解寫文王，那也恰恰表明兩位作者思想不同，必屬於兩個不同時代。

我原以為，「三訓」等可能與主張性惡論的荀子比較接近，現經過比較，其實明顯不相同。《荀子》論「性惡」：「人之性惡，其善者偽也」，而認為「塗之人可以為禹」（〈性惡〉），荀子一面說在道德品質方面「小人」與「君子」不同：「言無常信，行無常貞，唯利所在，無所不傾，若是則可謂小人矣。」（〈不苟〉）一面又說在人性方面二者沒有不同：「好榮惡辱，好利惡害，是君子、小人之所同也。」（〈榮辱〉）荀子是在全面探討「人」性，可是本書「三訓」、〈文酌〉、本文等所論的都是「民」性：

凡民生而有好有惡……民至有好而不讓，不從其所好，必犯法無以事上。民至有惡而不讓，不去其所惡，必犯法無以事上。遍行于此，尚有頑民，而況曰不去其所惡而從其所好，民能居乎？（〈度訓〉）

天生民而成大命……夫民生而醜不明……極醜則民叛……（〈命訓〉）

天有常性，人有常順；順在可變；性在不改。不改可因。（〈常訓〉）

民生而有欲有惡……（〈文酌〉）

無醜無選，無選民乃頑，頑乃害上。（〈程典〉）

民物多變，民何嚮非利？……維周于民之適敗……（本文）

這些論述，除了〈常訓〉「天有常性」可能是說「人」的天性，其餘一律說「民」，而且把「民」放在統治者、作者的對立面，作為統治對象，因而「民」是否「事上」、「叛」上、「頑而害上」、「多變」，是作者所關心的事。作者的興趣並非探討人性，只是從統治的角度分析民「性」。所以「三訓」講「性」，專門說「民」，統治者、作者都排除在外。這與孔子「性相近也，習相遠也」（《論語・陽貨》），「四海之內，其性一也」（《郭店楚簡・性自命出》），「人皆可以為堯舜」，「塗之人可以為禹」（《孟子》、《荀子》），大異其趣。「頑民」之說是與民強烈獨立的統治者論調，與「民貴君輕」說難以道里計。《管子》並非儒家，《管子・禁藏》論述與本文相同、相近的問題，卻對貴、賤採取平等的態度，論述得周密、平正，說服力很強：

凡人之情，得所欲則樂，逢所惡則憂，此貴賤之所同有也。……各行所欲，而安危異焉，然後賢不肖之形見也。……衣食足，則侵爭不生，怨怒無有，上下相親，兵刃不用矣。……

夫凡人之情，見利莫能勿就，見害莫能勿避。其商人通商，倍道兼行，夜以續日，千里而不遠者，利在前也。漁人之入海，海深萬仞……利在水也。故利之所在……不推而往，不引而來，不煩不擾，而民自富。……夫為國之本，得天之時而為經，得人之心而為紀。……

夫民之所生，衣與食也。食之所生，水與土也。所以富民有要，食民有率。率三十畝而足于卒歲……故國有餘粟藏，民有餘食。田備然後民可足也。

作者始終把民利、民食、民富、民心放在心上，這是《逸周書》作者遠為不及的。對於商人、漁人的向利，作者抱著理解的態度，而且說「凡人之情」都是如此，「貴賤之所同」，不同於本文單講「民」是如此，而且說「衣食足，則不侵爭」，與本文作者之一味斥責「民」向私、向利迥乎不同。兩相比較，見解之高下，對民之態度，成為鮮明對照。對於這一點，似乎還沒有引起學界的注意。

前人有察覺，陳逢衡說「方正學〔方孝孺〕疑此篇非聖人之言」，唐大沛也說「方正學識之不為無因」。

本人同意方、唐之說，於〈度訓〉、〈程典〉的「頑民」說，深感驚異，本文可視為其同類又一篇。這幾篇應當出於同一時代，同一個或同一派作者。周文王時代還不可能有這類思想，本文重塑出了戰國時代的「周文王」。劉起釪在分析《尚書．洪範》時，說〈洪範〉有「對庶民的敵視……強調暴力的絕對王權，一點也不談德教，可知它這一種中心思想原與儒家思想無關。」（《尚書校釋譯論》第一二一八頁）劉說應當是指〈洪範〉：「凡厥庶民，無有淫朋；人無有比德，惟皇作極。」「無偏無陂……無有作好……無有作惡，遵王之路。」「惟辟作福，惟辟作威，惟辟玉食。」看來這就是《逸周書》中這類文章的源頭。本書有〈世俘〉等寫實的文章，又有戰國人所作的不僅與儒家不同，而且與《管子》等書顯然不同的文章，它與儒家分道揚鑣有其必然性。

有人也是認為本書中一些作品出於春秋，周玉秀等從用韻和使用頂真修辭格定〈文儆〉成於「戰國時代」（《文獻學價值》第二三一、二六九頁）。開端「文王告夢」，「詔太子發」，「後戒後戒」等語不知究出何時，其餘主體部分必出於戰國。

文傳第二十五

【題　解】文，文王。傳，把土地、人民傳之子孫。即《周書．序》所說：「文王告武王以厚（君）德之行，作〈文傳〉。」內容主要講治國之道。由文中所表現的思想和所使用的術語看，可知是戰國時代寫定的作品。

文王受命之九年❶，時維莫春❷，在鄗❸。召太子發曰：「嗚呼，我身老矣！吾語汝：我所保與我所守，守之哉❹！「厚德廣惠，忠信慈愛，人君之行❺。不為驕侈❻，不為泰靡❼，不淫于美❽，括柱茅茨❾，為民愛費❿。

【章　旨】文王年老，召太子發，囑咐後事，並且概括地講了自己做君主的指導思想和治國經驗。

【注　釋】❶文王受命之九年　據《尚書·序》、《尚書大傳》、《史記·周本紀》，文王受命七年而崩。此文言「九年」，偽古文《尚書·武成》亦主九年說。陳逢衡曰：「劉恕《通鑑外紀》曰：『孔安國治古學，見〈武成〉篇，故〈泰誓〉傳曰：「周自虞、芮質厥成，諸侯并附，以為受命之年。至九年，文王卒。」劉歆作《三統曆》，考上世帝王，以為文王受命九年而崩。賈逵、馬融、王肅、韋昭皆同歆說。』」馬驌曰：「蓋自羑里之出，至是九年矣。」(《繹史》卷十九〈文王受命〉結語)除本文、劉歆據《三統曆》所寫《世經》外，劉起釪謂偽孔本〈泰誓〉、偽《孔傳》、《孔疏》均從此說，又曰：「這一說基本是漢代古文家說，偽古文承其說而又有所附益。其中說文王生武王之年及文王、武王年歲都是承大、小戴《禮記》妄說，荒唐不足據，王國維〈周開國年表〉已予駁正。」(《尚書校釋譯論》第一一一八頁)❷時維莫春　盧文弨曰：「《詩經正義》作『維暮之春』。」王念孫曰：「時維暮春，《周書》無此例，『時』字必後人所加也。《太平御覽》已與今本同。」唐大沛曰：「即『維暮春』三字，《周書》文亦無此例。他篇未有以四時分記者。此篇首敘述必非『西周』史臣之筆。蓋此篇必非文王召武王之辭，戰國時編次者粗點敘語強派入耳。」莫，同「暮」字。鴻恩按，唐大沛尖銳地抓住了本篇文章露出的馬腳。我們在〈小開〉注指出，西周前期連四季都還沒有，哪來「暮春」之說？〈堯典〉確有「仲春」、「仲夏」，可那是春秋戰國時代的作品(徐旭生《中國古史的傳說時代》第二六頁：古史辨派最大的功績就是把在古史中最高的權威，《尚書》中〈堯典〉、〈皋陶謨〉、〈禹貢〉三篇的寫定歸還在春秋和戰國時候。又見劉起釪《尚書校釋譯論》第三八二頁)。❸鄗　即鎬京，在今陝西西安長安區灃河中游東岸，距豐二十五里。經地下發掘，北自洛水村南至斗門鎮面積約四平方公里，皆鎬之遺址。遺址範圍內發現居住、手工業作坊遺址和墓葬、車馬坑等。《詩經·大雅·文王有聲》：「考卜維王，宅是鎬京。」朱右曾曰：「蓋文王營之而武王成之也。」❹召太子發曰六句　傳本與《藝文類聚》、《太平御覽》所引頗有不同，朱右曾從盧文弨校改，陳逢衡、唐大沛仍依傳本。所保、所守，指保民、守土。守之哉，原作「傳之子孫」。孫詒讓曰：「盧云：『依《太平御覽》補正舊本「吾語汝」下作「所保所守，守之哉！」』案《史略》引亦如是，則宋本與今本同。」劉師培曰：「《御覽》三百八十三引作『汝勤之，我傳之子孫。』」鴻恩按，章檗本亦同宋本。陳逢衡謂《御覽》亦有引作「守之哉」者。《史略》、章本應較類書可靠，今改回。

❺厚德廣惠三句　鴻恩按，諸本不一，多錯字。孔晁注：「四者君德。」孔注可證「吾」為後人所加，此非說「吾」，而是泛說「人君」，應刪「吾」；「人君」不誤，「君子」誤。舊本無二「而」。朱注作「人君」，是。朱曰：「志，當為慈，或為子。」亦是。慈、了、志三字音近。「厚」修飾「德」，「廣」修飾「惠」。「忠」與「信」、「慈」與「愛」則是並列關係。「愛人」、「志愛」均誤。今正為「厚德廣惠，忠信慈愛，人君之行」。❻不為驕侈　《御覽》卷八十四引此語上有「吾」字。侈，自大。❼泰靡　奢侈浪費。❽淫于美　過於華美。淫，過分。美，指用器而言（潘振）。❾括柱茅茨　孔晁曰：「言務儉也。因就不決曰括〔孫詒讓疑『不決』為『木材』之誤〕。」丁宗洛曰：「括，宜作『栝』，栝柱與茅茨一例，不文飾也。」朱右曾曰：「括，刮也，刮去其皮不文飾也。」茅茨，茅草蓋的屋頂。茨，屋蓋。❿愛費　吝惜財用。

【語譯】文王受命九年，在暮春之時，在鎬都。文王召太子發來，說：「唉呀，我的身體衰老了！我告訴你，我所保護的人民和我所守護的土地，可要守護好哇！

「增加德行，廣泛施惠，忠厚誠信，慈愛待人，這是君主應有的行為。不做驕傲自大的事，不做奢侈浪費的事，用具不過分華美，刮去屋柱的皮但不加文飾，用茅草搭成屋頂，為百姓愛惜財用。

「山林非時不升斤斧❶，以成草木之長；川澤非時不入網罟❷，以成魚鱉之長；不卵不蹼❸，以成鳥獸之長。畋獵以時，不殺童，不夭胎；童牛不服，童馬不馳❹。澤不行害，土不失宜，萬物不失其性，天下不失其時❺。

「土可犯❻，材可蓄。潤濕不穀❼，樹之竹葦莞蒲❽；礫石不可穀❾，樹之葛木❿，以為絺綌⓫，以為材用。故凡土地之閒者，聖人裁之，并為民利⓬。是以魚鱉歸其淵⓭，鳥獸歸其林⓮，孤寡辛苦⓯，咸賴其生⓰。

「山林以遂其材，工匠以為其器，百物以平其利⑰，商賈以通其貨。工不失其務，農不失其時，是謂和德⑱。

【章　旨】要保護好林木、魚鱉、鳥獸、家畜等資源，規劃和利用好各類土地，使農、工、商賈各收其利，各得其所。

【注　釋】❶山林非時不升斤斧　《禮記·月令》「孟春之月……禁止伐木」，孫希旦注：「木在厲禁之內者，非十月不得取，〈王制〉云『草木零落，然後入山林』是也。」升，舉。斤，伐木的斧類工具。❷川澤非時不入網罟　劉師培曰：「《書鈔》六作『水澤不內舟楫，成魚鱉之長』，疑唐本『網罟』或作『舟楫』。」《禮記·王制》「獺祭魚，然後虞人入澤梁」，孔穎達疏：「謂十月時。按〈魯語〉李革云『鳥獸孕，水蟲成，于是乎禁罝罜羅網。』」罟，捕魚網。❸不卵不⿰足巽　這是丁宗洛據《說文·网部》引《逸周書》「不卵不⿰足巽，以成鳥獸」而改。意謂不取鳥卵，不捕幼獸。⿰足巽，捕鳥獸的網，可以纏住獸足。❹畋獵以時五句　「畋獵以時，不殺童，不夭胎；童牛不服，童馬不馳」，朱本原據《御覽》改作「畋獵唯時，不殺童羊，不夭胎，童牛不服，童馬不馳，不鶩澤，不行害」。鴻恩按，「唯」字章本、陳本、唐本均作「以」，改「唯」，殊為不必。今改回。盧引《御覽》無「童羊」，故唐大沛據改此句亦無之。盧文弨引《藝文類聚》亦有「童牛不服，童馬不馳」，然無「不鶩」與「澤不行害」。「不鶩」即「不馳」衍文。朱斷句為「不鶩澤，不行害」，且解「鶩澤」為「竭澤」，殊無據，不可信。其餘均依唐大沛改文。唐所改句法整齊，且有據。田、畋為古今字。服，駕車。❺澤不行害四句　「澤不行害，土不失宜，萬物不失其性，天下不失其時」，盧文弨引《御覽》作「澤不行害，土不失其宜，萬物不失其性，天下不失其時」，《類聚》卷十二有此後三句，唯第四句作「天下不失時」，少一「其」字。唐大沛改第二句為「土不失宜」以與「澤不行害」配成四字句，今仍從唐本。❻土可犯　朱右曾曰：「犯，讀為『範』，範土為器，陶瓬〔拍打粘土以製器〕之事也。」❼潤濕不穀　唐大沛曰：「低窪水蕩之地不能種穀。」❽樹之竹葦莞蒲　樹，種植。莞，俗名水蔥、席子草，可編草席。蒲，蒲草，水生，可編席。❾礫石不可穀　碎石地無法種植穀物。❿樹之葛木　栽種藤和樹。葛，藤本植物，莖皮纖維可製葛布。⓫絺綌　細葛布、粗葛布。朱右曾曰：「《御覽》九百九十五卷引此云：『葛，小人得其葉以為羹，君子得其材以為絺綌，以為朝廷夏服。』疑孔注佚文。」⓬故凡

土地之閒者二句　陳逢衡曰：「閒，讀如閒田之『閒』。土地之閒，即《禮記・王制》所謂『名山大澤，不以封也』，注云：『不以封者，與民同財，不得障管。』」聖人，這裏指帝王。鴻恩按，孔子曰：「聖人吾不得而見之矣。」邢昺疏：「謂上聖之人，若堯舜禹湯也。」（《論語・述而》）到荀子則曰：「夫貴為天子，富有四海，名為聖人。」（《荀子・王霸》）所以朱駿聲曰：「戰國以後所謂聖人，則尊崇之虛名也。」可證天子為聖人，是戰國人觀念。裁，裁製；規劃。⓭是以魚鱉歸其淵　陳、丁、朱從盧說增「以」字，「淵」原作「泉」，朱以唐人避諱改，正為「淵」。⓮鳥獸歸其林　原無「獸」字，丁宗洛加。丁加是，鳥獸與「魚鱉」相對。⓯辛苦　指辛勞而窮苦的人。⓰賴其生　賴以養其生。⓱百物以平其利　指各種貨物。均得其利。《周易・乾》「雲行雨施，天下平也」孔穎達疏：「言天下普得其利，而均平不偏陂。」⓲和德　陳逢衡曰：「謂群居和一也。」和，和諧；和協。

【語譯】「山間的林木，不到砍伐的季節不動斤斧，以便使草木得到成長；河湖不是捕魚的季節不下漁網，以保證魚鱉的成長；不取鳥卵，不張網捕獸，以保證鳥獸的成長。打獵依照一定的季節，不殺小獸，保護懷胎的獸；小牛不拉車，小馬不趕牠馳騁。讓土地生長它所適宜生長的穀物，讓萬物都具備適於它天性的條件，讓天下都不錯失它生長繁育的季節。

「泥土可以製作陶器、瓦器，各種用材都可以蓄積。濕地不適宜種植穀物，就栽種竹子、蘆葦、席子草、蒲草。碎石地不能種植穀物，就栽種葛與樹木，用它製作粗、細葛布，用它當作器材。所以，凡是閑置的土地，帝王加以規劃，都成為百姓的福利。因此之故，魚鱉都回歸牠們的河湖，鳥獸都回歸牠們的山林，孤寡勞苦的人都依靠這些閑散土地謀求生路。

「山林都使之成材，工匠都使之製作器具，使各種貨物普遍獲利，使商人販運都能賺錢。使百工不失其業，使農民不失農時，這叫做和諧之德。

「土多民少，非其土也；土少人多，非其人也❶。是故土多，發政以漕四方❷，四方流之❸；土少安帑而外其務，方輸❹。〈夏箴〉❺曰：『中不容利❻，民乃外次❼。』〈開望〉❽曰：『土廣無守，可襲伐；土狹無食，可圍竭❾。二禍之來，不稱之災❿。』

「天有四殃：水、旱、飢、荒⓫。其至無時⓬，非務積聚，何以備之？〈夏箴〉曰：『小人無兼年之食，遇天飢，妻子非其有也；大夫無兼年之食，遇天飢，臣妾輿馬非其有也；國無兼年之食，遇天飢，百姓非其有也⓭。』戒之哉！弗思弗行⓮，禍至無日矣⓯。明開塞禁舍者⓰，其取天下如化⓱。不明開塞禁舍者，其失天下如化。」

【章　旨】能否解決好土地、人口多少不相稱的矛盾、糧食積蓄和水旱饑荒的矛盾，是否做好開塞禁舍工作，直接關係天下得失。

【注　釋】❶土多民少四句　唐大沛曰：「民少則多曠土，地廣如無。地狹出穀不足養民，民將四散。」❷發政以漕四方　陳逢衡曰：「謂輸粟也。」發布政令，向四方運糧。漕，《說文解字》：「水轉穀也。」即從水道轉運糧食。❸四方流之　四方百姓流徙來此。❹土少安帑而外其務二句　孔晁曰：「外設業而四民方輸穀。」孫詒讓曰：「安帑，言民安置妻子于家，而外其務，言民出為商賈于外也。以注推之，疑方輸當作『四方輸之』，與上文『四方流之』文正一例。又注當作『民外設業而四方輸穀』。」帑，通「孥」。妻兒。❺夏箴　孔晁曰：「夏禹之箴戒書也。」❻中不容利　國中土地狹小，無稼穡之利。❼外次　謂逐末於外（陳逢衡）。次，臨時住宿。❽開望　孔晁曰：「古書名也。」開望，當是「開筮」之訛，即「啟筮」，古書篇名。「開」字當是避漢景帝劉啟諱。劉師培曰：「自郭璞《山海經》注以下，恒引《歸藏·啟筮》。《周禮·太卜》疏作

〈開筮〉。茲故有斯書，因為《歸藏》篇名。」❾圍竭　圍困待其糧食竭盡（潘振、朱右曾）。盧文弨、俞樾以為「圍」疑是「匱」字之誤，《潛夫論・實邊》引《周書》作「可遺竭」，「遺」也是「匱」字之訛。❿二禍之來二句　孔晁曰：「政以人、土相稱為善也。」⓫飢荒　潘振曰：「二穀不熟為飢，四穀不熟為荒。」按，潘說據《韓詩外傳》卷八。⓬無時　唐大沛曰：「言俄而至，不能預測。」⓭小人無兼年之食九句　《墨子・七患》曰：「故《周書》曰：『國無三年之食者，國非其國也；家無三年之食者，子非其子也。』」《穀梁傳》莊公二十八年：「國無三年之畜，曰國非其國也。」孫詒讓以為《墨子》「當亦稱〈夏箴〉，與《周書》同，而今本脫之。」（《墨子閒詁・七患》「《周書》曰」注）小人，指百姓。兼年，鴻恩按，《墨子》、《穀梁》均曰三年，這裏亦應釋為三年。《文選》鮑照〈還都道中作〉「俄思甚兼秋」李善注：「兼猶三也。」非其有，指流亡（孔晁）國無兼年之食，孫詒讓曰：「《黃氏日鈔》引，『國』下更有『君』字，于文例尤完備。」⓮弗思弗行　弗思，不知天災（陳逢衡）。弗行，不務積聚（陳逢衡）。⓯禍至無日矣　言不遠矣（孔晁）。⓰明開塞禁舍者　開塞禁舍，開其源，節其流，裁其太過，補所不足（陳逢衡）。呂思勉曰：「《尉繚子・兵教下》『開塞，謂分地以限，各死其職而堅守。』此『開塞』二字古義。」（《經子解題・商君書》）鴻恩按，呂說符合「明開塞禁舍者，其取天下如化」之意。禁舍，明劉寅《武經七書直解・尉繚子・兵談》：「禁謂抑其邪心，舍謂釋其小過。」⓱如化　孔晁曰：「變化之頃，謂其疾。」王念孫曰：「如化者，言其速也。」

【語　譯】「土地多人民少，土地就不是自己的土地了；土地少人民多，人民就不是自己的人民了。因此之故，土地多就發布政令，把糧食轉運到四方，各地的人民就會流徙而來。土地少就安置好妻子，而到外地經商，就會把四方各地的糧食運進來。〈夏箴〉說：『國都中不容納福利，百姓就到外面經商。』〈啟筮〉說：『土地寬廣無人防守，可以襲擊攻伐；土地狹小沒有糧吃，可以圍困待其竭盡。這兩種禍患的來臨，是土地和人民不相稱帶來的災害。』

「上天有四種禍殃：水、旱、饑、荒。它們說不定什麼時間到來，不從事積蓄存儲，用什麼備荒？〈夏箴〉說：『平民不存儲三年的糧食，遇到天鬧饑荒，妻子兒女就不歸他所有了；大夫不存儲三年的糧食，遇到天鬧饑荒，臣妾車馬就不歸他所有了；國家不存儲三年的糧食，遇到天鬧饑荒，百姓就不歸他所有了。』

警惕啊！不憂慮天災，不從事積蓄，災禍的降臨就沒有多久了。明白劃分防區誓死堅守、禁過分補不足的人，他取得天下就如同變化之際一樣迅速；不明白開源節流、禁過分補不足的人，他失去天下也如同變化之際一樣迅速。

「人各修其學而尊其名，聖人制之❶。故諸橫生盡以養從生，從生盡以養一丈夫❷。

「無殺夭胎❸，無伐不成材，無墮四時❹。如此者十年❺，有十年之積者王，有五年之積者霸，無一年之積者亡。生十殺一者物十重，生一殺十者物頓空。十重者王，頓空者亡❻。

「兵強勝人，人強勝天❼。能制其有者❽，則能制人之有❾；不能制其有者，則人制之。今行禁止，王之始也❿。

「出一曰神明，出二曰分光⓫，出三曰無適異⓬，出四曰無適與⓭，無適與者亡。」

【章　旨】強調物資的積蓄孳殖決定著國家的王霸、存亡。並且主張君主集權，要求所有人「養一丈夫」。

【注　釋】❶人各修其學而尊其名二句　唐大沛曰：「眾人各務其業，各以所長成名，聖人則總而制之。」丁宗洛注首句曰：「經似是衣食足而禮義興意。」制之，量才錄用他們。制，裁。❷故諸橫生盡以養從生二句　孔晁曰：「橫生，萬物也。從生人也。一丈夫，天子也。言兆民所奉者天子也〔最後一句孫詒讓據《黃氏日鈔》所引此注補足〕。」潘振曰：「從音蹤。言行政，則萬物可以養人，而人可以養君。」❸無殺夭胎　唐大沛曰：「脫二字，當作『無殺童，無夭胎』。」鴻恩按，唐注當是。《禮記・王制》：「不殺胎，不殀夭，不覆巢。」《淮南子・時則》：「毋覆巢，殺胎夭。」此與《淮南子》都是省說。夭，初生的鳥獸。夭與胎都是名詞。❹無墮四時　四季都不懶惰。墮，唐大沛曰：「『墮』與『惰』同。」一本作「墯」。鴻恩按，「墮」、「墯」均可通「惰」。❺如此者十年　陳逢衡曰：「言惜物力，講農事至于十年也。」❻有十年之積者王七句　有十年之積者王，唐大沛曰：「謂十年中每年皆有所積，非謂現有十年之積也。」有五年之積者霸，唐大沛曰：「當是後人妄為增入：……聖王垂訓，未嘗言霸術者。」鴻恩按，唐說不確，王政、霸政之說俱出於戰國。羅根澤曰：「王始于周，霸始于春秋，而王政、霸政之說，則在戰國中世。」（《諸子考索》第一一五頁〈古代政治學中之「皇」「帝」「王」「霸」〉）十重、頓空，潘振曰：「物十重者，物數足也。物頓空者，物遽盡也。」「有十年之積」三句說農耕，「生十殺一」四句說庶物。❼兵強勝人二句　孔晁曰：「勝天，勝有天命。」陳逢衡曰：「兵勝人以力，人勝天以德。」唐大沛曰：「人強勝天，疑即人力回天意。」鴻恩按，「人強勝天」的思想，與荀子「制天命而用之」，應屬於同一時代，但其間異同還應進一步研究。❽能制其有者　唐大沛曰：「能控制己所有土地、人民，則能先制人。」❾制人之有　指「天下之有皆其有矣，言能大一統也」（陳逢衡）。❿土之始也　《群書治要》引作「王之始也」，是。王，稱王於天下（王念孫）。⓫出一曰神明二句　孔晁曰：「政有二名〔陳逢衡：二名當作『二門』〕。《管子・明法》曰：『政不二門』，分君之明。光亦明也。」陳逢衡曰：「出一曰神明，威福獨御也。《管子・心術》曰：『獨則明，明則神矣。』」朱右曾曰：「此言威柄不可下移也。」⓬出三曰無適異　唐大沛曰：「異，疑當作『翼』，輔也。言無專主輔政之人。」劉師培說同。適，專主。⓭適與　唐大沛曰：「與，猶從也。政出多門，民無所從」。鴻恩按，這裏明確提出君主集權的主張。荀子、韓非也同《管子》和本文一樣，都主張君主集權，荀子曰：「君者，國之隆也。隆一而治，二而亂。」（〈致士〉）

【語　譯】「人們各自修習自己的學業，各以所長成名，帝王量才而錄用。所以天下萬物都用來養活人，而天下人都來奉養君主一人。

「不殺害小獸，不殺害懷胎的獸，不砍伐尚未成材的樹木，一年四季都不懶惰。像這樣做十年，連續十年有積蓄的，能稱王於天下；連續五年有積蓄的，可以做霸主；連一年積蓄都沒有的，會滅亡。生產十個殺死一個的，物資將有十倍的增殖；生產一個殺死十個的，物資將立刻空虛。物資有十倍增殖的稱王天下，物資立刻空虛的就會滅亡。

「兵力強能戰勝別人，人力強能戰勝上天。能控制自己擁有的，就能控制別人所擁有的；不能控制自己擁有的，就會被別人控制。能夠做到有令必行有禁必止，這是王道的開端。

「由君主統一出令叫神明，令出於君、臣二者叫分君之光，令出於三處叫沒有專主的輔翼，令出於四處百姓就沒有專主的信從。沒有專主信從的就會滅亡。」

【研　析】這篇文章寫文王年老體衰，叫來太子發囑咐後事，開端至「守之哉」數句交代原委，「厚德廣惠」八句自是題中應有之義。但其所用語都是後代的語言。「莫春」當時不可能有，注中已經說明。文獻中比較可信的「所」字結構，可能是西周晚期《詩經・大雅・桑柔》的「民人所瞻」，而本文有「所保、所守」兩個「所」字結構。其「忠信」一詞，不見於《詩》、《書》、《周易》經文，而始見於《論》、《老》、《左傳》，與文王掛不上鈎。這樣的資料，到底是怎樣個來源，已經讓人很不放心。至於下文，本文作者更是肆意地、毫無顧忌地把戰國時代的事和思想都編造成周文王的話，完全不能視為信史。

首先，君主集權或者說君主專制的主張，是戰國後期《管子》、《荀子》、《韓非子》等提出的，應當是有鑒於春秋戰國的分裂之勢。《管子》說：「所謂亂國者，臣術勝也。」提出：「威不兩錯，政不二門。」（《管子・任法》）荀子認為「權出一者強，權出二者弱」（《荀子・議兵》）。韓非子說：「事在四方，要在中央，聖人執要，四方來效。」（《韓非子・揚權》）而本文走得很遠，它把這種主張當作周文王的話表而出之：「出一曰神明，出二曰分光」；尤其要求「諸橫生盡以養從生，從生盡以養一丈夫。」此丈夫即「聖人」（稱天子為「聖人」與韓非同），把天子推崇到了無以復加的高位。不是天子敬德、保民，不是「民貴君輕」，也不講「隆禮重法」，「賞賢使能」，而是倒過來，全天下的人都為一個天子服務，這為後世帝王專制和擅作威福，製造了輿論。

其次，關於王霸。羅根澤先生說：「邃古以至戰國初年，無以政治分別王霸者。」「及戰國中葉，儒家孟子思以仁易天下之利，標出王霸二字，以為代替仁利而資以宣傳之口號。……而極力提倡王政。」（《諸子考索》第一七頁）本文亦明確言王霸：「有十年之積者王，有五年之積者霸。」「……十重者王」，「令行禁止，王之始也。」明言王霸，應當在孟子之後，然而孟、荀言王政，都主張「以德行仁」，「隆禮尊賢」，「仁眇天下，義眇天下」，然而本文絲毫不談仁義、德禮，認為富國強兵最重要，有十年之積，兵強而且「令行禁止」，不僅能「勝人」而且能「勝天」；《管子》也講「國富兵強」，但它講到「民自富」和整個國家的「和」與「治」（〈禁藏〉），沒有本文的片面性。

其次，保護山林、川澤、鳥獸等資源，也是戰國人的思想和論述。在〈夏小正〉中還沒有這樣的內容，到《呂氏春秋・孟春紀》、《禮記・月令》就有了「命祀山林、川澤，犧牲無用牝。無覆巢，無殺孩蟲、胎夭、飛鳥，毋麛毋卵。」《管子・禁藏》也說：「毋殺畜生，毋拊卵，毋伐木，毋夭英，毋拊竿，所以息百長也。」這都出於同一個時代。

其次，「土多民少，土少人多」、「開塞禁舍」，都是戰國後期的話題。如《管子・霸言》：「地大而不耕，非其地也；人眾而不親，非其人也。」《尉繚子・兵談》說：「明乎禁舍開塞，民流者親之，地不任者任之。」又說：「夫土廣而任則國富，民眾而制則國治。富、治者……而威制天下。」此外，本文中很多用語都出現於戰國後期，如「開塞禁舍」僅見於本文和《尉繚子・兵談》、〈制談〉，《商君書》、《尸子》、《文子》有「開塞」而無「禁舍」。「令行禁止」僅見於《管子》、《荀子》、《韓非子》、《文子》和《慎子》。

像〈周祝〉、〈太子晉〉，是寫小說，是文學創作，可以隨便編故事，但一般認為，像本文是寫歷史，作者不應當把自己編寫的政論分派給周文王，完全不講時代，不顧歷史。潘振、陳逢衡似乎認為這就是文王的實錄，朱右曾對此未發一言。唐大沛、朱右曾都認為「三訓」是文王所作，唐甚至說「三訓」以著「千古帝王相傳之道法」。但是唐大沛卻明確說：「此篇必非文王召武王之辭，戰國時編次者粧點敘語強派入耳。」唐說超絕諸家，堪稱卓見。郭預衡師論本篇說：「這篇文章講的文王告誡太子發的話，而內容竟講到王霸之業，

又講『兵強勝人，人強勝天』，有儒家思想，又雜有霸道，這是比較典型的戰國後期的文字。」（《中國散文史》上第六九頁）

其實，我們打開《漢書・藝文志》，依託之書多矣，《伊尹》、《太公・謀》、〈言〉、〈兵〉、《管子》、《列子》、《黃帝四經》、《黃帝君臣》、孔甲《盤盂》、《神農》、《伊尹說》、《師曠》等等，都是戰國人依託之書。即以《戰國策》而論，蘇、張合縱連橫之辭就是真贗錯雜，其中假託部分迷惑後人達二千年之久，直至《戰國縱橫家書》出土，始真相大白。這是戰國時一種習俗，一種文化現象，不值得奇怪。只是我們應當明白，《逸周書》前十篇〈度訓〉至〈小明武〉都是子書，是政論和兵論，與文王全不相干，作者也隻字未涉及文王。〈大匡〉、〈程典〉、〈酆保〉至〈文傳〉七篇，篇篇開頭寫文王，其中有早期乃至原始資料的，如〈大匡〉、〈小開〉，但是每篇主體或後一部分都有寫於戰國時代的明確證據：

〈大匡〉：內容大都來自《周禮》，如「什伍相保」等，說詳研析；

〈程典〉：內容即〈大學〉「君子光慎乎德。有德此有人，有人此有土，有土此有財，有財此有用。」本文合併〈大學〉的財、用，而加「慎制」，成為慎德、慎下（人）、慎制、慎地、慎用；

〈酆保〉：文中「三公九卿」乃戰國之說，「率諸侯以朝賢人」是戰國特有現象，仁恕、智謀是戰國用語；

〈大開〉：以數為紀，「兆謩九開」，「八儆五戒」。《文獻學價值》考定「以數為紀」是戰國時代產物（該書第二四五頁）；

〈小開〉：「德枳維大人，大人枳為公，公枳維卿，卿枳維大夫，大夫枳維士」；「君枳維國，國枳維都，都枳維邑，邑枳維家，家枳維欲無疆」，這是《老子》「貴以賤為本，高以下為基」的思想體現；「春育生、夏育長、秋初藝、冬大劉」是戰國人語言，春秋時尚未出現；

〈文儆〉：西周、春秋的社會共識是重民，本文對「民」的態度不同於西周、春秋，應當出於戰國後期的一派；〈文傳〉：通篇都是依託，已如上述。學者於此應當進一步研討，做出合於實際的結論。

周玉秀認為，本文使用頂真修辭格和「以數為紀」方法，是戰國時代的作品。從文體著眼，判斷它寫成於「戰國中期」以前（《文獻學價值》第二三五頁）。其實本文不大可能是戰國中期以前作品。

柔武第二十六

【題解】《周書・序》曰：「文王既沒，武王嗣位，告周公禁五戎，作〈柔武〉。」禁五戎，禁絕五種可能招致戰爭的行為，以免招來戰禍。武王說這是文王留下的功績，同時提出「以德為本，以義為術」，「善戰不鬭」，即「柔武」——以柔克剛的武力。柔武，可以統一天下。

維王元祀一月❶，既生魄❷，王召周公旦曰：「嗚呼！維在文考之緒功❸，維周禁五戎❹。五戎不禁，厥民乃淫❺。一曰土觀幸時❻，政匱不疑❼；二曰獄讎刑蔽，姦吏濟貨❽；三曰聲樂□□，飾女滅德❾；四曰維勢是輔，維禱是怙❿；五曰盤游安居⓫，枝葉維落⓬。五者不距，以生戎旅⓭。

【章旨】武王即位元年一月，武王向周公旦講述文王留下的功業——禁五戎，以免招致戰爭。

【注釋】❶維王元祀一月　王元祀，武王元年。武王名發，文王之子。西周王朝建立者。以太公望、周公旦等輔政，繼承文王之志，率諸侯討伐暴虐的商紂，決戰於牧野（今河南淇縣西南），滅商建周。據「夏商周斷代工程」推算，此事約在西元前一〇四六年，也有人主張仍應依《竹書紀年》定於西元前一〇二七年。鴻恩按，《尚書・序》、《史記》等記載，文王死後，武王並未改元。本文所記，不可信據。有人相信這裏的記載，證明武王改元，但多數人仍據多種史籍記載相信未改元之說。劉起釪曰：「先秦文獻似有用武王紀年者，如《逸周書》之〈柔武〉、〈小開武〉、〈寶典〉、〈酆謀〉等，這些篇多出戰國後期甚至漢時編造，則難盡徵信。」（《尚書校釋譯論》第一一一九頁）一月，朱右曾以為周正月，商人稱年為「祀」，這裏既說「祀」，似仍用殷曆。殷曆一月即夏曆十二月。❷既生魄　從新月初見到滿月的一段時間。魄，也寫作「霸」，月球的光面。據《夏商周斷代工程階段成果報告》對西周青銅器記時的推算統計，既生魄包括每月初二、初三至十五（見該書第三〇～三六頁）。❸維在文考之緒功　考察先父文王未竟之功業。維，與下句之「維」都是語氣詞。在，察（唐大沛）。文考，武王稱去世的文王。考，生曰父，死曰考。緒，「謂未竟之業」。（朱右曾）❹維周禁五戎　全面禁止五種招致軍事的行為。戎，兵。❺五戎不禁二句　孔晁曰：「此成周也，而謂之戎，言五者不禁，戎之道也。」鴻恩按，「厥民乃淫」，未知具體所指。然「淫」有「放恣」（《尚書・無逸》鄭玄注）、「逆」（《孔子家語・刑政》王肅注）、「亂」（《呂氏春秋・古樂》高誘注）之義，可能是指引發戰爭所導致的混亂。❻土觀幸時　孫詒讓曰：「此『幸』當作『韋』。《說文・韋部》云『韋，相背也。』經典多改為『違』。韋時，言興土功違其時也。」土觀，興土功築遊觀。❼政賈不疑　政賈，缺失善政。劉師培釋「不疑」為「一定」，「政賈不疑」為「政無定制」。陳逢衡曰：「此召戎旅者一。」❽獄鬻刑蔽二句　唐大沛曰：「獄鬻，猶言獄貨。鬻，售也。謂鬻獄也。刑蔽，謂刑蔽于私也。」朱右曾也認為，鬻謂鬻獄。獄鬻，受賄而枉斷官司。蔽，誣罔；陷害。濟，成。孫詒讓曰：「《大戴禮記・千乘篇》云：『以財投長曰貸。』」陳曰：「民虐無告則民叛，此召戎旅者二。」❾聲樂□□二句　丁宗洛疑闕文為「損神」，唐大沛疑為「溺志」，朱駿聲疑為「亂惑」。唐大沛曰：「後宮飾女，則好色不好德，而廢滅有德者也。」聲樂，音樂。陳曰：「此召戎旅者三。」❿維勢是輔二句　維勢是輔，只輔助有權勢者。鴻恩按，此當是針對臣下而言。維禱是怙，只依靠祈禱。二句之「維」，也寫作「唯」、「惟」。是，助詞，起把賓語「勢」、「禱」前置的作用。怙，恃；依靠。陳曰：「輔勢者必慢賢，怙禱者多務鬼……此召戎旅者四。」⓫盤游安居　孔晁曰：「皆害之術。」盤游，遊樂。盤，樂。⓬枝葉維落　朱右曾曰：「言臣民解體。」陳曰：「此召戎旅者五。」⓭五者不距二句　劉師培曰：「《文選》王融〈曲水詩・序〉李注引作『五戎不距，加用師旅』，『用』與『以』同。蓋謂五惡不絕，則為師旅所加也。所據當非孔本。」距，拒絕；絕棄。

【語　譯】在武王元祀一月，夜月出現以後的日子，武王召見周公旦，說：「唉呀！考察先父文王的功業，他全面地禁止五種招致戰爭的行為。這五種招致戰爭的行為不加禁止，那百姓就會走向逆亂。五種招致戰爭的行為是：第一叫做，興土功築遊觀違背農時，缺乏善政政無定制；第二叫做，賣官司誣陷好人，奸惡官員收受賄賂；第三叫做，縱情歌舞沉迷心竅，貪戀女色廢滅道德；第四叫做，只輔佐權勢者，只依靠祈禱鬼神；第五叫做，只顧遊樂安逸，臣民將分崩離析。這五種招致戰爭的行為不禁絕，就會招來戰爭的災禍。

「故必以德為本❶，以義為術❷，以信為動❸，以成為心❹，以決為計❺，以節為勝❻。務在審時❼，紀綱為序❽。和均道里，以匡辛苦❾。見寇□戚❿，靡適無□⓫。勝國若化⓬，不動金鼓⓭。善戰不鬬⓮，故曰柔武⓯。四方無拂⓰，奄有天下⓱。」

【章　旨】武王講述「柔武」的戰爭策略，以便統一天下。

【注　釋】❶以德為本　言以德為距戎之本（盧文弨）；德以修身（唐大沛）。❷以義為術　術，路也（陳逢衡）。即把合於義當作所走的路。《孟子·離婁上》：「義，人之正路也。」〈萬章下〉：「夫義，路也。」❸以信為動　信以接物（唐大沛）；以誠信作為行動準則。❹以成為心　以成事居心。❺以決為計　計事有決斷。決，果斷。❻以節為勝　勝在有節制（唐大沛）。鴻恩按，《老子》曰：「禍莫大于不知足。」（第四十六章）與此意思相通。《國語·越語下》、《文子》及《管子·心術》等四篇用此義之「節」字甚多。❼務在審時　相時而動（唐大沛）。鴻恩按，《黃老帛書·兵容》：「當斷不斷，反受其亂。」《國語·越語下》：「得時不成，反受其殃。」其咎即在失於審時或得時而不成。❽紀綱為序　師出以律（唐大沛）。紀綱，法度。序，通「緒」。統緒。❾和均道里二句　「道」字原闕，丁、唐、朱皆補「道」字。唐大沛曰：「道里遠近，計日而行，不迫促不參差也。戎行辛苦，有以匡救之。」鴻恩按，「和今言適合，言恰當，恰到好處。」（楊伯峻《論語譯注·學而》注引楊樹達《論語疏證・學而》「和為貴」說）辛苦，窮也（孔晁）。潘、陳、朱都從孔說。然而此處上文言「以節為勝」，下文言「寇」、「適（敵）」、「戰」，均言戰爭，故今從唐說，指行軍中辛苦。❿見寇□戚　「寇」義為敵人來犯。丁宗洛以為是「興戚」，朱駿聲以為是「心戚」，「戚」義為憤怒；唐大沛以為應作「奮戚」，「戚」義為斧類兵器，猶言揮戈用往之意。今從唐說。⓫靡適無□　「靡」義為「無」。「適」通「敵」。王念孫以為闕文為「下」。⓬勝國若化　此語也見於〈小明武〉篇。若化，形容迅疾。⓭金鼓　軍中用具，擊鼓發動進攻，鳴金則收兵。鴻恩按，《周禮・地官・鼓人》：「以鼖鼓鼓軍事。」《左傳》、《孫子兵法》有「金鼓」之說。⓮善戰不鬬　這是用《孫子・謀攻》意：「百戰百勝，非善之善者也；不戰而屈人之兵，善之善者也。」《呂氏春秋・貴公》：「大勇不鬥，大兵不寇。」則是推演《孫子》、《老子》之意。⓯柔武　唐大沛曰：「以柔克剛也。」《老子》第七十八章：「天之柔弱莫過于水，而攻堅強者莫之能先。……故弱勝強，柔勝剛。」鴻恩按，把「柔」與「武」聯繫起來，應當始於《老子》第六十八章：「善為士者（高明：謂國君及其所屬官卿而握有軍權者）不武……善勝敵者不與（《讀書雜志・漢書・西南夷兩粵朝鮮傳》：『忍不能與』，王念孫曰：『與，猶敵也。』），是為不爭之德。」也是此意。⓰拂　違逆。⓱奄有天下　擁有天下。

【語　譯】「所以必須以道德為根本，以工義為所行之路，以誠信為行動準則，以成功為內心目標，以決斷為謀計，以有節制獲取勝利。要緊的在於審度時機，以法度為統緒。行軍道路適中里程均平，以補救行軍的辛苦。見到來犯敵人奮起反擊，沒有什麼敵人不能攻下。戰勝敵國就像事物變化之際一樣迅速，根本用不著動用金鼓。善於作戰的並不擺開陣勢搏鬥，所以叫做以柔克剛的武力。四方的諸侯沒有敢於違抗的，自然會擁有全天下。」

【研　析】從本文以下開始寫武王。

本文「維王元祀」及下文「一祀」、「二祀」、「三祀」等等，都不可信，從《尚書・周書》記載，找不到武王即位改元的證據。《尚書・洪範》、〈泰誓〉、〈周本紀〉、《呂氏春秋・首時》及本書〈大匡〉第三十七、〈文政〉、〈武儆〉等都證明武王即位並未改元。這裏「元祀」、「二祀」之說，是根據作者所知後王即位改元之俗而書，已經不知道周初實況。故各文主體部分亦多為戰國之作，並非史實的實錄。二者的不實是一致的。

「既生魄」，確是西周的記時法，可能是原來固有。文中要禁的五戎，「土觀幸時」、「聲樂□□」、「盤游安居」三件，都是要警惕君主縱情聲色，貪圖享樂，政治腐敗；「獄雠刑蔽」、「維勢是輔」則說要警惕官員貪財腐敗、營私舞弊。否則將招致戰爭。

由第一章推斷出：「故必以德為本，以義為術，以信為動」，並由此說到本文的中心：「柔武」。顯然，德、義、信、節（有人認為「以成為心」應作「以誠為心」）、「紀綱為序」，這些已經是「柔」的內容，與「剛」不同。而「不動金鼓。善戰不鬬」，即「不戰而屈人之兵」，則是典型的「柔武」了。而「以決為計，以節為勝。務在審時」，這又是戰國時的語言。《左傳》全書只有五個「決」字，其中決口、引導水流之「決」三個，決定之「決」兩個，如本文果決、果斷之「決」，一個沒有。又如「審時」，僅見於《管子・五輔》、〈君臣下〉、《呂氏春秋・士容論》和本書。這就不是僅具有戰國色彩或混入戰國時代的個別詞句了。

「五戎不禁，厥民乃淫」，又拿「民」說事。

除了「既生魄」是西周用語，本書多次使用。「柔武」思想及一些用語，都是戰國之物。

大武開（武）第二十七

【題解】傳本標題為「大開武」，而《史略》引作「大武開」，下篇引作「小武開」。孫詒讓曰：「高所據本兩『開』字并在『武』下。以文義校之高本是也。……此二篇皆武王開告周公之言（此書凡以『開』名篇者，并取詔告、開發之義），故以『武開』名篇……前文王之書謂之『文開』，後成王之書謂之『成開』，諸篇名義并同，可以互證。」按，孫說確鑿可據，今依其說據《史略》改為「武開」，原「武」字加括號仍留於原處。

維王一祀二月❶，王在酆❷，聞密命❸。訪于周公旦❹，曰：「嗚呼！余夙夜

維商、密，不顯，誰和❺？若歲之有秋❻，今余不獲❼，其落若何❽？」

周公曰：「茲在德敬❾，右周其維天命，王其敬命❿。無遠戚，無干和，無再失⓫。維明德無佚⓬，佚不可還⓭。維文考恪勤戰戰⓮，何敬何好何惡⓯？時不敬，殆哉⓰！」

王拜曰：「允哉！余聞國有四戚、五和、七失、九因、十淫⓱。非不敬，不知。今而言維格⓲，余非廢善以自塞⓳，維明戒是祗⓴。」

【章旨】武王元年二月（？），武王聽說密人與商謀算周，問詢周公應對之策。周公要武王敬德、恪勤。武王要周公說明何謂「四戚、五和、七失」等。

【注釋】❶維王一祀二月　朱右曾以為上篇作「元祀」，此不應作「一祀」，此時「距伐紂時尚遠，或是『十祀』之訛」。二月，《史略》引作「十有二月」，孫詒讓曰：『未知孰是』。鴻恩按，朱主武王改元，此又疑為「十祀」，歷史記載，從無武王改元後在位十祀之說，朱說不可信。又，依照常理，「十有二月」可脫落漫漶為「二月」，而「二月」不易訛錯為「十有二月」，今譯文從《史略》之文。❷在酆　武王尚未遷都於鎬，故在酆。❸聞密命　原無「聞」字。《史略》作「聞密命」，前人釋「密」為秘密，非是。孔晁注曰：「密人及商紂謀周大命。」孫詒讓、劉師培據孔注均以為「密」上當有「聞」字，劉師培且以當作「聞密謀周命」。劉曰：「蓋密即密須，雖為文王所伐，其國未滅，武王即位，因復即商，孔說當有所本（密須之密至共王時始滅，詳陳奐《詩毛氏傳疏》）。」今據《史略》與孫、劉之說補「聞」字。❹訪于周公旦　向周公旦徵詢意見。訪，諮詢（此非拜訪義）。❺維商密三句　孔晁曰：「言欲以毀送之商、密。」孫詒讓曰：「和，讀為『桓』，與『宣』同。」劉師培曰：「維，當詁念。和，當從《斠補》讀『桓』，與『宣』字同。蓋謂商、密之惡未顯，思以毀言宣其惡也。」❻若歲之有秋　若，原作「告」。《史略》引作「若」。王念孫曰：「『歲之有秋』云云，乃取譬以明之，則『告』當為『若』。下文「若農之服田』，即其證。『若』與『告』相似而誤。」陳、丁從改。秋，穀物成熟。❼獲　收割。❽其落若何　唐大沛曰：「及時不收穫，其落奈何？」朱右曾曰：「落，落實取材也。是時紂已疑周，周已忌商矣。」鴻恩按，唐、朱二說意思可相通。❾茲在德敬　「德敬」疑當作「敬德」（孫詒讓）。敬，敬謹。❿右周其維天命二句　右周，原作「在周」。孫詒讓曰：「在周，《史略》『在周』作『右周』，下文云『葛右有周』，與此文正同。」鴻恩按，今據《史略》、下文改「在」為「右」。右即「佑」字，義為助。孔晁曰：「言天命在周。」其維，應當是。此句之「其」表揣測語氣，下句「王其敬命」之「其」表祈請語氣。⓫無遠戚三句　「無遠戚，無干和，無再失」，原作「遠戚，無干和，無再失」，有人斷句為「遠戚無干，和無再失」。陳逢衡引李兆洛曰「戚即四戚，和即五和，失即七失。」（四戚、五和、七失並見下文）陳疑「遠戚」上脫「無」字，唐大沛補「無」。無遠戚，唐大沛曰：「言毋疏遠親戚。」鴻恩按，今從陳、唐補「無」。干和，朱右曾曰：「謂賞罰刑政之乖。」據此，此應讀作「無遠戚，無干和，無再失」。⓬維明德無佚　有光明道德的人不貪圖安逸。無佚即《尚書》之「無逸」。佚，通「逸」。⓭不可還　不可收回貪圖安逸之心。⓮維文考恪勤戰戰　文王恭敬勤勞恐懼小心。文考，指文王。詳見上篇注。⓯何敬何好何惡　何敬，是說無所不敬（朱右曾）。何好何惡，陳逢衡、朱右曾釋為《尚書·洪範》箕子對武王所說「無有作好」、「無有作惡」，意即沒有個人偏愛、個人偏惡。⓰時不敬二句　有偏愛、有偏惡就是不敬謹，就是危險啊。時，是；此。⓱四戚五和七失九因十淫　均見下文注。⓲而言維格　你的話是準則。而，爾；汝。維，為，表示判斷。格，《後漢書·傅燮傳》李賢注：「格，猶標準也。」⓳自塞　自滿；自我封閉。⓴維明戒是祇　惟汝明戒是敬也（陳逢衡引明鍾惺《周文歸》注）。這句是賓語前置，主要成分是「祇明戒」。維，今多寫作「唯」。祇，恭敬。

【語譯】武王元祀十二月，王在酆都，聽說密人與商紂謀算周的天命。武王向周公旦徵詢意見，說：「唉呀！我日夜思慮商、密，它們的罪惡陰謀尚未顯露，適宜宣布它們哪個的罪惡？如同一年有收穫的季節，現在我不收穫，果實零落了該怎麼處置？」

周公說：「這事在於敬重道德。助周大約是天命，請王敬重天命。不要疏遠親近的人，不要干犯和諧的局面，不再犯同樣的過失。只有昭顯道德，不貪圖安逸；一貪圖安逸，就難以回頭了。想先父文王恭謹勤勞，戰戰兢兢，他敬重什麼，偏好什麼，偏惡什麼？不重視這個，危險啊！」

武王拜了一拜，說道：「確實啊！我聽說國家有四戚、五和、七失、九因、十淫，不是不敬重，是不知道。

如今你所說的是準則，我不會廢棄善言而自我封閉，我要唯明戒是敬。」

周公拜曰：「茲順天❶，天降寤于程❷，程降因于商❸。商今生葛❹，葛右有周❺。維王其明用〈開和〉之言❻，言孰敢不格❼？

「四戚❽：一、內同姓❾；二、外婚姻❿；三、官同師⓫；四、哀同勞⓬。

「五和⓭：一、有天維國；二、有地維義⓮；三、同好維樂；四、同惡維哀⓯；五、遠方不爭⓰。

「七失⓱：一、立在廢；二、廢在祗；三、比在門；四、諂在內⓲；五、私在外；六、私在公；七、公不違⓳。

「九因：一、神有不饗⓴；二、德有不守；三、才有不官；四、事有不均；五、兩有必爭；六、富有別㉑；七、貪有匱；八、好有遂；九、敵有勝㉒。

「十淫㉓：一、淫政破國㉔，動不時㉕，民乃不保㉖；二、淫好破義㉗，言不協㉘，民乃不和；三、淫樂破德㉙，德不純，民乃失常㉚；四、淫動破醜㉛，醜不足，民乃不讓㉜；五、淫中破禮㉝，禮不同㉞，民乃不協；六、淫采破服㉟，服不度㊱，民乃不順；七、淫文破典㊲，典不式教㊳，民乃不類㊴；八、淫權破故㊵，故不法官㊶，民乃無法；九、淫貨破職，百官令不承㊷；十、淫巧破用㊸，用不足，百意不成㊹。

「嗚呼，十淫不違㊺，危哉！今商維茲㊻，其唯弟茲命，不承，殆哉㊼！若人之有政令，廢令無赦，乃廢天之命？訖文考之功緒㊽，忍民之苦，不祥㊾。若農之服田㊿，務耕而不耨(51)，維草其宅之(52)；既秋而不獲，維禽其饗之(53)，人而獲飢，云誰哀之(54)。」

【章　旨】周公詳述四戚、五和、七失、九因、十淫內容，並追述上天託夢於太姒，如今商紂暴虐，就是要斷絕商命，要周承受。不受天命則受禍殃。

【注　釋】❶茲順天　陳逢衡曰：「『茲』下疑脫『在』字，猶上文言『茲在德敬』也。」❷天降寤于程　即〈程寤〉篇所說，文王在程邑，太姒夢見商庭生荊棘，可見殷商滅亡是出於天意。❸程降因于商　俞樾曰：「『程』字不當疊。」「『葛』字亦不當疊。」鴻恩按，俞說或是。然此處均使用頂真修辭格，可以理解為省文，「程降」即「程寤之降」，下文「葛」字即生葛。因于商，起因於商之將亡。❹商今生葛　唐大沛曰：「葛，蓋即商庭生棘之謂。」朱右曾曰：「葛，蔓延之草，喻政亂也。」❺葛右有周　孔晁曰：「商朝生葛，是佑助周也。」有周，即指周，「有」為詞頭。❻維王其明用開和之言　維，這裏表示希望、祈請的語氣。開和，孔晁曰：「可否相濟曰和。欲其開臣以和，則忠告之言無不至矣。」陳逢衡以「開和」為書名。〈武儆〉篇有「出〈金枝〉、〈郊寶〉、〈開和〉細書」語。陳又引或曰：「下文四戚、五和……皆〈開和〉之言。」陳漢章曰：「〈開和〉，當如〈開望〉。」〈開望〉見〈文傳〉篇。❼言孰敢不格　那些話誰敢不從。孰，周玉秀曰：「『孰』最早見於《左傳》，當是戰國時代的產物。」（《文獻學價值》第一六〇頁）❽戚　親戚和親近的人。《尚書・金縢》孔穎達疏：「戚是親近之意。」細分之，則為族內之親和族外之親，如下文所說。❾內同姓　舊作「內同外」，唐大沛曰：「〈大武〉篇作『一、同姓」，此亦當作「內同姓」。」朱右曾改為「內同姓」。❿外婚姻　外家的姻親。外，指外家之親。婚姻，潘振曰：「婦之父母、婿之父母，相謂為婚姻。」⓫官同師　同師，同僚（朱右曾）。〈大武〉篇之「四戚」此作「友朋」。劉師培曰：「竊以同師即此友朋（同門曰朋。古者宦學事師，學成入官，故同僚恒出于同師。〈芮良夫〉云『惟爾執政朋友』，是亦同官稱朋友者）。」⓬哀同勞　同勞相恤（唐大沛）。《周禮・大宗伯》鄭玄注：「哀謂救患分災。」鴻恩按，哀同勞，指有憂傷或喪哀而相互哀憐體恤的人。勞，憂也，《詩經・檜風・羔裘》「勞心忉忉」陳奐傳疏。⓭和　和諧；和睦。⓮有天維國二句　唐大沛曰：「法天治國，因地制宜。」朱右曾曰：「得天心方能享國，資地之利以和義。」⓯同好維樂二句　樂生也，哀死也（陳逢衡）；樂所好，哀所惡（唐大沛）。鴻恩按，二句之意與〈度訓〉「生物是好，死物是惡」意思相承。⓰遠方不爭　孔晁曰：「以文德來遠。」即不出師到遠方爭鬥，即〈大武〉「遠宅不薄」意。按，五和是說與天、地、同好惡及遠方之人都做到和諧。⓱失　失誤。⓲立在廢四句　所立在應廢之人，所廢在可敬之人，親近在宮門內之人，諂媚在朝內之人。⓳私在外三句　寵幸者在外攬權，寵幸者又干預朝政，公廷反而不敢違抗。陳逢衡曰：「此七失俱指用人言。」⓴九因二句　因，因襲；隨便；拖延。即今俗話所說得過且過，隨歪就歪，當一天和尚撞一天鐘，故不敬神、不修德、不舉賢。饗，祭祀神鬼。㉑事有不均三句　臣下勞逸不均等，兩方職權相同必生爭鬥，國君富有，異乎常制（而眾叛親離）。㉒貪有實三句　貪財而有竭盡之時（多藏則多亡），嗜好得到了滿足（則窮奢極侈），敵人得到了戰爭的勝利。㉓淫　過度；邪惡；迷亂。㉔淫政破國　過度的征戰足以破國。政，通「征」（唐大沛）。朱說，政指賦稅徭役。㉕動不時　戰爭行動不分時機，影響農事等。㉖不保　不保其生。㉗淫好破義　喜好土功、遊田、聲色犬馬等，不宜好而好之，故破壞義。㉘言不協　號令不合於義。言，號令（陳逢衡）。㉙淫樂破德　靡靡之音敗壞德性。淫樂，靡靡之音。「德不純，民乃失常」，即淫樂造成。古人看重音樂對人性情的影響。㉚失常　失去常性。㉛淫動破醜　濫惡的賞罰舉措破壞人的廉恥之心。醜，羞恥。朱右曾曰：「破醜，不足以勸懲也。」㉜不讓　指發生爭競、爭奪。㉝淫中破禮　淫中，奇衺的法則。劉師培曰：「《國語・楚語》『左執鬼中』，韋注云：『執謂把其錄簿。』是『中』謂簿籍。」㉞禮不同　不同於禮俗（參唐大沛說）。㉟淫采破服　間雜不正的顏色，破壞服飾制度。㊱不度　不合法度。㊲淫文破典　巧言深文，變亂舊章（朱右曾）。典，典籍；典章。㊳典不式教　典章不用先王之教。㊴不類　不善。㊵淫權破故　過度的權勢破壞舊章。㊶故不法官　成法不能成為官員的法則。故，成憲（陳逢衡）。㊷淫貸破職二句　「淫貸破職，百官令不承」，孫詒讓曰：「貸，與〈柔武〉篇『姦吏濟貸』義同。以上下文例校之，『百官』上當有『職不□』三字，今本脫之。」劉師培曰：「貸，當作『貳』，即《周禮・太宰》『立其貳』之『貳』也。貳謂屬官群吏。淫貳者，吏之姦邪者也，故下云「百官令不承』。」職，職責；職任。鴻恩按，今用劉氏「淫貳」說，「職」字下當有脫文，如孫說，譯文從其說。㊸浮巧破用　奇衺的技巧破壞財用。㊹百意不成　百事無法辦成。百意，百事；庶務。朱駿聲曰：「意，讀為『事』。」孔晁曰：「言商紂所行，如此十者之所蔽。」㊺不違　違，去。鴻恩按，朱本曰：「維，去也。」「維」字誤。《周易・文言》「憂則違之」，焦循曰：「違，去也。」可以為證。㊻今商維茲　陳逢衡曰：「商王所行，維此而已，是可鑒也。」㊼不承二句　承天命之「承」，謂不承其命，將危殆也（劉師培）。㊽訖文考之功緒　終止文王的功業。㊾不祥　陳逢衡曰：「今乃廢天之命而不承，棄父之業而不終，忍民之苦而不救，則當反受其咎矣，故不祥。此申言茲命不承之害也。」㊿服田　種田。服，從事。(51)耨　鋤草。(52)維草其宅之　宅，居。這裏是生長的意思。(53)饗之　食之。(54)云誰哀之　又有誰哀憐他。云，語意相當於「又」。

【語　譯】周公行拜禮，說道：「這事在於順從天意。上天託夢給在程的太姒，程的託夢起因於商。殷商現在生出葛藤，商生葛藤是上天佑助周。請王明白推行〈開和〉中那些話，那些話哪個敢不當作準則？

「四征親近的人是：一、族內的同姓；二、外家的姻親；三、同師的官員；四、有憂傷而相互體恤的人。

「五位和諧的關係是：一、效法天以治理國家；二、效法地以合於義；三、眾人好生就盡力滿足其生之樂；四、眾人惡死就力避其所惡之哀；五、與遠方諸侯不發生爭競。

「七種用人的失誤是：一、所樹立的是應當廢棄的人；二、所廢棄的是應當尊敬的人；三、親近的是在宮門內的人；四、諂媚的是朝廷的人；五、寵幸者在外面專權；六、寵幸者在朝內干政；七、公廷不敢違抗私門的權勢。

「九種懈怠拖拉是：一、不祭祀鬼神；二、不遵守道德；三、不任用有才能的人做官；四、臣下勞逸不均；五、權勢相當的相互爭鬥；六、富有超出常制；七、貪財卻匱竭；八、嗜好而如願；九、敵人得了勝利。

「十種邪惡、迷亂是：一、沉迷征戰使國家破亡，發動戰爭不管時機，人民生活就不能安定；二、沉迷於嗜好破壞義，號令不合於人情，人民就不會和順；三、浮華頹靡的音樂破壞君的德性，君德不純正，影響到民，民就失去常性；四、濫惡的賞罰破壞人的廉恥之心，廉恥觀念不足，人民就沒有謙讓；五、奇衺的法則破壞禮法，禮俗不一，人民就不會和諧；六、間雜不正的色彩破壞服飾制度，服飾不合法度，人民就不會順從；七、巧言深文破壞典章，典章不用先王之教，人民就不良善；八、沒有節制的權力破壞舊典，舊典不能作為官員的法則，人民心目中就沒有法則；九、胡亂送人爵號、車服儀制破壞職任，職任不……官員就不接受命令；十、奇異的技巧破費財用，財用不足，則百事不能辦成。

「唉呀，十種邪惡、迷亂如不絕棄，危險啊！如今商紂所做的就是這些。看來上天是要斷絕對於商的天命。我們不承受天命，將有危險啊！就像人，君主有政令，臣民如果廢除政令不執行，則罪不可赦，竟然廢止天命？終止先父文王的功業，忍心讓人民受苦，不吉利啊。就像農民種田，只耕地不鋤草，野草就將生長在那裏；秋天到了而不收穫，禽鳥就將吃掉它，而人得到的卻是挨餓，又有誰哀憐他。」

王拜曰❶：「格乃言❷。嗚呼，夙夜戰戰，何畏非道❸，何惡非是❹。不敬，殆哉！」

【章　旨】武王稱讚周公的話精到，表示重視他所說的事、理。

【注　釋】❶王拜曰　王拜，孔晁曰：「王心以周公言為至，故拜也。」❷格乃言　你的話精要啊。❸非道　不合於道；不能做到道高德重。道，這是回應周公所講敬德和四戚、五和、七失等政治局面的話。❹非是　陳逢衡、俞樾以為「是」字屬下讀，「非」下有脫文。鴻恩按，陳、俞說當是，唯四戚、五和乃「何畏非道」之「道」，「七失」、「九因」、「十淫」可理解為「何惡非是」之「是」，下句之「敬」總言既要警惕「非道」，又要防止踐「是」，如此亦可通。

【語　譯】武王拜道：「精到啊你的話。唉呀，日夜戰戰兢兢，畏懼什麼，就怕不合於大道；厭惡什麼，就怕不厭惡背棄大道的這些事。行為不謹敬，危險啊！」

【研　析】文王死後，密與商大約以為是謀算周的時機。聞訊後武王向周公徵詢對策，於是有武王、周公這一次談話。

文王所滅之密，在今甘肅靈臺西南，是姞姓國，劉師培所說周共王所滅之密，雖在同地，是周的同姓。不過武王伐紂之前的密還不大可能是周的同姓；這時周的同姓，也不可能聯合商謀算周。孔晁、劉師培說，這時商、密謀周，則本文所說必有根據，後人不大可能杜撰出來。篇中使用的比喻，如「若歲之有秋，今余不獲，其落若何」，「若農之服田，務耕而不耨，維草其宅之；既秋而不獲……」這些話與《尚書·盤庚》和《大誥》中的話很相似：「若農服田力穡，乃亦有秋」(〈盤庚〉)；「若穡夫，予曷敢不終朕畝」(〈大誥〉)。一種可能是出於模仿，一種可能是有原始資料作為依據。

周公要武王相信天命，強調敬德、恪勤、無逸，繼承天命，關心人民疾苦，完成文王的未竟之業。這也是《尚書·周書》中的思想。至於四戚、五和、七失、九因、十淫，如此繁縟之文，就不可能是西周之物了。四戚、五和，是說什麼人可以倚重，什麼人要團結和睦，應該怎樣做。而七失、九因、十淫，實際是以殷商為鑒戒，說明不應該怎樣做。用人方面的各種失誤，一塌糊塗的政局，邪惡、迷亂的舉措造成的惡果，使商處於危殆之中。

劉起釪說：〈大開〉、〈大開武〉、〈小開武〉、〈本典〉等篇「雖然也是關於自文王歷武王至周公各時期史料，然已近戰國文字，當係戰國時據流傳下來之史料寫成。」(《尚書學史》第九六頁) 周玉秀也說：「從反問句式及疑問代詞的使用情況看，〈度訓〉、〈允文〉、〈大明武〉、〈文傳〉、〈大開武〉……的寫定時代當在戰國以後。」〈大開武〉用「而」作第二人稱代詞也「在戰國之世」(《文獻學價值》第一六二、一二二頁)。

有人以為本文寫於春秋，「非戰國」，此說不能成立，已如上述。讓我們再說說「十淫」中的例子。「淫政破國」、「淫好破義」、「淫樂破德」等十句，約有四分之三的詞或詞組為本文所獨有，此可不論，為便於比較，只說常見的「淫巧」和「破義」、「破國」。語言有其繼承性，但每個時代又有它的流行語。如本書「淫巧」四見：「淫巧破時」(〈武稱〉)、「淫巧破用」(〈本文〉)、「淫巧破制」(〈成開〉)、「內乃淫巧」(〈大戒〉)。在先秦其他著作中，「淫巧」見於《尚書·太誓下》一次、《呂氏春秋》二次、《管子·五輔》二次、《禮記·月令》二次、《文子》一次。〈太誓〉之「淫巧」果真出於周初，何以西周、春秋時代全無嗣響，直至戰國的《管子・五輔》、《呂覽》、《禮記・月令》才頻繁使用？本書「破義」二見：「淫言破義」（〈武稱〉）、「淫好破義」（本文）。其他先秦著作，《左傳》隱公三年稱「淫破義」為「六逆」之一，《管子・五輔》提出「淫不破義」等凡「八者」，比《左傳》增加了兩條，又是《左傳》的反命題，肯定在《左傳》之後。本書說「淫言破義」、「淫好破義」，又是《左傳》的進一步具體化，不是在《左傳》之後的證據嗎？本書「破國」也是四見：「淫政破國」（本文）、「破國弗克」、「美女破國」、「宮室破國」（〈史記〉），先秦其他著作，「破國」見於《孫子・謀攻》一次、《墨子・非儒下》一次、《韓非子・說疑》二次、〈五蠹〉一次、《戰國策・中山》一次。這四部書時代最早的是《孫子》，李零認為，就《孫子》總體說，「應是完成於戰國時期」，「成書時間很可能是在戰國中期」（《孫子古本研究》第二一五、二二〇頁）。這四部著作都出於戰國時期。由此可證，本書使用「淫巧」、「破義」、「破國」的篇章，應當在《左傳》之後，與《孫子》、《管子》、《墨子》、《戰國策》、《韓非子》、《呂氏春秋》、《禮記》、《文子》的有關篇章時代相同或相近，肯定在戰國時期。

小武開（武）第二十八

【題解】原題為「小開武」，今據孫詒讓說（詳見上篇題解）和《史略》改為「小武開」。本篇和上篇都是「武開」，武王所提問題亦與上文銜接，時間在上篇之後，以「大」、「小」相稱，應是因為篇幅長短，不易找出其他原因。

維王二祀一月❶，既生魄❷，王召周公旦曰：「嗚呼，余夙夜忌商，不知道極❸，敬聽以勤天命❹。」

【章　旨】武王日夜忌憚殷紂王，召見周公，詢問有什麼好辦法敬奉天命。

【注　釋】❶維王二祀一月　武王二年一月。王二祀，武王二年，據《尚書・序》、《尚書大傳》、《史記・周本紀》載，文王受命七年而崩，武王未改元，於十一年（武王即位後四年）二月甲子牧野之戰滅商（參楊寬《西周史》第八八～九二頁）。依《夏商周斷代工程階段成果報告》之說，事在西元前一〇四六年，則武王「二年」即西元前一〇四八年。❷既生魄　見〈柔武〉篇注。❸不知道極　陳逢衡曰：「猶言不知所處也。」道極，最好的途徑、辦法。❹敬聽以勤天命　唐大沛曰：「敬聽汝言，庶有以勤奉天命。」

【語　譯】在武王二年一月，新月生出以後的日子，武王召見周公旦，說：「唉呀，我日夜忌憚殷紂王，不知道對付他的最好方法是什麼，謹聞所言以盡心力於天命。」

周公拜手稽首曰❶：「在我文考，順明三極❷，躬是四察❸，循用五行❹，戒視七順❺，順道九紀❻。三極既明，五行乃常；四察既是，七順乃辨；明勢天道❼，九紀咸當。順德以謀，罔惟不行❽。

「三極：一、維天九星❾；二、維地九州❿；三、維人四左⓫。

「四察：一、目察維極；二、耳察維聲；三、口察維言；四、心察維念⓬。

「五行：一、黑位水；二、赤位火；三、蒼位木；四、白位金；五、黃位土⓭。

「七順：一、順天得時⓮；二、順地得助⓯；三、順民得和⓰；四、順利財足⓱；五、順得助明⓲；六、順仁無失⓳；七、順道有功⓴。

「九紀：一、辰以紀日；二、宿以紀月㉑；三、日以紀德；四、月以紀刑㉒；五、春以紀生；六、夏以紀長；七、秋以紀殺；八、冬以紀藏㉓；九、歲以紀終㉔。

「時候天視，可監㉕，時不失㉖，以知吉凶。」

【章旨】周公具體講述文王所遵行的三極、四察、五行、七順、九紀。

【注釋】❶拜手稽首曰　拜手稽首，都是古代男子的跪拜禮。跪後兩手相拱，俯首至手，即拜手。跪後叩頭至地，且作停留，即稽首，是拜中最恭敬的禮節，用於臣拜君。❷順明三極　順從明白三種標準。順明，順從通曉。極，標準；準則。❸躬是四察　躬是，親自是正。察，考察；審辨。❹循用五行　五行相生相剋，循其序而用之。五行，指水、火、木、金、土，是我國古代認為構成各種物質的五種元素。《尚書・洪範》孔穎達釋「五行」曰：「五材氣性流行。」又曰：「五行即五材也，襄二十七年《左傳》云『天生五材，民并用之。』言五者各有材幹也。謂之『行』者，若在天則五氣流行，在地則世所行用也。」春秋時產生五行相勝思想，戰國時形成五行相生相剋理論，即木生火，火生土，土生金，金生水，水生木；水剋火，火剋金，金剋木，木剋土，土剋水。它被廣泛運用於我國天文、曆數、醫學等方面。❺戒視七順　戒視，警惕地注視。七順之「順」義為順從。❻順道九紀　依循九種紀事。順道，順由；依循。紀，記事。❼明勢天道　勢，字誤，陳逢衡以為當作「執」；朱右曾以為當作「埶」，義為法。似均可通，今用朱說。❽順德以謀二句　唐大沛曰：「順天人合一之德以圖天下之政，無有不行者，所謂道極也。」罔，無；沒有。❾維天九星　維，句首助詞，引出處所。九星，孔晁曰：「四方及五星也。」盧說同。四方之星：東方蒼龍、北方玄武、西方白虎、南方朱雀；五星：辰星（水）、熒惑（火）、太白（金）、歲星（木）、填（鎮）星（土）。❿九州　冀州、兗州、青州、徐州、揚州、荊州、豫州、梁州、雍州（此據《尚書・禹貢》，劉起釪引邵望平說：「九州實為黃河長江流域公元前第三千年間龍山時期即已形成，後歷三代變遷仍繼續存在的一種人文地理區系。」劉綜合學者論述，認為〈禹貢〉雖有戰國資料，但基本成書於西周時期）。朱右曾曰：「九星正歲時，辨封域，察禨祥。九州奠山川，則土壤，周知其利害。」⓫四左　即「四佐」（盧文弨、劉師培），君主的四種輔佐之臣，即《詩經・大雅・緜》所說疏附（使疏遠的人親附）、先後（在前後察看道路）、奔走（奔走宣傳德、譽）和禦侮（抗外侮捍衛國家）。⓬目察維極四句孔晁曰：「四者當所必察真偽。」朱右曾曰：「四者審其邪正。」目察維極，眼睛審辨的是標準。⓭黑位水五句　〈洪範〉有「五行」，其序是水、火、木、金、土，與本文次序相同。劉起釪釋〈洪範〉曰：這一次序「既和戰國時『五行相勝說』的土、木、金、火、水的次序不同，也和漢代『五行相生說』的木、火、土、金、水的次序不同，還沒有相生相勝的意義，顯然早於這兩說，所以梁啟超說：『此不過將物質區分為五類，言其功用及其性質耳，何嘗有絲毫哲學的或術數的意味！』……《禮記・月令》、《淮南子・時則訓》抄襲《呂氏春秋・十二紀》，其五味的配合和本文同，顯然襲自本文。但它們還進一步把宇宙中各方面複雜繁複事物都安排成五來和這相配合，如什麼五方、五色、五聲、五蟲……荒謬怪誕不可理喻！」（《尚書校釋譯論》第一一五五頁）鴻恩按，奇怪的是，這裏五行的次序雖與〈洪範〉相同，可是卻有劉起釪斥為「荒謬」的「五色」和「五方」，陳逢衡曰：「水色黑，位在北方；火色赤，位在南方；木色青，位在東方；金色白，位在西方；土色黃，位在中央。」〈十二紀〉、〈月令〉與《管子・幼官》、〈幼官圖〉均可證陳氏之說。劉起釪說《管子・幼官》「沒有提到金、木、水、火、土，……只有五色、五味等和傳統的五方觀念相結合，後來才逐漸發展到和五行相結合的。」（《古史續辨》第二〇五頁）這一看法與一般觀點不同，不結合五行如何產生五色配五方是難以想像的。而楊寬又依據《史記・封禪書》秦襄公「作西時，祠白帝」，以為「五帝配合五行、四方、五色也早有成說」（《戰國史》第五七九頁），也是不對的，因為先秦典籍中，只有「赤帝」在《文子・上義》出現一次，「白帝」在《山海經・西山經》出現一次，是否果出先秦人之手還是問題，在〈十二紀〉、〈月令〉中「青帝」、「黑帝」、「赤帝」、「白帝」之稱皆無所見（「黃帝」也只始見於《國語》、《左傳》和《孫子兵法》），〈封禪書〉不足為據（而且同樣的話，在〈六國年表〉中「白帝」為「上帝」）。〈洪範〉中五行沒有五方、五色之意，與本文不可能是同時代之物。⓮順天得時　順寒暑之序，故得時（唐大沛，下同）。⓯順地得助　順山川之險則得助。⓰順民得和　順民情所欲，故得和，《孟子・公孫丑下》所謂「人和」是也。⓱順利財足　順資生之利，故財足，《論語・堯曰》所謂「因民之所利而利之」。潘振曰：「順利者，如居澤利魚鹽，居陸利田蠶之類。」⓲順得助明　唐大沛、朱右曾俱以「得」通「德」。蓋謂順承有德者則助我者明，作有功也。⓳順仁無失　陳逢衡曰：「順仁無失，則四方協。」唐大沛曰：「仁，疑當讀為『人』，將帥得人，故無失。」⓴順道有功　唐大沛曰：「伐暴安民，王師之道也。順王道，故有武功。」唐大沛又曰：「七順蓋皆言用武之道。」鴻恩按，唐說有其據。㉑辰以紀日二句　辰，有二解：孔晁曰：「日月之會曰辰。」即夏曆一年十二個月的月朔（初一）時，太陽所在的位置。《尚書・胤征》「辰弗集于房」孔穎達疏曰：「日月俱右行于天，日行遲，月行疾，日每日行一度，月日行十三度十九分度之七，計二十九日過半，月已行天一周，又逐及日而與日聚會，謂此聚會為『辰』。一歲十二會，故為十二辰，即子、丑、寅、卯之屬是也。」而陳逢衡以為指干支相配之六十甲子：「以十二辰（子、丑、寅、卯、辰、巳、午、未、申、酉、戌、亥十二支）配十日（甲、乙、丙、丁、戊、己、庚、辛、壬、癸十干）而成六十甲（甲子、乙丑、丙寅等），故曰辰以紀日。十二次（為說明日、月和金、木、水、火、土五星的運行，把黃道附近一周天由西向東分為十二等分，即十二次。十二次與十二辰區劃相當但順序相反。十二次的名稱與順序是：星紀、玄枵、娵訾、降婁、大梁、實沈、鶉首、鶉火、鶉尾、壽星、大火、析木）以二十八宿（古人為觀測日月五星的運行選擇黃道赤道附近二十八個星宿作為坐標，五行說流行後分為東方蒼龍七宿、北方玄武七宿、西方白虎七宿、南方朱雀七宿，自角、亢至翼、軫，凡二十八宿）得名，用紀十二月之躔離（日月運行所經歷的距離遠近），故曰宿以紀月。」孔注以日月之會定每月的初一（朔），由此可以紀日。陳說以六十甲子紀日，當然是對的，自殷商甲骨文就用這種紀日法。但從根本上說，六十甲子仍然是由日月之會決定的。辰，原意就是星辰，分辨季節的標準星象，如分別春分、夏至、秋分、冬至的標準星（即《尚書・堯典》所述及的四中星）。以後而有十二辰、二十八宿之類。有人釋此辰為「時辰」，而顧炎武、趙翼認為分一天為十二時辰，是漢代才有的事。地下出土資料證實，秦代有了十二時辰的記載（李學勤《簡帛佚籍與學術史》第一六四頁）。但始有於何時，學術界意見還不一致。鴻恩按，《呂氏春秋・孟春》言「孟春之月，日在營室」，〈仲春〉言「仲春之月，日在奎」，〈季春〉言「季春之月，日在胃」，〈孟夏〉言「孟夏之月，日在畢」……陳奇猷曰：「本書每一月紀皆有日在某宿之文……日行一年一周，故本書有十二月紀。」（《呂氏春秋校釋》第一七五、一七六頁）說的是日在某宿（都是二十八宿之一），但實際是在紀月。此即「宿以紀月」。㉒日以紀德二句　朱右曾曰：「日陽精，常實，故紀德。有眚則修德。月陰宗，有盈有闕，故紀刑。有眚則修刑。」㉓春以紀生四句　陳逢衡曰：「春為發生，故紀生；夏為長贏，故紀長；秋為收成，故紀殺；冬為安寧，故紀藏。」藏，收藏。鴻恩按，《呂氏春秋・十二紀》正是春言生，夏言長，秋言收（秋氣肅殺，萬物收斂），冬言藏（陳奇猷《呂氏春秋校釋》第三頁）。《禮記・月令》刪合〈十二紀〉而成（還有人說吸收了《管子・幼官》），也是如此。㉔歲以紀終　用歲記述一年的終了。歲，初與「年」字含義不同。劉起釪曰：「據顧炎武《日知錄》之《集釋》卷三十二云：『自今年冬至至明年冬至，歲也（三百六十五日，實際即陽曆年）。自今年正月朔至明年正月朔，年也（三百五十四日多，實即陰曆年）。』到戰國時，年和歲的意義基本不分了，因為陽曆年和陰曆年已經混合了。」（《尚書校釋譯論》第六二頁）㉕時候天視二句　前人多以為有衍脫訛誤，陳逢衡改為「天視可監，候時不失」。劉師培以為「可監」當依〈小開〉篇作「何監非時」。朱右曾曰：「三月為時，五日為候。視、示同。」鴻恩按，疑朱說是，這裏的「時候」意即時令、節候。何休注《公羊傳》莊公二十二年「公如齊納幣」曰：

「凡婚禮皆用雁，取其知時候。」鄭玄注《禮記・王制》「獺祭魚，然後虞人入澤梁」曰：「取物必順時候也。」時候都是此意。此處的大意是說，天象所示節候，是可以觀測的。㉖時不失　時令、節候不發生差誤。

【語　譯】周公跪拜，拜手，稽首，說：「我們先父文王，順從通曉三極，親自是正四察，順序運用五行，警惕地注視七順，依循順從九紀。瞭解了天地人三項標準，五行之用就能得其常道；四種審察已經是正，七種順從才能辨析；懂得效法天道，九種紀事就都會適當。順從天人合一之德謀劃政治，就沒有不能實行的。

「天地人三種準則是：一、天上的九星；二、地上的九州；三、朝廷的四種輔佐之臣。

「四種審辨是：一、眼睛審辨的是標準；二、耳朵審辨的是聲音；三、嘴巴審辨的是說話；四、心審辨的是意念。

「五材的行用是：一、黑色，位在北方，是水；二、赤色，位在南方，是火；三、青色，位在東方，是木；四、白色，位在西方，是金；五、黃色，位在中央，是土。

「七種順從是：一、順從時令寒暑得天時之用；二、順從山川形勢得地利之助；三、順從百姓意願得民心之和；四、順從百姓之利而利之則財用充足；五、順從有道德的人則所得到的輔助明達；六、將帥得人則行為無差失；七、順從道義則能建功立業。

「九種記事是：一、依日月的會合記日；二、據星宿的停留記月；三、太陽光明盛實，用來記德；四、月亮有盈有闕，用來記刑；五、春天記萌生；六、夏天記生長；七、秋天記肅殺；八、冬天記收藏；九、歲記一年的終了。

「天象所表現的節候，是可以觀測的。時令不發生差誤，可以預知吉凶。」

王拜曰：「允哉❶！余聞在昔，訓典中規❷。非時❸，罔有格言❹，日正余不足。」

【章　旨】武王接受周公的話，並囑咐周公每天糾正他的不足之處。

【注　釋】❶允哉　按，〈大戒〉篇結尾曰：「王拜曰：『允哉允哉！敬行天道。』」陳逢衡以為是本文錯簡。〈大戒〉未言「天道」，而本文上文有「天道」，與「天道」相應。❷訓典中規　訓典，《左傳》文公六年「告之訓典」杜預注：「先王之書。」中規，合於法度。❸時　是；此。指上文所說三極、四察、五行、七順、九紀。❹恪言　恪，一本作「格」，惠棟曰：「『恪』即古文『格』字。」

【語　譯】武王拜一拜，說道：「確實啊！我聽說在從前，先王訓典合於法度。不是這些，就沒有合於準則的話了，你每天都要糾正我的不足。」

【研　析】照理說，〈洪範〉講「五行」的時代應當最早，但是研究者認為它寫定的時代晚。劉起釪認為，『五行』一詞本來出現於設定二十八宿的殷、周之際，原是專指天象的術語，即指辰星、太白、熒惑、歲星、填（鎮）星等五行星在天球面上的運行，根本與金、木、水、火、土無關。」與金、木、水、火、土相結合的「五行」的出現，「至早在春秋時期」，因而〈洪範〉的這一部分「至早成於春秋時代」（《尚書校釋譯論》第一二一一、一二一八頁）。童書業認為，〈洪範〉是「戰國初期的作品」（《童書業史籍考證論集》第六一八頁）。西周末，史伯說：「夫和實生物，同則不繼。……故先王以土與金、木、水、火雜，以成百物。」（《國語・鄭語》）伯陽父（應即史伯）說：「夫水、土演（韋昭注：水土氣通為演，演猶潤也）而民用也。水、土無所演，民乏財用，不亡何待？」（《國語・周語上》）這時，把金、木、水、火、土純粹視為物質元素，時代應當屬於五行學說的起源階段（楊寬《西周史》第六九〇～六九一頁）。彼此比較，可知本文所說「黑位水」等等，必定晚於《國語》、〈洪範〉，而寫成於已經確定了五行與五方、五色相配的戰國時代。《墨子・貴義》說：「帝以甲乙殺青龍于東方，以丙丁殺赤龍于南方，以庚辛殺白龍于西方，以壬癸殺黑龍于北方。」對照〈月令〉，這裏應是以五行配四季、四方、四色，還沒有「黃位土」。至《禮記・曲禮上》「前朱鳥而後玄武，左青龍而右白虎」，明白含有一個「中」，已經運用五色於天文的「四象」了。認為〈小武開〉晚於《墨子・貴義》而早於《禮記．曲禮》，應當是比較符合邏輯的。

我國古代對於觀測天象，用以確定和記載時序十分重視。《尚書．堯典》說堯命令羲和「欽若昊天，歷象日月星辰，敬授民時。」——意思是說，敬順天上日月星辰的天象，把觀測天象所定下的農時認真地傳授給人民。《尚書．洪範》有「五紀：一曰歲，二曰月，三曰日，四曰星辰，五曰歷數。」《周禮．春官．馮相氏》：「掌十有二歲、十有二月、十有二辰、十日、二十有八星之位，辨其敘事，以會天位。」〈保章氏〉「掌天星，以志星辰日月之變動」，〈太史〉則「正歲年以序事，頒之于官府及都鄙」。《左傳》僖公五年載：按照「禮」的規定，夏至日，魯君要親自登觀臺望天象，記錄「雲物」：「凡分、至、啟、閉，必書雲物。」（雲物指物、風、氣和日、月、星辰）這就是「五紀」、「九紀」等產生、存在的背景。顧炎武曾說：「三代以上，人人皆知天文。『七月流火』，農夫之辭也；『三星在天』，婦人之語也；『月離于畢』，戍卒之作也；『龍尾伏晨』，兒童之謠也。後世文人學士，有問之而茫然不知者矣。」（《日知錄》卷三十〈天文〉）後來曆法逐漸精密，秦漢時設定了二十四節氣（《左傳》「分至啟閉」已是指春分、秋分、冬至、夏至、立春、立夏、立秋、立冬八個節氣），使人們知道「十五日為一節，以生二十四時之變」（《淮南子．天文》）之時，只按二十四節氣行事就行了，不必再依靠觀天象。於是觀天象成了少數人的專業，大家對於天象就漸漸茫然不知了。

本文〈四察〉，和《尚書．洪範》的「五事：一曰貌，二曰言，三曰視，四曰聽，五曰思。貌曰恭，言曰從，視曰明，聽曰聰，思曰睿」，自然有聯繫。所以朱右曾說：「四者審其邪正，〈洪範〉之明、聰、從、睿也。」《管子．宙合》講「五音」、「五味」，表明了它和「五行」的關係（時代也許更晚），該文也說：「耳司聽，聽必順聞，聞審謂之聰。目司視，視必順見，見察謂之明。心司慮，慮必順言，言得謂之知（智）。」說了三察，沒有說「口」，但講得更透徹，可相互參讀。在寫作之際，這些文章的作者，應當是後者參閱前者的，演變之跡似是明顯。

寶典第二十九

【題　解】《周書・序》曰：「武王評〔誶〕周公維道以為寶，作〈寶典〉。」「誶」，意思是告訴。這是武王和周公兩人關於何為治國之寶的一次談話。武王強調「信」，輔以「義」。而周公強調「仁」。典，即文中所說的「典程」，意為常法。

維王三祀二月丙辰朔❶，王在鄗❷，召周公旦曰：「嗚呼敬哉！朕聞曰：何脩非躬❸？躬有四位、九德❹。何擇非人？人有十姦❺。何有非謀？謀有十散❻，不圉我哉❼。何慎非言？言有三信❽。信以生寶，寶以貴物，物周為器❾。美好寶物無常，維其所貴，信無不行❿。行之以神，振之以寶，順之以事，明眾以備，改□以庸⓫。庶格懷患⓬。

【章　旨】武王召見周公，感嘆敬慎於自身修養、選擇人才、治國謀略，有的事感到困苦。強調誠信是國家之寶，徹底施行可得到百姓擁戴。

【注　釋】❶維王三祀二月丙辰朔　王三祀，武王即位後四年伐紂，則三年為伐紂前一年。「王三祀」出於後人想當然的記載，武王即位並未改元。武王伐紂建周之年，夏商周斷代工程專家組設定為西元前一〇四六年，而據《竹書紀年》之說，則在西元前一〇二七年。何炳棣、劉雨以為西元前一〇四六年說「缺乏應有的嚴肅學風，問題很多」，不足以成立，而以為《竹書紀年》記載正確（《中華文史論叢》二〇〇二年第二輯第三〇頁）。《史略》引作「二祀」，陳逢衡言其非是。二月丙辰朔，二月初一丙辰日。劉師培以為「丙辰」是「丙寅」之訛（顧頡剛釋〈世俘〉指出劉師培所說曆法均據劉歆《三統曆》，不足據）。勞榦認為，武王克商在陰曆前一〇二六年、西曆為前一〇二五年。❷鄗　即鎬都。詳見〈文傳〉注。❸何脩非躬　修養什麼，不是自身（的品德）嗎。下文的同樣句式都是這種結構。在《尚書‧呂刑》中多有此種句法。❹躬有四位九德　修養有四種定位、九種品德。位，定位；安處其所。❺十姦　唐大沛曰：「盧本謝云『十姦』當作『十干』，古字姦作奸，奸與『干』通用，後人訛作『姦』。」朱右曾曰：「姦，讀為奸，亂也。」鴻恩按，上古姦、奸音義不同，後姦又寫作「姧」，與「奸」相混。這裏原應作「奸」，讀為「干」，有求取、擾亂等義，這裏的意思是指，人們為求取功名利祿表現出偽詐、假象所形成的干擾。❻散　雜也（朱右曾）。❼不圉我哉　圉，禁（孔晁）；困苦（朱右曾）。❽信　誠信。❾信以生寶三句　俞樾曰：「物周為器」之「周」當作「用」。朱右曾曰：「信者國之寶，凡所謂寶者，以物之可貴。物周于用為器。」周，合。今從朱說。❿美好寶物無常三句　朱右曾曰：「天下美好之物不一，惟視其君之所貴重。若以信為寶，則蠻貊可行，四海皆準。」⓫行之以神五句　用則行之，至誠如神。「之」字指信（唐大沛）。振之以寶，振，收也。藏於身以為寶（唐大沛）。順之以事，順而施之以成其事。明眾以備，似謂示信於眾，無不周備。改□以庸，孔晁曰：「言治實以器用。」潘振曰：「改造一用其信。」唐大沛以孔注「用」字釋「庸」，「改」字似「攻」字之訛，攻，治也，故注以「治實」釋之。鴻恩按，唐說當是，句意或是說講求實際而運用誠信。潘振把「行之以信」五句都理解為講述誠信，今用其說。⓬庶格懷患　唐大沛曰：「『患』當作『惠』，以『惠』與『備』韻協也。」劉師培說同。唐曰：「信乎于民，民懷其惠。庶，眾也。格，感格也。」鴻恩按，朱右曾釋「格」為「來歸」。

【語　譯】在武王三年二月丙辰初一日，武王在鎬都，召見周公旦，說道：「唉呀要敬慎啊！我聽說：修養什麼不是自身品德嗎？而修養自身有四種定位、九種品德；選擇什麼不是人才嗎？而人的表現有十種干擾；擁有什麼不是謀略嗎？而謀略有十種雜亂，這些事不使我感到困苦嗎！慎重什麼不是說話嗎？而說話有三種誠信。誠信就是國家的寶，寶是用來稱說可貴事物的，事物合於用才能稱作器。天下美好寶貴的東西沒有一定，就看人們貴重什麼。誠信才是寶，沒有什麼地方不能實行。要用最真誠的態度施行誠信，把誠信收藏於自身當作寶貝，處處遵循誠信行事，明示誠信於民眾無不周備，研求實際以施用誠信。這樣，民眾就會來歸服，心裏感念著恩惠。

「四位：一曰定，二曰正，三曰靜，四曰敬❶。敬位不哉❷！靜乃時非❸，正位不廢❹，定得安宅❺。

「九德：一、孝：孝畏哉❻，乃不亂謀；二、悌：悌乃知序❼，序乃倫❽，倫不騰，上乃不崩❾；三、慈惠：慈惠知長幼❿，知長幼，樂養老；四、忠恕：是謂四儀⓫，風言大極⓬，意定不移；五、中正⓭：是謂權斷⓮，補損知選；六、恭遜：是謂容德⓯，以法從權，安上無慝⓰；七、寬弘：是謂寬宇⓱，準德以義，樂獲純嘏⓲；八、溫直：是謂明德⓳，喜怒不郄⓴，主人乃服㉑；九、兼武㉒：是謂明刑㉓，惠而能忍㉔，尊天大經㉕。九德廣備㉖，次世有聲㉗。

「十姦：一、窮□干靜㉘；二、酒行干理㉙；三、辯惠干智㉚；四、移潔干清㉛；五、死勇干武㉜；六、展允干信㉝；七、比譽干讓㉞；八、阿眾干名㉟；九、專愚干果㊱；十、愎孤干貞㊲。

「十散：一、廢□□，□行乃泄；□□□，□□□㊳；三、淺薄閒瞞，其謀乃獲㊴；四、說兆輕意，乃傷營立㊵；五、行恕而不顧，弗憂其圖㊶；六、極言不度，其謀乃費㊷；七、以親為疏，其謀乃虛㊸；八、心私慮適，百事乃僻㊹；九、愚而自信，不知所守㊺；十、不釋大約㊻，見利忘親。

「一信：一、春生、夏長無私，民乃不迷㊼；二、秋落、冬殺有常，政乃盛行㊽；三、人治百物，物德其德，是謂信極㊾。

「而其余也信既極矣，嗜欲所在，在不知義；欲在美好有義，是謂生寶㊿。」

【章旨】武王詳細說明修身的四位、九德，選人才的十姦，治國謀略的十散，說話的三信。再次強調誠信。

【注釋】❶一曰定四句　定，心有定向（唐大沛）。正，心無偏私。靜，心不妄動。敬，敬慎；小心翼翼。唐大沛曰：「四位皆以心體言之。」❷敬位丕哉　敬慎的定位是大事呀。丕哉，朱右曾曰：「哉，始也。慎終于始。」鴻恩按，孔晁釋「丕」為「大也」，應是以「哉」為嘆詞。❸靜乃時非　孔晁曰：「時非，待時不動。」陳逢衡引張惠言曰：「『非』當為『行』，注同。或曰：『非』乃『作』字之訛，與『宅』叶。亦通。」丁宗洛亦以為「非」為「作」之訛。鴻恩按，孔注必是「待時而動」之訛。唐大沛曰：「『時』有『伺察』之義。心體至靜無所擾，乃能察是與非。」❹正位不廢　心之位居中不失其正，心正則心存，否則心不在焉（唐大沛）。❺定得安宅　心有定向者，物不得而移之，如居之得安宅。❻孝畏哉　章本、盧本，陳、唐均無此「孝」字，只有「子」，俞樾曰「子」是「孝」的壞字。鴻恩按，今本之「孝」是朱右曾所加，依下文例只疊「悌」字，則此依前說改「子」為「孝」，正同下例，不應更有「子」，今刪之。丁宗洛改「畏哉」為「畏義」，依下例「悌乃知序」、「慈惠知長幼」，則「畏」下當為實詞，不應作「哉」，不知丁所改是否。此節應有脫文。畏，畏敬父母，乃無悖亂之謀（潘振）；畏懼辱親（陳逢衡）。鴻恩按，由下文「倫不騰，上乃不崩」，則取潘說符合文意。❼序　長幼之序。❽序乃倫　陳逢衡疑「乃」下脫「有」字。倫，輩分；類別。❾倫不騰二句　「倫不騰，上乃不崩」，「騰」字下原有「上」，王念孫改為「上騰」，曰：「『騰』與『崩』為韻」，劉師培說同，以為「不當疊『上』字。」朱右曾刪「上」。于鬯又以「上上」當作「不騰」，即刪「上上」而疊「不騰」。鴻恩按，于說也有理，然而改字太多，沒有刪下「上」字的理由，今仍從朱本、劉說。不騰，不相超越（孔晁）。不崩，不替（陳逢衡）；不墜失（朱右曾）。❿三慈惠二句　「三、慈惠：慈惠知長幼」，下「慈惠」章本作「茲」無「惠」字。盧、陳、唐、朱並刪「茲」。俞樾曰：「當疊『慈惠』字，猶『孝』下疊『孝』字，『悌』下疊『悌』字，

「茲」字即「慈」之壞字，亦猶「子」字即「孝」之壞字也。」鴻恩按，俞說可據，本文文字整齊，如下五條，均作「是謂四儀」、「是謂權斷」等，有規律可循，今改回「茲」而為「慈惠」。⓫忠恕二句　盡心竭力講求恕道這叫四儀。恕，孔子提倡的一種倫理道德，包括「己欲立而立人，己欲達而達人」（《論語・雍也》）和「己所不欲，勿施於人」（《論語・衛靈公》）兩個方面。是，此，指忠恕。四儀，唐大沛曰：「四，疑『事』字之誤，又以聲同，又涉上句『四』字而誤。」又曰：「《釋名》：『儀，宜也。』是謂得事之宜。」四方之儀法（潘振）；四方所儀則（朱右曾）。⓬風言大極　流言大行。風言，流言（朱右曾）。大極，已甚。⓭中正　不偏不倚。⓮權斷　中正不可執一，資權以為斷，乃得中正之準（唐大沛）；權其中正而斷之（朱右曾）。下文「以法從權」句，陳、唐以為應緊接「是謂權斷」，「是謂容德」下疑挩一句。鴻恩按，陳、唐說蓋是，今譯文將「以法從權」移上。從權，即〈酆保〉篇末所說「從權乃慰，不從乃潰」之「從權」，朱注：「權以用中，從權則民慰，不從則民潰。」補損知選，朱右曾曰：「選，善也。補不足損有餘，以臻至善也。」劉師培引俞樾〈常訓〉「群居無選」之說，「選」字當訓「齊」。⓯恭遜二句　唐大沛曰：「容德猶言德容，恭遜之容，德所著也。」周玉秀曰：本文「孝」、「悌」、「慈惠」、「中正」、「恭遜」五項皆在《管子・五輔》「義有七體」之中（《文獻學價值》第二四五頁），表明了二文存在寫作上的聯繫。⓰慝　奸惡。⓱寬宇　器宇宏大。⓲準德以義　一句　唐大沛曰：「寬大之德準之以義，非姑息也，是以受福。」純，大（孔晁）。嘏，福（《廣韻》）。⓳明德　光明的道德；美德。⓴喜怒不郄　唐大沛曰：「郄與『隙』同。喜則溫和，怒亦正直無偏私，故無間隙也。」㉑主人乃服　唐大沛曰：「『主』字疑訛，或是『臣』字。」朱右曾曰：「主人，為人主也。」鴻恩按，朱釋「主人」為「人主」，不確。此節說「何脩非躬」，均談自身，故下文潘振曰：「此九德者君能廣備，則世世有令聞也。」唐說可從，譯文從其說。㉒兼武　孫詒讓曰：「兼，當讀為『廉』。〈官人〉篇云『有隱于廉勇者』，廉武，猶廉勇也。」廉，為人方正有威，有稜角。㉓明刑　嚴明的處罰。朱右曾曰：「武，刑之大者。」㉔惠而能忍　唐大沛曰：「能愛人者能惡人，刑有罪是能忍也。」忍，下狠心。鴻恩按，唐氏指出此與〈命訓〉反對「惠不忍人」思想一致。㉕大經　常道；根本的原則。㉖廣備　普遍具備。㉗次世有聲　孔晁曰：「長有令問（聞）。」次世，累世；世世。一本作「沒世」。㉘窮□干靜　孫詒讓曰：「〈大匡〉（第三十七篇）『九則』云：『昭靜非窮，窮居非意，意動于行，思靜醜躁。』即此義。『窮』下闕文疑是『居』字。」按，孫說是。朱右曾注「昭靜非窮」數句曰：「靜者游象外以觀物，窮則為物所困而計無所出也。意以慮行，靜則能慮，躁則寡謀。」有助於理解本句。干，求取；謀求。㉙酒行干理　劉師培曰：「『酒』疑『涓』訛。〈大匡解〉云：『涓潔非為〔偽〕，為〔偽〕窮非涓。涓潔于利，思義醜貪。』『涓行』之『涓』蓋同彼（涓、酒草書形近致訛）。」涓，潔。干理，干方正有道之名（唐大沛）。理，《玉篇》曰：「正也，道也。」㉚辯惠干智　原無深識，而恃辯言小慧以干智者之名（唐大沛）。惠，通「慧」。㉛移潔干清　洪頤煊曰：「移，即『侈』字。《考工記・梟氏》：『侈弇之所由興』，鄭注：『故書侈作移』。移、侈古字通用。」孔晁曰：「實少而名多曰移也。」按，依孔意亦是讀移為「侈」。侈，誇大。㉜死勇干武　死勇，期死也（朱右曾），即必求勇敢而死。《左傳》哀公十六年：「期死，非勇也。」（杜注：「期，必也。」）㉝展允干信　《國語・楚語下》：「展而不信」，韋注：「展，誠也。誠，謂復言而非忠信之道。」鴻恩按，展、允，皆「誠」義，朱右曾曰：「展允，必信也」。此句實即〈大匡〉第三十七「昭信非展」之意。㉞比譽干讓　比，阿比也（陳逢衡）。此互相標榜，以謙退乞名者（唐大沛）。㉟阿眾干名　阿諛眾人，使稱己之善（唐大沛）。㊱專愚干果　劉師培曰：「專，當作『顓』。《漢書》『專』均作『顓』，是其例。《法言・孝行篇》『倥侗顓蒙』，李注云：『頑愚。』此文『顓愚』猶彼『顓蒙』。」干果，自示果斷。㊲愎孤干貞　剛愎孤傲，以示堅貞。孔晁曰：「十者皆不誠之行，故曰『姦』。」㊳一廢□□□四句　「一、廢□□□，□行乃泄；二□□□，□□□□」，陳、丁、唐於「泄」字下補「二」字。按，「十散」一節，除一句之外，其餘皆為四字句，可推知「二」字必在八個闕文之外，不然，如丁氏所說「未成句法」。朱駿聲補作「一、廢法亂紀，事行乃泄；二、刱奇好異，政令乃滋。」㊴淺薄間瞞二句　「淺薄間瞞，其謀乃獲」，潘振、唐大沛疑「乃」字當作「不」。唐曰：「其謀淺薄，其貌間瞞，此愚陋之人，與之謀事，安能有所獲哉？」朱右曾曰：「間，私也。瞞，閉目之貌。獲，猶《淮南子（・兵略）》『不獲五度』之『獲』，（注曰：）誤也。」鴻恩按，竊以「乃」字不誤，上文有「乃泄」，下文有「乃費」、「乃虛」等，均與此「乃」位置相同，可以為證。朱駿聲《說文通訓定聲》：「獲，假借為誤。」可為朱右曾說之證。今用朱說。間瞞與「淺薄」相應。句意謂本自淺薄又散漫癡沓，其謀略於是謬誤不可用。間，應讀「閑」，閑散之義。《說文》：「瞞，平目也。」眼瞼低垂的樣子。㊵說咷輕意二句　盧文弨曰：「說咷，當即『倪佻』，皆謂不厚重。」唐大沛曰：「盧說是也，倪咷輕意者，不能慎重其事，故謀之不威，而所營立者不成。」㊶行恕而不願二句　唐大沛曰：「謂不憂慮其所圖謀也。上句疑有訛誤，以韻讀之，似『願』為『顧』字之訛。」㊷極言不度二句　劉師培曰：「不度，《書鈔》三十『無度』。」極言不度，言汗漫也（盧文弨）；窮極其言而皆不合於法度（陳逢衡）。費，讀為「拂」，逆於情理（朱右曾）。鴻恩按，費通「拂」、通「悖」，諸書中其例甚多。㊸以親為疏一句　唐大沛曰：「疏其所親而與疏者謀，必不以實告，故虛。」㊹心私慮適二句　孫詒讓曰：「適，與『謫』通。慮謫，言畏干譴謫，苟求自免，則百事多邪僻也。」謫，有譴責、過錯、貶官等義。㊺愚而自信二句　唐大沛曰：「自信必好自用，昧昧以謀，焉知所守？」守，信守。㊻不釋大約　不懂大體。釋，解；懂得。大約，章本、盧、陳、唐並作「太約」，朱本作「大約」，太、大相通。大約，大要；大體。約，要（朱右曾）。㊼春生夏長無私二句　唐大沛曰：「民知王者之德化如天地之無私，乃戴德而無所迷惑。」㊽秋落冬殺有常二句　王者法之，刑罰有常，是之為信（唐大沛）；政法天以為信（朱右曾）。㊾人治百物三句　唐大沛曰：「白物，兼人與物。人治百物，使凡物無不得其所者，是以物物感王者之德而德其德。極，至也。」㊿而其余也信既極矣五句　「而其余也信既極矣，嗜欲所在；在不知義，欲在美好有義，是謂生寶」，盧文弨曰：「『而其余也』四字趙疑衍。」陳、丁、朱從刪，潘以「而其」二字當在「有義」之上。唐曰「趙疑衍非也。而、如古字通，見經傳者多矣。『如其』者，設言之詞」。陳又以「有義」二字疑衍。要而言之，潘、唐不主刪「而其余也」。今不刪，以待究。「嗜欲」下「所」字，原為闕文，陳、唐、朱駿聲皆補「所」字，今從三家補。唐曰：「心之嗜欲或有所偏，則昧于理而不知義，是誠與明不能兼至也。信是美好之物，而又濟之以義，是誠與明兩盡之道也。上文云『信以生寶』，此言『生寶』，乃指信言。但信中有義，為權衡耳，非以義為寶也。」朱右曾曰：「以義輔信，信乃可寶。好，呼報切。」鴻恩按，朱右曾讀「好」為去聲，則「美好」為喜好、愛好之意。王弼注《老子》第二章曰：「美惡，猶喜怒也。」則「美」可釋為「喜」。

【語　譯】「四種定位是：第一叫做心有正確定向，第二叫做公正無偏私，第三叫做心不妄動，第四叫做小心謹慎。敬慎於心的定位可是大事啊！靜就是待時而動，心居正位發揮作用，心的定位就如同居住得到了安穩的宅院。

「九種品德是：一、孝：孝順就是敬畏父母啊，這樣才不會有悖亂之謀；二、悌：友愛兄長才懂得尊卑之序，懂了尊卑之序才有倫類，有倫類不淩駕於長上，長上才不會崩墜；三、慈惠：慈愛仁惠就懂得長幼之序，懂了長幼之序就會高興地贍養老人；四、忠恕：忠誠講求恕道這叫四方的表率，即使風言風語大肆流行，心意堅定也不動搖；五、中正：行事不偏不倚這叫權衡中正而裁斷，依照法度服從權變，損有餘補不足懂得讓百姓處於齊等地位；六、恭遜：恭敬謙讓這叫道德的儀容，……民眾會安定主上而沒有奸惡之心；七、寬弘：寬宏大量這叫寬大的氣度，依據德按照義，就能樂得大福；八、溫直：溫和正直這叫光明的道德，不論喜怒都沒有缺失，匡正別人就能讓人心服；九、廉武：為人方正勇武這叫嚴明的征討，仁惠又能下狠心，是尊奉上天的大經常法。九種品德普遍具備，世世代代就留下好名聲。

「十種十求是：一、本不甘心窮居卻要求取清靜之名；二、本無涓潔行為卻要求取方正有道之名；三、本無深識而憑藉辯言小慧求取智慧之名；四、自誇廉潔求取清廉之名；五、務求死於戰爭換取武勇之名；六、故意顯示誠實而謀求誠信之名；七、相互吹捧謀求謙讓之名；八、阿諛眾人謀求好名聲；九、頑劣愚蒙而謀求果斷之名；十、剛愎孤傲而謀求堅貞之名。

「十種雜亂是：一、……於是洩露；二、……三、淺薄又散漫癡沓，他的謀略於是謬誤不可用；四、脫略輕佻不經意，妨害了他所經營創立的事情；五、不情願施行恕道，不憂慮自己所圖謀的事情；六、極力陳說而漫無章法，他的謀略於是違背實際；七、把親近者當作疏遠者，他的謀略於是成為泡影；八、心有私念，憂慮遭受譴責，因而百事都僻違不中；九、愚蠢而又自信，不知道他信守什麼；十、不識大體，看見利就忘記了父母兄弟。

「三種誠信是：一、如同天道的春生夏長一樣誠信無私，百姓就不會迷惑；二、如同秋零落冬肅殺一樣有固定規律，政令就會普遍實行；三、人（以誠信）治理百物，百物感激其恩德，這叫做誠信達到極至。

「就拿我來說吧，誠信已經達到極至了，自然是百姓嗜欲之所在；但嗜欲所在還不懂得什麼是義；如果嗜欲在喜好有義，這就叫做國家產生了寶。」

周公拜手稽首，興曰❶：「既能生寶，恐未有臣❷，子孫其敗❸。既能生寶，未能生仁❹，恐無後親❺。王寶生之，恐失王會❻，道維其廢❼。」

王拜曰：「格而言❽！維時余勸之以安位❾，教之廣❿。用寶而亂，亦非我咎⓫。上設榮祿⓬，不患莫仁⓭。仁以愛祿⓮，允維典程⓯。既得其祿，又增其名，上下咸勸⑯，孰不競仁？維子孫之謀，寶以為常⑰。」

【章　旨】周公認為，僅以信義為寶，還遠遠不夠，不能培育仁德，還會導致失敗的惡果。武王接受周公建議，表示要把選擇仁人當作典程。

【注　釋】❶興曰　站起來說。❷既能生寶二句　「既能生寶，恐未有臣」，「臣」字原在上句「既」上，丁、朱移於此，則「臣」指理想的賢臣。❸子孫其敗　後代將敗亡。❹仁　仁德；愛人。仁和恕一樣，都是孔子提倡的道德標準。❺恐無後親　即「恐後無親」。親，可親信而任之者（唐大沛）。❻王會　稱王的機會（朱右曾）。❼道維其廢　王道將會廢棄。道，政治主張；政治原則。上句說「王會」，這裏則可指王道。❽格而言　而，爾；汝。❾維時余勸之以安位　唐大沛曰：「時，是也。余維是勸以安處其位。」朱右曾曰：「安以四位，則能擇人。」❿教之廣　唐大沛以「廣」下脫「惠」字，與「位」協韻，句意為「教以廣行仁政」。朱右曾曰：「教以九德則民興仁。」⓫用寶而亂二句　唐大沛曰：「倘或以信義之寶用以治天下而天下不治，是天未欲平治天下而不生輔治之人也，其咎亦不在我。」⓬榮祿　榮名厚祿。⓭不患莫仁　不憂慮不仁。⓮仁以愛祿　丁宗洛曰：「舉直錯枉，愛祿也。」朱右曾曰：「愛，惜也。擇仁而祿之，是愛祿也。」孔、潘、唐釋為「仁人愛祿」，不合文意。「仁以愛祿」的主語是君主，丁、朱說是。⓯允維典程　確實是常法。典，常道。程，法度。⓰上下咸勸　君用仁人，臣得祿、名，故曰「咸勸」。⓱維子孫之謀二句　孔晁曰：「欲愛子孫，謀此為常。」維，為。陳逢衡曰：「自『信既極矣』至此，大約言以信為寶，而又當以義輔之，以仁守之，則子孫得所庇，而寶以為常矣。」

【語　譯】周公跪拜，拜手，稽首，起身說道：「已經能生寶了，恐怕沒有賢臣，子孫還是會敗亡。已經能生寶，卻未能生仁，恐怕以後沒有可以親信任用的人。王之寶產生了，恐怕失去稱王的機會，王道還是要廢棄。」

武王拜道：「你的話精到啊！惟其如此我勸勉官員們安處四位，教誨他們廣用九德。寶重信義國家還是不太平，也就不是我的過錯了。不過君上設榮名厚祿，大約不怕沒有仁人出現。選擇仁人而惜授爵祿，確實是常法。眾臣得到俸祿，君主又增加其榮名，上下共同勉勵，誰不競相樹立仁德？為子孫謀慮，要把寶重這些當作長久的法規。」

【研　析】這篇文章有一個很有趣的現象。武王按照自己在修身、用人、謀劃、說話方面提出的各項原則，決定以信為寶，而輔之以義，認為這將把國家治理得很好，會得到百姓的熱烈擁戴。但周公卻老實不客氣地警告，武王所說的「寶」及其一套治國辦法，將導致「子孫其敗」的嚴重後果。因為武王所謂「寶」，沒有包括「仁」。而「未能生仁，恐無後親……恐失王會，道維其廢」，即不重仁德，將沒有仁人可以倚重，甚至因此會失去稱王的機會，王道都將廢墜。因而問題異常嚴重。最後武王接受周公意見，答應創造一個人人競相為仁的環境。

在今本《尚書・周書》中，誠信的「信」僅出現一次，「仁」出現一次，仁義的「義」出現九次，道德的「德」出現七十八次（參周民《尚書詞典》）。我們知道，孔夫子思想的核心是「仁」。在《論語》中，「仁」出現一百零九次，「義」出現二十四次，誠信的「信」二十四次。《孟子》中，「仁」出現一百五十七次，「義」一百零八次，誠信的「信」十一次。而《論語》、《孟子》中的「德」僅分別出現三十九次、三十八次（楊伯峻《論語譯注・詞典》、《孟子譯注・詞典》）。而本文中，武王把作為儒家仁義禮智信「五常」之一的「信」，提到了治國之寶的最高度。孔子強調「主忠信」，「敬事而信」，「謹而信」，「信則人任焉」等等「信」，這是眾所周知的。在本文中，這一意義的「信」出現七次，「義」三次，「仁」四次，「德」六次。這與《周書》完全不相合。依照《周書》，武王、周公最看重的是「德」，而不應當是「信」、「義」、「仁」。強調「信」、「義」、「仁」，很明顯不是他們那個時代的思想觀念。

在儒家排定的道統中，孔子上接周公。雖然說堯、舜、禹、湯、文、武、周公、孔子，但在孔子之前，儒家似乎很重視周公。夫子自道是「久矣吾不復夢見周公」（《論語・述而》），可證周公是孔子所最傾慕的人物。

大概因此之故，本文作者讓周公向武王強調「仁」。究竟因為孔子重仁而想當然地推想周公也重仁，還是以周公重仁來加重孔子重仁的分量，我們不得而知。但要說這裏所說是歷史事實，則完全不可信。武王、周公所說的話，滿口都是戰國語言，什麼「忠恕」、「孝悌」、「慈惠」、「恭遜」、「仁義」、「權斷」等等都屬於聯合式雙音詞。語言研究者指出：「然而進入戰國時期以後，聯合式雙音詞的增長速度卻比偏正式顯著加快了。」《論語》與《孟子》比較，聯合式雙音詞由占總詞數的百分之二十六點七上升到百分之三十四點五（程湘清〈先秦雙音詞研究〉，《先秦漢語研究》第一一二頁）。本文使用的語言正與研究結論相合。因而可以肯定，本文必定作於孔子之後。

劉起釪《尚書學史》（第九六頁）、《古史續辨》（第六一五頁）都說本文「寫定」於春秋時。其《尚書校釋譯論・皋陶謨》比較了幾個「九德」。《尚書》的「九德」是：「寬而栗，柔而立，愿而恭，亂而敬，擾而毅，直而溫，簡而廉，剛而塞，彊而義。」劉氏指出，〈皋陶謨〉「最後定稿於春秋時期」。「而《逸周書》卻有三處提出了『九德』。不過項目有不同。首先見於保存有西周資料而寫成於春秋之世的〈常訓〉、〈寶典〉兩篇中。」〈常訓〉的九德：「忠、信、敬、剛、柔、和、固、貞、順」；本文的九德：「孝、悌、慈惠、忠恕、中正、恭遜、寬弘、溫直、廉武」；「繼見於戰國兵家之作的〈文政〉中九德」：「忠、慈、祿、賞、民之利、商工受資、民之死、無奪農、足民之財」，結論是，自西周流傳至春秋戰國的「九德」之說，〈皋陶謨〉所記資料，比《逸周書》三篇「時代要早，要較原始。」（《尚書校釋譯論》第五一二～五一三頁）好在劉先生在《尚書・牧誓》一篇的「討論」中終於說：「先秦文獻似有用武王紀年者，如《逸周書》之〈柔武〉、〈小開武〉、〈寶典〉、〈酆謀〉等，這些篇多出戰國後期甚至漢時編造，則難盡徵信。」在「用武王紀年」這一證據面前，不得不改變了觀點。語言研究者似乎也未舉出〈寶典〉出於戰國的證據來。

竊以為，〈寶典〉大約像戰國時代的《六韜》、《黃帝四經》一樣，並非歷史，只是假託歷史人物寫自己的文章，表達自己的主張。劉先生稱〈文傳〉為「戰國兵家之作」，正是這樣看待的。這是戰國時代的一種風氣，也是戰國人創造力旺盛的一種表現。《山海經》和本書的〈王會〉、〈殷祝〉就是這樣創作出來的。經過這一番注釋、研析，我以為本書中打著文、武、周公旗號寫出的絕大多數文章，都是這樣的作品，不應當再作為歷史作品或者主要不應當再作歷史作品看待，可以視為子書。有人以為《國語・越語下》是范蠡的著作，我還是同意唐蘭先生的意見，不能上該文作者的當。《周禮》與這些書有同有異，作者構築了一個龐大的職官及政治、經濟體系，他不可能不採錄歷史資料，但他的主要目的不是編寫史書，不是為了保存歷史資料，而是編寫規劃，抒寫自己的政治主張和政治見解。

總之，我們不同意本文「寫成於春秋之世」之說，孝、悌、忠、恕、仁、義、信，無一不是儒家最為強調的道德觀念，怎麼可能「成於春秋之世」呢？本文又講「權斷」、「以法從權」，異常重「謀」，自然是《漢書・藝文志》「以正守國，以奇用兵，先計而後戰」的兵權謀家的思想表現，肯定在戰國時代。本書思想不專主一家。從各篇文章來看，除西周史書之外，大多數篇章，儒、道、法、兵各家思想紛然雜陳，宋人說：「文體與古書不類」，「孔子亦未必見」，確為有得之言。

〈武儆〉一文說到〈文□〉（劉師培以為是〈文儆〉）和〈寶典〉，則這兩篇有可能是依〈武儆〉寫出，或〈武儆〉作者又在說依託的話。

酆諜（謀）第三十

【題　解】《史略》題作〈酆講〉。孫詒讓曰：「當作〈酆諜〉。」又曰，文中「謀言告聞，『謀』字實當作『諜』（『諜』旁『世』字，唐人避諱作『廿』，與『謀』相似，古書多互誤）。與下文諸『謀』字不同。宋本作『講』雖誤，然篇中諸『謀』字皆不作『講』，唯此字獨為錯異，即其蹤跡之未泯者也。」「孔注云：『知敵情向人問人曰諜。』」當作『知敵情伺人間人曰諜』。《說文・言部》云：『諜，軍中反間也。』孔義正與許合。下文云『謀言不信』，《史略》正作『諜言』，商諜來告之言多可信也。通篇『謀』字甚多，唯此二『謀』字當作『諜』。自傳寫『諜』訛作『講』，淺人不解，遂妄改為『謀』。不知其文義之必不可通也。」孫說極是，今據改二「謀」為「諜」，然題中之「謀」字仍然保留。

維王三祀❶，王在酆，諜言告聞❷。王召周公旦曰：「嗚呼！商其咸辜❸，維日望謀建功。諜言多信❹，今如其何❺？」

周公曰：「時至矣，乃興師循故❻。初用三同❼：一、戚取同❽；二、任用能；三、矢無聲❾。三讓❿：一、近市⓫；二、賤粥⓬；三、施資⓭。三虞⓮：一、邊不侵內⓯；二、道不驅牧⓰；三、郊不留人⓱。」

【章　旨】武王得到商人謀周的諜報，周公認為伐商的時機到了。建議施行固有政策，做好準備，興兵迎擊。

【注　釋】❶三祀　《史略》作「二祀」。❷諜言告聞　「諜」原作「謀」，據孫說（見題解）改。孫詒讓曰：「以情事求之，蓋紂微聞周謀，乃陰使諜間之，而諜轉以紂情告周，故云『諜言告聞』。」唐大沛曰：「此伐紂前一年事。」❸咸辜　都怪罪（周）。辜，罪。❹諜言多信　「諜」原作「謀」，據孫說和《史略》改。❺如其何　對這事怎麼辦。❻循故　劉師培曰：「故，即舊典，下文三同、三讓、三虞是也。」❼同　指同心同力。❽戚取同　選用同心同德之親屬（參唐大沛說）。潘調取同姓，親親也。❾矢無聲　矢，通「誓」。《說文》：「誓，約束也。」《左傳》閔公二年「誓軍旅」杜預注：「宣號令也。」約束戰士聽命無嘩。❿讓　官府提供便民和讓利的措施。⓫近市　讓市場近於民居。⓬賤粥　賤賣。⓭施資　官府貸資本給缺錢的商賈。⓮虞　戒備；防備。《國語・晉語四》「衛文公有邢、狄之虞」韋昭注：「虞，備也。」孔晁釋「虞」為「禁」，義相近。⓯邊不侵內　禦之於境，不使內侵（朱右曾）。⓰道不驅牧　不在道路驅牛馬而牧，防敵人鈔掠。⓱郊不留人　防敵人間諜。

【語　譯】在武王三年，武王在酆都，間諜所得情報報告了武王。武王召見周公旦，說道：「唉呀！商的君臣看來都怪罪我們了，天天只盼望著、謀算著伐周建功。諜報大都可信，現在對這事該怎麼辦？」

周公說：「時機到了，就按照以前的做法（考慮）興兵迎擊。先施行三同：一、親戚中任用同心同德的人；二、任用賢能的人；三、發布命令悄悄進行。再施行三讓：一、使市場靠近百姓住所；二、賤價出售物品；三、借資本給缺錢的商人。再施行三虞：一、防止邊境的敵人侵入內地；二、不在道路上驅趕牛羊去放牧；三、郊區不留人居住。」

王曰：「嗚呼，允從三❶，三無咈❷，厥徵可因❸。與周同愛❹，愛微無疾❺，疾取不取，疾至致備❻。曲禱不德❼，不德不成。害不在小，終維實大，悔後乃無❽。帝命不謟❾，應時作謀❿，不敏殆哉⓫！」

周公曰：「言斯允格⓬，誰從己出⓭。出而不允⓮，乃災；往而不往⓯，乃弱。士卒咸若周一心⓰。」

【章旨】武王分析形勢，下了伐商的決心，覺得形勢緊迫，要迅速行動。

【注釋】❶允從三　確實要按照三項政策來做。從，行。❷無咈　不違背。❸厥徵可因　朱右曾曰：「言三者前用之而無違，既有徵驗，可因而用之。」徵，證驗。因，沿襲。❹與周同愛　今天下諸侯助周者，皆愛周者也（朱右曾）。與，幫助。❺愛微無疾　（有的諸侯）雖不愛周，亦無惡周之意。微，無。疾，憎惡。❻疾取不取二句　朱右曾曰：「商雖惡周，不能取也。然在周不可不為之備。」❼曲禱不德　沒有正當理由而祈禱鬼神，鬼神不保佑。曲，理虧。不德，謂神不德之，不為神佑。❽悔後乃無　乃能無後悔乎（唐大沛）。❾帝命不謟　對於天命不能疑而不定。謟，疑。❿應時作謀　順應時機作出謀劃。⓫不敏殆哉　不敏捷就危險了。敏，疾；速。⓬言斯允格　言語如此精當。斯，如此。允格，得當精到。⓭誰從己出　只能從自己謀出。誰，唐大沛認為通「惟」；孫詒讓認為是「維」字之誤。朱右曾曰：「己，謂紂也。」鴻恩按，朱說不可從。⓮允　鴻恩按，這個「允」是言行一致的意思。《左傳》文公十八年「明允篤誠」孔穎達疏：「允者，信也，始終不愆，言行相副也。」⑮往而不往　應該出兵討伐而不出兵。⑯士卒咸若周一心　朱右曾曰：「吾惟撫我士卒，使咸順周，一心以應時而已。」若，順從。

【語　譯】武王說：「唉呀，確實要施行三同、三讓、三虞三項政策，不要違背三項政策，事實證明它們可以繼續施行。幫助周的諸侯都熱愛周，有的諸侯不愛周也不會恨周，這樣商紂雖然嫉恨想要攻打周，卻攻打不了，但商人既然恨到了我們頭上，我們就要致力於做好應戰的準備。理由不正當的祈禱，鬼神不會施德，不施德就不能成功。害處不會限於小處，最終實際會釀成大禍，那時難道就不後悔。天命不貳，我們要順應時機作出謀劃，行動不敏捷，就危險啦！」

周公說：「這些話如此得當精到，是由我們自己說出來的。說出來如果不施行，就會成為災害；應該去討伐而不出兵，就顯示出軟弱。我們應當撫慰士卒，讓大家順從周，一心一意。」

【研　析】本文十分相信天命、鬼神：「帝命不謟」，「曲禱不德，不德不成」。似乎認為事情成功與否，決定於鬼神是否佑助。這樣的思想，時代應當比較早。商、周對峙，周一直十分警惕地施行一些政策，如任用可信任的親屬；施行惠民措施；在周轄區嚴密戒備，免得給敵人可乘之機。從殷商所得諜報，使武王情緒緊張。經與周公計議，下決心做好攻商的準備。這些，應當含有史實。但文章主體的寫作在戰國，主要證據是「以數為紀」和五次使用頂真修辭格。

本書多運用「以數為紀」的記事方法，此方法最早見於《尚書・皋陶謨》與〈洪範〉，特別是〈洪範〉，通篇用數字排比而成。周玉秀通過考證比較，認為本書大量使用數字排比，「是繼承了〈洪範〉的，但這些篇章的作者巧妙地將〈洪範〉中箕子所述大法改造成周代文、武、周公的言論，而又加以發揮補充，難免摻進了作者所處時代的意識，那就是戰國以後的思想。……〈洪範〉的改定時間在春秋末戰國初，則《逸周書》中相關各篇的改定……當是戰國時代。」本書運用此法的篇章，有二十三篇，本文排比三同、三讓、三虞，自然是其中之一，故出於戰國時代（《文獻學價值》第二四三、二四九頁）。全書今存五十九篇文章，「以數為紀」者二十三篇，占百分之三十九，這個比例肯定是古籍中最高的，所以清代汪中論這種寫作方法，言「其在《逸周書》、《管子》、《韓非子》至多」（《述學・大學平議》），把本書列在第一位；同時《逸》、《管》、《韓》三書並列，也表明這一寫作風氣，盛行於三書所出的戰國時代。

本書「以數為紀」的篇章寫作於什麼時代，當今論者意見不一。這裏有一個前提，即作為其源頭的〈洪範〉究竟出於什麼時代。在這裏囉嗦幾句。

主張『走出疑古時代』的李學勤先生認為，徐旭生先生的《中國古史的傳說時代》「對於古史傳說」的研究「有突出貢獻」（《李學勤文集》第五二頁）。徐先生曾指出，我國歷史界疑古學派「最大的功績就是把在古史中最高的權威，《尚書》中的〈堯典〉、〈皋陶謨〉、〈禹貢〉三篇的寫定歸還在春秋和戰國時候（初寫在春秋，寫定在戰國）。」（徐書第二六頁）而這一結論又得到劉起釪先生的首肯：「徐先生這一評定是可貴的……是公允的。」（《尚書校釋譯論》第三八四頁）徐先生沒有言及〈洪範〉，但他的論斷對於認識〈洪範〉不無啟發。劉起釪先生說：「〈洪範〉原稿由商代傳至周，經過了加工，到春秋前期已基本寫定成為今日所見的本子。」但是其中「出現了至早成於春秋時代」的「八政」、「五行」兩疇（同上第一二一八頁）。這基本等於說此二疇「成於」戰國。有一個事實：甲骨文無「皇」字，西周康、昭時始見「皇」（《古文字詁林》「皇」字及所引《古陶文字徵》按語、馬承源先生主編《商周銅器銘文選》），除非「皇」為後人所加，〈洪範〉不可能出現於殷周之際。學術界還有一個共識：戰國中期以前，古代文獻中沒有以「皇」義為「君」之例，有之自屈原〈離騷〉、〈九歌〉始（羅根澤《諸子考索》第一二六～一二七頁、《古文字詁林》「皇」字引劉節語、劉起釪《尚書校釋譯論》第一一五〇頁）。所以至少「皇建」一疇的寫定也不應早於戰國。〈洪範〉「皇極」一疇共有七個「皇」，其義為「君」，否則講不通。所以劉起釪也說：『「皇」釋為『君』是春秋以後用法。」所謂「春秋以後」即戰國。這種講法在西周、春秋乃至戰國早期的文獻中得不到支持。而《墨子・兼愛下》又已經引用〈洪範〉「王道蕩蕩」四句，稱為『周詩』，《左傳》「三引〈洪範〉，皆曰『商書』」（楊伯峻《左傳》文公五年注）。這證明，至此戰國早期〈洪範〉已經存在。這豈不是矛盾？皮錫瑞《今文尚書考證》和劉起釪一面說「漢代各種碑文與漢石經也都作『皇極』」，鄭玄注《尚書大傳》說：「王極或皆為皇極」（劉起釪）；同時皮錫瑞的結論為：「疑此一篇當皆作『王極』字，其作『皇』乃後人改之。」劉起釪認為，「『皇』為漢人據秦漢以後用法改。……漢人用本義來釋『皇極』為『大中』，遂悖『王極』原義。在這裏只是『王』的假借或代用字。」（《尚書校釋譯論》第一一五〇頁）皮、劉一致認為「皇極」一疇中的「皇」本作「王」，是「後人」、「漢人」改為「皇」，這雖然使上面所說的矛盾渙然冰釋，可是仍不能無疑。「皇」字既是漢人改動，皇、王通假，「皇極」即「王極」，何以同一疇之中，「皇極」全用「皇」（出現七次），「王道」全用「王」（出現七次），楚河漢界劃然而分？「皇極」又與「王極」通假，於是「皇」、「王」又渾然不分，漢人究竟出於何故改「王」為「皇」？今本「皇」字不釋為「君」、「王」就講不通，說「皇極一疇」寫於戰國之前就失去了根據，除此之外，能否舉出證據說明確實是漢人所改？此疇文曰：「凡厥庶民，極之敷言，是訓是行，以近天子之光。」這個「光」字應當正是「皇」字的本義：穆王時〈競卣〉：「伯屖父皇競」馬承源引《淮南子》高誘注曰：「皇，光。」這正符合「皇」光大、輝煌的本義。總之，說「皇」為漢人所改只是推測，並無直接的證據，「皇極」一疇的真相仍不清楚。鄙見傾向於至少「皇極」一疇加上劉起釪所說兩疇都應出於戰國。又，「王道」一說何以在戰國以前之書無所見，獨見於〈洪範〉一文？戰國之書《墨子》、《左傳》除引用〈洪範〉之外，「王道」無所見，戰國中期方始見於《孟子‧梁惠王上》。何以又與羅根澤「及戰國中葉」始有「王政」、「王道」之說相一致？

此外，《周禮》一書使用「以數為紀」法是很多的，其〈大宰〉、〈大司徒〉兩節完全是用這種方法寫成。它的成書時代雖有分歧，但有人以古籍記數方式的演變（整數和零數之間用不用「有」），證明《周禮》「是戰國前期以前的作品」（王暉《古文字與商周史新證》第三七〇頁）。《周禮》一書對於本書一些文章的影響是顯而易見的，它的「以數為紀」與本書戰國時期的作品也不會沒有聯繫。

因此，認為《逸周書》的「以數為紀」各篇出於春秋早期或更早，論據不足。

寤儆第三十一

【題　解】武王夢見被商紂攻伐，情況緊急，驚嚇而醒，要求加強戒備。此即「寤儆」之義。儆，戒備。本篇寫武王在伐紂之前的思想狀態。

《周書・序》曰：「武王將起師伐商，寤有商儆，作〈寤儆〉。」

維四月❶朔，王告儆❷，召周公旦曰：「嗚呼，謀泄哉！今朕寤，有商驚予❸。欲與無則❹，欲攻無庸❺，以王不足❻。戒乃不興❼，憂其深矣！」

周公曰：「天下不虞周❽，驚以寤王❾，王其敬命❿。奉若稽古維王⓫，克明三德維則⓬，戚和遠人維庸⓭。致王禱⓮，赦有罪⓯，懷庶有⓰，茲封福⓱。監戒善敗，護守勿失⓲。無為虎傅翼⓳，將飛入邑⓴，擇人而食。不驕不吝㉑，時乃無敵㉒。」

【章　旨】武王夢見被商紂攻伐而手足無措，被嚇醒。周公提出的對策是敬重天命，推行善政，可無敵於天下。

【注　釋】❶四月　武王三年四月。上篇寫武王三年事，本篇只說月，也是三年事。❷告儆　告訴加強戒備。❸有商驚予　孔晁曰：「夢為紂所伐，故驚」。❹欲與無則　想與之和好沒有方法。無則，「無」字下原有「□」，丁、唐、朱駿聲、俞樾都認為這裏沒有闕文，今從刪「□」。無則，無有方法（唐大沛）。❺無庸　（擔心）沒有功勞。❻以王不足　此句有多種理解，潘振以為「我周作伯已久」，以小邦「王天下而不足」。唐大沛亦釋為「自稱王以臨天下，又恐德威不足服天下」。文、武已經稱王，又何言「以王不足」？既言「欲攻無庸」，又何侈言「王天下」？陳逢衡以「王指紂」。丁宗洛以「以王」為「以之自興王業」。鴻恩按，文王是否生前稱王，雖然《史記・周本紀》明說「蓋受命之年稱王而斷虞、芮之訟，後十（七）年而崩。」但歷史上曾長期爭論，現在還有人認為文王是追尊之號。報載，「清華簡」中發現了一篇〈保訓〉，文中有「維王五十年」，又有「王若曰：發（武王名發）」，這又是文、武皆已稱王的新證據（《北京日報》二〇一〇年二月一日第九版）。平心而言，這裏說「以王不足」，惟丁宗洛之說與文意相合。「王業」與「霸業」相對，本文誠指「王業」則是戰國人觀念。孟子、荀子先後提出以禮義統一天下的「王」和「王道」、「王者」，以及「王政」（孟子）和王業（荀子）。故王政、霸政之說產生於「戰國中世」（羅根澤《諸子考索》第一一五頁）。則此言出於後人。❼戒乃不興　戒備如果不即時。乃，而；如果。❽天下不虞周　丁宗洛、孫詒讓以為衍「下」字，孫曰：「天不虞周，謂天之命周不可測度，言無常也。〈成開〉篇云：『王其敬天命無易，天不虞。』是其證。」❾驚以寤王　今夢中受驚，是上天讓王醒悟。❿王其敬命　希望王敬重天命。其，表示祈請、希望語氣。⓫奉若稽古維王　朱右曾曰：「言承順天道，合于天之無私則，則民往歸之。」若，順（孔晁）。稽古，合於古人之道。《尚書・堯典》「稽古」鄭玄釋為：「稽，同；古，天。」自宋以來即認為鄭玄之訓謬誤不通。而陳、唐、朱皆從鄭玄釋「古」為「天道」。鴻恩按，這裏應當訓「稽」為同、合，《禮記・儒行》「古人與稽」鄭玄亦注曰：「稽，猶合也」。皮錫瑞《今文尚書考證・堯典》廣徵博引，詳考「稽古」之意，且引及本篇，其結論是：「凡此諸說，皆不可以『同天』解之，是以『稽古』為考古，兩漢諸儒皆無異義。惟鄭君解為『同天』，《正義》云用《尚書緯》說。孫星衍以鄭君『同天』之解為解帝堯『帝』字，非解『稽古』，其說近是。」維，為；是。這裏有幫助判斷的作用，下二句「維」同。⓬克明三德維則　克，能。三德，孔晁以為即《尚書・洪範》之「三德」：「一曰正直，二曰剛克（劉起釪注：以強硬的方式取勝），三曰柔克（以溫和的方式取勝）。」唐大沛以為「三德，蓋指賢士」。今仍從孔說。⓭戚和遠人維庸　戚和，親睦。按，這三句是一一回應武王所說的「王」、「庸」、「則」。⓮致王禱　「致」字原作「攻」，丁、朱改。唐大沛未改字，而曰：「攻，治也。」疑「王禱」當作「巫禱」，曰：「〈和寤〉篇『加用禱巫，神人允愿』是也。」鴻恩按，「致王禱」「致巫禱」似均可。⓯赦有罪　本書〈大聚〉篇言「赦刑以寬」和「削赦輕重」，或即此「赦」。⓰庶有　朱右曾曰：「猶庶類也。」鴻恩按，《詩經・大雅・公劉》「爰眾爰有」，馬瑞辰釋曰：「『有』與『眾』同義。」⓱茲封福　此大福。茲，此。⓲監戒善敗二句　唐大沛曰：「言監戒古今成敗之故，護守先王之道而勿失。」監戒，借鑒往事，警戒將來。監，又可寫作「鑒」。⓳無為虎傅翼　唐大沛曰：「喻紂當伐之意，言不可養惡以害民也。」傅翼，安上翅膀。⓴邑　人群聚居之地。章本作「宮」，盧本據《韓非子》改為「邑」，陳逢衡引應劭引《周書》、張衡〈東京賦〉及薛綜注引《周書》，均作「邑」。㉑不吝　不吝惜錢財而賞有功之士。㉒時乃無敵　這便能天下無敵。時，是；如此。

【語　譯】四月初一這天，武王告訴國人加強戒備，召見周公旦，說道：「唉呀，我們的謀劃可能洩露出去啦！今天我在夢中醒來，夢見商紂攻打我們，使我驚懼。想要和他和好卻沒有辦法，想要攻打他又不會有什麼功績，憑現有條件建立王業條件又不具備。戒備的工作如果不立即，憂慮可就深重了！」

周公說：「天命周不能測度，上天示警來讓王醒悟，王還是要敬重天命。承順而合於古道就是王業，能明曉三德就是法則，親睦遠方的人就是功勞。王向神鬼祈禱，赦免有罪的人，安撫民眾，這就是大福。要借鑒、警惕往日成敗的經驗教訓，護守好先王之道而不墜失。不要替老虎插上翅膀，那牠真要飛進邑中，挑揀著吃人了。不恃才傲物，不吝嗇賞功，這樣就能無敵於天下。」

王拜曰：「允哉！余聞曰：維乃予謀，謀時用臧❶。不泄不竭❷，維天而已。余維與汝監舊之葆❸，咸祗曰戒❹，戒維宿❺！」

【章　旨】武王強調保密，依靠天命，及早警戒。

【注　釋】❶維乃予謀二句　唐大沛曰：「惟汝為我謀，謀是以善。」乃，你。時用，是以；因此。❷不泄不竭　不洩露消息，不竭力強求。朱右曾曰：「泄，怠緩。竭，竭蹶（匆遽）。言天運有常，故順天者不可先時後時也。」鴻恩按，朱釋「泄」為「怠緩」，是以「泄」通「媟」，《玉篇》：「媟，慢也。」❸監舊之葆　看視好舊有的寶典。葆，通「寶」。指〈寶典〉篇中所說「四位」「九德」及信、義、仁等一套做法（陳逢衡）。唐大沛說葆、保通，指保天命。❹咸祗曰戒　咸祗，共同敬慎。曰戒，朱右曾曰：「『曰』當為『日』。」❺宿　通「夙」。早。

【語　譯】武王拜道：「確實啊！我聽說過這話：只有你為我謀劃，謀劃因此而完善。不洩露不強求，只等待天命罷了。我只和你看視好舊有的國寶，共同敬慎天天警戒，警戒要及早！」

【研　析】傳說文王時，已經「三分天下有其二」（《論語・泰伯》），按理說周是一個大國了。可是周人自己則自稱為「小國」、「小邦」：

> 天休于寧（文）王興我小邦周。（《尚書・大誥》）
>
> 肆爾多士，非我小國敢弋殷命，惟天……弼我。（同上〈多士〉）

而稱殷商為「大邦」、「大國」：

> 皇天上帝，改厥元子茲大國殷之命。……天既遐終大邦殷之命。（同上〈召誥〉）
>
> 皇天改大邦殷之命，惟周文武……克恤西土。（同上〈顧命〉）

「西土」也是周人的自稱。周人口中這些「大邦」、「小邦」、「西土」，當然反映現實情況。他們不大可能滅自己志氣，長他人威風。所謂「三分天下有其二」，大約只就人心歸向而言，或是誇大之詞，殷王朝龐大的國家機器特別是武裝力量，非周人可以相比（周人很可能也沒想到其不堪一擊）。究竟能發動多少諸侯一起伐紂，可能也沒有把握。由此，我們可以知道武王作了攻伐商紂的決定之後，反而處於如此高度的緊張狀態。有人在分析〈酆謀〉和〈寤儆〉時指出：「《逸周書》如實地記錄了周武王處心積慮要滅亡殷商，這種情況在其它典籍中很少見。……大約是事實。」（曹道衡等《先秦兩漢文學史料學》第一五七頁）原因即在於此。本文與〈酆謀〉一樣，應含有史影，與〈文傳〉等篇不同。

劉起釪說：《逸周書》中除西周原篇，又「有十餘篇為西周原篇史料，可是在流傳中可能寫定於春秋時」

《十三經說略》第二八頁）。〈寤儆〉使用了頂真格修辭法，而「頂真格的盛行是在戰國時代」（周玉秀《文獻學價值〉第二三一頁〉。而且不只「維乃予謀，謀時用臧」，還有「咸祇日戒，戒維宿」，這就不會是偶然的巧合。「以王不足」和「奉若稽古維王」之「王」指「王業」才能講通。所以夏含夷、黃沛榮、周玉秀都把本文視為戰國作品（《文獻學價值》第二三一、二四九頁）。

《逸周書》中的文章，語言古奧簡質，但本文「無為虎傅翼，將飛入邑，擇人而食」，卻說得形象貼切，又文字平易，頗為難得。

卷四

武順第三十二

【題解】 這是一篇言軍制的作品。文中說，軍制要順乎天道、地道、人道，即「順天以利本」，「順地以利兵」，「順人以利陣」，所以以「武順」名篇。

學者研究，本文所言軍制，與《詩經・大雅・公劉》相合，是一篇有關軍制的重要文章。但文章寫作時代並不早。

天道尚左，日月西移；地道尚右，水道東流❶；人道尚中❷，耳目役心❸。心有四佐❹，不和曰廢❺。地有五行，不通曰惡❻。天有四時❼，不時曰凶❽。天道曰祥❾，地道曰義❿，人道曰禮⓫。知祥則壽⓬，知義則立，知禮則行⓭。禮、義、順祥曰吉⓮。吉禮左還⓯，順天以利本⓰。武禮右還⓱，順地以利兵。將居中軍⓲，順人以利陣。人有中曰參，無中曰兩⓳。兩爭曰弱，參和曰強。男生而成三，女生而成兩。五以成室⑳，室成以生民。民生以度㉑：左右手各握五㉒，左右足各履五㉓，曰四枝㉔。元首曰末㉕。五五二十五㉖，曰元卒㉗。

【章　旨】由天道、地道、人道——人體、人事聯繫到軍事。就中特別突出「順」與「和」。

【注　釋】❶天道尚左四句　天道尚左，章本作「天道尚右」、「地道尚左」，盧文弨依《博物志》互易，除丁宗洛外，各家從盧（唐大沛本無此篇）。陳逢衡曰：「天左旋，故尚左。日月西移，則右行也。地右旋，故尚右。水道東流，則左行也。此亦回環之義。」朱右曾曰：「西移，陽趨于陰。東流，陰趨于陽（天為陽，地為陰；西方為陰，東方為陽）。」尚左，以左為上。左即東方。右即西方。❷人道尚中　陳逢衡曰：「人得天地之中以生，故尚中。中者，天地之心，亦即人之所以為心也。」❸耳目役心　耳目為心所役使。役心，役於心。郝懿行曰：「三者（天道、地道、人道）所謂順也。」❹四佐　陳逢衡曰：「指下『左右手』、『左右足』。」陳漢章引《管子・戒》曰：「心不動，使四枝（肢）。」❺不和曰廢　不順叫廢疾。和，順；協調。廢，廢疾；殘廢。❻地有五行二句　指五行不能正常運轉。陳逢衡曰：「謂五方金西、木東、水北、火南、土中央也。不通，則衰亡之令不行，故惡。」朱右曾曰：「水、木、火、土、金不生則氣化絕，不相勝則功用匱」。鴻恩按，《淮南子・說林》：「拯溺而授之石，欲救之，反為惡」，高誘注：「惡，猶害也。」❼四時　春、夏、秋、冬。❽不時曰凶　氣候反常叫凶年。不時，指氣候反常。如所謂「春行秋令」、「夏行冬令」等。凶，荒年；災荒。即所說「天反時為災」（《左傳》宣公十五年）。❾天道曰祥　祥，善也（潘振）；仁也（陳逢衡）；象也，天事恒象（朱右曾）。鴻恩按，「天時恒象」語出《國語・周語上》、《左傳》昭公十七年，蓋即吉凶之徵兆，朱說近是，故下文曰「順祥曰吉」。❿義　「宜也。高卑燦陳，各有宜也」（朱右曾）。⓫禮　社會行為規範。⓬知祥則壽　人如天之無為則壽。（朱右曾）⓭知禮則行　知禮則諸事行得通。⓮禮義順祥曰吉　順祥，順應天象。⓯吉禮左還　盧文弨引趙云：「注首亦當有『天左還也』一句，與下注相配。」吉事尚左，故左旋（陳逢衡）。吉禮，五禮（吉禮、嘉禮、賓禮、軍禮、凶禮）之一，吉禮指祭祀之禮。還，通「旋」。⓰利本　利民。本，為人也（孔晁）。偽古文《尚書・五子之歌》說五子「述大禹之戒以作歌」，其中有曰「民惟邦本，本固邦寧」，應有所本。⓱武禮右還　孔晁曰：「天右還也。」武禮，軍禮；凶喪之禮。《老子》第三十一章：「吉事尚左，凶事尚右。」右還，即尚右。

朱右曾曰：「陽主生，陰主殺，故喪禮亦尚右也。」⑱將居中軍　古代軍隊分左、中、右或上、中、下三軍，主將在中軍發號施令。孔晁曰：「人上中。」⑲人有中曰參二句　盧文弨引謝曰：「有中、無中，即謂男女，皆以形體言之。男成三，女成兩，皆下體形象。合三兩而成五，交媾成室以生民。」參，與二物並列為三（《王力古漢語字典》，例如「功參天地」，「明參日月」）。⑳五以成室　指男女相配成室。㉑民生以度　度猶數也（陳逢衡）。㉒左右手各握五　左右手各有五根手指頭。握，指可供握持的手指。㉓左右足各履五　左右腳各有五根腳趾。履，指可供踐踏的足趾。㉔四枝　即四肢。陳逢衡曰：「枝與肢同，附在人身，如樹木之有枝也。」㉕元首曰末　頭部稱為末。元首，即頭。末，樹木上端叫末，所以這裏說人的頭部也稱末。㉖五五二十五　左右手各握五，左右足各履五，四肢合元首又五，所以說五五二十五。㉗元卒　起始的卒。下文孔晁注：「卒，二十五人之帥。」卒為二十五人之長，則二十五人同時是一級組織。

【語　譯】天道以左為上，日月向西移動；地道以右為上，河流向東流淌；人道以中為上，所以耳目為心所役使。心有左右手、左右足四個輔佐，不和順叫做廢疾；地有五行，不順通叫做危害；天有四季，氣候反常叫做凶災。為天之道叫做徵象，為地之道叫做義，做人之道叫做禮。懂得天象徵兆就會長壽，懂得合宜就能站穩腳跟，懂得禮就事事行得通。行為合於禮義，順應天象徵兆叫做吉利。吉禮向左轉，順應天道以利於民為國家之本；武禮向右轉，順應地道以利於用兵；將帥居於中軍，順應人道以利於軍陣。人有中叫做三，沒有中叫做兩。兩，勢均力敵之爭鬥叫做弱；三，彼此協調叫做強。男人生來就成三，女人生來就成兩。男女匹配成五而成為家室，家室成而生人。人生下來有一定度數：左右手各五個指頭，左右腳各五個趾頭，叫做四肢。頭叫做末。五五二十五正好是軍隊中元卒之數。

一卒居前曰開❶，一卒居後曰敦❷；左右一卒曰閭❸，四卒成衛曰伯❹。三伯一長曰佐❺，三佐一長曰右❻，三右一長曰正❼，三正一長曰卿❽，三卿一長曰辟❾。

辟必明，卿必仁，正必智，右必和，佐必肅，伯必勤，卒必力❿。辟不明，無以慮官；卿不仁，無以集眾；伯不勤，無以行令；卒不力，無以承訓⓫。均卒力⓬，貌而無比⓭，比則不順。均伯勤，勞而無攜⓮，攜則不和。均佐肅，敬而無留⓯，留則無成。均右和恭而無羞⓰，羞則不興⓱。辟必文⓲，聖如度⓳。元忠尚讓⓴，親均惠下㉑，集固介德㉒。危言不干德曰正㉓，正及神人曰極㉔，世世能極□帝㉕。

【章旨】講軍隊的組織機構和紀律，以及對各級軍官直至卿、君主的要求。

【注釋】❶開 前軍；先導。原文應作「啟」，即《詩經・小雅・六月》「元戎十乘，以先啟行」之「啟」，由於避諱而改。❷敦 假借為「殿」，即後軍。❸左右一卒曰閭 陳逢衡曰：「二十五家謂之閭。其數與元卒相應。左右一卒者，左右各二十五人為一卒也。」朱右曾曰：「左右一卒，如里之有門，故曰閭。」❹四卒成衛曰伯 陳逢衡曰：「四卒成衛，則為兵百人。伯，長也。帥百人，則能把持軍政矣。」衛，護。❺三伯一長曰佐 三百人（十二卒）設一長叫佐。❻三佐一長曰右 九百人（三十六卒）設一長叫右。❼三右一長曰正 三右，二千七百人，一百零八卒。❽三正一長曰卿 三正，八千一百人，三百二十四卒。❾三卿一長曰辟 三卿，卿是一國最高行政長官，在軍中則命卿為軍帥。大國三卿。伯、佐、右、正、卿，都是官名。以上共二萬四千三百人，九百七十二卒。孫詒讓、劉師培都引用清黃以周《禮書通故》說本文的軍制。黃曰：「五伍曰元卒，為車一乘，古者謂車為兩。《周禮》五人為伍，五伍為兩，故車以二十五人為一乘。四卒成陳，故曰成衛。伯四卒，佐十二卒，右三十六卒，正百八卒，卿三百二十四卒，為兵八千一百人。古者軍帥皆命卿，三卿，三軍也。為乘九百七十二，兵二萬四千三百人。三卿一長曰辟，辟有親軍，是武王國制千乘之法也。《司馬法》言制軍『一乘甲士三人，步卒七十二人』，即仿此左右[illegible]閭之卒也。杜牧注《孫子》又有『將重車二十五人』，即仿此後敦之卒也。武王之制，五伍為卒，四卒成衛，《司馬法》用其成衛之卒以為一乘。以此差之，卿一軍八千一百人，為八十一乘。《司馬法》云：『八十一乘為專。』以卿一軍言也。卿主一軍，故謂之專。正二千七百人，為二十七乘。《司馬法》云：『二十九乘為參。』九當作七。以正二十七乘言也。

正為三右之長，故謂之參。然則《司馬法》所言乘制，實仿《周書》，特其所用人數較古為多耳。」孫詒讓曰：「元卒即《周禮・夏官》之兩，四卒即《周官》之卒，餘俱不合。」又曰：「閭，當讀為『旅』，旅從呂聲，故此借閭為旅。此自右以上以三積數，與《周禮》軍制以伍起數者不同。」❿辟必明七句　朱本「右必肅，佐必和」，是據丁本改。章本作「右必和，佐必敬」，盧、陳本「敬」作「肅」。今依下注劉師培引《書鈔》文據和章、盧本改回。陳逢衡曰：「〔君〕明則能將，將仁則能惠眾，智則能審勢，和則能合謀，肅則能整齊，勸則能訓練，力則能先登。」⓫辟不明八句　「辟不明，無以慮官；卿不仁，無以集眾；伯不勸，無以行令；卒不力，無以承訓」，此節有脫文，脫「正不智……右不和……佐不肅……」。劉師培曰，《北堂書鈔》三十引本文作「上不知，無以利事；下不力，無以承順訓（順即訓字）；佐不利，無以集眾；卿不仁，無以讓賢；伯不勸，無以行令。」鴻恩按，《書鈔》引文多「無以讓賢」、「佐不利」七字，然順序多誤，引文亦不忠實，如「辟不明，無以慮官」，引作「上不知，無以利事」。但可以辨識各句對應關係。惟「佐不利」之「利」，對照上文相當的「明」、「仁」、「智」、「和」等字，只能是「和」字之訛，「和」與「集眾」正相應。上文作「右必和」，而《書鈔》作「佐不利」，則「佐」亦應是訛字，因為「佐不肅」或「佐不敬」，不可能訛為「佐不利」，只有認為「右不和」訛為「左（佐）不利」才合於情理。依據上文和《書鈔》，這段文字「卿不仁」和「伯不勸」之間，可以補為：「卿不仁，無以讓賢，正不智……右不和，無以集眾；佐不肅……。」陳逢衡曰：「無以慮官則不能選士，無以集眾則不能將兵，無以行令則不能整軍，無以承訓則不能克敵。」⓬均卒力　卒同樣盡力。均，同。⓭貌而無比　比，王引之以為當作「北」，即古「背」字。劉師培以為「貌」是「豤」或「貇」（鴻恩按，均即誠貇之「貇」的異體）字之訛，貇而無背，誠摯而無貳心也。下句「比」也是「北」字。⓮攜　分離；離心。⓯均佐肅二句　「均佐肅，敬而無留」，佐肅敬，章檗本、盧本如此，下句作「右和恭」，均是。朱本作「佐和敬」、「右肅恭」，不相應，今正。留，遲滯；拖延。⓰均右和恭而無羞　恭，虛己下士。羞，畏縮慚愧。⓱興　奮發。盧文弨曰：「沈云此下疑有脫文，蓋尚缺『均正……』、『均卿……』。」⓲文　才德、功業美盛。⓳如度　合於法度。⓴元忠尚讓　元忠，孫詒讓曰：「元，當為『允』。」忠，盡心竭力。㉑親均惠下　親近而公正惠愛屬下。㉒集固介德　積聚和固守大德。介，大。陳逢衡曰：「此連上『辟必文，聖如度』為一節，俱指君德言。」㉓危言不干德曰正　危言，正直的言論。《廣雅・釋詁》：「危，正也。」干，犯。㉔極　頂點；最高。㉕帝　夏、商、周都稱「王」，但是有時稱「帝」。帝，本是天上的至上神，但是商王祭祀先祖，稱其生身父曰「帝某（名）」或「王帝」，表明其先王「克配上帝」，但仍和「上帝」相區別。《大戴禮記・誥志》說：「天子卒葬曰帝。」《禮記・曲禮下》說：「天子崩後，措文廟，立之主曰帝。」（詳見胡厚宣、胡振宇《殷商史・殷王稱號》說明商朝、周朝稱「帝」都是有條件的。而且大、小戴《禮記》都是戰國秦漢間著作。這裏說「世世能極曰帝」，在道德方面提出了很高的要求，但並不是上面所說的意思。鴻恩按，在《尚書》中，除上帝和堯舜、帝乙之外，再沒有「帝」字。《詩經》中「帝」字一律指天帝、上帝。《國語》、《左傳》中也沒有稱周先王或時王為「帝」之例。羅根澤曰：「王霸之上，益之以『帝』，其實蓋在戰國之末。」（《諸子考索》第一二四頁）戰國末期諸侯普遍稱王之後，秦、齊一度稱「西帝」、「東帝」，秦統一六國後則稱「皇帝」。

【語譯】一卒人在前面叫做先導，一卒人殿後叫做後軍，左右各有一卒人叫做閭，四卒成為自衛的陣式叫做伯。三伯設一個長官叫佐，三佐設一個長官叫右，三右設一個長官叫正，三正設一個長官叫卿，三卿設一個長官叫君。君一定要英明，卿一定要仁愛，正一定要明智，右一定要溫和，佐一定要嚴肅，伯一定要勤奮，卒一定要盡力。君主不英明就沒有辦法選用官吏，卿不仁愛就沒有辦法讓位給賢者，正不明智就沒有辦法……右不溫和就沒有辦法聚合大眾，佐不莊敬就沒有辦法……，伯不勤奮就沒有辦法奉行命令，卒不盡力就沒有辦法接受訓導。

卒同樣盡力，但要做到誠摯不違背命令，違背命令就不順通。伯同樣勤奮，但要勤勞而不離心，不一心就不和諧。佐同樣莊肅，但要敬慎而不拖延，拖延就不能成事。右同樣謙和，但要謙恭而不退縮，遇事退縮就不能奮發。君主一定要才德、功業美盛，聖明合度。誠信盡職，崇尚謙讓，親切而公正，惠愛下屬，積聚和固守大德。言論剛正而不傷犯德叫做正，正而施及神、人叫做達到頂點，世世代代能達到頂點叫做帝。

【研析】陳逢衡曰：「是篇周家兵制之祖，猶是『其軍三單』之遺制，故以三立法。前段兵制之推原，後段兵制之歸束。太公兵法，此為上乘。」劉師培曰：「黃以周《禮書通故》謂武王祖三單為乘法，其說是也。」又曰：「《詩・大雅・篤公劉》篇云：『其軍三單』，毛傳云：『三單相襲也。』……竊以本文所云蓋古三單之制。毛公以相襲為訓，襲誼同重，言積累成軍，均依三數相疊也。此文軍制由伯以下均為獨數，及三而合。毛或據斯為說。」本文言，「三伯一長曰佐，三佐一長曰右，三右一長曰正，三正一長曰卿，三卿一長曰辟。」自佐開始，「皆三三而益之」（盧文弨），「以三積數」（孫詒讓），即劉之「依三數相疊」。陳逢衡、黃以周、劉師培以為這就是《詩經・大雅・公劉》的「三單」之制。但是自鄭玄、孔穎達都不引用本文，而另作訓釋，注《詩經》的人，都取鄭、孔之說，並且釋為「相襲猶言相代，則三單之中尚有更休疊上之法。其不盡民力如此。」（胡承珙《毛詩後箋》）於是「三單」成了「三班輪換」。《周書》不受重視，後人不明毛意，於是毛旨愈發不明，講兵制的人也不講何謂「三單」。黃以周證明《司馬法》的軍制一一本於本文，很有說服力。唐大沛以為「〈武順〉為周家世傳之軍政」（《句釋・凡例》）。陳逢衡、黃以周、劉師培把變晦的古意重新發現出來，是一大功績。孫詒讓說明《周禮》中軍制與此不合，而學者多認為《周禮》成書於戰國。《逸周書》保存了上古的軍制，這也是它的價值之一。

對於周代的「三單」軍制，現在可以認定的是，這種軍制實導源於商代。在甲骨文中，商代的基本軍事組織是「行」。每行百人，常見三百人和三千人的組織，即因為分為左中右三行，還有左中右「三師」之稱及「左旅」、「右旅」等等，可見商、周間繼承之關係（參羅琨《商代戰爭與軍制》第五章）。

古人言事多「取譬」、類比，並盡力證明其合理性。本文的前段，主要說軍制不是隨便設立的，而是依據了天道、地道、人道，是有根有據，合情合理的：「天道尚左……地道尚右……人道尚中」，而「心有四佐」、「地有五行」、「天有四時」，「天道曰祥，地道曰義，人道曰禮」，天、地、人間，都有固定的秩序、安排，照這樣的秩序、規矩運轉，則天然和順，天然吉利。反其道而行之，就會「廢」、「惡」、「凶」。而「吉禮左還，順天以利本……順人以利陣。」「人有中曰參……參和曰強……五以成室……左右手各握五……五五二十五，曰元卒。」於是證明這樣的軍制是多麼天然，多麼吉利，多麼合度，簡直是天造地設一般。這樣的論述，在今人看來是不必要的，是不同類事物之間的比附。但是它和古人的思維特點卻是一致的。古人崇尚天、地、自然乃至人體構造，也把人類的創造說成源於天地自然。儘管是附會，不能不說他們的觀察、聯想是十分深入的。《左傳》昭公二十五年引述子產論禮之天經地義，「為君臣上下，以則地義；為夫婦外內，以經二物〔陰陽〕；為父子、兄弟、姑姊、甥舅、昏媾、姻亞，以象天明」，也是同樣的手法。

無疑，本文寫定於戰國。因為本文已經有了陰陽五行的思想：天、地、人或天道、地道、人道三者並稱的出現也不早；「禮義」連稱始見於《左傳》、《國語》和《孟子》，不見於《論語》及以前書；「危言」始見於《論語・憲問》；「吉禮」始見於《周禮・宗伯》和《儀禮・士昏禮》。語言研究者也認為，本文寫定於戰國。有人說寫於春秋早期，乃不根之談。

武穆第三十三

【題　解】武穆，闡述在用兵方面抱敬慎態度。唐大沛以此篇為「兵家要言」。朱右曾注《周書・序》曰：「〈武穆〉言軍行之紀律。穆，敬也。」

曰若稽古❶，曰❷：昭天之道❸，熙帝之載❹，揆民之任❺，夷德之用❻。總之以咸殷，等之以□禁，成之以□和，咸康于民❼。卿格維時，監于列辟❽，敬惟三事❾，永有休哉❿！

【章　旨】從考察歷史總結出經驗：任用好的官吏。提出治理殷民要採取的措施以及取法先君，謀慮三事。

【注　釋】❶曰若稽古　察考古代歷史。曰若，語首語氣詞。曰，也寫作「粵」、「越」，金文寫作「雩」。稽古，察考古代。詳見〈寤儆〉「稽古」注。❷曰　說。陳逢衡曰：「『稽古』下『曰』字衍。」鴻恩按，陳說非是，無此「曰」則文不銜接。❸昭天之道　彰顯天道。昭，彰明；光大。天之道，即天道，朱右曾曰：「天道，溫肅生殺之道也。」❹熙帝之載　語出《尚書・堯典》（偽古文《尚書》在〈舜典〉），意為光大帝堯之事。熙，廣；光大。載，事。鴻恩按，這裏的「帝」，不應指堯，但又與「天」相對，故前人理解不一：上帝（陳逢衡）；天子，謂上帝與上句義複（唐大沛）；帝載，謂六府三事（語出偽古文《尚書・大禹謨》，六府：水火金木土穀。三事：正德、利用、厚生」，所以教養萬民者也（朱右曾）。則朱注之帝指舜。這裏只應理解為人帝。但本文說話者應為周王，他所說之人帝不會指堯、舜，只能是指周的先王。這種稱周先王為「帝」的用法不見於《書》、《詩》、《國語》、《左傳》。❺揆民之任　考量人民的負擔。揆，度量。任，負擔。❻夷德之用　選用有常德的人。按，這句的結構不同於前三句，「夷德」是「用」的賓語。夷德，常德；恒久不變的品德。夷，通「彝」。常。❼總之以咸殷四句　咸殷，孔晁曰：「咸，皆。殷，盛也。皆以法總之也。」唐大沛曰：「『咸』字衍。二空圍皆宜刪。注當云：『殷，盛也。以法總之也。』其曰『咸，皆也』當在下文『咸康于民』句下。」朱右曾曰：「咸，和也。言將總此以諴和殷民也。」缺處疑是「九」、「五」，九禁見〈大開〉，五和見〈大開武〉。」朱駿聲補「明」、「惟」二字。今姑從朱右曾說，劉師培謂下篇「成和不逆」應作「咸和」，則此文「咸殷」之「咸」是否衍文或義為「皆」，待究。等，齊也（朱右曾）；限制。之，指殷民。成，平定；安定。❽卿格維時二句　孔晁注：「視古公列君以為師也。」盧文弨曰：「列辟，周上世之賢君也，子孫臣民所當取法也。」依此，則格義當為正。監，視。孫詒讓曰：「案卿當為『鄉』，形近而誤。鄉，即饗之省。古書祭饗字多作『饗』，言祭祀以時舉也。」疑孫說是。依孫說，則格義為至。❾三事　見下文。唐大沛曰：「三事皆用武之要道。」❿永有休哉　永遠有喜慶。休，美善；喜慶。

【語譯】查考古代歷史，可以說明：彰明上天生殺溫肅之道，光大先帝的事業，考量人民負擔的輕重，選用有恒久品德的人做官。要綜合地採用這些措施來協和殷民，用禁令限制他們，用和睦安定他們，讓百姓都過上安樂的生活。按時來舉行祭祀，視各位先君為表率，敬慎地謀慮三事，就能永遠地有喜慶啊！

三事：一、倡德❶；二、和亂❷；三、終齊❸。德有七倫❹，亂有五遂❺，齊有五備❻。

五備：一、同往路以揆遠邇❼；二、明要醜友德以眾爾庸❽；三、明辟章遠以肅民教❾；四、明義倡爾眾❿，教之以服⓫；五、要權文德⓬，不畏強寵⓭。

五遂：一、道其通以決其壅⑭；二、絕□無赦，不疑⑮；三、挫銳無赦，不危⑯；四、閑兵無用，不害⑰；五、復尊離群，不敵⑱。

七倫：一、毀城寡守，不路⑲；二、通道，不戰⑳；三、小國不凶㉑，不伐；四、正維昌靜㉒，不疑；五、睦忍寧于百姓㉓；六、禁害求濟民㉔；七、一德訓民㉕，民乃章㉖。

欽哉欽哉㉗！余夙夜求之無射㉘。

【章旨】具體講述「三事」德、亂、齊的內容，即七倫、五遂、五備。

【注釋】❶倡德　提倡道德。❷和亂　平和逆亂。❸終齊　潘振曰：「齊者，一其心志。」陳逢衡曰：「終齊則治治（和諧）。」唐大沛曰：「齊，疑當讀作『濟』，謂事終有濟。」則終齊意謂事終有成。二說均可通，今取前說。❹倫　倫理；倫常。❺遂　成事（潘振）。❻備　具備；準備。❼同往路以揆遠邇　同往路，當脫一字，未詳其意。孫詒讓曰「往」當作「徑」。今從孫說。揆遠邇，朱右曾曰：「揆遠邇以節勞逸。」揆，揣度。❽明要醜友德以眾爾庸　明要醜友德，應作「惡醜友德」。劉師培曰：「『明』涉下文『明義』衍。『要』即『惡』訛。醜與惡同，惡醜，猶云嫉不善，故與『友德』對文，謂去惡進善，足益功績也。」眾，益；多。庸，功。❾明辟章遠以肅民教　辟，法度；法律。章，明；彰顯。肅，整肅。❿明義倡爾眾　應作「明義倡邇」。劉師培曰：「『眾』涉上文『眾爾庸』衍。爾，當作『邇』，與上章『遠』對文，猶云明義始於近也。」義，合宜。⓫服　有二解：一、行；二、法制。俞樾曰：「服有法制之義，教之以服，服即法也。」今從俞說。⓬要權文德　劉師培曰：「此即『要醜友德』複衍之文，惟傳寫復訛。」潘振曰：「劾稱文德，以懲戒之。」唐大沛曰：「疑有誤字。」鴻恩按，今姑釋此句為在文德方面約束權勢。要，約束。文德，指禮樂教化。⓭強寵　恃強持寵者（唐大沛）。⓮道其通以決其壅　唐大沛曰：「此下意皆難曉，似謂政亂于上，民亂于下，上下之情壅塞不通，宜開道之而決其壅也。」朱右曾曰：「道，音導，由也。通，迎服者。決，攻之也。雍，抗拒者。」雍，通「壅」。閉塞。按，朱說似合於對付敵國之亂。⑮絕□無赦二句　闕處朱駿聲補「遏」字，今姑依其說。大約是說絕棄阻遏者，無赦其罪，決不猶豫。不疑，決也（唐大沛）。⑯挫銳無赦二句　挫折亂國的精銳，無赦其罪，就沒有危險。⑰閑兵無用二句　唐大沛曰：「似謂和亂之道，無取戰爭，兵雖閑而不用，不為害也。」一說，閑，通「嫻」。習練。訓練軍隊即使不用，有利無害。鴻恩按，此說可通，《戰國策・燕策二》有「閑于兵甲，習于戰攻」之說。今姑用唐說。⑱復尊離群二句　孔晁曰：「群離故不敵也。」唐大沛謂「似謂復其君之尊，離其小人之群」，朱右曾謂「復，覆也。」鴻恩按，唐、朱之說不同，今從朱說。潘振曰：「五者無不遂，此和亂之事也。」⑲毀城寡守二句　不路，師不入其境（朱右曾）。劉師培曰：「路，讀《韓非・亡徵》篇『罷露百姓』之『露』，謂毀城寡守之地勿俾疲病也。」鴻恩按，王引之曰：「露為疲憊之義。」（《經義述聞》卷十九「露其體」）⑳通道二句　陳逢衡曰：「謂聘問往來之國。」朱右曾曰：「道通則不戰，不主于殘民。」㉑凶　暴虐（唐大沛）。㉒正維昌靜　陳逢衡曰：「正其綱維，倡為寢兵之說。」朱右曾曰：「言有道之邦也。」維，綱維；法度。昌，通「倡」。靜，安靜，這裏指不用兵。㉓睦忍寧于百姓　睦忍，劉師培曰：「竊以忍即古『仁』字。」鴻恩按，劉說甚是，《說文》、《古文字詁林》等均收有下畔從「心」、上畔從「千」或從「人」（形近「刃」而少一點）的「仁」字，與「忍」形近。睦仁，即和睦仁愛。寧，安。㉔禁害求濟民　禁害，禁害民之事。㉕一德訓民　令不二三也（陳逢衡）。一德，純一之德。㉖民乃章　明於教訓（孔晁）。㉗欽哉　敬慎啊。㉘射　厭也；終也（孔晁）。鴻恩按，射，通「斁」。《詩經・大雅・抑》「矧可射思」，朱熹《集傳》：「射、斁通，厭也。」

【語　譯】三件事：一、提倡道德；二、平和逆亂；三、最終達到人心齊一。提倡道德有七條倫理，平和逆亂有五種成功，人心齊一有五項具備。

五項具備：一、走同一條道路，以便估測路程的遠近；二、憎惡醜惡而友愛仁德，用來增加你的功績；三、申明法度，彰顯於遠方，以整肅對百姓的教化；四、申明合宜的行為先從近處提倡，以法制教誨百姓；五、以禮樂教化約束權勢，不畏懼恃強持寵的人。

五種成功：一、借助歸順者攻打抗拒者；二、絕棄阻遏者，且不寬恕，毫不猶豫；三、摧毀敵國精銳，絕不寬恕，就不會有危險；四、訓練軍隊即使不用，有利無害；五、失去權勢，眾叛親離，就不能與我為敵。

七條倫理：一、城牆毀壞守衛力量不足的，不使它疲憊；二、與聘問往來之國，不交戰；三、小國不暴慮，不攻打；四、整頓綱紀提倡和平的，不加懷疑；五、和睦仁愛，安定百姓；六、禁止侵害，以求濟助人民；七、用純一之德教導民眾，民眾就能明曉德義。

敬慎啊敬慎啊！我日夜探求這些沒有厭倦。

【研析】本文「咸殷」之「咸」，有義為「皆」或「誠和」、衍文三說，未知誰是。但是文中所談內容倡德、和亂、終始及七倫、五遂、五備看不出與殷人有關。所以唐大沛一面指出：「五備、五遂、七倫，所列條目不盡可解」，一面又認為：「〈序〉謂周將伐商，作此以訓乎民，則未必然。」

本文所記為一次談話，談話者應是周王。《周書・序》說：「周將伐商，順天革命，申諭武義，以訓乎民，作〈武順〉、〈武穆〉二篇。」朱右曾說：「前篇訓軍制，此篇訓軍政也。」前兩篇言商諜、商儆，下一篇〈和寤〉寫「王乃出圖商」，中間加了這兩篇軍制、軍政文章。可是這兩篇看不出是為伐商作準備。「總之以咸殷」，朱右曾釋為：「言將總此以誠和殷民也。」文中除了「咸殷」以外，沒有其他事實。本文的寫作背景，不得而知。中間的內容，與戰國的其他軍事論文看不出有何區別。「不畏強寵」，「通道，不戰」，「小國不凶，不伐」等，都與伐殷無關。

劉師培讀「睦忍」為「睦仁」，從文字學角度來說，理由充分。但在今存《尚書・周書》十九篇乃至全部《尚書》中，只在〈金縢〉「予仁若考」中有一個「仁」字。而這個「仁」卻是借字。俞樾曰：「當讀為『佞』，《說文・女部》：『佞，巧調高材也。』小徐本作『从女，仁聲。』故得假『仁』為之。『予仁若考』者，予佞而巧也。王念孫已定『考』讀為『巧』。『佞』與『巧』義相近，『仁』與『巧』則不類矣。《史記・周本紀》『為人佞巧』，是其證也。」（《群經平議》卷五）這說明，在今存《尚書》中沒有「仁」字。在《詩經》中只有晚出的〈鄭風・叔于田〉、〈齊風・盧令〉中有兩個「仁」。阮元指出：「仁字不見于虞、夏、商書及《詩》三頌、《易》卦爻辭之內，似周初有此言，而尚無此字。……〈小雅・四月〉『先祖非人，胡寧忍予』，此『非人』『人』字實是仁字……蓋周初但寫『人』字，《周官禮》後始造『仁』字也。」（《古文字詁林》第七冊第二六九頁引）本文稱其先王為「帝」，也是後人觀念，已詳說於注中。唐大沛說〈武順〉、〈武穆〉文法不類，前者淺暢，後者古奧，看來兩篇出於不同作者，或時代亦有先後。其「以數為紀」，肯定出於戰國。

和寤第三十四

【題　解】本文寫武王在伐紂之前要求做到人民和睦曉悟。《周書・序》曰：「武王將行大事乎商郊，乃明德于眾，作〈和寤〉、〈武寤〉二篇。」和，即文中「成（咸）和不逆」之和。文中「德降為則，振于四方」，大約即是「明德」之義。朱右曾於《周書・序》注〈和寤〉、〈武寤〉二篇題意曰：「寤，覺也。以和民用武之義曉眾也。」寤，睡醒，引申為醒悟，這裏即醒悟、明曉之義。

王乃出圖商❶。至于鮮原❷，召邵公奭、畢公高❸。王曰：「嗚呼，敬之哉！無競惟人❹，人允忠❺。惟事惟敬❻，小人難保❼。后降惠于民，民罔不格惟風，行賄則無成事❽。綿綿不絕，蔓蔓若何？豪末不掇，將成斧柯❾。」

【章　旨】武王出兵圖商，叫來大臣，叮囑處事敬慎，任用賢人，施惠百姓，把禍患消除於萌芽狀態。

【注　釋】❶圖商　圖謀殷商。圖，圖謀（攻取）。朱右曾曰：「時蓋武王十年也。」❷鮮原　《詩經・大雅・皇矣》：「度其鮮原，居岐之陽，在渭之將。」毛傳：「大山別小山曰鮮。」〈大雅・公劉〉：「陟則在巘，復降在原。」毛傳：「巘，小山別于大山也。」可見鮮即是「巘」的借字，意謂與大山不相連的小山（別，不相連），或曰有小山的平原。〈皇矣〉之鮮原明說在岐山之南、渭水之側。孔穎達疏：「知此非豐者，以此居岐之陽，豐則岐之東南三百里耳。」鴻恩按，據孔疏，這裏之鮮原不應是〈皇矣〉之鮮原。因為武王出兵伐紂，應當是自豐東出而不是西向。可知鮮原不是專有地名，固有的名稱以或是豐東之地。❸邵公奭畢公高　邵公奭，周初大臣，姬姓，名奭。周王同宗。采邑在召（或作邵，在今陝西岐山縣西南），故稱召公或召康公。佐武王滅商後，封於燕，今北京市房山區琉璃河鎮北有燕國都邑遺址。召公留王都，其子就封。成王時任太保。曾掌理東都成周的修建。與周公分陝（今河南陝縣西南）而治：自陝以西召公主之，自陝以東周公主之。又受成王遺命，輔佐康王。事跡見《尚書・周書》、《史記・周本紀》、〈燕召公世家〉。畢公高，周初大臣，名高。文王之子。滅商後奉命釋放被紂囚禁的百姓。受封於畢（今陝西咸陽東北）。受成王遺命與召公輔佐康王，任作冊。事跡見《史記・周本紀》。❹無競惟人　沒有什麼比任用賢人更強。孔晁曰：「言王以多賢人為強。」朱右曾曰：「強國以賢。」競，強。惟，在句中起幫助判斷的作用，相當於「是」、「為」。人，指賢人。❺人允忠　《史略》「人」下有「惟」字。允，誠實。❻惟事惟敬　朱右曾曰：「治事惟敬。」「惟事」之「惟」，句首語氣詞。❼小人難保　此句又見於《尚書・康誥》。陳逢衡曰：「小人，指百姓。撫則后〔君〕，虐則讎，故難保。」按，「撫我則后，虐我則讎」，是《尚書・泰誓下》中語。保，安定。❽后降惠于民三句　「后降惠于民，民罔不格惟風，行賄則無成事」，「則」字原作「賄」。孔晁注：「人之歸惠，如草應風。如用賄，則無成事。」俞樾曰：「下『賄』字乃『則』字之誤，孔注所據本尚未誤也。」今據孔注、俞說改為「則」。劉師培曰：「按本文句讀孔注近是。『惟風』句絕，與上『惟人』、『惟敬』、『惟事』同，冡降惠言。風讀〈大聚解〉『此為行風』，彼文孔注云『行風化也』，則惟風猶言惟化。」后，君主。罔不格惟風，都會來接受感化。罔不，無不。賄，贈送財物，後代「行賄」是魏晉以後始有之意（《王力古漢語字典》），此尚非其意。❾綿綿不絕四句　這是以草木作比，意在說明「防患在微也」（孔晁）。《史記・蘇秦列傳》所引《周書》同此，而「若」字作「柰」，「豪末不掇」作「豪氂不伐」，「成」作「用」。綿綿，微細的樣子。絕，斷。蔓蔓，滋長延伸的樣子。豪末，微小。豪氂，即毫釐，與「豪末」含義實同。掇，通「剟」。削也（陳逢衡），與「伐」義近。斧柯，斧柄。

【語　譯】武王於是出兵想攻取商。到了鮮原，叫來邵公奭、畢公高。武王說：「唉，要敬慎啊！沒有什麼比任用賢人更好的。人要誠實，盡心竭力。辦事情一定要敬慎，百姓不易使之安定。君主施恩惠給民眾，民眾無不來接受教化，實行賄賂則不能辦成事。微細時不把它斷掉，長得長長大大了還能對它怎麼樣？微小時不把它削去，就會長成斧頭柄。」

王乃厲翼于尹氏八士❶，唯固允讓❷：德降為則❸，振于四方❹。行有令問❺，成和不逆❻。加用禱巫❼，神、人允順。

【章　旨】寫武王重用賢士和賢士為武王提出的使百姓「成（咸）和不逆」、「神、人允順」的方策。

【注　釋】❶厲翼于尹氏八士　意為勉勵八士為輔翼之臣。厲翼，語出《尚書・皋陶謨》「庶明厲翼」，孔穎達引鄭玄注：「厲，作也。以眾賢明作輔翼之臣」，朱右曾說同鄭。宋蔡沈《書經集傳》釋「厲翼」為勉輔。尹氏八士，孔晁注：「武王賢臣也。」潘振曰：「尹氏，己姓，黃帝之子囂為少昊金天氏，其子封于尹，因氏焉。」朱右曾曰：「或云即達、适、突、忽、夜、夏、隨、騧也。」按，此八人即《論語・微子》所說之「周有八士」。程樹德《論語集釋》引《丹鉛錄》曰：「周有八士，姓名八人而叶四韻，伯達、伯适一韻也，仲突、仲忽一韻也，叔夜、叔夏一韻也，季隨、季騧一韻也。」而八人又二伯、二仲、二叔、二季，因而後人認為其母四胎生八子。程樹德又引翟氏《考異》曰：「八士，周文、武時人，出南宮氏。〈晉語〉：『文王之即位也，詢于八虞。』賈、唐注云：八虞，即周八士，皆為虞官。至《逸周書・克殷》篇，則命尹逸作策告神，命南宮忽振財發粟，命南宮伯達遷九鼎三巫，明八士即南宮氏兄弟，而隨武王伐紂者也。《漢書・人表》列伯達以下八人於周初，似自允當。」《尚書・周書・君奭》說文王之臣有南宮括，即應是伯适。朱右曾又曰：「王以作為翼佐之任，任之八士。」❷唯固允讓　朱右曾曰：「八士固讓而陳其謨，如下文所云者也。」固，一再；堅決地。❸德降為則　此即八士所作建議。意謂武王應把自己具備的內在品德降而成為治國治民的法則。陳逢衡曰：「蘊于內為德，播于外為則。」朱右曾曰：「法本于德，有諸己而後求諸人也。」按，說武王之德，故用「降」字。❹振于四方　整頓四方。振，整理（朱右曾）；整頓。❺令問　美好的名聲。問，通「聞」。❻成和不逆　孔晁注：「言皆順成和志也。」劉師培曰：「『成』當作『咸』，《尚書・無逸》『用咸和萬民』，是其證。孔注多訛，疑當作『言皆咸和順志也』。孔以順志釋不逆，今本誤。」咸，普遍。❼禱巫　祈禱的神巫。

【語　譯】武王於是任命尹氏的八位士做輔翼之臣，八士堅決誠懇地謙讓：您的品德應降而為治民的法則，用它來整頓四方。行事中您有了好名聲，萬民就會和協而不違逆。再加上使用神巫祈禱，神、人就都會誠信和順了。

【研　析】〈和寤〉文字簡略，有具體史實，如出兵至鮮原，召邵公、畢公；要任用賢士，而舉用尹氏八士，八士建言等等。文中保民、任賢、敬德、行為敬慎及敬神、重祭祀等，都與周初政治家的思想不相背。這篇文章應有原始的西周檔案作依據。

「惟事惟敬，小人難保。后降惠于民，民罔不格惟風。」朱右曾注：「保，安之也。」是說統治者要想安定小人並不容易，「降惠」則無不從風。〈文儆〉說：「汝敬之哉，民物多變，民何嚮非利……何嚮非私？……嗚呼敬之哉！」可能是對於本文的引申，但未必合於本文之意。

唐大沛以為〈和寤〉與〈武寤〉「文筆不類」，二篇「非將伐商時所作也」。劉起釪以〈和寤〉「保存了西周原有史料，其文字寫定可能在春秋時」。而以〈武寤〉「是戰國兵家之作」(《尚書學史》第九六、九七頁)，與唐說相合。

本文「綿綿不絕，蔓蔓若何？豪末不掇，將成斧柯。」語言形象而富於變化，有詩的韻味，與〈寤儆〉「無為虎傅翼，將飛入邑，擇人而食」相映成趣。

武寤第三十五

【題　解】所謂「武王將行大事乎商郊，乃明德于眾」，所謂「以和民用武之義曉眾」(《周書·序》及朱注，見上篇題解引)，則武指用武，寤指明曉，使之明曉。唐大沛曰：「此篇頌美武王之功德，似周頌，疑是周頌逸篇。篇名『武寤』，與本文不合。疑《周書》原有〈武寤〉篇，亡矣，後人取此十八句以實之耳，故與篇名不相涉也。」

王赫奮烈❶，八方咸發❷，高城若地❸，商庶若化❹。約期于牧❺，案用師旅❻。

商不足滅⑦，分禱上下⑧。

王食無疆⑨，王不食言⑩，庶赦定宗⑪。尹氏八士⑫，太師三公⑬，咸作有績，

神無不饗⑭。

王克配天⑮，合于四海⑯，惟乃永寧⑰。

【章　旨】武王率兵伐紂，很容易地滅了殷商，並做了妥善處置。作者熱烈歌頌武王的功德。

【注　釋】❶王赫奮烈　武王奮發威猛。❷八方咸發　《史記・周本紀》：武王九年，出兵渡河，「是時，諸侯不期而會盟津者八百諸侯。」楊寬曰：「這次武王觀兵至於盟津，是約期會盟性質。」（《西周史》第八七頁）十一年十二月，再次出兵，「師畢渡盟津，諸侯咸會。」這次是伐商。據《尚書・牧誓》，參與伐紂的有周的「友邦冢君」及庸、蜀、羌、髳、微、盧、彭、濮八國等「西土之人」。❸高城若地　孔晁注：「言士卒應王之奮烈，視高城若平地。」朱右曾曰：「若地，不待攻而無阻也。」❹商庶若化　言商民歸附行動極為迅速。若化，即「如化」，〈文傳〉篇第三章注⑰孔晁「如化」注：「變化之頃，謂其疾。」❺約期于牧　《呂氏春秋・貴因》載，武王至鮪水，殷使膠鬲候之，問：「西伯將何之？無欺我也。」武王曰：「不子欺，將之殷也。」「將以甲子至殷郊，子以是報矣。」牧，在今河南衛輝東北，距殷之別都朝歌（今河南淇縣）七十里，殷周之戰場即「牧之野」，北即朝歌，故稱殷郊。❻案用師旅　陳逢衡解「案」為「於是」。劉師培釋為「止」、「遏」，「謂以師旅拒遏商人也」。二說均可通。❼商不足滅　《史記・周本紀》：「紂師雖眾，皆無戰之心，心欲武王亟入。紂師皆倒兵以戰，以開武王。武王馳之，紂兵皆崩叛紂。」不足，容易；不難。《漢書・黥布傳》「故楚兵不足罷也」顏師古注：「不足者，言易也。」❽分禱上下　分別祭告天地。❾王食無疆　孫詒讓曰：「朱駿聲云『王食』『食』字疑當讀為『德』，涉下『食言』而誤。案朱說是也。德字正書作『悳』，與隸書『食』形近而誤。」❿不食言　指「庶赦定宗」而言。⓫庶赦定宗　朱右曾曰：「庶赦，猶云脅從罔治。定宗者，定其宗主，立武庚也。」⓬尹氏八士　見上篇注。⓭太師三公　太師，呂尚。三公，據〈克殷〉篇指周公、召公、畢公。⓮咸作有績二句　孔晁注：「言群臣皆謀立功，而神明饗其禱。」作，潘振曰：「起也。」⓯王

克配天　武王能與天相比並。配，對；比並。⑯合于四海　合於天下人的心願。⑰惟乃永寧　願天下永遠安寧。惟，表示希望、祈使。潘振按，裴學海《古書虛字集釋》：「惟，猶『願』也。」陳逢衡曰：「此史臣頌美永清大定之辭。」

【語　譯】武王赫然奮發而威猛，天下諸侯都發兵相應。攻高城如踏平地，殷商的百姓迅速地歸附。約好日期在牧野決戰，於是使用軍隊攻擊商人。商朝很容易就滅亡了，就分別地祭告天地。

武王的德惠真是沒有邊際，他不食言，赦免眾人定立了宗主。尹氏八士、太師、三公，都奮起立了功績，神鬼無不饗用祭品。

武王足以和上天比並，順應了天下人的心願，肯定是永久安寧。

【研　析】本文以簡略的文字，寫了武王伐紂的全過程。文雖簡略，然而形象簡練，如「王赫奮烈，八方咸發，高城若地，商庶若化」、「商不足滅，分禱上下」而「王德無疆」，「王克配天」，則是慣用的推崇和頌祝之辭。

譚家健《先秦散文藝術新探》有〈先秦韻文初探〉一文，有曰：「整個西周時期的散文，已有不少韻語，但罕見整篇的韻文，似乎尚未形成一種專門的文章體裁。」「戰國中期，成篇的韻文不斷出現，正式形成一種新的文體。」其所舉例為《管子・心術》〈白心〉、〈內業〉、〈弟子職〉、《逸周書・允文》、〈小明武〉等好幾篇兵書與屈原〈天問〉等。本文前八句的韻讀已見於周玉秀《文獻學價值》。後十句用韻不規則，但宗、公為冬、東合韻；公、饗為東、陽合韻；天、寧為真、耕合韻，其韻例均見於《楚辭》（王力《楚辭韻讀》），而《詩經》則沒有冬、東合韻（王力《詩經韻讀》）。《楚辭》中冬、東合韻僅有一、兩次，但西漢《淮南子》中，冬、東合韻則有二十次之多（張雙棣《淮南子用韻考》第二八頁）夏含夷、黃沛榮認為，《逸周書》中有包括本文在內的三十二篇「語言風格上驚人地一致」，本文則指其四言韻語，被定為戰國時代作品（見《文獻學價值》第一九五、二四九頁）。

克殷第三十六

【題　解】本文比較細緻地寫了武王伐紂的牧野決戰和滅紂以後告天的儀式及各項善後處置措施。是一篇重要文獻。但應當和記述同一內容的〈世俘〉同讀，〈世俘〉的寫作時代早於本篇。

周車三百五十乘，陳于牧野，帝辛從❶。武王使尚父與伯夫致師❷。王既誓❸，以虎賁、戎車馳商師❹，商師大崩。商辛奔內❺，登于鹿臺之上❻，屏遮而自燔于火❼。

【章　旨】牧野之戰，周勝商敗，商紂自焚而死。

【注　釋】❶周車三百五十乘三句　朱右曾曰：「惟十有一年，武王伐殷。在周正為十一年二月，上證為十一年正月也。」《夏商周斷代工程階段成果報告・西周金文曆譜》定於西元前一〇四六年周曆二月甲子二十二日。《史記・周本紀》：「戎車三百乘，虎賁三千人，甲士四萬五千人，以東伐紂。」劉師培對此有詳考：「《史記・周本紀》語本《尚書・牧誓・序》及《孟子・盡心篇》，此指周師言也。又云：『諸侯兵車會者四千乘，陳師牧野。』『帝紂聞武王來，亦發兵七十萬距武王。』此指諸侯從周之兵數言也。考〈周紀〉自此以下均據本書。惟此云周車三百五十乘，〈序篇〉則云『率六州之兵車三百五十乘』，與〈周紀〉所記武王車乘數略相當，與諸侯兵車四千乘數迥不符，疑有訛誤。又案，本篇下文云：『以虎賁、戎車馳商師。』孔注云：『戎車三百五十乘，則士卒三萬六千三百五十人，有虎賁三千五百人也。』〈周紀〉作『以大卒馳帝紂師』，《正義》云：『大卒謂戎車三百五十乘，士卒二萬六千二百五十人，有虎賁三千人』，即本孔注。惟互有捝訛。據《史記正義》說，則戎車三百五十乘，似即武王自率之師，為岐周國兵數。據《尚書・牧誓》言司徒、司馬、司空，〈周紀〉及《大傳》均言『乃告于司徒、司馬、司空」諸節，此即〈武順解〉三卿之制。今以〈武順解〉考之，周初兵數當得二萬四千三百人，以每乘七十五人計之，約占車三百三十乘，舉成數言，則為三百五十乘。若本〈序〉以為六州兵車之總數，則與《史記》及他書均不合，或未可從。至注云「士卒三萬六千三百五十人」，當從《史記正義》作「二萬六千二百五十人」，《正義》「虎賁三千人」，當從注文增「五百」二字，蓋孔、張均以戎車一乘別有虎賁十人也（《吳子・料敵篇》亦謂一軍之中必有虎賁之士）。〈周紀〉「甲士四萬五千人」，疑「四」亦「二」訛。二萬五千人，即周初士卒二萬四千三百人之成數也（《尉繚子・天官篇》謂武王「以二萬二千五百人，擊紂之億萬」，兵數略與此近）。」陳直曰：「殷墟甲骨文紀載商代用兵，至多一萬餘人，本文之殷紂發兵七十萬人，與實際不符合，只可疑以傳疑。」（《史記新證》第九頁）牧野，即「牧之野」（《荀子・儒效》）。牧，在今河南衛輝東北，其北面即殷之別都朝歌。也寫作「坶」，《說文》：「坶，朝歌南七十里。」《水經注・清水》：「自朝歌以南，南暨清水，土地平衍，據皐跨澤，悉坶野矣。」辛，紂的號（殷商歷代王均以十干甲、乙、丙、丁、戊、己、庚、辛、壬、癸為號），帝紂，亦作受。《尚書校釋譯論》第一六七二頁引段玉裁《古文尚書傳異》曰：「凡今文《尚書》作紂，凡古文《尚書》作受。《史記》、《漢書》無作受者。」商王帝乙之子，殷商末代王。商朝歷代君主都稱王，後期的甲骨卜辭中有了「賓于帝」即升天配帝之說，商王祭祀生父時也稱「帝×」，商最後兩代王古籍中多直稱帝乙、帝辛，所以這裏稱「帝辛」。從，迎戰。陳逢衡曰：「蓋商辛恃眾，故從而與武王戰也。」❷武王使尚父與伯夫致師　武王派師尚父及百夫長挑戰敵軍。尚父，即師尚父，又稱太公望、姜尚、呂望、姜子牙，姜姓，呂氏，名牙（一說名望），字尚（一說字子牙），其里籍有州（今河南溫縣東北）人（《荀子・君道》、《韓詩外傳》卷四）、東夷或東海上人（《呂氏春秋・首時》、《史記・齊太公世家》）、西方羌族人（章太炎、呂思勉、聞一多、孫作雲）數說。西周開國大臣。初隱居，後周文王遇之於渭水之陽，與語大悅，曰「吾太公望子久矣」，故號「太公望」。為文、武師，稱師尚父，多出謀計。武王伐紂，任太師。滅商後，武王首封太公於齊，為齊開國之君。事跡見《史記・齊太公世家》。伯夫，即百夫（四卒）之長。致師，單車挑戰敵軍。《周禮・夏官・環人》：鄭玄注：「致師者，致必戰之志。」致　傳達；表達。❸誓　誓師。《尚書・牧誓》即誓師辭。按，「誓」字原無，盧文弨據《太平御覽》引文增。陳逢衡曰：「誓在未戰之前，若兵刃既接，何暇再誓？」丁宗洛、孫詒讓亦不以為然。鴻恩按，〈周本紀〉：「二月甲子昧爽，武王朝至于商郊牧野，乃誓。……帝紂聞武王來，亦發兵七十萬距武王。武王使師尚父與百夫致師，以大卒馳帝紂師。」據此誓師在前，致師在後。而《御覽》先說致師，後說誓師，應是同時進行，事均由武王安排，不會在兵刃既接之後而誓。❹以虎賁戎車馳商師　用虎賁及戰車進擊商軍。虎賁，勇士，言勇猛如虎之逐獸。賁，通「奔」。馳，驅馬進擊。❺內　朝歌城內。❻鹿臺之上　鹿臺，原作廩臺，盧文弨據《史記》及《御覽》改為鹿臺，劉師培曰，鹿、廩一聲之轉。《新序・刺奢》：「紂為鹿臺，七年而成，其大三里，高千尺。」《水經注・淇水》：「今朝歌城內有殷鹿臺，紂昔自投于火處也。」韓兆琦教授《史記箋證》曰：「鹿臺遺址在今河南淇縣坡里村西南，面積約十三萬平方米。」❼屏遮而自燔于火　屏遮，掩蔽遮蓋。孔晁注：「自障。」〈殷本紀〉：「紂走，衣其寶玉衣，赴火而死。」〈周本紀〉：「蒙衣其珠玉自燔」。燔，焚；燒。

【語　譯】周人的三百五十輛戰車布陣於牧野，帝辛親自迎戰。武王派遣師尚父和百夫長去挑戰殷軍。武王誓師以後，命令虎賁之士和戰車向商軍驅馬進擊，商軍大敗。商辛跑進城內登上鹿臺，蒙蓋起來自焚而死。

武王乃手太白以麾諸侯❶，諸侯畢拜❷，遂揖之❸。商庶百姓咸俟于郊❹。群賓僉進曰：「上天降休。」再拜稽首❺，武王答拜❻。先入❼，適王所❽，乃剋射之三發❾。而後下車，而擊之以輕呂❿，斬之以黃鉞⓫，折⓬，縣諸太白⓭。乃適二女之所，既縊⓮，王又射之三發。乃擊之以輕呂⓯，斬之以玄鉞⓰，縣諸小白⓱。乃出，場于厥軍⓲。翼日，除道修社及商紂宮⓳。

【章　旨】武王射紂及二女之屍，斬其首示眾，並為告天的儀式做準備。

【注　釋】❶手太白以麾諸侯　手持太白旗指揮諸侯。手太白，手持太白。太白，旗名。朱右曾曰：「太白，通帛為旜，夏大黑，殷大白，周大赤，皆以色別之。」楊寬曰：「當時指揮作戰的軍旗是有等級的，大白最貴，小白次之，赤旗又次之（《禮記・明堂位》說：『殷之大白，周之大赤』，是後起之說，已與五行之說有關）。」（《西周史》第一一三頁）麾，指揮；揮手。〈離騷〉「麾蛟龍使津梁兮」，王逸注：「舉手曰麾。」❷諸侯畢拜　諸侯都拜賀武王勝殷。❸遂揖之　孔晁曰：「揖，招也，揖諸侯共追紂也。」揖，拱手為禮。❹商庶百姓咸俟于郊　商朝人民、百官都在城外等候武王。百姓，百官（潘振、朱右曾）。❺群賓僉進曰三句　朱右曾曰：「群賓，周之群臣，于商為賓。休，美也。弔商庶百姓而慰安之，商人則再拜稽首，若崩厥角。」此三句不易懂，劉師培引《史記・周本紀》、《帝王世紀》解此三句，同於朱說。僉，皆；都。再拜稽首，拜兩次，再叩頭至地且作停留，是最隆重的跪拜禮。❻武王答拜　朱右曾曰：「王獨答拜者，群賓嫌不敢當。」拜，上古之拜只是拱手彎腰。❼先入　指武王先入城。❽適王所　到了紂王自焚處。適，到。❾剋射之三發　剋射之，「剋」字訛誤，劉師培據〈周本紀〉作「自射」，《藝文類聚》引作「親射」，《金樓子・興王篇》作「身射」，疑「剋」為「身」訛，或即「親」之壞字。❿輕呂　劍名。⓫黃鉞　《尚書・牧誓》「王左杖黃鉞」，偽孔傳：「以黃金飾斧。」孔穎達疏：「鉞以殺戮，殺戮用右手，用左手杖鉞，示無事于誅。……不誅殺也。」是說杖鉞只具有象徵意義。朱右曾駁曰：「此事世多疑之，然《墨子》云『武王折紂而繫之赤繯，載之白旗。』《荀子》云：『紂縣于赤旆。』《尸子》云：『武王親斫殷紂之頸。』《汲郡古文》云：『王親擒紂于南單之臺。』正與此同。」⓬折　謂折斷紂頸。⓭縣諸太白　掛在太白旗上。縣，同「懸」。唐大沛曰：「擊之、斬之、折之、懸之，皆車右、虎賁之士奉王命下車而加顯戮也。故『下車』二字斷不屬武王，此時武王未嘗下車。」鴻恩按，唐說不合文意，為符其說竟改上文「剋射之」為「左射之」，改「而後下車」為「乃右下車」，以為皆車左、車右所為，核之本書、《史記》之文皆不相合，乃唐之主觀武斷。丁山《商周史料考證》、劉毓慶〈文王之死獻疑〉、王玉哲《中華遠古史》據〈泰誓〉武王說「予克紂，非予武，惟朕文考無罪」等記載，認為「文王之死可能也是被殺害。武王之伐紂也似乎是為父報仇。」（《中華遠古史》第四八八～四八九頁）⓮乃適二女之所二句　盧文弨曰：「舊本『乃』字在『所』下，今從《御覽》乙正。」鴻恩按，疑盧正不確，舊本蓋不誤，「乃既縊」言看到時二女已經自縊，猶秦晉殽之戰後，陽處父追秦將，「及諸河，則在舟中矣」之「則」（《左傳》僖公三十三年），表示事情發生在前，而發現在後。《經傳釋詞》：「則，猶『乃』也。」「乃，猶『則』也。」盧從《御覽》移「乃」於句首，情景俱失。二女，指妲己和嬖妾。縊，上吊。孫詒讓疑「縊」字本為「經」，同〈周本紀〉，孔注當本作「經，自縊也。」今作「縊，自縊也」則為贅語矣。孫說是。⓯乃擊之以輕呂　原作「乃右擊之以輕呂」，王念孫曰：「持劍必以右手，無需言右擊之。上文擊之以輕呂，不言右，《史記・周本紀》亦無右字，蓋衍文也。或以右為『又』之誤，亦非。上文已言『王又射之三發』則無庸更言『又』。《太平御覽・刑法部十二》引此無『右』字。」鴻恩按，今從王說刪「右」。⓰玄鉞　黑斧（孔晁）。鴻恩按，上世紀七十年代河北藁城商代中期遺址、北京平谷商代中期墓葬先後出土兩件鐵刃銅鉞。之前，河南浚縣曾出土商末周初的鐵援（戈的直刃）銅戈和鐵刃銅鉞。鐵刃由隕鐵（自然鐵）鍛成（王宇信《建國以來甲骨文研究》第一五七頁）。我國出土的自西元前十四世紀至前九～前八世紀（商朝中期至西周前期）的銅鉞鐵刃等鐵刃兵器，都由隕鐵製成（盧嘉錫總主編《中國科學技術史・礦冶卷》第三五七頁）。這裏的玄鉞主體自是青銅，未知是否有鐵刃。⑰小白　用雜帛做的旗。朱右曾曰：「小白者，雜帛為物。」⑱乃出二句　《史記》作「武王已乃出復軍」。孫詒讓疑「場」字本作「復」。場于厥軍，在他的軍中清理出空場。朱右曾曰：「除地為場。」⑲翼日二句　「翼日，除道修社及商紂宮」，這二句是朱右曾依孔晁注、王念孫說據《史記》增補。然而孔注尚有「徹宜去者，宜居者，居，遷也。」可知脫文尚不止於上句。孫詒讓曰：「《御覽》引《帝王世紀》亦云：『明旦天雨，王命除道修社，入商宮朝成湯之廟。又乃出場于厥軍。』」翼，通「翌」。明：次。除，清理。社，這裏指社（土地神）主所在的場所。

【語譯】武王於是手持大白向諸侯揮手，諸侯全都拜賀戰勝了商紂，武王便揖諸侯一起追商紂。殷商的庶民、百官都在城外等待武王。周的群臣都走上去說：「是上天降下了喜慶。」商人拜兩拜，行最隆重的跪拜禮，武王親自拜揖作答。武王首先進城，到了殷紂自焚的場所，就親自向紂射了三箭。然後下車，用輕呂擊刺紂屍，用黃鉞斬紂頭，折斷掛在大白旗上。到了殷紂妻妾的住所，原來已經自縊，武王又向她們射了三箭，就用輕呂擊刺她們，用玄鉞斬下她們的頭，懸掛在小白旗上。於是出來，回到他的軍中。第二天，清理道路，修治神社及商紂的宮殿。

及期❶，百夫荷素質之旗于王前❷。叔振奏拜假❸，又陳常車❹。周公把大鉞，召公把小鉞❺，以夾王❻。散宜生、泰顛、閎夭❼，皆執輕呂以夾王❽。王既入，位于社南，太卒之左右、群臣畢從❾。毛叔鄭奉明水❿，衛叔封傅禮⓫，召公奭贊采，師尚父牽牲⓬。尹逸筴曰⓭：「殷末孫受，德迷先成湯之明⓮，侮滅神祇不祀⓯，昏暴商邑百姓，其章顯聞于昊天上帝⓰。」武王再拜稽首，「膺受大命革殷，受天明命⑯」武王又再拜稽首⑰，乃出。

【章旨】武王祭社告天，向上天報告殷紂的惡行，並表示接受上天更改天命。

【注釋】❶期　指祭社告天的日期。《史記・魯世家》載，此日「釁社，告紂之罪于天及殷民。」❷百夫荷素質之旗于王前　〈周本紀〉作「百夫荷罕旗以先驅」。百夫，百夫長。荷，負；扛。素質之旗，白色旗。（陳逢衡曰：《史記》之罕旗，「即素白旗，蓋盡畫雲于旗上。」）于王前，做王的先導。❸叔振奏拜假　叔振，《史記》作叔振鐸。叔振鐸，武王同母弟第六人。封於曹（今山東定陶北），為曹國開國君。奏拜假，陳逢衡曰：「贊相其禮也。」朱右曾曰：「奏，進。進白于王，將拜受天之嘉命也。」假，通「嘉」。❹常車　威儀車，上插太常旗，旗上畫日月。❺周公把大鉞二句　召公，盧文弨曰，召公，《史記》作「畢公」。劉師培曰，《玉海》引作「原公」。鴻恩按，盧說依〈周本紀〉，而梁玉繩《史記志疑》曰：「畢公乃『召公』之誤，《周書》及〈魯世家〉是『召公』也。」把，持。大鉞，朱右曾曰：「大柯斧重八斤，小者半之。」❻夾王　在王左右。孔晁注：「夾衛王也。」❼散宜生泰顛閎夭　均為西周開國大臣。散宜生，相傳受學於太公望。歸周後，與太公望等共輔文王、武王。紂囚文王，散宜生與閎夭等求美女、重寶賂紂，使文王獲釋。助武王伐紂滅商。本文原無「散宜生」，朱右曾據〈周紀〉增入。泰顛、閎夭，相傳均以捕獵為業，文王用以輔政。《墨子・尚賢上》：「文王舉閎夭、泰顛于罝罔之中。」❽夾王　夾，原作「奏」，王念孫以為誤，「當依《史記》作『衛王』」。劉師培曰：「奏即『夾』訛，與上『以夾王』同。《史記》作『衛』，孔注以『衛』訓『夾』，其證也。」鴻恩按，劉說理據充分，今改「奏」字為「夾」。❾王既入三句　「王既入，位于社南，太卒之左右、群臣畢從」，原作「王入即位于社，太卒之左，群臣畢從」，〈周本紀〉作「既入，立于社南，太卒之左右畢從」。朱右曾曰：「王立于社南。」孫詒讓曰：「太卒即軍士。太卒之左右畢從，謂大卒與左右之臣皆從也。《國語・楚語》韋注曰：『大卒，士卒也。』」于鬯曰：「《史記・周紀》作『立于社南』，位與『立』字通。此文脫『南』字。《史》文即本《周書》，《周書》無『南』字，《史》文從何有之？」劉師培曰：「本篇之文悉符《史記》，『即』乃『既』訛，『入既』倒書，〈齊世家〉作『武王立于社』，其證也。太卒，即〈周紀〉上文『大卒』。以本篇上文證之，又即戎車虎賁之屬。『左』下當捝『右』字。左右者，即〈武順解〉『三伯一長曰佐，三佐一長曰右』也。蓋指太卒將校言，謂軍長及群臣畢從也（《史記》捝『群臣』二字）。」又說此條孔注當作「執輕呂夾王，當門屯兵以衛也。」鴻恩按，依諸說，據《史記》，今乙正「入即」，改「即」為「既」。「位」即「立」，無需改。增「南」字、「右」字。❿毛叔鄭奉明水　毛叔鄭獻上明水。毛叔鄭，文王庶子，名鄭，封於毛（在今陜西岐山縣、扶風間）。明水，用鑒（也稱方諸）在月下所承之露，當作元酒，用於祭祀。朱右曾曰：「取陰陽之潔氣也。」⓫衛叔封傅禮　劉師培曰：「〈周紀〉作『衛康叔封布茲』，〈齊世家〉作『布采席』。〈周紀〉集解引徐廣云『茲者，籍席之名』，則此指敷席言。『禮』疑『豐』訛，〈顧命〉言『豐席畫純』，正與〈齊世家〉『采席』合。惟孔注所據本已訛為禮，猶《尚書・高宗肜日》『典祀無豐于昵』，《史記・殷本紀》作『禮』也。」傅、布一聲之轉（陳逢衡）。衛叔封，衛康叔，武王同母弟，名封。原食采於康（今河南禹州與臨汝間之邟、康或康城）。周公東征後，封於衛（原殷王畿之地），都沬（今河南淇縣）。周公擔心衛叔年少，反復申告，即《尚書》中的〈康誥〉、〈酒誥〉、〈梓材〉。成王時衛叔任王朝司寇。傅禮，布席。傅，通「敷」。禮，當為「豐」字之訛。⓬召公奭贊采二句　朱右曾曰：「贊，佐。采，幣。蓋攝冢宰。牽牲，攝司徒也。」召公奭，見〈和寤〉邵公奭注。采，幣，即以束帛作為祭祀的供品。牲，祭祀用的犧牲（牛、羊、豬、犬）。⓭尹逸筴曰　尹逸讀策書祝文說。尹逸，即史佚，亦稱尹佚、作冊逸。西周初任作冊（史官）。隨武王伐商。後與周公、召公同輔成王。《大戴禮記・保傅》引〈明堂之位〉說他「博聞強記，接給而善對」，稱他和周、召、太公為「四聖」。陳逢衡、朱右曾都認為尹逸即尹氏八士之一的叔夜，夜、逸聲相近。筴，〈周本紀〉作「筴祝」，讀策書祝文。筴，同「策」。⓮殷末孫受二句　「殷末孫受，德迷先成湯之明」，〈周本紀〉作「殷之末孫季紂，殄廢先王明德」。孔晁注：「紂字受德也。」劉師培曰：「〈周紀〉《正義》引《周書》亦以受德為紂字。梁玉繩《志疑》云『受德，猶云受之凶德』，不從張說。今考《尚書・西伯戡黎》疏引鄭注云：『「紂，帝乙之少子，名辛。帝乙愛而欲立焉，號曰受德，時人傳聲轉作紂也。」史掌《書》，知其本，故曰受。』則本書作受德，自沿史冊舊文，惟『明』下當增『德』字。《大戴禮記・少閒篇》曰『紂不率先王之明德』，其證也。」鴻恩按，《呂氏春秋・當務》也說：「受德，乃紂也。」對於受德為紂之名或號，孔、陳、朱、孫、劉都承認或不表疑義。惟盧文弨引梁玉繩說受德意為「受（紂）之凶德」，以為誤會《尚書・立政》「桀德」、「受德」引起，〈立政〉本是說桀的德性、紂的德性。陳奇猷《呂氏春秋校釋》主梁玉繩說，劉起釪《尚書校釋譯論》主段玉裁《古文尚書撰異》說，均不從「受德」說。段曰：「凡今文《尚書》作『紂』，凡古文《尚書》作『受』。《史記》、《漢書》無作受者。」劉起釪曰：「〈周本紀〉引〈克殷解〉作『殷之末孫季紂』，是司馬遷亦知『受德』非名，把『受德』作為紂名是錯誤的。」（《尚書校釋譯論》第一〇九九、一六七二頁）二說各有其據，似宜從梁玉繩、段玉裁、劉起釪說。⓯侮滅神祇不祀　侮滅天地不行祭祀。侮滅，《史記》作「侮蔑」，蔑、滅音同。神祇，天地。祇，地神。⓰昊天上帝　《史記》作「天皇上帝」。劉師培曰：「今考《大戴禮記・

盛德篇》云：「故今之稱惡者，必比之于夏桀、殷紂……夫民惡之，必朝夕祝之，升聞于皇天，上帝不歆焉。」以彼相例，似「昊天」當作「皇天」。〈周紀〉「天皇」亦當校乙。」⑰武王再拜稽首四句　「武王再拜稽首，膺受大命革殷，受天明命，武王又再拜稽首」，朱右曾曰：「受天大命以改殷，天明命王天下也。愚謂祝未畢而先拜稽首，以將云『膺受大命』也，祝畢又再拜稽首，敬受天之明命也。」又曰：「『膺受大命』以下十七字，據《史記》及《文選》注所引補。」按，《史記》「膺受」上有「曰」字。孫詒讓曰：「『曰』字未增，以文義校之，亦當有。」膺，接受。大命，指天命。明命，聖明的命令。

【語譯】到了祭社告天的日子，百夫長扛著素白旗做王的先導。叔振鐸奏請武王拜受上天的嘉命，又陳列好威儀車。周公持大鉞，召公持小鉞，在左右保衛武王。散宜生、泰顛、閎夭都拿著輕呂劍在左右保衛武王。武王進來後，站在社南，軍官與近臣、群臣都跟隨著。毛叔鄭進獻明水，衛叔封布席，召公奭幫助進獻束帛，師尚父牽著犧牲。史官尹逸誦讀策書祝文說：「殷末孫受德，惑亂先祖成湯的聖明，侮蔑天地諸神，不舉行祭祀，對殷商百官昏亂暴虐，他的昭著惡行皇天上帝都知道了。」武王拜兩拜，跪拜稽首，尹逸接著誦讀：「接受上天革除殷人的大命，接受上天命周稱王天下的明命。」武王又拜兩拜，跪拜稽首，這才出來。

立王子武庚❶，命管叔相❷。乃命召公釋箕子之囚❸，命畢公、衛叔出百姓之囚、表商容之閭❹。乃命南宮忽振鹿臺之財、散巨橋之粟❺。乃命南宮百達、史佚遷九鼎三巫❻。乃命閎夭封比干之墓❼。乃命宗祝崇賓饗祠于軍❽。乃班❾。

【章旨】寫武王立紂子武庚續殷祀，並命令官員處理平反、賑濟、遷九鼎等各項善後事宜。

【注釋】❶王子武庚　殷紂之子，名祿父。滅商後，武王分封武庚於殷都以北之邶（又作「鄁」，劉起釪從王國維、陳夢家說，以為邶在衛境以北，直至今河北淶水、易水流域，楊寬《西周史》以為至少應包括今河北邢臺一帶地），以續殷祀。武王死後，管叔、蔡叔聯合武庚叛周，周公東征，誅武庚，一說武庚北奔。❷命管叔相　孔晁曰：「為三監，監殷人。」劉師培曰：「據孔注，則正文當有蔡叔。〈周紀〉作『乃使其弟管叔鮮、蔡叔度相祿父治殷』，是其證。」本書〈作雒〉曰：「武王克殷，乃立王子祿父，俾受商祀。建管叔于東，建蔡叔、霍叔于殷，俾監殷臣。」孔晁注：「東謂衛；殷，鄘。霍叔相祿父也。」此即所謂「三監」。楊寬《西周史》有「三監的設置」一節，歷述「三監」四種說法，就監者言，大別為二種：《漢書・地理志》以武庚、管叔、蔡叔為三監，無霍叔；《逸周書・作雒》、鄭玄《詩譜》、皇甫謐《帝王世紀》以管叔、蔡叔、霍叔為三監，無武庚。孫詒讓於〈作雒〉篇之注則主三監四人說：「蓋監雖有三，約舉所治之地則惟二，殷與東是也。舉其人則有四：武庚、管叔、蔡叔為正，霍叔相武庚為副，同為監。故總云『俾監殷臣』，明四人皆得稱監也。」楊寬以為〈作雒〉既說：「建管叔于東，建蔡叔、霍叔于殷，俾監殷臣」，依當時形勢則三監不應有武庚，武庚是受監者。〈作雒〉除上述引文，「在敘述叛亂發生和平定的過程中兩次提到『二叔』」。楊寬指出陳啟源《毛詩稽古編》即引孔注「霍叔相祿父也」，認為「蓋二叔監之于外，以戢其羽翼；霍叔監之于內，以定其腹心。」（《西周史》第一二八～一三四頁）而劉師培〈作雒〉篇之補正曰：「管叔所治者為東，蔡、霍所治者為殷，武庚則別分於邶，即《漢書・地理志》所云『邶，以封紂子武庚；庸，管叔尹之；衛，蔡叔（挩霍叔）尹之也』。」依常理，楊寬之說似較好。管叔，武王同母弟，周公之兄，名鮮。初封於管（今河南鄭州），〈作雒〉又說「建管叔于東」，則負監視武庚及殷臣民之責。武王死，成王年幼即位，周公代攝國政，他疑周公不利於成王，聯合武庚作亂。周公東征三年，亂平。殺管叔。一說自殺。❸釋箕子之囚　釋放箕子。箕子，名胥餘，商紂諸父。任太師，封於箕（今地有山西太谷、榆社、山東壽光不同說法）。紂淫亂暴虐，箕子屢諫，遭囚禁。傳說武王滅商後訪箕子，箕子說以「天地之大法」，即《尚書・洪範》，今〈洪範〉中有商代思想，亦加入了後來的內容。參《尚書校釋譯論・洪範》。❹表商容之閭　於商容閭里立表木（立木為柱，以橫木交柱頭狀似花，作為標志），表彰其賢。商容，商末賢人。本為典樂之官，知禮容，故名商容。被紂廢黜，隱於太行山中。❺命南宮忽振鹿臺之財散巨橋之粟　令南宮忽發放鹿臺的積財、巨橋的存糧。南宮忽，即南宮仲忽，尹氏八士之一。振鹿臺之財，發放鹿臺積存的錢以賑濟貧民。振，同「賑」。巨橋，亦作「鉅橋」，旁有倉，儲藏漕運的糧食，遂為倉名。在今河北曲周東北。陳逢衡引許慎曰：「鉅鹿水之大橋也，今臨側水湄左右一二里，中狀若邱墟，蓋遺囤故窖處也。」❻命南宮百達史佚遷九鼎三巫　南宮百達，即尹氏八士之南宮伯達。上文南宮忽〈周紀〉作「南宮括」，此又作「南宮括」，誤。遷九鼎三巫，「三巫」是誤字。劉師培曰：「〈周紀〉作『展九鼎保玉』，疑此文本作『遷九鼎寶玉于夾』，『三』即『玉』訛，挩『寶』字，『巫』為『夾』訛。上挩『于』字。《漢書・地理志》『河南郡河南』自注云：『故郟鄏地，周武王遷九鼎』，此即遷鼎於夾之徵。夾即『郟』省。蓋《史》用此文省『于郟』二字，『展』與『遷』同。」

劉說當是，郟鄏即今河南洛陽西王城公園附近，《左傳》桓公二年曰：「武王克商，遷九鼎于雒邑。」宣公三年曰：「成王定鼎于郟鄏」。楊伯峻注：「九鼎，宣三年傳謂為夏代使九州貢金所鑄。九鼎或是九個大鼎，當實有其事。」鴻恩按，《說文》：「展，轉也。」❼封比干之墓　張守節曰：「封，謂益其土及畫疆界。《括地志》云：『比干墓在衛州汲縣北十里二百五十步。』」朱右曾曰：「比干，亦紂諸父，諫紂而死。封而樹之，禁樵采者。」比干強諫紂，紂怒曰：「吾聞聖人心有七竅。」剖比干，觀其心。❽乃命宗祝崇賓饗祠于軍　原「祠」字作「禱」，「禱」下有「之」字。孫詒讓曰：「《史記》作『命宗祝享祠于軍』，禱，當依《史記》作『祠』。凡祈禱曰『禱』，報塞（酬神）曰『祠』。故孔以『饗祭前所禱之神』為釋，今本乃涉注而訛。《世紀》作『乃命宗祝饗祀于軍』，祀與祠字通，亦不作『禱』也。」劉師培曰：「『禱之于軍』，『之』字衍。」鴻恩按，今依孫說據《史記》，改「禱」為「祠」。又《史記》、《帝王世紀》均無「之」，今刪「之」字。宗祝崇賓饗禱，孔晁曰：「宗祝，主祀。賓，敬也。饗，祭前所禱之神。」崇賓，人姓名（朱右曾）。孫詒讓曰：「宗祝，即《周禮・春官》之大祝也，崇賓即大祝之姓名。《古文苑・秦詛楚文》云『宗祝邵䅇』，是其例也。」❾班　還；軍隊出征而歸。鴻恩按，馬承源主編《商周青銅器銘文選》據武王時〈利簋〉記載，以武王克紂自甲子起算，至辛未猶在䦨自，即朝歌，「知武王得勝後之第七日，仍在朝歌」（《銘文選》第一四頁），則班師在第七日之後。

【語　譯】立王子武庚繼承殷祀，命令管叔輔助他。於是命令召公釋放被囚禁的箕子，命令畢公、衛叔放出囚禁的百官，在商容的閭門樹立華表木以表彰其賢。於是命令南宮忽發放鹿臺的錢、散發巨橋的糧米賑濟貧民。於是命令南宮伯達、史佚遷九鼎、寶玉於郟鄏。於是命令閎夭培土修治比干的墳塋。於是命令宗祝崇賓在軍中饗祀以前所祈禱的鬼神。於是班師回朝。

【研　析】文王稱王後，七年而崩，武王沒有改元。這已沒有疑義。但武王伐紂之年，卻有不同說法。孔晁依據《漢書・律曆志》說在文王受命之十三年（這是取本書〈文傳〉「文王受命之九年」說），丁宗洛訂正為十二年，《呂覽・首時篇》等也說武王「立十二年而成甲子之事」，朱右曾依據《尚書・序》、《竹書紀年》說定於十一年，（按，《尚書・序》的原文是：「惟十有一年，武王伐殷。一月戊午，師渡盟津。」）並指出十二年之說是誤以文王薨年（文王七年）為武王元年。王國維《觀堂別集》有〈周開國年表〉一文，列舉道：

《史記・周本紀》：「十一年十二月戊午，師畢渡盟津。……二月甲子昧爽，武王朝至于商郊牧野，乃誓。」

〈齊太公世家〉：「武王十一年正月甲子，誓于牧野，伐商紂。」

〈魯周公世家〉：「武王十一年，伐紂至牧野。」

《漢書・律曆志》引〈武成〉篇：「惟一月壬辰旁死霸，若翌日癸巳，王朝步自周，于征伐紂。」「粵若來二月既死霸，粵五日甲子，咸劉商王紂。」（《觀堂別集》卷一）

伐殷在武王十一年，已經成為共識。打敗紂王在甲子日，也已經有鐵證，即一九七六年臨潼出土一件牧野之戰幾天後製作的銅器〈利簋〉，其銘文說：「珷〔武王二字的合書〕征商，唯甲子朝，歲鼎〔歲星當前，征商時間與歲星照臨的位置相當。一說，義即歲祭〕，克聞（昏）夙又（有）商〔自暮至甲子晨占有了商國〕。」甲子日，是哪個月哪一天呢？司馬遷就有二月、正月的不同說法。王國維的考證先後有兩說。先說甲子是二月五日。楊寬指出：王國維〈周開國年表〉「寫作年代當早於〈生霸死霸考〉，仍從劉歆之說，以一月壬辰為初二，因定戊午為一月二十八日，謂〈周本紀〉十二月乃一月之誤。我們認為，如果司馬遷在〈周本紀〉也如〈齊世家〉一樣採用所謂『殷正』的話，可能是作『一月』或『正月』的。如果這樣，『二月甲子昧爽』的『二月』當為衍文，原文應作：『十一年正月師畢渡盟津，甲子昧爽，武王朝至于商郊牧野。』」（《西周史》第八九頁）周曆以十一月為歲首，所以把十二月寫在一月、二月前頭。定戊午為一月二十八日，則甲子就是二月五日了。可是在〈生霸死霸考〉一文中，王國維則說：「由舊說推之，既以一月二日為壬辰，二月五日為甲子，則四月中不得有庚戌（鴻恩按，〈律曆志〉引〈武成〉有『惟四月既旁生霸，粵〈五〉〔六〕日庚戌，武王燎于周廟。』『〈五〉〔六〕』從王本標，原文為『六』字）史遷蓋不得其說，于是移武王伐紂于十二月，移甲子誅紂于正月。……若用今說，則一月戊辰朔，二十五日壬辰旁死霸，次日得癸巳，此武王伐紂興師之日也。二月戊戌朔，二十三日庚申既死霸，越五日至二十七日得甲子，是咸劉商王紂之日也。……于是〈武成〉諸日月不待改月置閏而可通。」改定甲子為二月二十七日（《觀堂集林》卷一）。今《尚書校釋譯論・牧誓》仍從「舊說」（似未注意王國維有「今說」）。王玉哲《中華遠古史》（第四九三頁）、楊寬《西周史》都依從「今說」，楊寬並依「今說」排出了「假定的武王克商日程表」，已移錄於本書〈世俘〉「研析」中。《夏商周斷代工程階段成果報告》依據〈武成〉、〈世俘解〉，「結合文獻、考古信息以及天文條件的符合程度」，選定西元前一〇四六年一月二十日為甲子克商日（見該書第四六～四七頁）。

克商在哪一年，史學家已討論了兩千年。《階段成果報告》說：「在克商年的可能範圍之內，通過現代天文方法回推克商天象，得到公元前一〇四六年、公元前一〇四四年、公元前一〇二七年等三個克商年的方案。」「公元前一〇二七年說與甲骨月食年代的推算以及古本《竹書紀年》西周積年為二五七年等記載配合最好」，「公元前一〇四四年說開創了全新的研究思路」，「天文推算的公元前一〇四六年說……與金文曆譜銜接較好，與〈武成〉、〈召誥〉、〈洛誥〉曆日、《國語・周語》伶州鳩語等也能相容，是三說中符合條件最多的一種，故定為武王克商的首選之年。」在此之前，雷海宗、丁山、瑞典高本漢、陳夢家等已經主張在前一〇二七年，郭沫若主編《中國史稿》即採用此說。《階段成果報告》公布後，何炳棣等仍重申此說。又有清林春溥、周法高、趙光賢、美國倪德衛等主張在前一〇四七年、前一〇四六～前一〇四五年、前一〇四五年。《階段成果報告》以為「目前……難以直接推定克商之年」，但在這方面總是取得了不少成果，縮小了分歧。

本文所寫周武王對殷紂的戮屍，戰國時代曾廣泛引錄。《墨子・明鬼下》：「武王入宮……折紂而繫之赤環，載之白旗。」《尸子》：「武王親斫紂頭之頸。」〈離騷〉：「后辛葅醢。」《戰國策・趙策三》：「武王……卒斷紂之頭而縣于太白。」《荀子・正論》及〈解蔽〉：「武王……誅紂，斷其首，縣之赤旆。」《韓非子・忠孝》：「武（王）為人臣而弒其主，刑其尸。」顯然都是引用〈克殷〉（而不是〈世俘〉）。表明戰國諸子都承認和接受這一事實。但在後代卻引起激烈的爭論。有的注者認為「此武王必無之事」（潘振）。崔述曰：「使紂不死，武王必不殺紂，況于已死而殘其尸，必無懸紂頭于旗以示戮者。……《逸周書》，此本戰國時人所撰，其中外誤良多，不可為實，《史記》誤采之耳。」（《崔東壁遺書》第一九三頁《豐鎬考信錄》卷三）梁玉繩《史記志疑》為此作了長篇辯誣文字。大意說，此乃戰國不經之談，三代以上無弒君之事，武之伐紂是為民除暴，何至於已焚枯骨矢射劍擊，斬鉞懸旗，復分屍削首之慘哉！此事之所必無者。並舉出《賈子·連語》「言紂門死，紂之官衛輿紂軀棄玉門之外，民之觀者皆進蹴之，蹈其腹，蹷其腎，踐其肺，履其肝。武王使人帷而守之。」崔氏、梁氏所辯實皆懸揣之辭，《賈子》之說為無稽之談。梁氏舉出講武王射、擊、斬、懸紂屍的《逸周書·克殷》和〈世俘〉及《墨子》、〈離騷〉、《荀子》、《韓子》、《淮南子·本經》等等，都斥為「害義傷教」，是對武王的誣陷。其實這都是武王誅紂的鐵證，不可信的是梁、崔之說，身處甲骨文出土之先，不瞭解殷商真相，又誤信了孟子「以至仁伐至不仁」的主觀論斷。

關於本文的真偽和寫作，唐大沛、朱右曾都有見解。唐說：「此篇真古書也。篇中輕呂、黃鉞之事，議者紛紛如，謂武王當日必無是事。沛竊謂不然。夫史臣記事，有據事直書者，有曲為隱諱者，有附會增飾者。若此篇直書其事，無庸隱諱，洵為實錄。蓋暴主慢神虐民，天命誅之，輕呂、黃鉞之事，豈云過哉？」朱說：「〈克殷篇〉所敘，非親見者不能。」（《周書集訓校釋·序》）梁啟超也以為：「推孟子之意，則《逸周書》中〈克殷〉、〈世俘〉諸篇，益為偽作無疑；其實孟子理想中的『仁義之師』，本為歷史上不能發生之事實，而《逸周書》敘周武王殘暴之狀，或反為真相：吾儕所以信《逸周書》之不偽，乃正以此也。」（《中國歷史研究法》）郭沫若認為，〈世俘〉及〈克殷〉、〈商誓〉是「《逸周書》中可信為周初文字者」（《中國古代社會研究·附錄七》）。蔣善國認為，〈克殷解〉、〈世俘解〉等十篇「與《尚書·大誥》諸篇有同等的價值。」（《尚書綜述》第四四〇頁）楊寬論證，武王「斬下已死的商紂的頭掛到旗杆上」，不少人認為殘忍，可是「唐大沛認為這是真古書，是史臣『直書其事』，這一論斷很是正確的。這個記載與《墨子》、《戰國策》等書相合。」「當時軍禮，斬得敵國首領的首級要懸掛在軍旗上示眾，舉行獻俘禮時，也還要掛在軍旗上示眾。所以〈世俘解〉記載武王在周廟舉行獻俘，就是由太師呂尚掮著掛有商紂頭的白旗與紂妻二頭的赤旗先進入。這種禮制，在西周初期還舉行，例如小盂鼎記載盂在戰勝鬼方之後，向康王獻俘，『盂以多旗佩鬼方……』，就是由盂掮著多面旗子佩掛著鬼方首領的頭。」（《西周史》附錄〈論逸周書〉）劉起釪說，〈克殷〉「可確認為西周文獻（雖然文字在傳寫中當受東周影響，但主要保存了原貌）。」（《尚書學史》第九六頁）語言學者的研究結論是：《逸周書》「有些篇章是西周文獻，其語言與《尚書》及西周金文相近，表現在語氣詞『哉』出現的頻率較高，且功能具有多樣性；不用……第二人稱代詞『而』；不用句末語氣詞『也』、『焉』、『乎』等；沒有疑問代詞『孰』、『安』、『奚』、『惡』等；沒有『××者，××也』的判斷句形式；沒有明顯形態標誌的反問句式；少用或不用四字韻語。這些篇章主要包括〈克殷〉、〈商誓〉、〈世俘〉、〈度邑〉、〈皇門〉、〈祭公〉。」（周玉秀《文獻學價值》第二七一～二七二頁）

顧先生通過〈克殷〉與〈世俘〉的比較，認為〈克殷〉表現了「周末人」即戰國之世的思想。〈克殷〉寫武王戮紂屍、折紂首，比〈世俘〉詳細得多，但能被大家接受。可是武王在牧野和宗周殺死一二百人用於祭祀，派兵征伐九十九國，服國六百五十多，馘十七多萬人，俘三十一萬人，俘獸，俘玉等，都詳細記載，因而自豪地名曰「世（大）俘」。可是〈克殷〉對於這些事，一字不提，應當是出於粉飾。而對於商人郊迎武王，「受天明命」，和周人的德政如「釋箕子之囚」、「表商容之閭」、「振鹿臺之財」、「散巨橋之粟」、「封比干之墓」等仁政卻詳盡描述，合於儒家「以至仁伐至不仁」之理想境界。劉起釪認為〈克殷〉、〈世俘〉等「可確認為西周文獻，雖然文字在傳寫中當受有東周影響」（《尚書學史》第九六頁）。本文有三個連詞「而」，依照金文，這是「入春秋以後的文法」，古代文獻在《尚書‧周書》中，自〈大誥〉至〈立政〉十一篇沒有一個「而」，僅〈洪範〉、〈金縢〉、〈顧命〉、〈呂刑〉有。動詞「用」字虛化為介詞、連詞用法，「在先秦早期文獻中較多，以後逐漸被『以』字代替」（《古代漢語虛詞詞典》「用」），本文有七個「以」，沒有「用」字，這似乎表明〈克殷〉已經不是「早期文獻」的文風，與周初諸誥、〈商誓〉、〈度邑〉、〈皇門〉顯示出不同。〈世俘〉也多用「以」，但是周初的常用詞「維」、「肆」、「胥」、「越」、「時（是）」、「俾」、「厥」，多見於〈世俘〉，而〈克殷〉中只有一個「厥」。再如，文中「致師」一詞見於《左傳》、《周禮》；「大崩」見於《左傳》、《呂氏春秋》；「九鼎」見於《左傳》、《墨子》、《戰國策》；「縊」見於《左傳》、《國語‧吳語》、《周禮》、《晏子春秋》；「明水」見於《周禮》、《禮記》、《山海經》；「素質」僅見於《管子》、《爾雅》。楊寬先生說〈克殷〉「可信」，「末段

『立王子武庚』以下，當出於後人增補。」我的看法是，〈克殷〉可能是後人對〈世俘〉的有意糾正和補充，其中當然有原始資料，但該篇文字淺易，表達了後人的思想、文風。其寫定不早。

大匡第三十七

【題　解】孫詒讓曰：「《史略》作『文匡』，似較今本為長。」陳逢衡曰：「前〈大匡〉文王時作，義取救荒，此篇武王時作，義取定亂。」大匡，大加匡正。

武王克商以後，到管邑視察，對管叔等三監和殷人東方諸侯給予封賜，並提出九則、八宅、六位等要求。《周書・序》曰：「武王既克商，建三監以救（牧）其民，為之訓範，作〈大匡〉。」

朱右曾因〈世俘〉與〈克殷〉同寫一事，將〈世俘〉提前至此，與〈克殷〉相次，今仍盧文弨本。

惟十有三祀❶，王在管❷。管叔臮殷之監❸、東隅之侯❹，咸受賜于王❺。王乃旅之❻，以上陳誥❼，用大匡❽；順九則、八宅、六位❾，寬儉恭敬，夙夜有嚴❿。

【章　旨】武王在管，召見和封賞管叔等殷地之監、東方諸侯等，以對紂之惡政大加匡正，並對他們提出九則等要求。

【注　釋】❶十有三祀　劉師培曰：「此并文工受命之年計之，即武王克殷之年也。」鴻恩按，劉說甚是，此實即十一祀，因本書〈文傳〉有「文王受命之九年」說，遂以克殷在十三年。今本《竹書紀年》以武王伐殷在十二年固非是，然同年「夏四月」後書：「命殷監，遂狩于管」，亦是。朱右曾以為在克殷後二年，非是。有，用同「又」，在古漢語中，自甲骨文始，常於整數和零數之間用之。祀，商代稱年曰祀。《爾雅・釋天》：「夏曰歲，商曰祀，周曰年，唐虞曰載。」❷管　管叔封國。

潘振引《括地志》曰：「鄭州管城縣外城，古管國城。」陳逢衡曰：「今開封府鄭州縣東二十里舊管城是也。」❸管叔臮殷之監　「臮」原作「自作」，孫詒讓校作「管叔、蔡叔臮殷三監」。孫曰：「管叔作監，武王所命，此云自作，于理難通。《史略》作『管叔、蔡叔泉商之監』，文較完備。泉當為『臮』，形近而誤。臮、暨古今字。殷監即武庚也。〈序〉云『武王既克商，建三監以救民』，則此篇自當備舉三監。後〈文政〉篇云『惟十有三祀，王在管，管、蔡開宗循』，亦有蔡叔之證。監上『之』字以〈序〉說之，疑當為『三』。今本此文捝蔡叔，又分『臮』為『自作』二字，遂不可通。」劉師培從「自作」為「臮」，而曰「孫氏又據《史略》於管叔下增『蔡叔』二字，復改『之』為『三』，今不從。」（〈作雒〉補正）鴻恩按，今改「自作」為「臮」，餘從劉說。❹東隅之侯　指殷舊封東方的諸侯。隅，方。❺咸受賜于王　陳逢衡曰：「蓋因舊封而命之。」❻旅之　讓他們謁見。旅，謁（孔晁、朱右曾），這裏是使動用法。❼以上陳誥　孔晁注：「各使陳其政事也。」朱右曾曰：「東諸侯被紂化久，故訓以正之，咸與維新也。」陳誥，原作「東隅」，丁宗洛、朱右曾從陸麟書據孔注改。陳誥，陳述報告。❽大匡　大加匡正。❾九則八宅六位　見下文注。❿寬儉恭敬二句　孔注：「言當嚴敬思所順也。」陳逢衡曰：「此總冒之辭，寬以臨民，儉以守己，恭以待人，敬以事上。四者侯服之大端，夙夜有嚴則無敢戲豫矣。」唐大沛曰：「此二句上無『王曰』二字，是勉詞是贊詞義皆無所屬。據注是承上『順』字說，陳謂是總冒之辭，似皆屬勉強。」夙夜，日夜，引申為時時刻刻。有，或稱為詞頭（這裏是形容詞「嚴」的詞頭），或稱為助詞。

【語　譯】文王受命十三祀，武王在管。管叔和殷地之監、東方諸侯，都受到武王的封賜。武王於是召見他們，要他們各自陳告政事，藉以對殷紂的惡政大加匡正；讓他們順從九條法則、八種處所、六種位次，行事要寬厚、節儉、謙恭、敬慎，時刻要嚴肅莊重。

昭質非樸，樸有不明；明質于□，思□醜□❶。昭忠非私❷，私回不中；中忠于欲❸，思慧醜詐❹。昭信非展，展盡不伊；伊信于允，思復醜譖❺。昭讓非背，背黨雍德❻；德讓于敬，思賢醜爭。昭位非忿❼，忿非□直❽；直立于眾，思直醜比❾。昭政非閑，閑非遠節❿；節政于進⓫，思止醜殘⓬。昭動非窮⓭，窮居非意⓮；意動于行，思靜醜躁⓯。昭潔非為，為窮非涓⓰；涓潔于利，思義醜貪。昭固非疾⓱，疾非不貞⓲；貞固于事⓳，思任醜誕⓴。

昭明九則㉑，九醜自齊㉒，齊則曰知，悖則死勇㉓。勇如害上，則不登于明堂㉔，明堂，所以明道。明道惟法㉕，明法惟人㉖，人惟重老，重老惟寶㉗。嗚呼在昔，文考戰戰㉘，惟時祗祗，汝其夙夜濟濟㉙。無競惟人㉚，惟允惟讓㉛，不遠羣正㉜，不邇讒邪㉝。汝不時行㉞，汝害于士㉟，士惟都人㊱，孝悌子孫，不官則不長㊲。

【章旨】要求管叔及東方諸侯時時刻刻謀求良好的品行，而以不良的行為為羞恥。

【注釋】❶昭質非樸四句　昭質非樸，顯示質樸但並非樸陋。樸，僿也（朱右曾）；淺薄；樸陋。樸有不明，樸陋者多愚（唐大沛）。明質于□，原作「明執于私」。孫詒讓曰：「此『九則』闕其一，以下八者校之，每則皆四句，不宜唯此羨二句。蓋此章『執于』下挩八字。當云『明執于□，（執，疑當為『質』，音近而誤。朱訓為『拘』，未塙）思□醜□。昭□』（或當作『昭忠』，與第三句相應）非『私』下乃接『私回不中』句。此本二則，而中挩二句，遂誤并為一章也。朱氏不憭，合為一章，殊謬。」鴻恩按，孫說甚是，與下文文例均合。盧文弨亦已言「九則九醜，尚少其一，疑『昭質非樸』一段有脫文」。依孫說，參據下文，此段文字如下：「昭質非樸，樸有不明；明質于□，思□醜□。昭忠非私，私回不中；中忠于欲，思慧醜詐。」今改「執」為「質」，改「昭」下闕文「□」為「忠」，於「明質于」下補入「□，思□醜□。昭忠非」八字。❷昭忠非私　顯示忠誠盡力但不能夾雜私心。❸私回不中二句　私回不中，夾雜私心則回曲不合於忠。回，奸邪。中忠于欲，對物欲（能排除而）合於忠。即朱右曾所說「當盡心以絕物欲」。❹思慧醜詐　慧，聰慧。醜詐，以欺詐為醜惡。醜，這裏是意動用法，認為羞恥、醜惡。❺昭信非展四句　「昭信非展，展盡不伊；伊信于允，思復醜譖」，孔晁曰：「展，似信而非伊。伊，推也。（此為盧校。孫校曰：孔注當作「伊，詐也。」《爾雅·釋詁》文。詐與信文義正相對。朱校改作「惟」，則於義無取。注「伊」字不當重，今本亦涉正文而衍。」朱右曾曰：「展者，復言（實踐諾言）不謀身。伊，維。允，誠也。思之于義，言乃可復，譖不信也。（「伊，維也。」《爾雅·釋詁》文。譖，音僭。）」孫詒讓曰：「〈寶典〉篇『十奸』：『六、展允干信』，即此義。《國語·楚語》云：『展而不信』，韋注云：『展，誠也。誠謂復言，而非忠信之道。』伊言，疑當作『伊信』，下文文例皆第三句與首句相應，可證。」鴻恩按，孫言孔注「伊」字不當重，正文「伊言」應作「伊信」，皆是。今改「言」為「信」字。惟《十三經注疏》本《爾雅注疏》、郝懿行《爾雅義疏》都作「伊，維也」。如盧說解「伊」為「推」或如朱說解為「維」，亦不易說通。孫氏說「伊，詐也」，不知其所據。劉師培於此無說。「惟」、「維」可假借為「為」，而「為」、「偽」又相通，如此，則「伊」可輾轉訓為虛詐？依此，「展盡不伊」義似為竭力踐言但不要偽詐。伊信于允，或偽詐或誠信，會有公正的結局。于，猶「其」也（《經詞衍釋》）。允，《玉篇》：「當也。」即公正、得當。思復醜詐，思之於義，言乃可復，但要以不誠信為恥。如此說此節之意，未知是否。❻昭讓非背二句　孫詒讓曰：「〈寶典〉十奸『比譽干讓』即此義。背，當依彼作『比』，二字古通。」以黨雍德，言比周朋黨相為標榜，以雍塞有德者也。」雍，通「壅」。蔽塞。❼昭位非忿　朱右曾曰：「位者，謂其所立。卓立不可奪，非有所恚于人。」「位」字當作「立」，與第二句「直立」相應（孫詒讓）。❽□直　「直」上疑闕「不」字（孫詒讓）。應當是「不」。❾比　阿黨；勾結。❿昭政非閑二句　孔晁曰：「政以導民，非禁閑之也，故貴得節也。」唐大沛曰：「閑為馬欄，有禁止之義，使不得越也。禁閑之非遠大之節」。節，準則；法度。⓫節政于進　朱本原作「節進于政」，誤。章本、盧本、陳本、唐本均作「節政于進」。孫氏曰：各節第三句第二字均與第一句第二字相應，惟朱本不相應，亦未說明改動此句和下句的原因。今從各本訂正其誤。唐大沛曰：「節制政事當可而止，不必進求，恐害民也。」⓬思止醜殘　「止」字朱本作「正」，今從以上各本改回「止」。唐大沛曰：「思行所當行，即止所當止，恥以苛政殘民。」⓭昭動非窮　孫詒讓曰：「『昭靜』條第三句獨無『靜』字，疑傳寫移易，非其原文也。」劉師培曰：「以上下各節例之，『靜』字似當作『動』。」鴻恩按，孫以「昭靜」之「靜」字為是，劉以第三句「意動」之「動」字為是。竊以劉說是，第四句「思靜醜躁」，靜、躁相對，猶如上下文「思直醜比」、「思義醜貪」，一正一反，不應有誤字。且「意動于行，思靜醜躁」，文從字順。倘第三句作「意靜于行」，又何必「思靜醜躁」？上下文既皆一、三句相應，則第一句之「靜」必為「動」，不得復為「靜」字。今依劉說，據上下文例改「靜」為「動」。動，《淮南子·詮言》「動之為物」，高誘注：「有為也。」窮，為物所困而計無所出（朱右曾）。⓮窮居非意　窮居失志，非意所欲（唐大沛）。⓯意動于行二句　唐大沛曰：「意之動，于行驗之。行有靜躁，思恬靜則恥躁妄。」朱右曾曰：「意以慮行，靜則能慮，躁則寡謀。」⑯昭潔非為二句　朱右曾曰：「為，讀為『偽』。好名之人，能讓千乘之國，苟非其人，簞食豆羹見于色，是有時而窮也。涓，亦潔也。」⑰昭固非疾　「固」字原作「因」，第三句第二字為「固」，彼此應該相同，「因」當作「固」（孫詒讓）。今改為「固」。固，堅定。疾，急也（朱右曾）。⑱疾非不貞　陳疑「非」字誤，唐疑「不」字誤。⑲貞固于事　唐大沛曰：「貞正而固也。《易（·乾·文言）》『貞固足以干事。』」⑳思任醜誕　思任事則恥妄為（唐大沛）。㉑九則　九條法則。㉒九醜自齊　九醜，即與九則「昭質」、「昭忠」、「昭信」等相對的「醜□」、「醜詐」、「醜譖」、「醜爭」等。齊，孔注釋為「成」，應是讀為「濟」。朱右曾釋「齊」為「正」，可通。㉓齊則曰知二句　陳逢衡曰：「二『則』字即指上『九則』。」唐大沛曰：「孔注于正文兩『則』字，作虛字解，是。《補注》指『九則』，非。」朱右曾曰：「明則去醜，謂之知（智）；遂醜悖則必不得其死，死于勇，非知也。」鴻恩按，朱注可參，然曰「遂醜悖則」，也是視「則」為「九則」。唐說是。悖，違背。㉔勇如害上二句　《左傳》文公二年作「勇則害上，不登于明堂。」楊伯峻引孫星衍《古今宮室遺制考》云：「明堂，蓋行禮之宮，禮畢則虛其位，故宗祀則曰清廟，齋宿則曰路寢，教士則曰大學，養老則曰庠，習射則曰泮宮。大饗、獻馘諸大禮皆于此宮。」顧頡剛曰：「明堂之名，《詩》、《書》、《易》、《春秋》皆無有，以至《論語》、《墨子》亦未見。」而始見於《孟子》。《書·洛誥》之「大室」、《春秋》文公十三年《公羊經》之「世室」（《穀》、《左》作「大室」），「此固祖廟，然古人視祭祀最重，故其集眾亦最多。」「凡廟與公室必南向，是以此類屋宇以容積言，謂之『大室』，以方向言，又可謂之『明堂』。《呂氏春秋·慎大覽》云：『武王勝殷……周明堂外戶不閉，示天下不藏』是也。」（《史林雜識初編·明堂》第一四六～一四八頁）楊伯峻又曰：「《通典·吉禮》引高堂隆《議》云：『《周志》曰：勇則害上，不登于明堂。言有勇而無義，死不登堂而配食。』解登明堂為享祀先祖，功臣配食，其義當甚。《尚書·洛誥》云：『今王即命曰，記功，宗以功作元祀。』是周初有功臣配享之禮。」㉕明道惟法　孔晁曰：「惟以法度化人。」㉖明法惟人　原此句只有「法」字，朱氏曰：「明法句舊脫『明惟人』三字，依陸麟書說補。」㉗人惟重老二句　鴻恩按，此文主體部分幾乎皆為四字句，法人惟重老五言，且意不明，應有脫文，陸補蓋是，今存。孔晁曰：「言周尊重者老人，乃政之寶也。」朱釋「明堂所以明道」五句曰：「道者法之本，法待人而行，人至老而智，故老成人國之寶也。」㉘文考戰戰　文王戰戰兢兢。文考，指文王。考，死去的父親稱考。這是武王的口氣。戰戰，戰戰兢兢。陳逢衡曰：「驚憚之甚也。」㉙惟時祗祗二句　「惟時祗祗，汝其夙夜濟濟」，孔晁曰：「文王唯敬是道（敬老之道），汝其用之。汝，諸侯也。」盧文弨曰：「正文『汝其』下疑脫一『庸』字。」濟濟，陳逢衡曰：「人才眾多之貌。」朱右曾曰：「祗祗、濟濟，敬也。」鴻恩按，依孔注，盧補「庸」字，唐大沛以為不必補，今姑從唐說。陳釋「濟濟」不確，朱說是。濟濟，義為莊敬。《廣雅・釋詁》：「濟濟，敬也。」㉚無競惟人　陳逢衡曰：「謂賢人，言能得人，則無敵也。」鴻恩按，此《詩經・周頌・烈文》詩句，鄭箋曰：「無強乎維得賢人也，得賢人則國家強矣。」競，強。人，賢人。㉛惟允惟讓　誠信，謙遜。㉜正　正人。㉝不邇讒邪　不接近奸佞小人。㉞不時行　不行此，指遠諂正而邇讒邪。在否定句中，代詞賓語（這裏的「時」）要置於動詞（這句中的「行」）之前。㉟害于士　有害於政事。士，通「事」（唐大沛、朱右曾）。㊱都人　《詩經・小雅・都人士》馬瑞辰傳箋通釋：「乃美士之稱。」㊲不官則不長　唐大沛曰：「不官之則不能長人。」朱右曾曰：「官以長人，不官，才不足以勝官。」鴻恩按，二說不同，唐說是。又，陳、朱均以此句下接「官戒」句，唐上接「孝悌子孫」，體會文意，今從唐。

【語　譯】顯示質樸但不是樸陋淺薄，樸陋就不明智了；明智質樸……，要考慮……以……為恥。顯示盡心竭力但不能夾雜私心雜念，有私心就會行事奸邪不合於忠誠盡力；合於忠誠盡力在於正確對待欲望，思謀聰慧以欺詐為恥。表明誠信不等於不顧一切地實踐諾言，竭力實踐諾言而不能偽詐；或者偽詐或者誠信終將得到公正的結局，考慮實踐諾言必須以不誠信為恥。顯示謙讓但不可相互勾結，朋比為奸就會壅塞有德者；有德謙讓在於行事敬慎，思慕賢德以爭權奪利為恥。顯示有所樹立但不可忿恚發怒，憤怒未必是不正直；正直地立身於眾人之中，要思慕正直以結黨營私為恥。顯示政事治理不等於防閑，防閑不是有遠見的辦法；節制政治要當進而進，又要考慮當止而止，以害民為恥。顯示有作為不可弄到走投無路，處境困迫不是本心所願；意欲有為要通過行動驗證，要思慮冷靜以急躁為恥。顯示廉潔不能作偽，虛假的窮困不是廉潔；廉潔表現於能正確對待利，思慕正義而以貪婪為恥。顯示堅定不能著急，著急不等於不堅貞；忠貞堅定表現於行事，思慮完成職任而以誕妄為恥。

彰顯這九條法則，相對的九條醜恥就能糾正了。糾正了就叫做聰明，違背了就可能死於胡作非為的所謂勇敢。「勇敢」如果是危害君上，就不可能升入明堂配享了。明堂是用來宣明道義教化的地方，宣明道義教化要靠法度，宣明法度要靠人；人要敬重有經驗的老者，敬重老者是治國之寶。唉呀！以往先父文王戰戰兢兢，對於敬老之道極其重視，你們可要時時刻刻敬老。要使國家強盛沒有什麼比得上得到賢人，對待賢人一定要又誠信又謙讓。不要疏遠那些正人君子，不要接近讒佞奸邪的小人。你們不實行這些原則，你們就會危害政事。士就是那些美善之士，是孝親敬長的子孫，不命他任官，就不能做官長。

官戒有敬❶。官□朝道舍賓祭器曰八宅❷。綏比新故、外內、貴賤曰六位❸。小大官備武❹，小官承長❺。大匡用和，大封攝外❻。中匡用均❼，勞故禮新❽。小匡用惠，施舍靜眾❾。禁請無怨，順生分殺❿，不忘不憚⓫。俾若九則，生敬在國，國咸順⓬。順維敬⓭，敬維讓，讓維禮。辟不及，寬有永假⓮。

【章　旨】講述八宅、六位，及實行大匡、中匡、小匡所應採取的態度和措施，以達到全國上下順、敬、讓、禮的良好秩序和風氣。

【注　釋】❶官戒有敬　孔晁曰：「官以長官，所戒惟敬，則八宅順矣。」官戒，任官所要警惕的。有，猶「惟」也（吳昌瑩《經詞衍釋》）。❷官□朝道舍賓祭器曰八宅　「官□」之闕文陳逢衡疑是「師」字，唐大沛疑是「府」字。劉師培曰：「『朝』字以下蓋舉八宅之目，今多挩訛，竊以舍當作『會』，器當作『喪』，『道』亦誤字。疑當作『官□朝□、會同、賓祭、喪葬曰八宅。」宅，居；處所。「宅乃事」、「宅乃牧」（見《尚書．周書．立政》）之「宅」（陳逢衡）。❸綏比新故外內貴賤曰六位　孔晁曰：「安之、比之，各以其道，則位順也。」陳逢衡曰：「新故、內外、貴賤所謂六位也。新不易故，外不間內，賤不陵貴，則位定矣。綏之則能安其職，比之則能合其功。」綏，安定。❹備武　劉師培曰：「武，讀（《詩經．大雅．下武》『繩其祖武』（繼承其祖先的事跡）之『武』。備武者，冢上八宅、六位言，猶云循其陳跡也。《爾雅．釋訓》：『武，跡也。』《離騷經》『及前王之踵武』，王注云：『武，跡也。』」）❺承長　即承長官所備之武，與戎兵彌涉。承，奉；從。❻大匡用和二句　「大匡用和，大封攝外」，原作「大匡封攝外用和大」，孔晁曰：「和平大國。」俞樾曰：「此二句文義難明，據下文曰『中匡用均，勞故禮新；小匡用惠，施舍敬眾』，疑此文本作『大匡用和』，猶『中匡用均』、『小匡用惠』也。『大封攝外』

者，《儀禮・士冠禮》鄭注曰：「攝，猶整也。」言大封諸侯以整攝畿外之地也。傳寫者奪「用和大」三字而誤補之「封攝外」之下，其義遂不可通矣。孔注亦曲為之說，于義不了也。」鴻恩按，原語不成意，俞說是，今將「用和大」乙正於「封攝外」前。❼均　均勞逸。❽勞故禮新　故、新，劉師培曰：「《意林》引《金匱》云：『武王平殷還……太公曰：「無故無新，如天如地，得殷之財，與殷之民共之。」』又《後漢書・申屠剛傳》李注引《尚書大傳》云：『周公曰：「各安其宅，各田其田，無故無新，惟仁之親。」』則『新』謂殷民，『故』謂周民。」❾施舍靜眾　施舍，賜予財物、免除徭役、赦免罪過之類。靜，安（孔晁）。❿禁請無怨二句　陳逢衡曰：「凡有所禁，凡有所請，總無結怨于民；而于其善者則順而生之，于其惡者則分別而殺之。」朱右曾曰：「言所以抑其請而無怨者，由上之仁育義正，有以順明天地之生殺也。分，明也。」鴻恩按，唐嫌陳說穿鑿，今姑用朱說。⓫不忘不憚　朱右曾曰：「勿狃（習慣）故常，勿憚更始，言移風易俗有其漸。」不忘，即不忘故常。⓬俾若九則二句　朱右曾曰：「九則既順，生敬于國，則國人順之而敬讓風行矣。」若，順。⓭順維敬　順從則恭敬。維，有幫助判斷的作用，猶「乃」。⓮辟不及二句　唐大沛曰：「義未詳。」又以陳逢衡之釋穿鑿。朱右曾曰：「辟，行。假，至也。言同至于王道。」鴻恩按，釋「辟」為「行」，罕見其說，「寬」、「永」二字無釋，蓋亦含混說大意，可證均不能詳為解釋。

【語　譯】官員所警惕的就是敬慎。朝廷的……會同、賓祭、喪葬叫八個處所，安定和排列新舊、外內、貴賤的職位、功勞叫六個位次。大官依循前人事跡，小官承順長上。大匡正採取和順態度，大封諸侯以整攝畿外的土地；中等匡正採取公平態度，慰勞周民禮待殷民；小匡正採取惠民措施，施恩赦罪以安定民眾。要做到禁其所請而無怨恨，順之者則生，分明當死者則殺，不忘其故常的習俗，也不必懼怕新的更革。使大家順從九條法則，在全國範圍內產生恭敬，國人就都會順從。順從就會恭敬，恭敬就會謙讓，謙讓就能知禮。做不周到的，應當寬大。

【研　析】武王克殷以後，到管叔的封地視察，召集三監和殷商諸侯安撫、勸誡以至於警告，史學家認為這是歷史事實（楊寬《西周史》第一二六頁）。

本文開頭、結尾部分含有歷史資料，從文章主體所講內容來看，也像有針對性，例如反對顯示誠信而欺詐，反對不顧一切地實踐諾言，反對「死勇」，提醒他們認清形勢，懂得「慧」、「智」，放聰明一些，考慮「害上」的嚴重後果。這應當是針對殷周諸侯而言。反對為了顯示自己有為、有立、廉潔、善於治理而急躁、作偽、殘暴、朋比為奸及對於民眾一味防範，而應當「勞故（周人）禮新（殷人）」，又要求以文王的敬慎、認真為榜樣，尊賢重老，親君子遠小人等等，這應當主要是對周的官員而言。但是，我們仔細閱讀本文，不能不說，無論寫作形式還是思想意識，都出於戰國，這沒有什麼疑問。「九則」、「八宅」、「六位」這種「以數為紀」的寫作方式不必言，「九則」極為整齊、講究的語言形式，十分引人注意，這裏舉其三則：

昭動非窮，窮居非意；意動于行，思靜醜躁。

昭潔非為，為窮非涓；涓潔于利，思義醜貪。

昭固非疾，疾非不貞；貞固于事，思任醜誕。

孫詒讓已指出，每一則的第三句第二字，必與第一句第二字相同。還有，每則的第一句一律使用「昭×非×」的句式；第三句第三字一律使用介詞「于」；第四句一律使用「思×醜×」的句式；一二句、二三句銜接一律使用頂真修辭格；九則一律使用四言句：所有這些，都毫無例外。作者如此講究文字的整齊，寫作之際如此盡心用意，實少見。這樣精緻的文字很難想像會出於戰國以前。

從思想意識而言，本文戰國的時代特色很明顯。例如「讓」字五見，是重要的道德觀念。「順維敬，敬維讓，讓維禮。」禮、讓、敬、忠、信、義、知（智）、潔、貞、直、寬儉、恭敬及西周以來的「德」等等已經形成一個道德觀念的體系，但是其中許多用語都是西周所沒有的。即如「讓」，《尚書·周書·君奭》一見，一說讀為「襄」，一說義為「使」，則《書》中無「讓」字；《詩經·小雅·角弓》一見，而與後世的道德觀念無涉。直到《論語》、《國語》、《左傳》「讓」才作為道德觀念出現。「忠」字、品德義的「潔」字，《詩》、《書》皆不見，始見於《論語》、《國語》、《左傳》。「貞」、「知（智）」《詩》中無見，《書》中僅〈洪範〉「貞」

字一見，〈[illegible]誥〉「智」字一見。本文中「明堂」二見，先秦其他著作始見於《考工記．匠人》、《孟子．梁惠王下》，《左傳》文公二年有「明堂」，卻是引用「《周志》」，「志者，記也」，「志，古記也」，「志，古之書也」，「《春秋傳》所謂《周志》，《國語》所謂《鄭書》之屬是也」（見宗福邦等《故訓匯纂》「志」字）。可見，《周志》就是《周書》，《左傳》就是引自本書了。「明堂之名，《詩》、《書》、《易》、《春秋》皆無有，以至《論語》、《墨子》亦未見。」《尚書．洛誥》、《春秋》文公十三年稱「大室」、「世室」，《詩經．周頌．清廟》之「廟」，均即後世之「明堂」（顧頡剛《史林雜識初編》第一四六、一四八頁）。可證「明堂」之稱，時代並不早。筆者據前人許多論證，認為《左傳》成書於戰國中期（《春秋左傳研究．天文學史的發展表明《左傳》成書於戰國中期》），故焦循認為「孟子未見《左傳》」（《孟子正義》卷十七）是可信的。可證《左傳》成書時代也不早。倘「勇如害上」二語較早存在或本文之作在戰國前期，《左傳》就得以引用。又，本文「明道」之「道」，作為「規律」、「政治局面」、「政治主張」、「思想體系」等義，不知道《左傳》、《國語》之「天道」與「人道」、「有道」與「無道」之說是否果真早於《老子》、《論語》，如果確實早，應當指出的是《詩經》中的「道」並無此義，《尚書》除〈洪範〉一文也無此義（據馬融本和魏石經）。然而「聞道」一說確始見於《老子》、《論語》和《孟子》、《莊子》，「得道」始見於《孟子》、《莊子》，「明道」始見於《莊子》、《荀子》、《文子》，則本文「明道」時代之早晚也可以由此推斷。

《郭店楚簡》中有些篇章，所論內容和用語與本文多同，如〈語叢二〉：「禮生于情，嚴生于禮，敬生于嚴（莊嚴），望（景仰）生于敬，恥生于望，悡（烈；剛烈）生于恥，廉（正直）生于悡」，「欲生于性，慮（謀慮）生于欲，倍（排斥）生于慮，爭生于倍，黨生于爭。」又說：「貪生于欲，負（背棄）生于貪」（參李零《郭店楚簡校讀記》）。這說明，本文所論述的問題，上文雖然談到有某些針對性（這肯定是作者所考慮到的），其實又有明顯的戰國思想的時代性，這些是戰國學者所關注和探討的問題。這一點，我們須要注意。〈語叢三〉說：「思無疆，思無期，思無邪，思無不由義者」；〈性自命出〉說：「凡用心之躁者，思為甚。用智之疾者，患為甚。」都強調「思」的重要。《郭店楚簡．成之聞之》〈六德〉兩篇，都使用了「六位」一說，內容與本文不同，論題則完全相同。《郭店楚簡》中作品至遲不晚於西元前三〇〇年，即不晚於戰國中期，這也為我們確定〈大匤〉寫定時代提供了線索。

文政第三十八

【題解】本文開端寫管叔、蔡叔開導殷民實行文王制定的政令。陳逢衡曰：「篇首『開宗循王』，玩（孔）注意，王當作『政』，謂遵循文王之化也。故篇題曰〈文政〉。篇中九慝、九行、九醜、九德、九過、九勝、九戒、九守、九典，或謂是〈九開〉錯簡，亦通。」唐大沛的看法完全不同，他認為本文篇首十四字和篇末十四字「皆非此篇原文，乃他篇之脫簡，編書者妄取之以裝點首尾耳，故文義不相承也。……首尾二十八字直須刪之，不必附會而為之說也。」唐說為有見之言，當從。唐又說：「此篇言政，以九紀數，九九八十一條目，古書中罕見者也。《周書》亡篇有〈九政〉、〈九開〉，未知與此篇是一是二，竊疑〈文政〉即是〈九政〉，故以九紀數歟？」

惟十有三祀❶，王在管❷，管、蔡開宗循正❸。禁九慝❹，昭九行❺，濟九醜❻，尊九德，止九過，務九勝❼，傾九戒❽，固九守❾，順九典❿。

【章旨】克商之年，武王在管，管叔、蔡叔開導殷民遵行文王實行的九個方面的政令。

【注釋】❶惟十有三祀　十三祀，指武王克殷之年。詳見上篇❶。❷王在管　武王在管。王，武王。管，見上篇❶。❸管蔡開宗循正　蔡，蔡叔，名度，武王同母弟，滅商後武王封度於祭（祭、蔡古音同），在今鄭州西北，敖山之南，近大河（楊寬說，同譚其驤《中國歷史地圖集》）。後管、蔡與武庚作亂，周公平亂後，改封蔡叔後裔於蔡（今河南上蔡西南）。開宗循正，

「正」字原作「王」。孔晁曰：「三叔開其宗族循鎬京之政，言從化也。」劉師培曰：「據注，『循王』當作『循正』，故孔以『鎬京之政』訓之。」開宗，陳逢衡曰：「開，啟也。宗，眾也。開宗，謂曉諭殷民。孔注『開其宗族』，費解。」鴻恩按，王、正形近而訛，孔注可為劉說之證，今改「王」為「正」。正，通「政」。一說正、政是古今字。「宗」義陳說是，此非指管、蔡宗族，指殷民而言，《廣雅・釋詁》曰：「宗，眾也。」朱駿聲謂「宗」可假借為「眾」。❹九慝　九種邪惡行為。❺行　身所行曰行（唐大沛）。鴻恩按，應指品行之「行」，故指仁、讓、信等。❻濟九醜　糾正九種醜惡。濟，即上篇「九醜自齊」之「齊」。❼務九勝　致力於九種優越。勝，優勝的措施或選擇。❽傾九戒　注曰：「順此戒也。」俞樾曰：「傾當依注文作『順』，順與傾形似而誤耳。」鴻恩按，孔注釋為「順」可以，俞氏讀作「順」，以為相似而誤，非是。作「順」則與下文「順九典」之「順」犯複，「禁」、「昭」、「濟」等九字無一犯複者。朱右曾釋為「危」亦誤。此「傾」即「頃」字。《說文》「頃，頭不正也」，段玉裁注：「引伸為凡傾仄不正之偁。今則『傾』行而『頃』廢，專為俄頃、頃畝之用矣。」朱駿聲亦以「頃，實即『傾』之古文。」《說文通訓定聲》本書〈諡法〉「敏以敬順曰頃。」朱右曾曰：「順，當為『慎』」《史記正義》所附〈諡法解〉作「敏以敬慎」。頃，敬也。」即此「傾（頃）」字之義。應是原作「頃」，以「九戒」中有「示有危傾」，後人習用「傾」，故寫作「傾」。「傾九戒」即敬慎九戒。順、慎相通，孔注蓋以「順」用作「慎」。❾守　持守；信守。❿典　常道；常法。孔晁曰：「九者所茂政也。」

【語　譯】文王受命十三祀，武王在管，管叔、蔡叔曉諭殷民遵循文王之政。禁止九種邪惡，發揚九種品行，糾正九種醜惡，尊奉九種恩德，防止九種過錯，致力於九種優越，敬慎於九種警戒，堅定於九種守則，順從於九種常法。

九慝：一、不類❶；二、不服❷；三、不則❸；四、務有不功❹；五、外有內通❺；六、幼不觀國；七、閭不通徑；八、家不開刑❻；九、大禁不令❼。

九行❽：一、仁；二、行；三、讓；四、信；五、固❾；六、治❿；七、義；

八、意⑪；九、勇。

九醜⑫：思勇醜忘⑬，思意醜變⑭，思義醜□⑮，思治醜亂，思固醜轉⑯，思信醜奸⑰，思讓醜殘，思行醜頑⑱，思仁醜釁⑲。

九德：一、忠⑳；二、慈；三、祿；四、賞㉑；五、民之利㉒；六、商工受資㉓；七、祗民之死㉔；八、無奪農時㉕；九、足民之財。

九過：一、視民傲㉖；二、聽民暴㉗；三、遠慎而近䫉㉘；四、法令□亂㉙；五、仁善是誅㉚；六、不察而好殺㉛；七、不念而害行㉜；八、不思前後㉝；九、偷其身不路而助無漁㉞。

九勝：一、□□□□；二、□□□□；三、同惡潛謀；四、同好和因㉟；五、師□征惡㊱；六、迎旋便路㊲；七、明賂施舍㊳；八、幼子移成㊴；九、迪名書新㊵。

九戒：一、內有柔成㊶；二、示有危傾㊷；三、旅有罷㝠㊸；四、亂有立信㊹；五、教用康淫㊺；六、合詳毀成㊻；七、邑守維人㊼；八、飢有兆積㊽；九、勞休無期㊾。

九守：一、仁守以均㊿；二、智守以等(51)；三、固守以典；四、信守維假(52)；五、城溝守立(53)；六、廉守以名(54)；七、戒守以信(55)；八、競守以備(56)；九、國守以謀。

九典：一、祗道以明之(57)；二、稱賢以賞之(58)；三、典師以教之(59)；四、因戚以勞之(60)；五、伍長以遵之(61)；六、群長以老之(62)；七、群醜以移之(63)；八、什長以行之(64)；九、戒卒以將之(65)。

嗚呼！充虛為害，無由不通(66)，無虛不敗。

【章旨】詳述九慝、九行、九醜、九德、九過、九勝、九戒、九守、九典內容。最後警告：「充（衝）虛為害，無由不通，無虛不敗」。

【注釋】❶類　善。❷不服　不服教化（唐大沛）。❸則　法。❹務有不功　專用力於無益之事。猶為也（陳逢衡）。❺外有內通　朱本「有」字原從丁本改作「與」，無據，王念孫、孫詒讓均不以「有」字誤，今改回「有」字。奸人潛結左右（陳逢衡）；外出交結近侍（朱右曾）。❻幼不觀國三句　孫詒讓曰：「『幼不觀國』、『閭不通徑』、『家不開刑』均為九慝之一，『則三『不』字并當作『有』，言有此三者則慝生也。上文『務有不功，外有內通』，與此文例正通。」鴻恩按，今從孫說。朱右曾曰：「不〔?〕觀國，謂以童子從政也。」幼有觀國，意謂讓童子從政，乃九慝之一。閭有通徑而為慝，可能是指實行什伍之制，不許居民私自交通。閭，古代二十五家為單位的居民組織，同居一里巷。家有開刑，家當指卿大夫之家。刑，法也（孔晁）。開，在這裏可有設立、赦免、免除之義。鴻恩按，《左傳》襄公十年王叔陳生與伯輿爭政而訟，伯輿方面指控王叔「今自王叔之相也，政以賄成，而刑放于寵」，「放」與本文之「開」義相通。楊伯峻注：「《淮南子・兵略》注：『放，寄也。』刑寄于寵，即杜注『寵臣專刑，不任法。』」即不任法而任意。❼不令　不宣令也（孔晁）。❽行　唐大沛疑字誤，「九者皆『行』也，不當行又居其一。竊疑『行』字是『知』字之訛。」鴻恩按，《論語・述而》：「子以四教：文、行、忠、信。」亦以「行」與忠、信並列，此蓋仿《論語》。❾固　上篇「貞固于事」，則「固」即堅定之義，下文「固」正與「轉」相對。❿治　原作「始」，盧以為「治」之訛。鴻恩按，始、治相通，其例甚多。此即下文「思治醜亂」之「治」。「九行」與《尚書・皋陶謨》

「九德」意同，此「治」即彼篇「亂而敬」之「亂」義（《史記》「亂」字引作「治」）。蔡沈注：「亂，治也，有治才。」即此「治」字之義。⓫意　朱右曾曰：「當為『慧』，智也。下同。」唐大沛以為「意」是「志」字之訛，也有道理。唐、朱均以為缺「智」，故疑「行」、疑「意」。「意」肯定是誤字，今姑從朱說。⓬九醜　鴻恩按，上下文諸「九」均分一、二、三，獨此「九醜」下不分，應是傳抄脫漏，應增補。醜，醜惡；以為醜惡。⓭思勇醜忘　朱本「忘」字作「忌」，各本作「忘」，朱改未言所據，今仍改回，俟考。朱曰：「忌，怨也；報私怨也。」陳逢衡引李兆洛曰：「忘，當為妄。」忘、妄一聲之轉，二字通用，妄謂虛妄。鴻恩按，無驗而言之，即虛妄不實。《說文》：「妄，亂也。」於此亦通。⓮變　猶詐也（朱右曾）。⓯思義醜□　四字朱右曾據盧文弨本增補，陳逢衡、俞樾據〈大匡〉認為闕文是「貪」字。⓰思固醜轉　固，堅定不移。轉，動搖改變。⓱思信醜奸　按，各本如此，與「信」相對的「奸」，應當作「姦」，不應作「奸」，二字義本不同。⓲頑　愚妄無知。⓳釁　各本作「疊」，朱右曾本作「釁」，二字同，朱曰：「自矜奮以誇人也。」⓴忠　九德的其餘八條都是說如何待下，本條也不應例外，上「忠」於下，在《左傳》中有明確表述，即：「上思利民，忠也。」（桓公六年）則「九德」之「德」指恩德。㉑三祿二句　祿、賞，朱右曾曰：「祿，常祿。賞，非常〔祿〕也。」㉒民之利　丁宗洛、唐大沛均以「民」上是「興」字。俞樾亦以「民」上闕一字，應與下文「祗民之死」、「足民之財」一律。鴻恩按，今譯文從丁、唐說。㉓受資　得到應得的錢財。㉔祗民之死　敬慎於人之死。孔晁曰：「敬死勸葬也。」陳逢衡曰：「減刑息兵也。」㉕無奪農時　原「農」下無「時」字。孫詒讓曰：「『農』下當有『時』字，與上下文『利』、『資』、『死』、『財』為韻。」鴻恩按，五至九各條均為四字句，且無「時」字失韻，今增「時」。陳逢衡曰：「九德別見〈寶典解〉。」朱右曾曰：「九者皆施德布惠之事。」㉖視民傲　對民眾表示傲慢。視，示（二者為同源字）。㉗聽民暴　陳逢衡曰：「聽，治也。聽民暴則不仁。」不戒視成〔令未明申而急責其成〕謂之暴（朱右曾引《論語・堯曰》孔子語）。㉘遠慎而近頹　遠誠愨之士而近虛誕之人也。《爾雅》：「慎，誠也。」頹，即貌。《史記・商君列傳》：「貌言華也，至言實也。」〈周祝〉篇孔注：「貌謂無實。」（王念孫）㉙□亂　丁宗洛補「舛」字，唐大沛：「或是『紊亂』。」㉚仁善是誅　即誅殺仁善。是，具有提前和強調賓語「仁善」的作用。㉛不察而好殺　唐大沛曰：「不察，不明也。」㉜不念而害行　「而」字原為闕文，陳、丁均以是「而」字，朱據補，今從。㉝不思前後　盧本、陳本、唐本、朱本皆作「□思」，今從元刊本（據《彙校集注》）、章檗本和陳、丁說改作「不」。㉞偷其身不路而助無漁　「無」是衍文（朱右曾）。偷，苟且。不路，不走正道。漁，侵漁；榨取。㉟同惡潛謀二句　同好和因，朱本「因」作「固」，章、盧、陳、唐各本並作「因」，今從。唐大沛曰：「同惡、同好，蓋謂與己同好、惡者，故與之密謀，與之相依。因，依也。」

㊱師□征惡　丁宗洛疑闕文是「旅」字。陳逢衡曰：「師□征惡，除暴亂也。」㊲迎旋便路　陳逢衡曰：「通商旅也。」朱右曾曰：「迎旋，猶云迎送。委積授節（轉輸貨財授予符節），故便也。」㊳明賂施舍　惠窮困也（陳逢衡）。明賂，公開贈送財物。㊴幼子移成　孔晁曰：「謂易子而教也。」朱右曾曰：「血氣未定，端其所習則易成也。」按，《孟子·離婁上》：「古者易子而教之，父子間不責善，責善則離。」㊵迪名書新　陳逢衡曰：「進賢良也。」朱右曾曰：「迪，道也。有道之人以時書而用之。」鴻恩按，迪字宜釋為「進用」，《詩經·大雅·桑柔》「維此良人，弗求弗迪」，毛傳：「迪，進也。」陳釋當出於此。唐宋時朝廷有命官員「進名」的制度，據本句所說，則先秦似已有之。㊶柔成　孔晁曰：「善柔諂人也。」柔，柔順；溫柔。㊷示有危傾　陳逢衡曰：「示，當作『宗』，有危傾，謂族不和睦，有顛覆之懼。」俞樾曰：「『示』當為『亓』字，即古『其』字，而其與基有通用之例，亓有危傾，言其基有危傾之勢，不可不戒。」㊸旅有罷冥　旅，行旅。罷冥，「冥」字原作「罝」，孔晁曰：「言□困倉暗也。」孫詒讓曰：「罝當為『冥』，形近而誤，注義訓互難通，似即以『暗』釋『冥』，蓋孔所見本尚未訛也。罷冥，即《周禮·大司寇》之罷民也。《賈子·大政》下篇云：『民之為言暝也。』」鴻恩按，孫說是，「冥」與「氓」、「傾」、「經」同韻，與「信」、「耕」、「真」合韻；冥、罝形近；孔注以「暗」釋之；《賈子》以「暝」釋「民」：足證此為「罷冥」，今改「罝」為「冥」。㊹亂有立信　信不準乎義（陳逢衡）；以亂立信，信不義也（朱右曾）。㊺教用康淫　「淫」字原作「經」。孔晁曰：「康，逸也。」于鬯曰：經字當作「淫」，水旁與糸旁草書本多相溷，巠又與「淫」之右畔相似，故誤「淫」為「經」，然則康淫猶言淫逸耳。《書·皋陶謨》云「無教逸欲有邦。」是「逸欲」亦稱教之證，教用康淫，故為九戒之一。《書·康誥》云：「無康好逸豫」，亦同此意也。鴻恩按，《尚書·洪範》「無有淫朋」，《經籍纂詁》曰：漢石經「淫」字作「淫」，可為于說之證。今改「經」為「淫」。㊻合詳毀成　孔晁曰：「合詳，無德不〔『不』原作『而』，從劉師培說改為『不』〕信也。」劉師培疑「詳」為「佯」假，即訛言也。句意謂與謠言合起來就成為詆毀。㊼邑守維人　孔晁曰：「守邑無備，恃其人眾。」維，只有。㊽飢有兆積　朱右曾曰：「謂積聚財穀不賑窮乏。」兆，數詞，古代十萬為億，十億為兆，引申為眾多。禾與粟皆得稱積（《說文》段玉裁「積」字注）。㊾勞休無期　或勤勞或休息，沒有期限，言勞逸不均。㊿均　均平無偏私也（唐大沛）。《說文》：「均，平遍也」。51等　有次序（唐大沛）。52信守維假　朱右曾曰：「惟假，言至于義也。假音格。」53守立　陳逢衡曰：「不越畔也。」即守好自己的崗位。立，即「位」字。54名　清潔之名（唐大沛）。55戒守以信　九戒持守於信用。戒，九戒（朱右曾）。56競守以備　有備則國強（朱右曾）。競，強。57祗道以明之　敬慎於道並且通曉之。58稱賢以賞之　推舉賢人以獎賞他。稱，舉；推舉。59典師以教之　孔晁曰：「謂各隨所能而教之也。」典，

主管。[60]因戚以勞之　因，章本、盧本均作「四」，然盧疑「四」本是空圍。朱本據丁本改作「因」。陳逢衡曰：「四戚以勞之，親親也。四戚謂內姓、外婚、朋友、同里。見〈大武解〉，又別見〈大開武解〉。」唐大沛曰：「陳說牽扯。」鴻恩按，今姑依朱說作「因」，解「戚」為憂。[61]伍長以遵之　伍長，原作「位長」，朱右曾釋為立長，王念孫曰：「本作『伍長』，下文『什長以行之』，什長與伍長文正相對。〈大聚〉篇曰『五戶為伍，以首為長；十夫為什，以年為長』，此之謂也。今本蓋以伍、位字形相似而誤，《玉海》六十七引此正作伍長。」楊寬曰：「春秋戰國間各國編制戶籍，以伍、什為單位，例如鄭國子產曾使『田有封洫，廬井有伍』……該是按照村社的老習慣的。」（《西周史》第一九七頁）孔晁注此句曰：「遵行之，以戒之事也。」鴻恩按，今據王說和《玉海》引文改「位」為「伍」。又朱右曾引《廣雅》「遵，表也」，所據為《廣雅》誤文，王念孫已正為「遵，循也」。[62]老之　朱右曾曰：「率之也。」[63]群醜以移之　陳逢衡曰：「如《（禮記・）王制》『不變，移之郊』，『不變，移之遂』，欲其改而之善也。」鴻恩按，司徒有「簡不肖以絀惡」、「簡不帥教者以告」之責，又見《周禮・大司徒》。這裏稱「不帥教者」為「群醜」，意即一幫邪惡者。[64]什長以行之　陳逢衡曰「行保甲之法」，保甲法是後代說法，即古代什伍制。[65]戒卒以將之　孔晁曰：「將之，軍旅行陳也。」[66]充虛為害二句　這兩句難解。陳逢衡、唐大沛以為錯簡。朱右曾引孔晁說：「陰陽姦謂之充，國無人謂之虛也。」無進一步說明。丁宗洛、俞樾以為孔注陰陽姦「殊不可解」，「孔解『充』字非也」。俞氏曰：「《荀子・儒效》篇『若夫充虛之相施易也』，楊倞注曰：『充，實也。』是充與虛正相對。〈大聚〉篇曰：『殷政總總，若風草，有所積有所虛，和此如何？』孔注曰：『有積有虛，言不平也。』可證此篇充虛為害之義。」鴻恩按，蓋孔注不誤。孔注「陰陽姦」應是釋「充」。「姦」字這裏應作「奸」。奸，犯；冒犯；衝犯。孔晁應是視「充」為「衝」，「陰陽奸」即「衝」字義，衝、充相通。《經籍纂詁》曰：「衝，作『充』。」朱駿聲《說文通訓定聲》曰：「充，叚借又為『衝』。」高亨《古字通假會典》第一六頁亦有充、衝相通之例。《淮南子・說山》「折衝萬里」，高注：「衝，兵車也，所以衝突敵城也。」《戰國策・齊策一》「使輕車銳騎衝雍門」，高注：「衝，突也。」《荀子・強國》「污漫突盜以爭地」，楊注：「突，謂相淩犯也。」陰陽五行有「衝剋」說，凡日辰、五行、生肖、方位相抵觸者為衝，相剋制者為剋。衝即衝犯、淩犯、衝突、抵觸之義。天地人事間凡對立之兩面如上下、君臣、德刑、動靜、外內、剛柔都可稱為陰陽，上述九個「九」，所說種種無非上下、內外、德刑、動靜、剛柔等等。充（衝）、虛為害，意謂有關各方相互衝犯抵觸、國家力量空虛，都是危害。孔注不誤，用「陰陽」解義符合本文。由，道也（《荀子・哀公》「務審其所由」，王先謙《集解》引郝懿行說、《史記・屈原賈生列傳》「易初本由兮」裴駰《集解》引王逸說）。

【語譯】九種邪惡：一、不良善；二、不服從教令；三、不遵守法度；四、專門致力於無益之事；五、外臣交結內侍；六、幼兒從政；七、里閭中有通聯的小路；八、卿大夫之家不依法；九、實行大禁而不宣布法令。

九種品行：一、仁愛；二、親身實踐；三、謙讓；四、誠信；五、堅定；六、有治才；七、行事合宜；八、聰慧；九、勇敢。

九種醜惡：一、思慕勇敢要以狂亂為醜惡；二、思慕智慧要以變詐為醜惡；三、思慕正義要以貪婪為醜惡；四、思慕治理要以悖亂為醜惡；五、思慕堅定要以動搖改變為醜惡；六、思慕誠信要以姦詐為醜惡；七、思慕謙讓要以貪婪為醜惡；八、思慕實行要以頑劣愚妄為醜惡；九、思慕仁愛要以自誇傲人為醜惡。

九種凶德：一、忠誠；二、慈愛；三、賜予祿位；四、獎賞功臣；五、為民興利；六、商賈、工匠給予應得錢財；七、敬慎於人民的死喪；八、不占用農時；九、使人民財物豐足。

九種過錯：一、對人民表示傲慢；二、治理人民暴虐；三、疏遠誠實謹慎的人，接近華而不實的人；四、法令錯亂；五、凡仁愛良善的人則受誅罰；六、不肯審察情實卻又喜好殺人；七、不加考慮從而危害行事；八、做事不肯思前想後；九、自身得過且過，不走正路，卻幫助侵漁百姓。

九種僭越：一、……；二、……；三、與憎惡相同的人秘密謀劃；四、與喜好相同的人和睦相依；五、軍隊征伐暴亂的國家；六、對商賈貨物貿易提供道路迎送之便；七、公開地施捨財物給窮人；八、易子而教容易成才；九、所進用的人不斷書寫新人之名。

九種警戒：一、內部有柔順諂媚的人；二、根基有危傾之勢；三、旅途有疲敝的百姓；四、胡亂作為又要樹立誠信；五、以安樂淫逸教導人；六、摻合謠言而毀壞了成功；七、城邑的守衛只靠著人；八、百姓挨餓而官倉糧食豐足；九、有人勞苦有人閒逸而沒有期限。

九種守則：一、仁愛信守於均平普遍；二、聰慧持守於等級次第；三、堅定持守於法典；四、誠信持守達到正義；五、城牆與護城河的保衛靠堅守崗位；六、廉潔信守於聲名；七、九戒持守於信用；八、國力強盛持守於武備；九、國家持守於謀略。

九種常法：一、敬重所信奉的思想學說並且通曉它；二、推舉賢者並且賞賜他；三、由主管教師來教導子弟；四、即臣民之憂戚來慰勞他們；五、由伍長來遵行上級教令；六、群官長都要起領率作用；七、把成群的醜惡之徒都遷移到郊、遂去；八、由什長來實行什伍制；九、以軍旅行陣的訓練教戒士卒。

唉呀！各方面衝突對立、國力空虛是禍害；但是沒有什麼道路是不能通行的，可國家空虛是沒有不失敗的。

【研　析】這篇文章說是講述「循正」即遵循文王之政，但從「以數為紀」的文風和所表現的思想意識、道德觀念，和上篇〈大匡〉應當是同一時期的作品。

本文把「以數為紀」的寫法用到了極至，除了開頭十四字、結尾十四字以外，其餘的內容都納入數字之中。而且分為九個九，九九八十一條，除此之外沒有任何論述分析，堪稱這種寫法的代表作品，大約是空前絕後。看來作者有展現使用數字寫作的強烈願望。

「九醜」見於上篇〈大匡〉，注中已經說明。「九德」始見於《尚書・皋陶謨》，是說美德，這裏的「九德」，指恩德，二者不同，而這裏的「九行」，內容相當於〈皋陶謨〉的「九德」，兩相比較，本文仁、讓、信、智、勇都是〈皋陶謨〉的十八個字中所沒有的，只有「治（亂）」、「義」彼此相同。而仁、讓、信、智、勇無一不是儒家所提倡的道德觀念。由此，不難推想本文寫定的時代。

《逸周書》中經學者嚴格論證，確認為西周或基本屬於西周的作品〈世俘〉、〈克殷〉、〈商誓〉、〈度邑〉、〈作雒〉、〈皇門〉、〈祭公〉、〈芮良夫〉及〈嘗麥〉，「以數為紀」者一篇都沒有。《尚書・周書》中，除〈洪範〉之外，也沒有這樣的篇章。這足以說明「以數為紀」作品流行的時代不在西周，也不應在〈洪範〉成書的春秋時代。個別作品由於寫作內容決定，即使時代不晚，使用這種手法也並非不能理解。但是，在《逸周書》中，「以數為紀」被當作一種寫作風氣加以有意地追求，以至於不合邏輯地分類、湊「數」，如「九德」的「祿、賞」，為官受祿，天經地義，「祿」算什麼恩德？又如「九勝」，前面說信任、依靠什麼人，征伐什麼樣的國家，又說到為商賈貿易提供方便，說到施捨賑濟，又說到兒童教育、不斷錄用新人，東一句西一句，顯示出這種寫法的缺陷。不同的時代有不同的寫作風氣。

劉起釪認為，〈文政〉「屬戰國兵家之作」（《尚書校釋譯論》第五一三頁），本文論及軍事，更多的還是言「政」。

本文〈九典〉有「伍長以遵之」、「什長以行之」，顯然是說實行什伍相保相受的制度，但說得這麼具體，在先秦著作中很少見，「什長」只見於《墨子・備城門》〈迎敵祠〉和本文，「伍長」只見於《管子・度地》、《鶡冠子・王鈇》和本文。孔晁以「陰陽姦謂之充〔衝〕」，用陰陽五行思想解釋本文，從文章所表示的時代來說肯定是正確的。

又，這裏有一句「群醜以移之」，陳注：「欲其改而之善也。」這說的是「不帥〔遵循〕教」的百姓，作者稱之為「群醜」。此義之「群醜」，在《詩經》中兩見，一指仇敵淮夷（〈魯頌・泮水〉），一指成群的野獸（〈小雅・吉日〉）。《禮記》稱「簡不肖以絀惡」，《周禮・大司徒》稱之「亂民」（亂政之民），但都沒有像本文這樣，用罵夷狄、稱野獸的話稱不服教的百姓。先秦兩漢魏晉南北朝，只有《尚書・序》等書稱「殷之頑民」，此外，不指殷而指百姓為「頑民」者，則僅見於本書〈度訓〉和〈程典〉。〈命訓〉又有「頑貪」一說，注者潘、陳、朱都指出是「指民言」。《呂氏春秋・慎大覽》說：「桀為無道，暴戾頑貪」，是以罵桀紂的語言「指民言」。《國語》、《左傳》都曾稱夷狄為「頑」，與《詩經》以「群醜」稱淮夷相同。本書的文章卻是一而再、再而三，不惜以罵桀紂、罵夷狄、稱野獸的惡毒語言稱不服教的百姓，不僅與儒家不同，而且與先秦、兩漢諸子都不相同。「頑民」、「刁民」之詞到元明清才大肆流行起來。《逸周書》的這些稱說很讓人驚異，不知道這些文章的作者對於百姓為什麼懷有如此強烈的仇恨。

大聚第三十九

【題解】大聚，大力招聚人民。周公應武王之問，建議採取得人心的政治措施，大力招聚人民前來居住，造成人民和諧互助、安居樂業的政治局面。

維武王勝殷，撫國綏民❶，乃觀于殷政。告周公旦曰：「嗚呼，殷政總總若風草❷，有所積❸，有所虛❹，和此如何？」

【章旨】勝殷以後，殷政一片混亂，武王問周公應當怎樣治理這種局面。

【注釋】❶綏民　安民。❷殷政總總若風草　意謂殷政紛亂不堪。總總，紛亂的樣子。❸積　等於今天所說問題成堆。❹虛　一片空白。孔晁曰：「有積有虛，言不平也。」

【語譯】武王戰勝了殷商，安撫國家安定人民，於是觀察殷商的政治情況。告訴周公旦說：「唉呀，殷商的政治亂糟糟，就像風中的草，有聚在一起成堆的，有一片空白的，要把這種局面治理和順，應該怎麼辦？」

周公曰：「聞之文考，來遠賓，廣近有道，別其陰陽之利，相土地之宜❶，水土之便，營邑制❷，命之曰大聚。先誘之以四郊❸，王親在之❹。賓大夫免列以選❺，赦刑以寬，復亡解辱❻，削赦輕重皆有數❼，此謂行風❽。乃令縣鄙商旅曰❾：

能來三室者⑩，與之一室之祿⑪。闢關修道，五里有郊，十里有井，二十里有舍⑫。遠旅來至，關人易資⑬，舍有委⑭。市有五均，早莫如一⑮，送行逆來⑯。振乏救窮⑰，老弱疾病⑱，孤子寡獨⑲，惟政所先，民有欲畜⑳。

「發令以國為邑㉑，以邑為鄉，以鄉為閭，禍災相恤㉒，資喪比服㉓。五戶為伍，以首為長；十夫為什，以年為長㉔。合閭立教㉕，以威為長㉖；合旅同親㉗，以敬為長。飲食相約，興彈相庸㉘。耦耕俱耘㉙，男女有婚，墳墓相連，民乃有親。六畜有群㉚，室屋既完㉛，民乃歸之。

【章　旨】周公言「大聚」：採取寬惠政策，創造良好居住、經商條件，選官員，聚人民，保障貧老孤寡者生活，行什伍，禍災相恤，人民就將來歸。

【注　釋】❶來遠賓四句　「來遠賓，廣近有道，別其陰陽之利，相土地之宜」，廣、有原作「廉」、「者」。孔晁曰：「禮遠賓，廉近者道，總土宜以受民也。」盧文弨曰：「廉字本多作『廣』。」改「廉」為「廣」，又據元本改孔注「受民」為「愛民」。孫詒讓曰：「受，當作『授』。元本作『愛』非是。」孫又以「總土宜以受民」當作「物土宜以授民」，俗書「總」為「惣」，故「物」訛為「總」。劉師培曰：「《玉海》六十引作『來遠賓，廣近有道，別其陰陽之宜』。廣近有道即親賢也。孔注亦當作『禮遠賓，廣近有道，物土宜以愛民也』。」鴻恩按，今盧、孫、劉各有當有不當。廣近有道，即親近賢者，甚是。孔注「總」即「物」字訛。物，相也；識也（《左傳》杜預注）；審察。與正文「相」字正合。又，改注為「愛民」非是。《逸周書》全書除〈謚法〉（屬儒家）、〈王佩〉（屬黃老學派）二文外，全書無「愛民」二字。這裏是說相水土之宜而分授百姓，孫說是。「廉」為「廣」訛、「者」為「有」訛，今改。來，同「徠」。招來。陰陽，朱右曾曰：「山南水北為陽，山北水南為陰，農事陽煥則早，陰寒則晚。」❷營邑制　建立聚落制度。營，建造。邑，聚落；人民聚居之地。❸先誘之以四郊　先從四郊開始勸誘。誘，勸。四郊，孔晁曰：「自近始也。」❹王親在之　陳逢衡曰：「恐有司不以上達也。」在，察。❺賓大夫免列以選　賓大夫，陳逢衡曰：「大夫曰賓，尊之也。」免列以選，朱右曾曰：「擢之眾人之中。選，擇也。」❻復亡解辱　孔晁曰：「亡者復之，辱者解之。」孫詒讓曰：「解辱，即解仇讎之法。」❼削赦輕重皆有數　或削其職或赦其罪，依其情節輕重各有差別。數，等級；差別。朱右曾曰：「等差也。」❽風　教化。❾乃令縣鄙商旅曰　縣鄙，李家浩曰：「『縣』的出現至少可以追溯到西周，那時所謂的『縣』係『縣鄙』之『縣』，指王畿以內國都以外的地區或城邑四周的地區。到春秋戰國時期，就逐漸演變為『郡縣』之『縣』，指隸屬於國都、大城或郡的一種邑。」（《古文字詁林》第八冊第四八頁）至《周禮．地官．遂人》則為行政單位，五鄰為鄙，五鄙為縣，即五百戶為鄙，二千五百戶為縣。❿能來三室者　室，陳逢衡曰：「《白虎通》云『一夫一婦成一室』。」⓫與之一室之祿　孔晁曰：「以一夫之耕祿之。」⓬闢關修道四句　五里、二十里、三十里之說各書不同。《周禮．地官．遺人》曰，國野之道，十里有廬，三十里有宿，五十里有市。它書又有七十里之國九里之郊，五十里之國三里之郊之說。孫詒讓曰：「此郊制與王國不合，疑都邑之制。或當為五十里之邑以五里為郊。」朱右曾曰：「井以解渴，舍可止宿，便行旅也。」⓭易資　朱右曾曰：「資，貨也。《春秋．傳》（《左傳》僖公二十七年）曰：『民易資者，不求豐焉，謂交易其所有之貨也。』」⓮委　委積，這裏指所存留的糧食。《周禮．地官．遺人》：「郊里之委積，以待賓客……凡國野之道，十里有廬，廬有飲食；三十里有宿，宿有路室，路室有委。」⓯市有五均二句　陳逢衡曰：「五均者，輕重、長短、大小、多寡、精粗也。早莫〔暮〕如一，謂一日之間，市有三時，不得更價。」《漢書．食貨志下》：「夫《周禮》有賒貸，《樂語》有五均。」顏師古注引臣瓚曰：「（《樂語》）文云：『天子取諸侯之土以立五均，則市無二賈，四民常均，彊者不得困弱，富者不得要貧，則公家有餘，恩及小民矣。』」王莽據《樂語》立五均之官，管理市場物價。而王先謙《漢書補注》曰：「《樂語》又本于《（逸）周書》也。」據王說則本文之五均即為官名。⓰逆來　迎來。⓱振乏救窮　振，同「賑」。朱右曾曰：「行而無資曰乏，全無生業曰窮。」⓲老弱疾病　老弱殘疾。弱，年少。⓳孤子寡獨　孤子，幼而無父或為國事而死者之子曰孤子。劉師培以為當作「孤孑」。今從劉說。寡獨，老而無夫曰寡，老而無子曰獨。⓴民有欲畜　有二解：命之畜牧（孔晁），「欲」疑即「牧」之訛（孫詒讓）；皆民所欲畜者也，畜，養也（朱右曾）。鴻恩按，似後說佳。㉑以國為邑　把國都劃分為邑，以便實行什伍制。下二句意思相同。㉒禍災相恤　孔晁曰：「邑閭比相救恤。」《周禮．大司徒》曰：「令五家為比，使之相保；五比為閭，使之相受；四閭為族，使之相葬；五族為黨，使之相救；五黨為州，使之相賙；五州為鄉，使之相賓。」恤，這裏是救助的意思。㉓資喪比服　孔晁曰：「比服，供喪服也。」孫詒讓曰：「資喪，即〈大司徒〉『四閭為族，使之相葬』；比服，即〈大司徒〉『以本俗六安萬民』之『六曰同衣服』。」鄭玄注：「民雖有富者，衣服不得獨異。」比，等同；齊等。㉔五戶為伍四句　古代的居民組織，又與軍制相應。《管子・立政》：「十家為什，五家為伍，什伍皆有長焉。」有一種看法認為，什是殷代軍隊的基本編制單位（殷墟墓中殉葬人即為十人一排，墓外排葬坑也是十人一排，戈、矛也都作十支一捆。又據卜辭，殷軍編制也是十進位的）。伍，則是周人的編制。周人立國以後又廣泛承襲殷制（藍永蔚《春秋時期的步兵》第一一〇～一一九頁）。十家為什，這裏說「十夫為什」，是因為每家有一夫作為軍隊的正卒，其餘則為羨卒（參《周禮・地官・小司徒》及注）。㉕合閭立教　二十五家設立學校。㉖以威為長　孔晁曰：「教由威行。」陳逢衡曰：「〈虞書（・堯典）〉：『扑作教刑』。」㉗合旅同親　旅，朱右曾曰：「當為『族』，百家也。」朱說是，《周禮・地官・大司徒》言五家為比，五比為閭，四閭為族。可知應作「族」，族為百家。㉘飲食相約二句　盧文弨引趙云：「功作則互相勸，是興。游墮則互相糾，是彈。」陳逢衡曰：「飲食相約，男女以歲時聚會，如醵錢飲黍（湊錢會飲）之類。」興，舉薦賢能的人。彈，批評；檢舉。相庸，共同建立功績。㉙耦耕俱耘　陳逢衡曰：「通力合作也。」耦耕，二人並肩而耕。㉚六畜有群　六畜成群。六畜，指牛、馬、豬、羊、犬、雞。㉛完　完好；堅固。

【語　譯】周公說：「從先父文王聽說，招徠遠方賓客，廣泛接近有道之士，分別山川陰陽的有利形勢，審視土地所適宜種植的作物、水土的方便條件分授給百姓，創建聚落制度，把它稱作大力招聚人民。先從四郊的人開始勸說，王親自到那裏視察。從眾人中選拔大夫，以寬大的政策赦免刑人，逃亡的招引回來，受辱的解除其仇怨，分別輕重或削職或赦免，都有一定等差。這叫做實行教化。於是命令縣、鄙官員和販運的商人說：能招徠三戶人家的，賞給他一戶耕種的收穫。開闢關口，修整道路，五里有郊，十里有水井，二十里有廬舍，遠方的客人來到，關人幫忙交易物資，廬舍有準備的糧食，市場有五均之官，早晚價格不變，而且送往迎來。賑濟貧乏的困，老弱殘疾，孤子寡婦獨身者，這是為政首先要考慮到的。民眾都懷有得到撫養的願望。

「發布命令，把國都劃分為邑落，把邑落劃分為鄉，把鄉劃分為閭，一處發生禍災彼此相互救助。鄰里間幫助喪葬，貧者富者穿著同等的衣服。五戶為一伍，為首的任伍長；十男子為一什，依年齒任什長。全閭設立學校，使威嚴的人做閭長；全族共同親近，讓受敬重的人做族長。飲食相互約請，或薦舉賢能或糾正過誤以便共同建立功績。并力耕種一起除草，男婚女嫁，墳墓相互連接，民眾這才有親情。六畜成群，房室完好堅牢，民眾就會歸附。

「鄉立巫醫❶，具百藥以備疾災❷，畜百草以備五味❸。立勤人以職孤，立正長以順幼，立職喪以恤死❹，立大葬以正同❺。立君子以修禮樂❻，立小人以教用兵❼，立鄉射以習和容❽，春獵耕耘以習遷行❾。教芓與樹藝❿，比長立職，與田疇皆通⓫。立祭祀⓬，與歲穀登下厚薄⓭。此謂教德⓮。

「若其凶土陋民，賤食貴貨⓯，是不知政。山林藪澤以因其利⓰，工匠役工以攻其材⓱，商賈趣市以合其用⓲。外商資貴而來，貴物益賤，資貴物出賤物，以通其器⓳。夫然⓴，則關夷市平，財無鬱廢，商不乏資，百工不失其時㉑。無愚不教，則無窮乏。此謂和德。

「若有不言㉒，乃政其凶㉓。陂溝道路，叢苴丘墳㉔，不可樹穀者，樹以材木。春發枯槁，夏發葉榮，秋發實蔬，冬發薪烝，以匡窮困㉕。揖其民力㉖，相更為師㉗，因其土宜，以為民資㉘，則生無乏用㉙，死無傳尸㉚。此謂仁德。

「日聞禹之禁㉛，春三月山林不登斧斤，以成草木之長；夏三月川澤不入網罟，以成魚鱉之長[32]。且以并農力執[33]，成男女之功。夫然，則土不失其宜，萬物不失其性，人不失其事，天下不失其時[34]，以成萬財[35]。萬財既成，放以為人[36]。此謂正德[37]。

「淵深而魚鱉歸之[38]，草木茂而鳥獸歸之，稱賢使能官有材而賢士歸之[39]，關市平商賈歸之[40]，分地薄斂農民歸之[41]。水性歸下，民性歸利[42]，王若欲來天下民，先設其利而民自至，譬之若冬日之陽，夏日之陰，不召而民自來[43]。此謂歸德。

「五德既明，民乃知常[44]。」

【章旨】通過良好政治措施，建立起教德、和德、仁德、正德、歸德，使士農工商安居樂業，和諧互助，生活有保障，且懂得倫常。

【注釋】❶巫醫 上古巫、醫不分，治病則祈禱和藥物兼用。❷具百藥以備疾災 準備好各種藥物以防疾病。具百藥，《禮記・月令》：「孟夏之月聚畜百藥。」災，傷害（《大戴禮記・曾子大孝》「災及乎身」王聘珍《解詁》）。❸畜百草以備五味 畜，同「蓄」。陳逢衡引《本草》云：「草則茯苓甘，桂心辛，天門冬苦，五味子酸，元參鹹。」又引《甲乙經》分別言穀、果、菜之五味者。中醫認為五味治病。陳逢衡引《周禮・瘍醫》云：「凡藥，酸養骨，苦養氣，甘養肉，辛養筋，鹹養脈。」❹立勤人以職孤三句 「立勤人以職孤，立正長以順幼，立職喪以恤死」，俞樾曰：「此當作『立正長以勤人，立職孤以順幼』。蓋立正長所以勤民事，而立職孤所以使幼者得遂其生也。正長、職孤，皆其名也。勤人、順幼，皆其事也。管子治齊，凡國都有掌孤。掌孤，猶職孤也。」陳逢衡謂《管子・入國》有掌孤。孫詒讓曰：「立正長以順幼，順當讀為『訓』，二字聲類同，古多通用。立職喪以恤死，《周禮・春官》有職喪，即此。」譯文從俞、孫之校。朱右曾曰：「正長，若書傳所言卿大夫致仕而歸，居門側之塾，以教子弟是也。」❺立大葬以正同　陳逢衡曰：「職喪、大葬，如《周禮・春官》墓大夫、冢人之屬。古者令民族葬，不使他姓亂之，故曰正同。同謂同族。」鴻恩按，依《周禮》，則正同之事尚有分別昭穆、定墳墓大小、栽種樹木種類、送葬時儀仗之規格等等。❻立君子以修禮樂　設立文德之士修習禮樂。君子，文德之士。修，習；研究。❼立小人以教用兵　立鄉勇訓練用兵。小人，技勇之士（陳逢衡）。❽立鄉射以習和容　《周禮・地官・鄉大夫》：「以鄉射之禮五物詢眾庶，一曰和，二曰容……」鄉射，即鄉射禮，鄉大夫於三年大比貢士之後，鄉大夫、鄉老與鄉人習射。和，不剛不柔；適中。容，指孝，「善為孝者必合于禮之容儀，故以孝為容者也。」和為《周禮・地官・大司徒》六德之一，孝（這裏所說「容」）為其六行之一（參〈地官・鄉大夫〉鄭注、賈疏）。❾春獵耕耘以習遷行　陳逢衡曰：「謂于耕耘之隙以講武事。」古人打獵同時是軍事的演練，如春獵曰蒐，秋獵曰獮等。習遷行，即「習出入、坐起、隨行、雁行之節」（朱右曾）。❿教芧與樹藝　俞樾曰：「此當作『教與樹藝』。與，猶『以』也。說見王氏引之《經傳釋詞》。古與、予通用，疑古本假『予』為『與』，作『教予樹藝』，後人據別本作『與』者訂正，遂幷存予、與二字，因又誤予為芧耳。」譯文從俞說。樹藝，栽培；種植。⓫比長立職二句　朱右曾曰：「比長，伍長也。教芧與樹藝，比長之職，使一比之民，田疇連比也。」田疇，穀田曰田，麻田曰疇（《禮記・月令》「孟夏之月」孔穎達疏引蔡邕曰），泛指耕作的田地。⓬立祭祀　設立祭祀官員。《周禮・春官》大宗伯、小宗伯及典祀等都屬於負責祭祀的官員。⓭與歲穀登下厚薄　與，以；隨。孔晁曰：「登下，隨穀豐儉也。」登，高；豐收。⓮教德　原作「德教」，孫詒讓曰：「下文云『五德既明』，則此為五德之一，當云『教德』，乃與下文『和德、仁德、正德、歸德』一律，今本誤到，當乙正。」孫說是，今正。⓯若其凶土陋民二句　陳逢衡曰：「土荒而不治則地脊〔通『瘠』〕，是謂凶土。民佚而不教則俗偷，是謂陋民。賤食貴貨，謂棄五穀而貴珠玉也。」若其，如果；假使。⓰山林藪澤以因其利　山林湖澤利用它的有利條件。藪澤，水少而草木茂盛的湖澤。孔穎達曰：「水鍾謂之澤，無水則名藪。」（《尚書・武成》「萃淵藪」疏）孫詒讓曰：「蓋析言則藪與澤別，統言之則藪澤亦通。」（《周禮正義・天官・大宰》）因，依靠；憑藉。⓱工匠役工以攻其材　役工，孫詒讓曰：「此『工』當為『公』之借字。公，官也。謂工匠受役于官。《國語・齊語》云『處工就官府』，是其義也。」攻，治理。⓲商賈趣市以合其用　趣市，奔赴市場。合，俞樾曰：「『與』『給』通。」（《諸子平議・管子四》「而實合于傷民」按語）⓳外商資貴而來四句　孔晁曰：「通其有無，使相□〔陳逢衡補『資』，丁宗洛補『濟』〕也。」朱右曾曰：「價貴徠商，商集貨賤。資賤出貴，農商皆利。器，猶用也。」資，供給；販賣。貴物益賤，貴物增多則價賤。⓴夫然能如此。夫，句首語氣詞，表示要發議論。然，如此；這樣。㉑關夷市平四句　陳逢衡曰：「關夷市平則百貨集，財無鬱廢則農末〔指商〕通，商不乏資則轉徙便，百工不失時則器用足。」夷，鏟平；消除。朱右曾曰：「鬱廢，不流通也。」時，寒暑也。若弓人春液角，夏治筋，秋合三材，寒定體之類。」鴻恩按，朱說見《考工記》。㉒言　劉師培曰，疑是「旹〔時〕」字之訛，故下舉四時之令。鴻恩按，今從劉說。㉓乃政其凶　丁宗洛疑作「其政乃凶」。鴻恩按，原文可以講通，乃，猶「則」。其，表示揣度語氣，殆；可能是。㉔陂溝道路二句　朱右曾曰：「陂，阪也，山旁曰陂，水注谷曰溝。容二軌曰道，容三軌曰路。柴棘萑葦為叢，草之翳薈為苴。土高曰邱，水崖曰墳。」鴻恩按，章檗本、盧文弨本「邱」字作「丘」。《王力古漢語字典》謂丘、邱音同義通，實同一詞，後世常互通，但「今本先秦典籍一律作『丘』」。㉕春發枯槁五句　陳逢衡曰：「《淮南子．主術訓》：『春伐枯槁，夏取果蓏，秋畜蔬食，冬伐薪烝，以為民資。』語俱本此。」鴻恩按，陳逢衡曰「發如發倉廩之發」，不切。發枯槁，即砍伐枯槁之木。發，即「伐」，同聲通用。「發薪烝」之「發」亦同此。「取果蓏」、「畜蔬食」之「取」、「畜」也是「伐」字之義。《老子》「不自伐」，河上公注：「伐，取也。」「發」本字無此義。榮，花。實蔬，草木的果實。蔬，《國語．魯語上》「能植百穀百蔬」，韋昭注：「草實曰蔬。」薪烝，柴薪粗者曰薪，細者曰烝。烝，通「蒸」。匡，救助。㉖揖其民力　聚集民眾力量。揖，通「輯」（盧文弨引惠棟云）。聚集。㉗相更為師　指在土地使用、土質辨別、農時審察等方面的經驗，相互為師，彼此輔助。㉘因其土宜二句　陳逢衡曰：「《淮南子．齊俗訓》：『水處者漁，山處者木，谷處者牧，陸處者農。地宜其事，事宜其械，械宜其用，用宜其人。』是為因其土宜，以為民資也。」孔晁曰：「資，用也。」㉙生無乏用　陳逢衡曰：「鰥寡孤獨得以盡年。」㉚傳尸　轉於溝壑的屍體。傳，通「轉」。《淮南子．主術》等都作「死無轉尸」（盧文弨、劉師培）。㉛旦聞禹之禁　我聽說大禹的禁令。旦，周公自稱其名。㉜春三月山林不登斧斤四句　原無「斤」字，孫詒讓引張文虎曰，登斧句比「網罟」句少一字，《路史．夏后氏紀》引「斧」下有「斤」字。〈文傳〉亦作「山林非時不升斤斧」。據此，今增「斤」字。登，上；加。罟，網。朱右曾曰：「春夏耕耘蠶繅之時，故禁漁樵，不但順成草木魚鱉，亦以并其力，使搧執農桑之功。」㉝并農力執　劉師培曰，「力執」二字《玉海》六十引作「力勢」，應是「力桒」之訛，桒，俗作「桒」，與「幸」相近，「力」、「丸」互肖，故誤「力桒」為「執」。又有衍「力」之本，校者又合「執力」為「勢」。「并」字即《禮記．檀弓下》「并植」之「并」。鴻恩按，「并植」，鄭玄注曰：「并，猶專也。」㉞天下不失其時　原無「下」字。王念孫曰：「本作『天下不失其時』，王者因時布令，故天下不失其時。若云『天不失其時』，則非其旨矣。《藝文類聚》、《太平御覽》引此并作『天下不失其時』。」鴻恩按，今據增「下」字。㉟萬財　盧文弨謂《藝文類聚》引作「萬材」。㊱放以為

人　孔晁曰：「放散供人用也。」盧文弨本作「放此為人」。㊲此謂正德　《藝文類聚》引「放以為人」下復有「天下利之而勿德，是謂大仁」二句，朱氏本刪「此謂正德」，據《藝文類聚》加「天下利之」二句。孫詒讓曰：「此為五德之一，則當如今本作『此為正德』。歐陽詢所引與前〈文傳〉相屬，疑有訛，互不足據。」鴻恩按，孫說是，王念孫亦不言當補，今仍改回。㊳淵深而魚鱉歸之　深潭魚鱉便會前往聚集。淵，深潭。原作「泉」，朱右曾以為唐人避諱而改。孫詒讓曰，張文虎引《黃氏日抄》引作「泉水」，與下文「草木」為對文。㊴稱賢使能官有材而賢士歸之　稱，舉用。士，原為闕文，盧文弨據惠棟校作「士」，張文虎曰《黃氏日抄》作「賢」，劉師培曰《玉海》亦引作「賢」，又《群書治要》引〈虎韜〉云「任賢使能而官有財，則賢者歸之矣」，意與本篇略同，亦本書作「賢」之徵。孫詒讓以為作「賢士」，句法方稱。鴻恩按，今依上下文例增「賢」字。㊵關市平商賈歸之　關市稅賦公平商人就會前往依附。關市平，關市徵稅公平。《周禮・天官・大宰》有「關市之賦」。㊶分地薄斂農民歸之　給地少稅農民就會歸附。分地薄斂，朱右曾曰：「分地則有恒產，薄斂則有餘資。」鴻恩按，古代實行井田制，有平均分配份地的制度，直到戰國時期，李悝、孟子、荀子還總說每家「百畝（合今三一點二畝）之田」（楊寬《西周史》第一八六頁）。㊷民性歸利　〈文儆〉篇曰：「民何向非利？……何向非私？」與此說相同，這是本書多篇對「民性」的看法。㊸先設其利而民自至四句　陳逢衡曰，「冬日之陽」三句見於《文子・精誠》引老子語、《群書治要》引《六韜》太公語、《淮南子・主術》、《鄧析子》，陳氏言「皆本《周書》」。鴻恩按，四書所言，與本篇同言「利」者，只有《六韜》，其餘三書都不聯繫「利」，與本文有不同。是否「皆本《周書》」，未可知，不過由此可以研究它們的時代。㊹常　常道；倫常。

【語　譯】「各鄉設立巫醫，準備好百藥以防備疾病傷害，儲積百草以備齊酸、苦、甘、辛、鹹五種味道的藥。設立正長以勤勞民事，設立職孤以訓導幼兒，設立職喪以辦理死者喪事，設立大葬以主持同族葬的各種事務。設立君子修習禮樂，設立鄉勇教練用兵。設立鄉射禮練習品行適中、行為有禮容，春天等耕耘的間隙打獵練習出入坐起、隨行雁行。傳授種植栽培技術，設立比長之職就是使一比百姓耕作的田地都相互連通；設立祭祀官員，隨年成高下豐歉舉行祭祀。這叫做教習之德。

「假如是荒惡的土地，愚陋的民眾，輕視五穀看重珠玉，這是不懂得政治。山林濕地湖澤，要利用它的有利條件。工匠受雇於官府，以治理木材；商人奔赴市場，以供給用品。外面商人販運高價物品來賣，高價物品增多就會降價；他們供給貴重物品，我們出售本地低價物品，用以相互交易。能做到這樣，關卡就等於不存在，市價就會公平，財物就能避免積滯廢壞，商賈就不缺乏資金，各種工匠就會不失時地製造器用。沒有什麼愚人得不到教誨，就沒有窮困匱乏了。這叫做和諧之德。

「如果有違背時令的舉措，則政治應當險惡。山坡水溝、道路兩旁，荊棘雜草叢茂處、高丘水崖，不能種植穀物之地，都種上用材林。春天砍伐乾枯的樹枝，夏天採集草木的葉和花，秋天採集果實蔬菜，冬天砍伐薪柴，以救助窮困的人。集中民眾的力量，在農事經驗、技術方面使他們相互更替為師，利用當地土地性質適宜做什麼，以之作為民眾的財用。能作到這樣，活著的人就不會缺乏生活用品，死去的就不會有轉於溝壑的屍體。這叫做仁愛之德。

「旦聽說大禹所禁止的事情：春季三個月山林中不使用斧斤，以成就百草林木的生長；夏季三個月河流湖澤不下漁網，以成就魚鱉的生長；並且利用這段時間專心於農事，成就男耕女桑之功。若能作到這樣，土地就不會失去適宜它生長的東西，萬物就不會失去它稟受的天性，人民就不會失去他的事業，天下就不會失去時機，從而成就萬種財富。萬種財富已經成就，放散於世間以供人民使用。這叫做正大之德。

「淵水深，魚鱉就會往就之；草木盛，鳥獸就會往就之；舉用賢能，官員有才，賢士就會往就之；關市公平，商賈就會往就之；分給地，徵稅少，農民就會往就之。水的本性是向下流，民眾的本性是歸向利。王要想招聚天下民眾，先安排好財利，民眾自然就會到來。這就像是冬天的暖陽，夏天的陰涼，不用召喚，民眾自己就會來。這叫做歸就之德。

「五種道德已經通曉，人民就懂得倫常了。」

武王再拜曰：「嗚呼，允哉！天民側側，余知其極有宜❶。」乃召昆吾，冶而銘之金版❷，藏府而朔之❸。

【章　旨】武王很看重周公的話，命令刻於金版，藏於秘府，每月初一都要省視一次。

【注　釋】❶天民側側二句　甚不易解。孔晁曰：「側側，喻多。長有國也。」陳逢衡曰：「側側，與『惻惻』通，痌瘝一體也〔視民間疾苦為自身痛苦，感同身受。極，謂建極（準則）〕。」朱駿聲曰：「側、極韻，『有宜』下當有闕文。」孫詒讓曰：「有宜，當作『有惪』，上半形近而訛，『有』上當闕二字，惪與側、極亦韻（有德即冢上五德為文）。孔注亦似謂有德則『長有國也』。」鴻恩按，譯文取其大意。天民，天生之民，這裏即指人民。❷乃召昆吾二句　陳逢衡曰：「《山海經（·中山經）》『昆吾之山，其上多赤銅』，蓋其地產金，故治人之事即以昆吾氏掌之。在《周禮》謂之職金，《周禮·秋官》『職金供金版』是也。國有大訓則書于版，重其事也。鉼金謂之版。」昆吾氏善治，傳說中有昆吾刀、昆吾劍、昆吾鼎。銘，刻。❸藏府而朔之　藏府，藏書處，漢代宮中藏書處叫做秘府。朔之，孔晁曰：「月旦朔省之也。」朔，陰曆每月初一。按，周制，每月朔日有告朔視政之禮，這裏的「朔之」大概是說與告朔聽政結合起來，每月之始都用周公所說對照施政情況。

【語　譯】武王拜了兩拜，說道：「唉呀，確實啊！人民眾多，我知道了這些準則，做到具備五德才能長有天下。」於是喚來昆吾氏，讓他冶金，把周公的話刻在金版上，藏於秘府，每月初一都要省視一次。

【研　析】武王克殷，面對殷紂王留下的一個爛攤子。「殷政總總若風草，有所積，有所虛」，是一個很生動的說明。周公為武王畫出了一張美好的藍圖。周公的著眼點首先在招聚人民，即所謂「大聚」。而要做到大聚，就要通過精心施政，周到的組織管理，為士、農、工、商創造良好的生活、工作條件，使他們都能各得其所，各盡其力，安居樂業，包括貧困無依者都衣食無憂。「稱賢使能官有材而賢士歸之，關市平商賈歸之，分地薄斂農民歸之」；「山林藪澤以因其利，工匠役工以攻其材」。農民之間，「禍災相恤……飲食相約，興彈相庸。耦耕俱耘，男女有婚」，彼此「相更為師」，「鄉立巫醫，具百藥」。對於商旅，「闢關修道，五里有郊，十里有井，二十里有舍。遠旅來至，關人易資，舍有委。市有五均，早莫如一，送行逆來。」照顧好鰥寡孤獨，老弱疾病，「惟政所先」，「無愚不教，則無窮乏」，人人「生無乏用，死無傳尸」。做到如同「冬日之陽，夏日之陰，不召而民自來」。充分利用和保護資源，「別其陰陽之利，相土地之宜」，農桑、林漁全面發展，而且「春三月山林不登斧斤」，「夏三月川澤不入網罟」，「以成萬財」。又「立君子以修禮樂，立小人以教用兵」。真是天下無處不妥帖，人間無處不和諧，到處是一片其樂融融的景象。作者寄託了自己美好的政治理想。

這一篇寫於什麼時代呢？唐大沛說：「〈大聚〉出周公之手著，豊、鎬之遺規。」黃沛榮、周玉秀、羅家湘三位博士也都不認為是戰國時代的作品。周玉秀說：「〈大聚〉語法特點接近於〈商誓〉等篇，但已經運用了『者』字結構和『所』字結構，其寫定時代應當稍晚一些，但不會晚於春秋早期。」（《文獻學價值》第一六九頁）羅家湘在標題為「其他政書大都作於春秋時代」下，從陳逢衡之說，認為〈糴匡〉、〈大匡〉（第十一）與〈文傳〉、〈大聚〉「皆為備荒而設」，〈糴匡〉、〈大匡〉包括了《周禮・大司徒》救荒十二法中的十一法，「寫定時代不晚於春秋時代」，自也包括〈大聚〉。楊寬和李學勤兩位先生的有關論述是：

> 所謂「彈勸」，是對農民的工作加以組織和監督，以免「勞苦不均」，也就是《逸周書》所謂「興彈」。《逸周書・大聚解》說：「發令以國為邑……飲食相約，興彈相庸，耦耕俱耘。」這裏所說的，大概也是古代村社的協作情況。所謂「興彈相庸，耦耕俱耘」，也就是《周禮》所說「合耦于鋤」。……等到村社隸屬於國君和貴族，長老就……成為貴族派在鄉里中的直接監督者和統治者。（楊寬《西周史》第二〇〇～二〇一頁）
>
> （比較秦漢律、《逸周書・大聚》、《呂氏春秋・十二紀》和《周禮・地官・山虞》等關於伐山林、禁麛卵的規定以後說：）不難看出，《周禮》的規定比較簡單，而且不具有那種四時陰陽的色彩。在這裏，斬伐山林的樹木是在冬夏，斬材只說有期日，禁麛卵也沒有和一定日期聯繫起來。顯然，《周禮》要早於秦漢律，而且比《逸周書・大聚》似乎也要早一個時期。……《周禮》應早於秦漢律。（李學勤《簡帛佚籍與學術史》第一一三、一一七頁）

論者多聯繫《周禮》談〈大聚〉。李先生明確說《周禮》的時代早於〈大聚〉，《周禮》「應早於秦漢律」，則〈大聚〉的時代已經不言自明。楊先生說《周禮》、〈大聚〉中都反映了古代村社的協作情況，但他認為《周禮》

「實際成書當在戰國時」（《西周史》第一一頁）。他又說，郭沫若、楊向奎、顧頡剛都認為《周禮》是戰國著作，他個人認為是「戰國時代儒家的著作」，採用了「戰國的政法制度和賦役制度」（《戰國史》第六七六頁正文與注）。皮錫瑞指出：「何休以為《周禮》出於六國時人，當得其實」，「毛氏（奇齡）以《周官》為戰國時書……最為持平之論」（《經學通論》第四九、五一頁）。蔣伯潛也以為孔、孟「未見此書」（《十三經概論》第二五七頁）。劉起釪說：「《周禮》一書是承自西周中、後期至春秋時期周、魯、衛、鄭四國所實行的官制彙編。在彙編中作了整理加工，所以排列得那麼整齊。它不涉及戰國新起官制，但在其職文中，在記載原有官制職掌的基礎上到戰國時又增加了不少當時的事實資料，所以成為這麼一部資料繁備而又有紛歧的周代官制書。」（《古史續辨》第六五二頁）依情理而論，〈大聚〉談山林等的保護既詳於《周禮》，對商旅的周到招待又與《周禮》相同，自也晚於《周禮》。依照李學勤先生的考證，秦律〈田律〉「春三月……夏三月……」之說已經與本文相同，則本文已很接近《呂氏春秋・十二紀》「四時生殺的陰陽思想」，可證本文晚於《周禮》，應當是戰國末期的作品。

本文所說比、閭、族的戶籍組織與《周禮・大司徒》完全一致，而不同於《尚書大傳》、《管子・小匡》、〈立政〉（呂思勉《中國制度史》第四〇一頁）。錢穆先生說《周禮》中的什伍，除商鞅的「相保相受」，又加入了《孟子・滕文公上》的「鄉田同井，出入相友，守望相助，疾病相扶持」之語，因有「相葬」、「相救」、「相賙」之文。本文說什伍而不提相保相受，也應在《孟子》、《周禮》之後。

〈大聚〉晚出的內證是，雙音詞尤其是聯合式雙音詞極多，如「老弱」、「孤子」、「寡獨」、「墳墓」、「耕耘」、「商賈」、「枯槁」、「陂溝」、「丘墳」、「窮乏」等等，這些詞都沒有出現於戰國以前著作的記錄，與學者對先秦詞彙研究的結論完全一致。再有，本文的四言句，句中對偶的例子十分普遍，如「撫國綏民」、「復亡解辱」、「闢關修道」、「送行逆來」、「振乏救窮」、「老弱疾病」、「孤子寡獨」、「凶土陋民」、「賤食貴貨」、「山林藪澤」、「陂溝道路」、「關夷市平」等等，這一突出現象，即使在我們認為出於戰國的作品中也很罕見。此外「農民」一詞，先秦僅見於《商君書》、《呂氏春秋》、《禮記》和本文，這也是本文晚出之一證。

我越來越相信，本書很多篇開端所說文王、武王、周公，一方面有不多的真實史料，另一方面有相當多篇章是有意依託，作者只以文武、周公為幌子，發表自己的議論，或者拿流傳下來的十分簡單的文字大肆鋪演，戰國時代這類文章很多，是一種風氣。當作者書寫「旦聞禹之禁，春三月……」，證明他是有意識地寫依託文章。所以閱讀本書，決不可一味相信《周書・序》和文章的開端。

世俘第四十

【題　解】朱右曾移〈世俘〉於〈克殷〉之後，列為第三十七，是因為兩篇都寫武王伐紂，便於相互參照。這裏未從移，因為本書的編排沒有順序，西周各篇散布於全書。朱氏曰：「世、大古通用。世俘者，大俘也。」顧頡剛曰：「古籍中『大（太）子』亦稱『世子』，『大（太）室』亦稱『世室』，可作此名比例。本篇所載，有俘人、俘車（禽禦）、俘鼎、俘玉、俘獸之事，且所俘均有巨大數量，故以〈世俘〉為名。《爾雅・釋詁》：『俘，取也。』故凡軍中一切掠奪之物，均可以『俘』稱之。」（〈逸周書世俘篇校注、寫定與評論〉，《文史》一九六三年第二期）

顧先生又曰，桓譚《新論》說古文《尚書》為五十八篇，《漢書・藝文志》班固於《尚書古文經》下自注：「為五十七篇。」《尚書正義》於偽古文《經・武成》下引鄭玄云：「〈武成〉，逸書，建武之際（西元二五～五六年）亡。」即東漢初年缺去了〈武成〉。《尚書・序》：「武王伐殷，往伐歸獸，識其政事，作〈武成〉。」可見〈武成〉必有「歸獸」之記載。今〈世俘〉中有《漢書・律曆志》所錄劉歆《三統曆・世經》所引之〈武成〉紀日之節，而「武王狩」一節復合於《書・序》之「歸獸」。是〈武成〉一篇雖已亡於古文《尚書》而轉得保存於《逸周書》，鄭玄未之考耳。故今定〈世俘〉即〈武成〉，乃一書而二名。但是，它不合於儒家聖王仁政的理想，被孟子否定，從《尚書》缺去，沉埋了近三千年，雖然在周初史料中占有極崇高的地位，但是錯簡、脫文、誤字不知凡幾，是一篇斷爛的文章。近代以來才引起學者的注意和研究。鴻恩按，顧先生下大力整理，解決了不少問題，再加上趙光賢、楊寬、李學勤等先生各有研究，續有所得，又掃除了一些障礙。

〔維四月乙未日，武王成辟，四方通殷命有國❶。〕

維一月壬辰旁死魄❷，若翼日癸巳❸，王乃步自于周，征伐商王紂❹。越若來二月既死魄❺，越五日甲子❻，朝至❼，接于商❽，則咸劉商王紂❾，執共惡臣百人❿。

太公望命禦方來⓫，丁卯望至⓬，告以馘、俘⓭。

戊辰⓮，王遂柴⓯，循追祀文王⓰。時日⓱，王立政⓲。

【章旨】寫武王興師伐商至交兵滅紂的過程，並祭天、追祀文王，武王立政。

【注釋】❶維四月乙未日三句　陳逢衡以此十七字不是篇中本有之文，篇中之文，不應以此為總冒之辭，且不應從四月乙未日說起。孫詒讓曰：「案『乙未日』，古經、史無此文法。莊本（莊述祖《尚書記》）刪『日』字。通殷，猶云達殷，莊說得之。」郭沫若曰：「日乃旦字之誤。」（《中國古代社會研究》第二七一頁，人民出版社）顧頡剛曰：「周武王出兵伐紂為一月事，克商為二月事，此『成辟』為四月事，似本篇為成辟後所追記。惟四月中有庚戌、辛亥、乙卯諸日記事，俱在乙未後，則又不當說為追記。按『乙未日』不合古代文例，益知其為低手人筆墨。此節既出後人羼廁，故加方框，示與正文有別。」按，孔廣森以乙未為四月六日（顧頡剛文附錄〈武王克殷月日各家異說表〉）。李學勤「借用甲骨卜辭排譜的慣用方法」，亦證明此三句應在下文「維四月既旁生魄，越六日庚戌之前」。也有可能取原文作本文之〈序〉，或據其他記載補加。但王國維推算丁酉為四月朔，乙未早丁酉二日，則不在四月，這仍是一個有待於研究的問題。孔晁曰：「言『成』者，執殷俘，通之以為國也。此克紂還歸而作也。」朱右曾曰：「武工既歸，成天下君，乃頒克殷之命于列邦。」學者以「武王成辟四方」，即原名〈武成〉之所由。鴻恩按，「〈武成〉」之名果由此起，似可證此三句早就羼廁於此。❷維一月壬辰旁死魄　明章檗本作「維一月丙辰（盧本、朱本改作「丙午」）旁生魄」，盧文弨、王國維、顧頡剛等均以「丙辰，旁生魄」有誤，王說以《漢書・律曆志》所引〈武成〉為據，改為「壬辰旁死霸」。今從顧改同〈武成〉，惟《逸周書》全書通用「魄」，不用「霸」，「魄」字不改。顧先生曰：此為純太陰曆之日名，與《尚書・康誥》、〈召誥〉，其用月相定日及其記事方式均同。此種方式已不存於春秋時代。劉歆所引〈武成〉，作「惟一月，壬辰，旁死霸」，定其日為子月（殷正十二月、周正一月）二日。孔廣森《經學卮言》認為其時尚用殷正，定為丑月（殷正一月、周正二月）二日。陳以綱〈漢志武成日月考〉定為亥月（殷正十一月、周正十二月）二日，王國維〈生霸死霸考〉定為子月二十五日。趙光賢、李學勤亦以周初仍用殷正，用殷正說應更合理。顧頡剛文、楊寬《西周史》等均取王國維說。王國維曰：「《說文》：『霸，月始生然也，承大月二日，小月三日。』由孔安國寫定之《尚書》從今文作『魄』。馬融注古文《尚書・康誥》云：『魄，朏也。謂月三日始生兆朏，名曰魄。』漢儒于『生霸』、『死霸』無異辭也。劉歆獨為異說：『死霸，朔也。生霸，望也。』相承二千年，未有覺其謬者。古者蓋分一月之日為四分。一曰初吉，謂自一日至七、八日也。二曰既生霸，謂自八、九日以降至十四、五日也。三曰既望，謂十五、六日以後至二十二、三日。四曰既死霸，謂自二十三日以後至于晦也。若更欲明定其日，于是有『哉生魄』、『旁生霸』、『旁死霸』諸名。哉生魄之為二日或三日，自漢已有定說。『旁』者，溥也，義進于『既』。以古文〈武成〉差之，如既生魄為八日則旁生魄為十日，既死魄為二十三日則旁死魄為二十五日。初吉、既生魄等各有七日或八日，哉生魄、旁生魄、旁死魄各有五日或六日，而第一日亦得專其名。其用為專名者，專屬第一日，然皆不日。惟〈武成〉之旁死魄獨日，顧不云『旁死魄壬辰』而云『惟一月壬辰旁死魄』者，亦謂旁死魄自壬辰始，而非壬辰所得而專有也。」李學勤曰：「月相的本義是定點的。月相可不繫干支，單獨記日。記月相的為一日，記干支的為其後另一日。」（《夏商周年代學札記・尚書與逸周書中的月相》）對於王國維一月四分說，勞榦、趙光賢，《夏商周斷代工程階段成果報告》等都無異議，但有小的修改，勞榦說改動稍大。劉師培曰：「是年即《三統曆》所云『伐紂之年』也，為文王受命十三年，即武王即位之四年。」鴻恩按，劉說不確。朱右曾〈克殷〉注曰：「《尚書・序》曰：『惟十有一年武王伐殷』，牧野之戰在周正為十一年二月，商正為正月也。」朱說是。現代史家范文瀾《中國通史》、郭沫若《中國史稿》以克殷在武王即位的第四年；楊寬曰：「武王進軍牧野的時間，是在武王觀兵於盟津之後二年（即文王受命十一年）的二月甲子日。」（《西周史》第四九七頁）王玉哲《中華遠古史》也定於十一年二月甲子。❸若翼日癸巳　癸巳，章本作「丁巳」，盧本、朱本作「丁未」，《漢・志》引〈武成〉作「若翌日癸巳」。據顧說改同〈武成〉。若，語首助詞。

顧曰：「據王氏〈考〉，武王以一月二十六日癸巳興師；王後行，以二月九日丙午逮師（劉歆引〈太誓〉）；二十一日戊午渡孟津：凡越二十六日。舊本之誤不待言，今並依《漢・志》改正。翼，當作『翌』，翌日為明日。《尚書》中諸『翌日』字，並為唐衛包改『翼』，非。後人將《逸周書》中之『翌日』亦改作『翼日』。今改回。」鴻恩按，翼、翌二字，上古音同（有人認為音近），中古音亦同，故今多視為通假，今不從改。趙光賢不同意王國維、顧頡剛說，其〈說逸周書世俘並擬武王伐紂日程表〉以為西周初用殷正，不用周正，這裏的「一月」指殷正，即周正二月。他考定武王伐紂在西元前一〇四五年，又據張培瑜《中國先秦史曆表》，此年周正一月無壬辰、癸巳，殷正一月即周正二月，此月「二十五日辛卯為既死霸之首日，壬辰為二十六日，與旁死霸合，癸巳為二十七日」（《歷史研究》一九八六年第六期）。而楊寬一九九九年出版《西周史》、王玉哲二〇〇〇年出版《中華遠古史》仍同顧頡剛取王國維說。顧曰，王氏〈考〉也仍有窒礙難通之處，尚有待考定。❹王乃步自于周二句　《漢・志》引〈武成〉作「武王乃朝步自周，于征伐紂」。〈召誥〉也有「王朝步自周，則至于豐」，顧曰「文法與此正同」。步，于省吾曰，步為乘輦之義。《尚書・召誥》「王朝步自周」，毛奇齡釋之曰，字書「輦行曰步」，謂以人行車，故字從二夫行車為形（《古文字詁林》第二冊第二六五頁）。❺越若來二月既死魄　越若來，王引之釋「來」為「至」，而於「越若」前後有二說：㈠越若，及也（《經傳釋詞》）；㈡越若，語辭（《經義述聞・尚書下》）。屈萬里《尚書今註今譯》、劉起釪《尚書校釋譯論》之〈堯典〉（「曰若」）、〈召誥〉（「越若來」）均取王引之後來之說。今從之。《漢・志》引〈武成〉「越」作「粵」。俞敏師《經傳釋詞札記》曰：「唐蘭先生說：『古金文作「雩」，後代傳抄誤作「粵」，通借作「越」。』」（《札記》第二一頁）❻越五日甲子　王國維定既死霸為二十三日，定甲子於丑月（周正二月）二十七日。所謂「越五日」，俞敏師曰：「古人數時間，只要到第幾天的開頭，就叫幾天。前四十年，有人是陰曆除夕生的，第二天就兩歲了。『越』就是『過』。（越五日）不過不是五整天罷了。」（《札記》第二二頁）趙光賢以為「殷二月即周三月，此月丙申朔，甲子為二十九日，合於既死霸」。劉起釪《尚書校釋譯論・牧誓・討論》仍主劉歆、班固說，甲子日是周文王「受命」之十一年的周曆二月五日，即王國維所說之「舊說」。江曉原等據七種天文記載推算，以為前一〇四五年十二月四日（殷曆十二月、周曆正月二十八）周師出發，一月九日甲子（殷曆二月、周曆三月初四）晨牧野決戰（二〇〇〇年出版《回天——武王伐紂與天文歷史年代學》第一二八頁）。《夏商周斷代工程階段成果報告》「據天文推算的三個克商年」前一〇二七、前一〇四四（即江曉原說）、前一〇四六年，「都無法滿足文獻所給出的全部條件」，指出前一〇四四年說，「開創了全新的研究思路，此說的問題在於，對金文紀時詞語的理解與夏商周斷代工程金文曆譜研究所得結果難以整合。」即初四日不在「既死魄」時段內。「結合文獻、考古信息以及天文條件的符合程度選出」前一〇四六年一月二十日為「最優解」（二〇〇〇年出版《報告》第四四～四九頁）。《報告》據〈武成〉等推排《西周金文曆譜》為西元前一〇四六年「二月癸卯朔，甲子二十二日」（同上第三〇頁）。❼朝至　朝，早晨。此說得到了武王時〈利簋〉銘文「武王征商，唯甲子朝」的證實。《尚書・牧誓》說在甲子「昧爽」，《詩經・大雅・大明》說在「朝清明」。〈小盂鼎〉以「昧爽……，明……」記時序，劉起釪據此曰，「知此『昧爽』在『明』前」（《尚書校釋譯論》第一〇九二頁）。王暉考證的結論是：「牧野大戰的時間是從晨刻或昧爽開始到天明時結束，相當於今天的兩點半到七點多鐘，大約進行了四個多小時。」（《古文字與商周史新證》第三九一～三九五頁）❽接于商　陳逢衡曰：「兵刃既接之『接』。接，交也。謂接仗于商郊牧野之地。」❾咸劉商王紂　咸劉，釋為「皆殺」，不確。朱右曾讀咸作「㦰」，即視「咸」為「㦰」的借字。《說文》：「㦰，絕也。」王引之《經義述聞・尚書》：「咸、劉，皆滅也。」鴻恩按，「咸」的本義也是殺（《古文字詁林》第二冊第六六〇頁）。❿共惡臣百人　共惡臣，「共」字原作「天」或「夫」，盧文弨據下文改為「矢」，朱右曾從改。劉師培曰：「夫，乃『共』訛。〈度邑解〉之『志我共惡』，〈周本紀〉作『悉求夫惡』，此文訛『共』為『夫』與彼同例。共惡，猶云同惡。孔云崇侯黨，其確證也。下文『紂矢惡臣百人』，『矢』亦『共』訛。」二「矢」字今皆從劉說改。鴻恩按，天、大二字形近，聲同，天乙、大乙，共同存在，裘錫圭認為天、夫是「大」字之訛，裘又讀「惡」為「亞」，「大亞」為官名（惡來，即亞來），「指紂手下高級的亞和臣」（《古文字論集・釋勿、發》），解不同，而大意無別，未知誰是。今姑從劉說。據《呂氏春秋・古樂》記載，武王率六師伐紂，六師未至，武王就以少數銳兵戰勝了商紂。⓫太公望命禦方來　孔晁曰：「太公受命追禦紂黨方來。」禦，李學勤：「當指阻擊其向商都反撲。」趙光賢曰：「古文受動用法往往與主動詞無異。本文屢言某某命即命某某之意。」方來，于鬯、陳漢章都認為即惡來。《史記・殷本紀》：「紂又用惡來，惡來善毀讒。」〈秦本紀〉：「蜚廉生惡來。惡來有力，蜚廉善走，父子俱以材力事殷紂。周武王之伐紂，并殺惡來。」陳漢章曰：「惡，古字通作『亞』。《列子・湯問》『亞』作『必』，此文作『方』，皆形似。」太公望，詳見〈克殷〉「尚父」注。顧頡剛曰：「殷、周牧野決戰之日，『維師尚父，時維鷹揚。』見於《詩・大明》。」鴻恩按，〈克殷〉和本文都說決定性的牧野之戰，而沒有攻占商都殷（今河南安陽西北小屯村一帶）的記載。太公望「主要征伐殷的京畿，殷貴族由他俘得」（楊寬《西周史》第一〇〇頁），太公於甲子當日受命，殷都與牧野相距約一百五十里，丁卯即來回報，可證太公只是追擊方（惡）來，並未到達殷都。⓬丁卯望至　丁卯日太公望到達。丁卯，甲子之第四天，王國維以為是寅月朔，即周曆三月初一。趙光賢以為「丁卯」前當補「三月」二字，「殷三月即周四月，此月丙寅朔，丁卯為二日。自此以下皆殷三月事。」按，李學勤亦主殷曆，但他說：「譜中沒有三月，也很難插進三月去。」並引孔廣森曰：「『一月』者殷之正月，『二月』者殷之二月，時猶因商正；既事于牧野，遂改正朔，以殷三月為四月。」鴻恩按，孔廣森雖主殷曆，但他仍依劉歆「死魄，朔也；生魄，望也」的錯誤說法，定「維一月壬辰旁死魄」為一月二日，而王國維據「壬辰旁死魄」定為一月二十五日，在月末不在月初。「二月既死魄越五日甲子」孔廣森仍從劉歆定於二月五日，而王國維據「既死魄越五日甲子」定於二月末二十七日。甲子二十七，越四日丁卯，遇小月則必為三月一日。如果承認王國維所定月日合於或接近實際，則丁卯至「維四月既旁生魄（乙巳）」長達三十九天，除丁卯外還記述了其中的戊辰、壬申、辛巳、甲申，依王說它們都在周曆三月，就說明其中必定脫去「三月」二字。如果依孔廣森據劉歆錯誤的月相說定月日，則庚寅起已入殷三月，何以庚子、乙巳（周曆四月十一、十六）仍不說「維四月」？直至殷曆三月二十一（庚戌）才說四月？是否此時才改用周曆？這個問題需要進一步研究。⑬告以馘俘　報告殺敵、俘虜的數目。馘，又作「聝」，為所斬敵軍的左耳（用以計功），自毛亨《毛詩》傳至許慎《說文》均持割耳說，今人仍多持此說。大約至南朝宋呂忱《字林》始曰「截耳則作耳旁，獻首則作首旁」。甲、金文中即有從耳、從首二體，因而古文字研究者仍有二說。楊寬從後說。鴻恩按，本文言「馘」、言「首」（紂與其二妻）分明，似馘不指首，且自牧野回宗周運耳易，運首則負擔大增。俘，指活捉的敵軍。⑭戊辰　王國維以為是寅月二日。趙光賢以為是殷曆三月三日。⑮祡　原作「禦」，于鬯曰：「禦蓋『祡』字之誤，二字形相近，又涉上文『命禦方來』而誤也。《說文・示部》云：『祡，燒柴燎祭天也。』『王遂祡』，當三字句，言王遂祭天，既祭天因追祀文王，故曰『循追祀文王也』。朱右曾據《說文》訓『禦』為『祀』，亦未是。祀雖為禦字本義，然禦之為祀，乃禁禦不祥之祀，故引申即為禁禦之義。……祀天尤不可云禦天。《小戴・大傳記》云：『牧之野，武王之大事也。既事而退，柴于上帝，祈于社，設奠于牧室。』鄭注云：『柴、祈、奠，告天地及先祖也。』蓋即此事。柴、祡多通用。」⑯循追祀文王　以天子之禮追祀文王。循，因也（朱右曾）。追祀，朱右曾曰：「以王禮祀之。」趙光賢曰：「祭文王以報功。相傳武王伐紂，車中載文王木主，意謂奉文王之命以伐殷，或有其事。」又曰：「文王當時尚未稱王，故追祀為王也。」按，文王生前有無稱王，學術界至今意見不一，但是生前稱王，史有明文，楊寬《西周史》、王玉哲《中華遠古史》等都認同歷史記載，王《史》更詳列了諸書稱王的記載。「清華簡」〈保訓〉篇有「惟王五十年」，證實了文王生前稱王之說（《北京日報》二〇一〇年二月一日第九版）。⑰時日　是日；此日。⑱立政　即王位；發布王政。

【語　譯】〔在四月乙未（六日）這一天，武王成為天下的君主，於是向列國頒布攻克殷商的命令。〕

一月壬辰月面已經普遍虧缺（二十五日），到第二天癸巳（二十六日），武王就從周啟程，出兵征伐商王紂。

到了二月，月面已經虧缺（二十三日），又過五天至甲子（二十七日），早晨到達牧野，與商軍交戰，就滅了商王紂，拘捕了與紂一同作惡的臣子一百人。

太公望奉命追禦惡來，丁卯（三月一日）太公望回到王所，報告所得馘數和俘虜之數。

戊辰（三月二日），武王就舉行柴祭告克殷於上帝，同時以天子之禮追祀文王。這一天，頒立王政布告天下。

呂他命伐越戲方❶；壬申❷，新荒至❸，告以馘、俘。

侯來命伐靡集于陳❹；辛巳❺，至，告以馘、俘。

甲申❻，百弇以虎賁誓❼，命伐衛❽；告以馘、俘❾。

庚子，陳本命伐磿❿；百韋命伐宣方⓫；新荒命伐蜀⓬。

乙巳⓭，陳本、新荒蜀、磿至，告禽霍侯，俘艾侯、佚侯、小臣四十有六⓮，禽禦八百有三十兩⓯，告以馘、俘。百韋至，告以禽宣方⓰，禽禦三十兩，告以馘、俘。百韋命伐厲⓱，告以馘、俘。

辛亥⓲，薦俘殷王鼎⓳。武王乃翼矢珪、矢憲⓴，告天宗上帝㉑。王不革服，格于廟，秉黃鉞，語治庶國㉒；籥人九終㉓。王烈祖自太王、太伯、王季、虞公、文王、邑考以列升[24]，維告殷罪。籥人造；王秉黃鉞，正國伯[25]。

壬子[26]，王服袞衣[27]，矢琰格廟[28]。籥人造；王秉黃鉞，正邦君[29]。

癸丑[30]，荐俘殷王士百人[31]。籥人造；王矢琰、秉黃鉞、執戈[32]。王入，奏庸[33]；大享一終[34]，王拜手稽首[35]。王定[36]，奏庸；大享三終[37]。

甲寅[38]，謁伐殷于牧野[39]。王佩赤、白旂[40]。籥人奏〈武〉[41]。王入，進〈萬〉[42]，獻〈明明〉，三終[43]。

乙卯[44]，籥人奏〈崇禹生開〉[45]，三終。王定。

武王狩[46]，禽虎二十有二，貓二[47]，麋五千二百三十五[48]，犀十有二，氂七百二十有一[49]，熊百五十有一，羆百一十有八[50]，豕三百五十有二[51]，貉十有八[52]，麈十有六[53]，麝五十[54]，麇三十[55]，鹿三千五百有八[56]。

武王遂征四方[57]，凡憝國九十有九國[58]；馘磿億有七萬七千七百七十有九[59]；俘人三億萬有二百三十[60]。凡服國六百五十有二。

【章旨】武王派遣四路大軍伐殷商殘部，衛與南方是征伐重點。總計武王大規模狩獵和伐國、服國與殺、俘人之數。

【注釋】❶呂他命伐越戲方　呂他奉命征伐越戲方。呂他，孔晁曰：「將也。」楊寬指出，呂他和呂望同屬呂氏，說明呂氏在周師中占有一定比重。越戲方，殷商附屬國，殷人稱國為「方」（《路史・國名紀己・商世侯伯》），即春秋時鄭國的戲，其地有浮戲山，在今河南鞏義東南（楊寬《西周史》第九八頁）。羅琨從楊說（《商代戰爭與軍制》第三六四頁伐紂圖）。或曰又名「反虎方」（《中國歷史大辭典・歷史地理》第八七三頁），這是認同盧文弨所引惠棟所說「呂他，南宮氏也。越戲方，一作『反虎方』，見南宮中鼎銘。」于鬯據此力主呂他與〈克殷〉中之南宮忽、南宮百達同氏，「呂」或即「宮」字之訛。〈利簋〉銘文說「辛未，王在𡪞師，錫有吏利金。」辛未為甲子日之後第八天。𡪞，唐蘭說：「據〈宰鼎〉，闌地有太室，應在殷都附近。此時，周王朝在掃蕩殷紂軍隊的殘部，武王不會離殷都太遠。」（《古文字詁林》第九冊第五四八頁「闌」字）于省吾、徐中舒、李學勤等以為𡪞即管，即今河南鄭州。王玉哲引黃盛璋說，以為「洹」，即安陽殷墟，洹與從「柬」之字，古音同部（《中華遠古史》第四九六頁）。馬承源主編《商周青銅器銘文選》注曰：「𡪞以柬為聲符，或說與管字聲韻併合，應為管字初文。《逸周書・大匡解》和〈文政解〉中在武王克殷以後均言『王在管』，地在今鄭州附近。但武王克紂自甲子起算，在牧野至少應留二日，自牧野至鄭州，古代交通三、四日內必不能到達，故𡪞、管聲韻可通，其地則決非鄭州。據戍嗣鼎銘，𡪞地有宗廟大室，是商王的活動之地。因此𡪞是不應離商都太遠的別都，依聲韻求之，當是淇水之淇，淇、柬聲紐旁轉，淇即朝歌故地，為帝辛的別都。」❷王申　王國維以為寅月六日。❸新荒至　新荒，原作「荒新」。下文有「新荒」，是人名。朱右曾曰：「丁曰呂他之命不言至，荒新之至不言命，恐有訛文。愚謂或荒新與他偕命，錯舉互文也。」按，朱氏推測可備一說，新為氏荒為名（潘振），今倒其文。李學勤曰：「新荒疑為莘氏，『莘』字或作『𡟋』，周與有莘氏關係見於《史記・周本紀》。」鴻恩按，甲骨文中，辛、莘、新與後世之「莘」相通。然而今山東曹縣、河南陳留之辛、先（侁、姺，通莘）、新（莘），應是高辛氏後裔；豫西、陝西之辛、先、新（莘）為夏后氏後裔，姒姓，其源不同，不應相混（參錢穆《史記地名考》第五七、五八頁「高辛」、「辛」）❹侯來命伐靡集于陳　孔晁曰：「侯來，亦將也。靡、陳，紂二邑名。」朱右曾曰：「靡集，紂黨。《寰宇記》：『衛州汲縣，古陳城也。』」劉師培曰：「《路史・國名紀三》有靡國。引〈世俘〉云：『武王伐靡及陳』，所據殊今本。（似《路史》所引為是。）」趙光賢亦以「集」即「及」字。顧頡剛曰「二說未詳孰是，今姑依朱說」，楊寬亦從朱說。❺辛巳　王國維定於寅月十五日。❻甲申　王國維定於寅月十八日。❼百弇以虎賁誓　百弇率勇士誓師。百弇，孔晁曰：「亦將。」以虎賁，率領勇士。潘振曰：「能左右之曰『以』。」按，顧頡剛寫定本「以」上有「命」字，諸本無，亦未說明增之之由，今不從。❽衛　其地有二說。潘振和今人李學勤都從《漢書・地理志下》和師古注之說，周滅殷，分其京畿為三，紂城之東謂之衛。楊寬也認為在東，指實為商之諸侯豕韋氏，「『衛』與『韋』同音通用，當即豕韋之韋。豕韋亦可單稱韋，見《詩經・商頌・長發》。」《國語・鄭語》稱豕韋為「商伯」，《左傳》哀公二十四年也說商代有豕韋氏。在今河南滑縣南。顧頡剛引沈延國《逸周書集釋》（未出版）曰：「衛為殷墟，守之者眾，故以虎賁之士攻之。」前人所說「殷墟」有時指朝歌（《漢書・地理志下》「河內殷虛」師古注）。一般則指「洹水南殷虛」（《史記・項羽本紀》，應劭注：「故殷都也。」臣瓚注：「洹水在今安陽縣北，去朝歌殷都一百五十里。然則此殷墟非朝歌也。朝歌非盤庚所遷者。」）洹水南之殷墟與「衛」無涉，朝歌在周公誅三監之後，始為康叔衛國之都，楊寬因之說「這個衛，不可能是指後來衛的國都」。今取楊寬說。至於使用虎賁且誓，可能豕韋是當時諸侯大國。❾告以馘俘　李學勤曰：「有的只說『告以馘俘』，不記『至』的，當是遣人報告，並未親至。凡親至告捷的，例記至日干支；只遣人報告則不記，不能理解為命伐當日就能『告』。」❿庚子二句　陳逢衡曰：「此七十九字〔指「庚子陳本……百韋命伐厲告以馘俘」一段〕，當緊接「甲申」一條，在「辛亥荐俘殷王鼎」之上，非惟文氣順下，而干支排算毫無疑義。」莊述祖《尚書記》、陳《逸周書補注》均將上述「七十九字」移於「甲申」一條下。朱本未移，顧先生從莊、陳說移上。鴻恩按，今從移。庚子，王國維定於卯月（周曆四月）四日。陳本，將領。磿，原作「磨」，盧文弨引梁履繩曰：「磨，必『磿』之訛。下云馘磿即磿國之俘。《路史・國名紀六》云：『酈，商時侯國，凡地從邑，本作磿也。』」楊寬曰：「磿即歷，亦即櫟，春秋時為鄭地，在今河南禹州。」（《西周史》第九九頁）今改為「磿」。⓫百韋命伐宣方　百韋奉命征伐宣方。百韋，將領。孫詒讓疑作「百牽」，即〈克殷〉之南宮百達，牽、韋形近而訛。李學勤曰：「百弇、百韋之『百』當即『伯』字。」按，《論語・微子》「周有八士」之「伯達」、「伯适」均作「伯」。宣方，諸侯國名，殷墟卜辭屢見亘、亘方，也作宣方，或以為在今山西垣曲，甲骨文之亘，也指今河南長垣。楊寬認為應與磿、蜀二地相近，疑即春秋時鄭地宛（宣從「亘」，與「宛」聲近），在今河南長葛東北。鴻恩按，征伐磿、蜀、宣方，同一天「命」伐，又在同一天「告禽」，三地應當相近。⓬新荒命伐蜀　新荒奉命伐蜀。新荒，將領，已見上。蜀，沈延國、楊寬都認為即戰國時魏地濁澤（或稱蜀、蜀潰、涿澤），在今河南禹州東北、新鄭西南。⓭乙巳　王國維定於卯月九日。⓮告禽霍侯二句　「告禽霍侯，俘艾侯、佚侯」，原作「告禽霍侯、艾侯，俘佚侯」，明章檗本作「告禽霍侯，俘艾佚侯」。劉師培曰：「《路史・國名紀三》引作『俘艾侯、小臣四百六』，似『艾侯』二字當在『俘』字下（明本或同《路史》）。」顧曰：「章本『艾侯』正在『俘』字下，可從。惟《路史》另出『佚侯』，云『皆商國』。今姑依《路史》改定。」禽，同「擒」。擒獲。霍侯，楊寬引《世本》曰：「霍國，真姓後。」張澍集粹補注本：「霍，侯爵，武王禽之，今汝之梁縣有故霍國，非晉霍也。」在今河南臨汝東南。艾、佚，未詳所在。小臣，商代官名，商王近臣，有時接受王命，出師征伐，有時具車馬、司占卜等（陳夢家《殷墟卜辭綜述》第五〇四～五〇七頁）。四十有六，即四十六。有，通「又」。用在整數和零數之間。⓯禽禦八百有三十兩　擄獲戰車八百三十輛。禽禦，陳逢衡曰：「禦，所獲輜重也。張惠言云：『禦，蓋謂車。』」于鬯曰：「玩『兩』字之義，則禽禦者當是車名，車稱『兩』也。車名而曰禽禦，蓋禁錮之車也。」鴻恩按，編竹在車前後為擁蔽或以竹席裝飾軾和後戶，都稱作「禦」，《爾雅・釋器》郭璞注、邢昺疏均言之。這裏以「禦」稱車，蓋以部分稱全體。楊寬解「禽禦」為「俘得戰車」。八百有三十兩，原誤作「八百又三百兩」，陳逢衡改「三百兩」為「三兩」，朱右曾改「三百」為「三十」，楊寬從陳改。今姑依朱本。兩，凡成對、成雙的稱為兩。一車兩輪，故稱兩，即今「輛」字。⓰宣方　這裏指宣方的君主。⓱厲　顧引沈延國引沈祖綿曰：「『厲』係《漢書・地理志》陳國之苦縣。《史記・老子傳》：『老子者，楚苦縣厲鄉曲仁里人也。』《索隱》：『苦縣本屬陳，春秋楚滅陳而苦又屬楚。』」在今河南鹿邑東。《呂氏春秋・古樂》曰：「武王即位，以六師伐殷，六師未至，以銳兵克之于牧野。」按，百弇未記日期，也可能時間比較靠後。楊寬曰：「上述四路的將領為呂他、侯來、百弇、陳本、百韋、新荒，共六人。這六個將領都是師氏之職，就是當時周的六師的長官。」（《西周史》第一〇〇頁）鴻恩按，上述所伐地、方國，李學勤〈世俘篇研究〉所釋多與楊說不同，以為多在今山西境內，如說霍為今山西霍州；蜀在今山西新絳；磨在今山西永濟（永濟北有歷山）。又曰，厲在今湖北隨州北等。鴻恩按，楊、李出於不同考慮，對武王所伐之地理解不同。楊寬以為山西先有周之虞國，繼有季歷伐西落鬼戎、余無之戎等的勝利（都在今山西境內），再加文王征服的黎（鴻恩按，今「清華簡」說滅黎的是武王）和盂也在今山西境內和晉豫邊境（詳見其《西周史》），而且《禮記・樂記》明言：「且夫〈武〉，始而北出，再成而滅商，三成而南，四成而南國是疆，五成而分周公左、召公右……」，楊考慮「而南」，「南國是疆」，故以為所伐之地在今河南而不在今山西。趙光賢曰：「武王自出師至凱旋大約用了七十八天。假如武王歸來路上也和去時一樣用了三十一天，那麼武王留在殷都應當有十六天。可是在這個問題上，〈世俘〉所記干支顯然有重大錯誤。武王所命諸將最後歸來的是四月十一日乙巳陳本、荒新至，告禽霍侯、艾侯等，他們從出師到凱旋只用了五天時間；而乙巳距庚戌（即武王在周都祭祀之日）也只有六天，武王無論如何不可能返回周京。」李學勤以為，「『命伐』，是負武王之命，但受命之人不見得一定在武王左右。某人命伐某方國之日，應理解為其開始對某方國採取軍事行動的日期，不是武王發出命令的時間，也不是其人收到命令的時間。」又說，甲子之第八天「辛未，王在闌師」（〈利簋〉），「于省吾先生認為闌即管，今鄭州，如此說來，武王已在西歸的途中。」這等於說一邊西歸一邊派兵征伐，並非都在殷地發令和接受報告，更沒有參與或指揮南征。此說與主張兩「辛亥」合併相應，但與〈大武〉所說不一致。依所記日程，甲申百弇奉命伐衛已是甲子後第二十一天，庚子陳本、百韋、新荒奉命討伐已是甲子後第三十七天，乙巳陳本等來報捷已是第四十二天，再過六天，武王就在周都舉行祭禮。在周初的交通條件下，不可能進行遠距離指揮。⑱辛亥　孔廣森、朱右曾、趙光賢、李學勤認為，此與下文四月「辛亥」本屬同一天。陳逢衡、劉師培從劉歆之說，認為有閏月，相距六十日。孔、朱以彼「辛亥」即此「辛亥」，「此篇非一人所記」，故錯出於前後。趙、李通過排譜，同孔、朱說。但是顧頡剛一再說兩個「辛亥」不可合併，楊寬從其說，以為此之「辛亥」是在牧野行祭，下文之「辛亥」已回到鎬京。鴻恩按，馬驌《繹史》卷二十〈武王克殷〉亦以此「辛亥」與下文「辛亥」並列，自注曰：「記獻俘、祭告之事，惜殘缺難考矣。」劉歆閏二月之說不可信，因為甲骨文之閏月照例置於年末，作十三月。出於兩個原因今不加移併。其一，《禮記・大傳》明說：「牧之野，武王之大事也。既事而退，柴于上帝，祈于社，設奠于牧室，遂率天下諸侯，執豆籩，逡奔走，追王大王亶父、王季歷、文王昌，不以卑臨尊也。」鄭玄注：「牧晳，牧野之室。古者郊關皆有館焉。先祖者，行主也。」劉師培、顧頡剛、楊寬都從鄭玄之說，辛亥至乙卯的五天祭祀即是在牧野舉行的。其二，依據《禮記・樂記》記載，歌頌武王克商的〈大武〉舞，共為六場：「〈武〉始而北出，再成而滅商，三成而南，四成南國是疆，五成而分，周公左，召公右，六成復綴，以崇天子。」六場中，有兩場描寫南征，第三場寫進軍南方，第四場寫占領南方，完成南國的疆界。可知「南國是疆」是武王征伐的重頭戲。南征，包括越戲方、陳、衛、磨、宣方、蜀、霍、厲廣大地區，即北起今河南滑縣，西至河南鞏義、汝州、南至禹州、襄城、長葛，再往東直至淮陽、鹿邑。可是如果把兩個「辛亥」合併，依王國維說，則辛亥為四月十五日，距磨、蜀、霍、宣方之「歸來」只有六、七天，距命伐磨、宣方、蜀，也只有十一、二天。武王出兵時，從鎬京至盟津自癸巳至戊午用了二十六天，直線距離大約七百二十里，日行軍約近三十里。照這個速度，武王回鎬京，自盟津附近出發，也要二十六天，那武王至遲在三月乙酉（十九日）必須離開盟津一帶西歸。更不要說他從殷都動身了（出征時選擇少數精銳部隊急行軍，二月二十一日渡過盟津，二十六日夜即布陣牧野。如依鎬京至盟津之行軍速度，則需十天）。至於王暉〈周武王東都選址考辨〉所說，武王曾視察夏都即「有夏之居」磨（櫟、陽翟），就更不可能了。他離開這裏時，磨、蜀一帶還被殷人占領，他如何繞道襄城去登汾阜？如何去那裏選址？可是〈大武〉給南征那麼多篇幅，只占有越戲方和陳（也許還有衛），磨、蜀、霍、宣方、厲的戰事還沒有開始，武王已經動身回朝了，這就不合情理。所以，這個辛亥，武王在牧野是正確的，兩個「辛亥」不應當合併。⑲荐俘殷王鼎　進獻繳獲的殷王鼎為祭品。荐，進獻祭品。殷王鼎，朱右曾曰：「即九鼎。」即〈克殷〉所說「九鼎」。顧頡剛曰：「為殷王所鑄之重大禮器，如今北京歷史博物館所藏之司母戊鼎然。《左傳》桓二年：『武王克商，遷九鼎于雒邑，義士猶或非之。』即此俘鼎之事。謂之『九』者，古人以『三』表多數，以『九』表極多數，言『九鼎」者，謂周克商時，俘得甚多之鼎，非實數為九個。凡戰國以下紛紛言武王實得商之九個鼎，均誤以虛數為實數，不足信；實則克商時俘獲之鼎超過九數且甚遠也。」李學勤曰：「九鼎至成王時才定於洛邑。鼎是王權的一種象徵。」⑳翼矢珪矢憲　翼矢珪，顧曰：「《爾雅・釋詁》：『翼，敬也。』又：『矢，陳也。』」孫詒讓曰：「此矢珪，珪當為琬珪，告天宗上帝，當服大裘而冕（《周禮・司服》云），其上衣即龍袞也。……若夏不服裘，則亦唯龍袞矣。下文云：『王子，王服袞衣，矢琰格廟。』與此文正相對。《周禮・典瑞》云：『琬圭〔上端無鋒芒者〕以治德，以結好；琰圭〔上端銳有鋒芒〕以易行，以除慝。』明此二玉異用，故王各陳之于廟矣。」憲，沈延國引章太炎說：「《逸周書》諸言『憲』者，并借為『契』而訓『法』，獨〈世俘解〉言『矢珪』、『矢憲』、『矢琰』，憲則珪、琰之儕，其字亦為契，其物則符璽瑞日〔祥瑞的太陽之象徵物〕歟？」楊寬仍釋為「一篇法令」。鴻恩按，裘錫圭謂這個「翼」和下文「翼予沖子」之「翼」，同於殷墟卜辭的「異」，是虛詞，同於《詩》、《書》裏的虛詞「式」（式從「弋」得聲，故通「異」、「翼」），這個「翼」表示已經發生的事，「翼予沖子」之「翼」，用法同「維」、「惟」，表示判斷（《古文字論集》第一二二～一三五頁）。《尚書・顧命》將「大訓」與「宏璧、琬琰、大玉」等並陳，釋「憲」為憲令、法令，可為此證。珪，同「圭」。帝王、諸侯舉行隆重儀式時所用的玉製禮器。㉑天宗上帝　顧頡剛曰：「《禮記・月令》『孟冬之月……天子乃祈來年于天宗』，鄭注：『天宗，謂日、月、星辰也。』《淮南子・時則》文同，高誘注：『凡屬天上之神，日、月、星辰，皆為天宗。』是則『天宗、上帝』為二名：上帝為主宰；天宗為泛稱，凡天神皆可蒙此名。此為武王克紂而告天之祭。」㉒王不革服四句　孔晁曰：「不改祭天之服以告祖考，急于語治也。」革服，更改衣服。秉黃鉞，朱右曾：「示當斷制天下焉。」秉，執；持。㉓籥人九終　潘振曰：「言王不改告天之服，至于廟，持策命功臣，統治庶國……斯時籥人舞九變也。」顧頡剛曰：「《周禮・春官》有『籥師』、『籥章』諸職，可見籥在古代樂器中之地位。九終，猶言九節。是時舞凡九節，為最隆重之儀式。」㉔王烈祖自太王句　烈，功業。太王，即公亶父，文王祖父。初居於豳（今陝西旬邑西），避狄人侵擾，南遷周原（今陝西岐山縣、扶風之間），發展農耕，建宮室都邑，人民樂從其居。武王滅紂，追封公亶父為太王。章本、盧本作太王，朱右曾本作「大王」。太伯，太，又作「泰」，公亶父長子，文王伯父。其弟仲雍、季歷，太伯知公亶父欲傳位季歷，使季歷子昌（文王）繼位興周，即與仲雍避讓，逃奔江南，建立吳國（在今江蘇無錫東）。據《左傳》，春秋時已有此說。但楊寬、王玉哲等認為此說不可信。當時周的勢力還不可能達到吳。吳、虞同音，太伯、仲雍實際是虞國（今山西平陸北）而不是吳的創立者，吳是虞後來的分支（《西周史》第六二頁、《中華遠古史》第四五一頁）。王季，又稱公季，即季歷，文王父。即位後行公亶父之政，諸侯多歸順。數次征伐戎狄獲勝，商王文丁命其為牧師，為西方諸侯之長，國勢日強，後又為文丁所殺。武王追封季歷為王。虞公，有二說：㈠即仲雍，又稱吳仲、虞仲、虞公，公亶父次子，與兄太伯一同避讓，建立虞（或說吳）國。太伯死，即位為君；㈡仲雍曾孫周章之弟。武王滅紂，尋求太伯後人，封周章為吳君，封其弟虞仲於虞，稱虞公，也稱虞仲。曾孫與曾祖同稱，使人致疑，似正可印證楊、王之說。邑考，即伯邑考，文王長子，武王同母兄，早卒（《史記・周本紀》）。顧頡剛曰：「此祭不分嫡庶與直系、旁系，與保定所出商三句兵銘文，其一曰『大祖日己，祖日丁，祖日乙，祖日庚，祖日丁，祖日己，祖日己』……以三世兄弟之名先後駢列，無上下貴賤之別者同，可見其時尚無宗法之制，亦為本篇早出之一徵。王國維〈殷卜辭中所見先公先王考〉：『周時以嫡庶、長幼為貴、賤之制，商無有也。故兄弟之中有未立而死者，其祀之也與已立者同。……周初之制猶與此同，《逸周書》……曰〔下引此句，今略〕蓋周公未制禮以前，殷禮固如斯矣。』」以列升，孔晁曰：「皆升王于帝。」丁宗洛曰：「孔注蓋言升其主于祭帝之所，而以王禮祀之耳。」鴻恩按，《禮記・大傳》記載：「遂率天下諸侯，執豆籩，逡奔走，追王大王亶父、王季歷、文王昌，不以卑臨尊也。」刪太伯、虞公、邑考，即出於後人觀念。㉕籥人造三句　孔晁曰：「于籥人進則王進，正伯之位也。」造，前進。顧頡剛曰：「《左傳》僖二十八年：『王命尹氏及王子虎、內史叔興父策命晉侯（文公）為侯伯』，可見『伯』為諸侯之長，故先正其位。」黃鉞，顧引〈牧誓〉偽孔傳：「以黃金飾斧。」鴻恩按，盧嘉錫、韓汝玢主編《中國科學技術史・礦冶卷》載，「早在晚商時期，古人就認識並掌握了黃金的特性……製成包金物品。」（該書第八二七頁）㉖王子　王國維定於十六日。㉗袞衣　顧頡剛曰：「《周官・司服》：『享先王則袞、冕。』按袞衣備十二章（其象為日、月、星辰、山、龍、華蟲、藻、火、粉、米、黼、黻，見《尚書・皋陶謨》），為天子之服。」㉘矢琰格廟　設琰圭至周廟。琰，《周官・典瑞》：「琰圭以易行，以除慝」，鄭玄引鄭眾曰：「琰圭有鋒芒，傷害、征伐、誅討之象，故以易行、除慝。易惡行、令為善者，以此圭責讓喻告之也。」㉙邦君　國伯為高級諸侯，邦君為次級諸侯（顧頡剛）。㉚癸丑　王國維定於十七日。㉛荐俘殷王士百人　荐俘殷王士，原作「荐殷俘王士」，顧曰：「孔廣森《經學卮言》作『荐俘殷王士』。按此與『荐俘殷王鼎』語法同，今依改。孔注：『王士，紂之士，所囚俘者。』殷王士，為殷遺貴族。郭沫若《中國古代社會研究》以此句為『用人為牲』，蓋癸丑之日大享，故殺所俘殷士百人以祭耳。〔下舉《左傳》僖公十九年宋襄公用鄫子於次睢之社、楚靈王用隱太子於岡山，文長不錄。〕此可見以人為牲及滅國時大量殺亡國之臣，春秋時且然，何況殷、周之際。」裘錫圭曰：「或以為『荐俘殷王士百人』即殺俘祭祀，但從上下文看似應為告俘、獻俘一類事。」（《古文字論集》第八三頁）趙光賢、李學勤亦以為此日未殺俘，同裘說。㉜戈　兵器，橫刃，安裝長柄，可以橫擊、鉤援。㉝奏庸　擊鐘。庸，通「鏞」。大鐘，大享時所用樂器。㉞大享一終　奏一節大享的樂章。大享，孔晁曰：「獻爵（獻酒；敬酒。爵為飲酒器）。」潘振曰：「大享，大祫也。」鴻恩按，《穀梁傳》文公二年「祫祭」，范甯注：「祫祭者，皆合祭諸廟。已毀未毀之主，于大祖廟中，以昭穆為次序。」這裏只祭太王以下，不同於一般意義的合祭列祖的祫祭，故孔晁釋「大享」為「獻爵」而不言祫祭。㉟拜手稽首　顧曰：「《周禮・大祝》：『辨九拜：一曰稽首……三曰空手』，鄭注：『稽首拜，頭至地也。空手拜，頭至手，所謂拜手也。』」按《尚書・洛誥》，周公與成王對語時相互『拜手稽首』，足徵此為最隆重之敬禮。」㊱定　顧頡剛曰：「《說文》：『定，安也。』」即休息之義。沈延國曰：「『定，當訓止。』」㊲大享三終　顧曰：「《國語・魯語下》：『夫先樂金奏〈肆夏〉：〈樊〉、〈遏〉、〈渠〉，天子所以饗元侯（諸侯之長）也。』此為大享之樂，以金奏之，凡三節。」㊳甲寅　王國維定於十八日。㊴謁伐殷于牧野　伐，原作「戎」或「我」，劉師培、顧頡剛以為武王仍在牧野，以克商謁告文王。趙光賢以為此句是錯簡。江曉原〈武王伐紂日程表〉定周三月初四克商，而四月二十五「謁戎殷于牧野」。李學勤曰：「『謁告戎殷』未免不辭。〈商誓〉『命予小子肆我殷戎』，與這裏的兩處『我』中，都應校正為『伐』。〈世俘〉是說以伐商於牧野之事告於先王。」李說是，今改「我」、「戎」為「伐」。㊵赤白旂　孫詒讓曰：「疑即徽識之屬。《周禮・大司馬》：『中夏，教茇舍，辨號名之用。』鄭注云：『號名，徽識，所以相別也。在國以表朝位，在軍又象其制而為之被之，以備死事』是也。此王蓋用軍禮，故亦被徽識。『赤、白旂』者，蓋以赤帛為縿（旌旗的正幅）而白旂（旗末形如燕尾的垂飾）。」旂，上畫交龍，竿頭繫鈴的旗。《說文》：「旂，旗有眾鈴以令眾也。」㊶武　陳逢衡曰：「〈大武〉樂，此時所奏只〈大武〉一成之歌。」朱右曾曰：「詩篇名。」楊寬參王國維、高亨考證，對〈大武〉有詳細敘述，共分六成，即六場，表現武王克商的經過及偉大成果。即⑴《詩經・周頌》的〈我將〉表演武王北征；⑵〈武〉表演武王克商；⑶〈賚〉表演征伐南國；⑷〈般〉表演從此周疆域太平；⑸〈酌〉表演武王使周公、召公指揮作戰；⑹〈桓〉表演武王得勝回朝（《西周史》第一〇二頁）。鴻恩按，依王國維說，二月二十七日牧野決勝，四月初九出征磿、蜀、宣方的將領回來報捷。百韋征厲報捷似又在其後。而四月十八日已經創作、排演出如此大型完備的歌舞樂，在戎馬倥傯之際，似不易做到。實際情況應當是先簡後繁，逐步修改完善起來。孔穎達《毛詩正義》曰：「〈武〉詩者，奏〈大武〉之樂歌也。謂周公攝政六年之時，象武王伐紂之事，作〈大武〉既成，而于廟奏之。詩人睹其奏而思武功，故述其事而作此歌焉。」是說舞樂作於周公攝政時，作詩尚在奏樂之後。又曰：「以王者功成作樂，必待太平。〈明堂位〉云：『周公攝政六年，制禮作樂。』故知〈大武〉是周公作樂所為舞也。」所說應較合理。㊷萬　孔廣森《經學卮言》三：「（《詩・邶・簡兮》）『方將〈萬〉舞』，〈箋〉：『〈萬〉舞，干舞也。』《夏小正傳》曰：『〈萬〉也者，干、戚舞也。』」顧曰：「此文斷說〈萬〉為武舞，甚是。」

㊸獻明明二句　孔晁曰：「〈明明〉，詩篇名。」盧文弨引惠棟說：「〈明明〉，即〈大明〉。」陳逢衡以為「惠說不足據」，顧頡剛曰：「惠說出猜測，未必是；即使如此，而此文既云『〈明明〉三終』，亦知必非〈大明〉一篇。」鴻恩按，〈大明〉為〈大雅〉詩，首句為「明明在下」，從王季娶太任而生文王說起，直到武王伐紂為止，歌頌王季、文、武三王。全詩為八章。㊹乙卯　王國維定為十九日。㊺崇禹生開　朱右曾曰：「《國語（・周語下）》衛彪傒曰：武王克殷，作飫歌曰：『「天之所支，不可壞也；其所壞，亦不可支也。」豈即禹乎？』」按，後二句應是說殷紂。劉師培曰：「『崇禹』即夏禹，猶鯀稱『崇伯』也。『開』即夏啟。〈崇禹生開〉當亦夏代樂舞，故實即禹娶塗山女生啟是也。」顧曰：「『啟』為漢景帝諱，故漢人改書『開』。」鴻恩按，依劉氏所說，〈崇禹生開〉是說「禹娶塗山氏女生啟」事，則與〈大明〉所說王季娶太任生文王、文王娶太姒生武王同一命意，惠說、劉說有相通處。武王克殷，祭祀時即奏〈崇禹生開〉樂曲，頗可表明周人屢稱「我有夏」《尚書・君奭》、《尚書・立政》，夏、周間存在親密關係。顧先生說「〈明明〉三終」，「必非〈大明〉一篇」。依〈武〉之例，〈大明〉下一篇是〈緜〉，頌公亶父及文王，後面還有〈文王有聲〉，頌文王遷豐京、武王遷鎬京，與此主題不相背。朱右曾曰：「連日有事者，庚戌以郊天告廟，辛亥以追王告廟，壬子正邦君，癸丑荐俘，甲寅告牧野之事，惟乙卯以庶邦君助祭為正祭焉。」楊寬以為在牧野舉行告捷禮，與《禮記》說一致。楊又說「前兩天是禮的開始，末一天是禮的結尾，主要禮節是在第三、第四兩天舉行。」㊻狩　打獵。《尚書・序》曰：「武王伐殷，征伐歸獸（通『狩』），識其政事，作〈武成〉。」《史記・殷本紀》作：「乃罷兵西歸，行狩，記政事，作〈武成〉。」㊼貓二　貓，顧頡剛曰：「《詩・韓奕》：『有熊有羆，有貓有虎』，毛傳：『貓，似虎淺毛者也。』知貓、虎同為猛獸，然虎食田豕而貓食田鼠，則貓體必小于虎，蓋即今山貓之類。」㊽麞五千二百三十五　麞，麞鹿，即四不像。章檗本、盧本作「麋」。莊述祖曰：「麋、麞古通。」顧引石聲漢曰：「麞為群居性鹿類，故數量能高。」顧據石說改為「麞」。鴻恩按，麞即「獐」，俗稱獐鹿。楊鍾健據殷墟出土動物骨骼所作《安陽殷墟之哺乳動物群》，統計出土數目為：一千以上者，有四不像鹿等；一百以上者，有豬、梅花鹿、獐等；一百以下者，有虎、熊等；十以下者有犀、象、貘、豹、烏蘇里熊、貓、鯨等（陳夢家《殷墟卜辭綜述》第五五五頁引）。可證麞的數量遠少於麞，與石說相反，不應輕改。㊾氂七百二十有一　氂，即今之牦牛。顧曰：「本字應作『犛』。《說文》：『犛，西南夷長髦牛也。』『氂』，犛牛尾也。」知「犛」為獸名，「氂」為其尾。以其尾可作旄也，故又作「牦牛」。按〈世俘〉，華北平原有犛牛，漢以下則惟川西有之，亦見古今氣候之異。」㊿羆百一十有八　羆，熊的一種，也叫馬熊、人熊。朱右曾曰：「如熊，黃白文，猛憨多力。」51豕三百五十有二　豕，野豬。陳夢家曰：「以豕為狩獵的對象，乃是野豕。」並引《說文》：「豲，野豕也。」（同上）鴻恩按，《說

文》：「貒，豚也。」朱駿聲《說文通訓定聲》曰：「貛、貒同物，形如豬，穴地而處，善攻堤岸。按有豬貛，有狗貛。」朱說是，野豬是家豬之祖，非指豬貛。[52]貉十有八　貉，又作「狢」，《說文》：「似狐，善睡。」[53]麈十有六　麈，顧曰，《說文》：「鹿屬也，大而一角。」其尾可做拂塵。[54]麝五十　麝，獐的一種。《說文》：「黑色麞，如小麋，臍有香。」即麝香。[55]麋二十　麋，原作「麋」，莊、陳、朱本並改作「麋」。今從。顧從石說不改。麋，即麞，俗稱獐鹿、獐子。[56]三千五百有八　顧曰，洪邁《容齋續筆》十三引「八」作「二」。對上述獵物來源，後人解說不一。孔晁曰：「武王克紂，遂總其囿所獲禽獸。」顧引沈延國曰：「《史記・殷本紀》：『益收狗、馬奇物，充仞宮室；益廣沙丘苑臺，多取野獸、蜚鳥置其中。』武王所狩者，即沙丘苑臺之物也。」而朱右曾曰：「此孟子所謂驅虎、豹、犀、象而遠之者也。」則指野外狩獵。（甲骨文獵物中有象，殷墟出土動物骨骼亦有象骨，可印證孟子之說。）顧引石聲漢曰：「大致應包括野生、半野生及檻畜三類，後兩類及擄掠紂囿及圈所得。」楊寬曰：「殷代有戰後狩獵的（《甲骨文字釋林・釋戰後狩獵》）。上所記載的也是戰後進行大規模狩獵。依據卜辭記載，在殷京畿西南太行山南麓，殷王有個特定的狩獵區。武王所率軍隊，戰後狩獵，該即在原來殷王的苑囿和狩獵區中進行，所以狩獵所得數量很多。」此種「大規模狩獵，擒獲許多野獸而歸，既是振旅性質，更有慶功的作用。」（《西周史》第一〇一頁）陳夢家曰：「此田獵區以沁陽為中心，是在太行山、沁水與黃河之間，東西一百五十公里、南北五十公里，地處山麓與藪澤之間。」（《殷墟卜辭綜述》第二六二頁）可證狩獵應是在伐殷西歸之時。[57]遂征四方　遍伐四方諸侯國。遂，遍；盡（李學勤）。[58]凡憝國九十有九國　楊寬引楊樹達《積微居小學述林・詩敦商之旅克咸厥功解》：「『敦者，伐也。』並云：『《逸周書・世俘解》憝國九十有九國，憝與敦同，敦國謂伐國也。』所作解釋都很確當。」[59]磿億有七萬七千句　磿，孫詒讓曰：「磿、歷同聲假借字，謂所執俘、馘之名籍也。《周禮・遂師》：『抱磿』，鄭注云：『磿者，適歷，執綍名也。』蓋凡校計名數之簿書通謂之『歷』矣。」顧引郭沫若《中國古代社會研究》曰：「磿，即金文『鬲』字之音讀。……此數之多，即表示整族出征、整族為囚之意。與《詩》之『殷商之旅，其會如林』、《史記》之『帝紂發七十萬人距武王』相參證，大率可信。」此言「九十有九」，《孟子・滕文公下》言「滅國者五十」，顧曰，「不必為之調和」。億有七萬七千七百七十有九，「七萬」原作「十萬」，古代「億」為十萬，含義與今不同，「億」下不能再說「十萬」，古文「七」與「十」形近，常發生訛誤，顧據章太炎說改「十萬」為「七萬」，即「馘首十七萬有餘」，今據改。郭沫若曰：「以十萬為億，方能合於古人數字觀念之發展過程。」（同上）鴻恩按，計數時整數與零數間之「有」字，本文以用為常，又以用於十位與個位間為常，只有兩處當用而未用「有」，有一句中億、萬間與十位、個位間兩用「有」，一句用於萬與百之間。據王暉統計，殷商時期用

「有」與否比較隨便。西周時「紀年紀月的序數詞必用『又』(有)」，基數詞西周早、中期可用可不用，晚期則必用（《古文字與商周史新證》第三四九～三五六頁）。本文為殷商之際，與王暉所說相合。60 三億萬有二百三十　三億萬，三億一萬，即三十一萬。顧又引章太炎《葑漢昌言》曰：「夫征服之國至六百五十有二，平均分之，則每國被馘者止二百七十餘人，被俘者四百八十人不足。合計則多，分計未為多也。」鴻恩按，不應這樣計算，「服」者歸服、降服，並非征伐，故與「憝」者相區別；六百餘國，可以想見其「國」之小，恐即有誇大。這些數字，曾引起古今人的爭議。趙光賢先生斥責此「過分誇誕」，「肯定原文是經後人改竄過的」，「敦國」、「服國」數，均不可信。「馘與俘二項相加，共四十七萬八千有九人之多，試問殷周之際，兩國究竟有多少人口？怎麼可能馘俘竟多至四十多萬？」

【語　譯】呂他奉命征伐越戲方。壬申（三月六日），回到王所，報告所得馘數和俘虜之數。侯來奉命到陳征伐靡集。辛巳（十五日），回到王所，報告所得馘數和俘虜之數。

甲申（十八日），百弇率領虎賁之士誓師，奉命征伐衛。報告了所得馘數和俘虜之數。

庚子（四月四日），陳本奉命征伐磿；百韋奉命征伐宣方；新荒奉命征伐蜀。

乙巳（九日），陳本、新荒從蜀、磿到達王所，報告擒獲霍侯，俘虜艾侯、佚侯、小臣四十六人，俘獲戰車八百三十輛，並且報告所得馘數和俘虜之數。百韋到達王所，報告擒獲了宣方的君主，俘獲戰車三十輛，並報告所得馘數和俘虜之數。百韋奉命征伐厲，報告所得馘數和俘虜之數。

辛亥（十五日），獻祭繳獲的殷王鼎，武王就恭敬地陳列珪、陳列憲，報告天神、上帝。武王不更換祭祀禮服，來到周廟，手持飾金大斧，向祖先報告統治眾邦國的情況。掌籥之官吹奏九節樂章。武王有功德的各位祖先，自太王、太伯、王季、虞公、文王、邑考，按次序升到祭帝之所。向祖先報告殷紂的罪狀。籥官前進；武王手持飾金大斧，確定諸侯之長的席位。

壬子（十六日），武王穿戴天子之服袞衣，陳設琰圭，來到周廟。籥官前進；武王手持飾金大斧，確定諸侯的席位。

癸丑（十七日），進獻所俘獲的殷貴族一百人。籥官前進；武王陳設琰圭，手持飾金大斧，虎賁之士持戈衛王。武王進入，奏響大鐘，奏一節大享的樂章，武王拜手，行最隆重的跪拜禮。武王停下來，奏大鐘，奏三節大享的樂章。

甲寅（二十八日），報告用兵伐大殷於牧野的情況。武王佩帶赤、白二色的令旗。籥官奏〈武〉樂。武王進入，進獻懌舞干戚的舞蹈，獻奏〈明明〉三節樂曲。

乙卯（二十九日），籥官演奏〈崇禹生啟〉三節，武王停止祭祀。

武王打獵，擒獲虎二十二隻，貓二隻，麋鹿五千二百三十五隻，犀牛十二頭，犛牛七百二十一頭，熊一百五十一隻，羆一百一十八隻，豬三百五十二頭，貉十八隻，麈十六隻，麝五十隻，獐鹿三十隻，鹿三千五百零八隻。

武王遍伐四方諸侯國，共攻打九十九國，俘虜、割馘者名錄為十七萬七千七百七十九，俘虜人數三十一萬零二百三十。歸服的國家六百五十二個。

維四月既旁生魄，越六日庚戌❶，武王朝至，燎于周廟❷。武王降自車，乃俾史佚繇書于天號❸。武王乃廢于紂共惡臣百人❹，伐右厥甲小子鼎大師，伐厥四十夫家君鼎帥❺，司徒、司馬初厥于郊號❻。乃夾于南門，用俘皆施佩衣，先馘入❼。武王在祀，太師負商王紂縣首白旂、妻二首赤旂❽，乃以先馘入，燎于周廟。

若翼日辛亥❾，祀于位，用籥于天位❿。越五日乙卯⓫，武王乃以庶國祀馘于周廟⓬：「翼予沖子⓭！」斷牛六⓮，斷羊二。庶國乃竟⓯。告于周廟曰：「古朕聞文考修商人典，以斬紂身，不告于天、于稷⑯。」用小牲羊、犬、豕于百神、水土⑰，誓于社曰⑱：「惟予沖子，綏文考⑲，至于沖子⑳……」

用牛于天、于稷五百有四，用小牲羊、豕于百神、水土、社二千七百有一㉑。

【章旨】四月，武王回到周都，通令天下，成為天下之君。自庚戌至乙卯一連五天舉行大規模祭祖、祭天、祭神（山川土地）儀式，告捷、獻馘俘、正諸侯之位等等。

【注釋】❶維四月既旁生魄二句 「維四月既旁生魄，越六日庚戌」，「維」字原作「時」，《漢書・律曆志》引〈武成〉作「惟」，本書多用「維」，少用「惟」，今從顧校改為「維」。顧頡剛曰：「明云『時四月』，故諸家俱定為卯月，無異詞。」鴻恩按，本文有兩「辛亥」，劉歆為此於二月置閏，不合於商代歲末置閏之法，顧先生也認為將兩「辛亥」間隔兩月，不合理，本節又屢言『周廟』當為歸周後之祭，以當時交通言，不可能同在一個月中。如王國維所言，四月丁酉朔，「自『荐俘殷王鼎』迄『奏〈崇禹生開〉』五日間事已在四月，何以間征伐、狩獵數節，至本節而又云『時四月既旁生魄』，明示以上數節皆為四月以前之事乎？此問題自不易解決。竊意篆文四、六其形甚近，或『四月』為『六月』之訛文，亦未可知。」上文已說，孔廣森、朱右曾、趙光賢、李學勤謂兩辛亥本為一日，六月之說不確。趙光賢以為此文干支記載有錯誤，故問題不易解決。楊寬姑從顧頡剛「六月」之說。既旁生魄，王國維說是初九日。庚戌，王國維定為卯月十四日。❷燎于周廟 原無「廟」字。孫詒讓曰，下文「越五日乙卯，武王乃以庶國祀馘于周廟」，又云：「庶國乃竟，告于周廟」，此「燎于周」下亦當有「廟」字。劉師培引蔡邕〈明堂論〉云：「〈樂記〉曰：『武王伐殷，荐俘、馘于京太室。』」劉曰：「所謂『京太室』即周廟也。」顧曰：「莊述祖《尚書記》：『宗廟亦言燎者，朝事也。《禮・祭義記》曰：「建設朝事，燔燎羶薌〔孫希旦：『朝事，荐血、腥也。羶薌，牛羊腸間脂也。』〕燎，意謂『燔燎羶薌』〕，見以蕭光，以報氣也。」』按『燎』，甲骨文從木在火上，象火焰上騰；其事則燔牲于火，雜以蕭蒿。」楊寬刪「燎」字，以為涉下文而衍，依原文則先後「燎」二次，疑楊刪有理。「燎于周」下原有「維予沖子綏文」六字，陳逢衡曰：「六字又見後，此處宜衍。」孫詒讓曰：「此文前後三云『沖子』，似皆祝辭之殘文。」顧曰：「其時武王尚未下車，何得誦此祝辭，此自緣下文而誤複。」今從陳、顧說刪除。唐大沛曰：「『武王降自車』

至『燎于周廟』九十九字，當在『執矢惡臣百人』下，錯簡，于後移正為是。」鴻恩按，唐書諸家未見，楊寬見之多採其說，而未取此，仍於庚戌日行之。❸俾史佚繇書于天號　俾，使。史佚，周初史官，佚亦作「逸」，又稱尹佚、作冊逸。隨武王伐紂。後與周公、召公同輔成王。繇書于天號，顧引王國維《史籀篇疏證》曰：「《說文》云：『籀，讀也。』又云：『讀，籀書也。』古籀、讀二字同音同義。又古者讀書皆史事。……《逸周書・世俘解》：『乃俾史佚繇書于天號』，〈嘗麥解〉：『作筴許諾，乃北向繇書于兩楹之間』，繇即籀字。《逸周書》之繇書亦當即籀書矣。籀書為史之專職。」顧又曰：「《周禮・大祝》：『辨六號，一曰神號』，鄭注：『神號，若云皇天上帝。』《尚書帝命驗》：『帝者，天號也。』是此句之意，為武王至周廟，命史佚向上帝朗誦書文。」鄭注：「號，謂尊其名，更為美稱焉。」楊寬據《呂氏春秋・古樂》「武王……歸，乃荐俘馘于京太室」，改「天號」為「天室」，楊曰，武王時製作的大豐簋銘文：「王祀于天室」，「衣祀王不（丕）顯考文王，事喜（饎）上帝。」天室即是京太室，即是明堂，「因為周人以后稷配天，以祖先配合上帝一起祭祀，「天室」亦稱「周廟」。……《史記・封禪書》說：『天子曰明堂、辟雍，諸侯曰泮宮。』……天室既然是明堂，明堂即是辟雍，在諸侯國又稱泮宮，亦即太學。按周禮，這裏確是舉行獻俘禮的禮堂。《禮記・王制》說：『出征執有罪反，釋奠于學，以訊馘告。』當時辟雍中有校室，亦即『宣榭』，是廳堂式建築，用於講武、比射等等。」（《西周史》第一一一頁）鴻恩按，楊說當是，惟依鄭注，讀書於皇天上帝，語亦可通，今姑依「天號」。❹廢于紂共惡臣百人　廢，朱右曾釋為「禁錮」。顧先生釋為滅、殺（楊寬說同）。裘錫圭曰：「發，是祭祀用牲的一種方法。『發』字古訓『射』。據古籍記載，祭祀時有射牲之禮。在甲骨文中也可以看到『大乙乎（呼）射』、『叀伊其射二宰』及『其發廿人』、『羌，發五十』等卜辭。『廢』字當讀為『發』。『發于紂大亞臣百人』，與卜辭所說的『發廿人』、『羌發五十』，是同類的事情。」（《中國古文字論集・釋勿、發》）今從裘釋。共惡臣，「共」原作「矢」，據劉師培說改（見上文）。裘錫圭以為是「矢惡臣」應即「大亞臣」之訛。金文有官名「大亞」，大亞臣，紂手下高級的亞和臣。裘引于省吾說，紂臣惡來，即亞來，亞其官，來其名。❺伐右厥甲小子鼎大師二句　「伐右厥甲小子鼎大師，伐厥四十夫冢君鼎師」，冢君，原作「家君」。「鼎師」之「師」朱本作「帥」，諸本多作「師」（《逸周書彙校集注》），顧頡剛寫定本亦作「師」。唐大沛於「鼎」字絕句，《萬有文庫》斷句朱本亦於「鼎」字絕句。顧頡剛以「伐……鼎太師」、「伐……鼎師」絕句，而言「多脫誤」，「不易曉」。楊寬曰：「『伐』是殺人以祭，『甲小子』當指殷貴族。『家君』疑是『冢君』之誤，指殷所屬方國之君。殺殷貴族（甲小子）由大師主持，殺殷所屬方國之君則由師（即師氏）主持。」楊以殷貴族由太公望俘得，故殺獻由他主持。霍侯、艾侯、佚侯及小臣、宣方之君等，由討伐南方方國的六個將領師氏（周「西六師」的長官）俘得，故殺獻由他們主持。

又曰：「則」字「原誤作『鼎』。」（《西周史》第一〇〇頁）由楊說，可知其讀「鼎」為「則」，斷句同顧頡剛，是。裘錫圭解「伐」、「冢君」與楊同。而於「鼎」字絕句，以為「鼎」是動詞，「是指把砍下的人頭盛在鼎裏獻祭」。右，即卜辭常見的祭名「又」，即求神鬼保祐的「祐」。小篆「甲」與甲骨文「六十」二字合文近似，「甲」可能是「六十」合文的訛變。並以「小子」、「冢君」指周人一方。裘譯解二句為：「武王射殺被俘的紂的高級的亞和臣一百人，並砍下了其中六十個人的頭，由小子們盛在鼎裏獻祭。太師砍下了其中四十個人的頭，由邦君們盛在鼎裏獻祭。」鴻恩按，裘解「鼎」為動詞，自可通。而楊說顧及各個方面，一一收合，文字亦順。《說文》謂，籀文「則」字从鼎从刀，段玉裁注：「鼎部曰：『籀文以鼎為貝。』」容庚《金文編》收錄很多古「則」字，左畔「貝」均作「鼎」（該書第二八八頁）。「則」字寫丟了「刀」即是「鼎」，則，乃也；便；就是。此為一說。又鼎，本字亦可作虛詞用，義為「正」、「正當」。（裴學海《古書虛字集釋》第四五六頁。張玉金《甲骨文詞典》第七七頁）唐大沛以「伐右厥」之「右厥」二字誤倒，與下句「伐厥」應一律（譯文從唐說，文姑不改）。「厥右甲，甲蓋甲士也。」右甲小子，應是軍職。甲骨文有「王作三師右、中、左」，武官「多馬」分左、右、中三隊（《殷墟卜辭綜述》第五〇九、五一三頁）。金文有「左右師氏」、「左右戲繁荊」、「左右走馬」、「左右虎臣」等（《西周金文官制研究・師官類》〈司馬類〉），都與軍事相關。小子，在商代金文中出現多次，有人認為是身分的稱號，西周銘文的小子，「往往與武事有關」（同上第四五頁）。小子之地位不低，令鼎銘文說「有司及師氏、小子」，毛公鼎則說「參有司、小子、師氏」，可知地位與師氏相近。「甲小子」，自與武事相關。又，上一「辛亥」之祭，一律不提軍官，或忙於征伐，今次則軍官全體出動。「家君」今改為「冢君」，「帥」字從多本和顧校改為「師」。斷句姑從楊說。❻司徒司馬初厥于郊號　楊寬以「郊號」為「校室」之訛。楊曰：「『初』字從『刀』從『衣』，裁剪之意，就是按照武王、大師、師氏指定的殺死方式，由司徒、司馬指揮從屬官吏具體執行。」司徒，官名，西周金文多作「司土」，主管土地和人民。司馬，主管軍政。鴻恩按，「初厥」之「厥」應為動詞。《說文》：「厥，發石也。」段注：「引伸之凡有撅發皆曰厥。」馬敘倫曰：「曾廣源曰：『荊州謂以石投人曰厥。』倫按，發石則厥是動詞，字不得從石。手部『撅，以手有把也。』實是《字林》訓，或校語，『把』或『投』之訛。《廣雅》：『撅，擿也，投也。』擿、投，與『發石』義合。則『發石也』當作『發也，石也。』」發，行也，是常見義。趙世綱等言王子午鼎銘文「敬厥盟祀」與王孫誥鍾銘文「龔厥盟祀」之語義全同，引《漢書・諸侯年表》「厥角稽首」應劭注：「厥者，頓也；角者，額角也。」謂「敬厥盟祀，即恭恭敬敬進行盟祀之意。」（《古文字詁林》第八冊第三〇一頁）頓有「發」、「致」之義（見《文選》陸機〈五等諸侯論〉張銑「頓」字注），可以發明「厥」義。「初厥」之「初」這裏是否由「裁剪」引申為

「殺死」義，未詳，武王之「廢」、大師和師氏之「伐」，不可能都由他們本人動手，動手的主要是司徒、司馬的屬下，所以用一「初」字，意為獻祭之前由司徒、司馬具體操辦。❼乃夾于南門三句　「乃夾于南門，用俘皆施佩衣，先馘入」，「乃」上原有「武王」二字，朱右曾疑衍，顧、楊刪，今從。「佩衣」原作「佩衣衣」，沈延國疑下「衣」字衍，顧、楊刪，今從。孔晁曰：「言陳列俘、馘于宗廟南門夾道，以示眾也，取乃衣之施之，以恥也。」劉師培曰：「《尚書‧顧命》『逆子釗于南門外』，《史記‧周本紀》作『二公率諸侯以太子釗見于先王廟』，則南門亦廟門，孔說蓋與彼合。」用俘，殺死戰俘用作獻祭的犧牲。沈延國曰：「《周禮》注『施』皆讀為『弛』，施衣者，弛俘之衣也。又，施可段『褫』。先馘入，俘先馘後也。」皆施佩衣，「表示即將殺戮。」（楊寬）孔注施佩衣「以恥也」，是後人的觀念。佩，繫在衣帶上的裝飾品。《說文》：「佩，大帶佩也。」❽大師負商王紂縣首白旂句　獻俘禮上要把敵首的首級掛在軍旗上，揹著送進廟來。指揮作戰的軍旗有等級之分，大白最貴，小白次之，赤旗又次之。用軍旗掛敵首首級的獻祭方式，西周曾長期沿用（《西周史》第一一三頁）。大師即太公望，顧先生以此大師為樂官，誤。❾辛亥　王國維定於四月十五日。❿祀于位二句　《世經》引〈武成〉曰：「翼日辛亥，祀于天位。」（見《漢書‧律曆志下》引）則「位」即指「天位」，天帝之位。陳逢衡曰：「按郊天在前，上文『燎于周』，『繇書于天號』，『初厥于郊號』即大告武成郊天之事，此『祀于位，用籥于天位』者，宗祀文王于明堂以配上帝，故曰『天位』也。」顧曰：「按《孝經》：『郊祀后稷以配天，宗祀文王于明堂以配上帝』，明分郊祀與宗祀為兩事；特〈世俘〉中此兩事皆行于周廟，而非祀天于郊，斯為異耳。」鴻恩按，本文三用「祀」字，未見「祭」字。王鳳陽曰：「『祭』、『祀』是祭奠的通稱，不是某種祭祀的特稱。……《尚書》『祭』用七次，『祀』用二十五次；《詩經》『祭』用四次，『祀』用十八次；《論語》用『祭』不用『祀』。……大體上時代越後，『祭』用得越多。晚出的『祭』在應用中逐漸排斥了早出的『祀』。」（《古辭辨》第六六四頁）這也是〈世俘〉早出之一證。籥，朱右曾曰：「如笛，長三尺，三孔，或曰六孔，吹以節舞。」天，陳夢家曰：「殷代的帝是上帝，卜辭的『天』沒有作『上天』之義的。『天』之觀念是周人提出來的。今文《尚書》中〈商書〉之『天』字，都不能信為殷人的原作。」（《殷墟卜辭綜述》第五八一頁）⓫乙卯　王國維定於四月十九日。章太炎〈逸周書世俘篇校正〉曰：「辛亥、乙卯前此已見，此復見，蓋此篇集庶官所錄，未及編次也。」言此，則章太炎亦以二「辛亥」為一。⓬武王乃以庶國祀馘于周廟　孔晁釋「以庶國祀」為「以諸侯祭」，即庶國為參與伐殷並參與祭祀的諸侯。沈延國引沈紹勛說：「恐亦有誤，疑當作『武王乃以庶國馘祀于周廟』。」顧頡剛、楊寬是其說，均改為「庶國馘」，且以庶國指越戲方、宣方諸國。鴻恩按，此說恐出於誤會。「祀馘」意為「以馘祀」，馘並不會被人認為祀的對象。《漢書‧律曆志下》載劉歆《世經》所引〈武成〉即作「粵五日乙卯，乃以庶國祀馘于周廟」，以庶國，即率領諸侯。劉歆、班固、孔晁、顏師古、莊述祖等都不認為「祀馘」有誤，是正確的。⑬翼予沖子　翼，佐助。予，我，第一人稱代詞。甲骨文、金文第一人稱代詞用「余」不用「予」，而本文兩用「予」字（連同衍文則為三例），不同於甲、金文而同於《尚書》，錢宗武、周玉秀證明《尚書》用「予」是出於後人改寫，〈世俘〉本屬《尚書》逸篇，說詳「研析」。沖子，武王自稱。沖，幼；童。武王伐紂，載文王木主，自稱太子發，故稱沖子。陳逢衡認為這裏的「沖」通「忡」，憂也，憂紂之亂。可備參。⑭斷牛六　宰殺六頭牛。斷，分割；宰殺。⑮竟祭告結束。⑯古朕聞文考修商人典三句　盧文弨疑「修」當作「循」。陳逢衡曰：「古，昔也，言昔朕聞文考之訓，故修商家伐夏救民之典，以斷紂身，以上告于天、于稷也。」顧曰：「《尚書‧多士》周公告商王士云：『惟爾知，惟殷先人有冊有典，殷革夏命。』此即周人循商人之典。」又曰：「周人推后稷為始祖，且后稷教民稼穡，為周人衣食之源，崇德報功，最不能忘，故其地位僅次于天。故本節兩言『于稷、于天』，且惟天與稷殺牛以祭。」⑰用小牲羊犬豕于百神水土　用小牲，祭祀時用作犧牲的羊、犬、豕，表明祭祀對象地位在天、稷之下。顧曰：「商人以羊犬豕為『小牲』。此與後世專以羊、豕為『少牢』者不同。」水土，山川（之神）（孔晁注）。⑱誓于社曰　誓于社，原作「于誓社」，孔晁曰：「誓，告也。」孫詒讓曰：「『于誓』二字當乙。」顧乙正，今從。⑲綏文考　意謂伐罪救民以安文王之心。⑳至于沖子　顧曰：「此句語氣未畢，疑有脫文。」㉑用牛于天于稷五百有四二句　次句原無「犬」字，依孫詒讓說據上文補增。孔晁曰：「所用甚多，似皆益之。」顧曰：「古代祭祀規模之宏大有非後世人所能想像者，況在開國之際，其鋪張自不待言。郭沫若《古代社會研究》：『卜辭用牲一時有用三百、四百者，余曩以為破天荒之濫用。今按〈世俘解〉中用牲之多更有超過于此者，……足以證余于《卜辭研究》中所得之結論，即殷末周初確是畜牧最蕃盛之時代。』」鴻恩按，這裏的「百神」是除天帝、祖先、水土等之外的諸神，證以上文應主要指「天宗」即日月星辰之神。章檗本原有「社」字，而顧曰係盧文弨所增，應是失察。社本是土神，已言「土」何以又言「社」？體會其意，社雖為土神，但「封土為社，故變名謂之社，別于眾土也。」（《白虎通義‧社稷》）「社，土地之主也。」（《禮記‧禮運》「命降于社之謂殽地」鄭玄注）主，神主。其次，孔晁解「水土」為「山川」亦有其根據，如《禮記‧中庸》「上律天時，下襲水土」，鄭玄注即釋「水土」為「山川」，這裏可能指名山大川之神，是古人望祭的對象，而社主在前，故可以「誓于社」。這或許是既言「水土」又言「社」的原因。

【語　譯】在四月月面已經普遍生出來（九日），過了六天到庚戌（十四日），武王早晨到了周廟。武王從車上下來，就讓史佚在天室誦讀冊書。武王於是射殺與紂一同作惡的紂臣一百人，砍掉殷右甲小子頭的是太師，砍掉殷四十個諸侯頭的是師氏，司徒、司馬（率領屬下）先在校室內執行。於是把他們陳列在宗廟南門夾道的兩旁。凡以獻祭的戰俘都除掉佩飾、衣服，在馘之前先行進入周廟。武王在（主持）祭祀，太師揹著懸掛商王紂頭的白旂、其妻妾兩個頭的紅旂，就在馘之前進入，在周廟燃柴燒烤祭品祭天。

到第二天辛亥（十五日），祭祀天帝之神位，在天帝神位前演奏籥樂。過了五天到乙卯（十九日），武王就率領眾多諸侯在周廟祭獻馘俘，祈禱說：「佐助我這年輕人吧！」祭饗宰殺了六頭牛，宰殺了兩隻羊。各諸侯國於是結束祭祀。武王祭告周廟說：「我聽從先父文王的訓導遵循商人的典籍，因而殺死紂祭告天、祭告稷。」於是殺小牲羊、狗、豬祭饗百神、山川，告於社神，說道：「我這年輕人伐罪救民，以安先父文王之心，至於我這年輕人……」

祭祀天、后稷宰殺牛五百零四頭，祭祀百神、山川、社神宰殺小牲羊、狗、豬兩千七百零一隻。

商王紂于商郊❶……。時甲子夕❷，商王紂取天智玉琰及庶玉環身以自焚❸，凡厥有庶玉四千，告焚❹。五日❺，武王乃俾千人求之，四千庶玉則銷，天智玉五在火中不銷❻。凡天智玉，武王則寶與同❼。凡武王俘商舊寶玉萬四千❽，佩玉億有八萬。

【章　旨】寫武王俘獲紂玉的數量。

【注　釋】❶商王紂于商郊　孔晁曰：「更說始伐紂時。」陳逢衡曰：「(此)六字定有脫文，蓋以上言俘人，自此以下則另紀俘玉也。」❷時甲子夕　當時是甲子的晚上。時，指商紂自焚之時。❸取天智玉琰及庶玉環身以自焚　「及庶玉環」四字，章檗本作「璲」字，「及庶玉」朱本作「五」，章本、朱本「身」下都有「厚」字。盧文弨引惠半農云：「《御覽》七一八引此云『取天知玉琟及庶玉衣身以自焚，庶玉則銷，天知玉琟在火中不銷。』」劉師培曰：「《書抄》一三五引作『取天知玉瑱及鹿玉衣身以自焚。』竊以『玉琰』即『玉瑱』，『五』亦『玉』訛，上挩『及庶』二字。《書抄》『鹿』當作『庶』。又盧校據《史記正義》所引改『璲』為『環』，然《書抄》作『衣』，亦與〈殷紀〉『衣其寶玉衣』語合。惟諸書引正文均無『厚』字，疑涉注衍。」顧頡剛曰：「《史記・周本紀》《正義》引作『取天智玉琰五，環身以自焚。』又引注：『天智，玉之善者。縫環其身，自厚也。』《御覽》七一八引大體與《書抄》同，惟『瑱』作『琟』。即此可見唐宋諸本，『琰』或為『瑱』，或為『琟』；『縫』或為『衣』，或為『環』；而皆無『厚』字。今依下文及唐宋諸本，增『及庶玉』字，又改『璲』為『環』；依劉說刪『厚』字。『琰』字暫不改。」鴻恩按，今從顧校。琰，《說文》：「璧上起美色也。」徐鍇《說文繫傳》：「琰，亦美色之玉也。琰之言炎也，火炎起也。」❹凡厥有庶玉四千二句　「凡厥有庶玉四千，告焚」，章本、朱本原作「凡厥有庶告焚玉四千」，「玉四千」在「告焚」下。俞樾曰：「『告焚』二字當在『四千』之下。蓋『庶玉』二字連文，此云『凡厥有庶玉四千』，故下云『四千庶玉則銷』，兩文相應。『告焚』二字自為句。傳寫者誤移『告焚』二字于『玉四千』之上。」今依改。❺五日　陳逢衡解為一連五日。鴻恩按，疑非是，下句接「乃」字，應是說第五天。❻天智玉五在火中不銷　五，顧引孔廣森曰：「〈顧命〉『越玉五重』，蓋即此『天智玉五』。」朱右曾從其說。劉師培曰：「《書抄》引作『天知玉耳』，『耳』蓋『琟』省。《御覽》七百八十正引作『玉琟』，是其證。本文『五』字乃從『玉』之文，僅存左形復訛為『五』者也。琟、琰、瑱孰為正字今不可考，琟或脫瑱。」鴻恩按，劉師培否定了孔、朱之說。上文「天智玉琰五」之「五」當為「庶玉」之「玉」訛。證以劉說，則此「火中不銷」之「五」應為瑱或琰字左形之訛，上文作「天智玉琰」，則此「五」或為「琰」字殘訛。譯文姑從「琰」。在火中不銷，陳逢衡曰：「高誘《呂氏春秋・貴己篇》注：『昆山之玉，燔以爐炭，三日三夜，色澤不變。』即類此。」❼寶與同　孔晁曰：「言王者所寶不銷也。」顧引孔廣森曰：「為足以禦火災，故寶之。」陳逢衡曰：「寶與同者，言同于庶玉，不為珍奇也。」鴻恩按，陳說非原文之意，與同，「與之同」，但不是說與庶玉同，而應該是說與紂同，故使「千人求之」。❽俘商舊寶玉萬四千　俘獲商朝舊寶玉一萬四千塊。舊，王念孫說《書抄》、《御覽》等所引「舊」上有「得」字。顧先生從補，而朱右曾未補「得」，或因句中已有「俘」，亦可通。

【語　譯】商王紂在商都南郊……。當時是甲子的晚上，商王紂取了天智玉、美色琰和各種玉，環繞在身上自焚，他總共有各種玉四千塊。下面報告說商紂自焚了。第五天，武王就派遣一千人去尋求寶玉，四千塊各種玉在火中燒毀了，而天智玉、美色琰在火中不毀。所有天智玉，武王是同樣珍視寶貴的。武王總共俘獲商的舊寶玉一萬四千塊，佩玉十八萬塊。

【研　析】這是關於歷史上武王伐紂、滅商建周的重要文獻，它詳細記錄了整個過程，具有很高的歷史價值。郭沫若說：「《逸周書》中可信為周初文字者僅有三二篇，〈世俘解〉即其一，最為可信。〈克殷解〉及〈商誓解〉次之。」「〈世俘解〉之可信，除文字體例當屬於周初以外，其中所記社會情形與習尚與卜辭及古金中所載者相合。」「㈠國族之多與卜辭合」，「㈡國族稱方與卜辭合」，「㈢獵獸之多與卜辭合」，「㈣用牲之多與卜辭合」，「㈤用人為牲與卜辭合」（《中國古代社會研究・追論及增補七》）顧頡剛指出，《尚書・周書》的〈周誥〉八篇「重於記言，略於記事」，〈世俘〉剛好彌補了這個空白點。本書〈克殷〉雖為記事，但略去很多內容。他的〈逸周書世俘篇校注、寫定與評論〉附有〈逸周書中世俘、克殷二篇紀事異同表〉，今將其「校語」一項之要者列舉於下：

〈世俘〉	〈克殷〉
有執共惡臣百人事。	無之。
無之。	商人郊迎武王。
以紂首及二女首燎于周廟。	言武王斬紂首及二女首。
皆無之。	記助祭人周公、畢公、泰顛、閎夭、師尚父、毛叔鄭、衛叔、叔振鐸等。
無一字提及。	記釋箕子囚、振鹿臺之財、散巨橋之粟等仁政。
俘玉，作重點記載。	只輕輕一筆。
記征伐四方，馘磿、俘人、禽禦等。	無一字記載，一若入殷後即天下太平，純合儒家「以至仁伐

	至不仁」之理想境界。
以軍禮治國、荐俘、作樂等。	無一字記載。
武王向祖先獻俘，殺紂臣、殷貴族，大量用牲。	無一字記載。
記武王狩獵大獲。	無一字記載。

顧先生說：「就這上可以知道，周初人和周末人的思想確實不同，所以在同一書裏和同一事件上，會出現這般截然異致的歷史觀點。」〈世俘〉重點一一寫大俘和祭祀時大量殺人、用牲，毫不隱諱，而〈克殷〉則寫郊迎和突出種種善政，不寫征伐、馘俘、用牲等等，確實是明顯不同。只是詳細寫了武王射紂三發、擊之以輕呂，斬之以黃鉞，折縣諸大白（這勝過〈世俘〉的「咸劉商王紂」），而不及其他。顧先生認為〈克殷〉體現的是周末人的思想。這個「周末」似指戰國，因為顧先生指出〈克殷〉符合孟子「以至仁伐至不仁」之說。楊寬說：「〈世俘解〉是當時的實錄，出於史官的記載。〈克殷解〉也是可信的記載。……末段『立王子武庚』以下，當出於後人增補。」（《西周史》第四八七頁）〈克殷〉應當有原始記錄故其戮紂屍詳於〈世俘〉，同時有後人增飾。

清代程廷祚、孔廣森、魏源等認為，〈世俘〉就是鄭玄所說遺失的〈武成〉。康有為、章太炎、劉師培、岑仲勉、陳夢家、劉起釪等都有同樣看法。有人不以為然，認為程廷祚等人之說「不甚可靠」。以〈世俘〉與《漢書・律曆志》中《世經》所引〈武成〉月日相同，不知內容如何，就認為一書，未免武斷；孟子明說「何其血之流杵也」，足證「血流漂杵」是〈武成〉原文（蔣善國《尚書綜述》第四四一頁）。也有人認為〈世俘〉是經過改竄的〈武成〉，「篇名〈武成〉而改為〈世俘〉」；「孟子批評了『血流漂杵』，就刪去此句」；劉歆所作《世經》引用〈武成〉八十二字，「見於《漢書・律曆志》，其中干支與〈世俘〉完全不同」（趙光賢）。但是「學術界多認為〈世俘〉即〈武成〉。」（《夏商周斷代工程階段成果報告》第四五頁）

對〈世俘〉所述內容，孟子有激烈批評：「盡信《書》則不如無《書》。吾於〈武成〉取二三策而已矣。仁人無敵於天下，以至仁伐至不仁，而何其血之流杵也？」（《孟子・盡心下》）其實，「何其血之流杵」不過是對〈世俘〉記述殺人之多、之慘的情緒化語言而已。所以顧頡剛認為「不必文中真有此字樣」。試想，牧野之戰雖在一天內結束，斬了紂及其二妻頭，但太公望又戰鬥幾天肅清京畿地區殘部，武王派遣的四路大軍，每一路都陸續回來「告以馘、俘」，共計割下耳朵的就有十七萬人之多（可能有誇大）——戰鬥中殺死的要割下左耳以記功，被俘後不服的也要割下耳朵。回周都祭祀又射殺紂的一百個共惡臣，砍甲小子若干腦袋、砍殷諸侯四十個腦袋。這些都是血淋淋的，非常殘酷。此外，殺牛五百餘，小牲二千七百多。可是對照殷墟發掘報告和殷墟卜辭，可知這都是沿用殷商的禮制、習俗。在當時都是常事，件件與卜辭相合。但當周人得到天下以後，對殷商的滅亡作了深入反思。周公、召公認為「天不可信」，統治者必須「敬德」、「慎罰」、「保民」，所以王國維指出「中國政治與文化之變革，莫劇于殷、周之際」（《觀堂集林》卷十〈殷周制度論〉）。春秋時代理性思維的抬頭，對仍然存在的殺人祭祀、以活人殉葬，給予嚴厲譴責。孔子強調「仁者愛人」，「不語怪力、亂神」，對於在死人墓中以陶俑殉葬都深惡痛絕：「始作俑者，其無後乎！」（《孟子・梁惠王上》）楊伯峻注曰：「古代最初用活人殉葬，後來生產力逐漸提高，一個人的勞動除了供給本人的必須生活資料以外，還有剩餘可供剝削，逐漸地不用來殉葬，而改用土偶和木偶。孔子不明白這一歷史情況，卻認為先有俑葬，然後發展為人殉。」《文子・微明》曰：「魯以俑人葬而孔子嘆，見其所始，即知其所終。」魯僖公十九年邾婁人殺人祭祀，宋國的司馬子魚說：「古者六畜不相為用，小事不用大牲，而況敢用人乎？」（《左傳》）看來春秋、戰國時人，真的不知道商代和殷周之際殺人祭祀和以活人殉葬的事了，連商人的後代子魚、孔子也不知其事。其實，以孔子為代表的儒家思想是周公「敬德」、「保民」和「制禮作樂」及宗法制思想的進一步發展，所以周公是孔子心目中最為崇敬的人物，至於感嘆「久矣吾不復夢見周公！」（《論語・述而》）孔子應當讀過〈世俘〉，可惜沒有留下記載，不知這位博物君子對〈世俘〉持怎樣的看法，但是我們知道他對〈武〉的批評：「盡美矣，未盡善也。」孔安國注：「〈武〉，武王樂也，以征伐取天下，故未盡善。」（同上〈八佾〉）

《郭店楚簡》中的子思派文獻〈語叢二〉則說得更為直白：「〈賚〉、〈武〉樂取，〈韶〉、〈夏〉樂情。」到孟子，則公然以〈武成〉為不真實，不可信。〈武成〉所寫，一方面和孟子的思想格格不入，另一方面，同樣由於他缺乏歷史進化的知識。不獨孟子，在殷墟發掘、卜辭出土之前，人們大約都不能明白〈世俘〉中的大量砍殺。所以不能認為孟子否定〈世俘〉，都是出於宣傳儒家仁愛思想的需要。〈克殷〉中的武王斬紂，戰國時人如《墨子・明鬼下》、《戰國策・趙策三》、《尸子》、《荀子・正論》等，屢屢提起，他們都能接受，肯定，因為〈克殷〉如〈泰誓〉所說，針對的只是「一夫」紂。反觀〈世俘〉，則「連墨、道、名、法諸家也不曾引用過」（顧頡剛）。墨、道、名、法諸家都不引用，他們對於成百成百地殺人祭祖、祭天，大約和孟子一樣，也不敢相信，因為他們所熟悉的，同樣是春秋時代對以人為牲和以人殉葬的一片譴責聲，是《尚書・周書》所寫文王、周公的仁愛。司馬遷寫《史記》，用了〈克殷〉、〈度邑〉，而對於〈世俘〉或〈武成〉這樣重要的史料，只說了「行狩，記政事，作〈武成〉」幾個字，就因為司馬遷不相信它。社會、思想的進步，導致人們對上古真史實的否定、批評。這是一種奇異的社會現象。孔子「不語怪力、亂神」，「作為《春秋》，不道鬼神」《淮南子・主術》），把「黃帝四面」歷史化（《尸子》）等等，對於當時反對迷信、愚昧，無疑是一種進步，可是現代有人卻又指責孔子損害了中國古代神話的保存，與此情況雖然不同，但都由於古今認識所發生的變化。

楊寬引屈萬里的〈讀周書世俘篇〉認為，〈世俘〉「與〈武成〉是同記一事的篇章」（《西周史》第八六一頁），不說甲即是乙，態度謹慎。朱右曾：「此篇非一人所記」；章太炎：「集眾官所錄，未及編次」；趙光賢：「前後錯置，同一辛亥強分為二……頗疑可能原是兩篇同記一事」；李學勤：「時間雖有重疊，內容性質卻有區別，可能出於不同史官之手。」六天記事中，武王幾次告神祭祖，文辭都不完全，「只知『予沖子』是武王自己的謙稱，『文考』則指文王。看來當時專錄有文辭全篇，這裏只摘錄片斷，示意而已。」其中「非一人所記」，「集眾官所錄」，「兩篇同記一事」，「出於不同史官之手」，這些話都是相通的，有待於進一步研究。

漢景帝時孔安國所獻古文《尚書》，比伏生的今文《尚書》二十八篇多出十六篇，後來分為二十四篇，其中有〈武成〉，東漢光武帝建武年間（西元二五～五六年）亡佚。近年有的學者研究發現，有證據表明，〈世俘〉與《尚書》有一致之處。甲骨文、西周金文第一人稱代詞用「余」，不用「予」；第二人稱代詞用「女」，不用「汝」（管燮初《西周金文語法研究》第一七四頁、張玉金《甲骨文虛詞詞典》第三〇一、一八二頁）。這本是判定一部書著作時代早晚的標準。可是，「《書經》用『予』，《左傳》用『余』。」「《書經》用『汝』，《論語》用『女』。」（王力《漢語史稿》第二五九頁）與甲、金文相反。而本文「予沖子」凡三見，都用「予」而不用「余」，同於《尚書》而不同於甲、金文。這無疑有背常理。宋洪适《隸釋》載漢石經殘字，〈商書．盤庚〉「今予其敷腹腎腸」，「予」字作「我」；其《隸續》載魏三體石經，〈周書．大誥〉「予維小子」，「予」字作「余」。錢宗武以此推論：「可知漢魏以前的古本《尚書》，『予』或作『我』或作『余』。有可能西晉『永嘉之亂』後，梅賾獻的本子，『余』皆改定為『予』。」（《今文尚書語言研究》第二四一頁）如果是這樣，則與本文無關，不應影響本文。對此，周玉秀有進一步考證：

> 漢代立於博士的四部經書《尚書》、《詩經》、《公羊傳》、《穀梁傳》中除了《詩經》有一例「余」外，其它皆用「予」。／《逸周書》中二字都有，而「予」的用例遠遠多於「余」。「予」共六十三例，「余」共二十一例。／西漢是以用「予」為主的。／〈世俘〉、〈商誓〉、〈度邑〉、〈皇門〉、〈祭公〉等篇，許多學者認為是西周文獻，可這幾篇卻多用「予」，只〈芮良夫〉中有一例「余」。殷虛甲骨文和西周金文中都有第一人稱代詞「余」而無「予」。《逸周書》中這幾篇較早文獻用「予」也是經後人改寫的，與今文《尚書》的情形相似。〈世俘〉本是《尚書》逸篇，其他幾篇也極有可能屬於此類情形。／同一部書中用字不同就只能表示著其來源有所不同，《逸周書》用「余」和用「予」各篇，是來自兩部或兩部以上書的文獻，是經過一次或多次整合的。鄭玄既云「余」「予」古今字，則改「余」為「予」極有可能是今文經學家所為。用「予」諸篇可能與《尚書》有關。（《文獻學價值》第九八～一〇六頁）

這有助於說明，不管〈世俘〉與〈武成〉是否同一篇章，在戰國秦漢時，〈世俘〉有可能就被視為《書》篇，至少它與〈商誓〉、〈度邑〉等都同為經學家抄寫過。它並沒有被拋棄在一邊，維持著原始狀態。所以我認為，這是一項發現。

下面，依據王國維《觀堂集林》卷一〈生霸死霸考〉據月相、干支所推算日期，參照楊寬《西周史》「假定的武王克商日程表」把篇中記事列成表格，以為參考。文中月份究竟是周曆還是殷曆，姑且存疑。

正月壬辰旁死魄，翼日癸巳（二十六日）　武王自周興師。

二月戊午（二十一日）　周師渡盟津（《尚書・泰誓・序》、《史記・周本紀》）。

既死魄（庚申），越五日甲子（二十七日）　清晨，武王在牧野作〈牧誓〉（《尚書》），與殷師決戰，當即獲勝。殷王紂自焚死，俘殷紂共惡臣一百人。

三月丁卯（初一日）　呂望奉命戰勝殷臣方來，歸來獻馘俘。

戊辰（初二日）　武王在牧野祭祀文王，宣布政令。

壬申（初六日）　呂他奉命戰勝越戲方，歸來獻馘俘。

辛巳（十五日）　侯來奉命戰勝殷臣靡集於陳，歸來獻馘俘。

甲申（十八日）　百弇奉命率虎賁伐衛（韋），歸來獻馘俘。

四月庚子（初四日）　武王命令陳本伐磿，百韋伐宣方，新荒伐蜀。

乙巳（初九日）　陳本、新荒戰勝磿、蜀歸來，向武王報告擒獲霍侯、艾侯、佚侯、小臣等四十六人等。百韋戰勝宣方歸來，報告擒獲宣方之君等。百韋又奉命伐厲，報告馘俘。

辛亥（十五日）　在牧室，武王獻俘殷王鼎，祭告天宗上帝。祭周廟，追王列祖，告殷罪，正諸侯長之位。

壬子（十六日）　武王至周廟，手持黃鉞，正諸侯之位。

癸丑（十七日）　獻殷俘王士百人，用大享之樂。

甲寅（十八日）　報告伐殷於牧野，龠人奏〈武〉。武王入廟，獻〈萬〉舞，獻〈明明〉之樂三節。

乙卯（十九日）　武王率諸侯獻捷於周廟。龠人奏〈崇禹生開〉三節。祭祀結束。

既旁生魄，越六日庚戌（六月十四日？）　在鎬京，武王早晨至周廟，命史佚誦讀冊書，武王射殺紂之共惡臣百人，太師伐殷右甲小子，師氏伐四十個冢君，太師掮懸於白旂的紂首、懸於赤旂的紂之二妻首，燎祭於周廟。

辛亥（十五日？）　武王祭祀天帝神位。

乙卯（十五日？）　率各國祀馘於周廟，以斬紂告天、告稷。

六月的三個日子，從顧頡剛之說。經近年研究，學術界對於武王滅商之年儘管仍不一致，已經集中於西元前一〇五〇～前一〇二〇年範圍之內。對於甲子之月日，儘管仍有當時用殷曆、用周曆的不同意見，但對「越若來二月既死魄，越五日甲子」也逐漸有了比較接近的看法：

王國維　周曆二月二十七日（楊寬《西周史》、王玉哲《中華遠古史》都採用這一說）

《香港中文大學文化研究所學報》文：周曆二月二十五日（勞榦《古代中國的歷史與文化》第四五八頁引，勞榦本人也主此說，見其書第四三三頁）

趙光賢　殷曆二月二十九日

《夏商周斷代工程階段成果報告》「從研究〈武成〉曆日入手，逐一排比不同的月相說與克商年的對應關係」，推排西周金文曆譜的結果是：「二月癸卯朔，甲子二十二日。」此為周曆。《報告》定甲子克商日於西元前一〇四六年一月二十日，是指公曆（見《報告》第三〇、四七頁）。

王國維既說「既死魄，謂自二十三日以後至于晦也」，則二十二至二十九諸說，都在或基本在「既死魄」的範圍之內了。羅琨據《夏商周斷代工程階段成果報告》所作〈武王伐紂日譜〉，可參看羅著《商代戰爭與軍制》第三六五～三六六頁。中國社會科學出版社。

箕子第四十一　亡

盧文弨引惠云：「《廣韻》引《書》云：『武王悅箕子之對，賜十朋。』別無所見，當在此篇。」陳逢衡曰：「或謂武王既克殷訪問箕子，乃封于朝鮮而不臣，此其封之文也。」按，《史記・宋微子世家》載箕子對以「鴻（洪）範九等」（大法九類）以後說：「武王乃封箕子于朝鮮而不臣也」，封於朝鮮而不臣，即命箕子為朝鮮王。《周書・序》曰：「武王既釋箕子囚，俾民辟寧之以王，作〈箕子〉。」或曰，「俾民辟寧之以王」，當作「俾辟民，寧之以土」，意即使做朝鮮之君，以其土安之。

考德第四十二　亡

《周書・序》曰：「武王秉天下，論德施□而□位以官，作〈考德〉。」朱右曾曰：「舊作〈耆德〉，據〈序〉訂正。」孫詒讓曰：「案《史略》正作『考德』，與〈敘〉合。則宋本尚不誤。《漢書・律曆志》引〈考德〉逸文（見朱本逸文），即此。」而劉師培曰：「繹審其意〔〈序〉文之意〕，所言蓋官人之法，而《世經》所引則為少昊名青陽事，當與《大戴・五帝德》相類，似與此篇靡涉。」鴻恩按，朱右曾以「神農之時天雨粟」、「黃帝作井」、「少昊曰清」和「三王之統若循環」四條逸文，皆出〈考德〉，其中只有少昊一條《漢書・律曆志》說引自〈考德〉，而今傳本〈嘗麥〉篇有「少昊清」。「三王之統若循環」，是漢人的說法，始見於《尚書大傳》，「三統」、「三王之統若循環」均未見於先秦。

卷五

商誓第四十三

【題解】商誓，朱右曾曰：「誓，讀為『哲』，篇中有『商先誓王』，故以『商誓』名篇。」陳逢衡亦讀「哲」。潘振、莊述祖均解「誓」為「戒」，「戒殷之庶邦、庶士、庶民也。」李學勤說：「《禮記·曲禮》『約信為誓』，凡確定約束之辭都可稱誓。」（《古文獻叢論·〈商誓〉篇研究》）鴻恩按，誓，有戒敕、約束、告誡之義，讀本字是。但文中有讀「哲」的「誓」字，故理解不一。這是牧野之戰殷紂王兵敗自焚後，武王對殷商貴族、百官、諸侯的訓誥。《周書·序》曰：「武王命商王之諸侯綏定厥邦，申義告之，作〈商誓〉。」申義告之，即是「誓」字之義。

王若曰❶：「告爾伊、舊、何、父、□□□□幾、耿、肅、執❷，乃殷之舊官人、序文□□□□❸，及太史友、小史友❹，及百官、里君、獻民❺，□□□來尹師之敬諸戒❻，疾聽朕言，用胥生蠲尹❼。」

王曰：「嗟！爾眾，予言若敢顧天命，予來致上帝之威命、明罰❽。今惟新誥命爾❾，敬諸！朕話言自一言至于十話言❿，其惟明命爾⓫。」

【章　旨】武王要求殷商世家大族、大小官員、諸侯、百姓要嚴肅認真地聽取誥命，說明他不是來懲處他們，只是告誡、命令他們。

【注　釋】❶王若曰　王這樣說。劉起釪曰：「據殷代甲骨文和西周金文文例，凡史官或大臣代王宣布命令，或王呼史官策命臣屬，都在篇首先說『王若曰』，然後才轉述王的說話。」（《尚書校釋譯論‧大誥》「王若曰」注）❷伊舊何父句　伊舊何父，都是姓氏（劉師培）。伊，姓，伊尹的後代。舊，即「咎」字，舊、咎古通，如周平王宜咎或引作宜臼（舊字從臼聲），可能是咎單（《書‧序》：「咎單作〈明居〉。」咎單為商湯司空）的後代。何，疑是「向」字之訛，紂有內史向摯（《呂氏春秋‧先識》曰「殷內史向摯，見紂之愈亂迷惑也，于是載其圖法，出亡之周」）。父，「或傳說之傳」，《穀梁傳》隱公元年：「父猶傳也。」父、甫可通用，「傳」字從「甫」（均據劉說）。劉桓《甲骨集史》謂，在甲骨文中，已經找到「尋找已久的傳說」，就是「甫」，「此人應該就是我們所要尋找的武丁朝輔弼之臣傳說」。「由氏姓與封地的對應關係，知卜辭『甫』為甫（傳說）的封地」，「武丁應是以傳地封給傳說，傳說由此得稱傳氏」（〈關於殷代武丁的輔弼之臣傳說的考證〉）。鴻恩按，劉桓說與劉師培說吻合。□□□□，不詳為何字。丁宗洛補「伯舅伯父」，朱駿聲補「殷侯尹氏」，劉師培曰「所缺四字不可考」。幾耿肅執，朱右曾曰：「皆殷之世家大族也。」《左傳》定公四年殷民七族有饑氏，六族有蕭氏。幾，即饑，《路史‧國名紀》相州有幾城。肅，即蕭也。《尚書‧序》「祖乙圮于耿」，耿即邢，二字音近相通，即今河北邢臺，古代有以地為氏的習俗。執、摯通，《詩經‧大雅‧大明》有「摯仲氏任」，摯，商代國名，任姓，商湯左相仲虺之後，《左傳》昭公二十二年，周景王之臣有摯荒。朱右曾曰：「（以上）皆殷之世家大族也。」❸乃殷之舊官人序文□□□□　乃殷之舊官人序文，唐大沛「疑是注，非正文」，刪之。乃，孫詒讓、劉師培以為是「及」字。李學勤釋為代詞，你們。官人，當指職官主事之人（李學勤）。序文□□□□，莊述祖《尚書記》校改「序文」為「庶位」，意即眾官。劉師培曰：「『序文』乃『庶義』之訛（義俗作『乂』，因訛為『文』），下文『越爾庶義庶刑』是其證，所闕當有『庶刑』二字。」孫詒讓注下文「庶刑庶義」曰：「謂眾掌刑掌事之官。」❹太史友小史友　原作「太史比、太史昔」，莊述祖校改「比」、「昔」均為「友」字。孫詒讓曰：「莊校與《書‧酒誥》合，是也。《說文》『又』部古文『友』，與比、昔二字並相似，故傳寫致訛。」鴻恩按，馬敘倫《說文解字六書疏證》亦引莊述祖此說釋「友」字（《古文字詁林》第三冊第四五六頁），下文「比邦冢君」，孫亦以「比」為「友」，陳漢章亦以為是。謹從諸說，改「比」、「昔」為「友」。友，僚友；大史、小史皆不止一人，故曰友（參屈萬里《尚書今註今譯・酒誥》）。鴻恩按，莊說得到孫、馬之論證與贊同，應可信。太史、小史，是官名。甲骨卜辭中有大史、小史，史官當時負責祭祀、田獵、戰事、出使等事（胡厚宣等《殷商史》第六章第三、四節）。❺百官里君獻民　「君」字原作「居」。下文有「百姓、里居、君子」，又有「百姓、獻民」，劉師培曰：「百姓即百官，君子即獻民。」獻民，賢人（《尚書・洛誥》孔傳）；指歸附的殷之士大夫、貴族（參《作雒》孔晁注）。《尚書・酒誥》也有「百姓、里居」，〈史頌簋〉有「里君、百生（姓）」，〈令彝〉有「眔里君，眔百工。」王國維認為「里居」是「里君」之訛（《尚書校釋譯論》第一四〇七頁）。楊寬《西周史》說里君即「一里之長」。鴻恩按，今從改二「里居」為「里君」。❻□□□來尹師之敬諸戒　莊述祖校改為「及邦君師尹敬諸」。按，師尹，各屬官之長。孔穎達釋《尚書・洪範》「師尹」曰：「師，眾也；尹，正也。眾正官之吏，謂卿士之下有正官大夫，與其同類之官為長。」唐大沛疑「戒」為「哉」字之訛，「敬諸哉」猶言「敬之哉」，篇末有「敬之哉」。丁浮山以「戒」為「咸」字訛，也可通，則屬下句讀。此句多誤，姑從莊、唐讀作「及邦君師尹，敬諸哉」。❼疾聽朕言二句　疾，速。用胥生蠲尹，唐大沛曰：「用是胥匡，以生蠲潔也。」朱右曾釋「蠲」為「明」，與唐說義可相通。胥，相。莊述祖曰，武王對殷商官員不追罪，皆「復其舊官人、庶民各安攸處，侯、甸、男、衛無改舊封。」武王採取此種措施，希望殷商官員產生廉明的官長。❽予言若敢顧天命二句　「予言若敢顧天命，予來致上帝之威命、明罰」，孫詒讓曰：「『予言』上當有『聽』字。上下文並云『聽朕言』，可證。」鴻恩按，有「聽」字語順。若，章檗本「若」作「非」。若，其（唐大沛引《經傳釋詞》），在這裏應是表達反問語氣，相當於「豈」。明本多作「若」，「豈敢顧天命」與「非敢顧天命」，意思相同。唐大沛釋「顧」為覬覦，「其敢覬覦天命」。致，傳達。❾誥命爾　告誡你們。誥命，告誡、命令。誥，告誡；勸勉。秦以前上下都可用「誥」，秦以後「誥」字專用於帝王告誡下。❿朕話言自一言至于十話言　話言，善言。《詩經・大雅・抑》毛傳：「話，善言也。」十話言，朱駿聲曰：「十，故書作『千』，當從之。」⓫其惟明命爾　都是清楚地在訓誡你們。其，指示代詞，指代上文「話言」。惟，句首語氣詞，有幫助判斷的作用。命，教令；訓誡。《尚書・多方》「我惟大降爾命」，孫星衍《尚書今古文注疏》謂「命者，《詩・箋》云：『猶教令也。』」

【語　譯】武王這樣說：「告訴你們伊氏、咎氏、向氏、傅氏、……饑氏、耿氏、蕭氏、摯氏諸世家，及殷朝的舊官員、掌事掌刑的眾官員，及太史的僚友、小史的僚友，及百官、里長、賢良的士大夫，以及各國諸侯、各屬官之長，都要莊敬謹慎，趕快來聽我講話，以便使你們之中產生出清明的官長。」

王說：「喂！你們大家聽我講話，我豈敢覬覦天命，我來這裏是傳達上帝的威嚴命令，奉行嚴明的刑罰，今天是第一次告誡和命令你們，你們要認真嚴肅地聽！我充滿善意的講話，從一句到千百句，都是明白地命令你們。」

王曰：「在昔后稷❶，惟上帝之言❷，克播百穀❸，登禹之績❹。凡在天下之庶民，罔不維后稷之元穀用蒸享❺。在商先誓王❻，明祀上帝❼，□□□□❽，亦維我后稷之元穀用告和❾，用胥飲食❿。肆商先誓王⓫，維厥故⓬，斯用顯我西土⓭。

「今在商紂，昏憂天下⓮，弗顯上帝⓯，昏虐百姓，違天之命⓰。上帝弗顯，乃命朕文考曰⓱：『殪商之多罪紂⓲！』肆予小子發⓳，弗敢忘天命。朕考胥翕稷政⓴，肆上帝曰㉑：『必伐之！』予惟甲子㉒，克致天之大罰㉓，成帝之來，革紂之□㉔，予亦無敢違大命㉕。

【章　旨】周先祖后稷對上天下民有大貢獻。而紂倒行逆施，背棄天命，上天命周文王殺死他，甲子之事是執行上天的大罰。

【注　釋】❶后稷　周人的始祖，名棄，姬姓。擅長農耕。堯舉為農官。舜封之於邰（今陝西武功西），號后稷。幫助禹治水，播種百穀，勤勞農事。《尚書·堯典》和〈皋陶謨〉說，后稷與堯、舜、禹為同時人。今人楊寬考證，「后稷原是稷神的稱謂，不是人名。猶如土地之神的稱為『后土』。」《詩經·大雅·生民》即周族相傳的后稷神話。周人自己說從后稷到文王只有「十五王」(《國語・周語下》),所以后稷的時代不可能早到虞、夏,「該是商代周族人的祖先」,「這時正當商代前期」(《西周史》第一六、一二七頁)。❷惟上帝之言　孫詒讓曰:「疑『言』之誤。」按,言即「享」字,意為進獻、祭享,多用於祭享鬼神。今從孫說。惟,為;以。❸克播百穀　善於播種各類穀物。克,勝任;擅長。❹登禹之績　記錄禹的功績。登,上;記錄。績,功績。❺罔不維后稷句　無不以后稷生產出的嘉穀祭神、食用。罔不維,無不以。維,以(參吳昌瑩《經詞衍釋》)。元穀,嘉穀。元,善。用,以。蒸享,蒸,祭祀名,《爾雅・釋天》:「冬祭曰蒸。」這裏泛指祭祀。陳逢衡曰:「用蒸享者,民乃得以立食,養其親,祭其先也。」❻先誓王　章檗本與諸本不同,「誓」字作「哲」,是用本字。《尚書・酒誥》說到「在昔殷先哲王」,也用「哲」。這裏借「誓」為「哲」。❼明祀上帝　祭祀上帝。明祀,即祭祀。明,潔淨(祭祀所穿之衣稱明衣,所用之水稱明水等)。❽□□□□　朱右曾曰:「當是『社稷宗廟』四字。」❾告和　莊述祖曰:「告和者,奉盛以告民和也。冬祭曰烝。」朱右曾亦主「民和」說。陳、唐釋為四時和調,可通。❿用胥飲食　共同飲食。胥,相;共同。⓫肆商先誓王　於是商明哲的先王。肆,故;於是。⓬維厥故　因為這個緣故。厥,其。⓭斯用顯我西土　就命我周為西方諸侯之長。斯,就。顯我西土,莊述祖曰:「謂帝乙命王季為西伯。」是據《帝王世紀》為說,古本《竹書紀年》曰:「太丁四年(楊寬曰『太丁當作「文丁」』)周人伐余無之戎,克之。周王季命為殷牧師。」(方詩銘、王修齡古本《竹書紀年輯證》)《左傳》哀公十三年:「王合諸侯,則伯帥侯牧以見于王。」可知此「牧」是「諸侯之長」的一種稱呼(《西周史》第六八頁)。⓮昏憂天下　昏憂,俞樾以為當作「昏擾」,昏、擾同義,昏擾天下,言亂天下也。孫詒讓以為應讀為「泯擾天下」,猶《尚書・康誥》「天惟與我民彝大泯亂」,昏、泯字通。按,王引之曰「泯亦亂也」。今從俞、孫說。⓯弗顯上帝　不敬上帝。顯,尊重;尊貴。這裏是認為尊貴的意思(參《尚書校釋譯論》第一四〇四頁〈酒誥〉「天顯」注)。鴻恩按,陳逢衡釋「弗顯」為不佑,是釋下文「上帝弗顯」,而「昏擾天下」四句的主語都是商紂。⓰違天之命　章檗本違字作「奉」,丁宗洛改為「棄」,朱本從。劉師培曰:「奉,當作『韋』。《說文》:『韋,相背也。』韋、奉形近致訛。(《史記・衛康叔世家》『奉王命』,據三傳說『奉』亦『韋』訛。與此同。)下文『予亦無敢違天命』,其證也。」鴻恩按,棄、違義相合,而改「違(韋)」有據,今依劉說改「棄」為「違」。韋、違,王力先生認為是「音近義通」的同源字(《王力古漢語字典・序》)。⓱乃命朕文考曰　於是命我先父文王說。文考,指文王。考,先父。父死曰考。⓲殪商之多罪紂　殺死罪孽深重的商紂。殪,殺死。⓳小子發　武王自稱。小子,自稱的謙詞。⓴朕考胥翕稷政　朱右曾曰:「翕,順也。文王順行稷政,未遑致天討。」㉑上帝曰　孔子、孟子都說「天何言哉」、「天不言」(《論語・陽貨》、《孟子・萬章上》),「但是原始的信仰並不如此,上帝不是不言的,確是『諄諄然命之』的。……這真是當時史官的記錄。」（《西周史》第四八八頁）㉒甲子　甲子之日，即武王與紂在牧野決戰、紂兵敗自殺之日。詳見〈世俘〉及注。㉓克致天之大罰　得以實行上天的重罰。㉔成帝之來二句　「成帝之來，革紂之□」，「成」字原為闕文。「之」下闕文，莊述祖、唐大沛、朱駿聲補「命」字，唐曰：「《易》云『湯武革命』。」孫詒讓曰：「《墨子・非攻下篇》說武王伐紂云『王既已克殷，成帝之來』，與此正同，此『帝』上闕文即『成』字，當據補。來，即『賚』之省，言受帝之賜賚。『革紂之』下，疑闕『政』字，莊補『命』字，亦通。」今補「成」字。「命」、「政」均可通，今姑從「政」說，以避與下句重複。㉕大命　即指天命。

【語　譯】武王說：「從前后稷，由於祭享上帝，擅長播種各種穀物，（因而）記錄在禹世的功勞簿上。凡是生活在天下的百姓，無不以后稷生產出的優良穀物來祭神、食用。殷商明哲的先王，潔淨地祭祀上帝、社稷先祖，也只用我后稷生產出的優良穀物，來報告天時的和順，來共同飲食。於是殷商明哲的先王因為這個緣故，就命令我們周做西土諸侯之長。

「現在商紂，禍亂天下，不敬重上帝，昏亂虐害百姓，違背天命。上帝得不到敬重，就命令我先父文王說：『殺掉殷商罪惡深重的紂！』所以我小子發，不敢忘記天命。我先父全都遵順后稷的政令，所以上帝說：『一定要討伐紂！』我於是在甲子這一天，得以奉行上天的大罰，成就上帝的恩賜，更改了給與紂的王命，我可是不敢違背上天大命的。

「嗚諸❶，昔在我西土❷，我其有言❸，胥告商之百姓無罪❹，其維一夫❺。

予既殛紂❻，承天命，予亦來休命爾百姓、里君、君子❼，其周即命❽。□□□□□□□□□□□□□□□□□□□□□□□□□□□□□□□□□□❾，爾邦冢君，無敢其有不告見于我有周❿。其比邦冢君，我無攸愛⓫，上帝曰：『必伐之⓬！』今予惟明告爾，予其往追□紂⑬，遂蓁集之于上帝⑭。天王其有命⑮：爾百姓獻民其有綴芳⑯。夫自敬其有斯天命⑰，不令爾百姓無告⑱。西土疾勤，其斯有何重⑲？天維用重勤，興起我罪⑳，勤我無克㉑，乃一心爾多子㉒。其人自敬助天㉓，永休于我西土㉔，爾百姓其亦有安處在彼。宜在天命㉕，弗反側興亂㉖，予保奭其介㉗。有斯勿用天命，若朕言在周，曰：『商百姓無罪。』朕命在周：『其乃先作，我肆罪疾㉘。』予惟以先王之道御㉙，復正爾百姓㉚。越則非朕㉛，負亂㉜，惟爾在我㉝。

【章　旨】武王把殷商貴族與紂區別開，宣稱殷商貴族無罪，只要服從周就可以安居無事。同時警告他們認清天命，不可再次作亂。

【注　釋】❶敬諸　敬之。❷昔在我西土　章、盧、陳、唐諸本如此，朱本無「我」字，亦無刪之之由，今依諸本恢復「我」字。其，就；已經。裴學海《古書虛字集釋》曰：「其，猶既也，已也。」王叔岷《古籍虛字廣義》說同，並曰：「《書・禹貢篇》：『淮、沂其乂，蒙、羽其藝。』偽孔傳：『二水已治，二山已可種藝。』已釋兩『其』字為『已』。」❸有言　元刊本、章本作「齊言」，莊述祖校為「齊（齋）信」，意為莊重誠信。亦可取。《彙校集注》曰：「餘諸本作『有言』，盧校從。」陳、唐、朱從盧。❹商之百姓無罪　商朝百官無罪。百，下原無「姓」，莊述祖、丁、唐補「姓」字，孫詒讓曰當有「姓」，下文亦云「商百姓無罪」。今從補。❺一夫　即《孟子》、《荀子》所說「獨夫」，指紂。鴻恩按，「昔在我西土……其維一夫」，指兩年前武王觀兵盟津時，「在會盟的〈太誓〉中鄭重聲明他殺伐的目標只有『獨夫紂』一人，就是要許多原來屬於殷的諸侯，早日認清形勢，脫離商紂，不再助紂為虐。」（《西周史》第四九四頁）《荀子・議兵》：「誅桀、紂，若誅獨夫，故〈泰誓〉曰『獨夫紂』，此之謂也。」❻予既殛紂　我已誅殺紂。殛，誅殺。❼予亦來休命爾百姓里君君子　來休命，賜以嘉命（劉師培）。來，與「賚」同。休命，指罷兵息民（唐大沛）。百姓里君君子，劉師培曰「百姓即百官，君子即獻民」，已見於上文。

❽其周即命　應當受命於周。即，就。❾□□□句　各本二十九個闕文，朱右曾本二十八個闕文，朱駿聲亦補二十八字：「亦維紂敷虐于殷庶邦，淫酗無度，罔顧于商先哲王，天大降威，畀我有周」二十八字，可以備參。唐大沛曰：「各本皆有空圍闕二十九字，今無可考。而上下文義尚可承接。」今據各本增一空圍。❿爾邦冢君二句　「爾邦冢君，無敢其有不告見于我有周」，「邦冢君」，章、盧、陳等諸本皆作「冢邦君」，孫詒讓改之，曰「邦冢君，朱本作『冢邦君』，尨改，非是。下文『其斯爾邦冢君』，朱本亦作『冢邦君』，亦非。」鴻恩按，先秦典籍均作「邦冢君」，如《尚書・牧誓》、〈召誥〉、〈秦誓〉等，唯有此文作「冢邦君」，與諸書不同，今從孫說改。邦冢君，指殷商諸侯。冢，長；大。其，擬議之詞，將；會。告見于我有周，孫詒讓曰：「告，當讀為『造』，古文之省，謂就見于周也。」有周，即周，有字為名詞詞頭，一說助詞。⓫其比邦冢君二句　比，合（唐大沛）；親密。諸家以為「比」字亦應作「友」。唐說可通，今仍之。大意是，與紂勾結在一起的諸侯膽敢違抗命令，我就不客氣了。攸，所。⓬上帝曰二句　陳逢衡曰：「前云『上帝曰必伐之』者，伐紂也，此言『上帝曰必伐之』者，伐紂之黨也，蓋指方來、越戲方等諸國，故曰『往追』。」⓭予其往追□紂　闕文唐補「若」，朱駿聲補「商」。鴻恩按，未知闕文是何字，似不應是「商紂」，必待商紂已死，殷都附近之敵基本肅清，武王才可能召集如此眾多的殷商官員、諸侯講話。李學勤曰：「表明當時尚未征討四方」，「〈商誓〉之作，只能在武王居於殷都的幾天期間」。其，表示將然之詞。追□紂，應指追討紂黨。⓮遂遳集之于上帝　全數將他們集中到上帝那裏。遂，盡數；全部。《周易・繫辭》：「無有遠近幽深，遂知來物。」《古書虛字集釋》釋「遂」為「遍」，遳集，聚集。遳，至；聚。⓯天王其有命　盧文弨疑「王」字衍，唐大沛刪「王」。⓰綴艿　即連續因仍之意。盧文弨曰：「謂若絲之絕而更續，草之刈而更生也。」《廣韻》：「艿，謂陳根草不芟新草又生，相因仍（原作『艿』，段玉裁引作『仍』）也。」按，此即指不改動殷商官員。⓱夫自敬其有斯天命　人人珍視自己有此天命。夫，人人：大家。鴻恩按，《尚書・召誥》「夫知保抱攜持厥婦子」孔穎達疏：「夫，猶人人，言天下盡然也。」王引之《經傳釋詞》曰：「夫，凡也，眾也。」⓲無告　困苦而無處告訴。⓳西土疾勤二句　唐大沛曰：「言亦可休西土之人，不令其疾勤也。如此，何用再徵發也？」疾，憂心。重，再。⓴興起我罪　意謂如果再次討伐你們，勞動民眾，不合於天意，必使我產生罪過。㉑勤我無克　（擔心）勞苦我西土之人不可避免（參朱右曾說）。㉒乃一心爾多子　才一心一意來勸說你們眾卿大夫。多子，多士。大夫稱子。「是對大臣或諸侯一類人物的稱呼。」（李學勤）㉓其人自敬助天　如果人人自重幫助上天。其，假設連詞，如果。人，人人；每個人。㉔永休于我西土　使我西土永遠美善。休，美善；福祿。㉕宜在天命　應當審察天命。在，察；仔細看。㉖弗反側興亂　弗反側，原作「□及惻」，陳逢衡疑作「若反側」，唐大沛改為「乃反側」，讀作「若

（或『乃』）反側興亂，予保奭其介有斯勿用天命？」釋「保奭」為太保召公。此說可通，但不知武王時召公是否已做太保。朱本從丁宗洛、浮山改「弗反側」，不與「有斯」句連讀，今從丁、朱。反側，反復無常。㉗保奭其介　朱右曾：保，安。奭，盛。介，大。㉘有斯勿用天命七句　「有斯勿用天命，若朕言在周，曰：商百姓無罪。朕命在周：其乃先作，我肆罪疾」，朱右曾以「有斯勿用天命」句當在「朕命在周」下，此數句作：若朕言在周，曰：「商百姓無罪。」朕命在周，有斯勿用天命，其乃先作，我肆罪疾。——如此則語順，譯文從此說。若，轉折連詞，至於。朕言在周，指觀兵於盟津時武王曾說「商百姓無罪」。百姓，百官。斯，此。先作，搶先發動叛亂。肆，遂；於是。疾，厭惡；憎恨。㉙御　統御；治理。㉚復正爾百姓　使你們百官恢復正道。復正，恢復正道。㉛越則非朕　超越法則的不是我。㉜負亂　仗勢作亂。負，憑藉。㉝在我　朱右曾曰：「言爾之禍福在我。」

【語　譯】「你們要莊敬地聽我說話。從前在我西土，我已經有話，告訴殷商百官，他們沒有罪，有罪的只是紂一人。我既然誅殺紂，奉行了天命，我也就賜予你們美好的命令：百官、里長、士大夫就都接受周的命令。……你們各國諸侯，不許膽敢有不來報到、見我周人的。與紂勾結的諸侯，膽敢違抗命令，我對他們沒有什麼顧惜的。上帝說：『一定要討伐他們！』現在我是明白地告訴你們，我將派兵追討紂的餘黨，全部把他們集中到上帝那裏去。上天已經有命令：你們百官、士大夫，繼續以前的職位而又得到了新生。人人珍視自己有這樣的天命，不讓你們百官處境困苦而無所告訴。西土的人痛恨出征勞苦，這樣的出征怎麼會有第二次？上天只因為看重這樣的勞苦，擔心我再次出現興兵勞民的罪過，不可避免地勞苦西土，就一心關注你們諸位。如果你們人人自重，幫助上天，就使我們西土得到永遠的福祿，你們百官也將有安適的處所在那裏。應該審察天命，不要反復無常發動叛亂，我周安定、強盛，會越來越強大。至於我在周曾說：『殷商百官沒有罪過』；可我在周也下過命令：『有這等不遵天命的人，如果他們搶先作亂，我就治罪、痛恨他們。』我只是用先王之道治理，使你們百官恢復正道。超越法則的不是我，如果仗勢作亂，你們的禍福就掌握在我手裏了。

王曰：「百姓，我聞古商先哲王成湯❶，克辟上帝❷，保生商民，克用三德❸，疑商民弗懷❹，用辟厥辟❺。今紂棄成湯之典❻，肆上帝命我小國曰❼：『革商國❽。』肆予明命汝百姓，其斯弗用朕命❾，其斯爾邦冢君、商庶百姓，予則肆劉滅之❿。」

王曰：「靃予天命⓫，維既咸汝⓬，克承天休于我有周⓭，斯小國于有命不易⓮。昔我盟津⓯，帝休辨商⓰，其有何國⓱？命予小子，肆伐殷⓲，亦辨百姓，庶刑庶義左右予⓳，予肆劉殷之命⓴。

「今予維篤佑爾㉑，予史太史違㉒，我寔視爾，靖疑㉓，胥敬諸㉔。其斯一話㉕，敢逸僭㉖？予則上帝之明命，予爾辨，辨商百姓越爾庶義庶刑㉗，予維及西土㉘，我乃其來即刑㉙。乃敬之哉㉚！庶聽朕言㉛，罔胥告㉜。」

【章　旨】武王用成湯和殷紂正反兩面的典型、安撫和威脅的兩種手段，反復曉告殷商貴族，要他們順從上帝、大命，服從周的統治。

【注　釋】❶成湯　商朝的開國之王成湯。《竹書紀年》說「湯有七名」，文獻中有成湯（金文作「成唐」）、湯、唐、武湯、武王、天乙（甲骨文作「大乙」）、履，甲骨文尚有咸（成?），見《尚書校釋譯論》第一四〇六頁。❷克辟上帝　克辟，能輔助。辟，孫詒讓曰，為𡰪之省，𡰪猶相助也。《爾雅・釋詁》云「艾，相也。」艾即𡰪之借字。「𡰪上帝」與《孟子》「惟曰其助上帝」義同。鴻恩按，于省吾《雙劍誃諸子新證・晏子春秋一》：「辟，輔也，與弼義相因。」于說與孫說相合，辟、弼相通。❸三德　剛、柔、正直（唐大沛、朱右曾依《尚書・洪範》為說）。❹疑商民弗懷　朱右曾曰：「疑，定也。定商民之不安。」《詩經・大雅・桑柔》「靡所止疑」，毛傳曰「疑，定也。」懷，安。❺用辟厥辟　〈皇門〉篇「以助厥辟勤王國王家」與此義同（孫詒讓）。厥辟，他們的君王。❻典　法度；規矩。❼小國曰　小國，周人自稱小國，而稱殷為戎殷（大殷）。❽革商國　革除商國。革，改變；除去。❾其斯弗用朕命　如果竟不執行我的命令。其，假如。斯，乃；竟然。❿肆劉滅之　肆，原為闕文，陳、丁、唐以為是「咸」，朱右曾以為是「虔」。孫詒讓曰：「下云『予肆劉殷之命』，此處闕文疑亦當作『肆』。」鴻恩按，「『咸』之本義為殺。」（《古文字詁林》第二冊第六九頁引吳其昌說）。這裏已有「劉、滅」，則此補「咸」義應為「皆」。今從孫說。⓫霾予天命　盧文弨曰：「《說文》：『霾，飛聲也。雨而〔鳥〕雙飛者，其聲霾然。』」徐鍇曰：『其聲霍忽，疾也。』然則此亦當為命不于常之意。」陳逢衡曰：「當是一旦奄有天下之意。」鴻恩按，此即「霍」字，古文「霍」其下部作一、二、三「隹」者均有。⓬維既咸汝　此處斷句不同，陳逢衡以此為句，唐大沛從之，朱右曾同。咸汝，唐曰：「咸，與誠通，誠也。蓋謂予既以誠心待汝。」朱右曾曰：「咸，皆也。皆以告也。」鴻恩按，唐說勝朱。⓭克承天休于我有周　克，肩任（《尚書・呂刑》江聲《集注音疏》）。承，承擔。⓮不易　不改變，「不易前『安處在彼』之命。」（朱右曾）⓯昔我盟津　指武王九年武王觀兵盟津。盟津，黃河津渡名，周武王在此盟會諸侯並渡河，故名盟津。後來訛傳為孟津（一說原稱孟津）。在今河南孟津東、孟縣西南。⓰帝休辨商　孫詒讓曰：「《說文・辛部》云：『辯，治也。』帝休辨商，謂帝嘉命我治商之罪也。」鴻恩按，辯、辨、辦相通。辨，治罪；懲辦。⓱其有何國　商還有什麼國家。⓲肆伐戎殷　原作「肆我殷戎」，孫詒讓曰：「疑當作『肆伐戎殷』，猶《詩・大雅・大明》云『肆伐大商』也。」劉師培以為「我」即「戎」訛，下「戎」字為衍文，〈中庸〉「壹戎衣」，鄭注云「壹用兵伐殷」，此「肆戎殷」猶云遂加兵於商也。鴻恩按，《尚書・康誥》「殪戎殷」有二解，或解「戎」為兵，或解為「大」。屈萬里、劉起釪主「大」說，同孫詒讓。「肆伐大商」、「戎殷」皆《詩》、《書》現成語，且《尚書・召誥》、〈顧命〉有「大國殷」、「大邦殷」，《詩經・大雅・大明》「大商」二見，故「肆我殷戎」，應是「肆伐戎殷」一訛一倒而成。今從孫說。⓳亦辨百姓一句　「亦辨百姓，庶刑庶義左右予」，「百」下原無「姓」字，「庶刑庶義」原作「度□□美」，孫詒讓曰：「此疑當作『亦辨百姓庶刑庶義左右予』。庶刑庶義，謂眾掌刑掌事之官，言使治眾百官以佐助予也（百姓，亦即眾官）。」鴻恩按，孫以「百」下脫「姓」字，「度□□美」為「庶刑庶義」之訛脫（下文有「庶義庶刑」），「度」為「庶」訛，「美」為「義」訛，甚合情理。王國維曰：「庶官謂之事。」（《觀堂集林》卷六〈釋史〉）即孫氏所說「掌事之官」。今據孫說補「姓」，改為「庶刑庶義」。左右，輔佐。⓴命　這裏指政令。㉑篤佑爾　誠實地福佑你們。㉒予史太

史違　「中」字一本作「吏」。朱右曾曰：「『予史』當為『予使』，古史、使通假。違，太史名。」徐中舒曰：「史、事、吏、使初為一字，後漸分化，意義各有所專。」（《古文字詁林》第七冊第三七二頁）㉓我寔視爾二句　朱右曾曰：「寔，是也。言我是示爾，安爾所疑。」寔，是；此。視，通「示」。靖，安。㉔胥敬諸　「諸」字原作「請」，莊述祖改「諸」，丁、朱改「誥」，孫詒讓曰：「莊校與上文合，是也。」今從莊校。胥，皆；都。㉕其斯一話　其斯，鴻恩按，上文的「其斯」用於動詞前，「斯」義為「乃」，這裏用於名詞「話」前，「斯」義為「此」。㉖敢逸僭　陳逢衡曰：「猶所謂朕不食言也。」鴻恩按，陳以「逸僭」的主語是武王，與下文無法貫通。李學勤先生以為「逸僭」的主語是「殷人」（《古文獻論叢》第八五頁），甚是。逸僭，過失；差錯。㉗予則上帝之明命三句　「予則上帝之明命，予爾辨，辨商百姓越爾庶義庶刑」，兩「辨」字章檗本作「拜拜」，朱本據丁宗洛改作「屏屏」，「拜」後之「爾」原作闕文「□」，陳逢衡補「乃」字，丁、朱補「爾」。孫詒讓曰：「兩『拜』字並『辨』之誤（朱本兩『拜』字並從丁校改作『屏』，失之。）言上帝命予爾治，治百姓及眾官也。（朱云『庶義庶刑』言『義所當刑』，失之。）」則，法也（陳逢衡）。鴻恩按，辨、拜二字古文音近、形近，故生訛誤，丁、朱改「屏」乃想當然。今據孫說與上文之「辨商」、「辨百姓」改「屏，屏」為「辨，辨」，補闕文「商」。越，連詞，與。這種用法多見於《尚書》。㉘予維及西土　我雖在西土。維，讀作「雖」（唐大沛）；惟、唯、維、雖，可通用（王引之）。及，至；在。㉙乃其來即刑　就是要到你們殷來就地用刑罰。其，這裏表示行動的希望、決心，義為「要」。鴻恩按，俞敏先生論「予其殺」、「予其誓」句式說：「『予其……』是用第一身虛擬口氣表達自己命令自己也就是下了決心的口氣。」（《經傳釋詞札記》第八三頁）這裏作「我乃其」，多一「乃」（申明主語「來即刑」），而「我其刑」的基本語意不變。㉚乃敬之哉　你們要敬慎。乃，你們。㉛庶聽朕言　希望聽我的話。庶，表示希望之詞。㉜罔胥告　朱右曾曰：「言毋謂我罔以斯言相告也。」李學勤疑最後一段有錯簡，作了調整，仍從朱本讀「拜」為「屏」，庶義讀作「庶儀」，「敬諸」從丁、朱改為「敬誥」，這段話為：「今予維篤佑爾，予爾屏，屏爾百姓越爾庶儀庶刑。予吏（使）太史違，我寔視爾，靖疑胥敬誥（告）。其斯一話敢逸僭，予則上帝之明命，予維（雖）及西土，我乃其來即刑。乃敬之哉！庶聽朕言罔胥告。」以為「『予爾屏，屏爾百姓越爾庶儀庶刑』即指保護祿父（武庚）政權而言」。則「庶儀庶刑」義當為各種表率、典範。可備參。

【語　譯】武王說：「各位官員，我聽說古代商先世明哲的王成湯，能輔助上帝，保障商民的生存繁衍，能用三種品德，安定商民的不安情緒，使商民幫助其君王。如今殷紂背棄成湯的法典，所以上帝命令我小國周說：

『除掉商國。』所以我現在明白地命令你們百官，如果竟敢不執行我的命令，我就放手地殺滅你們諸侯、眾百官。」

武王說：「忽然之間對我降下天命，我已經對你們誠心相待，我小國周肩負上天嘉命，我們這個小國對既有的命令是不會改變的。過去我在盟津，上帝降下嘉命懲治商紂的罪惡，商還有什麼國家？上帝命令我小子，所以我討伐大邦殷商，也管理百官，眾多掌刑掌事的官員一起輔助我，我因而廢除商了的政令。

「現在我是誠實地護佑你們，我派遣太史違，我這是示意你們，安定你們的疑慮，你們都要敬慎啊。難道這一席話，你們膽敢不聽從而有差失嗎？我是依照上帝嚴明的命令為法度的。所以我如此來治理你們，治理商的百官和你們掌事掌刑的眾官員，我雖然在西土，可我是要到殷來就地處罰的。你們要敬慎啊！希望聽從我的話，(不要說事先）沒有警告你們。」

【研　析】這是牧野之戰以後，武王在殷都召集殷商世家大族、百官、諸侯發表的一次講話，是周人對殷商貴族政策的一次宣示。這次講話的內容主要有以下三點：

第一，周革商命，是出於天命。由於商紂倒行逆施，「泯擾天下，弗顯上帝，昏虐百姓，違天之命」，背棄其祖上「克辟上帝，保生商民」的「成湯之典」，而周文王則遵行有功於上天下民的「稷政」，導致天命的根本改變，上帝命令周文王、周國殺掉紂、除去商：「殪商之多罪紂！」「必伐之！」「革商國。」所以武王伐紂只是「致天之大罰，成帝之來，革紂之政」。因此，殷商的諸侯、百官，必須遵從上帝的意旨——天命。文中十一次說到「上帝」、兩次說到「帝」，八次說到「天命」、「天之命」。

第二，對殷商貴族採取安撫政策。武王要求殷人服從天命、服從周人統治。為此，他在兩年前觀兵於盟津時就宣布：「商之百姓無罪，其維一夫」，即殷商的百官無罪，有罪的只是一個紂，以便縮小打擊面，消除官員、諸侯的顧慮。現在將要懲罰、追討不來降服甚至逃跑的紂的同黨，所以進一步安撫人心。宣布百官、諸侯、獻民、里君，只要接受周命，「其有綴艿」，即可以繼續做官，「亦有安處在彼」，希望他們中產生「蠲尹」——清明的官長。西土人也厭惡出征的勞苦，因此「一心爾多子」，希望要「自敬助天」。他重申，小國周「于有命不易」，不會改變百官無罪的成命。

第三，威嚇和嚴懲。武王告誡殷人要認清天命，「宜在天命，弗反側興亂」，即不可反復無常，再發動叛亂。你們的禍福都掌握在我手裏。如果竟然「弗用朕命」，興風作浪，你們貴族、百官、諸侯、庶民，「予則咸劉滅之」，我就全部殺光。

「小國」周經過一天戰鬥就推翻了大邦商的統治者，從而面對殷商龐大的國家機器、廣大的土地和眾多狐疑、觀望乃至貳心不滿的殷商百官和諸侯，是一個嚴重問題。所以爭取、籠絡、利用殷商百官、諸侯，也就是一個必須採取的政策。做到這一點的法寶，就是打「天命」牌，以上帝的名義說服殷人——況且「殷人尊神，率民以事神」（《禮記・表記》）。孔子、孟子都說「天」不說話，可是本文反復說上帝對文王、武王直接說話、下命令：「殪商」、「革商」、「必伐之」，這是「原始的信仰」。再就是安撫和威脅雙管齊下。武王去世後，三監叛亂，周公東征獲勝，又兩次召集殷商貴族發表講話，即《尚書》中的〈多方〉、〈多士〉，其要點與本文相近，只是更加具體，如告訴他們仍舊「宅爾宅，畋爾田」，有德的人還可以「簡在王庭」，「有服在大僚（在大官署中擔任職事）」等等。

裘錫圭說：「〈世俘〉、〈商誓〉兩篇當作於周初，價值決不在那幾篇周初的《尚書》之下。」（《古代文史研究新探》第四七頁）李學勤也說：「〈商誓〉篇的重要性絕不下於《尚書》中的周初各篇。它或許正是刪《書》之餘，能夠保存至今，殊足珍惜。今後研究殷周之際史事，希望不要忘記這一寶貴文獻。」（《古文獻研究第八五頁）楊寬說：「〈商誓解〉是現存武王講話中最完整的一篇，也是現存西周文獻中最早的一篇。……因為它有上帝『諄諄然命之』的話，不符合儒家所理解的『天命』，因而這篇〈商誓解〉不為儒家的《尚書》所取。」（《西周史》第四八八頁）

誤判「三訓」的唐大沛曰：「此篇真古書也，正如夏鼎、商彝，古色斑駁，下視晚出古文《尚書》之〈泰誓〉，不啻零星瓦礫矣。……嗚呼！『黃鍾毀棄，瓦釜雷鳴』，豈虛語哉！書之優劣其相懸固屬霄壤，何為《書》

顯晦，亦相懸如霄壤哉？是可廢書而嘆也！」具體說來，何以判斷它是真古書？〈商誓〉與《尚書・周書》中同時的篇章文字相類，如〈大誥〉、〈多方〉、〈多士〉等。

本文所使用「肆」、「厥」、「越」、「用」、「維（惟）」等詞，與《尚書・周書》、《詩經・雅》、〈頌〉及《左傳》、《論語》一比較即可知，還可以參考漢語史學者對上古虛詞的一些論述：

肆：本文八見，都用於副詞、連詞。社科院語言所古漢語研究室《古代漢語虛詞詞典》「肆」字指出：「用例多見於早期典籍。連詞的用法多見於《尚書》，後世罕見。副詞可譯為『遂』、『就』的用法，多見於《尚書》。」王引之《經傳釋詞》、楊樹達《詞詮》所舉「肆」之全部例句皆出於《尚書》和《詩經・大雅》。西周初《尚書・周書》之〈大誥〉「肆」字六見，〈梓材〉、〈多士〉各四見。《左傳》一書的「肆」沒有連詞用法，也沒有「遂」、「就」義的副詞用法（據洪業等《春秋經傳引得》、楊伯峻《春秋左傳詞典》）。整部《論語》「肆」字三見，都是名詞、動詞（楊伯峻《論語譯注・論語詞典》）。

厥：本文二見，用作代詞。《古代漢語虛詞詞典》：「甲骨、金文中已常見『厥』的虛詞用法，後以《尚書》用得最多。」《尚書・大誥》「厥」字六見，〈梓材〉十見，〈多士〉四見，〈康誥〉、〈召誥〉各十七見。而一部《左傳》，除去人名、地名和引用《詩經・大雅》、〈商頌〉所用「厥」字，用於代詞的「厥」只有五個，其中還有一個是占卜繇辭、二個是王子朝給諸侯的文告即書面語。只有二個見於人物對話。《論語》中未出現「厥」字。

越：本文二見，用同連詞「與」。《經傳釋詞》「越，與也。」所舉五例皆見於《尚書・大誥》，並且說：「《周書》『越』字與『與』字同義者甚多。」《左傳》中「越」沒有介詞「與」用法。《論語》未出現「越」。

用：本文「用」字十見，「以」字僅一見。《古代漢語虛詞詞典》：助動詞用法「在《周易》（鴻恩按，指卦爻辭）中還常見到。以後就很少見。」「又虛化、滋生出以『憑藉』義為核心的種種介詞用法，這些用法多跟介詞『以』相類」，又「進一步虛化為連詞。這種用法在先秦早期文獻中較多，以後逐漸被『以』字代替。」「周初八誥」使用「用」和「以」如下：

〈大誥〉：「用」四見、「以」三見；
〈康誥〉：「用」九見、「以」五見；
〈酒誥〉：「用」八見、「以」一見；
〈召誥〉：「用」九見、「以」六見；
〈多士〉：「用」二見、「以」〇見；
〈梓材〉：「用」四見、「以」四見；
〈多方〉：「用」七見、「以」七見；
〈洛誥〉：「用」一見、「以」七見。

（據顧頡剛《尚書通檢》）

以上《周書》八篇，前面五篇都是「用」多「以」少，與〈商誓〉用「用」、「以」情況相同，「被『以』字代替」的情況還不多。細加分析〈商誓〉的十個「用」，少數為動詞，其餘則為助動詞、介詞和連詞。值得注意的是，〈商誓〉「用」與「以」的使用比例最高，為十比一，大於八誥任何一篇，可能因為它是西周文獻的第一篇。張玉金《甲骨文虛詞詞典》有「用」字而無「以」字，可以印證。而《論語》「以」一百五十二見，「用」僅十八見。

惟（或維、唯）：本文十五見，都是虛詞，出現頻率很高。《尚書・大誥》「惟」亦十五見，也都是虛詞；〈召誥〉十七見，一個「惟」字作動詞「思」解，其餘是虛詞。今文《尚書》「惟」字三百二十八見，《詩經・雅》、〈頌〉部分二百二十九見（參董治安、王世舜《詩經詞典》），其絕大多數都是虛詞。對於這些字，胡適曾經感嘆：《詩經》中的「維」字「大都是不易解的。」（《胡適學術文集・語言文字研究》第一四三頁）楊伯峻也說：《尚書》、《詩經》中的惟、維「到今天還難以確定其意義……沒有把握肯定某一種解釋是對的。」（《古漢語虛詞》第一八六頁）而《左傳》一書除所引《尚書》（包括逸《書》）、《詩經》、《夏書》、和人名之外，其本身所用虛詞「惟（含唯、維）」只有五個，僅相當於〈商誓〉一篇的三分之一。《論語》中除引用《詩經》外，「唯（含惟）」字有十八個，義為「只、僅僅」者就有十五個，全是後代常見用法。

由以上虛詞的使用，可以明顯看出：第一，〈商誓〉與《尚書》周初八誥、《詩經・雅》、〈頌〉是同一時代的作品；第二，《左傳》、《論語》成書在戰國，但資料都來自春秋，它們與〈商誓〉的用字顯著不同，證明它們不屬於同一時代。

但是，本文用字也存在爭議。人稱代詞出現十八個「爾」字，二個「厥」字（作定語，表領屬、指代），「朕」用作主格（「若朕言在周，曰：『商百姓無罪。』」）、賓格（「越則非朕」），「我」作單數領格（如「與起我罪」）等，有人指出，這樣的字和用法不合於西周文法。又，在甲骨文、西周金文中第二人稱代詞用「女」不用「汝」，而本文出現二個「汝」字。關於「汝」，可以用後代抄手使用其當代習用字來解釋，如《詩經》只用「女」，《尚書》只用「汝」，說明《尚書》抄手改用了後代用字，這個問題不難理解。劉起釪論〈盤庚〉時代時指出，「朕」用作主格、賓格，「是東周以後的用法」；「我」字「作單數領格，是東周以後才有的用法」；用「余」的假借字「予」也是東周才有的習慣；代詞「爾」，「到春秋金文中出現……顯為春秋以後的用法。」（《尚書校釋譯論》第九五九頁）周玉秀也說：「甲骨文中尚未出現第二人稱代詞『爾』。」「甲骨文、金文中，『其』『之』已普遍使用，《尚書》始有『厥』。」「『朕』……後來發展出主語的功能」，因而判定〈克殷〉、〈商誓〉、〈世俘〉等「其寫定時代大致在西周到春秋之世。」（《文獻學價值・逸周書中的人稱代詞及其文獻學分析》）這些說法都不準確。他們都是根據陳夢家《殷墟卜辭綜述》立論，《綜述》限於當時研究條件，確實說「朕」只居領格，第二人稱代詞未舉出「爾」，第三人稱代詞也未舉出「厥」。但是之後研究不斷進展，張玉金《甲骨文虛詞詞典》已舉出「朕」字「作語句主語」的用例，證明「朕」作主語並非「後來發展」。張玉金雖然說「代詞『爾』的用例在甲骨卜辭很少見」，同時舉出代詞「爾」作賓語、作定語的用例。管燮初《西周金文語法研究》也舉出「朕」作主語、賓語和「我」、「爾」作修飾語（「我」字作單數領格在〈多方〉中就有「多士，爾不克勸忱我命」，劉起釪也譯「我命」為「我的命令」）及「厥」作主語、賓語和修飾語的用例。都比《綜述》前進了一步。〈商誓〉中「爾」字出現次數確實較多，但是《尚書・周書》之〈大誥〉，周公以攝政王在嚴峻的形勢下誥臣下，使用十四個「爾」，不見「汝」，周公對殷人的講話〈多方〉、〈多士〉「爾」字分別出現五十二次、三十四次，不見一個「汝」。這與〈商誓〉主要用「爾」，偶見二個「汝」情況相近。〈梓材〉、〈洛誥〉、〈無逸〉、〈君奭〉四篇只用「汝」，不見「爾」，〈康誥〉「汝」字十八見，「爾」字二見，〈召誥〉「汝」、「爾」均未見。就此而言，像是對於殷人講話，態度比較嚴峻時使用「爾」，與自己人講話則使用「汝」。很像是隨著說話對象以及說話氣氛的不同而不同。王力先生曾說：「就現有的史料觀察，還看不出『汝』和『爾』的區別來。」（《漢語史稿》第二六一頁）這個問題可以進一步研究，但認為春秋時代才出現代詞「爾」並判定〈商誓〉晚出，理由顯然不足。

《尚書》第一人稱代詞用「予」不用「余」，甲骨文、西周金文用「余」不用「予」，彼此恰相反。本文出現二十一個「予」，不見「余」，與《尚書》相同。時代早為什麼不同於甲、金文呢？對於這個奇怪現象，在〈世俘〉篇的「研析」中已經引用周玉秀之說，《尚書》和〈世俘〉、〈商誓〉改「余」為「予」，極有可能是今文經學家所為，〈世俘〉極有可能是《尚書》的一篇。這是一個很有理據的見解（《文獻學價值》第一〇二～一〇九頁）。不知〈商誓〉與〈世俘〉情況相同，還是出於其他抄手的改作。

據周玉秀統計，《書》、《詩》、《公羊》、《穀梁》四部書只有《詩》中有一「余」，其余都用「予」，而《左傳》、《國語》都只有三、五個「予」字，主要用「余」，反而與甲、金文接近。而《論》、《孟》、《荀》與《墨》、《莊》都完全或基本用「予」，僅《墨》中一例「余」、《莊》之外雜篇七例「余」，而《管》、《韓》、《呂》、屈原賦則以用「余」為主，而西漢的七部著作，又「以用『予』為主。」又說，《左傳》、《國語》「極有可能是戰國晚期書寫的原貌」。我們從地下出土資料來看，春秋晚期《侯馬盟書》、戰國中期的《黃老帛書》（也有人認為出於戰國末期）、《郭店楚墓竹簡．成之聞之》、〈中山王嚳鼎〉等第一人稱代詞都使用「余」而不用「予」。高鴻縉曰：「我國第一人稱代名詞最初用『我』。殷末及西周時間亦通段用仐，春秋中葉以後又通段用『余』，漢以後始通用『予』。此皆可由甲金文證明之也。」（《古文字詁林》第一冊第六七二頁）依照高氏之說，證以近年地下出土文獻資料及《管》、《韓》、《呂》、屈原賦等使用「余」，則《論》、《孟》、《荀》等最初也是使用

「余」的，今傳本使用「予」，亦皆漢人所為，不僅《詩》、《書》、《公》、《穀》四部書而已。《左》、《國》沒有改用「予」，可能出於偶然（既未立於學官，又非正牌儒家之書，肯定是原因之一），它們使用「余」是保存了當初書寫的面貌的。

度邑第四十四

【題解】度邑，規劃周的國都。度，計量；謀劃。邑，都邑；都城。陳逢衡曰：「此牧野既事之後，武王相視商邑，慮四方未定，欲效殷人傳及之法，叔旦涕泣弗敢受，武王于是圖度有夏之居，為營雒邑而去。」《周書・序》曰：「武王平商，維定保天室，規擬伊雒，作《度邑》。」這是一篇西周的重要歷史文獻。《逸周書》中的西周文獻，司馬遷《史記》採用了兩篇，即本文和《克殷》。

維王克殷，邦君、諸侯及厥獻民、徵主、九牧之師❶，見王于殷郊。王乃升汾之阜❷，以望商邑，永嘆曰❸：「嗚呼！不淑充天對，遂命一日，維顯畏弗忘❹。」

王至于周❺，自鹿至于丘中❻，具明不寢❼。王小子御告叔旦❽，叔旦亟奔即王❾，曰：「久憂勞，問害不寢❿？」曰：「安⓫，予告汝。」

王曰：「嗚呼，旦！維天不享于殷⓬，發之未生至于今六十年⓭。夷羊在牧⓮，飛鴻滿野⓯，天自幽不享于殷⓰，乃今有成⓱。維天建殷，厥徵名民三百六十夫，弗顧，亦不賓戚，用戾于今⓲。嗚呼！予憂茲難近⓳，飽于恤⓴，辰是不室㉑，我未定天保㉒，何寢能欲㉓？」

王曰：「旦，予克致天之明命㉔，定天保，依天室㉕，悉求夫惡㉖，俾從殷王紂㉗，四方亦肯來㉘，定我于西土，我維顯服，及德之方明㉙。」

叔旦泣涕于常㉚，悲不能對。

【章　旨】武王登汾阜望商邑，對殷的興亡而生慨嘆，西歸途中徹夜失眠。他想到天命轉移，國都未確立、敵人未清肅及傳位等大事。

【注　釋】❶邦君諸侯句　邦君諸侯，邦君原作「國君」，莊述祖以為避漢諱而改，當是。《詩經》之〈國風〉原稱〈邦風〉（《上海博物館藏戰國楚竹書》㈠《孔子論詩》），也是漢人所改，今從莊說改「國」為「邦」。邦君、諸侯，指武庚與侯、甸、男、衛（莊說）。鴻恩按，邦君在〈牧誓〉中實指部族，與諸侯有別。及厥獻民徵主九牧之師，明章檗本「及」字作「乃」，朱本言從《史記》、《玉海》改為「乃徵厥獻民九牧之師」。鴻恩按，《史記》作「徵九牧之君」，《史略》作「邑君、諸侯及厥民」。莊校「乃」作「及」，今從。孫詒讓曰「徵主」二字不誤。徵主，未仕者（陳逢衡）。徵，進；進獻。九牧之師，師，軍隊。莊曰：「《史記》作『徵九牧之君』，誤。」九牧，九州之長。「九州」之說始見於《詩經・商頌・玄鳥》、〈長發〉：「方命厥后，奄有九有。」「帝命式九圍。」又〈殷武〉：「天命多辟，設都于禹之績（跡）。」九有、九圍、禹跡均指九州，但無「九州」之稱。據《國語・魯語下》閔馬父之言，則西元前八世紀〈商頌〉已存在。《左傳》襄公四年，魏絳曰：「昔周辛甲之為太史也，命百官官箴王闕。于〈虞人之箴〉曰：『芒芒禹跡，畫為九州，經啟九道。』」辛甲為殷周之際人，如此說可信，則殷周之際即有禹畫九州之說。顧頡剛曰：「偏隅的九州變為禹跡的九州，似乎是春秋中葉的事。」「從《詩》、《書》裏看，不見有這種跡象〔指『禹跡的九州』〕。」（《顧頡剛經典文存・州和嶽的演變》）詳說九州的是《尚書・禹貢》，屈萬里、劉起釪認為〈禹貢〉寫定於春秋時代。上世紀八十年代考古學者邵望平對於九州的考古新說得到劉起釪的肯定和推崇。邵曰：「公元前一〇〇〇年前後黃河長江流域古代文化區系的劃分與〈禹貢〉九州的劃分基本相符。」「〈禹貢〉作者的地理知識僅限於公元前一〇〇〇年前的『中國』。」「不管〈禹貢〉最終成書於哪朝哪代，『九州』部分是有三代史實為依據的。」劉起釪的結論是：「〈禹貢〉定稿的作者是更多熟悉中國西北地理的西周王朝史官。」鴻恩按，邵說乃「人文地理區系」，「九牧」之說，則始於春秋戰國。劉起釪謂《尚書·立政》「宅乃牧」，偽孔傳釋「牧」為「州牧」，不確。「春秋戰國時有了九州之說，遂有九州之長」，不過是想當然而已。《左傳》宣公三年王孫滿說到「貢金九牧」，〈堯典〉「群牧」劉注曰：「《左傳》成於戰國時，記春秋之事，就承當時九州之說，託實夏時有『九牧』了。」實則「在秦行郡縣、漢行州郡以前，各地只有諸侯，是沒有『群牧』的。」裘錫圭曰：「古書裏還常常把九州中各州的諸侯之長稱為牧，這應該是『牧』字較晚的一種用法。」（〈甲骨卜辭所見的「田」、「牧」、「衛」等職官的研究〉，《古文字詁林》第三冊第七一二頁）《殷墟卜辭綜述》、《西周金文官制研究》都還沒有作為州長而稱「牧」的官職。先秦典籍僅《左傳》、《周禮》和《荀子》三書有「九牧」，裘、劉之說，證以典籍，則「九牧」出於後人之說，不是當時實錄。❷汾之阜　即汾阜，其地有豳州三水縣豳原（今陝西旬邑西）、汾水上之阜（今山西萬榮）、殷都之郊、襄城之汾丘（今河南許昌南、潁水之北）數說。山、陝之說不可信，已經在丘中之西。下句「商邑」泛指商的都邑，不指商的首都。王暉〈周武王東都選址考辨〉繼徐廣、酈道元等人之後力主襄城汾丘說，主夏都陽翟。《水經·潁水注》曰：「潁水又東南，江陂水注之，水受人崇丘城南，故汾丘城也。《春秋左傳》襄公十八年楚子庚『治兵于汾』，司馬彪曰：襄城縣有汾丘，杜預曰：在襄城縣之東北也。故文中曰「有夏之居」，因曰「北望嶽鄙」，嶽即今河南登封之嵩山；陽翟有夏之啟笠亭即鈞臺，為「天下之中」，與《周禮·大司徒》所說相合；因為「自洛汭延于伊汭，居易無固」，故武王否定了洛邑，後來周公東征之後，始改為雒邑，是因為形勢發生了變化（《古文字與商周史新證》第一一二～一三〇頁）。而楊寬曰：「『其有夏之居』，舊注以為是說夏代的國都，這是錯誤的。屈萬里說：『周人自謂其國曰夏，《尚書》……區夏、有夏皆謂周也。此有夏亦當指周言。其，將然之詞，言此地將為周之居處（意謂京都也）。』屈、王二新說各有理據。然《漢書·地理志》：「顏注載臣瓚引〈度邑〉言『武王問太公曰「吾將因有夏之居也」。』」臣瓚所引〈度邑〉言「有夏之居」則為肯定之詞，未有歧義。❸永嘆曰　長嘆說。❹不淑充大對三句　朱右曾曰：「言紂不善承天意，墜天命于一日，明顯可畏之至也。」淑，善。充天對，承當對於上天的回報。遂，通「墜」。弗忘，在這裏等於說「弗忘之」。❺至于周　到周京去。周，指鎬京。❻自鹿至于丘中　從鹿到丘中。鹿，在今河南嵩縣北。春秋時此地之東北有甘鹿（見於《左傳》昭公十七年），在今伊川縣西北，戰國時此地有鹿蹄山（譚其驤《中國歷史地圖集》第一冊）。陳逢衡引施彥士曰：「鹿蹄山，在今河南府〔今洛陽〕西南七十里。宜陽〔今宜陽〕東南五十里有甘鹿地。邱中在今開封府西二百里新鄭縣，成周之東界也。」鴻恩按，由此可知，鹿應在今嵩縣，宜陽、伊川三縣之間一帶地，正是武王西歸的經行之地。下文「我南望過于三塗」，三塗山正在今嵩縣。武王在鹿南望正是三塗山，自汾丘則不是南望而要西望。❼具明不寢　到天明都不就寢。具明，達旦也（朱右曾）。具，盡；皆。❽王小子御告叔旦　在王左右侍奉的小臣報告周公。御，侍奉。叔旦，周公，武王弟，名旦。❾亟奔即王　急奔到武王那裏。亟，急。即，就，至。❿問害不寢　為何你不睡覺。害，通「何」。⓫安　坐。⓬天不享于殷　意謂上天不福佑殷商。不享，不享用祭品。《國語·周語上》「國之將亡，其君貪冒、辟邪……其政腥臊，馨香不登……明神不蠲（不以為潔）」，即是此意。⓭六十年　武王崩年五十四，此曰六十年，故曰「發之未生」。此言足證《禮記·文王世子》「武王九十三而終」為誤說。《路史·發揮四》、《通鑑前編》卷六均引《竹書紀年》曰「武王年五十四」，今本《竹書紀年》曰「年九十四」，「九」為「五」字之訛（楊朝明《周公事迹研究》第七九頁）。⓮夷羊在牧　《國語·周語上》內史過曰：「商之興也，檮杌次于丕山；其亡也，夷羊在牧。」韋昭注：「夷羊，神獸。牧，商郊牧野也。」⓯飛鴻滿野　蝗蟲遍野。飛鴻，盧文弨曰：「《淮南·本經訓》作『飛蛩』。」劉師培以為「鴻」及其他誤字「均『蝗』誤（《淮南》『飛蛩』高注云『一云蝗也』，是其證）。」鴻恩按，鴻、蝗同為匣紐，鴻、蝗同為東韻，都是音近字。⓰天自幽不享于殷　上天在冥冥中不受殷祀。幽，暗中。⓱有成　有成命（朱右曾）；我周今乃有成王業者也（陳逢衡）。⓲厥徵名民三百六十夫四句　「名民」原作「天民名」，誤。劉師培曰：「《史記·周本紀》作『其登名民』，《集解》諸家未引《周書》勘異，疑本書舊與《史》符，『天』涉上衍，『民』、『名』倒文（《史記索隱》云：『言天初建殷國，亦進名賢之人三百六十。』則作『名民』甚明）。」鴻恩按，今從劉說依《史記》改。厥，語首助詞，有表示強調的作用（《古代漢語虛詞詞典》）。夫，人；成人曰夫。弗顧，《史記》作「不顯」，亦通，唯徐廣所引一本均作「不顧」。朱右曾曰：「天建殷邦，其登用賢者，若伊、萊、甘、巫（指伊尹、萊朱、甘盤、巫咸。萊朱即仲虺）可指名者甚眾。故其後嗣，雖不顧天，天亦不即擯滅，延六十年之久而至于今也。」賓、擯為古今字，義為排斥、拋棄。威，「滅」的古字。用，以；而。辰，至。⓳予憂茲難近　我憂慮這樣的災難。近，莊述祖校改為「辺，己也。」鴻恩按，莊說是。《詩經·大雅·崧高》「往近王舅」，朱熹《詩集傳》：「鄭音記，按《說文》從辵從丌，今從斤，誤。」馬瑞辰《毛詩傳箋通釋》：「辺者己之叚借，己為語辭，《詩》言『往辺』，猶《虞書》言『往哉』，《周書》『予往己』也。辺、近，形近易訛。」此誤與《詩》同。⓴飽于恤　指憂患多。恤，憂。㉑辰是不室　是決定家事的時候而不安排好家事。指周室的傳位。孫詒讓曰：「蓋謂時則不安其室家。」鴻恩按，此「是」在這裏起轉折作用。《經傳釋詞》曰「是」可訓「則」（與孫說同），《經詞衍釋》曰「是」可訓「而」。㉒定天保　指確定國都。天保，韓兆琦教授引張家英《史記十二本紀疑詁》用陸宗達師之說，「部」為車蓋的蓋斗，引申到天文學上則有分天部之說，即以北極星為中樞，分天域為二十八等分，即二十八宿。故北極星也叫部，或叫保、保斗、天保，因而「周代把政治中樞比作北極星，又把雒邑看作政治中樞，這是由周王朝的政治形勢決定的。」（《訓詁簡論》）楊寬以定天保即「確定順從天意的國都。保、堡古通用。」㉓欲　心安。㉔致天之明命　指伐紂。㉕依天室　〈周本紀〉張守節釋為「依天之宮室」。楊寬曰：「『天室』即是明堂。《呂氏春秋・古樂》說：『以銳兵克之于牧野，歸乃薦俘馘于京太室』。〈世俘〉的『天室』即是『京太室』。〈大豐簋〉說：『王祀于天室』，『衣〔殷；盛大〕祀王丕顯考文王，事饎〔酒食〕上帝』，這個以文王配合上帝祭祀的天室，即是明堂。蔡邕〈明堂論〉說：『所謂京太室即周廟也。』」又釋「依天室」曰：「依，與『殷』同音通假，要在明堂舉行內外群臣大會和大獻祭的殷禮。」（《西周史》第一一一、五〇八頁）馬承源曰：「天室，古制明堂中的重屋。孫詒讓《周禮正義》：『重屋，謂屋有二重，下為四阿者，方屋也。其上重者，則圓屋也。……此亦殷周之通制。』明堂中的重屋即天室。」葉正渤解「依天室」曰：天室「指位於河洛平原南側的太室山」，即今河南登封北太室山（嵩山由太室山等峰組成）。「當是指依傍太室山而建都邑」（〈逸周書度邑「依天室」解〉，《古籍整理研究學刊》二〇〇〇年第四期）。鴻恩按，古文字學家曰：「大、太、天，固易訛也。」（《古文字詁林》第八冊第七七六頁）。而王國維〈明堂廟寢通考〉曾言及：「太室居四堂、四室之中，故他物之在中央者或用以為名，嵩高在五嶽之中，故古謂之『太室』，即以明堂太室之名名之也。然則太室者，以居中央及絕大為名，即此一語之中，而明堂之制已略具矣。」（《觀堂集林》卷三）然則天室即太室，「依天室」，「無遠天室」即依太室，無遠太室，王國維所說「中央」與武王所說「余其宅茲中國」相合，太室之名在先，但山「即以明堂太室之名名之」，亦合理；「天室」即「太室」，〈大豐簋〉銘文，是有力證明。此說與王暉說也更相近。此比張守節「天之宮室」說（見下文），似更為直接。楊寬釋「依天室」為殷祭於明堂，固通，然「無遠天室」則不易解。今譯文姑用王國維、葉正渤說。㉖悉求共惡　朱本原作「志我其惡」，章檗本作「志我共惡」，《史記》作「悉求夫惡」。莊述祖釋「志我」為「志殺」。鴻恩按，《說文》：「我，一曰古『殺』字。」馬敘倫：「『我』為古『殺』字必有所承。〈泰誓〉『我伐用張』，孟子引『我』作『殺』。」（《古文字詁林》第九冊第九九二頁）「志殺共惡」，意自可通，與下句「俾從殷王紂」也相應。且古文「殺」與「求」二形相近。「志」字應為「悉」訛，今從《史記》改，「悉求」、「悉殺（我）」可與下句「俾從殷王紂」相應。武王操生殺之權，不必用「志」字表決心。「其」為「共」訛或臆改。〈世俘〉之「矢惡」，《史記》之「夫惡」，劉師培以為都是「共惡」（紂的同惡者）的訛誤。今改為「悉求共惡」。㉗俾從殷王紂　俾，使。鴻恩按，「俾」，《史記》作「貶」，盧文弨等從之，而改「俾」為「貶」之古字「㝵」。陳、唐不從，仍作「俾」。㝵（貶）義為降職、落職、貶責（《史記索隱》）、黜退，然而〈世俘〉言紂之「共惡臣」盡「廢（發；射）」而死，言「貶」紂及其共惡臣，與〈世俘〉相悖。「俾從殷王紂」，使之受到與紂同樣下場，文從字順。已有學者指出，司馬遷和孟子一樣，不相信武王大量殺人，故《史記》不取〈世俘〉，司馬遷誤讀〈世俘〉「廢于紂共惡臣」之「廢」為本字，則「廢」為罷棄、屏退，撤去不用，即「貶」字之義。今從章檗本和陳、唐恢復「俾」字。㉘四方亦肯來　《史記》作「日夜勞來」。章本作「四方赤宜未」，盧本、朱本從《史記》改，洪頤煊《讀書叢錄》、陳逢衡《補注》以為應作「四方亦肯來」，「義為天下悉肯從周也。」陳引李兆洛曰：「《史記》『勞來』，徐廣曰：『一云「肯」。』」此『赤宜未』，當是『亦肯來』之訛。」唐大沛曰：「從李說改，尚存字形訛誤之跡，若從《史記》改，則全失面目。今姑從陳本。」鴻恩按，唐說甚是，今從之。㉙我維顯服二句　朱右曾曰：「我其明我事，使德教顯于四方。」同《史記正義》。這樣解與下句不能銜接，故朱以下二句為錯簡。莊述祖曰：「維，思。顯，代。服，事。言思有能代其事者，及德之方明，年之未耄也。」陳逢衡曰：「及德之方明，即暗指周公。」唐大沛曰：「我欲效殷家傳及之法，傳位于德之方明者。」鴻恩按，《尚書・康誥》「于弟弗念天顯」，孫星衍《尚書今古文注疏》釋曰：「顯者，《釋詁》云：『代也。』」可證莊說「顯」為更代義。武王提出傳位之事，故使周公泣涕不能對。莊述祖曰：「武王言命之不長，故悲。」丁宗洛引浮山曰：「武王美周公，周公不敢當也。」按，本文不見「太公」，而《漢書・地理志》「平壽」注臣瓚所引、《史記・周本紀》徐廣所引、《水經・洛水注》酈道元所引、《史記・夏本紀》張守節所引之〈度邑〉，都說：「武王問太公曰：『吾將因有夏之居也……』」，均與本書不同，說明長期存在不同版本。〈度邑〉的這一變化，是古籍變遷的一個顯例。㉚于常　在裳上。于，明鍾惺本作「十」，莊述祖說是古文「在」。鴻恩按，甲金文中，「在」從土從才，有時只寫作「才」，形狀很像「十」。常，通「裳」，下衣；衵，古代男女同服衵。

【語　譯】武王戰勝殷紂，邦君、諸侯及殷商的賢民、徵而未出仕者、九州州長的軍隊，在殷郊晉見武王。（之後）武王就登上汾丘遙望商的都邑，深長地嘆息說：「唉！殷人不好好承當上天的回報，終於有一天墜失了天命，這實是大大地可畏，是不能忘記的事呀。」

武王回周的途中，從鹿到丘中，直到天亮都不能入睡。奉侍王的小子報告給叔旦，叔旦趕緊跑到王跟前，說：「長久憂慮勞碌，請問為何不能入睡？」王說：「坐，我告訴你。」

武王說：「唉，旦！上天不接受殷人的祭祀，從發未出生到現在六十年，夷羊在牧野，飛蝗遍原野，上天在冥冥中不接受殷人祭祀，到今天才有了成命。上天當初建立殷商時，也徵用了有名賢士三百六十人。不顧念殷，也不排斥滅亡它，以至於到今天。唉！我憂慮這種災難，憂患多，是安排好家事的時候卻不安排好家事，我們的國都也沒有定下來，怎麼能想要睡覺呢？」

武王說：「旦，我能施行上天嚴明的命令伐紂，確定國都，靠近天室般的大山一帶，並且找出所有紂的共犯使之和紂一樣受處罰，四方諸侯也肯來西土歸服，使我們安定，可我心裏思考的是傳位更替的事，傳位給德行正大光明的人。」

叔旦哭泣，淚流沾裳，悲傷得說不出話。

王□□傳于後❶。王曰：「旦，汝維朕達弟❷，予有使汝，汝播食不遑暇食❸，矧其有乃室❹？今維天使予❺，惟二神授朕靈期❻，予未致于休❼，予近懷于朕室，汝維幼子❽，大有知❾。昔皇祖厎于今❿，勖厥遺得顯義⓫，告期付于朕身⓬。肆若農服田⓭，饑以望穫。予有不顯⓮，朕卑皇祖不得高位于上帝⓯。汝幼子庚厥心⓰，庶乃來班朕大環⓱，茲于有虞意⓲。乃懷厥妻子⓳，德不可追于上，民亦不可答于下⓴，朕不賓在高祖㉑，維天不嘉，于降來省，汝其可瘳于茲㉒？乃今我兄弟相後㉓，我筮龜其何所即㉔，今用建庶建㉕。」叔旦恐㉖，泣涕共手㉗。

王曰：「嗚呼，旦！我圖夷茲殷㉘，其惟依天室，其有憲命，求茲無遠㉙；天有求繹㉚，相我不難㉛。自雒汭延于伊汭㉜，居易無固㉝。其有夏之居㉞，我南望過于三塗㉟，我北望過于嶽鄙㊱，顧瞻過于有河，宛瞻于伊、雒㊲，無遠天室㊳。」

其名茲曰〈度邑〉㊴。

【章　旨】上神已告訴武王死期，武王以周公最有條件繼承王位，周公拒絕。武王為安定平殷局面，選定建東都地址，託付周公。

【注　釋】❶王□□傳于後　□□，唐大沛、孫詒讓以為此闕文為「命旦」，朱右曾以為是「欲旦」。❷汝維朕達弟　你是我明達的弟弟。達，明達。❸播食不遑暇食　意謂忙到沒時間吃飯。播食，放下飯。「古者飯用手」，「去手為放飯」（《儀禮．士虞禮》「尸飯，播餘于篚」注疏）孫詒讓曰：「謂飯未畢而中輟，播之于敦會（食器敦的蓋子）。」播，通「半（拌）」。棄；放下。遑暇，空閑；閑空。❹矧其有乃室　更不要說心裏有你的家室。矧，何況。❺天使子　「子」章本、朱本作「予」。《彙校集注》曰：「諸本作『子』。」鴻恩按，今改從諸本。上文說「予有使汝」是說以往，「天使子」是說現在。❻二神授朕靈期　神告訴了我的死期。二神，陳逢衡曰：「王季、文王也。」鴻恩按，讀「二神」不確。莊述祖改「二」為「帝」，「帝神」之說亦少見。《說文》「帝」字有曰：「二，古文『上』字。」則此「二」應即「上」字。二神，即上神。《禮記．禮運》孔穎達注曰：「皇氏、熊氏等云：『上神謂天神也。』」）授朕靈期，陳逢衡曰：「靈期，亡日也。」朱右曾曰：「靈，落也。夢神示以徂落（死亡）之期。」靈，通「零」。❼予未致于休　我未（使國家）達到美善的地步。致，取得。休，美。懷，思慮；想。❽汝維幼子　唐大沛曰：「維，通『雖』。武王同母弟八人，管、蔡皆周公兄，故曰幼子。」❾大有知　言多才多藝也（唐大沛）。知，同「智」。❿昔皇祖底于今　過去從后稷到如今。皇祖，后稷（莊述祖）。底，至。⓫勖厥遺得顯義　莊述祖曰：「勖，勉。得，為『德』。」孫詒讓曰：「『遺』、『貴』同聲，假借字。」厥，其，這裏指后稷等先人。⓬告期付于朕身　將歷世以貴德顯義相勉勵的重任付託與我。朱右曾曰：「期，付期望也。」⓭肆若農服田　因而我有如農夫耕地。肆，故；因而。服田，種地；從事農作。⓮予有不顯　有，吳昌瑩《經詞衍釋》曰：「《唐韻正》：有，古讀為『以』。是以、有二字義同而用通也。」《古代漢語虛詞詞典》也以為「有」有連詞「因為」的用法，此「有」用同「以」、「因為」。不顯，不足以光顯祖業。朱右曾釋曰：「今大統雖集，未致太平，未作禮樂，無以光顯祖業于天下，是使皇祖不得享配天之祭也。」

⓯朕卑皇祖不得高位于上帝　使皇祖無法從上帝那裏獲致高位。卑，通「俾」。⓰庚厥心　有二解：賡續列祖的心思；更其謙讓之心，不拘泥傳世常規。庚，通「賡」或「更」。⓱庶乃來班朕大環　希望你來布列我的大連環。庶，表示希望之詞。乃，你。班朕大環，朱右曾曰：「班，布也。布德于天下，若環之循而無窮。」鴻恩按，「環」之古文為二「〇」相連，「乃連環之『環』本字」（《古文字詁林》第一冊第二六一頁引馬敘倫說），「連環」比「循環」更切合文意。班，布列。⓲茲于有虞意　這才算是有憂患之心。于，通「為」（王引之《經傳釋詞》）。⓳乃懷厥妻子　如果懷戀妻兒。乃，如果。⓴德不可追于上二句　朱右曾曰：「上隳祖德，下乖民望。」孫詒讓曰：「上則德不可追，下又不可對民。」㉑不賓在高祖　朱右曾曰：「不從乎高祖之列。」孫詒讓曰：「言不得配祀也。」賓，配。高祖，有二義：遠祖；曾祖之父。這裏應是始祖、遠祖之義，同上文之「皇祖」。㉒于降來省二句　孫詒讓曰：「省，當為『眚』，古音近字通。〈諡法〉篇『治而無眚曰平。』可，疑『何』之省，言天神不嘉，則降眚疾，其能有瘳乎？蓋深戒之也。」瘳，救治。㉓乃今我兄弟相後　如今我兄弟相繼。乃今，如今；現在。兄弟相後，唐大沛曰：「兄先弟後，殷人傳及之法也。」㉔筮龜其何所即　還依從占卜做什麼。筮龜，指占卜。通過蓍草莖的排列預測吉凶叫筮，通過灼龜甲的裂紋預測吉凶叫卜。即，從（《周易・鼎》「不我能即」焦循《易章句》）；就。㉕用逮庶建　原作「用建庶建」，上「建」字，《彙校集注》謂明趙標本作「逮」，莊述祖改下「建」為「及」。孫詒讓以為「用逮」是。今從孫說據趙本改上「建」為「逮」。逮，及，即兄終弟及之「及」。庶，嫡妻所生第二個以下的兒子；妾所生子。這裏用前一義，指周公。用逮庶建即用殷兄終弟及的方式立周公為王。㉖恐　朱右曾引惠曰：「王欲傳位于旦，故恐。」㉗泣涕共手　劉師培曰：「《原本玉篇・水部》『汔』字注曰：《周書》『叔里（旦字之訛）汔涕拱手』。《說文》或曰『汔，泣也。』是舊本『泣』作『汔』，『共』作『拱』。」㉘我圖夷茲殷　我打算夷平殷商。圖，打算；謀慮。夷，平定。㉙其惟依天室三句　原無「室」字，唐、朱均補「室」字。天室，唐大沛發揮張守節「天之宮室」曰：「天室謂中垣紫微宮（紫微宮以北極星為中心，古人認為北極星是不轉動的。天上的「三垣」為紫微垣、太微垣和天市垣，紫微垣即唐所說紫微宮，居「三垣」之中），天帝所居之室，故武王欲建都中州河洛之間以象之。茲，蓋指憲命，求茲者，蓋即祈天永命之意。無遠者，蓋謂無遠天室也。」莊述祖曰：「先圖近商邑地者，近遺民，使易化。武王知紂之遺民習惡日久，殷命終黜，必將遷居之，于時依天室，亦不可遠求。」朱右曾曰：「武王時，殷之世家大族已有蠢動之心，武王以為不遷終有後患，故言我欲平殷，惟使之依近天室，以習憲命。其地即于此求之，勿遠。」憲命，法令。唐以「茲」指「天永命」。莊、朱則以「茲」指天室所在之地。鴻恩按，莊、朱之意，此處所說即後日遷殷遺民至成周，便於殷人聽命於天子、中央。㉚天有求繹　求繹，尋求表達天意。繹，陳；陳已

之志（《禮記·射義》孔穎達疏）。㉛相我不難　唐大沛曰：「相，助也。言天若相我周，亦不難也。」鴻恩按，這句大約是說，天帝居大庭之中，如果周人依照天庭建都於天下之中，不再偏處西土，則更容易得到上天的輔祐。㉜自雒汭延于伊汭　從雒水合流處到伊水合流處。雒汭，雒水入黃河處。雒，雒水，三國魏改「雒」為「洛」，即今洛河，發源於今陝西洛南，在今河南鞏義東北入黃河。汭，兩水合流之處。延，及。伊汭，伊水入於雒水處。伊，伊水，即今伊河，發源於河南西部熊耳山，在今偃師南入洛河。㉝居易無固　「易」字原作「陽」，莊述祖、朱右曾從《史記》改為「易」。陽，古文作「昜」，與「易」相近而訛。注曰：「既曰『無遠』，又曰『無固』，聖人之依天室如此。」應是調和彌縫之說。王暉以為，武王以「居易無固」（居平易之地，無險可守）而否定二汭作為東都之址，而選定「岳鄙」南面的夏都陽翟作東都地址。武王「封建親戚」魯（初封今河南魯山縣）、蔣（初封今郾城召陵）、康（今禹州、臨汝間）、應（今平頂山市），對陽翟形成了拱衛之勢。且以《史記·周本紀》謂武王克商「營周居于雒邑而後去」，《左傳》桓公二年謂「武王克商，遷九鼎于雒邑」，雒邑皆指「有夏之居」陽翟，陽翟即春秋時屢見於《春秋》、《左傳》之櫟，《穆天子傳》卷五「櫟丘」注：「櫟，今河南陽翟。」櫟，亦即〈世俘〉中武王派兵征伐之地（楊寬《中國古代都城制度史》第二五頁說同）。後來周公營建東都，「大相東土」，乃至「卜河朔黎水」（今河南浚縣）等地（《尚書·洛誥》），這是在周公東征以後，形勢發生變化，不再擔心雒邑「居易無固」，遂定都雒邑（《古文字與商周史新證》·周武王東都選址考辨》）。證以〈洛誥〉之占卜「相宅」，則王說不無道理。王說的前提是，〈世俘〉中兩個「辛亥」不合併，武王才會有「東都選址」的時間。證以本文，武王確曾為東都選址，並且確定了遷殷遺民至東都的方策。㉞其有夏之居　夏，指夏朝，徐廣曰：「夏居河南，初居陽城，後居陽翟。」劉師培曰：「《水經·洛水注》引《周書》武王問太公曰：『吾將因有夏之居，南望過于三塗，北瞻望于有河。』」〈穎水注〉云：「穎水自堨（土堰）東逕陽翟故城北，夏禹始封于此，為夏國。故武王至周曰：『吾其有夏之居乎？』遂營洛邑。」王暉以『洛』即『櫟』，疑徐、酈均以『居陽』為陽翟。陽翟即今河南禹州穎水之濱。有，名詞「夏」詞頭，下文「有河」之「有」同此。又一說，夏指周。楊寬《西周史》曰：「周自稱為『有夏』。」楊寬《中國古代都城制度史》引《尚書·君奭》、〈立政〉「我有夏」，楊筠如《尚書核詁》都注作「有夏即謂有周」，楊寬引屈萬里說，已見上。王玉哲《中華遠古史》亦以為周人自稱夏，是夏人支族。鴻恩按，二說雖各有其據，但《水經注》「吾將因有夏之居」，「吾其有夏之居乎？」雖述大意，但無歧義，指三代之夏。其，表示抉擇、希望語氣，猶言「還是」。王暉據此說，並從酈道元以「其有夏之居」與「我南望過于三塗」連讀。鴻恩按，「禹都陽城」（古本《竹書紀年》、《世本》），「啟有鈞臺之享」（《左傳》昭公四年），陽城在今河南登封東南之告成鎮，鈞臺即夏臺，在今禹州。其地均在穎水上游。

《尚書·洛誥》載周公曰：「我乃卜澗水東、瀍水西，惟洛食〔得吉兆而採用〕；我又卜瀍水東，亦惟洛食。」這就是雒邑建於洛水北岸澗水以東、瀍水兩側的原因。㉟南望過于三塗　三塗，山名，在今河南嵩縣西南，伊水上游流經其下。鴻恩按，南望、北望，應是實地巡視。不實察不可能知其究竟。三塗山北距後來所建之成周約一百五十里，武王應是西歸途中自鹿或至鹿以前即南行，特地巡視三塗形勢，故曰「南望」。在陽城或陽翟望三塗，只能說「西望」而不是「南望」。武王提到三塗，值得注意。三塗山在今嵩縣南，而嵩縣北即是崇，即《國語·周語下》所說「崇伯鯀」的崇（韋昭：「崇，鯀國。」）所以禹也稱「崇禹」，故〈世俘〉謂「籥人奏〈崇禹生開〉三終」。武王所說「有夏之居」，看來包括鯀的封地、禹都、啟都、太康之都斟鄩（今鞏義西南、登封西北）在內的廣大區域。安金槐還指出：「嵩山古名崇山。人們在考證和追述夏人的活動區域時，多將其與崇山及周圍地區相聯繫。」「這一區域的中心是嵩山及其周圍的伊、洛水流域、濟水流域和潁水與汝水上游地區。」（《中國大百科全書·中國歷史》「夏」）言「居易無固」，對「雒汭延于伊汭」顯然有否定的意思，故又考察鯀之封國三塗一帶。三塗、陽城、陽翟，都不在雒汭、伊汭。㊱北望過于嶽鄙　嶽，高大的山，司馬貞以為指太行山（朱右曾引），陳逢衡以為指太嶽山。王暉以為此「嶽」指嵩山、嵩嶽，後漢武帝以嵩山東峰太室山為中嶽。《左傳》昭公四年：「陽城、大室」杜注：「在河南陽城縣西南〔今登封北〕。大，音泰。」鄙，原作「丕」，盧本、朱本據《史記》改。劉師培曰：「丕、鄙古通，丕亦較古（《玉海》六十亦引作丕）。」則盧、朱實不必改。鄙，都鄙；近嶽之邑（朱右曾）。鴻恩按，如武王所望之地在襄城之汾阜，則北望只能是嵩山。㊲宛瞻于伊雒　莊述祖、楊寬「宛」字屬上讀，釋為（黃河）彎曲處，但「顧瞻過于有河宛」，語句累贅，《史記》、本文都有「有」字，則「宛」須從朱本屬下讀。朱本據《玉海》於「瞻」下補「延」字，劉師培曰：「今考《玉海》作『延』似涉上文『延伊雒』而衍。」今從刪。劉又曰：「以上三語律之，（此語）亦當補『過』字。」鴻恩按，朱釋「宛」為「坐見貌」，即「宛然可見」之「宛」，竊疑指順河彎曲之狀而瞻望。宛，順也。《史記》之文為「北望嶽鄙，顧詹有河，粵詹雒、伊」，「粵」為句首語氣詞，與「宛」音近，宛、粵亦存在通假可能，未知孰是。㊳無遠天室　遠，違離。鴻恩按，「無遠天室」四字，是瞻望四方以後再次強調之。㊴其名茲曰度邑　就將這篇稱為度邑。名，與「命」通，前〈大聚〉篇「命之曰大聚」，文例與此同。此句是後人所加。《史記》尚有「（武王）營周居于雒邑而後去」，營，也是謀劃之義。

【語　譯】武王命令周公繼位傳於後世。武王說：「旦，你是我明達的弟弟，我任用你，你放下飯去忙碌都顧不上吃飯，你心裏哪還有你的家室？如今是上天要任使你，是天神傳告了我去世的日期。我沒有使國家達到休明美善的地步，我最近考慮，在咱們家裏，你雖然年輕，但是很有智慧謀慮。過去從皇祖后稷直到如今，都自我奮勉看重德光顯義，把期望告訴我，付託到我身上。所以我就像農夫種地，如飢似渴地希望得到收穫。我因為不能光顯祖宗之業，使皇祖不能從上帝那裏得到高位。你年輕人要賡續祖上的心願，希望你來布列我的大連環，這才算是有憂患之心。如果懷戀妻子兒女，則上不能趕上先祖之德，下不能答報庶民之望，我也不能配祀在高祖的行列，上天不滿意，就降下疾病，你對於這種局面將怎樣救治？如今我們兄弟相繼，我還依從筮占龜卜做什麼，今天就用兄終弟及方式建立王位。」叔旦恐懼，拱手哭泣流淚。

武王說：「唉，旦！我打算平定這個殷，就只有靠近天室般大山一帶，如果發布命令，尋找殷人就不用遠離東都。上天要表達天意，祐助我們就不難了。從雒水入河處到伊水入雒處，居於平易之地，沒有險固可守。還是在夏后氏的都城吧。我向南巡視超過三塗山，我向北瞭望過了嵩嶽的都邑，再回頭去瞻望大河，又順著伊水、雒水觀望，我的觀感是：不要遠離宗廟太室般的大山一帶。」

於是命名此篇稱作〈度邑〉。

【研　析】 由《尚書．召誥》、〈洛誥〉人們只知道，雒邑是由周公、召公選址、營建，好像與武王無關。讀了〈度邑〉和〈何尊〉銘文，才知道最早提議建東都，並且苦心焦思，奔波勞碌選東都地址的，是武王。「有夏之居」居天下之中，便於統治全中國；距殷都不遠，便於監督控制殷貴族，所以有必要把政治中心移到東方。克殷後，武王及時提出這個問題，並且做出了規劃。崔述《豐鎬考信錄．武王下》只相信〈召誥〉、〈洛誥〉，不相信〈度邑〉，也不相信《史記》據〈度邑〉所作的記載。他說：「宅洛何所取焉？將以為朝會道里均也，則又無一言及之。蓋後世之人聞周公之宅洛而不得其故，揣度之而以為武王之所命耳」。我們比崔述幸運，一九六三年陝西寶雞出土的周公攝政五年〈何尊〉，其銘文明確說：「維珷（武）王既克大邑商，則廷告于天曰：『余其宅茲中或（國），自之辪（乂）民。』」即我將定都於中原，從這裏治理百姓。完全印證了本文「定天保，依天室」之說。只是王暉的研究，提出了建都雒邑不是武王所定，武王所定地址原在陽翟，即「有夏之居」，而且武王封建諸侯，也已經為此作了部署。徐廣《史記》注、酈道元《水經注》也為這一說提供了比較有力的根據。可是從〈召誥〉、〈洛誥〉可知，周、召顯然是重新選址，所以沒有提及武王。而《史記・周本紀》說武王克商後：「營周居雒邑而後去」；《左傳》桓公二年「武王克商，遷九鼎于雒邑」；此說亦見《史記・匈奴列傳》、《漢書・王吉貢禹傳》等。王暉質疑：「如果說武王營建了洛邑，那麼，《尚書・召誥》謂召公至洛『卜宅』、〈洛誥〉謂周公至洛師卜河朔梨水、澗水東、瀍水西、瀍水東等地而選定洛邑，又有什麼必要？」這確是一個問題。王暉說，這個「洛」或「雒」實際是《穆天子傳》卷五之「櫟丘」，注：「櫟，今河南陽翟。」即〈世俘〉之「歷」或稱「磿」。西周、春秋、戰國分別稱歷、櫟、陽翟。周公東征以後，改變了東都選址的方針，即《呂氏春秋・長利》所說：「君獨不聞成王之定成周之說乎？其辭曰：『惟余一人營居于成周，惟余一人有善，易得而見也；易得而誅也。』」這是只考慮「居易」，不再顧及「無固」。竊以為，王暉廣泛搜集資料，多可自圓其說。但有一事沒有觸及，即武王何時到過磿，何時「以嵩山為戰鬥指揮中心」的。

王說：「這次武王由北向南的征伐……時間長達兩月之久，從二月甲子克商後到四月庚戌才歸還宗周。」而學者從王國維之說，甲子為二月二十七，庚戌為四月十四，四月庚子（初四）命令伐磿、伐蜀，乙巳（初九）伐磿、伐蜀將領勝利歸來。自初九克磿至十四已回到鎬京周廟祭祀，其間只有五、六天時間，武王何暇視察磿，即夏都陽翟？誠如趙光賢先生所說：「武王自出師至凱旋大約用了七十八天，假如武王歸來也和去時一樣，用了三十一天，那麼武王留在殷都應當有十六天。可是在這個問題上，〈世俘〉所記顯然有重大錯誤。」看來李學勤先生想要解決這個問題，他把磿、蜀說成今山西境內永濟北之歷山、蜀為山西新絳之「荀」的訛誤，意謂征磿、蜀，已在近鎬京的途中。依照趙、李兩位先生所定〈世俘〉日程，克磿、蜀確應在武王途中，否則絕不可能在庚戌到達鎬京。自鎬京出師至盟津用二十五天，怎麼返程只有五天？武王絕對沒有時間到磿去看有夏故都。所以楊寬不用趙、李說，仍從劉師培等所主《禮記・大傳》說，以武王在「牧」築室而祭。這一點王暉沒有慮及。

但〈度邑〉所寫，確是歸途中事。武王選東都地址，看來至少周公不知其詳，聯繫王暉所說，似乎周公沒有隨從武王到磿考察。而武王升汾阜，考察磿，選都址的想法應當已經成型，然後返回鎬京。假如武王像王暉所說自磿至鹿，直線距離大約一百三十多公里，已經有八、九天的行程（周師自鎬京至盟津用二十六天，日行約三十里）；假如渡過盟津而來，離開盟津已有八十公里，也有了五、六天的行程。當渡過伊水，「南望過于三塗」，視察了鯀、禹的故地，這裏的山川形勢，使激盪在武王腦海的心事再度掀起波瀾，使他通宵不眠，所以「自鹿至于丘中，具明不寢」，王小子御這才趕緊叫來周公。武王就詳為說明所選東都地址。鹿恰在三塗山北，與文中「南望過于三塗」，方位完全相合。三塗在磿正西，只有在鹿，才能說「南望三塗」。我們原來也以為襄城汾阜，離殷都五百里，似乎太遠，現在想來，周人一再自稱是夏人（《尚書·君奭》、〈立政〉：「我有夏」），這次征伐南國使武王有機會來「有夏之居」，考察夏都一帶的地理形勢和仍然存在的鯀、禹、啟遺跡，他是不會沒有興趣的，何況他的心裏裝著建東都的大計。〈武〉舞把「南國是疆」即「疆理南方之國」當作重要章節（《禮記·樂記》），其唱詞《詩經·周頌·賚》中有「我徂維求定」，表明武王應當是親往南疆指揮的（參《西周史》第一〇二頁）。所以〈世俘〉中前一個「辛亥」的祭祀，確應是在「牧室」舉行的。

武王營建東都的設想，周公平定叛亂以後，周、召作了調整，終於營建「新大邑」雒邑，實踐了武王「侹告于天」的遺願。這是周王朝政治建設的重要舉措。「同時分設東西兩都以加強對東西兩部的統治，是我國古代政治歷史上的創舉。這對於創建強大的周朝，是具有重大的作用的。」（楊寬《西周史》第一七三頁）克殷後，武王雖然二年而亡，然其功不可沒。由此也可知本文的文獻價值。

〈度邑〉的另一項內容，是武王在返周途中，產生了傳位的想法（證明武王身體不好，並相信神靈已告訴了他的死期），這事同樣使他焦慮。成王幼弱，應付不了當時那樣複雜的政治局面。而周公做事盡心竭力，有智慧謀略，最有條件成就大業，因而考慮依殷人兄終弟及成法，讓周公繼位。這對新建的周王朝顯然是有利的。但是，周與殷不同，有傳子的風俗，傳子思想相當強烈。武王去世，周公攝政當國，引起三監叛亂，藉口就是周公「將不利于孺子」。甚至成王本人（《尚書·金縢》）、召公也有懷疑。（《史記·周本紀》：「召公疑之……不悅周公。」）可見周公真要是繼位，存在著強大的反對勢力。本篇對於此事的記載值得注意，周公對武王要他繼位，只是「泣涕」，「恐」，沒有說話。武王也沒有堅持。這一記載十分真實。武王、周公都習見殷人繼承法，基於當時周王朝艱難情勢，周公自然不能斷然拒絕；周公肯定又知道周存在傳弟的強大反對勢力。武王有母弟八人，在傳弟、傳子方面他本人自然也反復掂量。周公不能繼承王位，但是作為武王之後的頂梁柱，又容不得他不攝政當國，他實在是左右為難。泣涕，恐懼，是為了武王的身體，國事的艱難，以及自身為難的處境。由此，我們不難理解後來周公攝政稱王七年而還政成王的歷史背景。《史記》採用〈度邑〉，而刪略這一段記事，是不適宜的（有人認為可能是司馬遷沒有看明白那裏的文意）。唐大沛慨嘆說：「武王以未定天保、依天室，且此事度不能及身為之故，欲傳位于周公，周公泣涕、王拳拳曉諭之二百餘字中，情摯語真，纏綿往復，有舍爾其誰之意。公惟泣涕，不敢允命。王遂託公以建都東洛之事……《史記》缺傳位周公一段文字，遂使千古下幾不知有此一事！」

但有一事，在這裏不能不說，傳瓚注《漢書・地理志》、徐廣注《史記・周本紀》、張守節注《史記・夏本紀》引〈度邑〉，都有「武王問太公『吾將因有夏之居……』」，而傳本無有。這說明至少自晉初至唐開元四百多年間，一直有一種本子有「武王問太公」。齊國自從田氏奪取姜氏政權以後，即出現把「太公」改成「周公」之事，本篇原本應本有「太公」。《逸周書》編者即為田齊之士。參本書導讀第一節。

崔述認為本文「其意淺而晦，其詞煩而澀，與《尚書》大不類」。羅家湘說，最後一句「明確的標題意識在周初文獻中是從未見到過的」（《逸周書研究》第一二頁）。開端處的「九牧」和結尾一句，肯定出於後人。除此之外，作為西周文獻，本文似無可疑者。王國維認為：「《周書・度邑解》……淵懿古奧，類宗周以前之書……自為實錄。」（《觀堂集林・觀堂別集・周開國年表》）周玉秀從語言角度研究的結論是：「根據對《逸周書》各篇的人稱代詞、句末語氣詞、特殊詞序、押韻情況及修辭方法的分析，我們發現有些篇章是西周文獻，其語言與《尚書》及西周金文相近，表現在語氣詞『哉』出現的頻率較高，且功能具有多樣性；不用第一人稱代詞『余』和第二人稱代詞『而』；不用句末語氣詞『也』、『焉』、『乎』等；沒有疑問代詞『孰』、『安』、

『奚』、『惡』等；沒有『××者，××也』的判斷句形式；沒有明顯形態標誌的反問句式；少用或不用四字韻語。這些篇章主要包括〈克殷〉、〈商誓〉、〈世俘〉、〈度邑〉、〈皇門〉、〈祭公〉。」（《文獻學價值》第二七二頁）又，本篇用了十一個「維」（含二個「惟」）、五個「厥」、二個「用」、一個「肆」、五個「茲」（不含末句）。「茲」字用得多，同樣說明本文寫成時代之早，『之』、『茲』……在甲骨文中不分遠近，是兩個泛指代詞，到上古時期，仍然保持它們泛指的特性。」《尚書》用「茲」九十二次，《詩經》用十五次（只見於〈大雅〉和〈頌〉），《左傳》用十七次（《左傳》十八、九萬字，〈度邑〉僅六百字），其他古籍用「茲」很少（《論語》一次），因此『茲』在春秋戰國時代已經是一個古詞。」（郭錫良《漢語史論集》第九三、九四頁）《詩經》用「茲」不多，因為是詩歌。再從思想意識而言，武王相信「天」的絕對權威，「天」是人間主宰，「天」根據人的表現決定王朝的興亡，人的壽命、禍福，也都由「天」、「神」決定；而且天、人可以相通，上天命令周伐紂滅殷，告訴武王的死期，上帝因為今人的表現決定周人先祖在上帝那裏的位次，這樣的思想意識只能屬於殷周之際，與春秋時代輕神重民的民本思想潮流絕不相同。崔述疑所不當疑，對本文文風的評論顯然帶有主觀的感情色彩。

第一人稱代詞「余」本文都寫作「予」，與《尚書》及《詩經》、《論語》相同，而與甲骨文、西周金文不同；第二人稱代詞「女」本文都寫作「汝」，與《尚書》相同，與甲骨文、西周金文不同，與《詩經》、《論語》、《左傳》、《國語》都不同。所以周玉秀認為〈度邑〉應當是《尚書》逸篇，可能是和《尚書》一起由後人改為他們自己的習慣用字。

武儆第四十五

【題解】武儆，武王的訓誡，指武王對太子誦（即後來的成王）的訓誡。

惟十有二祀四月❶，王告夢❷。丙辰，出〈金版〉郊寶，〈開和〉紬書❸，命詔周公旦立後嗣，屬小子誦〈文□〉及〈寶典〉❹。

王曰：「嗚呼，敬之哉❺！汝勤之無蓋❻。□周未知所周❼，不知商□無也❽，朕不敢望，敬守勿失❾。」以詔寘小子曰❿：「允哉！汝夙夜勤心之無窮也⓫。」

【章　旨】武王命周公立太子誦，並反復叮囑太子警覺。

【注　釋】❶十有二祀四月　十有二祀，《史略》引作「十有一祀」。武王即位未改元，十二祀為武王克殷之次年，即武王五年（武王在位可能是六年）。若為「十有一祀」，則在克殷之當年（參《觀堂集林・觀堂別集・周開國年表》）。劉師培以為「此為武王末年」。❷告夢　唐大沛、朱右曾認為即〈度邑〉所說「上神授朕靈期」之夢。❸出金版郊寶二句　出，取諸太史而設之（陳逢衡）。金版，原作「金枝」，孫詒讓曰：「版俗作『板』，與『枝』形近而誤。《莊子・徐无鬼》有『〈金版〉、〈六弢〉』，《釋文》引司馬彪、崔譔云『〈金版〉、〈六弢〉，皆《周書》篇名。』即指此也。」前〈大聚〉篇亦載，周公論「五德」，武王「乃召昆吾，冶而銘之金版，藏府而朔之。」今從孫說、〈大聚〉改「枝」為「版」字。郊寶，陳逢衡曰：「郊祀上帝之書，蓋紀太微五帝感生帝之類，以其為子孫世守之重器，故謂之郊寶。」孫詒讓曰：「疑當作『郊室』。《通典・吉禮》引《五經異義・春秋左氏說》『終諦及郊宗石室』，蓋古秘書與廟主皆藏于石室也。」陳漢章則以為即本書〈酆保〉篇，「酆與郊字形誤，保、寶古字聲類同。」三說未知孰是（今存〈酆保〉的文字應屬春秋以後），姑從孫說。開和，見於〈大開武〉篇「其明用〈開和〉之言」。紬，原作「細」，朱駿聲曰：「當作『紬』，讀為『紬史記』之『紬』（『紬史記』見於《史記・太史公自序》）。」紬、細易訛，諸家從朱說，今改「細」為「紬」。紬，綴集。詔，告訴。後嗣，王位繼承人。❹屬小子誦文□及寶典　原無闕文符號「□」。劉師培曰：「〈寶典〉為《周書》篇名，「文」下疑闕一字，即〈文開〉、〈文儆〉、〈文傳〉之屬也。」陳逢衡、唐大沛、朱右曾都認為〈寶典〉即本書之第二十九篇，中間用一「及」字，則「文□」與〈寶典〉同類，亦必為篇名。鴻恩按，今據劉說，於「文」字下補一闕文符號「□」。如果本文為真文獻，這裏所說〈寶典〉絕不可能是今傳本之〈寶典〉，今本〈寶典〉」文出於戰國。陳逢衡曰：「以周公不肯傳及，故有東宮之命。〈武儆〉則其命立之文也。」屬，交付。小子誦，即以後之成王。小子，這裏是對幼小者之稱。皮錫瑞《今文尚書考證・金縢》：「《五經異義》引古文《尚書》說：『成王即位，年十三。』」譙周《五經然否論》引《孔子家語・冠頌》等，說同。楊寬以為不可信，因為成王已經參與了周公的東征。王暉據出土金文，成王之弟唐叔已經能輔助武王征伐，故成王即位「年十三」，應是「年二十三」，七年以後周公還政，恰為成王「三十而立」的年齡（《古文字與商周史新證・成王即位與改元時之年齡考辨》）。成王名誦，武王之子。即位時年幼，周公攝政，管叔、蔡叔疑周公篡位，聯合武庚叛亂，周公東征三年，誅武庚、管叔，伐淮夷、奄，命召公建東都雒邑，七年後還政。《帝王世紀》說成王在位三十年，陳夢家以為二十年（《西周史》第一四頁），《夏商周斷代工程階段成果報告》定其在位二十二年。《史記》稱，「成、康之際，天下安寧，刑錯四十餘年不用。」❺敬之哉　警惕啊。敬，通「儆」。劉師培在〈文儆〉篇注「敬」曰：「即古『儆』字，以下『敬』皆同。」陳逢衡、唐大沛以為此篇「皆武王命周公之詞」。❻蓋　丁宗洛曰：「蓋，怠也。」唐大沛以此字訛誤。鴻恩按，丁釋「蓋」為「怠」，義與「勤」相反，固可通，然二字音、形不同。〈文儆〉曰「順時維周，于民之適敗，無有是蓋」，已有「蓋」、「周」二字，疑其義相通，但小語境有不同。又，或周公擔心不利於武王養病，不能告訴國情，故武王有是語？❼□周未知所周　□，唐大沛疑是「哉」字，屬上句讀。朱駿聲補「維」字。未知孰是。周未知所周，唐大沛釋下一「周」字曰：「或曰：周，至也。言我周初定天下，未知將來所至如何也。」按，〈文儆〉寫文王晚年囑武王，此篇寫武王晚年囑周公，情形相似，朱於彼篇之「周」釋曰「周防也」，此篇下「周」字，疑亦「周防」之義。❽不知商□無也　丁宗洛從浮山補改「不知商孽無他」。朱駿聲以闕文為「道」字。唐大沛曰：「『也』字疑是『他』字之訛。言不知商之後嗣志果無他否也」。鴻恩按，此句闕文補「孽」、補「之」均可通。「也」讀本字則此句無主詞，丁、唐以「也」為「他」，不誤。古文「它」、「也」為一字，「無也」即「無它」，甲骨文「亡它」即無害、無禍（《古文字詁林》第十冊「它」字）。又，它，古「他」字。❾朕不敢望二句　唐大沛曰：「若不安，然無事，固朕所愿，然不敢想望而必之也。蓋已預料將來武庚有不靖之事，但未顯言之耳。」孫詒讓曰：「望，當讀為『忘』，古通用。」鴻恩按，說均可通，今姑從唐說。❿以詔寘小子曰　拿詔書給年幼的誦看，說。寘　原作「宥」。《彙校集注》：「諸本作『寘』，盧校作『宥』。」陳逢衡曰：「寘，置也，與『示』通。」劉師培曰：「陳注是也。詔者使之聞，示者使之睹也。」今改回「寘」字。⓫汝夙夜勤心之無窮也　盧文弨曰：「此篇殘闕不可讀，『也』字當是妄增入。」孫詒讓曰：「『心』疑當為『念』之壞字。」

【語　譯】十二年四月，武王告訴他夢中的情形。丙辰這一天，從郊宗石室取出〈金版〉、綴集的〈開和〉之書，命令周公旦立太子，把〈文□〉及〈寶典〉交給年幼的誦。

武王說：「唉，要警惕呀！你要勤奮努力，不要掩飾國情。我周還不清楚要謹防哪些事，也不知道商人那邊是否沒有禍害。我不敢想望，警覺地防守就沒有閃失。」拿詔書給年幼的誦看，武王說：「確實啊！你要早晚繫念它，直到永遠。」

【研　析】〈武儆〉，與第二十四篇〈文儆〉大同小異，但更簡略。〈文儆〉中間一段說：「何向非私？私維生抗，抗維生奪，多維生亂，亂維生亡，亡維生死。」顯然出於戰國時期。劉師培所說「〈文□〉」很可能就是指〈文儆〉。文中提到的〈寶典〉多用介詞「以」、連詞「而」，大力強調「仁」的重要，肯定是戰國時期作品。這樣說來，本篇是否也是晚出？這應當具體分析，本文出現了「所」字結構，使用了語氣詞「也」（依盧文弨所說，則本文無「也」字）。從現存文獻而言，《尚書》中沒有「也」字；「所」字結構僅見於〈金縢〉敘事部分和春秋作品〈秦誓〉，而劉起釪以為〈金縢〉敘事出於「東周」（《尚書校釋譯論》第一二五三頁）。這一用法的「也」在《詩經・大雅》、〈商頌〉中凡四見；這一用法的「所」在《詩經・大雅》、〈商頌〉凡五見。（「所」字結構又見於《周易》卦爻辭，但卦爻辭的時代或早在殷周之際，或不早於《詩經・小雅》、〈國風〉。）如此，則此種所、也，可能與《詩經・大雅》、〈商頌〉一樣，至早在西、東周之際。本篇文字並不古奧，故有人認為是戰國作品，劉起釪認為它寫定於春秋，可以從劉說。

五權第四十六

【題　解】《周書・序》曰：「武王有疾，□□□□□□□□□□命周公輔小子，告以正（政）要，作〈五權〉。」五權，指在治國措施方面的五種權衡，權衡輕重、利弊、得失，使之合於中道。本文並非西周作品。

維王不豫❶，于五日召周公旦❷，曰：「嗚呼，敬之哉！昔天初降命于周❸，維在文考❹，克致天之命❺。汝維敬哉！先後小子❻，勤在維政之失❼。政有三機、五權❽，汝敬格之哉❾！克中無苗❿，以保小子于位。

【章旨】武王病，召見周公。叮囑輔佐好太子，研究三機、五權，持守中道。

【注釋】❶維王不豫　武王身體不適。維，句首語氣詞。不豫，天子有疾稱不豫，言不悅也（朱右曾）。豫，安樂。《尚書·金縢》：「王有疾，弗豫。」孔安國傳：「伐紂明年，武王有疾，不悅豫。」❷于五日召周公旦　在初五日召見周公旦。五日，丁宗洛引浮山曰：「五日是『五月』訛，與上篇『四月』為次。」鴻恩按，如果接上篇而言，理解為四月初五日或不豫之第五日亦無不可。如丁說指月，則應作「維五月，王不豫」。❸降命于周　上天降下大命給周。指周文王受命稱王。❹文考　武王稱文王。考，父死稱考。❺致天之命　獲得天命。致，得到；取得。❻先後小子　輔佐太子誦。先後，在前在後而教喻之（潘振）；猶輔佐也（唐大沛）。小子，指太子誦。❼勤在維政之失　唐大沛曰：「在，察也。勤察行政之失。」維，為；行。❽三機五權　詳見下文與注。陳逢衡曰：「三機用以防亂，五權用以經國。」❾汝敬格之哉　你要審慎推求啊。格，辨（唐大沛）；量度（朱右曾）。❿克中無苗　克中，能持守中道。中，即下文「維中是以」之「中」。無苗，無毫釐之不當（陳逢衡）。苗，通作「緢」，緢，纖微之義（朱右曾）。

【語譯】武王有病不適，在初五日召見周公旦，說道：「唉，要敬慎呀！從前上天初降天命給周，能得到天命，在於先父文王。你可要敬慎呀！輔佐小子誦，要勤察政治的失誤。政治有三機、五權，你要敬慎的推求哇！要能持守中正之道，以保障小子誦在位。

「三機❶：一、疑家❷；二、疑德❸；三、質士❹。疑家無授眾❺，疑德無舉士❻，質士無遠齊❼。吁，敬之哉！天命無常❽，敬在三機❾。

「五權：一曰地，地以權民❿；二曰物，物以權官⓫；三曰鄙，鄙以權庶⓬；四曰刑，刑以權常⓭；五曰食，食以權爵⓮。不遵承括，食不宣授⓯；極賞則淈⓰，淈得不食⓱。極刑則仇，仇至乃別⓲。鄙庶則奴⓳，奴乃不滅；國大則驕，驕乃不給⓴。官庶則荷㉑，荷至乃辛㉒；物庶則無，無乃不和㉓。地庶則荒㉔，荒則聶㉕；人庶則匱㉖，匱乃匿㉗。嗚呼，敬之哉！汝慎和稱，五權維中是以㉘，以長小子于位㉙，實維永寧㉚。」

【章旨】具體講述三機——三種徵兆、五權——五種權衡，即在用人、治國舉措方面的要義。反復叮囑敬慎。

【注釋】❶機　事之形於未然者（陳逢衡）；事情的徵兆。❷疑家　可疑之家，威權震主者（朱右曾）；至親有可疑者（唐大沛）。❸疑德　德可疑，行為偽詐。❹質士　不學之士（朱右曾）。❺無授眾　不要把軍隊交他指揮。陳逢衡以為這是針對管叔而言。❻舉士　推舉而任之以事。士，通「事」。❼無遠齊　朱右曾曰：「齊，如《荀子》『以國齊義』之『齊』，言任以遠大而不可濟也。」鴻恩按，《荀子・王霸》「以國齊義」楊倞注：「齊，當為『濟』。」濟，成。❽天命無常　周人相信天命，但從殷人亡國，周人得天下，悟出天命可以轉移。故在《尚書》中，周人也一再說「天不可信（信賴）」、「惟命不于（有）常」，而強調「敬德」，重視人為。❾敬在三機　審慎地察辨三種癥兆。在，察。❿地以權民　潘振曰：「言地有高下，宜山宜澤，以稱民之居。」朱右曾曰：「計夫授地，無曠土，無游民。」⓫物以權官　朱右曾曰：「物，事物也。事繁官多，事簡官省。」⓬鄙以權庶　朱氏曰：「鄙，都鄙。量遠近，度多寡，以建城市。」鄙，《周禮・地官・遂人》所說行政區劃單位，五百家為鄙。朱所說「都鄙」則指大小都邑、村落。⓭刑以權常　朱右曾曰：「常，常德也。出禮入刑，刑以正德。」⓮食以權爵食，祿也。班祿視爵（朱右曾）。⑮不遵承括二句　朱右曾曰：「括，法也。官不奉法以奪其祿。」「宣」字下，原有「不宣授臣」四字，朱依丁宗洛「不似經語」說刪之。鴻恩按，刪是，當是注文摻入。但此節皆為四言句，此獨為三字句，應如丁說「宣」下有「授」字，今補。⑯極賞則淈　孫詒讓曰：「《史記》篇『惠而好賞，屈無以賞』，即『極賞則屈』之義。」極賞，濫賞。淈，讀為「屈」，竭也（唐大沛）。⑰淈得不食　得不，朱本作「不得」。孫詒讓曰：「得，當讀為『食舊德』之『德』，則人不食其德也（『食舊德』語出《周易・訟》，意為享受舊日因德所得的俸祿）。朱校非。」鴻恩按，今據孫說改回。⑱極刑則仇二句　孫詒讓曰：「濫刑則民讎之。其極也，則民離。此言刑不權常之失。」鴻恩按，此節分別闡發「食以權爵」、「鄙以權庶」、「物以權官」、「地以權民」，均為四句，此闡述「刑以權常」獨為二句，疑脫二句。⑲鄙庶則奴　孫詒讓曰：「《水經・滱水》酈注云：『水不流曰奴』，此奴疑亦民眾止不移之義。」⑳驕乃不給　財不給。「君驕則奢侈，故財不給用。」（朱右曾）㉑荷　盧文弨引謝云「與『苛』同」。㉒荷至乃辛　辛，俞樾以為是「卒」字之訛，作「卒」與上文韻方相協。古文「卒」為手械之形，為鉗制、脅迫之義。孫詒讓曰：「辛，疑當作『幸』，言苟免刑罰也。」孫說勝，今從之。㉓物庶則橆二句　「物庶則橆，橆乃不和」，原作「物庶則爵，乃不和」，盧文弨曰：「惠于『乃』字旁校云：宋作『撫』。趙疑『物庶則』下尚脫一字。梁處素云『撫』疑『橆』字之訛。《說文》引〈商書〉『庶艸繁橆』是也，『橆』字當重文。『和』字亦必誤。」鴻恩按，橆為「蕪」之異體。陳逢衡據梁處素說訂改為「物庶則橆，橆乃不和」，又以「『和』字當作『秩』」，釋曰：「物庶則政事龐雜，而官皆無序，此物不權官之過也。」朱右曾亦從梁處素說釋曰：「橆，雜也。」鴻恩按，「和」字從陳說語譯。字書未見「撫」字，今改為「橆」。㉔荒　荒蕪。㉕荒則聶　陳逢衡、朱右曾以為「聶」當作「懾」。朱曰：「懾，懼也。『土廣無守可襲伐』（本書〈文傳〉篇引〈開望〉文），故懼。」㉖匱　財物匱乏。㉗匱乃匿　上文云「仇至乃別」、「荷至乃辛」，劉師培曰「以彼例此，則上『荒則聶』當作『荒至則聶』，此『匱乃匿』當作『匱至乃匿』」。匿，有二解：流亡、逃亡（潘、陳、朱）；通「慝」，義為奸惡，為非作歹（俞樾、陳漢章）。㉘汝慎和稱二句　陳逢衡曰：「調而能一曰和，輕重不失曰稱。」朱右曾曰：「稱，度也，和以度之，權其中而用之，則三機亦無失也。」維中是以，惟用中道（唐大沛）。以，用。㉙以長小子于位　以保小子誦的地位。長，猶保也（唐大沛）。㉚實維永寧　維，為；是。一說，句中語氣詞，幫助判斷。鴻恩按，二說相通。

【語　譯】「三種徵兆：一、可疑之家；二、可疑之德；三、不學之士。可疑之家不要交給他軍權，道德可疑的不要推舉他辦事，不學之士不能辦成大事。唉，要敬慎啊！天命不能一定，要敬慎仔細地辨察三種徵兆。

「五種權衡：一叫做地，依據土地的多少權衡民眾的多少、居住等情；二叫做事，依據事情的繁簡權衡官員的設置；三叫做都鄙，依據都鄙的遠近、多少權衡城市的建設；四叫做刑罰，使用刑罰的輕重要權衡有利於綱常的樹立；五叫做食，頒發俸祿的多少要權衡爵位的高低（建立起定制）。官員不遵守法度，就奪其俸祿；濫加賞賜財物就會枯竭，財物枯竭舊日的德惠就無法享用。濫施刑罰百姓會仇上，仇視的極點就會離心外流。都鄙多百姓就會留住不外移，不外移就沒有滅亡之患；國家大就會傲慢，傲慢奢侈財物就不夠用。官員眾多就會苛刻，苛刻到極點免於刑罰就是幸事；事情多就會雜亂，雜亂就沒有章法。土地多就會荒廢，土地至於荒廢（利於敵國襲伐）就會恐懼；人口多財用就會匱乏，財用至於匱乏百姓就會流亡。唉，要警惕啊！你要敬慎地調適衡量，五種權衡只取用中正之道，以便保住小子誦的地位，這實在是長治久安之道。」

【研析】由本文「運用頂真格」、「以數為紀」和四字句三項，以及「五權」之目為地、物、鄙、刑、食五者，把「地」放在第一位，已與戰國初期的《洪範》「八政」之「一曰食、二曰貨、三曰祀……八曰師」的思想明顯不同，研究者因而判定它是戰國時期作品（《文獻學價值》第二四〇、二四九頁）。又，本文講「權」，講「中」，「汝慎和稱，五權維中是以」，講「極賞」、「極刑」，則與《度訓》「權輕重以極，明本末以立中」、《命訓》之「極賞」、「極罰」，用語相同，應當作於同時。

但是本文與《度訓》、《命訓》等篇在語言方面也有明顯不同。由《商誓》、《度邑》和《尚書》、《詩經》我們知道，「維」字出現時代早，而本文「維」字五見；句末語氣詞「哉」出現時代早，《尚書·周書》句末語氣詞「哉」近三十見，而本文也有五個「哉」。又「天命無常」為周初以來之思想。可是在有關「三機」、「五權」及闡釋「三機」、「五權」的那些運用以數為紀、頂真格和四字句精心撰寫的規整語言中，「維」、「哉」二字，當然一個也不見。這一部分肯定是後人加進的，甚至於包括題目。本文應當含有兩個部分，早期檔案和戰國人的補加。這類作品在本書中不少見，這是讀本書應當注意的一件事。

成開第四十七

【題　解】孫詒讓〈大武開〉斠補曰：「前文王之書，謂之〈文開〉，後成王之書，謂之〈成開〉。諸篇名義并同。」《周書・序》曰：「武王既沒，成王元年，周公忌商之孽，訓敬命，作〈成開〉。」開，訓導；啟發。

全文記述成王和周公談話，周公開導成王敬重天命，意即成王時的訓導之書，其主體部分作成於戰國。

成王元年❶，大開❷。告周公曰❸：「嗚呼！余夙夜之勤❹，今商孽競時逋播以輔❺，余何循？何循何慎❻？」「王其敬天命，無易天不虞❼。在昔文考躬修五典❽，勉茲九功❾，敬人畏天，教以六則、四守、五示、三極，祗應八方❿，立忠協義乃作⓫。

【章　旨】周公針對殷商餘孽蠢蠢欲動的形勢，開導成王敬人畏天、立中協義，提出五典、九功、六則、四守、五示、三極等具體方策。

【注　釋】❶成王元年　王國維《觀堂別集・周開國年表》曰：「成王即位、周公攝政之初，亦未嘗改元，〈洛誥〉曰惟七年，武王克商後之七年，成王嗣位于茲五歲。」楊寬曰：「這一解釋的正確性，由於〈何尊〉的出土，也得到了證實。」（《西周史》第五一七頁）然則此「成王元年」乃後人之說，非當時實錄。成王，《呂氏春秋・下賢》曰：「文王造之而未遂，武王遂之而未成，周公旦抱少主而成之，故曰成王。」《夏商周斷代工程階段成果報告》定成王於西元前一〇四二～前一〇二一年在位二十二年。詳見〈武儆〉「小子誦」注。❷大開　孔晁、朱右曾都說是「周公大開」，朱曰：「周公大開告成王以所當用者也。」此說也合於《周書・序》。鴻恩按，依文意，不能與「告」連讀，「告」應與下「周公」連讀。「大開」統領全文，是說周公開導成王。前有〈大武開〉、〈小武開〉，此作〈成開〉，孫詒讓不主改為「開成」，蓋以文曰「成王元年，大開」之故，出於成王之世，故曰「成王之書謂之〈成開〉」(〈周書斠補・大開武〉)。❸告周公曰　「告」下原有「用」字。孫詒讓曰：「『告用』義難通，疑當作『大開。告周公』，『用』即涉『周』字而衍。」鴻恩按，依孫說，則「嗚呼」至「余何循」乃成王問，「王其敬文命」以下為周公答。今刪「用」字。如依孔、朱說，「余何循」則為周公語，周公面對成王，言國事而曰「余何循」則不合情理(「余」只用作第一人稱單數)，用孫說則為成王語，甚是。「王其敬文命」乃周公語。❹余夙夜之勤　鴻恩按，此「之」之用，前人無說，似可釋為「而」，說詳《助字辨略》、《經詞衍釋》。❺商孽競時逋播以輔　孔晁曰：「言商餘紂子祿父，競求是逋逃播越之人以自輔(「逋逃播越」原作「逋播逃越」，從唐大沛、朱右曾改)。」時，通「是」。此。逋，逃亡。播，流散。❻余何循二句　「余何循，何循何慎」，陳逢衡、唐大沛認為「何循」不當重。劉師培疑「何循何慎」係注文，「『慎』與『順』同，故以『順』釋『循』。本書『順』恒作『慎』，故注亦然。」鴻恩按，「循」的最為常見義即「順也」，「順」的最為常見通用字即「慎」，劉說當是，今譯文從劉說。❼無易天不虞　孔晁曰「當敬天命，備不虞者也。」朱右曾曰：「易，以豉反。」是說此「易」為容易、輕易之「易」。句意謂不要輕視上天可能出現意料之外的事，如天命轉移。虞，預料。❽躬修五典　親自研究五典。❾勉茲九功　盡力於此九功。❿祗應八方　恭敬地應對各方面情況。⓫立忠協義乃作　唐大沛曰：「忠，當作『中』，古忠、中通用，言當立中道而協于義，乃可起而行之也。作，起也。」

【語譯】成王元年，周公對成王大大地開導。成王告訴周公說：「唉！我早晚勤奮地工作，如今殷商餘孽爭著尋求這些逃亡流散的人輔助自己，我應該怎麼做？」周公說：「王要敬重天命，不要忽視上天可能出現意料之外的事情。從前先父文王，親身研修五典，致力於此九功，敬重人畏懼天，以六則、四守、五示、三極教誨臣民，恭敬地應對八方，樹立中、協和義，這才起而行之。

「三極❶：一、天有九列❷，別時陰陽❸；二、地有九州，別處五行❹；三、人有四佐❺，佐官維明❻。

「五示：一、明位示士；二、明惠示眾；三、明主示寧；四、安宅示孥；五、利用示產❼。產足不窮❽，家懷思終❾，主為之宗❿，德以撫眾，眾和乃同⓫。五示顯允，明所望⓬。

「四守⓭：一、政盡人材，材盡致死⓮；二、士守其城溝⓯；三、障水以禦寇⓰；四、矢石沙炭之攻⓱。

「六則⓲：一、和眾⓳；二、發鬱⓴；三、明怨㉑；四、轉怒㉒；五、懼疑㉓；六、因欲㉔。

「九功㉕：一、賓好在笥㉖；二、淫巧破制㉗；三、好危破事㉘；四、任利敗功㉙；五、神巫動眾㉚；六、盡哀民匱㉛；七、荒樂無別㉜；八、無制破教㉝；九、任謀生詐。

「五典㉞：一、言父典祭㉟，祭祀昭天，百姓若敬㊱；二、顯父登德㊲，德降為則㊳，則信民寧㊴；三、機父登過，過慎于武，設備無盈㊵；四、正父登失㊶，脩政戒官㊷，官無不敬；五、□□□□，制哀節用，政治民懷㊸。五典有常，政乃重開㊹，內則順意，外則順敬㊺，內外不爽㊻，是曰明王。」

【章旨】具體講述三極、五示、四守、六則、九功、五典的內容。

【注釋】❶三極　三項標準。已見於〈小武開〉。極，中；標準。《尚書・洪範》「皇建其有極」，蔡沈《集傳》：「標準之名，中立而四方之所取正焉者也。」❷九列　盧文弨引惠云「九列，即九星」。鴻恩按，九星指四方之星：即東方蒼龍、北方玄武、西方白虎、南方朱雀及五星：辰星（水）、熒惑（火）、太白（金）、歲星（木）、填（鎮）星（土）。陳逢衡曰：「〈小開武〉言九星，此謂日月所行之九道，故曰九列。」依陳氏說，則九星與九列有別。《漢書・天文志》「日有中道，月有九行。」中道即黃道，九行即「九道」，指黃道北、南、西、東有黑道二、赤道二、白道二、青道二，加上黃道，即九道。❸別時陰陽　分別出時間的陰陽。陰陽，指晝夜、寒暑、春夏（陽）秋冬（陰）。❹地有九州二句　潘振曰：「九州，揚、荊、豫、青、兗、雍、幽、冀、并也。」陳逢衡曰：「五行，謂土在中央，木在東，金在西，火在南，水在北，故曰別處。」朱右曾曰：「冀、并，水也；幽、兗、青，木也；荊、揚，火也；豫，土也；雍，金也。」按，潘、朱所說九州，都是依據《周禮・職方》，《尚書・禹貢》所說九州，有徐、梁而無幽、并。❺四佐　四位輔佐大臣，也稱四輔。《尚書大傳》卷一：「古者天子必有四鄰，前曰疑，後曰丞，左曰輔，右曰弼。」朱右曾曰：「疑，謂博聞多識可決疑惑者；丞，謂承天子之遺忘者；直立敢斷，廣心輔善謂之輔；廉潔切直，匡過諫邪謂之弼。」❻佐官維明　輔佐官員要清明、明察。原有「五示顯允明所望」，據唐大沛說移於下文，詳見注⓬。明位示士，明確官爵位次的尊卑上下，顯示給士人。明，明確；昭顯。惠，恩惠。〈大戒〉篇：「使眾之道，撫之以惠。」❼明主示寧三句　孔晁曰：「主明則民安之，安宅則妻子寧，利用則產業眾。」主，君。安宅，安定的居處。孥，妻、子。利用，使物盡其用。《尚書・人禹謨》孔穎達疏：「利用者，謂在上者節儉，不為靡費，以利而用，使財物殷阜，利民之用。」產，產業。❽產足不窮　下文逐一倒捲，這句說「利用」之效。不窮，不困窮。❾家懷思終　說「安宅」之效。懷，安。終，長久（唐大沛）。❿主為之宗　說「明主」之效。宗，尊。⓫德以撫眾二句　說「明惠」之效。德，恩惠。撫，有。陳逢衡引施彥士謂「眾和」句說「明位之效」，唐大沛以為非是，此句仍說「明惠」。同，齊同；一致。⓬五示顯允二句　「五示顯允，明所望」，二句原在上文。丁宗洛曰：「移在『利用示產』下，作總束語，與後文『五典有常』一例，亦屬可通。」唐大沛曰：「此句當在『眾和乃同』下，誤倒在此。」又謂「五示」中後四句各有所承，惟「明位示士」句無所承。「五示顯允」二句即是承「明位」句而誤淆於上，「五示」乃「士示」之訛，又以「明所望」上應補「當」字。劉師培曰：「孔注『當明謂五示，示于民也』，案『明』當作『萌』，萌即民也。《詩・小雅・都人士》『萬民所望』與此正同。孔注『謂』

係衍文，以「明」釋「顯」，下言「示于民」，似亦以「明」為「萌」也。」顯，明。允，信。鴻恩按，劉說是，丁、唐以「五示顯允」二句在「眾和乃同」下，亦是。「明所望」與「宗」、「同」合韻，今並孔注一起後移。唐說「五」應改為「士」，「明（萌）」上應補「當」，今姑不改、不補。丁以「眾和乃同」如作「士和乃同」，則與「明位示士」相應（鴻恩按，尊卑明則可和眾，不改亦可）；唐改為「士示顯允，明所望」，似欠順，丁說此句為「總束語」，亦無不可。故不作改動以俟考。⑬守　守衛。⑭政盡人材二句　孔晁曰：「任人盡其材，則死力效致。」致，獻出；盡。⑮士守其城溝　士卒守衛好城池。士，士卒。城溝，城池；城牆與護城河。⑯障水以禦寇　蓄水以抵禦敵人。障水，陳逢衡曰：「壅水也，寇至則決以灌之。」⑰矢石沙炭之攻　原作「大有沙炭之政」。劉師培曰：「孔注：『大沙熾炭所以攻適（敵）人也。』案《墨子·備梯》篇云：『城上繁下矢石沙炭以雨之。』〈雜守〉：『繁下矢石沙炭以雨之。』以彼相例，似此文當作『矢石沙炭之攻』。『沙』上有脫文，『大』字亦當作『矢』。《通典·兵四》亦『灰沙炭鐵』并文。」石，從高處投擊敵人的礧石。鴻恩按，此參《墨子》、《通典》更正為「矢石沙炭之攻」，是，其中三字皆形近致訛。《說文》：「攻，擊也。」此處之「攻」指以矢石、沙炭打擊來犯之敵，正是「守」城之要術。⑱則　原則；法則。⑲和眾　潘振曰：「和兵眾也。」鴻恩按，疑此與「發鬱」，不限於兵眾，《尚書·無逸》言文王「咸和萬民」，應即此和眾之意。⑳發鬱　孔晁曰：「鬱，謂穀帛之滯積者也。」㉑明怨　明表其怨也（潘振）。㉒轉怨　謂轉移而平之也（唐大沛）。㉓懼疑　懼則疑之（孔晁）；疑則懼之（朱右曾）。唐大沛同朱說，以「懼則疑之」誤倒。㉔因欲　欲則因之（孔晁）；有勝敵欲望就順從他。㉕功　孔晁曰：「不犯此（指以下所說九項），則成功也。」㉖賓好在筲　孔晁曰：「在筲，謂實幣于筲，無節限也。」劉師培曰：「據注『賓』疑作『實』。」筲，方形竹器，這裏指盛幣帛、財物之竹器。㉗淫巧破制　唐大沛曰：「百工淫巧以壞舊制。」淫巧，過分精巧。㉘好危破事　行險以僥倖也（陳逢衡）。㉙任利敗功　貪財利而敗事功。㉚神巫動眾　信禱巫以動眾之惑（唐大沛）。《淮南子·精神》高誘注：「動，猶惑也。」㉛盡哀民匱　厚葬破產（陳逢衡）。㉜荒樂無別　相習於奢則上下亡等（陳逢衡）。荒樂，逸樂過度。㉝無制破教　無法度則教令不立。㉞五典　此下原有「和集集以禁實有離莫逐（多本作『遂』）通其」，盧文弨曰：「此十二字難曉，卜本遽刪之，亦非也。」潘、陳、朱均從刪，陳氏曰：「此十二字上下絕無連屬，亦全無文義，卜本刪去未為無見。」典，主管，這裏指主管官員的職守。㉟言父典祭　盧文弨曰：「父者，尊之之詞，言父蓋宗伯之屬。」朱右曾曰：「宗伯相禮有辭命之節，故曰言父。」劉師培曰：「古代祝史卜宗均主陳信鬼神。《說文》：『祝，祭贊詞者。』《倭名類聚抄》一引阮孝緒《文字集略》云：『祝，祭主讚詞也。』」此典祭之官名言父之徵。」鴻恩按，《周禮》載宗伯及其屬官主管祭祀贊詞之職，可參《周禮·春官·宗伯》

及其屬官〈大祝〉、〈小祝〉等。張亞初、劉雨《西周金文官制研究》「祝卜類官」有「大祝」等，據〈禽簋〉，周公之子伯禽，曾任王朝大祝，征討蓋侯之前，伯禽祭告上天。其職位應高於《周禮》之下大夫大祝，而接近於《禮記・曲禮》所說「天子建天官，先六大，曰大宰、大宗、大史、大祝、大士、大卜」（張、劉書第三六頁）。㊱祭祀昭天二句　孔晁曰：「言祭祀見享受福，民乃化。」昭天，彰顯上天福佑。昭，明。若敬，順敬。㊲顯父登德　顯父，司徒之官（盧文弨）。朱右曾曰：「司徒掌教，賓興其賢者、能者（《周禮・地官・大司徒》載，大司徒以鄉三物六德、六行、六藝『教萬民而賓興之』，鄭玄注：『鄉大夫舉其賢者、能者，以飲酒之禮賓客之。』）故曰顯父登德。」孫詒讓曰：「《詩・大雅・韓奕》『顯父餞之』，毛傳：『顯父，有顯德者也。』此義與彼相近。」登，升；提升。㊳德降為則　把道德頒布為社會通行的法則。降，自上而下。㊴則信民寧　法則可信，百姓安寧。㊵機父登過三句　「機父登過，過慎于武，設備無盈」，「機」字原作「正」，今據陳逢衡、劉師培說校正。陳逢衡曰：「正父，即〈曲禮〉『五官』所謂司寇也。據〈嘗麥解〉有『大正，正刑書』之命，則正父斷為司寇無疑。」又曰：「機父，即〈酒誥〉之『圻父』，圻與畿通。《周禮・大司馬》職『以九畿之籍，施邦國之政』，故司馬亦謂之圻父。此機父蓋即〈曲禮〉『五官』之司馬也。」劉進一步指出：「竊以機、正二字互訛，《詩・小雅》『祈父』，毛傳云：『司馬也，職掌封圻之兵甲。』《書（・酒誥）》曰：『若疇圻父』，鄭注云『圻父謂司馬，主封畿之事』）。又云『祈、圻、畿同』。據鄭說則本書『機父』蓋亦『畿』段，即司馬也。故下云『過慎于武，設備無盈』。又《禮記・王制》『史以獄成告于正』，鄭注云：『正于周鄉、師之屬。』孔疏云：『鄉謂鄉士，師謂士師，是司刑之官謂之正。』此之正父當即司寇，故下云『登失』。」陳漢章同劉說。陳、劉、陳三氏均據古籍記載證明正父為司寇，機（圻、畿）父為司馬，而「司馬是職掌軍事的職官。這一點，歷來並無異說。《周禮》大司馬之職講得很清楚，司馬亦稱司武。」（《西周金文官制研究》第一一一頁）下二句「過慎于武，設備無盈」，正講「武」事，而原「機父」下一句「修□□官，官無不敬」，不講武事，則劉說理據充分，今將互訛之「機」、「正」改正。登，舉發（參孔注）。唐大沛曰：「舉所行之過以告。」設備無盈，要設防，不可自滿。無盈，孔晁曰：「無自滿」。㊶正父登失　「正」原作「機」，朱本據孔注「使刺譏之士舉政之失戒其官」，改為「譏」，不確，今據陳、劉說改為「正」。

㊷脩政戒官　「政戒」二字原為闕文，丁宗洛以為孔注當作「舉政之失戒其官」，又據此增「政戒」二字，朱本據增。鴻恩按，本書〈嘗麥〉篇「大正，正刑書」；《周禮・大司寇》「掌建邦之三典，以佐王刑邦國」，「以五刑糾萬民」，為刑官之長：然則闕文中似應有「刑」字。㊸□□□□三句　「□□□□，制哀節用，政治民懷」，朱駿聲補闕文為「宗父典禮」，按，宗伯主禮（《周禮・宗伯》「掌邦禮」），宗父應是指宗伯，盧文弨、朱右曾、劉師培均主言父即宗伯，則朱駿聲此補不確。盧文弨、

陳逢衡認為這裏是說司空的職任。《周禮》失冬官司空，補以《考工記》，鄭玄在《考工記》注中說：「司空，掌營城郭，建都邑，立社稷宗廟，造宮室車服器械，監百工者，唐虞以上曰共工。」在金文中，司空作「司工」，即盧文弨所說宏父，見於《尚書·酒誥》：「矧惟若疇圻父，薄違農父，若保〔所順所安之〕宏父」，孔傳：「宏父，司空。」司空職任與「制哀節用」相關。治，治理得好。懷，歸向。㊹重開　「重開」下原有「之守」二字，盧文弨以為衍文，朱右曾以為下節錯文。朱釋「重開」曰：「言四達不悖。」鴻恩按，重開即大開。《呂氏春秋·貴生》「重物也」，高誘注：「重，大也。」㊺內則順意二句　「內則順意，外則順敬」，孫詒讓曰：「『順』並當讀為『訓』，『意』當為『悳』，形近而訛。此承上文而言，內則訓悳，即上云『顯父登德』；外則訓敬，即上云『官無不敬』也，此書順、訓二字多互通。」悳，即「德」字。㊻爽　差錯。

【語　譯】「三種標準：一、天上日月有九道，分別時間的陰陽；二、地上劃分為九州，分別安排五行木、金、水、火、土；三、天子有四位輔佐大臣，輔佐官員能明察善斷。

「五種顯示：一、昭顯爵位尊卑明示給士人；二、彰顯恩惠顯示給大眾；三、君上聖明顯示社會安寧；四、居處安定顯示給妻子兒女；五、盡人、物之用顯示產業豐足。產業豐足則不困窮，居處安定就想終老此地，君明就被人尊敬，憑德惠而撫有大眾，民眾和諧就能同心協力。五示彰顯可信，是萬民所想望的。

「四種守衛：一、政治做到人盡其材，材充分發揮則死力報效；二、士卒守衛好負責的城池；三、蓄水以防禦敵人來犯；四、做好以箭、石、沙、炭守城的準備。

「六種法則：一、團結好萬民；二、發放滯積的糧食；三、可以明白地表達怨恨；四、轉移士卒的憤怒情緒；五、敵人有疑慮則恐嚇之；六、順從士卒打勝仗的欲望。

「九事避免可以立功：一、喜好筒中財物多多益善；二、過分精巧破壞法度；三、喜好行險僥倖破壞事功；四、貪圖財利敗壞事功；五、信從神巫會惑亂民眾；六、厚葬造成百姓匱乏；七、過度逸樂造成尊卑不分；八、沒有法制破壞教令；九、任用權謀產生欺詐。

「五種典制：一、言父宗伯主管祭祀之禮，通過祭祀彰顯上天福佑，做到使百姓順敬；二、顯父司徒提升道德，把道德普及為法則，法則誠信人民就安寧；三、機父司馬舉發過錯，舉發過錯而慎於動武，設防而不自滿；四、正父司寇舉發過失，修明刑罰戒敕官員，做到官員無不敬慎；五、宏父司空……，控制哀情節約用度，做到政事治理好民眾歸附。五種典制有了常道，政治就能大大地打開局面，內則訓導道德，外則訓導敬慎，內外沒有差錯，這叫做聖明的君王。」

王拜曰：「允哉，維予聞曰❶：『何鄉非懷❷？懷人惟思❸；思若不及，禍格無日❹。』式皇敬哉❺！余小子思繼厥常，以昭文祖之守❻，定武考之列❼。嗚呼！余夙夜不寧。」

【章　旨】成王贊成周公之說，安民立政，思繼文、武之業，深感肩頭責任重大。

【注　釋】❶維予聞曰　我雖聽說。維，通「雖」。❷何鄉非懷　朱右曾曰：「言民何往而不求安。」鄉，同「向」。❸懷人惟思　安民在思立政（朱右曾）。❹禍格無日　禍患到來不用多久。格，至。❺式皇敬哉　式，應該（楊伯峻《春秋左傳注》昭公十二年「式昭德音」注引丁聲樹文）。俞敏先生曰：「『式』是『庶或』兩個音節壓縮成的，表達虛擬口氣。」有可能、大概、希望、盼等口氣（《經傳釋詞札記》第一六八頁）。皇，孫詒讓不同意孔晁「皇，大」之注，而從莊述祖說讀「皇」為「況」，義為「茲也，益也」（詳本書〈祭公〉「汝其皇敬哉」孫氏引〈無逸〉「則皇自敬德」莊解，並舉漢石經「皇」作「兄」）。俞先生曰：「季剛先生眉批說：『此況、兄即兄長也引申之義。』很明快。大，跟『滋、益』同義。」（《札記》第六三頁）是對於孔說疏證。❻以昭文祖之守　「之守」二字是朱右曾從上節「重開」下移來，置此正與下句「之列」二字相對，似甚是。文祖，指文王。守，德守。❼定武考之列　成就先父武王的事功。定，成就。《尚書．泰誓》「以定厥功」，孫星衍《尚書今古文注疏》：「定者，高誘注《淮南》云：『成也。』」武考，指武王。列，同「烈」。事業；功業。

【語　譯】成王拱手行禮，說道：「確實啊，雖然我也聽說過：『百姓到哪裏不是求得安定？安定人就只有謀慮好的政治措施，謀慮如果不周到，禍患到來就沒有多少時日了。』應當越發地敬慎啊！我小子想繼承那常道，來昭顯祖父文王的德守，成就先父武王的功業。唉！我早晚心裏都感到不安。」

【研　析】本篇出現了與〈五權〉篇相似的情況。即，文中一面使用「茲」、「維」、「哉」、「式」、「皇」、「厥」、「時」(是) 這些出現時代早的詞。指示代詞「時」，《詩經．周頌》、〈大雅〉大量使用，而〈國風〉、〈小雅〉僅各有一篇有此字。「式」作為虛詞，大多用於《詩經．小雅》、〈大雅〉，〈國風〉中僅見於一篇。另一方面，又比〈五權〉更加大量地使用「以數為紀」及頂真修辭格、四字句。在以數為紀部分也有「茲」一見，「維」一見。〈成開〉的以數為紀等等，只能屬於戰國時代。它不像〈五權〉那樣涇渭分明。可能是，後人對簡略的前代檔案作了大幅度地改寫、補作，所以其中有大量戰國時代的東西。

周玉秀就用韻、修辭看，以為〈成開〉寫定於戰國時代。又就「其語法特點」看，說它寫定時代「不會晚於春秋早期」(《文獻學價值》第二三五、一六九頁)。

本文所說「五典」，即宗伯、司徒、司馬、司寇、司空，與除去冢宰之外的《周禮》之五官，即司徒、宗伯、司馬、司寇、司空 (司空之文亡)，完全相合。證明本文參考了《周禮》一書。但在西周銘文中，「主管國家和地方政務的經常是『參有司』，即司徒、司馬、司空，這與《周禮》所講的六卿 (冢宰、司徒、宗伯、司馬、司寇、司空) 的情況不符。」(《西周金文官制研究》第二四頁)。《周禮》一書，多認為成書於戰國。本文主體部分既與《周禮》相合，就不應早於戰國。

本文主張「德以撫眾，眾和乃同」，提倡「德」，反對「任利」、「任謀」，這具有儒家的思想色彩。談守城戰術，主張「障水以禦寇」和「矢石沙炭之攻」，與《墨子．備水》、〈備梯〉、〈雜守〉內容一致；反對「盡哀民匱」，即反對儒家的「盡哀」厚葬，與墨家反厚葬內容一致。又反對「神巫動眾」，與孫武、韓非的思想一致。主張「制」，主張「則」，則是法家的思想。明講「陰陽」、「五行」，則又是鄒衍的思想。總之，本文作者是戰國時代的一位雜家，其寫定時代不言可知。

作雒第四十八

【題解】作雒，與建雒邑，雒邑即成周。本文寫了三監作亂始末，寫了周公平亂後興建成周，包括方位、規模、建制等，是一篇重要的西周史料。《周書・序》：「周公既誅三監，乃述武王之志，建都伊、雒，作〈作雒〉。」

武王克殷，乃立王子祿父❶，俾守商祀❷。建管叔于東❸，建蔡叔、霍叔于殷❹，俾監殷臣。武王既歸❺，乃歲十二月崩鎬❻，肂于岐周❼。周公立，相天子❽，三叔及殷、東、徐、奄及熊盈以略❾。

周公、召公內弭父兄，外撫諸侯❿。元年夏六月⓫，葬武王于畢⓬。二年，又作師旅⓭，臨衛政殷⓮，殷大震潰⓯。降辟三叔⓰，王子祿父北奔⓱，管叔經而卒⓲，乃因蔡叔于郭淩⓳。凡所征熊盈族十有七國⓴，俘維九邑㉑。俘殷獻民㉒，遷于九里㉓。俾康叔宇于殷，俾中旄父宇于東㉔。

【章旨】武王克殷立三監，武王死後，三叔、武庚作亂，周公平定叛亂的結果、舉措。

【注釋】❶立王子祿父　武王分封祿父於殷都北之邶（本文未明言封於邶），使繼殷祀。詳見〈克殷〉「立王子武庚」注。

❷俾守商祀　使他奉守商朝祭祀。❸建管叔于東　朱右曾曰：「管叔監殷東之諸侯。」東，其地眾說不一。《漢書・地理志下》

說管叔封於鄘，鄭玄《詩譜》說鄘在殷都之南，這裏則說「東」，王肅、服虔、皇甫謐則說鄘在西方，《歷史地圖集》以庸（鄘）在今新鄉西南，即牧野西南。劉師培以東即鄘，衛、殷聲同通用，殷、衛為一地，「建管叔于東」，即殷東、衛東。劉起釪重申王國維〈北伯鼎跋〉（《觀堂集林》卷十八）「鄘即魯也」，「鄘與奄聲相近」之說，並引《詩經・魯頌・閟宮》「乃命魯公，俾侯于東」，把魯侯所封「奄」地稱為「東」，和本文以「鄘」為「東」相合。「鄘、東二字古音相同」，「古本聲同類相轉，由濁音轉為清音，則『鄘』古音自讀為『東』」。「鄘或東，在今豫北東部至於魯境」，是「以濮陽為中心」的「小東」，而以奄為中心的「大東」魯地封於伯禽（《古史續辨・周初的「三監」與邶、鄘、衛三國及衛康叔封地問題》）。鴻恩按，《歷史地圖集》定東於今濮陽之南，在殷都之東，即劉起釪所說「小東」（劉起釪自製地圖，則標東於巨野澤之南）。❹建蔡叔霍叔于殷　蔡叔，「三監」之一，名度，文王之子，武王同母弟。被封於蔡（今河南上蔡西南）。周公攝國政，他與管叔等作亂，三年亂平，他被流放而死。霍叔，文王之子，武王同母弟，名處，一說名武，封於霍（今山西霍州西）。三監之中有沒有霍叔，至今意見不一。本文此處有「霍叔」，而下文言處分則無之。鄭玄《詩譜》謂霍叔相武庚，同在邶，即從內部監察武庚。偽書〈蔡仲之命〉則言「囚蔡叔于郭鄰」，同於本文，又謂「降霍叔于庶人，三年不齒。」王引之《經義述聞》卷三〈三監〉，歷舉諸書所載，皆為武庚、管、蔡，無霍叔。有霍叔者，除本文，只有《商君書・行賞》「昔者周公旦殺管叔，流霍叔，曰：『犯禁者也』。」以為《逸周書》「俗本『霍叔』于『殷』上增『蔡叔』二字，與注不合，又改『二叔』為『三叔』」。其結論為：「以管、蔡、霍為三監，則自康成（鄭玄）始為此說。」劉起釪進一步論證，力主王引之說。趙光賢亦以本文為「後人誤解三監之義而造的謬說。」（〈逸周書作雒篇辨偽〉）本書注者孫詒讓、劉師培均不以「霍叔」為誤，不以「三叔」為後人改。楊寬以為「武王之所以要設三監，應該如《逸周書》所說『俾監殷臣』，和封武庚『俾守商祀』，性質根本不同。武庚應該包括在被監督的『殷臣』之內，是被監督的對象。」（《西周史》第一三〇頁）鴻恩按，此從孫、劉、楊說。本書脫誤極多，即使前無「蔡叔」，而前有「霍叔」後有「蔡叔」，正可用以校補（孫、劉不從王引之說這應當是主要原因）。本文與《商君書》、鄭玄及偽書作者都提到「霍叔」應當不是空穴來風。❺武王既歸　諸本如是，獨朱本無「武」字，亦未說明理由，今補「武」同諸本。❻乃歲十二月崩鎬　乃歲，章檗本作「成歲」。孔晁曰：「謂乃後之歲也。」是孔本作「乃」。丁宗洛曰：「注言乃後之歲，承上句『既歸』而下，似次年便崩，故《史記》言克殷二年武王崩。」王國維〈周開國年表〉曰：「〈作雒解〉以武王崩在克殷之年。」是解「乃歲」為就在這年。鴻恩按，成歲、乃歲義同，即次年、第二年。成，重也。九成之臺，即九重之臺。《周禮・考工記》「四阿重屋」，孫詒讓《正義》：「重屋者，謂屋有二重。」乃、仍字通（《說文通訓定聲》）；仍與重義同：「仍、重，再也。」

「雙、耦、貳、再、兩，二也。」（《廣雅》）俞樾《群經平議・國語一》「制朝以序成」，俞曰：「成，次也。」依此，「成歲」、「乃（仍）歲」，則與《史記・封禪書》「武王克殷二年，天下未寧而崩」吻合。《夏商周斷代工程階段成果報告》依《詩譜・豳風・疏》（《報告》以為鄭玄《詩譜》，誤）之說定武王克商後四年崩，與此不合。崩鎬，死於鎬京。崩，天子死曰崩。鎬，即鎬京，宗周，在今陝西西安長安區西北灃河東岸斗門鎮、普渡村、豐鎬村一帶西周遺址範圍內。❼殯于岐周　埋棺於岐周待葬。殯，淺埋待葬。岐周，周族發祥地，在今陝西岐山縣東北，即周原，武王的曾祖父公亶父自豳遷居於此，發展農耕，建設都邑。朱右曾曰：「岐周在鎬西北三百餘里，畢在鎬東數十里（畢，詳見下文注），不應殯遠而葬近，蓋謂鎬京之周廟耳。」❽周公立二句　武王死後，周公有無踐阼稱王，一直在爭辯，有人甚至說周公踐阼是厚誣周公。《史記・魯周公世家》：「周公恐天下聞武王崩而畔，周公乃踐阼代成王攝行政當國。」《禮記・明堂位》：「成王幼，周公踐天子之位以治天下。」《禮記・文王世子》：「周公相，踐阼而治。」《荀子・儒效》：「周公……履天子之籍，聽天下之斷。」可見「立」不僅立為「相」，輔佐天子（成王），而且踐阼——踐天子之位攝政當國。古今都有人認為只是「攝政」而不承認「踐阼」。《左傳》隱公元年：「不書即位，攝也。」攝，代理。魯隱公代理魯君，也是魯君。所不同者，成王只是不當國而已。❾三叔及殷東徐奄及熊盈以略　三叔，即管叔、蔡叔、霍叔。殷、東，原來商代王畿的兩部分（楊寬）。徐、奄，東夷族嬴姓的兩個大國。徐，與奄國相近，《書・序》：「魯侯伯禽宅曲阜，徐戎並興，東郊不開，作〈費誓〉。」奄，亦稱商奄、商蓋。奄都在曲阜東。熊盈，指嬴姓的東夷和淮夷，即下文「熊盈族十有七國」。嬴姓即盈姓，「熊者，盈之轉。觀《左傳》宣八年『夫人嬴氏』，《公》、《穀》作『熊』，則熊、盈、嬴三文通用。」（劉師培）淮夷嬴姓，見於《世本》（楊寬）。略，汪中、唐大沛、朱右曾均以為當作「畔」，孫詒讓曰作「畔」義長。❿周公召公內弭父兄二句　《漢書・百官公卿表》所說「周官太師、太傅、太保是為三公」，認為周初三公聯合執政，是後人的一種附會，「比較可信的文獻卻稱二公，如《逸周書・作雒解》『周公、召公內弭父兄，外撫諸侯，元年夏六月葬武王于畢，二年又作師旅，臨衛征殷，殷大震潰』。《史記・周本紀》『召公為保，周公為師，東伐淮夷，踐奄，遷其君薄姑。』《尚書・序》『召公為保，周公為師，相成王，為左右。』這些文獻記錄的周初周、召二公執政的情況與金文內容是一致的。周初重大軍事行動主要由周、召二公負責統帥，周初實行的是兩寮（卿事寮、太史寮）執政的制度，故周、召二公各主一寮。」（《西周金文官制研究》第一〇一頁）弭，安。⓫元年夏六月　元年，盧文弨曰：「舊作『九年』，訛。趙改元年，與《繹史》同。」孫詒讓曰：「惠云：『《前編》元年。』」成王元年，亦即周公攝政元年。夏六月，王力《古代漢語》曰：「在商代和西周前期，一年只分為春秋二時。」（《古代漢語》第七九四頁）趙光賢曰：「西周書及金文中無記四時者，至春秋時期始用四時，此「夏六月」足證其非西周作品。」《左傳》隱公元年：「天子七月而葬。」武王上年十二月崩，至本年六月恰為七月。⓬葬武王于畢　潘振曰：「畢，終南山道名，在今陝西西安府長安縣南，即舊說京兆長安東杜中也。」陳逢衡曰：「《皇覽》云：『文王、武王、周公冢皆在京兆長安鎬聚東杜中。』《括地志》云：『文王、武王墓在萬年縣西南二十八里畢原上。』《寰宇記》、《長安志》皆云二陵在咸陽縣北十五里，以《史記・周本紀・贊》證之，當從《皇覽》、《括地志》，在今咸寧縣（轄今西安東部地區）西南為是，今咸寧西南遺跡無可考，而文、武、成、康四陵及歷代碑碣皆在咸陽。」按，朱右曾所說「畢在鎬東數十里」及潘、陳所說之畢，均據司馬遷〈周本紀・贊〉「所謂周公『葬我畢』，畢在鎬東南杜中」。鴻恩按，據此記載，上世紀五十年代以來，考古學者在以上兩地尋找周王墓，但均無所獲，僅在寶雞周公廟發現一最高規格（四墓道）周墓，與周公關係密切，但盜掘嚴重，不能確定為誰氏之墓。⓭作師旅　興師；發動軍隊。⓮臨衛政殷　楊寬同意劉師培所說「殷、衛本即一字」，衛、殷通用，認為「周人把商代國都『殷』的周圍地區的封國稱『衛』，確是沿用原來名稱。」（《西周史》第一三二頁）⓯大震潰　孔晁曰：「下叛其上曰潰。」⓰降辟三叔　施刑法於三叔。降，下；用。辟，法。⓱北奔　趙光賢曰：「周公平亂，武庚被殺，古書皆如是說。此篇則說『北奔』，其謬顯然。」可能追捕後殺死（楊寬）。鴻恩按，王國維謂，在今河北淶水縣、易縣出土有北（邶）伯鼎等器，故以武庚之封地邶即燕（〈北伯鼎跋〉）。故劉起釪以邶在易水流域（《古史續辨》第五二一頁）。吳榮曾謂，「在王亥時期，商人就在易水流域展開了他們的活動。」「自商至周，今河北北部、中部一帶一直是商族人的重要分布區」，《史記・殷本紀》、〈趙世家〉所載空桐氏（即本書〈王會〉所附〈伊尹朝獻〉之「空同」）、目夷氏（即伯夷、叔齊之孤竹國）及趙襄子所滅代、武靈王所滅中山，皆子姓國；東漢鮮于氏（應是中山後裔），自稱「箕子之苗裔」（〈中山國史試探〉，載《先秦兩漢史研究》）。由此可知武庚北奔之背景。⓲經而卒　陳逢衡釋「經」謂「自縊也」；朱右曾曰：「謂縊殺之也。」則與他書說同。管叔是這次叛亂的煽動者，目的是爭奪王位，故施以重刑。朱氏曰：「《水經注》云：『滎陽縣有虢亭，俗謂之平桃城，城內有管叔冢。』」⓳囚蔡叔于郭淩　這裏說「囚」蔡叔，《左傳》昭公元年、定公四年都說「殺管叔而蔡蔡叔」，杜預注：「蔡，放也。」是說流放蔡叔。郭淩，地名，偽古文《尚書・蔡仲之命》作「郭鄰」。陳逢衡引惠氏《禮說》：「郭鄰乃空墠之地名，明在蔡之境內矣。」陳逢衡以為：「以其附近城郭乃在蔡境內，故謂之郭鄰。」潘振曰：「不言霍叔者，降為罪人，其罪輕也。」⓴熊盈族十有七國　指東夷嬴姓的大小方國，如徐、奄、淮夷、薄姑、豐伯（見於金文）等。㉑俘維九邑　俘維，俘囚為奴（孔晁）；盡拘執以歸於周（陳逢衡）。維，繫；捆綁。九邑，許多部落。㉒獻民　賢人。孔晁曰：「士大夫也。」㉓九里　章檗本作「九里」，盧文弨據別本改為「九畢」，朱本從。王念孫、孫詒讓、于鬯、劉師培有考證，均以作「九里」是。唐大沛曰：「蓋里、畢字相似，又涉上文『葬武王于畢』而誤。」今改回「里」字。孔晁曰：「九里，成周之地，近王化也。」孫詒讓曰：「《韓非子・說林》『魏惠王為臼里之盟，將復立天子。』……則『九里』必東周畿內之地。」劉師培曰：「《史記・劉敬傳》《正義》引《括地志》云：『故王城一名河南城，本郟鄏，周公所築，在洛州河南縣北九里苑中東北隅。』九里苑即沿周代九里之名。故孔云『成周之地』。」㉔俾康叔宇于殷二句　孔晁曰：「康叔代霍叔（劉師培曰：『霍叔』以上蓋挩『蔡叔』二字），中旄父代管叔。」孫詒讓曰：「中旄父，它書皆未聞，蓋即康叔之子康伯也。《史記・衛世家》『康叔卒，子康伯代立』，《索隱》云：『《系本》「康伯名髡」，宋忠云：「即王孫牟也。」按《左傳》所稱「王孫牟父」是也（王孫牟，見《左》昭十二年傳），牟、髡聲相近，故不同耳。』梁玉繩據杜氏《春秋釋例・世族譜・衛世系》云『康伯髦』，謂《索隱》引《世本》『髡』當作『髦』（〈人表考〉）。其說甚確。蓋『髦』音近『牟』，故小司馬云『聲相近』。若作『髡』，則于聲殊遠。髦與旄聲類亦同。故此又作中旄父也。」劉師培曰：「以中旄父為康伯，其說至確。惟《史記》言封康叔為衛君，此言宇于殷，則殷即衛也。……殷、衛本即一字。殷為地名，即昔日之豕韋（別有考）。殷、韋古通，《淮南子・原道訓》高誘注云『伊尹名摯，郼湯之相也。』是漢人仍稱殷湯為郼湯。衛從韋聲，故又轉殷為衛。宇殷，猶之封衛也。不得析衛、殷為二地。」中旄父，郭沫若校作「伯旄父」。劉起釪曰：「金文中則有『白懋父』，即伯懋父，郭沫若謂即此仲旄父，亦即康伯髦。他說『懋、牟、髦、旄均同紐，幽、宵音亦相近，「中」蓋字之訛也。』」劉列舉〈小臣謎簋〉記伯懋父以殷八師征東夷，伐至海湄，〈呂行壺〉則記其北征，〈召尊〉又說他在炎自，「炎」與焰、閻同，亦即鄘。〈班簋〉記「文王孫」「毛父」伐東國奄戎，「三年靜東國」，毛父即旄父。可見「伯懋父是一位重要將領，其軍事活動在衛、鄘一帶」。伯懋父為康叔長子，東征統一了衛與東，建有殊勳，所以封東（鄘）給他。後調任王朝司寇（《古史續辨》第五三七頁）。鴻恩按，馬承源《銘文選》錄有伯懋父器銘多篇，以〈小臣謎簋〉為康王時器，〈呂壺〉、〈師旂鼎〉為康、昭時器。

【語　譯】武王攻克殷商，就立王子祿父為諸侯，讓他奉守商人的祭祀。立管叔監殷東之諸侯，立蔡叔、霍叔為殷之監，使他們監察殷臣。武王回周後第二年十二月崩於鎬京，淺埋於周廟待葬。周公踐天子之位，執政輔佐成王。三叔及殷、東、徐、奄以及嬴氏諸國發動叛亂。

周公、召公對內安定父兄，對外安撫諸侯。元年夏六月，殯葬武王於畢。二年，再次興師，兵臨殷地發起攻擊。殷人大為驚懼，潰不成軍。施法治三叔叛亂之罪。祿父向北逃竄，縊殺管叔，在郭淩囚禁了蔡叔。

共總征伐殷氏族十七國，俘虜拘捕了九個部落的人，所俘殷商士大夫遷移到成周附近的九里。使康叔為諸侯建國於殷，使伯旄父建國於東。

周公敬念于後，曰：「予畏周室不延，俾中天下❶。」及將致政❷，乃作大邑成周于土中❸。立城方千六百二十丈，郛方十七里❹。南繫于雒水，北因于郟山❺，以為天下之大湊。

制郊甸方六百里，因西土為方千里❻。分以百縣，縣有四郡，郡有四鄙❼。大縣立城，方王城三之一❽；小縣立城，方王城九之一❾。都鄙不過百室，以便野事❿。農居鄙，得以庶士；士居國家，得以諸公、大夫⓫。凡工賈胥市，臣僕州里，俾無交為⓬。

【章　旨】周公為周室長久計，在天下之中建立大邑成周，此章言成周規模、形制及建成後行政區與士、農、工、商居所。

【注　釋】❶予畏周室不延二句　延，長久。俾中天下，使（都城）處於天下的中心位置。按，一九六三年陝西寶雞出土的〈何尊〉銘文有這樣的記載：「惟珷（武）王既克大邑商，則廷（敬）告于天曰：『余其宅茲中或（國），自之辥（乂）民。』」可證「宅中國」、「中天下」，是武王克商以後就有的想法。❷致政　歸政於成王。致，交出。❸作大邑成周于土中　孔晁曰：「王城也，于天下土為中。」《史記・周本紀》：「曰此天下之中，四方入貢道里均，作〈召誥〉、〈洛誥〉。」楊寬曰，周公營建東都雒邑，在其攝政五年（鴻恩按，此據〈何尊〉、《尚書大傳》說，《西周史・東都成周的營建》）。大邑，詳見下文注。

成周，楊寬曰：「『宗周』是因為天子是天下的大宗而得名。『成周』是因為建成四方統治的中心而得名。」「成周之所以稱『成』，和成王之所以稱『成』，意義是一樣的。」（《西周史》第一八二頁）❹立城方千六百二十丈二句　「立城方千六百二十丈，郛方十七里」，「六百」原作「七百」，「十七」原作「七十」。這裏文字多訛誤，經王念孫《讀書雜志》、孫詒讓《周書斠補》、焦循《群經宮室圖》、金鶚《求古錄》、劉師培《周書補正》、陳漢章《周書後案》、楊寬《西周史》等校勘、論證，朱本之「千七百二十丈」應作「千六百二十丈」，「七十里」（或「七十二里」）應作「十七里」。焦循曰：「《考工記・匠人》營國方九里，計每五步得三丈，每百八十丈得一里，以九乘之，千六百二十丈，與《考工》正合。」金鶚《求古錄・禮說》曰：「七十里當從《通鑑前編》作十七里，蓋傳寫之訛也。《孟子》言三里之城、七里之郭，七為五之訛，則郭大于城不及一倍，今郭方七十里大于城九倍，與《孟子》不合，且郭為外城，當與近郊相遠，天子近郊五十里，郛方七十里則就近于近郊矣。」劉師培曰：「七百自係六百之訛，《大典》本元《河南志》引《周書》正作『立城方千六百二十丈』，足證元本未訛。復方七十里，竊以《前編》所引近是（詳《求古錄・禮說》）。王應麟《王會篇補注》上、《詩・地理考》五並引作十七里，與《前編》合，劉恕《通鑑外紀》亦云郛方十七里。」楊寬《中國古代都城制度史》曰：「十七里之說比較合理，當時郭城不可能造得太大。」陳漢章曰：「趙氏在翰《七緯》（卷三十五）引楊應階曰，方千六百二十丈，凡徑五百四十雉（雉為計算城牆面積的單位，長三丈高一丈為一雉），周二千一百六十雉，九里之城也。」方，這裏指城之方圓而言，實指城牆長度而言，與下文「方六百里」之「方」義有不同。今綜合各家說和所舉版本之證，改「七百」為「六百」，改「七十」為「十七」。郛，郭；外城。童書業《春秋王都辨疑・成周為東都大名，王城為成周內城考》舉例證明「成周乃發號施令之所，又為王宮、太廟所在，駐有八師……金文中有成周而無王城，又可證東都確惟有一成周而已。」「成周者，乃表周業之成，自當為大都之名。」（《童書業歷史地理論集》第一九一頁）楊寬〈東都成周的規模及其設施〉曰：「王城是成周的小『城』而另有大『郭』。」王城在西，大郭在東，開創了小「城」連接大「郭」的佈局，「成周是東都的總稱，而王城只是周王所居住的宮城。」《史記・周本紀》正義引《括地志》曰：「王城一名河南城，本郟鄏，周公新築，在洛州河南縣北九里苑（神都苑）內東北隅。」童、楊都考定成周、王城是一個邑，並不像《公羊傳》、《漢書・地理志》所說是兩個邑。之所以要建一個大郭，是為了會集居民和適合「成周八自」駐屯守衛的需要（《西周史》第五三九頁）。❺南繫于雒水二句　據《尚書・洛誥》記載，成周建於洛水之北，郟山之南，在澗水東，瀍水兩岸。郟山，即今北邙山，在河南洛陽北。這裏北靠黃河、郟山，南靠洛水，便於防守。澗水、瀍水和洛水會合，水源充足，足以供應各方面需要。水、陸交通都比較便利，便於徵收貢賦；便於和西都鎬京及四方諸侯聯繫（楊寬）。繫、困，皆連接也（孔晁）。❻制郊甸方六百里二句　即建立了東西兩都連通的王畿，縱橫上千里。《漢書・地理志》曰：「初，洛邑與宗周通封畿，東西長而南北短，短長相覆（截長續短之意）為千里。」朱右曾曰：「六百里開平方，得方百里者三十六。宗周圻內方八百里，開平方得方百里者六十四，合之得方百里者百，是為千里。」郊甸，這裏泛指郊外的王畿之地。《左傳》昭公九年「入我郊甸」杜預注：「邑外為郊，郊外為甸。」方，稱說面積的用語，方六百里即縱橫六百里。西土，指周人固有的岐周、豐鎬一帶地。❼分以百縣三句　「郡有四鄙」之「四」原為闕文，盧文弨據高誘《淮南子》注補加。劉師培曰：「《意林》引《風俗通》述此文云『周制方千里，分為縣，縣有四郡，郡者群也。』《左傳》哀二年杜注亦引此文，《釋文》云：『千里百縣，縣方百里，縣有四郡，郡方五十里。』二書所引均無『郡有鄙』語。《御覽》一百五十七引、《呂氏春秋・季夏紀》高柱引亦無『四』字。」郝懿行《汲冢周書輯要》曰：「周無郡，據此是晚周先秦書無疑。云縣有四郡，是縣大而郡小也。雖有郡名，與秦制實異爾。」趙光賢曰：「縣郡之制見於《左傳》，都鄙之分，見於《周禮》。」顧炎武、姚鼐、趙翼皆認為縣的建制始於春秋，李家浩認為，西周金文中〈免簠〉有奠（鄭）還（縣）、〈元年師旋簋〉有豐還（縣）。還、縣古音同屬匣母元部，音近可通。證明「縣」的出現可追溯到西周，但那時「『縣鄙』之『縣』，指王畿以內國都以外的地區或城邑四周的地區。到春秋戰國時期，就逐漸演變為『郡縣』之『縣』。」（《文史》第二八輯〈先秦文字中的「縣」〉）呂思勉曰：「縣之設，一為政治所自出，一為甲兵之所聚。……春秋時之縣，其大皆足與古一國相敵。……由縣更進一步，則有所謂郡。郡之區域本較縣為小。《周書・作雒篇》：『千里百縣，縣有四郡』是也。而至戰國，忽以郡統縣，何哉？姚氏鼐曰：『郡之稱，蓋始于秦晉。以所得戎狄地遠，使人守之，為戎狄民君長，故名曰郡。』及三卿分范、中行、知氏之縣，其縣與已故縣隔絕，分人以守，略同昔者使人守遠地之體，故率以郡名』。」（《中國制度史》第三四二頁）據劉師培所說，則「郡有鄙」亦應有誤。❽方王城三之一　面積相當王城的三分之一。方，相當。❾九之一　九分之一。劉師培曰：「大縣方王城三之一，當方五百四十丈，計一百八十雉。小縣方九之一，當方一百八十丈，計六十雉。」❿都鄙不過百室二句　唐大沛曰：「惠氏《九經古義》曰：『都鄙謂采地，井田六鄉則一族，六遂則一酇，皆百室也。』《周禮》百室之制，都鄙與鄉遂同也。」都鄙，王子弟、公卿大夫的封地，其都邑及都邑所在之郊野，合稱都鄙。百室，百戶。楊寬《西周史》論〈井田制基礎上的古代村社組織〉曰：「春秋時代有所謂十室之邑、百室之邑、千室之邑。金鶚《求古錄・禮說》卷九〈邑考〉說：『《孟子》云鄉里同井』……可見一井亦可為邑矣。《論語》謂十室之邑，即一井之邑。』這個說法很有見識，所謂『十室之邑』，該是當時最普遍的小村社。」野事，田野耕桑之事。⓫農居鄙四句　陳逢衡曰：「農力于野而士食其祿，則士有代耕之助矣。士效其材而諸公、大夫收其用，則諸公、大夫有臂指之助矣。」孫詒讓曰：「得，讀為《周禮・太宰》『長以貴得民』、『吏以治得民』之『得』。」盧文弨曰：「農之秀者可為士，士有功效可為大夫。趙曰：『以，用也。』」孫氏以盧、趙說並誤。按，依孫說，則陳氏之說亦迂曲。未知誰是，今姑依孫說。趙光賢曰：「『國家』二字連用，決非周初之語。」⑫凡工賈胥市三句「凡工賈胥市，臣僕州里，俾無交為」，孔晁曰：「工賈（賈或作『商』）百胥人臣僕，各異州里而居，不相雜交也。」孫詒讓曰：「審校文義，疑當作『工賈居市』，『胥』即『居』之訛。『州里』上據注亦當有『居』字。上文云『農居鄙，士居國家』，文例正同。孔注『工商百』疑當作『百工商賈』，下『胥人』二字亦有訛。」劉師培曰：「『俾無交為』，『為』即『化』叚（如《尚書・堯典》『南訛』，《史記・五帝紀》作『譌』是），謂各習所業，弗互易也。《說文》：『匕，變也。』《尚書・益稷》『化居』，偽傳云：『化，易也。』」猶《國語・齊語》所云『安』、『習』、『不遷』（即『少而習焉，其心安焉，不見異物而遷焉』）。」鴻恩按，孫、劉校此文為「凡工賈居市，臣僕居州里，俾無交化」，譯文從其說。臣僕，臣妾；奴隸。潘振曰：「謂征伐所得及諸侯所獻之俘，臣僕于周者，如《周禮》五隸是也（指《周禮・秋官・司隸》所說罪隸與四狄之隸——蠻隸、閩隸、夷隸、貉隸）。」州里，居民編制，二千五百家為州，二十五家為里。這裏以州里泛指所居鄉里。

【語　譯】周公敬慎地思慮日後的事情，說道：「我擔心周王室不能長久，要使都城居於天下的中心。」等到將要歸政於成王，就在天下的中心建築大都邑成周，建成了方圓一千六百二十丈的王城，方圓十七里的外城。南面連接雒水，北面依靠郟山，使之成為天下的大都會。

規劃了縱橫六百里的郊外王畿之地，連通西土而成為縱橫千里的王畿地。劃分為一百個縣，每個縣有四個郡，各個郡有郊野。大縣建立城池，相當於王城的三分之一；小縣建立城池，相當於王城的九分之一。王子弟、公卿大夫的封地，其都鄙不超過百戶人家，以方便於耕桑之事。農夫居於郊野（從事農桑），得到眾士的歡心；士居於國家（從事政治），得到諸公、大夫的歡心。凡百工、商賈居於市肆，臣僕居於州里，使各習所業，互不遷變。

乃設丘兆于南郊，以祀上帝，配以后稷，農星、先王皆與食❶。封人社壝❷，諸侯受命于周，乃建大社于國中❸。其壝東青土，南赤土，西白土，北驪土，中央釁以黃土❹。將建諸侯，鑿取其方一面之土，燾以黃土，苴以白茅❺，以土封之❻。故曰受列土于周室❼。

乃位五宮：大廟、宗宮、考宮、路寢、明堂❽。咸有四阿❾，反坫❿，重亢⓫，重郎⓬，常累⓭，復格⓮，藻梲⓯，設移⓰，旅楹⓱，春常⓲，畫旅⓳。內階⓴，玄階㉑，堤唐㉒，山廧㉓。應門㉔，庫臺㉕，玄閫㉖。

【章旨】寫天壇、社壇的建制及封侯的禮制，宮廟的基本建制和建築藝術。

【注釋】❶乃設丘兆于南郊四句　「乃設丘兆于南郊，以祀上帝，配以后稷，農星、先王皆與食」，「農星」原作「日月星辰」，王念孫曰：「日月星辰，本作『農星』。後人改為『日月星辰』。《藝文類聚·禮部上》兩引此文，並作『農星、先王皆與食』。《太平御覽》、《玉海》所引並與《類聚》同。」劉師培曰：「六朝以前之本并作『農星』。」鴻恩按，今改為「農星」。孔晁曰：「（丘兆，）設築壇域（域，原作『城』，據孫詒讓說改）。南郊，南郭也。」孫詒讓曰：「此即南郊祀受命帝也。凡《周禮》皆以受命帝為上帝，此文例與彼同。」丘兆，即祭壇。兆，域也（朱右曾）。先王，指太王以下（潘振）。與食，配享。❷封人社壝　封人，官名。《周禮·地官·封人》：「掌設王之社壝。」社壝，社壇及其周圍的矮土圍牆。凡封國則設之（唐大沛）　❸乃建大社于國中　潘振曰：「大社在王宮之右，庫門內之西。」陳逢衡曰：「大社，冢土也。《禮記·祭法》：『王為群姓立社曰大社，王自為立社曰王社。』」❹其壝東青土五句　《儀禮·覲禮》：「設六色：東方青，南方赤，西方白，北方黑，上玄，下黃。」鴻恩按，《考工記·畫繢》除言四方色以外，亦言天玄、地黃六色，蓋尚與五行無關。壝，這裏指社壇。按，北京天壇、社稷壇的位置與社稷壇五色土並與同此。《尚書·禹貢》曰：「徐州……厥貢惟土五色。」趙光賢曰：「以五方配五色盛行於戰國時期，《呂氏春秋》可以為證。西周絕無此制。」楊寬曰：「〈作雒解〉所說，不免夾雜有後代禮制在內，例如說所建大社的壇，東南西北中用五色土，顯然是五行學說流行以後的產物。但是成周大邑中，確應設有丘兆、社壇、大廟、明堂之類的建築，以適應舉行各種祭禮和政治上重大典禮的需要。」（《西周史》第五四〇頁）劉起釪曰：「〈作雒〉原篇成書較早，傳自西周初年，但這幾句顯然是五色配五方之說產生以後增入篇中之文。據長沙出土戰國繒書有五色與五方相配，但還沒有配五行。與《管子・幼官》等篇同，時間當在戰國末『陰陽五行說』形成以前。」（《尚書校釋譯論》第六〇七頁）鴻恩按，劉說與一般說法似不同。分五色、五方自與五行相關。《管子・幼官》「味甘味」，黎翔鳳校注：「〈洪範〉『五行……』《管子》用其義。」自是不誤。《管子》一書，已將陰陽與五行、五方、四時相配。驪，黑色。釁，朱右曾曰：「釁，隙罅也。以黃土彌四土之隙。」❺熹以黃土二句　《尚書・禹貢》孔安國傳：「王者取五色土為社，建諸侯則各割其方色土與之，使立社。熹以黃土，苴以白茅，茅取其潔，黃取王者覆四方。」熹，覆蓋。苴，包裹。❻以土封之　原作「以為土封」，朱本據《公羊傳》文公十三年徐彥疏改為「以為社之封」。王念孫據《北堂書鈔》、《藝文類聚》、《初學記》、《太平御覽》、《玉海》校訂為「以土封之」，曰：「謂各以一方之土封之，故下句云『受列土于周室』也。」今從王校。❼受列土于周室　從周室接受分封的土地。列　同「裂」。分割。❽乃位五宮二句　位，通「立」。太廟，后稷廟。宗宮、考宮，祖、考廟，即文王廟、武王廟。路寢，王所居。明堂，在國南者也（孔晁）。楊寬謂〈令彝〉講明公到成周「用牲于京宮」、「用牲于康宮」，說明「京宮和康宮都是成周的宗廟」，「當時宗廟不僅是祭祀祖先之處，政治上的重要典禮如即位、朝聘、策命等等，都要在這裏舉行，具有禮堂的性質。因此宗廟必須建在王宮的附近。」（《中國古代都城制度史》第四二頁）鴻恩按，〈世俘〉言「廟」、「周廟」，未見「大廟」，蓋時人「祀上帝配以后稷」之故。宗宮，《孔子家語・廟制》：「古者祖有功而宗有德。謂之祖、宗者，其廟皆不毀。」路寢，宮殿的正殿、正廳，王之所居。陳逢衡引《爾雅》曰：「室有東西廂曰廟，無東西廂有室曰寢。」明堂，宣明政教之堂。建立在當時的大學（辟雒）中的高地上，以茅蓋頂，上圓下方，周圍水池環繞。漢末學者認為太廟、大學、辟雍、明堂、靈臺異名同實，實則宗廟與辟雍不同。朝會議事、教學、選士、養老等都在明堂舉行（《西周史》）。❾四阿　孔晁曰：「宮廟四下曰阿。」即「四注屋」，屋宇四邊的檐都可使水流下，《中國科學技術史》傅熹年所著《建築卷》、徐倬雲《西周史》均載有西周中晚期召陳村遺址「四阿瓦屋」復原圖，頂有二層，猶今之「四坡頂」，其坡度為四十五度。阿，有山坡、彎曲之義。❿反坫　「坫」字原作「站」。孫詒讓曰：「以字形校之，竊疑當作『反坫』，反坫即反宇（宇，房檐）也。《白虎通義・聖人》、《論衡・講瑞》并云孔子『反宇』，《史記・孔子世家》云『生而首上坫頂』，《索隱》云『坫頂言頂上窳也』。反宇者中低而四旁高也。『坫』與『宇』聲同字通，與『站』形近而誤。《吳越春秋・闔閭內傳》『故小城南門上反羽為兩蟉（虯蛇蜿蜒行動的樣子），繞棟以象龍角。」反羽亦即反宇也（羽、宇音近）。」朱右曾釋反坫之形為「屋榮（屋檐兩端上翹的部分，飛檐）反向外如飛翼」，孫氏謂朱氏誤取「坫」字，而以其「飛檐」之說頗得其義。鴻恩按，「坫」字於此無所取義，孫說甚是，今從改。梁思成談西周建築曰：「據《詩經》所詠，……屋頂之如翼，木柱之採用，已成定法。」（《中國建築史》第二四頁）《詩經・小雅・斯干》形容宮室的屋頂飛檐「如翬斯飛」，如同野雞淩空飛翔。⑪重亢　朱右曾曰：「複屋（閣樓）棟。」亢，棟梁。鴻恩按，四十五度的坡頂，則室內必有重亢、閣樓。⑫重郎　劉師培曰：「《隋書・牛弘傳》、〈宇文愷傳〉並引『郎』作『廊』。又原本《玉篇・广部》『廊』字下注云：『《周書》凡五宮、明堂「咸有重廊」。』野王案，《漢書（・竇嬰傳）》『陳廊廡下』是也。是顧氏所據本亦作『廊』。」郎，即「廊」字。⑬常累　朱右曾曰：「未詳。」孫詒讓曰：「常累，義難通。竊疑當作『累常』，孔注蓋以『常』為藻井，『春常』為藻井飾，則『累常』為重藻井矣。累常與下春常同物，惟以累與春為異。但藻井何以謂之常，則所未詳耳。」（鴻恩按，藻井，天花板上的裝飾，一般做成圓形、方形或多邊形的凹面，上面有各種花紋、雕刻和彩畫。）⑭復楶　「楶」原為「格」。孔晁說是「累芝栭」，惠半農說是「復笮」。《讀書雜志》引王引之曰：「諸書無謂笮為格者。楶當為『窠』，或作『節』，謂柱上方木也。笮也，楶也，栭也，芝栭也，枅也，欂櫨也，六者一物也。楶與格字相似，世人多見格，少見『楶』，故『楶』誤為『格』矣。」鴻恩按，依王說改「格」為「楶」。楶即斗拱，斗拱層疊而成，故曰「復楶」。傅熹年曰：「在西周銅器上已出現了柱間用闌額、柱上用斗的形象，是斗拱出現的濫觴。木構架承重，使用斗拱院落氏佈局，（西周）已初見端倪。」（《中國古代建築十論》第四頁）⑮藻梲　朱右曾曰：「畫梁上侏儒柱為藻文也。」梲，梁上。王引之曰：「窠為柱上方木，梲為梁上短柱，故以『復窠藻梲』連文。猶《禮記》、《論語》之以『山節藻梲』連文也。」⑯設移　附建於樓閣旁的小屋。朱右曾曰：「《爾雅》云：『連謂之簃。』謂堂邊小屋。移即簃也。」⑰旅楹　旅，列也（孔晁）。楹，柱。鴻恩按，陝西扶風發現西周中期宮殿遺址，四阿頂的一座，其外檐凡二十根檐柱，上圓下方的一座，其外檐凡二十根檐柱（《中國科學技術史・建築卷》第七一、七三頁）。⑱春常　藻井之飾也（孔晁）。⑲畫旅　孫詒讓曰：「旅，當讀為『梠』，《說文・木部》云：『梠，楣也（屋檐）。』《釋名・釋宮》：『梠，旅也，連旅之也。或謂之櫋（音綿）梠（連綿的檐板）。』或云旅當讀為櫨，畫旅即畫欂櫨（斗拱）也，亦通。梠與旅古音近字通。」孫云孔晁訓「畫旅」為「列柱」，誤。⑳內階　朱右曾曰：「內讀為『納』，納陛也。《漢書音義》孟康曰：『納陛謂鑿殿基際為陛，不使露，尊者不欲露而升陛，故納之霤也。』」納，納之於檐之下。㉑玄階　以黑石為階（孔晁）。㉒堤唐　孔晁曰：「唐，中庭道。堤，謂高為之也（蓋如北京天壇中間的甬道高出地面）。」㉓山廧　謂廧畫山、雲。廧，同「牆」。㉔應門　發政以應物，故謂之應門（陳逢衡）。朱右曾曰：「天子五門：皋、庫、雉、應、路。應門，正門也，其內為治朝，亦曰朝門。」㉕庫臺　陳逢衡曰：「謂庫門。兩旁積土如臺門（宮室的門，以土臺為基，以高為貴）之制，故曰庫臺。或曰庫即五庫，蓋築臺以貯五庫之物，亦通。」㉖玄閫　朱右曾曰：豎立於門中央的黑色短椿。《說文》：「梱，門橛也。」朱駿聲《說文通訓定聲》曰：「橫界于門下者為閫，亦曰切；直豎于門中為梱（閫），亦曰闑。」朱右曾曰：「《晏子春秋》：『和氏之璧，井里之困也。』可見門閫有以石為之者。」

【語　譯】於是就在南郊設立祭壇及其界域，以祭祀上帝，以后稷配享，農星、先王都一起受享。封人掌管社壇和周圍矮牆，諸侯在周受命，就在國都中建立大社，社壇東面是青色土，南面是紅色土，西面是白色土，北面是黑色土，中央覆蓋黃色土。要封建諸侯，鑿取諸侯所在方位一邊的土，用黃土覆蓋，用白茅包裹，以之作為分封土地的象徵。所以說，是從周室接受分割的土地。

於是就建立五座宮廟：太廟、文王廟、武王廟、路寢、明堂。所有宮、廟都有四坡頂，檐端上翹有如飛翼，有重疊的梁，有高樓，有多重藻井，有多重斗拱，有畫著藻草的梁上短柱，有附設於樓閣旁的小屋，有成排的楹柱，有藻井的裝飾，有雕畫的檐板。臺階收在檐霤裏面，黑石砌的臺階，中庭的甬道高出地面，牆上描畫山與雲之形。建有應門、庫臺，門中央樹立黑色短椿。

【研　析】本文主要寫周公平亂，特別是平亂後營建成周，即作雒。《尚書大傳》說：「周公攝政，一年救亂，二年克殷，三年踐奄，四年建侯衛，五年營成周，六年制禮作樂，七年致政成王。」所說事實可據，但說周公攝政七年，不確，應當是五年。

「武王克商二年，天下未寧而崩」（《史記・封禪書》），周公攝行政當國，「管叔及群弟乃流言于國曰：『公將不利于孺子。』」（《尚書・金縢》）「管、蔡、武庚等果率淮夷而反，周公乃奉成王命，興師東伐。」（《史記・魯周公世家》）此即所謂「救亂」。周公攝政二年，「王來伐商邑，誕命康叔圖于衛。」（〈康侯簋〉）「惟四月，伯懋父北征。」（〈呂行壺〉）「周公居東二年，則罪人斯得。」（〈金縢〉）「寧淮夷東土，二年而畢定。」（《史記・魯周公世家》）使「殷大震潰」。此即周公之「克殷」。周公攝政三年，「惟八月……王令毛公以邦冢君、徒馭、戕人、伐東國痟戎，咸。……三年靜（靖）東國。」（〈班簋〉）「惟公太保來伐反夷年……公在盩師。」（〈旅鼎〉）「伯懋父以殷八師征東夷。」（〈小臣謎簋〉）「王令明公遣三族伐東國。」（〈王令明公尊〉）「徐夷、淮夷並興反，伯禽伐之。」（〈魯周公世家〉）「惟周公于征伐東夷，豐伯、薄姑咸𢦏，公歸。」（〈塱方鼎〉）「伐奄三年而討其君。」（《孟子·滕文公下》）此即「踐奄」。這基本是周公平亂的全過程（資料及年代排列，據何幼琦《西周年代學論叢·周公東征概述》之東征記事年表）。楊寬指出：「〈周本紀〉把『誅武庚、管叔，放蔡叔』記在周公攝政當國時；而把『伐淮夷、踐奄，遷其君薄姑』記在『周公反政成王』以後；這樣把周公東征三年內的兩件大事割裂開來，顯然不合歷史實際。」（《西周史》第一五四頁）由上述事實可知，周公平亂出動了大量兵力，周公、召公都親臨指揮，周公的兩個兒子伯禽、明公（「周公子明保」），周公年老，明公接替周公主管成周卿事寮，「尹三事四方」，當即周公次子——〈令彝〉）。《西周史》第三二八頁）、康叔與兒子伯懋父，跟隨伯懋父的還有毛伯、吳伯、呂伯（〈班簋〉），此外還有趞、疐（〈疐鼎〉）等，都參與了這次戰爭。叛軍方面，除管、蔡、武庚外，還有東夷的徐、奄、淮夷、韋伯、薄姑，所征熊盈族多達十七國，用時長達三年之久，戰役之多、之劇烈可以想像。東征平亂，建成周，以及周公採取的一系列政治措施，如遷殷遺民至成周、封建諸侯並分給諸侯殷民（《左傳》定公四年曰：分魯公以殷民六族，分康叔以殷民七族，又封微子於宋）、制禮作樂等，到還政成王時，終於鞏固了新生的周政權，為成王奠定了良好的基礎。《尚書》、《詩經》、《左傳》等書對此都有記載，但金文補充了一些重要史實。

前已指出，只看《尚書》，不能對成周的營建有全面瞭解，讀了金文〈何尊〉、本書〈度邑〉，才會有比較全面的瞭解。有武王最初的勘測營度，有周公攝政五年二、三月間召公的相宅、卜宅、「攻位于洛汭」，有三月乙未周公至洛「達觀（段玉裁：通看一遍）于新邑營」，才開始動工修建（〈召誥〉）。《尚書大傳》「五年營成周」，〈何尊〉「惟王五祀」，也是說營成周的時間。這是周公攝政的最後一年。王國維〈周開國年表〉指出〈洛誥〉的「惟七年」是用「既克商」紀年，「是歲為文王受命之十八祀，武王克商後之七年，成王嗣位，于茲五歲」。這年是周公攝政五年，也是成王五年，從「既克商」起算則為「七年」。王國維的解釋與《尚書大傳》相合，又由於〈何尊〉的出土得到進一步證實（《西周史》第一七〇、一七二頁）。《尚書大傳》誤解《尚書・洛誥》末句「惟七年」，遂以為周公攝政七年。有人理解為始建於五年，落成於七年，楊寬、劉起釪均據〈洛誥〉、從王國維說，以成周（主要工程）當年落成，即在本年十二月，成王來到新邑舉行祭禮，並「入太室祼」。於是周公還政成王，成王回鎬京即君位，命周公留守成周（〈洛誥〉）。僻處西土的小邦周，名副其實地成為全國政權，從此天下一統，開始了「成、康之際，天下安寧，刑措四十餘年不用」的局面（《竹書紀年》），周室延續達七、八百年之久。

楊寬說：「周公制定的東都成周布局，採用西面的小『城』和東面的大『郭』相結合的方式，對於春秋戰國時代中原各諸侯國的都城，特別是戰國時代齊、魏、韓、趙、秦等大國的都城，都發生很大影響，甚至還一直影響到西漢都城長安的布局，這是值得我們注意的。」（《中國古代都城制度史》第四五頁）「東周都城的建築，都有大小二城。多數宮城在大城的西邊，齊都臨淄，鄭都新鄭，趙都邯鄲，都是這樣布局。秦都咸陽也該是同樣布局，因為秦惠王時張儀和張若主持建築的成都，『與咸陽同制』，成都故城也是小城造在大城西邊。」（《西周史》第五三五頁）

傅熹年說：「綜合《尚書・周書》、《逸周書》和《考工記・匠人》的記載，西周王宮已分為三朝。最前為『外朝』，其南門稱『皋門』，門內正中即外朝，左右為宗廟，社稷。外朝是舉行重要典禮之處。近於宮前區廣庭。其內的『治朝』和『燕朝』是宮之主體。治朝是宮內的辦公區，其正門稱『應門』，為王日常治事之處；再內為『燕朝』，是宮內的生活區，其正門稱『路門』，為王和其家屬的寢宮。」又說：「在《尚書・周書・顧命》中，記有……成王宮殿的情況……和近年在岐山周原發掘出的早周宗廟遺址基本一致，可以互證。」（《建築卷》第七〇頁）但是周、召所建東都遺址，至今尚未找到，只有等待發現之日印證本文。

本文寫成的時代及其價值，存在爭議。楊寬認為「保存於《逸周書》的〈作雒解〉，是一篇西周重要文獻。唐大沛認為『此周家一代大製作也』，是不錯的。……〈作雒解〉的末段列舉雒邑的各種建築設施，有不少後人增添的部分，但所說建有宗廟與路寢，還是可信的。」（《西周史》附錄〈論逸周書〉）劉起釪也認為〈作雒原篇「傳自西周初年」，而有後人增入的內容。趙光賢先生則持論相反，列舉七證證明〈作雒〉「純係後人偽造」，「決非西周作品，而是春秋或戰國時人的偽作」，全盤否定（〈逸周書作雒篇辨偽〉，載《文獻》一九九四年第二期）。趙說有是有非，〈作雒〉確有後人的附益，如「夏六月」、「分以百縣……」，農工商「俾無交為」（似《管子》之說）以及五色土和那樣多高度藝術水平的宮廟建築（恐不均在西周初）等，但斥〈作雒〉一律為「偽造」則失於平正。僅舉伯懋父一例，「只有《逸周書》裏保存了他受封的一點痕跡，幸虧有難得的金文提供了這樣寶貴的史料。」（劉起釪）趙先生不作具體分辨，要研究西周史的學者「無為所欺」，未免加入了主觀感情的成分。

皇門第四十九（傳本與清華簡對照）

【題　解】《周書・序》曰：「周公會群臣于閎門，以輔主之格言（朱右曾曰『以』下當有『求』字），作〈皇門〉。」莊述祖曰：「〈皇門〉者，周公告誡國子、咨以善言也。皇，大也。路寢（正殿、正廳）之門，其左曰左閎門。王居明堂之禮，東西稱門，南北稱闈。故左閎門謂之皇門。」又曰：「閎門，路門之外掖門也，其左小學在焉。〈王制〉云：『小學在公宮南之左。』是也。」又解「群門」為「諸卿大夫嫡子也」。據文中所言，周公講話的對象是「大門宗子」、近臣，即各大門的族長。劉師培曰：「孔注『路寢左門曰皇門，閎音皇。』古籍皇、閎互訓（《風俗通義・皇霸》：皇，閎也。）故孔以皇門訓閎，且以皇字況其音。竊疑篇名本作『閎』，後人據注改『皇』。」

《清華大學藏戰國竹簡（壹）》頁一六四有此篇，原無篇題，整理者據本書「定名〈皇門〉」。內容與本書「大體相符」，「簡本為戰國寫本，但所用詞語多……周初慣用語，知其所本當為西周文獻。」今傳本自然也是由西周經戰國傳流文件，但彼此「有許多歧異」，傳本文字「訛誤衍脫多見，文義晦澀難解；簡本相對而言文通字順，顯然優於今本，可用以澄清今本的許多錯誤」。（簡本〈皇門〉「說明」）兩種文本別行二千餘年，不易整合為一。今以清華簡與傳本對照形式注譯，便於比較，擇善而從。

【簡本】：維正〔月〕庚午❶，公格在庫門❷。公若曰：「嗚呼！朕寡邑小邦❸，蔑有耆耇慮事屏朕位❹，肆朕沖人非敢不用明刑❺，維莫開余嘉德之說❻。今我譬小于大❼，我聞昔在二有國之哲王則不恐于恤❽，迺維大門宗子邇臣❾，楙揚嘉德❿，訖有寶⓫，以助厥辟⓬，勤恤王邦王家。迺旁求選擇元武聖夫⓭，羞于王所⓮。自釐臣至于有分私子⓯，苟克有諒⓰，無不懔達⓱，獻言在王所。是人斯助王恭明祀⓲，敷明刑⓳。王用有監⓴，多憲政命㉑，用克和有成㉒，王用能承天之魯命㉓。百姓萬民用無不擾比在王廷㉔。先王用有勸㉕，以賓佑于上㉖。

「是人斯既助厥辟勤勞王邦王家，先神祇復式用休㉗，俾服在厥家㉘。王邦用寧㉙，小民用叚能稼穡㉚，並祀天神，戎兵以能興㉛，軍用多實㉜。王用能奄有四鄰㉝，遠土丕承㉞，子孫用末被先王之耿光㉟。

【傳本】：維正月庚午，周公格于左閎門❶，會群門。曰：「嗚呼！下邑小國，克有耇老據屏位，建沈人❷，罔不用明刑，維其開告予于嘉德之說。命我辟王，小至于大。我聞在昔，有國誓王之不綏于恤，乃維其有大門宗子勢臣，罔不茂揚肅德，訖亦有孚，以助厥辟，勤王國王家；乃方求論擇元聖武夫，羞于王所。自其善臣以至有分私子，苟克有常，罔不允通，咸獻言在于王所。人斯是助王恭明祀，敷明刑。王用有監，明憲朕命，用克和有成，用能承天嘏命。百姓兆民，用罔不茂在王庭。先用有勸，永有孚于上下。

「人斯既助厥辟，勤勞王家，先人神祇報職用休，俾嗣在厥家。王國用寧，小人用格，□能稼穡，咸祀天神，戎兵克慎，軍用克多。王用奄有四鄰遠土丕承，萬子孫用末被先王之靈光。

【章 旨】周公要求大門宗子等近臣發揚美德，輔君王，勤王家，訪元武聖夫，打通言路，進賢士、善言到朝廷，形成貴族、小民都安居樂業，子孫永繼的局面。

【注 釋】簡本 ❶維正月庚午 維，簡文作「隹」，《詩經》作「維」，《尚書》作「惟」，今從《逸周書》作「維」。簡文脫「月」字。今本《竹書紀年》定此於成王元年。陳逢衡注認為此文在平定三監之亂以前，《周書‧序》列此文於誅三監以後。按，〈序〉是，文末周公自稱「予一人」，可知在其攝政稱王時期。❷公格在庫門 格，至；來。庫門，簡本釋曰：「周制天子五門，自外數為皋、庫、雉、應、路門。」「庫門外皋門內為外朝所在，周公組織之集會在此進行，甚合理。」並說簡本言集會在庫門，傳本言在左閎門，是二者「明顯」的歧異。鴻恩按，依《周禮‧秋官‧朝士》與〈小司寇〉鄭玄注，外朝在庫門外。而鄭眾則說外朝在路門外，內朝在路門內。簡本注取鄭玄說，《周書‧序》、孔晁、莊述祖、劉師培證明皇門即閎門、左閎門，在路門外，則與鄭眾說一致或相近。簡本既明說在「庫門」，文中亦無皇門、閎門，則簡本承用「皇門」之題名則屬無據，看來這應當還是繼續研究的問題。❸寡邑小邦 謙稱周，相比於「大邦殷」（《尚書‧召誥》）而言，《尚書‧大誥》亦自稱「我小邦周」。朱右曾以下邑小國，泛指諸侯小國，非是。❹蔑有耆耇慮事屏朕位 簡本注：「蔑，訓無，見《詩‧板》

毛傳。慮，《說文》：「謀思也。」屏，屏藩。」屏，當門的小牆，即「蕭牆」、照壁，引申為屏障，保護。簡本「屏朕位」是說耇與「朕」的關係，比傳本「據屏位」明暢直接，當從之。耇耇，老年人，這裡指有智慮的老年人。簡本「蔑有……維莫開余嘉德之說」承以「肆」是陳述句，傳本「克有……嘉德之說」承以「罔不」是假設句，表述不同而句意同。克，能。❺肆朕沖人非敢不用明刑　肆，故；所以。沖人，《尚書・盤庚下》孔傳：「沖，童。童人，謙也。」孔疏：「沖、童聲相近，皆是幼小之名。自稱童人，言己幼小無知，故為謙也。」明刑，簡本注：「指顯明的刑罰，即所謂祥刑。《詩・抑》：『罔敷求先王，克共明刑。』《書・呂刑》『監于茲祥〔良善的〕刑。』」❻莫開余嘉德之說　莫，不定指代詞，沒有誰。傳本「其」，指代上文之「耇老」。開，啟發；開導。嘉德，美德。陳逢衡注傳本之文曰：「開告，啟迪也。嘉德，美善之德。說，謂言說。」❼今我譬小于大　此句周公是說，他要比方曉告與會者小事、大事。傳本的句意不同，是說不管小事大事，耇老都要向君王提出建議。命，告（唐大沛）。鴻恩按，兩種說法都可與下文銜接，但肯定有一說是由於訛誤而改動。關鍵在「今」字，不知「今」與「命」哪個是原有之字，「譬」或「辟」可以隨「今」或「命」而改變。今姑從簡本。❽我聞昔在二有國句　簡本注：「指夏、商二朝。哲王，聰慧賢能的君王。《書・康誥》：『往敷求于殷先哲王，用保義民。』《逸周書・商誓》：『在商先誓（哲）王明祀上帝。』」恤，《爾雅・釋詁》：「憂也。」此句陳逢衡注：「在昔有國誓王，古我夏先后與殷先哲王也。」」哲王「不恐于恤」之由，即下面所說「迺維大門宗子邇臣……勤恤王邦王家」，文字直捷。傳本則文字迂曲，「有國誓王之不綏于恤」，王念孫以為「文義不明，『之』疑當作『亡』，亡與『罔』同。綏，安也。恤，憂也。始於憂勤者終於佚樂，哲王之憂乃其所以得安也。」鴻恩按，依此與「維其有人門宗子……」銜接，愈不順通，應當從簡本。❾大門宗子邇臣　陳逢衡曰：「大門，猶〈梓材〉所云『大家』。宗子，公族公姓也。」簡本注：「門，門戶。大門，指貴族。大門宗子，即門子。《周禮・小宗伯》：『其正室皆謂之門子，掌其政令。』鄭注：『正室，適〔嫡〕子也，將代父當門者也。』孫詒讓《〈周禮〉正義》：『云「將代父當門者也」』者，明以父老則適子代當門戶，故尊之曰門子……蓋詳言之曰大門宗子，省文則曰門子，其實一也。』」邇臣，親近的大臣。」傳本作「勢臣」，簡本作「埶臣」。孫詒讓《周書斠補》卷三：「勢，當讀為『暬』，古文假借。」《國語・楚語》云『居寢有暬御之箴。』韋注：『暬，近也。暬臣，猶云近臣。』」簡本注：「埶，讀為『邇』。」鴻恩按，古籍中從「爾」之字有與從「埶」之字相通之例，如《尚書・舜典》「藝祖」，《尚書大傳》、《公羊傳》「藝」字作「禰」，可為此旁證。然則埶通暬、埶通邇都訓「近」，二說同。❿懋揚嘉德　表揚美德。懋揚，簡本注：「懋，《說文》：『勉也。』揚，發揚。」傳本多「罔不」二字。傳本作「茂」，通「懋」。肅德，敬德（孔晁）。⓫訖有寶　簡本注：「寶，讀為『孚』。」訓為

『信』。孚，幽部並紐；寶，幽部幫紐，故相通。訖，窮盡；最終。⓬厥辟　厥，代詞，其。辟，簡本注：「《爾雅·釋詁》：『君也。』」⓭迺旁求選擇元武聖夫　迺，表示承接關係，意為就、便。旁，《說文》：「溥也。」《廣雅·釋詁二》：「廣也。」《國語·楚語上》：「使以夢象旁求四方之賢」，「使以象旁求聖人」。「選擇」二字連用之例見《孟子·滕文公上》「選擇而使子」。元武聖夫，「元武」一語亦見曾伯霥簠（《殷周金文集成》四六三一～四六三二）「元武孔黹」（均見簡本注）旁，本作「方」，與傳本同，　字相通。元武聖夫，傳本作「元聖武夫」，《墨子·尚賢中》引《尚書·湯誓》有「聿求元聖」，《詩經·江漢》、〈兔罝〉有「赳赳武夫」。莊述祖曰：「元，善；聖，通。元聖可以為公卿，武夫可以為將帥者。」陳逢衡曰：「論擇，慎選也。」鴻恩按，論，通「掄」，《荀子·王霸》「論一相」，楊倞注：「論，選擇也。」⓮羞于王所　羞，簡本注：「《爾雅·釋詁》：『進也。』」⓯自釐臣至于有分私子　釐，簡本注：「《書·堯典》傳：『治也。』釐臣，治國大臣。」傳本作「善臣」，莊述祖以為指元聖武夫，陳逢衡曰：「猶蓋臣也。」即所進用之臣。鴻恩按，「釐臣」、「善臣」均指賢良之臣。有分私子，此有二解：一、貴族中嫡長子以外的「餘子」，庶孽；二、家臣。孔晁注：「私子，庶孽。」陳逢衡曰：「有采邑之庶孽。」朱右曾曰：「分，別也。私子，家臣。」鴻恩按，庶孽乃貴族之「餘子」，均屬「公族」，不稱「私子」（先秦典籍似未見「私子」）。孔、陳之說亦非是。相對於「公族」，故稱「私子」。《墨子·尚賢中》引〈湯誓〉說伊摯為有莘氏私臣，蓋合於朱說。有分（去聲）私子，有職事的家臣。今姑從朱說。⓰諒　簡文注：「《說文》：『信也。』」常，孔晁注：「謂常德。」莊述祖曰：「有常，有恆者。」鴻恩按，有恆，有常德，則有信，二說相通。⓱懔達　傳本作「允通」，唐大沛曰：「允，信。通，達。」朱右曾曰：「諒，達也，薦之朝使獻言也。」言恭敬地（懔）、誠信地（允），意思相近。又允、懔古音亦相近。懔，簡文注：「《廣雅·釋詁一》：『敬也。』」。⓲是人斯助王恭明祀　是，復指上文，猶言「這是」、「這就是」。斯，《禮記·檀弓》鄭注：「盡也。」《尚書·金縢》「大木斯拔」，《史記·魯世家》「斯」作「盡」。裴學海《古書虛字集釋》、王叔岷《古籍虛字廣義》均據此曰：「斯，盡也，皆也。」明祀，潔淨的祭祀。《周禮·秋官·司烜氏》「明水」賈公彥疏：「明者，潔也。」⓳敷明刑　用明刑　敷，布；施。⓴王用有監　用，介詞，因而。㉑多憲政命　簡本注：「憲，效法。《詩·嵩高》：『文武是憲。』」正，讀為『政』。政命，猶後世言政令。」此句傳本作「明憲朕命」，「明憲」義不順，「明」是「多」字之訛。可知者，《戰國縱橫家書》第二四章〈公仲倗謂韓王〉，公仲倗大量見於《戰國策》，而有公仲明、公仲侈、韓侈等不同寫法，《縱橫家書》出土，始知「佣」、「明」都是「倗（朋）」字訛誤。此「明」應是「多」字訛誤。「朕」應是「正（政）」之音誤。政命，這裏既含文、武之成命，也包括周公之政令。㉒克和有成　指民和、政立（朱右曾）。㉓魯命　嘉命。《史記·周本紀》「魯天子之命」，

〈魯世家〉作「嘉天子命」。傳本「承天嘏命」，莊述祖釋為「奉天之大命」。《詩經．周頌．我將》毛傳：「嘏，大也。」㉔用無不擾比在王廷　擾，《書．皋陶謨》傳：「順也。」比，《爾雅．釋詁》：「俌（輔）也。」《詩．皇矣》：「克順克比。」（簡文注）百姓兆民，百官眾民。兆，古代以百萬或萬億為兆，常表示極多。茂，有二解，勸勉；美。證以簡文「擾比」，則應是勸勉之意。㉕先王用有勸　《小爾雅．廣詁》：「勸，力也。」（簡文注）勸，指受到鼓勵，或因受到鼓勵而努力做事。傳本原作「先用有勸」，證以簡本，「先」後應脫「王」字，而據王引之說，改「先」為「克」，顯係誤改，今改回。㉖賓佑于上　意指先王在上帝那裏引導保佑後人。簡文注：「賓，《書．堯典》傳：『導。』」傳本「上下」之「下」疑是衍文。㉗先神祇復式用休　先神祇，傳本作「先人、神祇」，疑簡本「先」下脫「人」字。唯《書．盤庚中》「予念我先神後之勞爾先」，以「先」稱先人、先祖，今姑不加「人」。神，天神。祇，地神。復，酬謝。有人以為指人對於神與先祖的祭祀，有人以為指先祖與神對於人的報答。後一說合於文意，因為下句是「俾服在厥家」。式用休，（先人神祇）希望用休美（來報答）。裘錫圭〈卜辭異字和詩、書裏的式字〉一文申述丁聲樹先生《詩經式字說》，曰：式「可以表示可能、意願、勸令等意義」，可以用「會」、「要」來表示。其舉例即有本書〈祭公〉的「式用休」。（《古文字論集》頁一二七、一三一）依此說，「先人神祇」句意就是先人、神祇要以休美來報答，表示先人、神祇的意願。傳本作「職用休」，諸家注「職」皆誤。裘錫圭引丁聲樹曰「職」字與「式」通（同上頁一三三）。故簡本作「式」，傳本作「職」。㉘俾服在厥家　服，簡本注：「《說文》：『用也。』《廣雅．釋詁二》：『任也。』」此句今本作「俾嗣在厥家」，陳逢衡注：「『嗣在厥家』子孫繩繩（綿綿不絕貌）萬年靡不承也。」「厥」字，傳本章、盧、陳、唐本作「厥」，宋王應麟《困學紀聞》引作：『俾嗣在王家』，多人參與討論，多主「厥」，而朱右曾本改為「王」，今依簡本改回「厥」。㉙王邦用寧　簡本「王邦」，傳本「王國」，漢人避劉邦諱，改「邦」為「國」，「王」字朱本作「四」（四字古文作四橫畫，與「王」形近），係據王應麟《玉海》改，今亦改回「王」字。㉚叚能稼穡　叚，假借；憑藉。《說文》：「叚，借也。」段玉裁注：「人部『假』云『非真也』，此『叚』云『借也』。然則凡云假借，當作此字。」此指假借先人、神祇之「式用休」。傳本「格」字通「叚」。稼穡，耕種和收割莊稼。㉛興　《說文》：「起也。」傳本「興」字作「慎」，應是後人臆改，或通「順」。㉜軍用多實　實，物資，器用。《左傳》宣公十二年杜預注：「軍實，軍器。」或以「用」為實詞，「軍用」連讀，非是，此與上下文「王用有監」、「先王用有勸」、「獄用無成」、「天用弗保」、「子孫用」之「用」，均為虛詞。㉝奄有四鄰　乃有四鄰。奄，擁有；涵蓋。《說文》：「覆也。」又「大有餘也。」㉞遠土丕承　丕，就；於是就。連詞，承上，猶「乃」（王引之）。㉟末被先王之耿光　陳逢衡曰：「謂終受其福也。」《書．立政》：「我則末惟成德之彥，以乂我受民。」孔穎達疏：「末，訓為終。」被，蒙受；領受。耿光，《書・立政》：「以覲文王之耿光，以揚武王之大烈。」孔安國傳：「能使四夷賓服，所以見祖之光明，揚父之大業。」耿光，喻指德澤。

【傳本】❶會群門　簡本無此句，盧文弨曰：「群門，族姓也，篇中曰宗子，曰私子，皆為大家世族而言。」朱右曾本從〈序〉改為「群臣」。楊寬曰：「《周書・序》改作『群臣』是出於誤解。『群門』是指周的許多『大門宗子』，就是各個大宗的族長。」（《西周史》第八六八頁）鴻恩按，今將「群臣」改回「群門」；傳本有此句文意明晰。❷建沈人　簡本無此句，自孔晁注曰「建立沉伏之賢人」，諸人皆從其說。今對照簡文，始知源於簡文「肆朕沖人」，簡文出土前實在難為前人作注，無異盲人摸象。建與「肆」形近而訛，而沈與「沖」音近。沈侵部定紐，沖冬部定紐；《楚辭》時代冬部由侵部分出，而《詩經》時代冬、侵同屬侵部（王力《詩經韻讀》頁八）。沈可以說是「沖」之音誤，也可以說是「沖」之假借。

【語譯】在正月庚午這天，周公來到庫門（，會見各大門的族長）。周公這樣說：「唉！我們下邑小國，沒有年高德劭的人謀慮國事，護衛我的職位，我年幼無知，所以不敢不施行明正的刑罰，只是沒有誰以美善道德的言辭開導我。今天我譬喻說明小事到大事。我聽說從前在夏、商兩朝聰慧賢能的君王，不恐懼憂患，就因為大門宗長等親近大臣，無不奮勉發揚美好的道德，直至最後都有誠信，來輔佐他們君王，勤勞、體恤於王國、王家。這就要廣泛地訪求、選擇優秀的武士、具有最高智慧和道德的聖人進獻到朝廷。從治國良臣到有職分的小臣，只要能有常德，無不恭敬地推薦，使所有人都進獻善言到朝廷上。這就是所有人都輔助君王恭敬地潔淨祭祀，施行明正的法度。君王因而有了借鑒，多多地效法政令，因而民和、政成，君王因而能夠承奉上天的美命。百官眾民因而無不在朝廷能順從、能輔佐。先王因而受到鼓舞，在上天引導保佑我們。

「既然人人都輔助自己的君王，勤勞於王國、王室，先祖、天神、地神就願意用休美給予酬勞，使其家子孫繼續從事王室。國家因此而安寧，小民藉此而能耕作收穫，並祭祀天神，戰爭因此而能發動，軍隊因而多器用。君王因此而擁有四鄰，遠方土地就連接在一起。子孫因而始終享受著先王給予的恩澤。

「至于厥後嗣立王❶，迺弗肯用先王之明刑，乃維急急胥驅胥教于非彝❷。

以家相厥室❸，弗恤王邦王家，維媮德用❹。以問求于王臣❺，弗畏不祥❻，不肯惠聽無罪之辭❼，乃維不順是治❽。我王訪良言于是人❾，斯乃非休德以應❿，乃維詐詬以答⓫，俾王之無依無助。譬如戎夫⓬，驕用從禽⓭，其猶克有獲？是人斯迺讒賊媢嫉⓮，以不利厥辟厥邦。譬如梏夫之有媢妻⓯，曰『余獨服在寢』⓰，以自落厥家⓱。媢夫有邇無遠⓲，乃弇蓋善夫⓳，善夫莫達在王所⓴。乃維有奉疑夫㉑，是揚是繩㉒，是以為上㉓，是授司事師長㉔。政用迷亂㉕，獄用無成㉖，小民用禱無用祀㉗。天用弗保㉘，媢夫先受殄罰㉙，邦亦不寧。嗚呼！敬哉㉚，監于茲㉛。

「至于厥後嗣，弗見先王之明刑，維時乃胥學于非夷。以家相厥室，弗恤王國王家，維德是用，以昏臣作威不詳，不屑惠聽無辜之辭，乃維不順之辭，是羞于王。王阜求良言于是人，斯乃非維直以應，維作誣以對，俾無依無助。譬如畋，犬驕用逐禽，其猶不克有獲。是人斯乃讒賊媢嫉，以不利于厥家國。譬若匹夫之有婚妻，曰：『予獨服在寢。』以自露厥家。媚夫有邇無遠，乃食蓋善夫，俾莫通在于王所。乃維有奉狂夫，是陽是繩，是以為上，是授司事于正長。命用迷亂，獄用無成。小民率穡保用無用壽亡以嗣。天用弗保。媚夫先受殄罰，國亦不寧。嗚呼！敬哉，監于茲。

【章　旨】朝廷中有讒賊媢嫉之人，排擠良善，使王孤立無援，讒嫉亡身家、國家受危害。周公以夏、商教訓，以警示周人。

【注　釋】❶厥後嗣立王　厥後嗣，潘振曰：「指紂也。」陳逢衡曰：「夏、商季世。」立王，《尚書‧君奭》：「殷小腆（主），誕以紀其敘（屈萬里：殷之王業）。……曰：『予復。』反鄙（圖）我周邦。今蠢（動）。《史記‧周本紀》：「管叔、蔡叔群弟疑周公，與武庚作亂，畔周。」所說應即「立王」之事。❷急急胥驅胥教于非彝　急急，或以為即「汲汲」。按，義相通。《莊子‧天地》「汲汲然」成玄英疏：「匆迫貌。」《說文》：「彶，急行也。」段玉裁注：「急、彶疊韻，凡用汲汲字，乃役役之假借也。」胥驅胥教于非彝，簡文注：「胥，《爾雅‧釋詁》：『相也。』驅，驅使。教，教唆。非彝，非法。此句今本作『維時乃胥學于非夷』，莊述祖注：『夷，常。夷、彝通。』孫詒讓注：『莊說是也。〈酒誥〉云：「誕惟厥縱淫佚于非彝。」〈召誥〉云：「其惟王，勿以小民淫用非彝。」夷、彝字通。』」維時乃胥學，盧文弨曰：「時，訓『是』。」鴻恩按，這裏所說的人應當包括管叔及其黨羽，因為東征尚未開始，這幫人有的還在宗周，所以這篇講話說對方不用「先王之明刑，乃維急急……于非彝」，「不肯惠聽無罪之詞，乃維不順是治」，「乃為詐詬以答，俾王之無依無助」應當就是指這些人。❸以家相厥室　家，卿大夫也（潘振）。相，治（《小爾雅‧廣詁》）。室，私也（莊述祖），即私家。簡文本〈祭公〉「汝毋各家相而室」，與此意近，即孔晁注所說權勢者以大夫私家管理其室。❹維媮德用　傳本作「維德是用」，大誤。孔晁注：「不憂王家之用德。」蓋孔晁時此句不誤。孫詒讓曰：「『德』上當有一字，而今本脫之，此上下文所言者皆惡德也。」鴻恩按，孫說極是，今為簡文證實。簡文注：「媮，《說文》：『巧黠也。』《左傳》襄公三十年注：『薄也。』」此句意謂苟且於任用有德之人。❺以問求于王臣　簡文「問」字本作「𦖞」，簡文整理者以為即「問」字，蓋「聞」、「問」二字相通之例甚多，乃借「聞」為「問」。聯上下文意，此句應是說，不體恤王國王家而「維媮德用」，不認真尋求賢人與良言。《詩經‧大雅‧板》：「先民有言：『詢於芻蕘。』」毛傳：「古之賢者有言，有疑事當與薪采者謀之。」這裏說「以問求于王臣」應是指敷衍了事。傳本「以昏求臣」即「以問求于王臣」的省說。昏、問音近相通，帛書《老子》甲、乙本第十八章「國家昏亂」之「昏」作「閺」，即昏、問相通之例。❻弗畏不祥　傳本誤作「作威不詳」，畏、威相通，詳、祥相通。祥，善也（孔晁注）。❼不肯惠聽無罪之辭　傳本「肯」訛作「肎」，盧文弨已斷定是「肯」。罪，簡文作古文「辠」字，傳本作「辜」，字不同義同。惠，簡文注：「《禮記‧表記》注：『善也。』」❽乃維不順是治　專意造作不順理的言辭。維，只；專意於此。治，製造；造作。「是治」

與「之辭」音近，「之辭」疑是「是治」之訛。上下文與「是羞于王」，都是指「辭」言。盧文弨引趙曰：「言進不順辭于王。」簡文無「是羞于王」，不知是否原無。❾訪良言于是人　向此人諮詢善言。訪良言，諮詢善言。傳本「阜求」，應即訪求。阜、訪雙聲，可以通假。❿斯乃非休德以應　斯，此；此人。休德，簡文注：「休德，美德。《管子・小匡》：『休德維順，端愨以待時使。』」「德」之古文作「悳」，傳本之「直」即「德」字。⓫詐詬以答　用欺詐不實的話回答。詐詬，簡文注：「詬，《廣韻・候韻》訓為『巧言』。詐詬，指欺詐。」傳本「作誣」，「作」即「詐」訛。誣，《廣雅・釋詁》：「欺也。」詬、誣義近。⓬戎夫　將士；士卒。⓭驕用從禽　以傲慢的態度追逐敵人。禽，簡文注：「即『擒』」。鴻恩按，傳本「譬如畋」三句與此不同，言打獵，「犬驕用逐禽」，或釋「驕」為「畋犬之名」，「言用驕犬以逐禽，其尚不能有獲，喻用賢臣尚不能利於家國，況是讒賊媢嫉之人？」（洪頤煊）說可通，第三句「猶」下多一「不」字，則簡本為問句，此為陳述。如果傳本也是出於戰國，則不知二者孰先孰後。⓮讒賊媢嫉　竹簡上端缺「媢嫉」二字，整理者據傳本補。朱右曾曰：「巧辭傷善曰讒，險心害人曰賊。媢、嫉，皆妒也。」⓯梏夫之有媢妻　簡本注：「梏，《爾雅・釋詁》：『直也。』郭璞注：『正直也。』梏夫，猶今言堂堂正正大丈夫。媢妻，愛妒忌的妻子。」傳本「婚妻」，應是「媢」與「婚」形近致誤（簡文注）。王念孫以為，「婚」字本作「昏」，故孔晁以「昏妻」喻「昏臣」。鴻恩按，孔、王非是。本文本無「昏」字，「昏」字自簡本「問」之作「𦣞」輾轉延誤而來，「婚妻」不成詞（焉有不婚之妻）。⓰獨服在寢　唐大沛引李兆洛曰：「獨服在寢，言專妒也。」服，服侍。寢，室。⓱自落厥家　簡文「自」下之字作「䨘」，此字見於《說文》。簡文整理者以為其常用字即「落」。注曰：「落，《莊子・天地》釋文：『猶廢也。』」《呂氏春秋・壹行》高誘注：「廢，壞也。」即敗壞。傳本「落」字作「露」。王念孫曰：「《方言》曰：『露，敗也。』」言讒賊媢妒之人，專權以敗國，亦若昏（應作「媢」）妻之專寵以敗家也。」鴻恩按，落古音為鐸韻來紐入聲，露為魚韻來紐去聲（此從李珍華、周長楫《漢字古今音表》一九九九年版），落、露音近義亦相近。⓲媢夫有邇無遠　傳本媢作「媚」，王念孫已引之曰：「媚，當為『媢』字之誤也。媢亦妒也。（下『媚夫』同。……蓋隸書『眉』字與『冒』相似）此「媢夫」二字，正承上文『讒賊媢嫉』言之，非謂其佞媚也，不當作『媚』明矣。」簡文注：「媢夫，易妒忌的小人，與前文『梏夫』對應。」有邇無遠，見近利而無遠慮（孔晁）。⓳弇蓋善夫　簡文注：「弇，讀為『掩』，掩蓋，阻攔。」傳本「弇」作「食」，形近而訛，王念孫已指出：「『食』當為『弇』。《爾雅》『弇，蓋也』，《字通》作『掩』。孔注云『掩蓋善夫』是其明證矣。」均與簡文合。善夫，善臣，與「讒賊媢嫉」者相對。⓴莫達在王所　無人能通達朝廷。達，通達。㉑疑夫　多疑之人。疑，簡文注：「疑嫉。」即多疑、嫉妒。傳本作「狂」。陳逢衡注：「狂夫與媚夫相類。」㉒是揚

是繩　簡文注：「揚，顯揚。《禮記・中庸》：『隱惡而揚善。』」傳本「揚」字作「陽」，陳逢衡曰：「陽，通『揚』。繩，譽也。」是，《古代漢語虛詞詞典》曰：「『是』兼有襯詞和指代兩種作用。兩個『是』分別作後續動詞的賓語。」㉓以為上人（孔晁）。㉔是授司事師長　簡文注：「師長，指官職。」司，主管。傳本「司事」下有「于正長」三字，《廣雅・釋詁》：「師，官也。」《周禮・地官・序官》鄭玄注：「正、師、胥，皆長也。」鴻恩按，可知「正長」即師長。于，《經傳釋詞》昔慌、楊樹達批注本楊按：「『于』有『以』字之義。」此「于」即義同「以」。㉕政用迷亂　傳本「政」字作「命」，孔晁注：「命，教也。」政，即政令、政教。迷，惑（莊述祖）。㉖獄用無成　陳逢衡曰：「獄以賄行故無成。」㉗小民用禱無用祀　簡文注：「禱，《說文》：『告事求福也。祀，祭祀。』《左傳》文公二年曰：『祀，國之大事也。』」則簡文所云『禱』與『祀』當有目的與程度之不同，前者側重於具體訴求，而後者重在敬祀先祖諸神，故謂之國之大事。《逸周書・糴匡》『大匡，有禱無祭』。孫詒讓《周書斠補》：『《穀梁》襄二十四年傳文與此略同，祭當依范引作祀。祀與祠通。《韓詩外傳》說大祲之禮，亦云「禱而不祠」，是其證。《周禮・小宗伯》鄭注云：「求福曰禱，得求曰祠。」』此云有禱無祀者，謂唯有禱求而無報塞〔報答〕之祠也。」此句傳本衍，訛作「小民率穡保用無用壽亡以嗣」。簡文注曰：「多有訛誤。」鴻恩按，今將兩種文本對照，則傳本中「小民……用壽無以嗣」七字，恰當簡文之七字：「小民用」三字彼此同，「壽無」即「禱無」，「以」即「用」，「嗣」即「祀」（二字同屬之韻邪紐）。「率穡保用無」五字不成義，應是衍文，惟其中「穡」與「祀」、「祠」音近，「率穡」當即「畢祀」或另有來源，待考。如無簡文出土，任是後人怎樣猜測，也難弄明傳本此句涵義。㉘天用弗保　唐大沛曰：「天於是人小弗安之而降之禍。」㉙殄罰　孔晁曰：「殄絕其世，罰及其人也。」（盧文弨校文）殄，滅絕。㉚敬哉　警惕啊。敬，陳逢衡曰：「敬，儆也。」意即警惕；戒備。㉛監于茲　以這些教訓為監。監，借鑒。

【語　譯】他們的子孫至於立為王，這是不肯施行先王明正的法度，竟然是急急忙忙地驅使、教唆不合法的東西。任用大夫管理他的家室，卻不體恤王國、王室事務，馬虎敷衍地任用有道德的人。僅僅是向王臣問詢（善言），不害怕不好，不肯和善地傾聽無罪者的陳辭，竟然只造作不順理的言辭，進獻給君王。我們王向這些人訪求善言，這些人竟用不道德的態度胡亂應對，竟然編造欺詐的話來回答，使君王陷於無依無助的境地。好比將士，用傲慢的態度追逐敵人，那還能夠有俘獲嗎？這些人就是讒毀狠毒嫉賢妒能的人，而不利於他的君主、他的國家。這好比堂堂正正的丈夫家裡有一個嫉妒的妻子，說：「只我一個人在寢室服侍。」這是自己敗壞他的家。嫉賢妒能的人只見近利而沒有遠慮，竟然阻擋賢能之士的上進道路，賢能的人就沒有誰能到達朝廷。於是，就只有進獻多疑猜忌之徒，抬舉他們，讚譽他們，把他們推舉到高位，授命他們做主管職事的官長。政教因而迷亂，獄訟因而不能成功，庶民因而只有祈禱而沒有酬神的祭祀。上天因而不給予保佑，到頭來嫉賢妒能的人首先受到滅絕的懲罰，國家當然也不能安定。唉！警惕呀，可要借鑒這些教訓呀。

「朕遺父兄眔朕藎臣❶：大明爾德❷，以助余一人憂❸，毋維爾身之懔❹，皆恤爾邦❺，假余憲❻。既告汝元德之行❼，譬如主舟❽，輔余于險❾，臨余于濟❿。毋作祖考羞哉⓫！」

「朕維其及朕藎臣，大明爾德，以助予一人憂。無維乃身之暴皆恤爾，假予德憲，資告予元譬若眾畋，常扶予險，乃而予于濟。汝無作。」

【章旨】周公叮囑父兄、臣下，彰顯道德，體恤國事，同舟共濟，幫他度過艱險。

【注釋】❶朕遺父兄眔朕藎臣　簡文注：「遺，《詩・鴟鴞》序疏：『流傳致達之稱。』眔，訓『及』。藎臣，忠臣，《詩・文王》『王之藎臣』，朱熹《集傳》：『藎，進也，言其忠愛之篤，進進無已也。』」鴻恩按，〈鴟鴞〉小序「公乃為詩以遺王」，「遺」字《尚書・金縢》作「貽」，遺、貽，均即贈送、送給之義。傳本「朕維其及朕藎臣」，「維」字與「遺」古音相同，係「遺」字音誤。「及」即「眔」之訓釋字誤入正文。周玉秀曰：「上古漢語中的『朕』主要用為指稱尊長者的第一人稱代詞，且除了王者，一般人使用多用作定語，用作主語的極為罕見。」鴻恩按，在西周金文中，「朕」作定語八十五見，作主語僅四見（管燮初《西周金文語法研究》第一七四頁）。❷大明爾德　章本、盧本等作「夫」，同簡文，朱本據《玉海》改為「大」，「大」為「夫」之訛。簡文注：「夫，語首助詞，《孝經》疏：『發言之端。』」明，昭顯；彰明。❸助余一人憂　幫我度過憂患。余　人，《禮記・玉藻》：「凡自稱，天子曰『予一人』。」甲文、金文第一人稱代詞皆用「余」，傳世典籍《詩》、《書》用「予」不用「余」（僅《詩》中有一次），乃後人改寫。鴻恩按，周公自稱「余一人」，證明當時正在他攝政稱王時期。❹毋維爾身之懔　維爾身之懔，即只重視爾身安危，「之」在這裡作結構助詞，起前置賓語作用，上文「維不順是治」，句法與此相同，「是」、「之」作用相同。傳本作「暴」，暴有「暴害」義（唐大沛），《禮記・王制》「田不以禮曰暴天物」孔疏：「若田獵不以其禮，殺傷過多，是暴害天之所生之物。」❺皆恤爾邦　傳本脫「邦」字，前人多誤釋。「爾邦」之「爾」自「爾身」來，言外之意是，「身」是你的，「邦」也是你的。❻假余憲　簡文注：「假，《說文》：『至也。』憲，典範，《詩・六月》：『萬邦為憲。』」傳本「德」字可能不是衍文，上文說明德，下文說元德，所以這裡說「德憲」。❼既告汝元德之行　傳本「德之行」三字全脫，餘「資告予元」四字，其中「資」與「既」音近，「予（余）」與「汝」音近，皆屬音誤。鴻恩按，多用音近字，多音誤，這是上古文獻的一個特徵。元德，簡文注：「元，《左傳》文公十八年注：『善也。』元德，善德。」❽主舟　掌船（簡文注）。傳本作「眾畋」，眾人一起打獵，與簡文不同。鴻恩按，「眾畋」似應出於後人臆改，下文「臨余于濟」，與「主舟」相合，無關於「眾畋」。❾輔余于險　輔，助。傳本作「扶」，意為攙扶，與「輔」義有寬狹之別。❿臨余于濟　簡文注：「臨，《說文》：『監臨也。』」濟，盧文弨曰：「渡也。」傳本「乃而予于濟」之「而」，前人多以為是「能」的借字，非是，實為「臨」字音誤，「臨」侵韻來紐，「而」之韻日紐，來、日為準雙聲，侵、之主要元音相同，故生此誤。⓫毋作祖考羞哉　不要讓父祖蒙羞。作，《說文》：「起也。」這裏是產生之意，使動用法。傳本此句殘脫而不成文。

【語　譯】「我送給父兄及我的進忠之臣幾句話：要彰顯你們的品德，來幫助我度過憂患，不要只關注你們自身的安危，大家都要憂慮你們的國家，力爭做我道德方面的楷模。已經告訴了你們好品德的做法，好比掌船，在艱險處隨時輔助我，親眼照看我行船的安危，可不能讓父祖產生羞恥呀！」

【研　析】本文是周公對周室大門宗子等親近大臣的訓誥。楊寬先生指出：「『會群門』，是各大宗族長的定期大會見，當是從原始社會末期軍事民主制時期，氏族長老的議事會演變而來。周公在講話中，開頭就說：『朕寡邑小邦，蔑有耆耇慮事屏朕位』因為講話的對象有宗族的長老。他自稱『予一人』，當已攝政稱王……講話中總結了前代的歷史經驗，讚揚貴族長老們『獻言』幫助君王進行治理的好處，要求大家『明爾德，以助予一人憂』，最後以集體打獵作比喻說：『常扶予險，乃而予于濟。』」這樣的提倡貴族內部的民主和互助，還是沿襲軍事民主時期的民主作風。這與周公訓誡臣下和告誡殷貴族的講話，顯然是大不相同的。」《西周史》附錄〈論逸周書〉）。

從周公這篇訓誥所說情況看，這時武王去世，成王即位，「周公恐諸侯畔周，公乃攝行政當國。」《史記·周本紀》）文中要求族長等近臣「屏朕位」，「助予一人憂」，顯然是周公攝政稱王以後的口氣。從「戎兵以能興，軍用多實。王用能奄有四鄰，遠土丕承」看來，〈周本紀〉所說「管叔、蔡叔群弟疑周公，與武庚作亂，畔周」的事情，已經發生，所說興兵應是正作起兵東征的準備，所以說到「遠土丕承」。「肆朕沖人非敢不用明刑」，應是指舉兵平叛而言。這是周王朝極其艱危的時刻，所以召集宗族的長老會，要求他們「輔余于險，臨余于濟」，與他同舟共濟，渡過難關。這次講話是在宗族內部統一思想，組織力量的議事會。

周公首先說，夏、商兩朝的賢明之王之所以不害怕憂患，是因為大門族長等近臣「懋揚嘉德，迄有孚，以助厥辟，勤恤王邦王家」，即他們重德重信，忠心輔王，體恤國家。具體行動則是，廣泛尋求選擇文武英才「元武聖夫」進獻給朝廷；上至治國大臣下至有職事的家臣，廣開言路，都使他們獻言到朝廷。這樣，做到君民和諧，天人和諧，上天保佑君、臣、民，從而國家安寧，各從所願。這是從歷史說到現實。下文則轉入說反面：厥後嗣立王，不用先王明刑，急急驅使、教唆非法，不聽無罪之詞：這似乎是說管叔及其爪牙的行為。其次，特別要求族長等近臣發現人才，訪求賢士，「旁求選擇元武聖夫」，進獻到朝廷，把「元武」放在「聖夫」前面，這也符合戰前的形勢；同時進獻和諮詢善言，「自釐臣至于有分私子，苟克有諒，無不懍達，獻言在王所」。第三，周公希望出現上至王、下至小民，全國上下同心協力，建立一個和諧、強大、永固的王朝，即「王用有監，多憲政命，用克和有成……百姓萬民用無不擾比在王廷……王邦用寧，小民用叚能稼穡……軍用多實。王用能奄有四鄰，遠土丕承。」這是周公總結了既往「寡邑小邦」和「有國哲王」的治國經驗提出來的。其求賢士、求善言、求治的心情，表現得非常急切。

朝廷上善夫莫通，善言莫進，烏煙瘴氣，結果只能是娼夫、疑夫之徒「先受殄罰」，而「國亦不寧」。「皮之不存，毛將安傅」？

周公大力抨擊有人違背先王的明刑，匆忙地驅使、教唆非法的一套，不體恤王邦王家，不怕出亂子，不聽從無罪的人說話，怎麼不順從就怎麼幹。王向他們尋求良言，他們只說些不道德的、欺詐的話，弄得王無依無助。這是些讒賊娼嫉的人，他們成心「不利厥辟厥家」，成心敗壞「厥家」。很明顯，這應是針對朝廷上管叔、蔡叔的追隨者而言。

周公還一再講到「德」和「刑」、「憲」。文中五次使用「德」，三次使用「刑」，兩次使用「憲」。周初，周公等人由商、周易代看到「天命」不可依賴，感覺到人為的重要，產生了「敬德」的觀念。本文「嘉德」、「肅德」、「維婾德用」、「大明爾德」、「假予德憲」，就是「敬德」這一重要思想的體現。這一思想對後代影響深遠。本文的「刑」即「型」字，義為型範、法式、典型、典範之義，因而有法度之義。《詩經・大雅・抑》「罔敷求先王，克共明刑」，毛傳：「刑，法也。」鄭箋：「無廣索先王之道與能執法度之人乎？」本文三用「明刑」，之「刑」和《詩經》的「明刑」一樣，都是法度之義。「明憲」、「(德)憲」義與「刑」同。要治理好國家，一要重道德，二要尊法度，在那樣早的時代，能提出這樣的思想，是難得的，即使在今天也沒有過時。本文還一再說到後代人所說的「信」，周公稱為「諒」和「孚」。在中國歷史上，周公是「頂層設計」的重要人物之一。

從文風看，本文的寫作時代早，如「用」字作介詞、連詞有十多個，而「以」只相當於「用」的三分之二。「維」字用得多，「厥」字用得多，又使用「胥」、「丕」及「是陽是繩」這樣的句式，又用「辟」不用「君」，用「克」不用「能」等，這都是時代早的表徵。李學勤認為：「現在看來，〈世俘〉、〈商誓〉、〈皇門〉、〈嘗麥〉、〈祭公〉、〈芮良夫〉等篇，均可信為西周作品。」(《逸周書彙校集注・序言》)

本文有一點值得注意，即周公一面自稱「余一人」，完全是王者口氣，另一方面儼然又有一個王在，一再說「王廷」、「王所」、「俾王之無依無助」、「是人斯助王恭明祀」，這說明，周公是在成王即位為王而「年幼」的情況下攝政稱王的。所以當時有兩個王存在。由此可以論定，本文是周公攝政稱王時對臣下的訓誥。有人今天還在否認周公攝政稱王，這是沒有意義的。

大戒第五十

【題　解】大戒，是說在用人方面極應警惕戒備的事情。文中提出「九備」，即應該預防發生的九件事情。陳逢衡曰：「此周王訪于周公，公教以體群臣之事，務在尊其位、盡其志，庶人才為我用也。後幅『九備』雖脫落不全，而篇名『大戒』，實取義于此。」《周書・序》曰：「周公陳武王之言以贊己言，戒乎成王，作〈大戒〉。」但本文不是西周作品。

維正月既生魄❶，王訪于周公曰❷：「嗚呼！朕聞維時兆厥工❸，非不顯，朕實不明❹，以侊伯父❺。維士非不務而不得助❻，大則驕，小則懾，懾謀不極❼。予重位與輕服❽，非其得福厚用遺❾。庸止生郄，庸行信貳❿，眾輯群政，不輯自匿⓫。嗚呼，予夙夜勤之⓬，無或告余⓭。非不念，念不知。」

【章　旨】成王造訪周公，請教吏治，極言用人之難和選取人才不易而不得其道。

【注　釋】❶既生魄　西周曆法名詞，月相之一，王國維認為指每月的八、九日以至十四、五日（《觀堂集林》卷一〈生魄死魄考〉）。還有不同說法，如以既生魄為從五日或六日到十四日（勞榦《古代中國的歷史與文化》第四一三頁）。既，已經。魄，是「霸」的借字，義為陰曆每月初始顯現的月亮。❷王訪于周公曰　成王造訪周公說。❸維時兆厥工　王念孫曰：「『兆厥工』三字文義未明，孔注曰：『兆，始。工，官。言政治維是始正其官。』據此則正文『兆』下當有『正』字。」維時，只有如此。時，是；如此；這樣（下文有說明）。鴻恩按，王謂依孔注當有「正」字，而諸家既不補「正」字（無版本之證，自是一因），也不表示意見。竊疑孔注似述說此句大意。兆，顯現、表現之義。《國語・吳語》「天占既兆」韋昭注：「兆，見也。」）「工，官」固是，然此「官」應指官員治理，即吏治。正，治也（《呂氏春秋・順民》「湯克夏而正天下」高誘注、《大戴禮記・千乘》「有君長正之者乎」王聘珍《解詁》）。❹非不顯二句　唐大沛曰：「言非不顯揚之，但簡任之道，朕實不明耳。」陳、朱各有說，唯唐說切文意。❺以侊伯父　此句為朱右曾據《說文》「侊」字下引《逸周書》文補。孫詒讓曰：「《說文》段玉裁注云：『侊，當為溷之叚借。』又案〈本典〉篇云：『非不念，念而不知，故問伯父』，此篇後文亦有『非不念，念不知』之語，竊疑『以侊伯父』四字當在『念不知』之下，下接周公答語正相承貫，許（慎）君約引不必兩句定相次也。」鴻恩按，孫說未知是否，今姑仍從朱補。朱釋「侊」為「完守」，不確。侊，通「溷」。擾亂；打擾。伯父，楊伯峻引《詩經・小雅・伐木》毛傳：「天子謂同姓諸侯，諸侯謂同姓大夫皆曰父。異姓則稱舅。」《儀禮・覲禮》云：「天子呼諸侯同姓大國則曰伯父，同姓小邦則曰叔父。」鴻恩按，在《尚書・周書》中，成王與周公說話未見「伯父」之稱，而稱「公」，如〈洛誥〉。〈顧命〉、〈呂刑〉二篇始見「伯父」。❻維士非不務而不得助　非不以求士為務但得不到助益。❼大則驕三句　權大則驕，位小則懼，懼則不敢為我謀，雖謀亦不得其中（陳逢衡）。極，中正；標準。❽重位與輕服　給與高官位而交辦輕細之事。❾非其得福厚用遺　「其」字原作「共」。唐大沛曰：「（孔注）以『福厚』連文，『非夫德』三字猶云『非其德』也。古得、德字通，夫猶『其』也。正文『共』字是『其』字之訛。」劉師培曰：「審繹注文知正文『非共得』三字，得當讀『德』，共乃『夫』訛，與《禮記・中庸》『苟無其德』相似。福厚用遺，即冢彼言，謂位重事輕，若以無德之人處之，亦必祿厚而功寡也。又此節均協韻，遺字獨否，疑亦訛文。」鴻恩按，劉未見唐書，而二人說「非共得」一致。惟「共」字一曰「其」訛，一曰「夫」訛。劉於〈世俘〉證「共」訛為「夫」。古文字夫、共形近易訛，魏晉以降，其、共形近易訛。又，裴學海曰：「《禮記・大學》：『災必逮夫身。』《晏子春秋・雜篇》：『禍必及其身。』文義同。」（《古書虛字集釋》「夫」）今姑從唐說改「共」為「其」。未知「遺」為何字，從劉說句意。❿庸止生郄二句　丁宗洛曰：「庸，用也。用人取必容止則郄隙易生，取重于德行則疑貳可信。蓋〈上文〉『大則驕』三句言人之難用也，『予重位』二句言待人之難也，『庸止』四句言用人之道也。」朱右曾曰：「此又言取士之難。止，容止。郄，閒隙。矜持懈則簞豆見于色（簞食豆羹見于色，指計較小利），是生郄也。貳，當為『貣』，差也。行有誠亦有偽，故恐信非所信也。」⓫眾輯群政二句　「眾輯群政，不輯自匿」，自匿，章檗本作「多匿」。盧、陳、唐等本與朱本同。這是說眾人和睦則大家行為端正，不和睦自然產生邪惡。政，通「正」（陳逢衡、孫詒讓）。匿，通「慝」

（丁宗洛），邪惡。⑫予夙夜勤之　原文無「夜」字。劉師培曰：「〈武儆解〉云『汝夙夜勤心之無窮』，〈成開解〉云：『予夙夜之勤』，疑此『夙』下捝『夜』字（陳本補『夜』字）。」鴻恩按，今據補「夜」字。⑬無或告余　沒有人告訴我。

【語　譯】正月既生魄之日，王造訪周公，說：「唉呀！我聽說只有這樣才能表現出（良好的）吏治——不是不選拔任用，我實在不明白如何選拔任用，煩勞伯父指點。不是不把尋求賢士當一回事，但是得不到助益。官爵大了就驕傲，官爵小就畏懼，畏懼謀劃事情就沒有定準兒。我給的官位重，事情輕，但有其位而無其德，結果是祿位重而無功績。取其儀容舉止吧則易生嫌隙，取其德行吧看來可以信任實際卻信錯了人。眾人和睦大家都行為端正，不和睦自然就行事邪惡了。唉呀，我早晚勤勞此事，沒人告訴我應該怎麼辦。不是不思慮，思慮也不知道怎樣做。」

周公曰：「於❶！敢稱乃武考之言曰❷：『微言入心，夙喻動眾❸』，大乃不驕；行惠于小❹，小乃不懾。『連官集乘❺，同憂若一』，謀有不行？予惟重告爾庸❻，厲□以餌士，權先伸之，明約必遺之❼。其位不尊，其謀不陽❽。我不畏敬，材在四方❾。無擅于人，塞匿勿行❿，惠戚咸服⓫，孝悌乃明，明立威恥亂⓬。使眾之道⓭，撫之以惠，內姓無感，外姓無謫，人知其罪⓮。上之明審⓯，教幼乃勤⓰，貧賤制□⓱；設九備⓲，乃無亂謀⓳。

「九備：一、忠正不荒美好，乃不作惡⓴；……四、□說聲色，憂樂盈匿㉑；五、碩信傷辯㉒，曰費□□㉓；六、出觀好怪，內乃淫巧㉔；七、□□謀躁，內乃荒異㉕；八、□□好威，民眾日逃㉖；九、富寵極足，內心其離㉗。

「九備既明，我貴保之㉘，應協以動，遠邇同功㉙。謀和適用，復以觀之㉚，上明仁義，援貢有備㉛。聚財多□㉜，以援成功，克禁淫謀，眾匿乃雍㉝。順得以動㉞，人以立行㉟，輯佐之道㊱，上必盡其志㊲，然後得其謀。無轉其信，雖危不動㊳，貞信以昭，其乃得人㊴。上危而轉，下乃不親。」

王拜曰：「允哉，允哉，敬行天道㊵。」

【章 旨】周公答成王，講用人原則、方法，說「九備」——需戒備可能發生之事的九條措施。強調君上的表率作用，團結臣下，使同心協力，尊其位、盡其志以得其謀。

【注 釋】❶於 嘆詞。❷敢稱乃武考之言曰 冒昧引述你父親武王的話。敢，表示謙敬，猶今言「冒昧地」。乃，你；你的。❸微言入心二句 朱右曾曰：「微言，微妙之言。入心，入人深也。夙喻，以身率之，不待言而喻也。」夙，平素（的行為）。喻，明白。❹行惠于小 施行仁惠給官小的。❺連官集乘 唐大沛曰：「《周禮》：『乘其事』謂計其事也。集乘，當是集眾計事之義。」孫詒讓曰：「〈王制〉注云『連猶聚也』，謂連聚數官，旁通它職，互相佐助，以合治一事。」（《周禮正義・夏官・槁人》）❻予惟重告爯庸 「爯」字原作「爾」，程本、吳本、王本作「爯」（《彙校集注》），二字形近而訛。「庸」字多屬下句讀，丁宗洛從浮山說與「爯」連讀，謂「蓋語意猶言重告以舉用之道也」。鴻恩按，《萬有文庫》本亦「爾庸」連讀。「稱」字古作「爯」（王筠《說文句讀》），今從丁氏說和程本改、讀。❼厲□以餌士三句 唐大沛疑「厲□」當作「厚祿」，朱駿聲補闕文為「材」字。孔晁曰：「餌，謂爵祿。權，謂勢重。」餌士，以爵祿誘引士人。權先仲之，先申明他的權位。明約，明確的約定。約，期約。❽其位不尊二句 盧文弨曰：「蓋言賢者不在尊位，雖有善謀亦不能顯士于眾人而使人服從也。」陽，通「揚」。顯揚。❾我不畏敬二句 畏敬，敬服。畏，心服。在四方，離此而到四方去，「言待國之士宜重也」（潘振）。❿無擅于人二句　孔晁曰：「擅人，專己。陰匿，陰忌。」孫詒讓曰：「孔云『匿，陰忌』，疑當作『陰惡』，蓋孔亦讀『匿』為『慝』也。」塞匿勿行，使阻塞賢路的陰惡之事不能實行。勿，這裏義同「不」。⓫惠戚戚服　孔晁曰：「惠，順。戚，近也。」唐大沛曰：「惟順之近之，咸服其心，則士得施政教于國而孝悌之道乃明矣。」⓬明立威耻亂　陳逢衡刪句首「明」字。唐大沛曰：「此五字于上下文義，似無所施，疑有脫誤。」孔晁曰：「鄙耻其亂則思治矣。」朱右曾曰：「孝悌明則等威立，而人耻亂。」鴻恩按，今從孔、朱說。⓭使眾之道　自此至下文「眾匿乃雍」一百五十餘字，唐大沛疑非此篇之文，乃他書殘缺者誤入於此，「不然，何以與上言用人之道不相承接也。或此百五十餘字，原是〈大戒〉殘篇，而周公訓成王之書，亦名〈大戒〉，故誤合之歟？」⓮內姓無感三句　朱右曾曰：「感、憾，古今字。無憾，不施〔弛，棄置〕其親也。無謫，不求備于一人也。如是，則眾無不懷，自知其辜〔辜負〕恩之罪。」按，「立威耻亂」、「人知其罪」二句，盧、陳均與下為一節，朱右曾均與上為一節，今從朱氏。⓯上之明審　明審，明察精審。⓰教幼乃勤　上文「內姓」孔注曰「內長同姓」，丁宗洛從浮山說以「長」字在此「幼」上，作「教長幼乃勤」，陳、丁都以上「長」字為衍文，置於此可通，譯文從其說。⓱貧賤制□　陳逢衡疑闕文為「敬」，朱駿聲補「節」字。今從朱說，制節，義即節儉。⓲九備　九條預防措施。備，預防；戒備。⓳乃無亂謀　知道警惕故無亂謀。⓴忠正不荒美好二句　忠正，即中正（唐大沛）。荒，沉迷；逸樂過度。美好，美好之物，「甘酒，嗜音，峻宇，雕牆，皆所謂美好也。不荒美好則能修身，故曰乃不作惡。」（陳逢衡）按，下文二、三兩項之文脫落。㉑□說聲色二句　闕文疑是「怡」字（唐大沛），或是「戒」字（朱駿聲）。說，「悅」之古字。憂樂盈匿，陳逢衡曰：「聲色惑溺，雖樂，心憂盈匿，謂樂滿則憂伏也。」盈，滿；過分。匿，隱伏。㉒碩信傷辯　孫詒讓曰：「『信』，當為『言』之訛。」碩，大（孔晁）。㉓曰費□□　「曰」字疑是方圍（丁宗洛）。「費」下闕文朱駿聲補「辭說」。㉔出觀好怪二句　「出觀好怪，內乃淫巧」，孫詒讓曰：「『出觀』，『出』當作『士』，士觀見前〈程典〉、〈柔武〉二篇。」「乃」字朱本作「方」，與章、盧等各本不同，亦未說明不同之故，今從各本改回「乃」。鴻恩按，「出觀」言外，下句言「內」，「出」與「內」正相對，恐未必有誤。出觀，遊幸（陳逢衡）。怪，指奇技、奇器（潘振）、奇服（陳逢衡）之類。淫巧，過度精巧。㉕□□謀躁二句　「□□謀躁，內乃荒異」，朱駿聲於闕處補「膚淺」。劉師培曰：「『異』疑『暴』訛，躁、暴協韻，與上『色』、『匿』協韻同。」陳逢衡曰：「謀躁則心無定。荒異，荒忽無常之貌。」鴻恩按，依劉說，則荒暴義為混亂無常，《孟子・公孫丑上》「無暴其氣」，趙岐注：「暴，亂也。」「荒」字本身即有亂、無常之義，本書〈謚法〉篇：「外內從亂曰荒。」《漢書・嚴助傳》「戎狄荒服」、《後漢書・章帝紀》「要荒四裔」顏師古、李賢注「荒」，均言及「無常」。荒、暴義相合。㉖□□好威二句　「□□

好威，民罔曰逃」，朱駿聲以「違德」補闕文。逃，孫詒讓曰：「當讀為『偷』，古音相近通用。《禮記・表記》『安肆曰偷』，鄭注『偷，苟且也。』此亦言上好威則民不自保，曰惟苟且求自免于刑也。今本作『逃』，乃『恌』之誤，《詩・小雅・鹿鳴》『視民不恌』，毛傳云：『恌，愉也。』」鴻恩按，《經典釋文》曰：「愉，他侯反，又音逾。」「愉」常借為「偷」，孫氏之意已明，因而省說。㉗富寵極足二句　「富寵極足，內心其離」，「足」字下原有「是大極」三字。丁宗洛引浮山云「是大極」三字似注語「是乃足」訛，蓋言「極，大足。」劉師培曰：「『是』即『足』字誤羨之文，『大極』二字或亦孔注。」鴻恩按，丁、劉說是，本節皆為四字句，三字或為有誤之注文（本節注「□室也」，亦不知是何意），今刪之。陳逢衡曰：「富寵，貴幸之臣。極足，賜予無復加也。」內心，指富寵者的內心，將與王家離心離德。陳又曰：「九備，國之忌，故篇題以『大戒』為名。」㉘我貴保之　我貴保之則能大戒（陳逢衡）。保，守。㉙應協以動二句　陳逢衡曰：「協，和也。應合以動則事乃有成，故同功。遠謂外姓，邇謂內姓。」協，同心之和也（朱右曾）。動，行動；作為。㉚謀和適用二句　陳逢衡曰：「謀和則志同，故適用。覆以觀之，覆其實也。」朱右曾以為此即《尚書・堯典》所說「敷奏以言，明試以功」，即審核、考驗臣下的言論、謀策是否適用，有功效。㉛上明仁義二句　備，即前「九備」（陳逢衡）。朱右曾曰：「上，尚也。援，汲引也。貢，進也。備，具也。此荅『庸止』、『庸行』之問也。」㉜聚財多□　朱右曾曰：「財，當為『材』。」闕文朱駿聲補「士」字。㉝克禁淫謀二句　王念孫曰：「匿，古『慝』字。慝，惡也。言能禁淫謀則眾惡皆塞也。」淫謀，奸計。雍，通「壅」。㉞順得以動　唐大沛曰：「得，與『德』同。言身之舉動皆順乎德也。」㉟人以立行　唐大沛曰：「人惟順德故百行立。沛案，此二句可接「孝弟乃明」句下，與「行」韻協也，而中間百五十餘字直可刪去。下文亦與篇首義合。」鴻恩按，唐說有據，「使眾之道」與「工」之治理、「士」之招聚，確有不同。其中言「貧賤」，言「傷辯」，言「民眾曰逃」，都與「工」、「士」的論題無關。而「聚財（材）多□」四句似是說「士」，「謀」、「匿」與開端的「謀」、「匿」相應，且「功」、「雍」與下文「行」東、陽合韻。「謀和」四句韻不合，但意開端不相背，潘振釋「援貢」為引薦，朱亦大同。此待究。㊱輯佐之道　唐大沛曰：「和輯群臣佐助之道。」道，方（潘振）。㊲盡其志　謂忠信重祿以體之（朱右曾）。㊳無轉其信二句　「轉」與下文之「貞信」三字，係王念孫、朱右曾據孔晁注補。王曰：「轉者，移也。上守信而不移則下親其上，雖危而不可動矣。下文『上危而轉，下乃不親』，正與此文相應。」㊴貞信以昭二句　王念孫曰：「此承『無轉其信』而言，信不轉故曰『貞信』。以，與『已』同。上之貞信已昭，則下莫不為上用。孔注『貞信如此，得其用也』，是其證。」㊵允哉三句　「允哉，允哉，敬行天道」，陳逢衡曰：「此節與上文不貫，當是〈小開武解〉『以知吉凶』下錯簡。〈小開武〉：『允哉！余聞在昔，訓典中規，非時罔有悋言，日正余不足。』」鴻恩按，陳說最有力的證據，即〈小開武〉言及「天道」，此處亦言「天道」，彼此相應。然而本文中不言「天道」，故結尾與上不相合。如果「天」字不誤，則可以肯定此為錯簡，應從陳說。丁宗洛、唐大沛均以「天道」為「大道」之訛。大、天易訛，今姑依丁、唐。鴻恩按，「大道」肯定非周公用詞，約始見於《老子》一書（傳本《老子》有四例，《郭店楚簡・老子》有一例），《左傳》中僅哀公六年有一例，以前的著作（包括《國語》以及《論語》）都不見「大道」之說。

【語　譯】周公說：「噢！我冒昧地引述你父親武王的話，他說：『微妙的言論能深入人心，平時不言而喻的（為人表率的）行動，能打動人心。』這樣官職大的就不會驕傲；施行仁惠給官職小的，官職小的就不會畏懼。『把官員的職事合在一起讓大家一起計議，就使大家共同憂慮，像一個人一樣。』計謀還有不可行的嗎？我想著重告訴你舉用人才之道，鼓勵人才要以爵祿誘引士人，首先要申明他的權位，一定給他一個明確的期約。他的權位不重，他的計謀就不能顯揚；我們不敬服人才，人才就會散向四方。不獨斷專行，閉塞賢路的邪惡行徑就不會流行。順從他，親近他，使大家都心服，孝親敬長之道就會彰明，孝悌彰明，樹立起威儀，人心就會恥於亂來。使用眾人的原則是，用恩惠安撫他們，使同宗的人沒有遺憾，異姓的人沒有責怪，眾人就都能懂得辜負君恩的罪過。君上明察精審，教導官長、晚輩就會盡力，貧賤者就會節儉。制訂九條預防措施，就沒有悖亂的圖謀。

「九條預防措施：一、行事中正，不沉迷於所謂『美好』之物，就不可能去做壞事；……四、防止沉溺於音樂、美色，憂慮逸樂過分就隱伏著危險；五、說大話有害於論辯，……；六、外出遊觀美好怪奇之物，宮廷內就追求過度精巧的製品；七、……急躁心無定見，國內就會混亂無常；八、背棄德惠而喜好威嚴，民眾就會一天天得過且過；九、富有、寵信到極點，其內心反而會生離叛之意。

「九條預防措施已經明曉，我們就寶重守定它。相互配合著付諸行動，同姓、異姓共同立功。同心謀劃必定適用，再通過實際運用觀察效驗。還要明白仁義，引薦人才要有才能。招請人才聚集很多賢士，任用他們成就大業。能夠禁絕奸計，各種邪惡就能防止。自身行動都依照道德，人們就會立德修行。團結群臣得到輔佐的方法是，君上一定要充分滿足他的心志，這樣做了之後才能得到他的計謀。不要轉移對他的信任，即使情勢危迫也不動搖，堅定誠信充分顯示，那就得到了人才。君上因為危迫而轉移信任，臣下就不會來親近。」

王拱手拜一拜說：「確實啊確實啊，要認真地奉行大道。」

【研　析】本文有一個奇怪的現象，即記日使用的是「既生魄」，是西周使用的月相記日法，但文中所表現的很多思想、語彙卻屬於後世。突出者，如本文之「孝悌」和「仁義」連稱，在《尚書》、《詩經》中都還沒有。《左傳》、《論語》有了「孝弟」，但沒有「仁義」。《孟子》「孝悌」出現了六次，至《荀子》、《禮記》才大量出現。「仁」、「義」二字連稱，始見於《老子》、《墨子》、《孟子》、《莊子》內篇等戰國之書。出土資料《郭店楚簡・老子・丙》有了「故大道廢，焉有仁義」。郭店「墓中書籍應為孟子所能見」（《李學勤文集》第四二六頁），《老子》應「創作於西元前四〇〇～前三〇〇年之間」（李零《郭店楚簡校讀記》第三一頁）。但都可以說明「仁義」連稱不在春秋，而在戰國。又如「貧賤」、「美好」、「民眾」及「貞信」、「明審」、「畏敬」兩組詞，都是戰國時期出現的，前者《墨子》之前未見出現，後者《管》、《商》之前，未見出現。語詞和其他事物一樣，有其發生、發展的過程。如「碩信（言）傷辯」的「辯」，《尚書・酒誥》有一個「辯」字，《左傳有三個「辯」字，都還不是論辯義（《尚書校釋譯論》第一四一四頁、《春秋左傳注》第二九八頁）。《詩經》無「辯」字，《易經》、《論語》無「辯」字。這說明，不僅西周，直至春秋也還沒有後代「論辯」的觀念。戰國百家爭鳴，所以到墨子才主張「辯乎言談」（《墨子・尚賢上》），孟子才被稱為「好辯」（《孟子・滕文公下》）。故《老子》一書就主張「絕智棄辯」了（《郭店楚簡・老子・甲》），這又是戰國時代的事。「厲□以餌士，權先伸之……其位不尊，其謀不陽。我不畏敬，材在四方」，「上必盡其志，然後得其謀」，這些也都是戰國時代產生的思想。

本文頗多戰國語彙，但文字並不明暢。訛誤多，四言韻語都是原因，但文中「維正月既生魄……以侁伯父」，「允哉允哉，敬行天道」，可能含有早期資料。「允哉允哉」是本書常語，固可以模仿。依照常理，「既生魄」不應當是僞造。維、厥是西周常用虛詞，「時」假借為「是」，西周文常見，「朕實不明」之「實」，為副詞，《尚書・周書》無此用法，《詩經・雅》中有五個，《易經》有一個，西周金文有一個，故此「實」亦可以承認其真。下面「維士非不務而不得助」，出現了連詞「而」，這就不是周公、成王時代所有的了。文中所引武王之言「微言入心，夙喻動眾」、「連官集乘，同憂若一」，在《國學寶典》中，除孫詒讓《周禮正義》引用過一次「連官」二句，不見於後世任何書，而且像「微言」一詞，始見於《呂氏春秋》、《文子》、《大戴禮記》，可證其出現時代之晚。真相如何，尚需研究。如果本文之「天道」不誤，其時代也不應早於春秋後期。因為《詩經》、《尚書・周書》、《易經》都沒有「天道」一詞，至《左傳》、《國語》、《論語》、《老子》才出現了「天道」。很可能本文開頭有早期資料，其餘為戰國作者所改作。劉起釪以為〈大戒〉等「保存了西周原有史料，其文字寫定可能在春秋時」（《尚書學史》第九六頁）。竊以為，史料應當有西周，又肯定有戰國大量補作，而折中於春秋則不合於情實。

周玉秀認為，「就頂真格與以數為紀表達方式的運用情況看」，〈大戒〉「寫定時代大致當在戰國時代」（《文獻學價值》第二六九頁）。「哉」的用法，「當春秋以前」（同上第一三三頁）。按，本文的「以數為紀」都在「九備」一節，而頂真格又都在「使眾之道」前面成王、周公的話中，即：「念——念」、「小——小」、「明——明」，而且周公的話「上危而轉」，又出現了連詞「而」。可想而知，原始資料的「保存」，已經很少。

古籍今注新譯叢書

哲學類

新譯四書讀本	謝冰瑩等編譯
新譯學庸讀本	王澤應注譯
新譯論語新編解義	胡楚生編著
新譯孝經讀本	賴炎元等注譯
新譯易經讀本	郭建勳注譯
新譯乾坤經傳通釋	黃慶萱著
新譯易經繫辭傳解義	吳　怡著
新譯禮記讀本	姜義華注譯
新譯儀禮讀本	顧寶田等注譯
新譯孔子家語	羊春秋注譯
新譯老子讀本	余培林注譯
新譯老子解義	吳　怡著
新譯莊子讀本	黃錦鋐注譯
新譯莊子讀本	張松輝注譯
新譯莊子本義	水渭松注譯
新譯莊子內篇解義	吳　怡著
新譯列子讀本	莊萬壽注譯
新譯管子讀本	湯孝純注譯
新譯墨子讀本	李生龍注譯
新譯公孫龍子	丁成泉注譯
新譯晏子春秋	陶梅生注譯
新譯鄧析子	徐忠良注譯
新譯荀子讀本	王忠林注譯
新譯尹文子	徐忠良注譯
新譯尸子讀本	水渭松注譯
新譯韓非子	傅武光等注譯
新譯呂氏春秋	朱永嘉等注譯
新譯韓詩外傳	孫立堯注譯
新譯淮南子	熊禮匯注譯
新譯春秋繁露	朱永嘉等注譯
新譯新書讀本	饒東原注譯
新譯新語讀本	王　毅注譯
新譯潛夫論	彭丙成注譯
新譯論衡讀本	蔡鎮楚注譯
新譯申鑒讀本	林家驪等注譯
新譯人物志	吳家駒注譯
新譯張載文選	張金泉注譯
新譯近思錄	張京華注譯
新譯傳習錄	李生龍注譯
新譯呻吟語摘	鄧子勉注譯
新譯明夷待訪錄	李廣柏注譯

文學類

新譯詩經讀本	滕志賢注譯
新譯楚辭讀本	傅錫壬注譯
新譯文心雕龍	羅立乾注譯
新譯世說新語	劉正浩等注譯
新譯昭明文選	周啟成等注譯
新譯古文觀止	謝冰瑩等注譯
新譯古文辭類纂	黃　鈞等注譯
新譯樂府詩選	溫洪隆注譯
新譯古詩源	馮保善注譯
新譯千家詩	邱燮友等注譯
新譯詩品讀本	成　林等注譯
新譯花間集	朱恒夫注譯
新譯南唐詞	劉慶雲注譯
新譯唐詩三百首	邱燮友注譯
新譯宋詞三百首	汪　中注譯
新譯元曲三百首	賴橋本等注譯
新譯明詩三百首	趙伯陶注譯
新譯清詩三百首	王英志注譯
新譯唐人絕句選	卞孝萱等注譯
新譯唐才子傳	戴揚本注譯
新譯拾遺記	石　磊注譯
新譯搜神記	黃　鈞注譯
新譯唐傳奇選	束　忱等注譯
新譯宋傳奇小說選	束　忱注譯
新譯明傳奇小說選	陳美林等注譯
新譯容齋隨筆選	朱永嘉等注譯
新譯明散文選	周明初注譯

新譯人間詞話　馬自毅注譯
新譯白香詞譜　劉慶雲注譯
新譯幽夢影　馮保善注譯
新譯菜根譚　吳家駒注譯
新譯小窗幽記　馬美信注譯
新譯郁離子　吳家駒注譯
新譯歷代寓言選　黃瑞雲注譯
新譯賈長沙集　林家驪注譯
新譯揚子雲集　葉幼明注譯
新譯曹子建集　曹海東注譯
新譯阮籍詩文集　林家驪注譯
新譯嵇中散集　崔富章注譯
新譯陸機詩文集　王德華注譯
新譯陶淵明集　溫洪隆注譯
新譯江淹集　羅立乾等注譯
新譯初唐四傑詩集　李福標注譯
新譯駱賓王文集　黃清泉注譯
新譯王維詩文集　陳鐵民注譯
新譯孟浩然詩集　楊　軍注譯
新譯李白詩全集　郁賢皓注譯
新譯杜甫詩選　張忠綱等注譯
新譯杜詩菁華　林繼中注譯
新譯高適岑參詩選　孫欽善等注譯
新譯昌黎先生文集　周啟成等注譯
新譯柳宗元文選　卞孝萱等注譯

新譯白居易詩文選　陶　敏等注譯
新譯元稹詩文選　郭自虎注譯
新譯李賀詩集　彭國忠注譯
新譯杜牧詩文集　張松輝注譯
新譯李商隱詩選　朱恒夫等注譯
新譯范文正公選集　王興華等注譯
新譯蘇洵文選　羅立剛注譯
新譯蘇軾文選　滕志賢注譯
新譯蘇軾詞選　鄧子勉注譯
新譯蘇轍文選　朱　剛注譯
新譯曾鞏文選　高克勤注譯
新譯王安石文選　沈松勤注譯
新譯柳永詞集　侯孝瓊注譯
新譯李清照集　姜漢椿等注譯
新譯陸游詩文選　韓立平注譯
新譯辛棄疾詞選　聶安福注譯
新譯歸有光文選　鄔國平注譯
新譯薑齋文集　平慧善注譯
新譯顧亭林文集　劉九洲注譯
新譯袁枚詩文選　王英志注譯
新譯聊齋誌異全集　袁世碩等注譯
新譯聊齋誌異選　任篤行等注譯
新譯閱微草堂筆記　嚴文儒注譯

歷史類

新譯史記　韓兆琦注譯
新譯漢書　吳榮曾等注譯
新譯後漢書　魏連科等注譯
新譯三國志　吳樹平等注譯
新譯資治通鑑　韓兆琦等注譯
新譯史記—名篇精選　韓兆琦注譯
新譯尚書讀本　吳　璵注譯
新譯尚書讀本　郭建勳注譯
新譯逸周書　牛鴻恩注譯
新譯左傳讀本　郁賢皓等注譯
新譯公羊傳　雪　克注譯
新譯穀梁傳　顧寶田注譯
新譯春秋穀梁傳　周　何注譯
新譯戰國策　溫洪隆注譯
新譯國語讀本　易中天注譯
新譯說苑讀本　左松超注譯
新譯說苑讀本　羅少卿注譯
新譯新序讀本　葉幼明注譯
新譯吳越春秋　黃仁生注譯
新譯西京雜記　曹海東注譯
新譯列女傳　黃清泉注譯
新譯越絕書　劉建國注譯
新譯燕丹子　曹海東注譯
新譯東萊博議　李振興等注譯
新譯唐六典　朱永嘉等注譯